Ullstein Materialien

Ullstein Materialien
Ullstein Buch Nr. 35229
im Verlag Ullstein GmbH,
Frankfurt/M – Berlin – Wien

Ungekürzte Ausgabe (1928)
der Edition im Ernst Rowohlt Verlag,
Berlin W 35

Umschlagentwurf:
Kurt Weidemann
Alle Rechte vorbehalten
© 1985 by Verlag Ullstein GmbH,
Frankfurt/M – Berlin – Wien
Printed in Germany 1985
Druck und Verarbeitung:
Elsnerdruck, Berlin
ISBN 3 548 35229 4

Oktober 1985

CIP-Kurztitelaufnahme
der Deutschen Bibliothek

Ježower, Ignaz:
Das Buch der Träume / Ignaz Ježower. –
Ungekürzte Ausg. – Frankfurt/M; Berlin;
Wien: Ullstein, 1985.
  (Ullstein-Buch; Nr. 35229: Ullstein-
  Materialien)
  ISBN 3-548-35229-4

NE: GT

Ignaz Ježower

Das Buch der Träume

Ullstein Materialien

Aus der Isolierung, in die wir die Dinge im Wachen durch Unterscheiden gestellt, aus der Starrheit, in die wir sie gebannt haben, befreien wir sie wieder im Traumschauen. Nicht mehr an die Form gebunden und nicht mehr mit den Eigenschaften behaftet, durch die sie gerade ihre Klassifikation erwarben, erscheinen sie uns jetzt in der Willkür des Andersseins noch immer als die Dinge, deren Besonderheit wir im Wachen durch bestimmte Merkmale begrenzten. Trotz der Veränderung ist ein Baum noch Baum, auch wenn dieser Baum spricht, ein Tisch noch Tisch, wenn er durch Straßen läuft, Mensch hört nicht auf, Mensch zu sein, wenn er Flügel an den Schultern hat und seine Füße Tigerklauen sind, die Natur eines Dinges wird durch den Gegensatz nicht aufgehoben, ein Wesen durch Polarität nicht verunreinigt. Mit dem Hegelschen Satz: Identität ist die Identität der Identität und der Nicht-Identität beginnt alle Traumerfahrung.

Trotz ihrer Wandlung erscheinen uns die Dinge im Traume glaubhaft, ja dadurch, daß sie vielfache Art, mannigfache Gestalt zeigen, erst wirklich. In diesem Übergehen von Form in Form ist Schöpfung, drückt sich die Verwandtschaft alles Seienden aus, die Einheit aller Wesen und Dinge. Der Mensch erscheint als ein Tier und das Tier als ein Mensch, sogar das Anorganische ist keine Schranke, Doktor Macnish träumte, er wäre ein Pfeiler aus Stein, und dabei konnte er alles sehen und beobachten, was sich um ihn herum ereignete.

Der Traum will jeden Dualismus aufheben, er hat die Tendenz, alles zu beseelen und den Gegensatz von Innen und Außen, die Trennung von Ich und Du nicht gelten zu lassen. Schnell vollzieht sich im Traume die Wandlung des Ich in ein Du und des Du wiederum in ein Ich, variabel sind Gattung, Geschlecht und Gestalt, man baut sich aus tausend Existenzen auf und spiegelt sich tausendfach in andern, und wie die

Person, so wandeln sich auch Zeit und Raum, das Vor und das Nach, Vergangenheit und Gegenwart, Ferne und Nähe, Kleinheit und Größe. Aber trotz aller Verwandelbarkeit hat die Person im jeweiligen Zustand die ganze Fülle der Existenz, sie ist während ihrer sekundenhaften Dauer absolut, mit keinem andern ist ihr Schicksal vergleichbar, einmalig ist diese Person in der ihr adäquaten Form, die, wiederum nicht erst am Verhältnis, nicht an der Kleinheit oder Größe eines andern Wesens gemessen, sich bewährt, in einen durch keine Ähnlichkeit getrübten Raum gestellt, in ein Licht, für dessen Helligkeit oder Dunkel es keine Entsprechung gibt. Es ist der Stein, von dem wir träumen, das Haus, die Treppe, der Baum und auch die Geliebte, jedes Ding ist nicht „nur ein Gleichnis", jedes ist „Ereignis".

Das Gefühl, mit dem man diese Traumsituationen erlebt, orientiert sich an dem Worte: niemals. Einzigartig, unvergleichlich ist das Gefühl der Beglückung, und niemals hat man es in solcher Stärke im wachen Zustand genossen, wie auch niemals ein Leid sich mit dem messen kann, von dem man im Traume gepackt wird. Der Ägypter, der, in die Buhlerin Thonis verliebt, ihre Gunstbezeigungen mit einer großen Summe Goldes zu bezahlen willens war, trug, wie Plutarch im „Demetrios" erzählt, nachdem er geträumt hatte, daß er bei Thonis geschlafen habe, kein Verlangen mehr nach der Realität des Liebesaktes, seine Begierde war durch den Traum ganz befriedigt.

Jäh wechselt im Traume Lust und Leid, doch hat jeder Moment des Glückes s e i n e höchste Steigerung, jeder Moment des Schmerzes s e i n e n schärfsten Stachel, und bei der stärksten Intensität sind die Zustände inkomparabel, man taucht nie in dieselbe Welle der Wonne, schmeckt nie dieselbe Bitternis. Die schmerzbetonten Momente sind häufiger als die lustbetonten; nach einer Statistik, die Gießler aufgestellt hat, waren von fünfhundertfünfzig Träumen zweiunddreißig Prozent neutral, achtzehn Prozent angenehm und fünfzig Prozent unangenehm.

Gegensätzliche Empfindungen, die des Leides und des Glückes, versöhnen und vereinigen sich oft im Traume zu einer neuen, im Wachen nie gekannten Empfindung eines schmerzhaften

Glücks, einer beseligenden Wehmut. Dies Gefühl wird einem meistens zuteil, wenn ein Mensch, der nicht mehr unter den Lebenden weilt, im Traume erscheint. Es ist die Erfüllung einer ungeheuren Sehnsucht, wieder mit diesem Menschen zu sprechen, den Ton seiner Stimme zu hören, ihn an einer vertrauten Gebärde zu erkennen; seine bewegte Gestalt gibt die Gewähr, daß er lebt, und zugleich verdunkelt die Erinnerung daran, daß dieser Mensch doch gestorben sei, die frohe Gewißheit. Der Glaube, daß die Seele eines Menschen nach seinem Tode nicht aufhöre zu existieren, wurde einst durch solche Träume genährt und gefestigt.

Aus seiner Geisterwelt kam der Tote zu einem im Traum. Und die Seele des Menschen, der im Zustand des Träumens wie tot dazuliegen pflegt — für „träumen" und „zur Hälfte tot sein" gibt es in der Sprache der Primitiven in Ostafrika denselben Ausdruck „drokuku" —, verließ den Körper, entfloh aus ihrem Gefängnis, um im unermeßlichen All frei umherzuschweifen. Jetzt kam sie wieder zu ihrem Recht, das ihr im wachen Zustand der Körper dauernd vorenthielt oder verkümmerte, „unvermittelt die Wirklichkeit zu schauen". Diese Auffassung von der Tätigkeit der Seele im Traume hatten die Philosophen des Altertums und des Mittelalters, Naturvölker haben sie noch heute, aber auch der moderne Mensch kann die Steigerung der seelischen Kräfte im Traume nicht leugnen.

Man findet in diesem Buche viele Beispiele von Ahnungen von Voraussehen zukünftiger Ereignisse, ich möchte diese Beispiele nicht als die unwichtigsten bezeichnen, sie sind mit Absicht aufgenommen worden, auch wenn man für die okkulten Phänomene eine Erklärung zu geben nicht vermag. Ich selbst habe den Tod mir nahestehender Personen, auch andere zukünftige Geschehnisse im Traume vorausgeahnt, in einer Januarnacht des Jahres 1923 von einem Einsturz beim Bau eines Gebäudes geträumt, und einige Stunden später ereignete sich ein Einsturz in einem Berliner Verlagshause, das damals umgebaut wurde, es gab bei dem Unglück Tote und Verwundete, ich habe den Einsturz in allen Einzelheiten im Traume im voraus gesehen.

Ich habe die Elemente der Träume in den Erlebnissen des
Wachbewußtseins gesucht und sie aus diesen hergeleitet.
Denn ich konnte bei der Erklärung der Träume nur von
Sinneseindrücken, Wahrnehmungen und Empfindungen des
Tages sprechen, von den Funktionen der Seele, bei denen
der Körper eine Rolle spielt. Bettina von Arnim erzählt,
sie habe einmal Schleiermacher gefragt, wozu Gott uns
Körper gegeben habe, und von ihm die Antwort erhalten:
„Damit die Geister sich erscheinen und erkennen können."
Die Aufgabe dieses Buches ist erfüllt, wenn der Leser zu
der Wirklichkeit der hier mitgeteilten Träume sich so verhält
wie der künstlerisch erregbare Mensch, von dem Nietzsche
sagt, daß er sich aus den Bildern des Traumes das Leben
deutet und sich an den Vorgängen des Traumes für das
Leben übt.

DIE TRÄUME

ERZVÄTER

Hört, was ich sage! Wenn unter euch
ein Prophet ist, so offenbare ich mich
ihm durch Gesichte oder rede durch
Träume mit ihm.

4. Mos. 12,6

JAAKOB

Jaakob zog aus von Ber-Schaba und wanderte nach Charan.
Da betrat er die Stätte.
Er mußte dort nächtigen, denn die Sonne war gegangen.
So nahm er von den Steinen der Stätte
und richtete draus ein Lager für sein Haupt
und legte sich schlafen an jener Stätte.
Und ihm träumte:
Er sah eine Leiter gestellt auf die Erde,
ihr Haupt an den Himmel rührend,
und sah Boten Gottes steigen auf ihr empor, hernieder.
Sieh,
da stand ER über ihm
und sprach:
„ICH bins,
der Gott deines Vaters Abraham und der Gott Jizchaks.
Das Land, auf dem du jetzt schlafend liegst,
dir gebe ich es und deinem Samen.
Dein Same wird sein wie der Staub der Erde.
Ausbrechen wirst du westwärts, ostwärts, nordwärts, südwärts.
Gesegnet werden mit dir alle Sippen des Erdreichs
und mit deinem Samen.
Ich denn bin bei dir.
Ich will dich hüten, wo all hin du gehst,
und will dich heimbringen zu diesem Boden.
Nein, ich verlasse dich nicht,
bis ich vollbrachte, was ich dir geredet habe."
Jaakob erwachte aus seinem Schlaf
und sprach:

„Wahrlich,
gegenwärtig ist ER an dieser Stätte,
und ich wußte es nicht!"
Er erschauerte,
und er sprach:
„Wie schauervoll ist diese Stätte!
Hier ist nichts andres als ein Haus Gottes,
und hier ist die Pforte des Himmels."
Frühmorgens stand Jaakob auf,
er nahm den Stein, den er zum Lager für sein Haupt gerichtet hatte,
und errichtete ihn zum Standmal
und schüttete Öl oben darauf.
Und er rief den Namen jener Stätte: Bet-El, Haus Gottes —
vor Zeiten aber hieß die Stadt Lus.
Und Jaakob gelobte ein Gelübde, sprechend:
„Wird Gott mit mir sein,
und hat er mich behütet auf diesem Weg, den ich nun gehen muß,
und gab er mir Brot und Essen, Gewand zum Anziehn,
und ich bin heil dann heimgekehrt zum Haus meines Vaters:
so ist ER mir Gott,
und dieser Stein, den ich zum Standmal aufrichtete, soll ein Haus
    Gottes werden,
und alles, was du mir geben wirst,
verzehnten will ichs, verzehnten dir."

JOSSEF

Jissrael aber liebte Jossef über alle seine Söhne,
denn ein Sohn des Alters war er ihm,
und machte ihm einen bunten Leibrock.
Seine Brüder sahn, daß ihn ihr Vater über all seine Brüder liebte,
da haßten sie ihn,
und sie vermochten nicht, friedsam mit ihm zu reden.
Jossef träumte einen Traum und erzählte ihn seinen Brüdern,
seitdem haßten sie ihn noch mehr.
Er sprach zu ihnen:
„Hört doch diesen Traum, den ich träumte.
So wars:

Wir banden Garbenbündel inmitten des Felds,   2
da, auf richtete sich meine Garbe und stand auch schon,
und denkt, rings um sie traten eure Garben und neigten sich
    meiner Garbe."
Seine Brüder sprachen zu ihm:
„König wärst wohl gern, bei uns du König?
oder Walter du, über uns Walter?"
Und seitdem haßten sie ihn noch mehr, für seine Träume, für seine
    Reden.

Er aber träumte wieder, einen andern Traum, und erzählte ihn
    seinen Brüdern.
Er sprach:
„Denkt, noch einen Traum hab ich geträumt.
So wars:
Die Sonne und der Mond und elf Sterne neigten sich mir."   3
Er erzählte es seinem Vater und seinen Brüdern,
da schalt sein Vater ihn und sprach zu ihm:
„Was ist das für ein Traum, den du geträumt hast!
Kommen sollen wir, ich, deine Mutter, deine Brüder kommen,
uns vor dir zur Erde zu neigen?"
Seither neideten ihn seine Brüder.
Aber sein Vater bewahrte das Wort.

IM LANDE DER PHARAONEN

JOSSEF DEUTET ZWEI GEFANGENEN
IHRE TRÄUME

Nach diesen Begebnissen geschah,

der Schenk des Königs von Ägypten und der Bäcker verfehlten
sich vor ihrem Herrn, dem König von Ägypten,

Pharao ergrimmte über seine zwei Höflinge, den Obersten der
Schenken und den Obersten der Bäcker,

und gab sie in Gewahrsam ins Haus des Obersten der Palastscharfrichter, in den Zwinger, den Ort, wo Jossef gefangen
war.

Der Oberste der Palastscharfrichter aber ordnete ihnen Jossef bei,
sie zu bedienen.

So blieben sie eine Zeit in Gewahrsam.

Da träumten beide einen Traum, jeder seinen Traum, in derselben
Nacht, jeder nach der Bedeutung seines Traums,

der Schenk und der Bäcker des Königs von Ägypten, die im
Zwinger gefangen saßen.

Am Morgen kam Jossef zu ihnen und sah sie an, da waren sie
verdrossen.

So fragte er die Höflinge Pharaos, die mit ihm in Gewahrsam im
Haus seines Herrn waren, sprechend:

„Warum sind eure Gesichter heute so trüb?"

Sie sprachen zu ihm:

„Einen Traum haben wir geträumt, und niemand ist da, der ihn
deute."

Jossef sprach zu ihnen:

„Sind Deutungen nicht Gottes?

Erzählt mir doch!"

So erzählte der Oberste der Schenken Jossef seinen Traum, er
sprach zu ihm:

4 „In meinem Traum —

da, ein Weinstock vor mir,

und am Weinstock drei Reben,

und wie er ausschlägt, stieg schon die Blüte,
schon kochten seine Trauben Beeren.
Und in meiner Hand Pharaos Becher,
da nehm ich die Beeren
und zerpresse sie in Pharaos Becher
und setze den Becher auf Pharaos Hand."
Jossef sprach zu ihm:
„Dies ist seine Deutung:
Die drei Reben sind drei Tage —
drei Tage noch,
dann erhöht Pharao dein Haupt,
er tut dich wieder in deine Bestallung,
und du reichst Pharaos Becher ihm zuhand
nach der frühern Gerechtsame, als du sein Schenke warst.
Nur mögest du dich mein erinnern, wenns dir wohl geht,
o übe dann Huld an mir und erinnre mich dem Pharao,
und hilf mir aus diesem Haus.
Entführt nämlich, entführt bin ich aus dem Land der Ebräer,
und auch hier hab ich gar nichts begangen,
daß sie ins Loch mich geworfen haben."
Da sah der Oberste der Bäcker, daß er zum Guten gedeutet hatte,
und sprach zu Jossef:
„Auch ich in meinem Traum —
da, drei Körbe Weißbrots auf meinem Kopf,
und im obersten Korb allerlei Speise Pharaos, Backwerk,
und die Vögel fraßens aus dem Korb von meinem Kopf hinweg."
Jossef antwortete, er sprach:
„Dies ist seine Deutung:
Die drei Körbe sind drei Tage —
drei Tage noch,
dann erhöht Pharao dein Haupt über dich,
er hängt dich ans Holz,
und die Vögel fressen dein Fleisch von dir hinweg."
Und es war am dritten Tag,
dem Geburtstag Pharaos,
da richtete er ein Mahl für all seine Diener
und erhöhte das Haupt des Obersten der Schenken und das Haupt
    des Obersten der Bäcker inmitten seiner Diener:

den Obersten der Schenken tat er wieder in sein Schenkenamt,
daß den Becher er setzte auf Pharaos Hand,
und den Obersten der Bäcker hängte er,
wie Jossef ihnen gedeutet hatte.
Doch der Oberste der Schenken erinnerte nicht an Jossef,
er vergaß ihn.

DIE TRÄUME DES PHARAO

Nach Verlauf zweier Jahre geschah,
es träumte dem Pharao
also:
6 Er stand am Fluß,
da: aus dem Fluß stiegen sieben Kühe,
schön von Ansehn und fett von Fleisch,
und sie weideten im Ried,
und da, ihnen nach aus dem Fluß stiegen sieben andre Kühe,
häßlich von Ansehn und mager von Fleisch,
und traten neben die Kühe am Ufer des Flusses.
Und die von Ansehn häßlichen und von Fleisch magern Kühe
fraßen
die sieben von Ansehn schönen, die fetten Kühe.
Da erwachte Pharao.
Und er schlief ein und träumte zum zweitenmal,
7 da: an Einem Halm stiegen sieben Ähren, fett und schön,
und da: ihnen nach schossen sieben Ähren, mager und vom Ostwind versengt.
Und die magern Ähren
verschlangen
die sieben fetten und vollen Ähren.
Da erwachte Pharao,
und es war ein Traum.
Am Morgen aber war sein Geist umgetrieben.
Er sandte und berief alle Wahrschreiber Ägyptens und all seine
Weisen.
Und Pharao erzählte ihnen seine Träume,
aber niemand vermochte sie dem Pharao zu deuten.
Da redete der Oberste der Schenken zu Pharao, sprechend:

„Meine Verfehlungen muß ich heute erinnern.

Pharao war ergrimmt über seine Knechte
und gab mich in Gewahrsam ins Haus des Obersten der Palast-
    scharfrichter,
mich und den Obersten der Bäcker.

Da träumten wir einen Traum, in derselben Nacht, ich und er,
jeder nach der Bedeutung seines Traums träumten wir.

Und dort war mit uns ein ebräischer Jüngling, Knecht des
    Obersten der Palastscharfrichter,
dem erzählten wirs, und er deutete uns unsre Träume,
jedem nach seinem Traum deutete er.

Und es war: wie er uns deutete, so ists geschehn,
ich wurde wieder in meine Bestallung getan, und jener wurde
    gehängt."

Da sandte Pharao und berief Jossef.

Eilends entließen sie ihn aus dem Loch,
er schor sich, wechselte seine Kleider und kam vor Pharao.

Pharao sprach zu Jossef:

„Ich habe einen Traum geträumt, und niemand ist da, der ihn deute.

Nun habe ich von dir gehört, man sagt, du verstehest einen Traum
    zu deuten."

Jossef antwortete Pharao, sprechend:

„Ich nicht!

Ein Gott möge antworten, was Pharao frommt."

So redete Pharao zu Jossef:

„In meinem Traum —
da stand ich am Ufer des Flusses.

Da, aus dem Fluß stiegen sieben Kühe, fett von Fleisch und schön
    von Gestalt,
und weideten im Ried.

Und da, ihnen nach stiegen sieben andre Kühe,
elend und sehr häßlich von Gestalt und hager von Fleisch,
im ganzen Land Ägypten hab ich nie ihresgleichen an Häßlichkeit
    gesehn.

Und die sieben hagern und häßlichen Kühe fraßen die sieben
    ersten, die fetten Kühe,
die kamen in ihren Leib, aber daß sie in ihren Leib gekommen
    waren, nicht wars zu merken,

denn ihr Aussehn war häßlich wie zu Beginn.

Da erwachte ich.

Und wieder sah ich in meinem Traum:

Da, an einem Halm stiegen sieben Ähren, voll und schön,

und da, ihnen nach schossen sieben Ähren, hart, mager, vom Ostwind versengt.

Und die sieben magern Ähren verschlangen die sieben schönen
Ähren.

Ich habe es den Wahrschreibern gesagt, aber keiner kann mir
Kunde geben."

Jossef sprach zu Pharao:

„Pharaos Traum ist eins.

Was Gott im Werk führt, hat er Pharao kund getan.

Die sieben schönen Kühe sind sieben Jahre,

und die sieben schönen Ähren sind sieben Jahre —

Ein Traum ists.

Und die sieben hagern und häßlichen Kühe, die ihnen nach-
stiegen,

sind sieben Jahre,

und die sieben hohlen, vom Ostwind versengten Ähren:

sieben Jahre des Hungers werden es sein.

Das ist die Rede, die ich zu Pharao geredet habe:

was Gott im Werk führt, hat er Pharao schauen lassen.

Wisse:

Sieben Jahre kommen,

große Sättigung im ganzen Lande Ägypten,

und nach ihnen erstehen sieben Jahre des Hungers,

da wird all die Sättigung vergessen im Lande Ägypten,

so zehrt der Hunger das Land.

Und es ist nicht anzumerken dem Land, daß Sättigung war,

wegen dieses Hungers hernach, so überschwer wird der sein.

Und daß der Traum sich Pharao wiederholte, zu zwei Malen, das
meint:

festgegründet ist die Sache bei Gott,

und Gott eilt, ins Werk sie zu führen.

Nun aber ersehe Pharao sich einen Mann, einsichtig und weise,

den bestelle er über das Land Ägypten!

Pharao veranlasse, daß er Vorgesetzte dem Land setzt

und rüstet das Land Ägypten in den sieben Jahren der Sät-
tigung.
Speichern sollen sie alle Art Nahrung dieser kommenden guten
Jahre,
Korn häufen unter Pharaos Hand in den Städten zur Nahrung
und verwahren.
So sei die Nahrung eine Rücklage dem Land
auf die sieben Jahre des Hungers, die im Lande Ägypten sein
werden,
daß das Land nicht gerodet werde vom Hunger."
Gut erschien die Rede in Pharaos Augen und in den Augen all
seiner Diener.
Pharao sprach zu seinen Dienern:
„Könnten wir noch einen Mann finden wie dieser, in dem Geist
eines Gottes ist?"
Und Pharao sprach zu Jossef:
„Dieweil ein Gott dich dies alles hat erkennen lassen,
ist keiner einsichtig und weise wie du.
Du sollst über meinem Haus sein,
deinem Mund soll mein ganzes Volk sich fügen,
nur um den Thron will ich größer sein als du."

THUTMOSIS IV.

Er jagte als Prinz einmal, lange vor seines Vaters Tod, in der
Wüste bei den gewaltigen Pyramiden von Gizeh, in denen seine
Ahnen nun schon mehr als dreizehnhundert Jahre schliefen. Von
der Jagd ermüdet, legte er sich um die Mittagszeit im Schatten
der großen Sphinx zur Ruhe nieder und war bald eingeschlafen.
Da erschien ihm im Traume der Sonnengott, als dessen Ver-[8]
körperung man damals die Sphinx ansah, und bat ihn, sein vom
Wüstensand rings umgebenes Bild freizumachen, wofür er ihm
als Lohn die Königsherrschaft verhieß.
Erwacht, tat der Prinz ein Gelübde, daß er des großen Gottes
Wunsch erfüllen wolle. Und als er dann König wurde, war es
sein Erstes, die riesige Sphinx aus ihrer Sandhülle zu befreien
und das ganze Ereignis auf einer Erinnerungstafel, die er in der
Nachbarschaft aufstellen ließ, zu verewigen.

ASSYRER / BABYLONIER
MEDER / PERSER

Makhir, der Traumgott, möge walten über meinem Haupte.

Aus einem semitisch-assyrischen Textfragment eines Gebetes

TRAUM EINES ASSYRISCHEN SEHERS IN NINIVE

In selbiger Nacht, da ich (Assurbanhabal) sie (Istar) angerufen,
hatte ein Seher einen mantischen Traum.

Inmitten der Nacht erschien ihm Istar, und er erstattete mir folgenden Bericht:

9 „Istar, die Arbela bewohnt, ist vor mein Antlitz getreten. Zur
Rechten und Linken war sie mit flammendem Schein umgossen;
sie trug einen Bogen in ihrer Hand und fuhr auf ihrem Wagen,
als zöge sie in den Kampf. Du aber standest bei ihr; sie war
freundlich zu dir, wie eine Mutter zu ihrem Kinde; sie lächelte
dir zu, sie, Istar, die holdeste unter den Göttern, und sie gab
dir ihre Beschlüsse kund mit den Worten:

‚Ziehe hin, um Beute zu machen; der Weg steht offen vor dir,
ich will ebenfalls mitziehn!‘

Du sprachest zu ihr:

‚Königin der Königinnen, wohin du auch gehst, könnte ich mit
dir nur gehn!‘

Sie entgegnete dir:

‚Ich will dich beschirmen. Bleib auf der Stätte, die Nebo geheiligt; genieße in Frieden deine Speisen, trink Wein, laß fröhliche Weisen erschallen und rühme meine Gottheit, bis daß ich
komme und meine Weissagung eintrifft. Ich werde den Wunsch
deines Herzens erfüllen. Dein Antlitz soll nicht erblassen, deine
Füße sollen nicht wanken, du wirst deinen Ruhm behaupten
inmitten der Schlacht.‘

In der Gnade ihres Wohlwollens schützet sie dich; sie ist voll
Zornes gegen alle, so dir nicht untertan sind. Vor ihr breitet ein
schreckliches Feuer sich aus, deine Feinde zu besiegen und
niederzustürzen den einen auf den andern. Sie wendet sich gegen
Te-Umman, den Elamiterkönig, der ihren Augen ein Greuel ist.“

NEBUKADNEZAR

Ich, Nebukadnezar, wohnte sorglos in meinem Hause und lebens-
froh in meinem Palaste. Da hatte ich einen Traum, der erschreckte mich, und Vorstellungen auf meinem Lager und die
Gesichte meines Hauptes machten mich bestürzt. Ich ließ daher
Befehl ergehen, daß man alle Weisen vor mich führe, damit sie
mir sagten, was der Traum bedeute. Da kamen die Zeichendeuter, Wahrsager, Chaldäer und Sterndeuter, und ich trug ihnen
den Traum vor; aber was er bedeutete, konnten sie mir nicht
sagen. Zuletzt aber erschien vor mir Daniel, der nach dem Namen
meines Gottes den Namen Beltsazar trägt und von heiligem,
göttlichem Geiste erfüllt ist, und ich trug ihm den Traum vor:
„Beltsazar, du Oberster der Zeichendeuter, der du, wie ich weiß,
von heiligem, göttlichem Geiste erfüllt bist und dem kein Geheimnis zu schwierig ist, vernimm, was ich im Traume gesehen
habe, und sage, was es bedeutet!

Die Gesichte meines Hauptes auf meinem Lager waren diese: 10
Ich schaute, und sieh, ein Baum stand inmitten der Erde, und
seine Höhe war groß. Der Baum wuchs und wurde gewaltig,
sein Gipfel reichte an den Himmel, und zu sehen war er bis ans
Ende der ganzen Erde. Sein Laub war schön und seine Frucht
reichlich, und Nahrung für alle befand sich an ihm. Unter ihm
suchten Schatten die Tiere des Feldes, und in seinen Zweigen
nisteten die Vögel des Himmels, und von ihm bezog Nahrung
alles, was lebte. Ich schaute in den Gesichten meines Hauptes
auf meinem Lager, und sieh, ein heiliger Wächter stieg herab
vom Himmel; der rief laut und gab folgenden Befehl: Haut den
Baum um und schlagt seine Äste ab; streift ihm ab sein Laub
und zerstreut seine Frucht! Das Wild fliehe unter ihm weg und
die Vögel aus seinen Zweigen! Seinen Wurzelstock aber laßt in
der Erde, und zwar in einer Fessel von Eisen und Erz im Grün
des Feldes! Vom Tau des Himmels soll er benetzt werden und
bei den Tieren des Feldes sein Los sein am Gras der Erde! Sein
Menschenherz soll er verlieren, und ein Tierherz wird ihm gegeben, und sieben Zeiten sollen über ihn dahingehen! Dieser
Spruch beruht auf Beschluß der Wächter, und so lautet der Befehl
der Heiligen in dieser Sache, damit die Lebenden erkennen, daß

der Höchste Herr ist über das Reich der Menschen und es geben
kann, wem er will, und den niedrigsten der Menschen darüber
setzen kann.

Das ist das Traumgesicht, das ich, der König Nebukadnezar,
hatte; du aber, Beltsazar, sage mir, was es bedeutet! Alle Weisen
meines Reiches vermögen mir ja die Deutung nicht kundzutun;
du aber bist es imstande, da du von heiligem, göttlichem Geiste
erfüllt bist!"

Darauf war Daniel, genannt Beltsazar, eine ganze Weile starr
vor Entsetzen, und seine Gedanken machten ihn bestürzt. Der
König aber hob an und sprach: „Beltsazar! Laß dich durch den
Traum und seine Deutung nicht erschrecken!" Beltsazar antwortete und sprach: „O Herr! Der Traum gelte denen, die dich
hassen, und was er bedeutet, deinen Feinden! Der Baum, den
du sahst, der wuchs und gewaltig wurde, dessen Gipfel an den
Himmel reichte und der zu sehen war bis ans Ende der ganzen
Erde, dessen Laub schön, dessen Frucht reichlich war und an
dem sich Nahrung für alle befand, unter dem die wilden Tiere
weilten und in dessen Zweigen die Vögel des Himmels nisteten,
der bist d u, o König, der du groß und mächtig bist, du, dessen
Größe wuchs und bis an den Himmel reicht und dessen Macht
sich bis an das Ende der Erde erstreckt.

Daß aber der König sah, wie ein heiliger Wächter vom Himmel
herabstieg und befahl: ‚Haut den Baum um und verderbt ihn;
seinen Wurzelstock aber laßt in der Erde, und zwar in einer Fessel
von Eisen und Erz im Grün des Feldes, vom Tau des Himmels
soll er benetzt werden und bei den Tieren des Feldes sein Los
sein, bis sieben Zeiten über ihn dahingegangen sind', das bedeutet, o König — und der Beschluß des Höchsten ist's, der über
meinen Herrn, den König, ergangen ist —: du wirst aus der
menschlichen Gesellschaft ausgestoßen und bei den Tieren des
Feldes hausen; Grünfutter wie den Rindern wird dir zur Nahrung
gegeben werden, und vom Tau des Himmels wirst du benetzt
werden, und sieben Zeiten werden über dich dahingehen, bis du
erkennst, daß der Höchste über das Reich der Menschen Macht
hat und es geben kann, wem er will. Der Befehl aber, den Wurzelstock des Baumes zu belassen, bedeutet: dein Reich verbleibt für
dich aufbehalten, sobald du erkennst, daß der Himmel mächtig

ist. Darum, o König, laß dir meinen Rat gefallen: Löse deine
Sünden ab durch gute Werke und deine Missetaten durch Barm-
herzigkeit gegen Elende, ob vielleicht deinem Wohlbefinden
Dauer beschieden wird."
Das alles erfüllte sich an dem König Nebukadnezar.

ASTYAGES

Astyages bekam eine Tochter, der er den Namen Mandane gab.
Von ihr kam ihm in einem Traume vor, als wenn sie so viel 11
Wasser ließe, daß sie die ganze Stadt damit anfüllte und ganz
Asien überschwemmte.
Als er nun denen unter den Magiern, die die Träume auslegten,
den Traum erzählte, geriet er über das, was er von ihnen vernahm, in Furcht.
Die Mandane, die unterdessen mannbar geworden, wollte er
keinem von den Medern, die seiner würdig gewesen wären, zur
Gemahlin geben, weil er wegen des Traumes in Sorge war. Er
verheiratete sie an einen Perser mit Namen Kambyses, von dem
er wußte, daß er aus gutem Geschlecht und von stiller Gemütsart
war, den er aber für geringer hielt als einen Meder von mitt-
lerem Stande.

In dem ersten Jahre ihrer Vermählung hatte er einen anderen
Traum:
Es war ihm, als wenn aus dem Schoße seiner Tochter ein Wein- 12
stock wüchse, der sich über ganz Asien ausbreitete.
Nachdem er auch diesen Traum den Traumdeutern vorgelegt,
ließ er seine Tochter, die bald niederkommen sollte, aus Persien
holen und genau bewachen, weil er beschlossen hatte, das Kind,
das sie gebären würde, aus dem Wege zu räumen.
Denn die Traumdeuter unter den Magiern verkündigten, daß der
Sohn seiner Tochter an seiner Statt die Herrschaft erlangen
würde.
Dieses suchte Astyages zu verhüten; daher ließ er, als Cyrus geboren wurde, den Harpagus rufen und sagte zu ihm: „Nimm den
Knaben, welchen Mandane geboren hat, trage ihn in dein Haus
und bringe ihn um."

CYRUS

Cyrus kam hochbetagt wieder nach Persien, zum siebenten Male
während seiner Regierung.

13 Eines Tages im Palaste eingeschlafen, hatte er folgendes Traumgesicht. Es träumte ihm, eine übermenschliche Gestalt nähere
sich ihm und spreche: „Mache dich fertig, Cyrus! Du wirst jetzt
zu den Göttern gehen."
Infolge dieses Traumgesichtes wachte er auf und glaubte ziemlich gewiß zu sein, daß das Ende seines Lebens nahe sei. Sogleich nahm er daher Opfertiere und brachte dem heimischen
Zeus, der Sonne und den anderen Göttern, wie die Perser zu
opfern pflegen, auf den Höhen Opfer dar.

Im Jahre 529 v. Chr. In der Nacht nach seinem Übergang über
den Araxes hatte er in dem Lande der Massageten im Schlafe
folgendes Gesicht:

14 Er sah im Traume den ältesten unter den Söhnen des Hystaspes,
welcher Flügel auf den Schultern hatte, wovon der eine Asien,
der andere Europa beschattete.
Unter den Söhnen des Hystaspes, des Sohnes des Arsames, war
Darius der älteste und damals höchstens zwanzig Jahre alt. Weil
er noch nicht das Alter erreicht hatte, in dem man Kriegsdienste
tun mußte, war er in Persien zurückgeblieben.
Als Cyrus erwachte, überlegte er bei sich selbst den Traum. Da
ihm derselbe von Bedeutung zu sein schien, ließ er den Hystaspes
zu sich kommen, nahm ihn allein bei Seite und sagte zu ihm:
„Hystaspes, es ist gewiß, daß dein Sohn mir nachstellt und gegen
meine Herrschaft böse Anschläge plant, ich will dir anzeigen,
woher ich dieses sicher weiß. Die Götter tragen Sorge für mich
und zeigen mir alles vorher an, was mir begegnen wird. In der
vergangenen Nacht sah ich im Schlafe deinen ältesten Sohn mit
Flügeln auf den Schultern, so daß er mit dem einen Asien, mit
dem andern Europa beschattete. Es ist nach diesem Gesicht gar
kein Zweifel, daß er mit bösen Anschlägen wider mich umgeht.
Begib du dich also auf das geschwindeste nach Persien zurück
und sorge dafür, daß du mir deinen Sohn, wenn ich nach Unter-
werfung der Massageten wiederum nach Persien zurückgekehrt
bin, zur Verantwortung stellen kannst."

So sprach Cyrus, in dem Glauben, Darius stelle ihm nach. Der
Schutzgeist aber offenbarte ihm, daß er dort, wo er war, sein
Leben beschließen und sein Reich auf Darius übergehen würde.

XERXES

Als es Nacht wurde und den Xerxes die Meinung des Artabanos
sehr unruhig machte, überlegte er die Sache und fand, daß es nicht
ratsam sei, den griechischen Feldzug zu unternehmen. Mit diesen
Gedanken schlief er ein und hatte, wie die Perser erzählen, folgenden Traum:
Es deuchte den Xerxes, als wenn ein großer und ansehnlicher 15
Mann bei ihm stünde und zu ihm spräche: „Änderst du, o Perser,
nunmehr den Entschluß, Griechenland mit Krieg zu überziehen,
nachdem du schon den Persern anbefohlen hast, ein Heer zu versammeln? Du tust nicht wohl, wenn du deine Meinung änderst,
und du hast auch niemand, der dir Beifall gäbe; fahre also fort,
den Weg zu gehen, den du gestern am Tage zu gehen beschlossen
hast."
Darauf schien es dem Xerxes, als wenn das Gesicht verschwände.
Wie es Tag wurde, achtete er diesen Traum nicht, sondern berief
ebendiejenigen Perser wieder zusammen, die den vorigen Tag da
gewesen waren, und sprach: „Verzeiht mir, ihr Perser, daß ich
meinen Entschluß geändert habe. Da ich nun also mich anders
besonnen und in den Streit gegen Hellas nicht ziehen will, so
könnt ihr ruhig zu Hause bleiben." Wie die Perser dieses hörten,
freuten sie sich sehr und fielen vor ihm nieder.
Als es aber Nacht war, erschien dem Xerxes die gleiche Gestalt
wieder im Traum und sprach zu ihm: „O Sohn des Darius, du
hast nunmehr doch in der Versammlung der Perser den Feldzug
abgesagt und meine Worte für nichts geachtet, als wenn du sie
gar nicht gehört hättest. Wisse also, daß, wenn du nicht sogleich
zu Felde ziehst, du zu erwarten hast, daß du, ebenso wie du in
kurzer Zeit groß und mächtig geworden, auch sehr geschwind
wirst erniedrigt werden."
Xerxes, der durch diesen Traum erschreckt wurde, sprang sogleich auf und ließ den Artabanos holen. Sobald er ankam, sprach
Xerxes: „Artabanos, ich habe unsinnig gehandelt, da ich gegen

dich, als du mir einen so guten Rat erteiltest, so törichte Reden
ausstießt. Nicht lange darauf bereute ich es und sah wohl ein, daß
ich dasjenige tun müsse, was du mir rietest. Aber es steht nicht
in meiner Gewalt, das zu tun, was ich will. Denn da ich schon
meinen ersten Entschluß geändert und bereut hatte, kam ein Gesicht und erschien mir im Traum und widerriet mir, meinem letzten Entschluß zu folgen, und ging sogar mit Drohungen von mir
fort. Wenn es Gott ist, der mir diesen Traum schickte, und es
durchaus sein Wille ist, daß ich Griechenland bekriegen soll, so
wirst du ebendiesen Traum haben und so wird dir ebendas anbefohlen werden, was mir anbefohlen ist. Ich glaube, dies wird geschehen, wenn du allen meinen Schmuck nimmst, ihn anziehst,
dich darauf auf meinen Thron setzt und alsdann in meinem Bette
schläfst."

Als Xerxes ausgeredet hatte, wollte Artabanos anfänglich nicht
gehorchen, weil er sich für unwürdig hielt, auf dem königlichen
Throne zu sitzen; wie er aber zuletzt gezwungen wurde, tat er,
was ihm befohlen war, sprach aber zuvor: „Nun sagst du, es sei
dir, da du schon wegen des griechischen Krieges dich eines Besseren besonnen, auf Befehl eines Gottes ein Gesicht im Traume erschienen, welches dir verboten, den Zug aufzugeben. Aber dies
kommt nicht von Gott, mein Sohn! Mit den Träumen, die bei
den Menschen herumschwärmen, ist es so beschaffen, wie ich dir
jetzt sagen will, der ich viele Jahre älter bin als du. Sie pflegen
gemeiniglich dasjenige wieder vorzustellen, was man des Tages
über denkt. Nun haben wir ja diese Tage her über den Feldzug
eifrige Beratschlagungen angestellt. Wenn es sich also nicht so
verhält, wie ich sage, und etwas Göttliches hierbei ist, so ist das
wahr, was du gesagt hast, denn es wird mir ebenfalls erscheinen
und mir dasselbe befehlen, was es dir befohlen hat. Ob ich deine
oder meine Kleider anhabe, oder ob ich in deinem oder in meinem
Bette schlafe, trägt aber nicht im geringsten dazu bei, daß es mir
eher erscheinen müsse, wenn es sonst erscheinen will. Denn solche
Dummheit wird doch dasjenige nicht besitzen, was dir im Schlafe
erscheint, es mag nun sein, was es will, daß es mich für dich ansehen und dich also bloß an den Kleidern kennen sollte. Wenn es
aber auf mich nicht achtet, so wird es auch mich nicht würdigen,
mir zu erscheinen und zu mir zu kommen, ich mag nun deine oder

meine Kleidung anhaben. Hierauf ist jetzt zu merken. Denn
wenn es öfter kommen sollte, so würde ich selbst sagen, es sei
von Gott. Wenn du deine Meinung hierin nicht ändern willst, so
will ich mich jetzt in deinem Bette schlafenlegen. Wohlan, da
ich dieses tue, mag es auch mir erscheinen. So lange aber bleibe
ich bei meiner Meinung."

Darauf tat Artabanos, was ihm befohlen war, in der Meinung,
den Xerxes zu überführen, daß sein Vorgeben unbegründet sei.
Nachdem er die Kleidung des Xerxes angezogen und auf seinem
Throne gesessen, legte er sich schlafen.

Wie er eingeschlafen war, sah er ebendas Traumbild, welches dem 17
Xerxes erschienen war. Dieses stellte sich Artabanos zu Häupten
und sprach: „Bist du derjenige, der dem Xerxes widerrät, den
griechischen Krieg zu unternehmen, als ob du sein Vormund
wärst? Aber es wird dir weder künftig noch jetzt so ungestraft
hingehen, daß du dasjenige widerrätst, was nach dem Schicksal
unüberwindlich ist. Was aber dem Xerxes widerfahren soll, wenn
er nicht gehorcht, das ist ihm schon angezeigt." Als Artabanos
diese Drohungen des Gesichts hörte, kam es ihm vor, als wenn es
ihm die Augen mit glühenden Eisen ausbrennen wollte, weswegen
er entsetzlich schrie und aufsprang.

Er ging alsobald zu Xerxes, erzählte ihm das Gesicht, das er im
Traume gehabt, und setzte hinzu: „Da ein göttlicher Antrieb da
ist und den Griechen, wie es scheint, ein von Gott verhängtes Unglück bereitet ist, so ändere ich meine Meinung. Mache du nun
den Persern die Gesichte, die wir von Gott bekommen haben, kund
und befiehl ihnen, die Befehle zu vollziehen, welche du ihnen anfangs wegen der Zurüstung der Armee erteilt hast." Wie er dieses
gesagt, waren ihre Gedanken noch immer auf das Gesicht gerichtet; und sobald es Tag wurde, meldete Xerxes den Persern alles
dies, und Artabanos, der vorhin der einzige gewesen war, der ab-
geraten hatte, bezeigte jetzt öffentlich, daß er dazu anrate.

Nachdem Xerxes schon im Begriffe war, in den Krieg zu ziehen,
sah er noch zum dritten Male ein Gesicht im Traume, welches von
den Magiern, sobald sie es hörten, so ausgelegt wurde, als gehe
es die ganze Welt an und bedeute, daß ihm alle Menschen unter-
tänig sein würden.

Das Gesicht war folgendes: Es träumte dem Xerxes, er würde 18

mit einem Ölzweige gekrönt, dessen Zacken sich über die ganze
Erde ausbreiteten; und darauf kam es ihm vor, als wenn der
Kranz um das Haupt verschwinde.

Nachdem die Magier den Traum ausgelegt hatten, ging ein jeder
nach seiner Statthalterschaft zurück und bestrebte sich mit allem
Eifer, die gegebenen Befehle zu vollziehen.

GRIECHISCH-RÖMISCHER UMKREIS

Denn auch der Traum ist vom Jupiter.

Homer

MUTTER DES PHALARIS

Der gelehrte Heraklides von Pontus, ein Zuhörer und Schüler [19] des Plato, erzählt von der Mutter des Phalaris, daß sie im Traume Götterbilder, die Phalaris selbst aufgestellt hätte, gesehen habe. Darauf sei es ihr so vorgekommen, als ob eines unter diesen, ein Mercur, in seiner rechten Hand eine Schale halte und daraus Blut auf die Erde gieße, das, indem es die Erde berühre, aufbrause und das ganze Haus mit Blut erfülle.
Dieser Traum der Mutter erhielt durch ihres Sohnes unmenschliche Grausamkeit seine Erfüllung.

THEMISTOKLES

Ihm träumte, daß eine Schlange sich um seinen Leib wände, [20] dann nach dem Halse hinaufkröche und, wie sie das Gesicht berührte, sich in einen Adler verwandelte, der ihn mit den Fittichen umfaßte, ihn emporhob, eine weite Strecke forttrug und endlich auf einen plötzlich erscheinenden goldenen Heroldsstab so sicher hinstellte, daß er auf einmal von seiner großen Furcht und Angst befreit wurde.

SIMONIDES

Simonides fand einen unbekannten Mann tot auf dem Wege liegen. Er beerdigte ihn und wollte bald darauf eine Seereise antreten. Aber der Beerdigte erschien ihm im Traume und warnte ihn, seine [21] Absicht auszuführen, denn wenn er zu Schiffe ginge, würde er im Schiffbruch umkommen.
Simonides gab daher die Reise auf, die anderen aber, die fortsegelten, kamen um.

SOPHOKLES

22 Es war aus dem Herkulestempel eine schwere goldene Schale
entwendet worden, und im Traum erschien Sophokles der Gott
und nannte ihm den Täter. Dies ließ Sophokles das erste und
zweite Mal unbeachtet. Als der Traum sich aber wiederholte,
begab sich Sophokles zum Areopag und meldete den Vorfall.
Die Areopagiten ließen den Mann, den Sophokles bezeichnet
hatte, ergreifen, und er gestand nach eingeleiteter Untersuchung
die Tat und brachte die Schale zurück. Nach diesem Ereignis
erhielt der Tempel den Namen Tempel des Angebers Herkules.

SOKRATES

Athen, 399 v. Chr.

Sokrates: „Aber warum bist du denn so früh gekommen?"

Kriton: „Um dir eine traurige Nachricht zu bringen, Sokrates,
traurig und schwer allerdings nicht für dich, wie ich sehe, wohl
aber für mich und alle deine Freunde — für mich vielleicht am
allerschwersten."

Sokrates: „Was für eine denn? Ist das Schiff von Delos gekommen, nach dessen Ankunft ich sterben soll?"

Kriton: „Noch nicht, aber ich glaub, es wird heut kommen, nach
dem, was einige aus Sunion berichten, die es dort verlassen haben.
Es wird also heut kommen, und du wirst morgen dein Leben be-
enden müssen, lieber Sokrates."

Sokrates: „Gut, Kriton, Glück zu! Ist es den Göttern lieb so,
dann sei es. — Ich glaub übrigens nicht, daß es heut kommt."

Kriton: „Woraus schließt du das?"

Sokrates: „Ich wills dir sagen. Ich soll doch den Tag darauf
sterben, wenn das Schiff gekommen ist?"

Kriton: „So bestimmen es die Elfmänner."

Sokrates: „Ich glaube also nicht, daß es heute kommt, sondern
erst morgen. Ich schließe das aus einem Traum, den ich vor einer
kleinen Weile diese Nacht gehabt habe; und es war am End gut,
daß du mich nicht früher geweckt hast."

Kriton: „Und was träumtest du?"

23 Sokrates: „Es kam eine schöne Frau von edler Gestalt, in weißem

Gewand auf mich zu, rief mir zu und sprach: ‚Sokrates, kommen
am dritten Tag sollst du zur schölligen Phthia.'"
Kriton: „Was für ein seltsamer Traum, Sokrates!"
Sokrates: „Deutlich jedenfalls, wie mir scheint, Kriton."
Kriton: „Ganz deutlich."

Hier nahm nun Kebes das Wort und sprach: „Gut, daß du mich
daran erinnerst, Sokrates. Freunde haben mich nämlich nach
deinen Gedichten gefragt, nach jenen, in denen du die Fabeln
des Aisopos in Verse gebracht hast, und dann nach dem Preislied
auf Apollon. Erst neulich meinte Euenos, wie es denn käme, daß
du erst im Gefängnis Gedichte gemacht hättest — was doch
früher nicht deine Art war. Wenn dir nun etwas daran liegt, daß
ich Euenos, sollte dieser mich wiederum fragen, Antwort gebe —
du weißt: er wird es tun — was soll ich ihm also sagen?"
„Sage Euenos", sprach Sokrates, „nur die Wahrheit, sage ihm,
ich hätte diese Gedichte nicht gemacht, um mich mit ihm und
seinen Gedichten zu messen — das, wüßte ich, würde mir nicht
leicht fallen — sondern weil ich zu erfahren suchte, was denn ein
ganz bestimmter Traum, den ich habe, meinte, und weil ich mich
dann einer heiligen Pflicht entledigen wollte, wenn dieser Traum
mich noch öfter hieße, solche Musik zu machen. Das ist nämlich
so: Gar oft kam mir in meinem Leben schon früher dieser selbe 24
Traum, er wechselte wohl die Gestalt, doch sagte er stets dasselbe: ‚Mache Musik, Sokrates, Musik!' Zuerst deutete ich mir
ihn nun so, daß er mich damit zu meinem eigenen Werke er-
munterte. Gleichwie wir Läufern zurufen, würde auch mir mein
Traum zurufen, mein Werk zu vollenden, meine Musik zu machen,
die Philosophie, diese höchste Musik. Also, sage ich, deutete ich
mir den Traum. Doch als das Urteil dann über mich gesprochen
war und der Festzug Apollons meinen Tod hinausschob, da entschloß ich mich, sollte mich noch einmal mein Traum zu jener
Musik, wie sie allgemein verstanden wird, auffordern, mich nicht
mehr deutend gegen dessen Geheiß zu wehren. Denn es schien
mir sicherer, nicht vom Leben zu scheiden, bevor ich mich nicht
mit einem Gedichte entsühnt hätte, gehorsam dem Traume. Darum also machte ich zuerst mein Gedicht auf den Gott, dem zu
Ehren jetzt der Opferzug stattfand. Dann aber dachte ich mir,

ein wahrer Dichter müßte doch Fabeln dichten und nicht einfach
nur Reden halten. Und da ich Fabeln nicht eigentlich erfinden
kann, so nahm ich jene Fabeln des Aisopos her, die mir geläufig
waren und die ich verstand, und brachte die ersten besten in
Verse.

ALKIBIADES

Alkibiades lebte mit der Buhlerin Timandra.

25 Einst hatte er im Schlafe folgendes Traumgesicht. Es kam ihm
vor, als wenn er die Kleider der Buhlerin anhätte, diese seinen
Kopf in den Armen hielte und sein Gesicht nach der Art der
Weiber bemale und schminke.

26 Andere sagen, es hätte ihm geträumt, daß Magaios ihm den Kopf
abschnitte und sein Körper verbrannt würde. Diesen Traum soll
er kurz vor seinem Tode gehabt haben.

PELOPIDAS

371 v. Chr. Als nun beschlossen war, ein Treffen zu wagen, und
man sich bei Leuktra den Lakedaimoniern gegenüber lagerte,
sah Pelopidas im Schlafe ein Traumgesicht, das ihm große Unruhe verursachte. Auf dem leuktrischen Felde befinden sich nämlich die Grabmäler der Töchter des Skedasos, welche man von
dem Orte gewöhnlich nur die Leuktriden nennt, weil sie daselbst,
nach gewaltsamer Schändung durch spartanische Gäste, beerdigt
worden sind. Ihr Vater, der für diese gottlose und abscheuliche
Tat in Lakedaimon keine Genugtuung erhalten konnte, belegte
die Spartaner mit Flüchen und brachte sich auf dem Grabe der
Mädchen selbst ums Leben.

27 Dem Pelopidas nun kam es vor, als er im Lager schlief, als sähe
er nicht nur die Mädchen, die bei ihren Gräbern klagten und die
Spartaner verwünschten, sondern auch den Skedasos selbst, der
ihm befahl, seinen Töchtern eine rote Jungfrau zu opfern, wenn
er die Feinde besiegen wolle.

Dieser Befehl dünkte ihm so grausam und abscheulich, daß er
gleich beim Erwachen die Befehlshaber und Wahrsager darüber
um Rat fragte. Einige waren der Meinung, er dürfe ihn nicht in
den Wind schlagen, noch ungehorsam sein. Allein die andern

rieten ihm vom Opfer ab, weil keins der höhern, über uns erhabenen Wesen an einem so barbarischen und abscheulichen
Opfer Gefallen finden könnte.

In diesem Streite nun waren die Anführer noch begriffen, und
Pelopidas selbst befand sich in größter Verlegenheit, als eine
junge Stute, die von einer Herde entsprungen war, durch das
Lager rannte und mitten im Laufe gerade vor ihnen stehen blieb.
Die schimmernde Feuerröte der Mähne, der edle, stolze Mut und
das übermütige Wiehern des Tieres zog aller Aufmerksamkeit
auf sich, aber der Wahrsager Theokritos besann sich sogleich
und rief dem Pelopidas zu: „Da kommt dein Opfer, glücklicher
Mann! Wir brauchen keine andere Jungfrau zu erwarten, nimm
diese zum Opfer, die dir die Gottheit selbst zuschickt." Man griff
also das Pferd und führte es zu den Gräbern der Jungfrauen, wo
man es, mit Kränzen geschmückt, unter Gebeten und mit großer
Freude opferte.

Darauf verbreitete man im Lager die Kunde von dem Traume
des Pelopidas und dem dargebrachten Opfer.

OLYMPIAS

357 v. Chr. Philipp, erzählt man, verliebte sich in seinen Jüng-
lingsjahren, als er in Samothrake zugleich mit der Olympias in
die Mysterien eingeweiht wurde, in diese Prinzessin, die ebenfalls noch sehr jung und eine Waise war, und nahm sie mit Einwilligung ihres Bruders Arymbas zur Gemahlin.

Die Nacht zuvor, als sie in die Brautkammer eingeschlossen wur- 28
den, hatte die Braut einen Traum, als wenn bei einem Gewitter
der Blitz ihr in den Leib schlüge und aus diesem Schlage ein
heftiges Feuer entstände, welches nach allen Seiten hin in helle
Flammen ausbrach und dann auf einmal verlöschte.

PHILIPP II. VON MAZEDONIEN

Philipp träumte bald nach der Vermählung, daß er auf den Leib 29
seiner Gemahlin ein Siegel drückte, worauf, wie ihn deuchte, das
Bild eines Löwen gestochen war.

Alle Wahrsager fanden den Traum bedenklich und erklärten,

Philipp hätte mit genauerer Sorgfalt über die Aufführung seiner Gemahlin zu wachen; nur Aristandros von Telmissos gab die Deutung, die Königin sei schwanger — denn leere Gefäße pflegt man nicht zu versiegeln — und sie werde einen Knaben von feurigem, löwenartigem Mute gebären.

ALEXANDER DER GROSSE

August, 332 v. Chr. Alexander hatte zur Zeit, als er Tyros belagerte, einen Traum.

30 Es deuchte ihn, als wenn ein Satyr erschiene, ihn aus der Ferne necke, dann, wie er ihn haschen wollte, seinen Händen entschlüpfte, endlich aber doch nach vielem Bitten und Herumlaufen sich von ihm fangen ließe.

Die Wahrsager teilten nun den Namen in Sa Tyros und gaben ihm die nicht unschickliche Deutung: Tyros wird dein sein.

Man zeigt auch noch eine Quelle, bei welcher er den Satyr im Traume zu sehen glaubte.

Alexanders Freund Ptolemäus war in einer Schlacht von einem vergifteten Pfeile getroffen und nahe daran, unter den heftigsten Schmerzen an dieser Wunde zu sterben. Alexander saß bei ihm und wurde vom Schlaf überwältigt.

31 Im Traume sah er einen Fisch, welchen seine Mutter Olympias fütterte, eine Wurzel im Munde tragen und dabei angeben, wo diese wüchse — der Ort war nicht weit entfernt — und daß die große Heilkraft derselben den Ptolemäus sehr bald wieder herstellen würde.

Als Alexander erwachte, erzählte er seinen Traum und ließ die Wurzel suchen. Sie wurde gefunden, und Ptolemäus und viele Soldaten, welche von solchen vergifteten Pfeilen getroffen waren, wurden gesund.

ALEXANDER DER GROSSE
UND DER HOHEPRIESTER JADDUA

332 v. Chr. Alexander zog nach der Eroberung von Gaza sogleich auf Jerusalem zu. Als der Hohepriester Jaddua davon Kunde erhielt, befiel ihn große Angst.

Als er nach dem Opfer sich zur Nachtruhe begeben hatte, er- ³²
mutigte ihn Gott im Traume, er solle nur getrost sein, die Stadt
bekränzen und die Tore öffnen lassen. Die Einwohner sollten alsdann in weißen Gewändern, er selbst aber mit den Priestern in
feierlichem Ornat dem Könige entgegenziehen und nichts Schlim-
mes befürchten, da er für sie sorgen werde.

Als Jaddua vom Schlafe erwacht war, freute er sich sehr und
teilte in seiner Freude allen mit, was ihm im Schlafe aufgetragen
worden war. Dann bereitete er sich auf die Ankunft des Königs vor.

Sobald Alexander von fern die Menge in ihren weißen Kleidern,
die Priester in ihren Byssusgewändern und den Hohenpriester mit
dem Kleide aus Hyazinth und Gold, dem Kopfbunde und der goldenen Platte, auf welcher der Name Gottes eingraviert war, erblickte, eilte er allein herbei, bewies dem Namen seine Verehrung
und begrüßte den Hohenpriester zuerst. Parmenio allein faßte sich
ein Herz, schritt auf Alexander zu und fragte ihn, weshalb er, den
alle Welt verehre, sich vor dem jüdischen Hohenpriester nieder-
werfe.

Der König entgegnete ihm darauf: „Nicht ihn habe ich angebetet,
sondern Gott, dessen höchste Priesterwürde er bekleidet. Diesen ³³
Hohenpriester habe ich in demselben Gewande schon im Traume
gesehen, als ich in Dios in Mazedonien mich befand. Und da ich
schon überlegte, wie ich Asien unterjochen könne, riet dieser mir,
nicht zu zögern, sondern wacker überzusetzen. Er selbst werde
meinem Heere voranschreiten und mir die Herrschaft über die
Perser verschaffen. Weil ich nun noch keinen anderen Menschen
in einem solchen Gewande gesehen habe, erinnerte ich mich bei
seinem Anblick sogleich des Traumes und seiner Verkündigung,
und ich glaube jetzt, daß ich meinen Kriegszug auf Gottes Geheiß
unternehme, daß ich den Darius überwinden, die Macht der Perser
vernichte und alle meine Absichten verwirklichen werde."

PYRRHOS

Pyrrhos rückte ins Feld und ging auf Berrhoia los.

In der Nacht vor dem Aufbruche kam es ihm im Traume vor, ³⁴
als wenn Alexander der Große ihn zu sich riefe. Er ging zu ihm
hin, fand ihn bettlägerig, wurde aber doch sehr höflich und

freundlich empfangen und erhielt von ihm die Zusage, er werde
ihm mit Nachdruck beistehen. Pyrrhos wagte es, ihn zu fragen:
„Wie kannst du aber, o König, da du krank bist, mir beistehen?"
Alexander antwortete: „Mit meinem bloßen Namen" — bestieg
dann ein nisaiisches Pferd und ritt vor ihm her.
Durch dieses Traumgesicht wurde Pyrrhos mit großem Mut
beseelt.

TITUS LATINUS

An dem Tage, an dem die Spiele gefeiert wurden, hatte am frühen
Morgen, noch vor dem Anfang der Spiele, ein Hausvater einen
Sklaven unter der Gabel durchgeprügelt und mitten durch die
Rennbahn vor sich hergetrieben. Darauf begannen die Spiele, als
ob dieser Vorfall gar keinen Bezug auf die religiöse Feier gehabt
hätte.

Nicht lange darauf hatte Titus Latinus, ein Mann aus dem
Volke, einen Traum.

35 Es kam ihm vor, als wenn ihm Jupiter sagte, der Vortänzer bei
den Spielen habe ihm mißfallen. Wenn die Spiele nicht glanzvoll
erneuert würden, so drohe der Stadt Gefahr. Er solle sich auf-
machen und dies den Konsuln melden.

Obgleich sein Gemüt nicht frei von religiösen Bedenken war, so
siegte doch die Scheu vor der Hoheit der Staatsbehörde über
seine Furcht, als Gegenstand des Spottes in das Gerede der
Leute zu kommen. Diese Zögerung kam ihm teuer zu stehen,
denn er verlor nach einigen Tagen seinen Sohn.

36 Und damit die Ursache dieses plötzlichen Unfalls nicht zweifelhaft sei, so erschien dem in tiefster Seele Betrübten dieselbe Gestalt im Traume, und es kam ihm vor, als wenn sie ihn fragte, ob
er nun seinen genügenden Lohn für die Verachtung der Gottheit habe? Es stehe ihm noch Ärgeres bevor, wenn er nicht gehe
und den Konsuln nicht die Meldung bringe.

Jetzt war kein Zweifel mehr möglich. Da er aber noch immer zau-
derte und die Sache hinausschob, so wurde er von einer heftigen
Krankheit befallen und plötzlich gelähmt. Jetzt mahnte ihn wirklich der Zorn der Götter. Durch das Geschehene wie das drohende
Unglück erschüttert, zog er seine Verwandten zu Rate, und nach-

dem er ihnen erzählt hatte, was er gesehen und gehört, die wiederholte Erscheinung Jupiters im Traume, die durch Unglücksfälle
verwirklichten Drohungen des himmlischen Zornes, kamen alle
Anwesenden überein, ihn in einer Sänfte zu den Konsuln auf den
Markt zu tragen. Von da wurde er auf das Geheiß der Konsuln
in die Kurie gebracht, und nachdem er dasselbe zur allgemeinen
Verwunderung den Vätern erzählt hatte, ereignete sich ein neues
Wunder. Er, der an allen Gliedern gelähmt in die Kurie gebracht
worden war, konnte zu Fuß in die Stadt zurückkehren.

HANNIBAL

Cälius schreibt vom Hannibal, er habe die goldene Säule, die im
Tempel der Juno Lacinia stand, wegnehmen wollen, aber im
Zweifel, ob sie gediegen sei oder nur von außen vergoldet, habe
er sie durchbohren lassen, und als er sie gediegen befunden und
wegzunehmen beschlossen habe, sei ihm im Traume Juno er- 37
schienen und habe ihm verboten, es zu tun, und ihm gedroht,
wenn er es doch täte, so würde sie bewirken, daß er auch das
Auge, mit dem er gut sähe, verlöre.
Dies habe er als ein scharfsinniger Mann nicht außer Acht gelassen und daher aus dem Golde, das ausgebohrt war, eine kleine
Kuh machen und diese oben auf die Säule stellen lassen.

219 v. Chr. Hannibal sah sich nach der Eroberung von Sagunt 38
im Traume von Jupiter in den Götterrat berufen. Bei seiner Ankunft befahl ihm Jupiter, Italien zu bekriegen, und gab ihm einen
Geleitsmann aus der Versammlung mit. Von diesem geführt,
trat er den Marsch mit dem Heere an. Von seinem Führer aber
erhielt er die Warnung, sich nicht umzusehen. Doch zuletzt
konnte er das nicht länger aushalten und blickte, von Neugier
überwältigt, hinter sich. Da erblickte er ein gräßliches, ungeheures Tier, mit Schlangen umflochten, das mit jedem Tritte alle
Anpflanzungen, Büsche, Häuser zerstörte. Verwundert fragte er
den göttlichen Gefährten, was dieses Scheusal zu bedeuten habe?
Dieser aber entgegnete: „Italiens Ruin!" und ermahnte ihn,
nicht zu säumen und sich nicht um das, was hinter ihm in seinem
Rücken geschehe, zu bekümmern.

GAJUS GRACCHUS

39 126 v. Chr. Cälius berichtet, Gajus Gracchus habe vielen Personen erzählt, daß ihm, als er sich um die Quästur bewarb, sein Bruder Tiberius im Traume erschienen sei und gesagt habe: „Sträube dich, so lange du willst, dennoch wirst du desselben Todes sterben, dem ich erlegen bin."
Dies, schreibt Cälius, habe er selbst, bevor Gajus Gracchus Volkstribun wurde, gehört und habe es vielen erzählt.
Kann ein Traum vollkommener in Erfüllung gehen als dieser?

KÖNIG MITHRIDATES VI. EUPATOR

Pompejus holte am Euphrat den Mithridates ein und lagerte sich ihm zur Seite. Aus Besorgnis nun, Mithridates möchte in Eile über den Euphrat gehen, rückte er um Mitternacht mit seiner Armee in Schlachtordnung an.
Gerade um diese Zeit hatte Mithridates, wie man sagt, einen Traum, der ihm die Zukunft enthüllte.
40 Es kam ihm nämlich vor, als wenn er mit günstigem Winde über das Pontische Meer schiffte, schon Bosporos erblickte und sich mit seinen Begleitern der sicheren und gewissen Rettung erfreute. Auf einmal aber sah er sich von allen verlassen und trieb auf einem elenden Wrack im Meere herum.
Eben wurde er von diesem Traumgesichte beängstigt, als seine Freunde herzutraten und ihn aufweckten, um zu melden, daß Pompejus anrücke.

MARCUS TULLIUS CICERO

58 v. Chr. Cicero, der auf Betreiben seiner Feinde aus Rom vertrieben wurde, hielt sich auf einem Landgut in der Umgegend von Atina auf.
41 Als einst nachts Träume seinen Geist umschwebten, da war es ihm, als streife er in wüsten, unwegsamen Gegenden umher. Da begegnete ihm Gajus Marius mit den Insignien des Konsulats und fragte Cicero, wie es denn komme, daß er auf diesen unsicheren Wegen umherirre und so niedergeschlagen aussehe.

Cicero erzählte Gajus Marius sein Ungemach, dieser faßte ihn hierauf bei der rechten Hand, ließ ihn durch einen Liktor in seinen Tempel führen und äußerte dabei, hier werde sich Ciceros Schicksal zum Besseren wenden.

Dies traf auch ein. Denn im Jupitertempel des Marius wurde der Senatsbeschluß über die Rückberufung Ciceros gefaßt.

Er hatte, wie man erzählt, noch bei Cäsars und Pompejus Lebzeiten einen Traum gehabt, als wenn jemand die Knaben der Senatoren auf das Kapitol beriefe, weil Jupiter einen unter ihnen zum Herrscher Roms ernennen wollte. Die Bürger liefen eilfertig dahin und traten um den Tempel herum, die Knaben aber setzten sich in ihren mit Purpur besetzten Kleidern in aller Stille nieder. Plötzlich taten sich die Türen auf, die Knaben erhoben sich einer nach dem andern und gingen im Kreise nach dem Gotte hin, der sie alle genau betrachtete und zu ihrem Leidwesen vorbeigehen ließ. Wie aber der junge Augustus sich näherte, streckte Jupiter die Hand nach ihm aus und rief: „Der wird, ihr Römer, als euer Herrscher den bürgerlichen Kriegen ein Ende machen."

Bei diesem Traumgesichte, sagt man, drückte Cicero die Gestalt dieses Knaben, den er jedoch nicht näher kannte, seiner Seele so tief ein, daß sie ihm immer deutlich vor Augen schwebte. Als er sich nun am folgenden Tage nach dem Marsfelde begab, gingen die Knaben eben von ihren Leibesübungen nach Hause, und hier kam ihm dieser gerade zuerst vor die Augen, so wie er ihm im Traume erschienen war. Betroffen über diesen Anblick, erkundigte er sich gleich nach den Eltern des Knaben. Sein Vater war Octavius, ein Mann von nicht gar großer Bedeutung, und seine Mutter Attia, Cäsars Schwestertochter. Seitdem soll nun Cicero dem Knaben, wo er ihn antraf, viele Aufmerksamkeit bewiesen und dieser die Gunstbezeigungen auf eine höfliche Art angenommen haben.

QUINTUS CATULUS

Als Quintus Catulus das Kapitol geweiht hatte, kamen ihm in den beiden nächsten Nächten folgende Träume:

43 In der ersten, daß der Jupiter Optimus Maximus aus mehreren Knaben, die in der Nähe des Altars spielten, einen beiseite genommen und ihm das Bild der Göttin Roma, das er auf der Hand trug, in den Schoß gesteckt habe.

44 In der zweiten Nacht dagegen sah er im Traum denselben Knaben auf dem Schoße des Kapitolinischen Jupiter sitzen, und als er die Tempeldiener ihn herunterziehen hieß, wehrte ihnen der Gott mit dem Bedeuten: der Knabe werde zum Heile des Staates erzogen.

Am folgenden Tage begegnete ihm Augustus, den er übrigens nie gesehen hatte, auf der Straße, und mit großem Erstaunen sprach er bei seinem Anblick aus: er sei das lebhafte Abbild des Knaben, von dem er geträumt habe.

CAJUS JULIUS CÄSAR

45 49 v. Chr. In der Nacht vor dem Übergange [über den Rubikon] hatte er, wie man sagt, einen greulichen Traum; es kam ihm vor, als wenn er unnatürlicherweise seine Mutter beschliefe.

CALPURNIA

46 Rom, 14. März, 44 v. Chr. Es träumte ihr, als wenn sie ihren ermordeten Gemahl in den Armen hielte und über ihn weinte.

Nach anderen war dies nicht der Traum, den Calpurnia damals hatte, sondern es kam ihr vor, daß das spitz zulaufende Dach, welches nach einer Ratsverordnung, wie Livius meldet, zur Zierde und zum Zeichen der Würde auf Cäsars Haus gesetzt worden war, wieder herabgerissen würde; und darüber weinte und jammerte sie im Schlafe.

CAJUS HELVIUS CINNA

Rom, 14. März, 44 v. Chr. Cinna, der sich mit der Dichtkunst abgab und an der Verschwörung gegen Cäsar keinen Anteil hatte, vielmehr Cäsars Freund gewesen war, hatte die Nacht

47 vorher einen Traum, als wenn er eine Einladung Cäsars zum Abendessen ausschlüge, dieser aber mit Bitten ihm heftig zu-

setzte, endlich ihn bei der Hand faßte und an einen unermeßlichen finsteren Ort führte, wohin er wider Willen und mit Entsetzen folgte.

Nach diesem Traume wurde er noch in der Nacht von einem
Fieber befallen; dennoch ging er frühmorgens, weil er sich
schämte, dem Leichenbegängnisse Cäsars nicht beizuwohnen,
unter das schon äußerst erbitterte und aufgebrachte Volk. Bei
seinem Erscheinen wurde er nicht für den Cinna, der er wirklich
war, sondern für jenen, der erst neulich Cäsar vor dem versammelten Volke gelästert hatte, angesehen und von der wütenden
Menge zerrissen.

CASSIUS PARMENSIS

September. 31 v. Chr. Nachdem Marcus Antonius bei Actium
geschlagen war, entfloh Cassius aus Parma, sein Parteigänger,
nach Athen.

In tiefer Nacht war Cassius unter Kummer und Sorgen auf seinem
Bett eingeschlafen.

Da war es ihm, als trete ein Mann zu ihm heran, von ungeheurer 48
Größe, schwarz von Aussehen, mit schmutzigem Bart und herabhängenden Haaren.

Auf die Frage, wer er sei, habe er geantwortet: „Ein böser
Geist!"

Voll Schreck über den Anblick dieses Unholds und über seinen
furchtbaren Namen erwachte Cassius. Er rief seine Sklaven herein und erkundigte sich bei ihnen, ob sie jemanden von solchem
Aussehen in sein Schlafgemach hätten herein- oder hinausgehen
sehen. Sie versicherten, es sei niemand in sein Schlafgemach gekommen.

Darauf legte sich Cassius wieder hin und schlief ein.

Allein er sah im Geiste abermals dieselbe Gestalt.

Nun verscheuchte er den Schlaf.

Er ließ sich Licht bringen und befahl seinen Sklaven, ihn nicht
zu verlassen.

Zwischen dieser Nacht und der auf des Imperators Geheiß an
Cassius vollzogenen Enthauptung lag nur eine kurze Zeitspanne.

ARCHELAOS

Im Jahre 6 n. Chr. Nach Übernahme der Ethnarchie behandelte Archelaos, eingedenk der früheren Empörung, Juden wie Samariter mit grausamer Härte. Daher schickten beide Völker Abgeordnete an den Kaiser Augustus, um ihren Gebieter zu verklagen. Archelaos wurde im zehnten Jahre seiner Herrschaft nach Vienna in Gallien verbannt, sein Vermögen aber dem kaiserlichen Schatze einverleibt. ———

49 Noch ehe er vor Augustus gefordert war, soll er einen Traum gehabt haben, in welchem er neun volle, große Ähren sah, die von Ochsen abgefressen wurden.

Er ließ Wahrsager und einige Chaldäer rufen und verlangte von ihnen die Deutung des Traumes. Der eine legte ihn so, der andere anders aus, nur Simon, ein Essäer, sagte: „Die Ähren bedeuten Jahre, die Ochsen den Wechsel der Dinge, weil sie beim Pflügen den Acker umkehren. Soviel Ähren, soviel Jahre werde er herrschen, dann nach mancherlei Wechsel des Schicksals sterben."

Fünf Tage nachdem er dies gehört hatte, traf der Befehl ein, der ihn vor Gericht forderte.

GLAPHYRA

Auch ein Traum Glaphyras, der Gemahlin Archelaos, verdient erzählt zu werden. Sie war die Tochter des Archelaos, des Königs von Kappadozien, früher Gemahlin jenes Alexander, den Herodes hatte töten lassen. Nach Alexanders Tode heiratete sie Juba, den König von Libyen. Als auch dieser starb, ging sie zu ihrem Vater nach Hause zurück, wo sie als Witwe lebte. Hier sah sie der Ethnarch Archelaos und verliebte sich so heftig in sie, daß er sogleich seine Gemahlin Mariamme verstieß und sich mit Glaphyra vermählte.

50 Glaphyra war noch nicht lange in Judäa angekommen, als sie im Traume ihren ersten Mann, Alexander, vor sich zu sehen glaubte, der die Worte sprach: „Die Heirat mit dem König von Libyen hätte dir genügen sollen, aber du bist damit nicht zufrieden, sondern kehrst wieder an meinen Herd zurück und nimmst meinen eigenen Bruder zum dritten Mann! Verwegene! Diesen Schimpf

lasse ich dir nicht hingehen, ich hole dich, magst du wollen oder
nicht."

Am dritten Tage, nachdem sie diesen Traum erzählt hatte, lebte
sie nicht mehr.

KAISER TIBERIUS

16. November 36 n. Chr. An seinem letzten Geburtstag hatte 51
ihm geträumt, der Temenitische Apoll, ein ebenso kolossales als
vorzügliches Kunstwerk, das er von Syrakus hatte nach Rom
bringen lassen, um es in der Bibliothek eines neuen Tempels
weihend aufzustellen, sei ihm erschienen und habe ihm die Versicherung gegeben, es sei unmöglich, daß er, der Gott, von ihm
geweiht werde.

KAISER CALIGULA

23. Januar 41 n. Chr. Am Tage vor seiner Ermordung hatte er 52
einen Traum.

Ihm war, er stehe im Himmel neben dem Throne des Zeus und
werde vom Gott mit der großen Zehe des rechten Fußes fort-
gestoßen und auf den Erdball hinabgeschleudert.

KAISER NERO

Er, der nie zuvor zu träumen pflegte, hatte jetzt, nachdem er 53
seine Mutter ermordet hatte, einen Traum, in dem ihm, während
er ein Schiff lenkte, das Steuerruder aus den Händen gerissen werde.

Dann wieder träumte ihm bald, daß er von seiner Gattin Octavia 54
in eine stockfinstere Kluft geschleppt wurde, bald, daß Scharen
geflügelter Ameisen ihn bedeckten, bald, daß die vor dem Pom-
peiustheater aufgestellten Bildsäulen der unterworfenen Nationen
ihn umringten und ihm weiterzuschreiten wehrten.

Dann wieder: wie sein Asturier, sein Lieblingsroß, sich in einen
Affen verwandelte bis auf den Kopf, mit dem es ein helles Ge-
wieher von sich gab.

KAISER VESPASIAN

55 Einmal habe er im Traume eine vollkommen im Gleichgewicht
stehende Wage mitten im Vorhofe des Palatinischen Kaiser-
hauses aufgestellt gesehen, in deren einer Schale Claudius und
Nero, in der andern er selbst und seine Söhne standen.

Und so ist es auch eingetroffen, denn Claudius und Nero haben
eben so viele Jahre regiert wie Vespasian und seine beiden Söhne.

CAJUS PLINIUS CÄCILIUS SECUNDUS

An Suetonius Tranquillus. Du schreibst mir, ein Traum habe
dich dergestalt erschreckt, daß du einen üblen Ausgang für dein
gerichtliches Plädoyer fürchtest, und bittest mich, einen Aufschub nachzusuchen und dich für einige, wenigstens für einen
Tag zu entschuldigen.

Die Sache hat ihre Schwierigkeiten; aber ich will es versuchen.
„Die Träume auch sendet Kronion." Doch fragt es sich dabei,
ob deine Träume in der Regel in Erfüllung gehen oder ob sie
das Gegenteil bedeuten.

Wenn ich an einen Traum von mir denke, so scheint mir das,
was dich ängstlich stimmt, ein herrliches Plädoyer zu bedeuten.

56 Ich hatte nämlich gerade die Sache des Julius Pastor übernommen; da träumte mir, meine Schwiegermutter bitte mich
auf den Knien, die Sache nicht zu führen.

Und ich war noch sehr jung, als ich damals auftreten sollte, auftreten vor allen vier Senaten, auftreten gegen die Mächtigsten
der Stadt und selbst gegen die Freunde des Kaisers — lauter Umstände, von denen jeder einzelne mir nach einem so unglücklichen Traume hätte die Fassung rauben können. Allein, ich trat
auf, eingedenk des Spruches: „E i n Wahrzeichen nur gilt, das
Vaterland zu erretten." Denn gleich dem Vaterlande und wenn
es noch Heiligeres gibt, galt mir das einmal gegebene Wort.
Und alles verlief glücklich, ja gerade diese Verhandlung eröffnete mir das Ohr der Menschen, gerade diese die Pforten des
Ruhmes.

Darum überlege dir noch einmal, ob du nicht auch nach diesem
Beispiele deinen Traum zum Guten deuten kannst, oder, wenn

du die bekannte Regel aller Unschlüssigen: „Unterlaß, wobei du
Bedenken hast!" sicherer findest, so schreibe mir selbst dieses.
Ich will dann schon einen Coup ausfindig machen und dich so
vertreten, daß du auftreten kannst, wann es dir beliebt. Denn
deine Lage ist allerdings eine andere, als die meinige damals war,
weil das Centumviralgericht unbedingt keinen, das Gericht aber,
vor dem du auftrittst, zwar schwer, allein am Ende doch einen
Aufschub gestattet. Lebe wohl!

CAJUS FANNIUS

C. Plinius Cäcilius Secundus an Maximus. Man hat mir das Hinscheiden des Cajus Fannius gemeldet. Er starb mit Hinterlassung
eines alten Testamentes, worin er die, welche er am liebsten hatte,
übergangen, dagegen solche, denen er abhold war, bedacht hat.
Das könnte man sich noch gefallen lassen; allein weit empfind-
licher ist, daß er ein herrliches Werk unvollendet hinterlassen hat.
Denn so viele Zerstreuungen ihm auch die Prozesse, welche er
führte, verursachten, so beschrieb er doch das Ende der von Nero
Gemordeten oder Verbannten, und bereits hatte er drei Bücher
vollendet, mit Geschmack und Fleiß und in reinem Lateinisch
und die Mitte haltend zwischen dem rednerischen und erzählenden Stil. Und es war um so mehr sein Wunsch, die übrigen noch
zu vollenden, je häufiger diese gelesen wurden.
Nach meinem Gefühl aber ist immer der Tod solcher Männer
schmerzlich und zu früh, welche für die Unsterblichkeit arbeiten.
Denn wer, den sinnlichen Vergnügungen ergeben, gleichsam
nur für den Tag lebt, endigt auch mit jedem Tage den Zweck
seines Lebens; wer aber an die Nachwelt denkt und durch Geistes-
werke sein Andenken zu verewigen sucht, für den ist der Tod
immer zu früh, weil er immer etwas Angefangenes abbricht.
Cajus Fannius hat sein Geschick lange vorausgeahnt.
Es träumte ihm nachts, als liege er auf seinem Ruhebette in der 57
Stellung eines Studierenden und habe wie gewöhnlich sein
Schreibpult vor sich. Bald darauf — so kam es ihm vor — sei
Nero gekommen, habe sich auf sein Lager gesetzt, das erste
Buch, worin Fannius die Verbrechen Neros geschildert hatte,
genommen, dasselbe von Anfang bis zu Ende durchblättert, eben-

so habe er es mit dem zweiten und dritten gemacht und sich darauf entfernt.

Fannius erschrak und deutete sich das Ergebnis so, als ob er ebenda aufhören würde zu schreiben, wo jener aufgehört hatte zu lesen: und so war es denn auch.

KAISER HADRIAN

58 Der Kaiser sprach einst zu R. Jehošua, Sohn des Hananja: „Ihr sagt, daß ihr sehr klug seid, so sage mir: wovon werde ich träumen?"

Er sprach zu ihm: „Du wirst sehen, daß die Perser dich zum Frondienste anhalten, dich brandschatzen und dich greuliche Tiere mit goldenem Stabe werden weiden lassen."

Den ganzen Tag dachte der Kaiser daran, und des Nachts sah er es.

KUNDE VON EINEM EREIGNIS, DAS SICH IN DER FERNE ABSPIELT

59 Zwei Freunde aus Arkadien machten zusammen eine Reise und kamen nach Megara. Der eine kehrte bei einem Gastwirt, der andere bei einem guten Freunde ein.

Als sie nun nach dem Nachtessen sich schlafengelegt hatten, erschien dem im Privathause Eingekehrten um die Mitte der Nacht der andere im Traume und bat ihn, daß er ihm gegen den Gastwirt, welcher ihn ermorden wolle, zu Hilfe kommen möge.

Bestürzt durch diesen Traum, stand er zuerst vom Bette auf, als er sich aber ein wenig gefaßt hatte, glaubte er diese Erscheinung für bedeutungslos halten zu können und legte sich wieder nieder.

Da erschien ihm nun der andere abermals im Schlafe und bat ihn, da er ihm, als er noch lebte, nicht zu Hilfe gekommen wäre, nun wenigstens seinen Tod zu rächen; der Gastwirt habe ihn ermordet, seinen Leichnam auf einen Karren geworfen und mit Mist überdeckt. Nun bäte er ihn, früh morgens am Tore zu sein, ehe der Karren aus der Stadt führe.

Dieser Traum machte auf den Freund Eindruck, er paßte morgens dem Fuhrmann beim Tore auf und fragte ihn, was er in dem Karren habe. Der Fuhrmann erschrak und flüchtete. Der Leichnam wurde hervorgezogen, der Gastwirt aber, als die Tat erwiesen war, bestraft.

DEM SCHICKSAL KANN KEINER ENTFLIEHEN

Der römische Ritter Aterius Rufus wollte zu Syrakus Fechterspiele veranstalten.

Er träumte, daß er von demjenigen Fechter, der im Kampfspiel 60 das Netz trug, erstochen wurde.

Am nächsten Tage erzählte er beim Schauspiel den Leuten, die neben ihm saßen, seinen Traum. Nun geschah es, daß nahe an dem Platz, wo der Ritter saß, der Fechter, der das Netz trug, und der Fechter, der das Zeichen des Fisches auf seinem Helm hatte, vorbeigeführt wurden. Kaum hatte Aterius Rufus das Gesicht des Netzfechters erblickt, da versicherte er, dieser sei der Netzfechter, von dem er im Traume umgebracht worden sei. Er wollte sogleich fortgehen. Allein seine Nachbarn zerstreuten seine Bedenken und wurden dadurch die Ursache seines Todes. Denn der Netzfechter trieb den anderen Fechter, dessen Helm mit einem Fisch geziert war, in die Nähe des Platzes, wo der Ritter saß, und als er dort seinen Gegner übermannte und dem am Boden Liegenden einen Stoß versetzen wollte, traf er mit seinem Schwert Aterius und tötete ihn.

AUS EINEM GRIECHISCHEN TRAUMBUCH

Es träumte jemand, er wäre mit einer Kette an das Postament 61 des Poseidon am Isthmos gefesselt.

Er wurde Poseidonpriester; denn als solcher mußte er vom Orte des Heiligtums unzertrennlich sein.

Einer träumte, daß er sein eigenes Weib vorführe und opfere, das 62 Fleisch ausschrote und feilbiete und daß ihm daraus ein sehr großer Gewinn erwachse. Darauf träumt er, er empfinde darüber Freude und mache den Versuch, das zusammengebrachte Geld, um dem Neide der Umstehenden zu entgehen, zu verstecken.

Dieser Mann verkuppelte sein eigenes Weib und zog aus der Schande Gewinn. Diese Einnahmequelle erwies sich für ihn zwar als sehr ergiebig, es war aber angezeigt, sie geheimzuhalten.

63 Es träumte einem, Charon spiele mit jemand Würfel, er selbst aber diene Charons Partner als Kiebitz, wodurch Charon das Spiel verliert, in Zorn gerät und ihn verfolgt. Er aber kehre ihm den Rücken, ergreife die Flucht und komme zu einer Herberge, welche ‚Zum Kamel' benannt war, wo er sich hineinflüchtet und hinter sich die Tür zuriegelt; der Daimon gebe nun die weitere Verfolgung auf, ihm aber wachse aus einem Schenkel Gras heraus.

Das Haus, in welchem der Betreffende wohnte, der dieses vielgestaltige Gesicht hatte, stürzte über ihm ein, und die zusammenbrechenden Balken zerschmetterten ihm einen Schenkel.

Der würfelspielende Charon zeigte ihm nämlich die Beziehung auf den Tod an; da er ihn aber nicht eingeholt hatte, offenbarte er ihm, daß er zwar nicht sterben werde, hingegen daß seine Beine in Gefahr geraten werden, da er im Traum die Flucht ergriffen hatte. Dann deutete die ‚Zum Kamel' benannte Herberge ihm den Schenkelbruch an, weil das Kamel die Schenkel in der Mitte krümmt, wobei die Hüften wie gebrochen aussehen. Schließlich bedeutet das Hervorsprießen des Grases, daß sein Schenkel brachgelegt sein wird; sprießt doch Gras nur auf brachliegendem Boden hervor.

64 Ein Pankratiastes träumte zur Zeit eines Kampfspieles, er wäre niedergekommen und reiche seinem Kinde die Brust.

Er wurde im Kampfspiel besiegt und gab für immer die Athlesis auf; denn er vermeinte, die Zustände eines Weibes und nicht die eines Mannes zu haben.

65 Ein Pankratiastes, der im Begriff stand, zu Olympia zugleich im Ringkampfe und im Pankration als Mitbewerber aufzutreten, träumte, seine beiden Arme haben sich in Gold verwandelt.

Er gewann weder im Ringkampf noch im Pankration den Siegeskranz; denn er sollte unbeholfene und unbewegliche Hände haben, als wären sie von Gold.

Ich kenne jemand, der nach Olympia aufbrach, um an den 66
Kampfspielen teilzunehmen, und dem es träumte, daß die Hellanodiken den Athleten Brote austeilten, ihm aber als einem Nach-
zügler nichts mehr zu geben hatten. Und nun meinten alle
Traumausleger, er werde sich am Kampfspiele nicht beteiligen;
mir schien diese Deutung ganz gerechtfertigt. Auch traf dies
wirklich ein, denn sogleich nach der Eintragung in die Listen
ging er mit dem Tode ab.

Ein Mann, der zwei ledige Töchter hatte, träumte, der einen wäre 67
auf dem Kopfe eine goldene Aphrodite umgeschnallt, der anderen
ebenfalls auf dem Kopfe ein Rebenstock hervorgesprossen.
Die Erstere heiratete, die Letztere aber starb. Denn Aphrodite
ist nach Homer das Sinnbild der Ehe und der Kinderzeugung,
und die Kostbarkeit des Materials, aus dem sie gefertigt war,
bedeutete die Süßigkeit der Ehe; die Schnallen bedeuteten die
Unlösbarkeit des Ehebundes. Hingegen war die Rebe, weil sie
aus der Erde hervorsprießt — in Erde zerfallen auch die
Leichen — und weil die Rebe zur Zeit der schönsten Reife ihrer
Frucht beraubt wird, das Symbol des Todes, der die andere
ereilte.

Ein Mann, der drei Söhne hatte, träumte, zwei von ihnen hätten 68
ihn abgeschlachtet, verspeisten ihn, der dabei stehende jüngste
aber machte den anderen bittere Vorwürfe, sei tief betrübt und
sage, von Ekel und Abscheu übermannt: „Nein, ich werde von
meinem Vater nichts genießen."
Nun traf es sich, daß sein jüngster Sohn starb; denn er allein,
indem er seinem Vater im Tode voranging und ihn nicht beerbte,
sollte, nicht etwa vom Fleische, sondern nicht vom Vermögen
des Vaters genießen; die anderen, welche gegessen hatten, wurden die Nachfolger im väterlichen Vermögen.

Jemand, der im Auslande reiste, träumte, er habe seinen Haus- 69
schlüssel verloren.
Wieder nach Hause zurückgekehrt, fand er seine Tochter ge-
schändet; es sagte ihm nämlich gewissermaßen das Traumgesicht, die Dinge zu Hause befänden sich nicht in Sicherheit.

70 Jemand, der im Ausland weilte, träumte, er wäre nach Hause zurückgekehrt, und die Gattin wäre zu ihm getreten und habe gesagt: „Die kleine Musa ist gestorben."
Es langte ein Schreiben von seiner Frau an, worin ihm mitgeteilt
wurde, das jüngste seiner Kinder sei gestorben. Es war ein hol-
des Kind voll Liebreiz wie die Musen.

71 Eine reiche Frau träumte, daß sie von drei vor ihr stehenden
Raben frech angestarrt werde, einer von ihnen habe sogar zu
sprechen angefangen und gesagt: „Dich werde ich kaltmachen",
und nachdem die Raben sie dreimal umkreist hatten, wären sie
davongeflogen.
Ganz folgerichtig und der Beziehung entsprechend starb die Frau
darauf; denn die Worte „Dich werde ich kaltmachen" bedeuten
dasselbe wie „Dich werde ich aus dem Leben schaffen". Das
dreimalige Umkreisen aber bedeutete neun Tage.

72 Ein Frauenzimmer träumte, sie habe ihre Webe ausgewebt.
Sie starb am nächsten Tage, denn sie hatte nichts mehr zu tun,
das heißt, ihr war der Lebensfaden ausgegangen.

73 Der Heerführer Martius Turbo träumte, auf seinem Schwerte
wären die Buchstaben ι, $\varkappa$, ϑ geschrieben.
Dieses Traumgesicht war unauslegbar, und erst späterhin, nachdem die Erfüllungen eingetroffen waren, wurde die Deutung klar.
Der jüdische Krieg entbrannte in Kyrene, und der Mann, der
das Gesicht geschaut, zeichnete sich in diesem Kriege aus. Das
ι besagte die Juden, das $\varkappa$ die Kyrenaier, und durch das ϑ wurde
Turbo der Tod prophezeit.

(Träume Nr. 61—73, mitgeteilt von Artemidoros)

RABBI JOSE LEGT EINEN TRAUM AUS

Ein Mann kam zu R. Jose, Sohn des Halafta, und sprach zu ihm:
74 „Ich träumte, daß man mir sagte: ‚Mache dich auf und gehe nach
Kappadozien, und du wirst das Erarbeitete deines Vaters erheben.'"

Er fragte ihn: „Ist dein Vater jemals nach Kappadozien gegangen?" Er antwortete ihm: „Nein."

Er sprach darauf zu ihm: „Geh, zähle in deinem Hause zwanzig Balken ab." — Jener sprach: „Es sind deren keine zwanzig da."

Er sprach zu ihm: „So zähle dieselben von vorne nach unten und von unten nach oben, und an der Stelle, wo die Zahl von zwanzig Balken vollzählig sein wird, findest du es."

Er ging nun, tat so, fand das Erarbeitete und wurde reich.

Woraus schloß das R. Jose? Aus dem Worte Kappadozien (griechisch Kappadokia = *Καππαδοκία*). Der Buchstabe *x* (Kappa) bedeutet im Griechischen zwanzig, dokion (*δοκός*) bedeutet im Griechischen Balken.

EIN WEBER WEISS AUS DEM TRAUME MEHR ALS ZEHN SOPHISTEN AUS DER ERFAHRUNG

Ein Weber kam zu R. Johanan und erzählte ihm:

„Ich sah im Traume, daß der Himmel einstürzte, daß ihn aber [75] einer deiner Schüler stützte."

Johanan fragte ihn: „Würdest du den Schüler erkennen?"

Jener antwortete: „Wenn ich ihn sehen werde, werde ich ihn erkennen."

Es gingen nun alle seine Schüler vorüber und jener erkannte R. Jose.

EINE DURCH TRÄUME BESTIMMTE HANDLUNG

Es ereignete sich, daß ein Mädchen mit ihren zehn Sklavinnen in die Gefangenschaft geriet. Ein Grieche nahm sie und zog sie in seinem Hause auf.

Da erschien der Traumgeist und sprach zu ihm: „Entlasse das [76] Mädchen aus deinem Hause."

Sein Weib aber sprach zu ihm: „Entlaß sie nicht."

Es erschien nun der Traumgeist abermals und sprach zu ihm: „Entlaß das Mädchen aus deinem Hause."

Sein Weib jedoch sprach zu ihm: „Entlaß sie nicht."

Es erschien nun der Traumgeist wiederum und sprach zu ihm:

„Entlaß jene aus deinem Hause. Wenn du sie nun entlassen wirst, ist es gut, wenn aber nicht, so töte ich dich."
Da stand er auf und entließ sie aus seinem Hause.

UND DEM ASKLEPIOS OPFERT EINEN HAHN

77 Plinius erzählt von einem Mann, dem im Traume vorgekommen, als ob er blind sei, und der es den folgenden Tag wirklich war, ohne daß eine Krankheit vorhergegangen.

78 Einer träumte, er zünde eine Fackel am Monde an.
Er erblindete; denn er nahm von dort Licht, von wo er es unmöglich nehmen konnte, und zudem sagt man doch, der Mond habe kein eigenes Licht.

79 Einer träumte, er betrete das in seiner Vaterstadt befindliche Gymnasion und sehe dort seine Statue, die daselbst wirklich aufgestellt war. Dann schien es ihm, als gehe das ganze Gestell aus den Fugen, und auf die Frage eines Mannes, was seiner Statue zugestoßen sei, glaubte er zu antworten: „Meine Statue ist zwar unversehrt, doch das Gestell hat den Dienst versagt."
Der Mann wurde auf beiden Füßen lahm; denn das Gymnasion war das Symbol seines körperlichen Wohlbefindens im allgemeinen, die Statue aber bedeutete sein Gesicht, und das Gestell den übrigen Körper.

                    (Träume Nr. 78 und Nr. 79, mitgeteilt von Artemidoros)

Bis auf die neueste Zeit war der Biß eines tollen Hundes unheilbar und bewirkte Scheu vor dem Wasser und Widerwillen gegen jede Art von Getränken.

80 Vor kurzem träumte nun der Mutter eines Soldaten von der Leibwache, sie schicke ihrem Sohne die Wurzel von der wilden oder sogenannten Hundsrose, an deren Anblick sie sich tags zuvor geweidet hatte, zur Bereitung eines Tranks.
Dies geschah in Lacetanien, dem nächsten Distrikte Spaniens, der Zufall wollte, daß der Soldat, welcher von einem tollen Hunde gebissen war und schon vor dem Wasser scheute, gerade

einen Brief von seiner Mutter erhielt, worin sie ihn bat, dem
göttlichen Winke zu gehorchen, und siehe da, er wurde gerettet.
Seitdem hat sich dieses Mittel in jedem ähnlichen Falle bewährt.

(Mitgeteilt von Cajus Plinius Secundus)

CLAUDIUS GALENUS

Der berühmte Arzt, der in dem Asklepios von Pergamon seinen 81
heimischen Schutzgott erkennt, dem er einst seine eigene Er-
rettung von einer lebensgefährlichen Erkrankung verdankt habe,
legt den Weissagungsträumen, an deren Vorkommen er durchaus nicht zweifelt, für seine Lebensführung und speziell für die
Behandlung der Kranken die allergrößte Bedeutung bei:
Träume, die sein Vater gehabt hatte, waren für ihn selbst die Veranlassung zur Wahl des ärztlichen Berufes gewesen.
Und nicht bloß für die Prognose der Krankheiten, sondern auch
für die spezielle Behandlung derselben hat er seiner eignen Angabe nach sich nach Träumen gerichtet, so hat er zum Beispiel
nach der Weisung zweier deutlicher Träume, die er gehabt
hatte, einst eine Arterie zwischen dem Zeigefinger und dem
Mittelfinger der rechten Hand geschlagen und das Blut nach
der Weisung des Traumes so lange fließen lassen, bis es von
selbst zu fließen aufhörte.

DER CHRISTLICHE UMKREIS

Wie es also, während alle Menschen nach dem eigenen Geiste
gelenkt werden, einige wenige gibt, die des göttlichen Um-
gangs in klarer Weise gewürdigt werden, so wird auch, während allen gemeinsam und gleichheitlich das Träumen im
Schlafe naturgemäß zukommt, einigen, nicht allen, eine mehr
göttliche Erscheinung in den Träumen zuteil.

Der hlg. Gregor von Nyssa

JOSEPH

82 Als die Weisen fortgezogen waren, siehe, da erschien ein Engel
des Herrn dem Joseph im Traume und sprach: „Steh auf, nimm
das Kind und seine Mutter und flieh nach Ägypten und bleibe
dort, bis daß ich dir es sage; denn Herodes wird das Kind suchen,
um es zu töten."
Da stand er auf und nahm in der Nacht das Kind und seine
Mutter und zog fort nach Ägypten . . .

83 Als Herodes gestorben war, siehe, da erschien ein Engel des
Herrn im Traume dem Joseph in Ägypten und sprach: „Steh
auf, nimm das Kind und seine Mutter und ziehe nach dem Lande
Israel; denn die dem Kinde nach dem Leben strebten, sind gestorben!"
Da stand er auf und nahm das Kind und seine Mutter und kam
ins Land Israel. Als er aber hörte, daß Archelaus als Nachfolger
seines Vaters Herodes in Judäa regiere, fürchtete er sich, dahin
84 zu gehen; und er zog, in einem Traume belehrt, in das Gebiet
von Galiläa.
Und er kam und wohnte in der Stadt, die Nazareth genannt wird,
auf daß in Erfüllung gehe, was durch die Propheten gesagt worden ist: Man wird ihn Nazaräer nennen.

DER HEILIGE CYPRIAN

85 Folgendes ward mir gezeigt:
Ein Hausvater saß, und zu seiner Rechten saß ein Jüngling.

Dieser Jüngling war beklommen und wie vor Unwillen traurig, und er saß da, sein Kinn mit der Hand stützend, mit finsterer Miene. Ein anderer aber stand zur Linken und trug ein Netz, welches er auszuwerfen drohte, um das herumstehende Volk zu fangen. Da nun jener, welcher dies sah, sich wunderte, was es denn bedeute, wurde ihm gesagt, der Jüngling, der zur Rechten sitze, sei betrübt und schmerzlich ergriffen, weil seine Gebote nicht befolgt würden; der Jüngling aber zur Linken frohlocke, weil ihm die Gelegenheit geboten würde, daß er vom Hausvater die Gewalt zu wüten empfange.

Dies wurde mir lange zuvor gezeigt, ehe dieser verwüstende Sturm entstand. Und wir sehen, es hat sich erfüllt, was geoffenbart ward: da wir des Herrn Gebote verachten, da wir die heilsamen Vorschriften des uns gegebenen Gesetzes nicht beobachten, erhält der Feind die Macht, uns zu schaden, und bringt diejenigen, die weniger ausgerüstet und zur Gegenwehr nicht hinlänglich behutsam sind, in sein ausgeworfenes Netz.

KAISER KONSTANTIN DER GROSSE

Oktober 312. Um die Stunde der Mittagszeit, da sich der Tag schon neigte, habe er, so sagte der Kaiser, mit eigenen Augen oben am Himmel über der Sonne das Siegeszeichen des Kreuzes, aus Licht gebildet, und dabei die Worte gesehen: „Durch dieses siege!"

Da sei er nun in Verlegenheit gewesen, was doch diese Erscheinung bedeute. Während er aber dieses erwogen und noch lange darüber nachgedacht habe, habe ihn die Nacht überrascht.

Da habe sich ihm nun im Schlafe der Christus Gottes mit dem am Himmel erschienenen Zeichen gezeigt und ihm aufgetragen, das am Himmel geschaute Zeichen nachzubilden und es bei seinen Kämpfen mit den Feinden als Schutzpanier zu gebrauchen.

Nachdem dann der Kaiser gleich bei Tagesanbruch aufgestanden war, erzählte er seinen Freunden den geheimnisvollen Vorfall. Darauf berief er Künstler zu sich, die sich auf die Bearbeitung von Gold und Edelsteinen verstanden, setzte sich mitten unter sie, beschrieb ihnen die Gestalt des Zeichens und gab ihnen den Auftrag, dasselbe in Gold und Edelsteinen genau nachzubilden.

KAISER THEODOSIUS DER GROSSE

Januar des Jahres 379. Da Kaiser Gratian in Verlegenheit war,
was er tun solle, weil die durch den Sieg übermütig gewordenen
Barbaren schwer zu bekämpfen waren, glaubte er, Theodosius
werde als Anführer Heilung der Übel bringen. Sofort ließ er
Theodosius aus Spanien holen, machte ihn zum Feldherrn und
schickte ihn mit dem gesammelten Heere ab. Theodosius zog,
vertrauend auf seinen Glauben, mutig aus, marschierte in Thracien
ein und stellte, sowie er die anrückenden Barbaren gewahrte,
das Heer wie zur Schlacht auf. Unter den Barbaren entstand ein
großes Gemetzel. Der tüchtige Feldherr eilte selbst so schnell
wie möglich zum Kaiser Gratian, um ihm seinen Sieg zu melden.
War schon der Kaiser über das Geschehene so sehr erstaunt,
daß er glaubte, Theodosius berichte ihm nicht die Wahrheit, so
sagten diejenigen, welche von den Stacheln des Neides getrieben
wurden, Theodosius sei geflohen und habe das Heer verloren.
Theodosius verlangte darauf, daß seine Gegner ausgeschickt
würden, die Menge der getöteten Barbaren zu sehen. Der Kaiser
sandte Leute ab, welche sich überzeugten, was geschehen war.

87 Theodosius, der gute Feldherr, sah ein wunderbares Traumgesicht, welches ihm von Gott, dem Herrn aller Dinge, selbst
gezeigt wurde.

Es schien ihm nämlich, als sehe er den heiligen Meletius, den
Bischof der Kirche von Antiochien, der ihm einen Kaisermantel
umhing und ihm das Haupt mit einem kaiserlichen Kranze
schmückte.

Dieses sah Theodosius in der Nacht und teilte es am Morgen
einem seiner Freunde mit, welcher meinte, das Traumgesicht sei
deutlich und enthalte nichts Rätselhaftes oder Zweideutiges.

Es vergingen nur wenige Tage, da kehrten die Boten zurück und
meldeten, daß in der Tat viele Tausende der Barbaren nieder-
gemacht worden sind.

Kaiser Gratian war nun überzeugt, daß er sehr gut daran getan
hatte, Theodosius zum Feldherrn zu machen, er ernannte ihn
jetzt zum Kaiser und übergab ihm das Zepter über den Anteil
des Kaisers Valens. Dann brach er selbst nach Italien auf und
entsandte Theodosius in das ihm verliehene Reich.

Sobald Theodosius seine Herrschaft angetreten hatte, sorgte er
vor allen Dingen für die Eintracht der Kirchen und forderte die
Bischöfe seines Reiches auf, nach Konstantinopel zu kommen.
Als sie angekommen waren, hundertfünfzig an der Zahl, wollte
Theodosius nicht, daß jemand ihm anzeige, wer von ihnen der
große Meletius sei. Er gedachte nämlich aus der Erinnerung des
Traumgesichts den Mann zu erkennen.

Als die ganze Schar der Bischöfe in den Kaiserpalast eingetreten
war, ließ Theodosius alle anderen stehen und lief zum großen
Meletius hin, umarmte ihn und küßte seine Augen, seine Lippen,
seine Brust, sein Haupt und die Rechte, die ihn bekränzt hatte.
Dann offenbarte er auch die ihm gewordene Erscheinung.

Nachdem er dann auch alle anderen Bischöfe begrüßt hatte,
forderte er sie auf, über die vorliegenden Fragen wie Väter zu
beraten.

DIE HEILIGE MONIKA

Sie sah im Traume, wie sie auf einem hölzernen Richtscheite stand 88
und ein herrlicher Jüngling, der sie freundlich anlächelte, auf sie
zukam, während sie traurig und gramgebrochen war. Als dieser
sie nach der Ursache ihrer Traurigkeit und ihrer täglichen Tränen
fragte — natürlich, um ihr einen guten Rat zu geben, nicht etwa
um sie auszufragen — und sie dann antwortete, daß sie meinen
(Augustinus) Verlust beklage, da hieß er sie, ruhig zu sein, und
ermahnte sie, aufzumerken und achtzugeben, wo sie sei, denn dort
würde auch ich sein. Sobald sie nun aufmerkte, sah sie mich wirklich an ihrer Seite auf demselben Richtscheite stehen.

(Mitgeteilt vom hlg. Augustinus)

DER HEILIGE MARTINUS

In der folgenden Nacht nun erschien Christus mit jenem Mantel- 89
stück, womit der Heilige den Armen bekleidet hatte, dem Martinus im Schlafe. Er wurde aufgefordert, den Herrn genau zu
betrachten und das Gewand, das er verschenkt hatte, wieder zu
erkennen. Dann hörte er Jesus laut zu der Engelschar, die ihn
umgab, sagen: „Martinus, obwohl erst Katechumen, hat mich
mit diesem Mantel bekleidet." Eingedenk der Worte, die er

einst gesprochen: „Was immer ihr einem meiner Geringsten
getan, habt ihr mir getan", erklärte der Herr, daß er im Armen
das Gewand bekommen habe. Um das Zeugnis eines so guten
Werkes zu bekräftigen, würdigte er sich, in dem Gewande, das
der Arme empfangen hatte, zu erscheinen.

Trotz dieser Erscheinung verfiel der selige Mann doch nicht
menschlicher Ruhmsucht, vielmehr erkannte er in seiner Tat
das gütige Walten Gottes und beeilte sich, achtzehnjährig, die
Taufe zu empfangen.

SULPICIUS SEVERUS

90 Der Schlaf überkam mich, wie es ja oft die Traurigkeit mit sich
bringt. Aber es war ein leichter und unruhiger Schlummer, wie
er immer in den Morgenstunden ist, er verbreitet sich zögernd,
halb und halb über die Glieder, man ist nahezu wach und fühlt,
daß man schläft, was sonst beim gewöhnlichen Schlaf nicht der
Fall ist.

Da kam es mir auf einmal vor, als sehe ich den heiligen Bischof
Martinus vor mir. Sein Gewand war weiß, purpurverbrämt, sein
Angesicht wie Feuer, seine Augen wie funkelnde Sterne, sein
Haar wie Purpur. Seine Haltung und seine äußere Erscheinung
war die gleiche, wie ich sie an ihm kannte. So konnte man ihn wohl
erkennen, aber doch nicht betrachten; es fällt mir schwer, das
auszudrücken. Martinus lächelte mir eine Weile zu und hielt in
seiner Rechten das Büchlein, das ich über sein Leben geschrieben
hatte. Ich umfaßte seine heiligen Knie und bat um seinen Segen,
wie ich es sonst gewohnt war. Da fühlte ich seine Hand auf
meinem Haupt liegen; wie wohl war mir bei dieser lieben Berührung! Während er bei der feierlichen Segensformel die seinem
Munde so geläufigen Worte des Kreuzeszeichens wiederholte,
schaute ich unverwandt auf ihn. Ich konnte mich an dem An-
blicke seines Angesichts nicht ersättigen. Da ward er plötzlich
in die Höhe entrückt und mir entrissen. Er schwebte durch den
unermeßlichen Luftraum; während ihn eine Wolke schnell davontrug, folgte ihm mein Blick unablässig, bis ihn der offene Himmel
aufnahm und ich ihn nicht mehr sehen konnte. Nicht lange
hernach sah ich, wie der jüngst verstorbene heilige Priester

Clarus, sein Schüler, denselben Weg wie der Meister hinaufstieg. Da wurde ich dreist und wollte ihm nach; aber während ich allen Ernstes daran denke und schon den Versuch mache, in die Höhe zu steigen, erwache ich.

Aus dem Schlaf aufgeschreckt, wünschte ich mir Glück zu der Erscheinung, die ich geschaut hatte. In diesem Augenblicke trat mein Diener ein; er war ungewöhnlich traurig, aus seinen Zügen sprach eine traurige Botschaft. „Welch traurige Kunde willst du mir bringen?" fragte ich ihn. Er antwortete: „Zwei Mönche sind soeben aus Tours eingetroffen mit der Nachricht, Martinus sei gestorben."

DER HEILIGE AMBROSIUS

An demselben Tage geschah es auch, daß Sankt Ambrosius, der 91 Bischof von Mailand, da er die Messe las, über dem Altar zwischen den Propheten und der Epistel entschlief. Da wagte ihn niemand zu wecken, und der Subdiakon trauete sich ohne sein Gebot nicht, die Epistel zu lesen; als aber zwei oder drei Stunden waren vergangen, weckten sie ihn dennoch und sprachen: „Schon ist die Stunde vorüber, und das Volk ist müde und harret, so möge unser Herr gebieten, daß der Kleriker die Epistel lese."

Da antwortete Ambrosius: „Laßt euch des nicht betrüben, denn wisset, mein Bruder Martinus ist gestorben, und ich bin bei seinem Begräbnis gewesen und hab es mit Feier begangen; aber da ihr mich wecktet, so mochte ich die letzte Respons nicht vollbringen."

Da merkten sie sich den Tag und die Stunde und fanden, daß Sankt Martin um diese Zeit gen Himmel sei gefahren.

DER HEILIGE BENEDIKT ERSCHEINT IM TRAUME ZWEI MÖNCHEN

Der heilige Benedikt wurde von einem gläubigen Manne gebeten, er möchte auf seinem Landgut bei Terracina ein Kloster errichten und Brüder dorthin senden. Er bewilligte das Gesuch, bestimmte die Brüder, setzte einen Abt über sie und ordnete auch an, wer der Zweite nach diesem (d. h. der Prior) sein sollte. Als sie hingingen, versprach er: „Gehet, und ich komme an diesem und jenem Tage und zeige euch, wohin ihr das Bethaus, wo ihr den Erholungssaal für die Brüder, die Wohnung zur Aufnahme der Gäste, oder was sonst notwendig ist, bauen sollet." Nach empfangenem Segen gingen sie sogleich fort, und in sehnlicher Erwartung des bestimmten Tages richteten sie alles her, was für die etwaigen Begleiter eines so großen Vaters notwendig schien.

92 In derselben Nacht aber, die dem versprochenen Tage vorherging, erschien der Mann Gottes demselben Diener Gottes, den er dort als Abt aufgestellt hatte, und seinem Prior im Traume und bezeichnete genau die Plätze, an denen sie etwas bauen sollten.

Da beide vom Schlafe aufstanden, erzählten sie einander, was sie gesehen hatten. Sie trauten jedoch diesem Gesicht nicht vollkommen und erwarteten den Mann Gottes, wie er zu kommen versprochen hatte. Als nun der Mann Gottes am bestimmten Tage durchaus nicht kam, kehrten sie traurig zu ihm zurück und sprachen: „Wir haben erwartet, Vater, daß du kommest, wie du es versprochen hattest, und uns zeigest, wo wir etwas bauen sollten, und du bist nicht gekommen." Er sprach zu ihnen: „Warum, Brüder, warum saget ihr dieses? Bin ich etwa nicht gekommen, wie ich es versprochen habe?" Da sie ihm sagten: „Wann bist du gekommen?" erwiderte er: „Bin ich nicht Euch beiden im Schlafe erschienen und habe euch die einzelnen Plätze bezeichnet? Gehet, und wie ihr es im Traume gehört habt, so bauet jede Wohnung des Klosters!"

Da sie das hörten, wunderten sie sich sehr, kehrten zu dem genannten Landgut zurück und erbauten alle Wohnungen, wie es ihnen durch Offenbarung mitgeteilt worden war.

(Mitgeteilt von Papst Gregor dem Großen)

ALETH, DIE MUTTER DES HLG. BERNHARD

Schloß Fontaines bei Dijon, 1091. Als sie den dritten Sohn in ihrem Leibe trug, Bernardum, da kam ihr ein Traum vor, der kündete ihr zukünftige Dinge:

93 Ihr war, als habe sie ein Hündlein in ihrem Leib, das sei weiß über den ganzen Leib und rötlich über seinen Rücken und bellte sehr.

Sie sagte den Traum einem heiligen Manne, der antwortete ihr und sprach mit der Stimme der Weissagung: „Du wirst sein eines guten Hündleins Mutter, das Gottes Haus wird bewachen und wider seine Feinde bellen. Denn er wird ein großer Prediger, und sein Mund wird sein das Heil vieler Menschen."

JOHANNA, DIE MUTTER DES HLG. DOMINICUS

Calaruega in Altcastilien, 1170. Als seine Mutter mit Dominicus, der ihr dritter Sohn war, gesegneten Leibes ging, träumte ihr einst, sie bringe einen kleinen Hund zur Welt, der mit einer 94 brennenden Fackel, welche er im Munde trug, die Welt erleuchtete, was als große Vorbedeutung sich erwies, indem er durch seine Predigten und seinen unbeschränkten Seeleneifer, besonders durch die Stiftung seines Ordens, wirklich ein weithin leuchtendes Licht wurde.

PAPST INNOCENTIUS III.

Rom, 1215. Dominicus machte sich mit Fulco, dem Bischof von Toulouse, auf nach Rom und kam zu dem großen Konzil, und bat den Papst Innocentium, daß er ihm und seinen Nachfolgern den Orden bestätige, der der Predigerorden sein und heißen sollte.
Der Papst widerstand ihm eine Weile.
Da kam ihm eines Nachts ein Gesicht für, wie die Kirche zu 95 Lateran in Trümmer wollte fallen: das sah der Papst in großen Sorgen; da lief von der anderen Seite der Mann Gottes Dominicus herbei und empfing die Kirche auf seiner Schulter und hielt sie, daß sie nicht mochte fallen.
Als der Papst erwachte, verstund er das Gesicht und nahm des Dominicus Bitte mit Freuden an.

WIE EIN KRANKER GEHEILT WURDE

Eine Frau aus Bologna, die einen mit einer Fistel behafteten 96 Sohn hatte, hatte im Traum eine Vision, daß, wenn Bruder Nicola über ihren Sohn das Zeichen des Kreuzes machen werde, er auf der Stelle befreit würde.

Jene Frau war nämlich den Minoriten treu ergeben.
Sie kam also mit ihrem Sohne zum Guardian und erzählte ihm
ihren Traum.
Guardian aber war damals Bruder Andreas von Bologna. Er
versammelte nun alle Priester des Bologneser Klosters außer
Bruder Nicola und berichtete ihnen, was jene Frau im Traume
geschaut hatte, während sie an der Pforte mit ihrem Sohn dieser
Gnade harrte. Und Bruder Andreas sprach zu den Priestern:
„Wir können Bruder Nicola nur dadurch dazu bringen, das zu
tun, daß wir ihn durch eine List täuschen. Deshalb sollt ihr alle
zu jener Frau gehen und den Bruder Nicola mit euch nehmen,
und ich will als letzter hinzukommen; und ihr sollt mir dann
sagen, jene Frau erflehe eine Gnade von den Brüdern, nämlich
daß jeder Bruder über ihren Sohn das Zeichen des Kreuzes
mache, und ich werde alsogleich ihr willfährig sein; und nach
mir sollt ihr dem Bruder Nicola sagen, er möge ein gleiches tun."
Und so machte Bruder Andreas über dem Knaben das Zeichen
des Kreuzes, aber es hatte keine Wirkung, weil einem andern
diese Gnade vorbehalten blieb. Als aber dann die Mutter des
Knaben wie auch die anderen Priester den Bruder Nicola baten,
er möge aus Liebe zu Gott über den Knaben das Zeichen des
Kreuzes machen, und jener sich dessen weigerte, indem er hartnäckig sagte: „Frau Marchesina, seine Mutter, soll es machen,
da ich mich als dessen völlig unwert kenne", da befahl ihm Bruder
Andreas, sein Guardian, bei der Pflicht des heilbringenden Ge-
horsams, daß er ohne jede weitere Ausflucht den Knaben mit
dem Zeichen des Kreuzes unverzüglich zeichne.
Und da er so getan, da ward der Knabe alsogleich völlig befreit,
so daß seine Mutter sofort angesichts der Brüder ihm alle Ver-
bände und Wundlappen abnahm. Die Brüder aber dankten Gott
und bewahrten dies alles in ihrem Herzen.

(Mitgeteilt von Salimbene)

PRINZESSIN ANNA VON GONZAGA

97 Es dünkte ihr, daß sie allein in einem Walde ging und darin einen
Blinden in einer kleinen Zelle fand. Sie näherte sich ihm, um ihn
zu fragen, ob er von Geburt blind sei oder es durch einen Zufall

geworden ist. Er antwortete, er sei blind geboren. „Ihr wißt
also nichts vom Licht," versetzte sie, „das so schön und angenehm ist, und von der Sonne, die so viel Glanz und Schönheit
hat?" — „Ich habe niemals dieses schöne Ding kennen gelernt,"
antwortete er, „und ich kann mir keinen Begriff davon machen.
Indes will ich doch gar nicht zweifeln," fuhr er fort, „daß die
Sonne von einer entzückenden Schönheit sein müsse." Stimme
und Gesicht des Blinden schienen sich jetzt zu verändern, und
indem er einen gebieterischen Ton annahm, sagte er: „Mein
Beispiel soll dich lehren, daß es sehr treffliche und sehr bewun-
derungswürdige Dinge gibt, die unsern Blicken entgehen und
die darum nicht weniger wahr und erstrebenswert sind, obgleich
man sie weder begreifen, noch sich vorstellen kann." Mitten in
einem so geheimnisvollen Traume machte die Prinzessin die Anwendung des schönen Vergleichs des Blinden auf die Wahr-
heiten der Religion und des zukünftigen Lebens. Sie fühlte eine
Erleuchtung und war so vor Freude entzückt, das gefunden zu
haben, was sie lange Zeit gesucht hatte, daß sie sich nicht enthalten konnte, den Blinden zu umarmen, dessen Gespräch ihr
ein schöneres Licht offenbarte als dasjenige, dessen er beraubt war.

Und es ergoß sich — berichtet sie — in mein Herz eine so sanfte
Freude und ein so fühlbarer Glaube, daß keine Worte sie auszudrücken vermögen.

Hierauf erwachte sie, wie sie erzählt, und fand sich in dem gleichen Zustande, in dem sie sich während dieses angenehmen Traumes gesehen hatte, das heißt, so sehr verändert, daß sie Mühe
hatte, es zu glauben.

Das Wunder, auf das sie wartete, hat sich erfüllt; sie glaubt,
sie, welche den Glauben für unmöglich hielt. Gott verändert sie
durch ein plötzliches Licht und durch einen Traum, der einer
Verzückung ähnlich ist.

(Mitgeteilt von Jacob Benignus Bossuet, Bischof zu Meaux)

DSCHIRIUS ABU JUSIF

Einmal träumte mir, ich stünde draußen vor dem Tor von Sitti 98
Marjam an den Gräbern der Mohammedaner. Der Mond war

in jener Nacht zwölf oder dreizehn Nächte alt, beinahe Voll-
mond, und er stand über dem Ölberg. Ich sah mich um. Da sah
ich, wie die Menschen still standen und schwiegen. Und alle
blickten auf den Mond, und die Angst beherrschte alle. Ich
sprach: „Was ist denn los?" Da sagte einer zu mir: „Siehst du
nicht den Stern, der hinter dem Monde steht? In kurzem stößt
er auf die Erde. Dann kommt das Endgericht." Während er mir
das sagte, hafteten seine Augen fest an dem Stern. Als ich nun
sah, wie sich die Menschen fürchteten und ganz still waren, da
geriet auch ich in Angst. Ich beobachtete den Stern, wie er lief.
Er lief so lange, bis er niedriger stand als der Mond. Je näher
er der Erde kam, desto deutlicher wurde mir, daß er die Gestalt
einer Taube hatte. Immer klarer wurde sie, je näher sie der Erde
kam. Mit einem Male stand die Taube still; und nun fing sie an
zu leuchten, stärker als der Mond. Ich blickte hin: Weit hinter
dem Mond sah ich vier Sterne, wie ein längliches Kreuz. Die
gingen desselben Weges, den die Taube gekommen war. Je
näher die Sterne kamen, desto deutlicher wurde für mich daraus
ein elektrisches, leuchtendes Kreuz. Dieses Kreuz ging weiter,
bis es hinter die Taube kam, und da blieb es stehen. Hinten an
dem Kreuz aber sah ich einen Griff, den hielt eine Hand. Und
der Messias hielt in seiner andern Hand ein großes Buch, das
war höher als sein Haupt. Als der Messias mit dem Kreuz nahe
an die Taube gekommen war, da schwang er das Kreuz schnell
nach rechts und nach links. Da schlug der Glanz der Sterne
Ringe um die ganze Erde; und die ganze Welt sah einen Augenblick dieses himmlische Schauspiel. Mit einem Male versank die
Erde unter unseren Füßen. Die Gottlosen fingen an zu schreien,
weil die Erde brannte. Ich aber und viele Menschen (mit mir),
wir wurden emporgehoben in die Luft, dem Messias entgegen.
Und die Luft war voller Menschen, und die Erde verbrannte,
und ich spürte ihre Glut, bis daß ich (hoch) in der Luft war. Und
die Erde verging wie ein Schatten und war nicht mehr zu sehen.
Als ich aber in die Nähe des Messias kam, wachte ich auf. Da
saß ich in meinem Bett.
Da schrieb ich diesen Traum auf, wie du ihn hier siehst, in der
Sprache meines Vaters und Großvaters.

AUS DEM TRAUMLEBEN
DER CHINESEN

4. und erste Hälfte des 5. Jahrhunderts n. Chr.

Ich, Tschuang=Tse, träumte einst, ich sei ein Schmetterling,
ein hin und her flatternder, in allen Zwecken und Zielen ein
Schmetterling. Ich wußte nur, daß ich meinen Launen wie
ein Schmetterling folgte, und war meines Menschenwesens
unbewußt. Plötzlich erwachte ich; und da lag ich: wieder
„ich selbst". Nun weiß ich nicht: war ich da ein Mensch, der
träumt, er sei ein Schmetterling, oder bin ich jetzt ein Schmetterling, der träumt, er sei ein Mensch? Zwischen Mensch und
Schmetterling ist eine Schranke. Sie überschreiten ist Wandlung genannt.   Tschuang-Tse

MA-HING-PING

Ma-hing-ping stellte an Keng die Frage:
„Mir träumte die letzte Nacht, daß beim Nachhausekommen die
Pferde tanzten. Etliche zehn Menschen wendeten sich gegen die
Pferde und schlugen in die Hände.
Was bedeutet dieses?"
Keng sprach: „Das Pferd ist das Feuer. Tanzen ist der Ausbruch
des Feuers. Die gegen die Pferde sich wenden und in die Hände
schlagen, sind die Löschmänner."
Ping war noch nicht nach Hause zurückgekehrt, als das Feuer
ausbrach.

TAO-KHAN

Das von Wang-yin verfaßte Buch der Tsin sagt:
Tao-khan führte den Jünglingsnamen Sse-hung und stammte aus
Po-yang. In seiner Jugend fischte er in dem Donnersumpf.
Er träumte, daß auf seinem Rücken acht Flügel wüchsen, und er
flöge in das Tor des Himmels. Er sah, daß das Tor ein ungewöhnliches war. Er wollte eintreten und getraute sich nicht. Er flog
daher wieder herab.

Khan überwachte später die Angelegenheiten des Kriegsheeres in den acht Landstrichen.

LIEU-KING-SIUEN

Die von Wang-schao-tschi verfaßte Geschichte des Kaisers Ngan von Tsin sagt:

101 Als Lieu-king-siuen sich in Tsi befand, träumte ihm, daß er eine Kugel aus Erde verschlang und daß im Traume ein Ausleger ihm antwortete: „Diese als Arznei gebrauchte Kugel wird verschlungen."

Als er erwacht war, sprach er freudig: „Die Kugel ist Hoan. Hoan wird verschlungen. Ich werde wieder in mein Land zurückkehren."

(Hoan „Kugel" ist gleichlautend mit dem Geschlechtsnamen Hoan.)

Binnen zehn Tagen ward Hoan-Yuen geschlagen, und jener konnte heimkehren.

KÖNIG TSE-HIÜN

Das Buch der Sung sagt:

Tse-hiün, König von Tsin-ngan, sagte im Gespräch zu den Leuten seiner Umgebung:

102 „Ich habe die letzte Nacht geträumt, daß ich Drachen anspannte und zu dem Himmel emporstieg. Als ich mich bückte und sie anblickte, sah ich nicht ihr Haupt."

Alle erblaßten, und niemand war, der Antwort gab. Der in der Reihe als Leibwächter dienende Sün-J trat vor und sprach: „Die Verwandlungen sagen, daß, wenn man Drachen ohne Haupt sieht, dieses ein glückliches Zeichen sei."

Alle waren jetzt sehr erfreut.

KAISERIN KAO

Das Buch der späteren Wei sagt:

Kaiser Siuen-wu hieß mit Namen Khŏ. Er war der älteste Sohn des Kaisers Hiao-wen. Seine Mutter hieß: das Geschlecht Kao.

Dieselbe hatte geträumt, daß sie von der Sonne verfolgt wurde. 103
Sie ging ihr aus dem Wege und versteckte sich unter das Bett.
Die Sonne verwandelte sich in einen Drachen und umwand sie
mehrfach.
Beim Erwachen empfand sie Schrecken und hatte Herzklopfen.
Sie ward schwanger und gebar den Kaiser.

HIEU-TSCHI

Hieu-tschi von Tsi-yang träumte, daß im Südosten der Feste Niě 104
sich ein großer Hügel befand. Auf der Höhe desselben war eine
kupferne Säule, deren Fußblatt blühende Wasserlilien waren.
Er stieg von der südwestlichen Seite hinan und erfaßte die
Säule. Die Säule drehte sich nach rechts. Er beschwor sie im
Traume, indem er sagte: „Nach drei Umdrehungen mögest du
innehalten." Die Säule tat, wie er sagte.
Nachdem er zu Ehren gelangt und vornehm geworden war, befand sich das Haus, welches er zuletzt bewohnte, an dieser Stelle.

KIANG-YEN

Das Buch der Liang sagt:
Kiang-yen sah in seiner Jugend im Traume einen Menschen, der 105
ihm einen fünffarbigen Pinsel übergab.
Er erlangte dadurch den glänzenden Schmuck der Schrift.
Zehn Jahre später träumte er plötzlich, daß ein Mann, der sich 106
Kŏ-pŏ nannte, zu ihm sagte: „Den Pinsel, den ich dir vordem
geliehen habe, kannst du mir zurückgeben." Yen suchte im
Traume nach dem in seinem Busen befindlichen Pinsel.
Seit dieser Zeit besaß er nicht mehr den glänzenden Schmuck der
Schrift. Man sagte um die Zeit, daß es mit der Begabung Yens
zu Ende sei.

KAISER KAO-TSU

Das Buch der Tsin sagt:
Zur Zeit, als Kao-tsu noch unbekannt war, lustwandelte er einst
nach I-hing und kehrte bei dem Geschlechte Hiü ein.

107 Es träumte ihm, daß der Himmel sich in einer Ausdehnung von
mehreren Klaftern öffnete. Es waren daselbst vier Menschen in
hellroten Kleidern. Dieselben kamen herbei, indem sie in den
Händen die Sonne hielten. Sie steckten diese in den Mund des
Kaisers.
Als der Kaiser erwachte, war das Innere seines Bauches noch
immer heiß.

KÖNIGIN SCHI-TSU

Das Buch Li-schŏ sagt:
Kaiser Wu führte den Namen Hiung. Er war der dritte Sohn
Schi-tsu's.

108 Als die Königin Schi-tsu schwanger war, träumte ihr, daß zwei
Schlangen von dem Tore zu dem Himmel aufstiegen. Eine
Schlange ward in der Mitte durchgehauen.
Nachdem sie geboren, sagte die Königin immer: „Wenn die
Söhne erwachsen sein werden, wird gewiß einer von ihnen früher
zu Grunde gehen, und ein anderer wird sehr vornehm werden."
Später starb Li-thang wirklich eines frühen Todes. Li-hiung
wurde König in Schŏ.

LU-YUEN-MING

Lu-yuen-ming war Buchführer der Mitte und aufwartender Leibwächter. Sein Freund Wang-Yeu hatte seinen Aufenthalt in
Ying-tschuen genommen.

109 Plötzlich sah Yuen-ming im Traume Yeu, der Wein trug und auf
ihn zukam. Derselbe sagte, daß er sich trennen müsse, und beschenkte ihn bei dieser Gelegenheit mit einem Gedicht.
Beim Erwachen hatte sich Yuen-ming zehn Worte gemerkt. Diese
lauteten: „Wenn ich einmal von hier weggezogen, wandle ich nicht
mehr an dem Hofe und auf dem Markte."
Yuen-ming seufzte und sprach: „Es hat gewiß eine andere Ursache." Nach drei Tagen hörte er wirklich, daß Yeu durch die
Streitmacht der Aufrührer getötet worden war. Er forschte nach
der Zeit, zu der dies geschah. Es war die Nacht, in der er geträumt hatte.

PEI-NGAN-TSU

Pei-ngan-tsu war einst bei heißem Wetter ausgegangen und stellte
sich unter einen Baum. Daselbst verfolgte ein Raubvogel einen
Fasan. Der Fasan warf sich in Hast auf Ngan-tsu, stieß hierauf
an den Baum und war tot. Ngan-tsu bedauerte ihn. Er nahm ihn
und legte ihn an eine schattige Stelle, wo er ihn gemächlich hütete
und nach ihm blickte. Nach längerer Zeit wurde der Fasan wieder lebendig. Ngan-tsu war erfreut und ließ ihn los.

Später träumte er in der Nacht, daß ein Mann, dessen Kleid und 110
Kopfbedeckung sehr wunderbar waren, mit einem gekrümmten
Halskragen angetan, sich ihm zuwandte und zweimal sich verbeugte. Ngan-tsu verwunderte sich und fragte ihn. Dieser
Mensch sagte: „Es erfüllt mein Herz mit Rührung, daß ich durch
dich in früheren Tagen losgelassen wurde. Ich komme deshalb,
mich für die Wohltat zu bedanken."

SUNG-YING

Sung-ying war stechender Vermerker von Liang-tscheu. Yings
frühere Gattin von dem Geschlechte Teng war gestorben.
Zehn Jahre später sah er sie im Traume.   111
Sie wendete sich ihm zu, verbeugte sich und sprach: „Ich, die
Braut, ward jetzt Kao-tsung als Gattin zugeteilt. Deswegen
komme ich und verbeuge mich, indem ich Abschied nehme."
Ying besuchte Tsung und erzählte ihm dieses. Tsung starb nach
einigen Tagen.

FÜRST KING

Der Frühling und Herbst Yen-tse's sagt:
Fürst King jagte in Ngu-kung. Es war Nacht und noch frühe,
als der Fürst sich niedersetzte und einschlief.
Es träumte ihm, daß fünf Männer das Gesicht nach Norden kehrten 112
und sagten, daß sie unschuldig seien.
Als der Fürst erwachte, berief er Yen-tse zu sich und erzählte ihm,
was er geträumt. Der Fürst sprach: „Habe ich einmal einen Unschuldigen getötet?" — Yen-tse anwortete: „Einst befand sich der
frühere Landesherr, Fürst Ling, auf der Jagd. Fünf Männer

schreckten das Wild. Er ließ deshalb ihre Häupter abschlagen.
Er ließ sie begraben und nannte die Stelle : den Erdhügel der fünf
Männer. Sollten es wohl diese sein?"
Man befahl Leuten, den Ort, wo sie begraben waren, aufzugraben
und sie zu suchen. Es waren fünf Häupter in einer gemeinschaft-
lichen Grube vorhanden.
Der Fürst befahl den Angestellten, sie zu begraben.

KAISER HOAN

Die von Hoang-fu-hi verfaßten Überlieferungen von erhabenen
Männern sagen :
Kaiser Hoan liebte die Bücher Lao-tses.
113 In der Nacht träumte ihm, daß er Lao-tse sah.
Er erließ eine höchste Verkündigung und errichtete in Tschin
für Lao-tse einen Tempel.

ZWEI TRÄUME, DIE DER BEFEHLSHABER DES DISTRIKTES TUNG-KUAN HATTE

114 Die Geschichte des fortgesetzten Suchens der Götter sagt :
Sching-kien stammte aus Tung-kuan. Zehn Jahre nach seiner Bestattung schickte er plötzlich in der Nacht dem Befehlshaber seines
Distriktes einen Traum, in dem er sagte :
„Sching-kien, ein versunkener ehemaliger Mann des Volkes, wird
jetzt bedroht. Durch das erleuchtete Versammlungshaus werde ich
schnell gerettet."
Der Befehlshaber erließ sofort an das Innere und Äußere eine Auf-
forderung. Man rüstete sich, ging auf den Grabhügel und trat ein.
Die Sonne war bereits aufgegangen, als der Himmel plötzlich sich
mit einem dichten Nebel umzog. Man konnte einander von Angesicht nicht sehen. Man hörte bloß in dem Grabe mehrere Stimmen und ein Geräusch, als ob der Sarg zerschlagen würde. Auf
dem Grabhügel befanden sich zwei Menschen, die in die Ferne
blickten. Dieselben sahen jedoch bei dem Nebel und in der
Dunkelheit nicht, daß Menschen nahten. Als der Befehlshaber
gekommen war, griff man drei Menschen in dem Innern des Grabes

auf. Den zwei Menschen auf der Höhe des Grabhügels gelang es,
zu entkommen. Sie entliefen, ehe der Sarg noch zerstört war. Der
Befehlshaber beauftragte Leute, sie wieder einzubringen.

In derselben Nacht träumte ihm nochmals, daß Kien zu ihm sagte: 115
„Den zwei Menschen ist es zwar gelungen, zu entfliehen, allein
das ganze Volk kennt sie. Der eine hat auf dem Angesicht ein
grünes Mal gleich einem Vieleckblatte. Der andere hat zwei ein-
geschlagene Vorderzähne. Wenn das erleuchtete Versammlungshaus diesem gemäß Nachforschungen anstellen wollte, wird es die
Menschen entdecken."

Der Befehlshaber richtete sich nach diesen Worten. Er ließ nach
diesen Menschen fahnden, und sie wurden gefangen.

TSUNG-YUEN

Tsung-yuen führte den Jünglingsnamen Schö-lin und stammte aus
Nan-yang.

In dem Zeitraum Tai-yuen von Tsin war er Statthalter von
Tsin-yang und besaß etliche zehn Schildkröten. Er gab sie in
die Küche bis zum Morgen. Am Morgen ließ er aus zweien derselben ein Gericht bereiten. Er goß hierauf die Brühe in einen
Krug und nährte die Schildkröten damit.

An demselben Abend träumte ihm, daß zehn Männer, mit Bein- 116
kleidern und Mänteln von schwarzem Tuch angetan, sich selbst
banden. Dieselben wendeten sich zu Tsung-yuen und schlugen
die Häupter an den Boden, als ob sie um Erbarmen bäten.

Am folgenden Tage zerlegte der Koch zwei Schildkröten.

An demselben Abend träumte Tsung-yuen wieder, daß acht Men- 117
schen wie früher um Erbarmen baten.

Tsung-yuen besann sich jetzt. Er gab Befehl, die Schildkröten nicht
zu töten.

In der folgenden Nacht sah er nochmals im Traume die acht Men- 118
schen von gestern, die herbeikamen, niederknieten und sich für
die Gnade bedankten.

Er erschrak jetzt und kam zu sich.

Am folgenden Morgen ging er in das Gebirge Liü und ließ die
Schildkröten frei.

Seit dieser Zeit aß er keine Schildkröten mehr.

YIN-TSCHUNG-KAN

Yin-tschung-kan, der stechende Vermerker von King-tscheu lebte zur Zeit, als er noch leinene Kleider trug, in Tan-tu.

119 Er sah im Traume plötzlich einen Menschen, der sagte, daß er ein Mensch von Schang-yü in Kuei-ki sei. Er sei ein Toter und schwimme auf dem wirbelnden Strome. Am nächsten Tage werde er ankommen. Er setzte hinzu: „Du, o Gebieter, besitzest die Menschlichkeit, welche den lebendigen Wesen Hilfe leistet. Solltest du wohl imstande sein, mich wegzuschaffen? Wenn ich an einen hohen versengten Ort gelangen könnte, so würde sich die Gnade auf meine vermoderten Knochen erstrecken."

Am folgenden Tage ging Yin-tschung-kan mit seinen Leuten an das Ufer des Stromes und blickte hin. Er sah wirklich einen Sarg, der, von den Fluten getrieben, herabschwamm und in dem Wirbel bei der Stelle, wo der Mann von dem Geschlechte Yin saß, anlangte. Er gab seinen Leuten Befehl, den Sarg herbeizuziehen. Die Inschrift stimmte mit dem überein, was er geträumt. Er schaffte ihn sogleich fort, legte ihn auf die Uferbank und opferte ihm Wein und Speise.

120 An demselben Abend träumte ihm wieder, daß dieser Mensch herbeikam und sich für die Gnade bedankte.

TAN-MEU-TSUNG

Der Garten der Merkwürdigkeiten sagt:

Tan-meu-tsung von Kao-ping verlor in dem Zeitraume I-hi seine Mutter. Dieselbe war von dem Geschlechte Lieu aus der Provinz Pei.

121 Er schlief am Tage ein und träumte, daß sie ihn besuchte und mit der Hand einen Fächer ergriff. Sie sagte: „Deine Jahre und dein Leben sind noch nicht zu Ende. Mir kamen in den Weg Unglück und Härte, wir sind auf ewig getrennt. Ich reiche dir diesen Fächer zum Abschied." Seine Mutter vergoß Tränen.

Er erwachte im Schrecken und fand wirklich in dem Tore des Windschirms einen Fächer. Derselbe hatte das Aussehen, als ob er ganz mit Spinnengewebe überzogen wäre. Tsung erfaßte ihn und war schmerzlich bewegt.

FÜRST VON KUE

Die Worte der Reiche sagen:

Hien, Fürst von Tsin, griff Kue an.

Der Fürst von Kue träumte, daß er sich am Hofe befand. Ein [122] göttlicher Mensch, der jedoch mit weißen Haaren und Tigerklauen versehen war, ergriff eine Axt und stellte sich an den unteren Teil des westlichen Flusses. Der Fürst fürchtete sich und entfloh. Der Gott sprach: „Entfliehe nicht. Der Kaiser hieß Tsin in dein Tor dringen." Der Fürst verbeugte sich und senkte das Haupt zu Boden.

Er berief den Vermerker Ngao und ließ den Traum deuten. Dieser erwiderte: „Wenn es so ist, wie du, o Gebieter, sagst, so ist es der Einsammler der Streu. Es ist der strafende Gott des Himmels." Der Fürst ließ den Vermerker ins Gefängnis setzen. Dann beauftragte er die Menschen des Reiches, wegen des Traumes Glück zu wünschen.

Nach sechs Jahren war Kue zugrunde gegangen.

LIEU-YAO

Die Verzeichnisse des früheren Tschao sagen:

Lieu-yao träumte in seinem letzten Jahre, daß drei Menschen mit [123] goldenen Angesichtern und Lippen von Mennig sich nach Osten wandten und auf und ab schritten. Sie sprachen nicht und zogen sich zurück. Yao verbeugte sich und trat in ihre Fußstapfen.

Der als großer Vermerker gebietende Jin-I sprach: „Drei ist die Gipfelung der vorübergehenden Kreisläufe. Der Osten ist der Donnerschlag. Es ist der Anfang und die Reihenfolge der Herrscher. Das Gold ist die gefällige Sache. Es ist Schwinden und Herabfallen. Der Mennig der Lippen und nicht sprechen ist das Ende der Dinge. Auf und ab schreiten, die Arme zu Boden senken und Verzicht leisten, sind die Wege des Loslassens. Indes man sich dabei verbeugt, beugt man sich und wirft sich zu Boden vor den Menschen. Indem man in die Fußstapfen tritt und wandelt, hütet man sich, daß man nicht die Grenzen überschreite. Die Streitkräfte werden gewiß in großen Mengen sich erheben."

Im dritten Jahre des Zeitraumes Yuen-tschi wurde Yao durch Schĭ-lĭ gefangen und getötet.

MU-YUNG-TSIUEN

Die Verzeichnisse des früheren Yen sagen:

124 Mu-yung-tsiuen träumte, daß Schĭ-hu ihn in den Arm biß.
Als er erwachte, fühlte er sofort Schmerz, und es war ihm zuwider.
Er sprach: „Wie könnten die Toten ruhen? Wagt man es, im
Traume als Himmelssohn zu leben?"
Er ließ Schĭ-hu ausgraben. Er hielt ihm die Verbrechen vor,
peitschte den Leichnam und warf ihn in den Fluß Tschang.
Plötzlich legte sich Mu-yung-tsiuen krank nieder und starb.

KAISER WU

Das Buch der Tsi sagt:

125 Als Kaiser Wu seine Stufe erstieg, träumte er, daß ein gold-
geflügelter Vogel zu der Vorhalle herabflog und zahllose kleine
Drachen verzehrte, worauf er zu dem Himmel emporflog.
Als Kaiser Ming zu seiner Rangstufe gelangte, ließ er die Söhne
und Enkel der Kaiser Kao und Wu hinrichten. Dieselben waren
ausgerottet. Es war deswegen, weil Kaiser Ming den Namen Luan
(der göttliche Vogel) führte.

Die Erklärung der Taten von Han sagt:

126 Als Li-schao-kiün verschwinden sollte, träumte dem Kaiser Wu,
daß er mit ihm zugleich einen hohen Berg bestieg. Er sah einen
Gesandten, der sich auf den Befehl des großen Einzigen berief
und Schao-kiün einlud.
Als Kaiser Wu erwachte, sagte er zu den Leuten seiner Umgebung: Schaokiün wird verschwinden.
Nach einigen Tagen erkrankte Schao-kiün und starb. Er löste sich
und verschwand.

ZWEI PERSONEN TRÄUMEN DEN GLEICHEN TRAUM

Das Buch der Thang sagt:

Zu den Zeiten Tai-tsungs unternahm Siü-king den Eroberungszug
nach Liao. Unter seinen Gerichtsbeamten befand sich ein Wächter,

dessen Geschlechtsname und Name nicht ermittelt werden konnten.

Als King sich bei dem Kriegsheer befand, träumte ihm plötzlich, 127 daß er sich in ein Schaf verwandelte und durch den Wächter getötet wurde.

Beim Erwachen fürchtete er sich und vergoß Schweiß. Als es Tag wurde, erschien der Wächter bei der Gerichtsbank.

King fragte ihn: „Hast du heute nacht etwas geträumt?"

Der Wächter sprach: „Ich habe geträumt, daß du ein Schaf warst 128 und daß ich dich schlachtete."

King aß seit dieser Zeit kein Schaffleisch, und es war Fügung des Himmels.

King brachte es hierauf bis zu einem Vorsteher des Ackerbaues, zu einem kleinen Reichsminister und Vorsteher der Pferde für Yung-tscheu. Der Wächter wurde um die Zeit bereits als Gehilfe des Gefängnisses der großen Ordnung verwendet. Später wurde King fälschlich beschuldigt, daß er mit Pei-yen, dem Gebietenden der inneren Vermerker, verkehre und sich zu gemeinschaftlichem Auftreten mit dem Fürsten von Ying verschworen habe. Siü-king betrieb die Angelegenheit in Yang-tscheu. Er wurde jedoch ergriffen und zu der großen Ordnung gebracht. Plötzlich erblickte er den Gehilfen, der das Gefängnis beaufsichtigte. King vergoß Tränen und sagte zu ihm: „Der Traum des Eroberungszuges nach Liao geht jetzt in Erfüllung."

Als er hingerichtet wurde, war es der Gehilfe, der ihn zuletzt hinwegführte.

WEI-WEN

Wei-wen wurde der betrachtende und untersuchende Abgesandte Siuen-hïs. Im folgenden Jahre entstand auf seinem Haupte ein Ausschlag. Er sagte zu Ngai-si-tschang, daß er nach Lu zurückkehren werde, und sprach:

Zur Zeit, als ich mit der Stelle eines die Bücher vergleichenden 129 Leibwächters betraut war, träumte ich, daß zwei gelbgekleidete Menschen, in den Händen Beglaubigungsmarken haltend, herankamen und mich verfolgten. Als ich den Tschan erreichte, wollte ich übersetzen. Der eine dieser Menschen rückte ganz nahe und ·

sprach: „Jener Erdhügel ist erreicht. Warte auf die großen Verdienste zehntausend Tage." Hierauf setzte ich nicht über den
Fluß und erwachte.

Nach meiner Berechnung sind es heute zehntausend Tage. Ich
werde mit dir zu Rate gehen.

Am nächsten Tage starb er.

PIN-PI-TSIU

Der Frühling und Herbst des Geschlechtes Liü sagt:
Zu den Zeiten des Fürsten Tschuang von Tsi lebte ein Kriegsmann namens Pin-pi-tsiu.

130 Er träumte, daß ein starker Kriegsmann ihm folgte und ihn an-
schrie. Dieser spie ihm dabei in das Angesicht.

Voll Bestürzung erwachte er und saß die Nacht hindurch in Unlust.

Am nächsten Tage entbot er seinen Freund zu sich und sagte ihm:
„Ich bin sechzig Jahre alt und wurde durch niemanden zerschlagen und beschimpft. Ich werde ihn suchen. Finde ich ihn,
so ist es gut. Finde ich ihn nicht, so werde ich dabei sterben."

Er stand jeden Morgen in den Durchwegen. In drei Tagen hatte
er ihn nicht gefunden.

Er zog sich zurück und tötete sich selbst.

KÖNIG TSCHANG-SIÜN VON LIANG

Tschang-siün war erkrankt.

131 Er träumte, daß er ausging und lustwandelte. Er blickte umher
und erkannte nicht den Ort. Die Wasser von Kan-tsiüen waren
ausgetreten. Daselbst befand sich eine Schildkröte. Dieselbe
wandte sich gegen ihn, öffnete den Mund und sagte: „Sobald
neun Tage vorüber sind, wirst du eine vortreffliche Nachfrage,
eine gute Schmelzung und Ruhe haben."

Er erwachte plötzlich und schrieb es nieder. Die versiegelte Schrift
befand sich in einer Röhre, ohne daß die Menschen etwas davon
wußten.

Dann legte er sich krank nieder.

Als neun Tage vergangen waren, starb er.

SIÜ-SCHŎ

Tschin-kia aus Lung-si führte den Jünglingsnamen Sse-hoei. Er
war ein hervorragender und glänzender Gelehrter. Sein Weib
hieß Siü-schŏ. Sie war ebenfalls ihrer Gaben und Schönheit willen
ringsumher gepriesen. Zu den Zeiten des Kaisers Hoan wurde
Kia der Zugesellte des Richters und eilte nach Lŏ. Schŏ kehrte
heim.
Um auszuruhen, legte sie sich am Tage nieder.
Sie vergoß Tränen und verhüllte ihr Angesicht. Ihre Schwägerin
wunderte sich und befragte sie.
Sie sagte: „Ich habe eben Kia gesehen. Er erzählte mir, daß er 132
zu der Furt gegangen, in dem Einkehrhause des Bezirkes erkrankt
und gestorben sei. Zwei Gäste seien zurückgeblieben. Der eine
bewache den Leichnam, der andere sei im Besitze eines Briefes
und werde zurückkehren. Am Mittag werde er ankommen."
Das ganze Haus geriet in großen Schrecken. Als der Brief ankam,
verhielt sich alles so, wie sie geträumt hatte.

TSCHANG-THIEN-SĬ

Als Tschang-thien-sĭ sich in Liang-tscheu befand, träumte er, daß 133
ein grüngelber Hund von sehr langer Gestalt im Südosten der
Stadtmauern hervorkam und ihn beißen wollte. Der Mann von
dem Geschlechte Tschang ging ihm auf dem Bette aus dem Wege.
Als er im Kreise herumlief, fiel er zu Boden.
Später entsandte Fu-kien einen Mann namens Keu-tschang. Derselbe zog hin und zertrümmerte die Macht von Tschang-thien-sĭ,
des Mannes aus dem Geschlechte Tschang. Er trug einen Mantel
von grüngelbem Erdbrokat und drang durch das südöstliche Tor.
Alles geschah, wie jener geträumt hatte.

MOHAMMEDANER

Der Traum eines Propheten ist Offenbarung.

Mohammed

MOHAMMED

In der Nacht, in welcher Gott aus Barmherzigkeit gegen seine Diener Mohammed mit seiner Botschaft ehrte, brachte ihm Gabriel den Befehl Gottes.

[134] Ich schlief, so erzählt Mohammed selbst, als er mir ein beschriebenes seidenes Tuch brachte, und sagte: „Lies!" Ich sagte: „Ich kann nicht lesen." Da drückte er mich in das Tuch, daß ich glaubte, ich müßte sterben, dann ließ er mich los und sagte wieder: „Lies!" Als ich wieder sagte, ich könne nicht lesen, bedeckte er mich wieder mit dem Tuche, daß ich beinahe den Geist aufgab, dann ließ er mich wieder los und wiederholte seinen Befehl. Ich fragte nun, was ich lesen sollte, aus Furcht, er werde mich wieder wie früher behandeln, da sagte er: „Lies im Namen deines Herrn, der den Menschen aus einem Blutklumpen erschaffen hat, lies, dein Herr ist der Gnädigste, der durch die Feder den Menschen gelehrt hat, was er nicht wußte." Ich las nun, und Gabriel verließ mich wieder.

Hierauf erwachte ich, und es war, als stünden diese Worte in mein Herz eingeschrieben.

KALIF HARUN AL RASCHID

Im Jahre 808. Harun al Raschid ging nach Mesopotamien und nahm seinen Aufenthalt in der Stadt Rakka. Traurigkeit und Niedergeschlagenheit, die sich seiner kurz nach der Ankunft in dieser Stadt bemächtigten, schienen die Vorboten einer gefährlichen Krankheit zu sein. Dieser Zustand war durch einen Traum verursacht, der Harun sehr erschreckt hatte.

[135] Er sah im Traum über seinem Haupt einen ausgestreckten Arm mit einer Hand voll roter Erde. Zugleich vernahm er deutlich eine Stimme, die sprach: „Dies ist die Erde, in der Harun begraben werden soll." Gleich darauf hörte er eine zweite Stimme,

die fragte: „Wo ist der Ort seines Begräbnisses?" Und die erste
Stimme antwortete: „Zu Tus." Er erschrak, als er dies hörte —
und erwachte.

Sein Arzt Bachtischuu suchte ihn zu beruhigen und riet ihm, sich
zu zerstreuen. Denn da seine Unpäßlichkeit einzig und allein von
einem Traume herrühre, der nichts anderes sei als eine Aus-
schweifung der Einbildungskraft, bewirkt durch die aus dem Magen aufsteigenden Dünste, so brauche er zu seiner Genesung kein
anderes Hilfsmittel als die Zeit. Bald werde er wieder ganz hergestellt sein, er solle nur Zerstreuung suchen und dabei viel arbeiten.
Harun folgte diesem Rate, und nach und nach verschwanden die
Schreckensbilder, die seinen Geist beunruhigten. Dazu lenkten
ernste Nachrichten seine Gedanken von dem Traume ab. Die Bewohner der Provinz Samarkand und der Länder am Oxus rebel-
lierten. Ihr Anführer war ein erprobter Krieger namens Raphii.
Harun zog mit seinen Truppen ihm entgegen, mußte aber seinen
Vormarsch wegen einer Unpäßlichkeit in Giorgian unterbrechen.
Er erholte sich bald und setzte seinen Kriegszug durch die Provinz Chorasan fort. Aber ein Schwächeanfall nötigte ihn zum
zweitenmal, haltzumachen.

Wie erschrak er jedoch, als er sich nach dem Namen des Ortes,
wo er sich befand, erkundigte und erfuhr, daß er Tus heiße. Sogleich fiel ihm sein Traum ein, er wandte sich zu seinem Arzt
und sagte, tief ergriffen: „Erinnerst du dich wohl an meinen
Traum, den ich zu Rakka hatte? Siehe, nun bin ich zu Tus, wo
ich begraben werden soll."

Darauf befahl er, eine Handvoll Erde von draußen vor der Stadt
her zu holen und ihm zu bringen. Dies geschah. Als Harun den
Überbringer, mit halbentblößtem Arm, in der Hand die rote Erde,
erblickte, rief er aus: „Ach, das ist der Arm, und das ist die Erde,
die ich im Traum gesehen habe!"

Einige Tage darauf starb er und wurde zu Tus begraben.

KALIF MOTASSIM

Im Jahre 840. Der griechische Kaiser Theophilos drang mit einem
mächtigen Heer in die muselmanischen Provinzen ein und richtete dort große Verwüstungen an.

Der Kalif Motassim bekam die erste Nachricht von dem Einfall
der Griechen durch einen Traum.

136 Er träumte, daß eine vornehme Muselmanin von den Griechen
fortgeschleppt wurde und ihn dabei um seinen Beistand anrief,
indem sie laut schrie: „Motassim, komm geschwind und hilf mir!"
Über diesen Traum war er ganz erschrocken und erzählte ihn am
nächsten Tage seiner Umgebung.

Gleich darauf kam auch ein Kurier an und meldete, daß das
griechische Heer die Grenze des muselmanischen Reiches über-
schritten hätte.

Der Kalif sammelte seine Truppen und zog in Eilmärschen dem
griechischen Kaiser entgegen. In eigener Person leitete er dann
die Belagerung der Stadt Zabatra, denn er bildete sich ein, daß
die ihm im Traume erschienene Muselmanin dort gefangen gehalten würde, und er nahm sich vor, sie zu befreien. Schließlich
wurde die Stadt im Sturm genommen.

Motassim hatte den Befehl ausgegeben, daß nach Einnahme von
Zabatra ein jeder Soldat in Waffen stehen bleiben und den Einwohnern nicht die geringste Beleidigung zufügen solle. Vor
allem müßte die Muselmanin, die er so eifrig suchte, gefunden
werden.

Er ließ sich also alle Muselmaninnen, die in der Stadt eingeschlossen gewesen waren, vorführen, und er erkannte unter
ihnen bald diejenige, die ihm im Traume erschienen war.

Die Muselmanin hatte in Wirklichkeit damals, als sie von den
Griechen fortgeschleppt wurde, unter lautem Geschrei Motas-
sims Beistand angerufen.

Erst nachdem Motassim die Muselmanin mit den anderen Gefangenen an einen sicheren Ort hatte bringen lassen, gab er die
Stadt Zabatra der Wut seiner Soldaten preis.

KALIF KADIR

Im Jahre 991. Zur Zeit, als Tai durch Aufruhr seiner Herrschaft
verlustig ging, lebte Kadir als Privatmann bei dem Prinzen
Mahadhebdulah im Lande der Nabathener.

Eines Tages, während Kadir in einer Unterhaltung mit dem
Wesir des Prinzen begriffen war, kam ein Kurier von Bagdad

an und brachte die Nachricht, daß Tai nicht mehr Kalif sei und
daß Kadir dazu bestimmt wurde, den Thron einzunehmen.

Kadir erzählte darauf einen Traum, den er in der vorigen Nacht
gehabt hatte.

Es träumte ihm, er befinde sich in dem in der Nähe liegenden 137
Sumpf, und plötzlich sei das Sumpfwasser so stark gestiegen,
daß er in größte Gefahr geriet. Angst bemächtigte sich seiner.
Da erblickte er eine Brücke, wußte aber nicht, wie er es anfangen
sollte, zu dieser zu gelangen, um sich vom Untergang zu retten.
Plötzlich erschien ein Mann von außerordentlicher Größe, kam
auf ihn zu, zog ihn aus dem Wasser und brachte ihn auf die
Brücke und in Sicherheit. Kadir dankte dem Manne für die Er-
rettung, als er ihn aber dabei genauer ansah, erschrak er über
die übermäßige Größe seines Retters. Der Mann merkte Kadirs
Angst und sagte zu ihm: „Fürchte dich nicht, ich bin Ali. Ich
komme, dir die Nachricht zu bringen, daß du bald zur Regierung
gelangen und lange Zeit herrschen wirst. Vergiß dann nicht,
dich meiner Nachkommen anzunehmen."

MOHAMMED II.

Juli 1473. Nach dem Siege Usunhasans über das osmanische
Heer träumte Mohammed II., daß er und Usunhasan, beide als 138
Ringer angezogen, ihre Kräfte und Geschicklichkeit im Ring-
kampf maßen. Usunhasan zwang den Sultan zuerst auf die Knie,
dieser aber erhob sich wieder und versetzte jenem einen solchen
Schlag auf die Brust, daß ein Stück von Usunhasans Herzen zur
Erde fiel. Der Prophet und seine vier Jünger schauten dem Rin-
gen zu, und dann sprachen drei Kampfrichter, nämlich Ejub, der
Scheich Bochari und der Scheich Muhijeddin al-Arabi dem
Sultan den Sieg zu.

Nach wenigen Tagen ging dieser Traum in Erfüllung durch den
vollkommenen Sieg, den Mohammed II. über Usunhasan in der
Nähe von Ersendschan davontrug.

OSMAN II.

Ein Traum, wiewohl verschieden ausgelegt, bestärkte den Sultan
in dem Entschluß, eine Wallfahrt nach Mekka zu unternehmen.

139 Osman saß im Traume auf dem Thron und las im Koran, da kam
der Prophet und nahm ihm den Koran und seinen Panzerwams
weg und gab ihm eine Ohrfeige.

Osman, durch den Traum verstört, fragte den Chodscha, was
dieser Traum bedeute. Der Chodscha sagte ihm, der Traum sei
ein Vorwurf des Propheten, weil der Sultan sich bei der Ausführung der Wallfahrtsreise wankelmütig zeige. Osman war mit
dieser Auslegung nicht ganz zufrieden und fragte den Scheich
Mahmud von Skutari nach dem Sinn des Traumes. Er erhielt
von ihm die Deutung: der Koran sei das Gesetz, der Wams die
.Welt, der Sultan möge Buße tun.

Um Buße zu tun, besuchte Osman II. die Gräber seiner Vor-
fahren.

DER MENSCH
DES MITTELALTERS

> Das Wunder trägt sich zu im Wider-
> spruch nicht zur Natur, sondern ledig-
> lich zu unserer Naturerfahrung.
> Der hlg. Augustinus

ALBERTUS MAGNUS

Er hatte geträumt, daß er von einer Brücke aus beobachtet habe, 140
wie ein Knabe ins Wasser fiel und unter ein Mühlrad geriet.
Während er diesen Traum nach dem Erwachen seinen Genossen
erzählte, kam eine Frau jammernd herbeigelaufen, deren Sohn
in der geschilderten Weise verunglückt war. Mutter und Kind
waren Albertus vorher völlig unbekannt gewesen.

SALIMBENE

Fano, 1238. Zu der Zeit, da ich noch in der Stadt Fano lebte,
sah ich einst im Traum, wie der Sohn des Herrn Thomas de Ar- 141
mariis aus Parma einen Mönch tötete, und erzählte den Traum
meinem Bruder.
Wenige Tage nachher passierte Amigo de Amicis auf der Reise
nach Apulien, wo er Gold holen wollte, die Stadt, und kam zu
dem Kloster, um uns als unser guter Bekannter, Freund und
Nachbar zu besuchen. Und wie von ungefähr begannen und
fragten wir, wie es mit jenem — er hieß nämlich Gerhard de Sen-
zanisiis — stehe, und er antwortete uns: „Schlecht steht es, denn
er hat jüngst einen Mönch erschlagen." Und so erkannten wir,
daß manchmal Träume Wahrheit enthalten.

EIN PROPHETISCHER TRAUM

Im Jahre 1285 hatte eine Frau aus der Stadt mit Namen Bar-
letta ein ihr von Gott gesandtes Traumgesicht, das sie den

Minoriten, deren Beichtkind sie war, mit folgenden Worten berichtete:

142 „Ich sah in einer nächtlichen Vision jemanden zu mir treten und also sprechen: ‚Das sollst du wissen', daß innerhalb eines Jahres vier hochstehende Persönlichkeiten von Gott dem Tode überliefert werden, wo das ‚Haus allen Lebendigen bestimmt ist', bei Hiob im 30sten. Der erste wird sein König Karl, der zweite Papst Martin, der dritte Philipp, König von Frankreich, der vierte Peter, König von Aragonien."
Das alles bewahrheitete der Ausgang der Dinge, da es so geschah, wie es ihr verkündet war.   (Mitgeteilt von Salimbene)

BELLA ALIGHIERI

Florenz, 1265. Als sie schwanger war und die Zeit der Niederkunft
143 nahte, sah sie im Traum, wie die Frucht ihres Leibes beschaffen sein werde, und wenngleich damals weder sie noch irgendein anderer die Bedeutung dieses Traumes erkannte, ist sein Sinn heute allen offenbar.

Es erschien der edlen Frau im Traume, als stände sie auf einer grünen Wiese unter einem hohen Lorbeerbaum neben einem klaren Quell und gebäre hier einen Knaben, der sich nur von den Beeren nährte, die vom Lorbeerbaume fielen, und von dem Wasser des klaren Quells; es dauerte nicht lange, bis er als ein Hirte vor ihr stand und sich mit allen Kräften mühte, vom Laube des Baumes zu pflücken, dessen Früchte ihn genährt hatten; und während er danach trachtete, es zu erlangen, war ihr, als sähe sie ihn fallen, doch als er sich wieder aufrichtete, war er ein Pfau geworden. Darob verwunderte sie sich so sehr, daß sie aus dem Schlaf erwachte.

Es dauerte nun nur noch kurze Zeit, bis ihre Niederkunft herankam und sie einen Sohn gebar, der auf den Wunsch des Vaters den Namen Dante, das heißt: der Gebende, bekam, und diesen Namen verdiente er wahrlich.

JACOPO ALIGHIERI

Ravenna, Mai 1322. Dante führte sein herrliches Werk „Die göttliche Komödie" nicht, wie viele vielleicht glauben, ununter-

brochen zum Ende, nein, mehrmals hat er, von der Ungunst der
Verhältnisse gezwungen, Monate und Jahre verstreichen lassen,
ohne weiterzudichten. Ja es gelang ihm nicht einmal, vor seinem
Tode es ganz zu veröffentlichen.

Es war seine Gewohnheit, wenn er sechs oder acht Gesänge gedichtet hatte, sie, ehe ein anderer sie sehen durfte, Herrn Cane
della Scala zu senden, den er mehr verehrte als alle andern Menschen. Hatte dieser sie aber gesehen, so schrieb er sie für alle
ab, die sie lesen wollten. Und nachdem er diesem Ritter auf
solche Weise alle Gesänge außer den letzten dreizehn übersandt
hatte, die auch schon gedichtet, aber noch nicht abgeschickt
waren, starb er, ohne daß man gewußt hätte, wo die fehlenden
Gesänge sich befanden.

Die Hinterbliebenen, seine Söhne und Schüler, durchsuchten alle
seine Schriften, doch da sie sie trotz aller Mühe nicht fanden,
standen sie endlich von dem vergeblichen Suchen ab, Gott zürnend, daß er ihn nicht so lange am Leben gelassen habe, bis er
dieses Werk vollendet hätte.

Jacopo und Piero aber, Dantes Söhne, die sich auch der Reim-
kunst befleißigten, ließen sich von einigen ihrer Freunde überreden, das väterliche Werk zu ergänzen, so gut sie es vermöchten,
auf daß es nicht unvollendet bliebe. Da aber hatte Jacopo, der
von weit größerem Eifer erfüllt war als der andere, ein wunderbares Gesicht, das ihn nicht nur der törichten Anmaßung entriß,
sondern ihm auch zeigte, wo die dreizehn Gesänge zu finden
seien, die an der „Göttlichen Komödie" fehlten und die niemand
hatte finden können.

Ein Bürger von Ravenna namens Piero Giardino, der lange
Dantes Schüler gewesen war, erzählt, daß acht Monate nach
dem Todestage des Meisters um die Stunde der Frühmette Jacopo
zu ihm gekommen sei und ihm erzählt habe, in dieser Nacht habe 144
er im Traum seinen Vater Dante gesehen, in einem blendend
weißen Kleide, das Antlitz in seltsamem Glanze erstrahlend, so
daß er ihn gefragt habe, ob er lebe. Da habe die Erscheinung
ihm erwidert: „Ja, ich lebe, doch das wahre Leben, nicht das
eure!" Da aber habe er ihn weiter gefragt, ob er vor seinem
Hinscheiden sein Werk noch vollendet habe und wo die fehlenden
Gesänge zu finden seien. Und wiederum habe die Erscheinung

geantwortet und gesprochen: „Ja, ich habe es vollendet." Und
dann habe er ihn bei der Hand genommen und ihn in das Gemach
geführt, in dem er zu seinen Lebzeiten zu schlafen pflegte, hier
eine Wand berührt und gesprochen: „Hier ist das, was ihr so
sehr gesucht habt." Und nach diesen Worten war Dante und mit
ihm der Traum verschwunden.

Und nun habe es dem Jacopo keine Ruhe gelassen, und er ging
zu dem Nachbar, um ihm das Erlebte zu berichten und ihn zu
bitten, an dem bezeichneten Orte, den er sich gar wohl gemerkt
habe, zu suchen und zu sehen, ob der Traum Trug oder Wahrheit sei. Und wenngleich die Nacht noch nicht entwichen war,
machten sie sich beide auf den Weg nach dem Hause, in welchem
Dante wohnte, als er starb, sie riefen den Besitzer und ließen sich
von ihm an den bezeichneten Ort führen, fanden in der Mauer,
von einer Matte verdeckt, eine kleine Öffnung, die sie noch niemals gesehen hatten, und entdeckten hier einige Schriften, die
von der Feuchtigkeit des Ortes schon ganz vermodert waren.

Doch als sie sie vorsichtig gereinigt hatten und sie lasen, erkannten sie, daß es wirklich die dreizehn Gesänge waren, die sie
so schmerzlich gesucht hatten.

Da waren sie hocherfreut, machten eine neue Niederschrift und
sandten diese nach der Gewohnheit des Dichters zunächst an
Herrn Cane della Scala, damit dieser sie dem unvollendeten
Werke anfüge.

Und so war denn das Werk nach vielen Jahren beendet.

KAISER KARL IV.

Kaiser Karl IV. erzählt einen Traum, den er in seiner Jugend —
am 15. August 1333 — von dem Tode eines Verwandten hatte,
welchem er mit dem Vater zu Hilfe eilte.

Nachdem unser Vater den Weg nach Parma kurz vor uns eingeschlagen, trafen wir auf einer Villa namens Terenzo in der Diözese Parma zusammen, und zwar an einem Sonntage, da gerade
Himmelfahrt Mariä war.

145 Im Schlaf in der Nacht erschien uns ein Gesicht: Der Engel des
Herrn stand neben uns, wo wir lagen, zur linken Hand, stieß uns
in die Seite und sprach: „Stehe auf und komm mit uns!" Wir aber

antworteten im Geist: „Herr, ich weiß nicht, wohin noch auf was Art ich mit Euch gehen soll!" Und er faßte uns am Schopf und hob uns mit sich in die Luft bis über einen großen Heerhaufen gewappneter Reiter, die vor einem festen Schloß in Schlachtordnung dastanden. Und er hielt uns in der Luft über dem Heere und sprach zu uns: „Blick auf und sieh!" Und siehe da, ein anderer Engel kam vom Himmel herab mit einem feurigen Schwert in der Hand und durchstach einen mitten in der Schlachtreihe und schnitt ihm mit demselben Schwert das Glied ab, und der Ritter stöhnte wie zum Tode getroffen auf dem Pferde. Der Engel aber, der uns am Schopf hielt, sprach: „Erkennst du jenen, der so vom Engel getroffen und verwundet bis auf den Tod?" Darauf wir versetzten: „Herr, ich weiß nicht, wer noch welches der Ort ist." Da entgegnete er: „Du sollst wissen, daß es der Dauphin von Vienne ist, der wegen der Sünde der Üppigkeit so von Gott getroffen wird. Nun also hütet euch, und eurem Vater mögt ihr's sagen, daß er sich hüte vor ähnlichen Vergehungen, es könnte euch noch Schlimmeres widerfahren!" Wir aber, von Mitleid ergriffen wegen des Dauphins von Vienne, denn unsere Großmütter waren Schwestern und er selbst ein Sohn der Schwester König Karls I. von Ungarn, fragten den Engel, ob er denn nicht mehr beichten könne vor seinem Ende, und ich war sehr betrübt. Der Engel aber erwiderte: „Er wird eine Beichte haben und noch einige Tage leben." Darauf sahen wir auf der linken Seite der Schlachtordnung viele Männer stehen, in weißen Gewändern, als ob es Leute wären, die in großer Verehrung und Heiligkeit ständen, und sie redeten abwechselnd, indem sie über das Heer hinblickten, und über das, was alles geschehen war, und wir merkten sie uns wohl. Doch durften wir sie nicht befragen, auch erzählte der Engel nicht von selbst, wer jene ehrwürdigen Männer seien.

Und urplötzlich waren wir wieder an den Ort unseres Nachtlagers zurück, und schon brach der Morgen an.

Da kam zu uns Thomas de Nova Villa (Neuf ville), ein Ritter aus der Lütticher Diözese, Kämmerer unseres Vaters, und weckte uns mit den Worten: „Warum steht Ihr nicht auf, Herr; Euer Vater ist schon gerüstet und zu Pferde." Da standen wir denn auf, aber wir waren zerschlagen und wie von einer beschwerlichen Reise ermattet. Und wir sagten: „Wohin wollen wir ziehen, nachdem wir in dieser Nacht so großes Unglück erlitten, daß wir nicht wissen, was wir tun sollen?" Er aber sprach darauf: „Was denn, Herr?" Wir aber versetzten: „Der Dauphin ist tot, und doch will unser Vater das Heer versammeln und ihm zu Hilfe eilen, der mit dem Grafen von Savoyen in Fehde liegt; nun er gestorben ist, nützet ihm unsere Hilfe ja nicht mehr." Darauf lachte jener, und als wir nach Parma kamen, erzählte er unserm Vater, was wir ihm gesagt hatten. Dieser aber rief uns vor und fragte, ob das wahr wäre und wir wirklich also gesehen hätten. Wir erwiderten: „Jawohl, Herr, und Ihr könnt sicher sein, daß der Dauphin gestorben ist." Der Vater aber fuhr uns an mit den Worten: „Ich mag an keine Träume glauben!" Doch sagten wir auch Genannten, nämlich unserem Vater und Ritter Thomas, nicht das Ganze, wie wir es gesehen hatten, sondern eigentlich nur, daß der Dauphin jetzt nicht mehr am Leben sein könne.

Es kam nach einigen Tagen ein Bote mit einem Briefe, besagend, daß der Dauphin mit seinem versammelten Heere vor ein Schloß des Grafen von Savoyen gerückt und durch eine Balliste mit einem großen Pfeil, inmitten aller seiner Krieger, schwer verwundet worden, auch einige Tage darauf nach abgelegter Beichte mit Tode abgegangen sei. Da sagte denn unser Vater, wie der Brief verlesen war: „Wir sind darüber sehr erstaunt, denn unser Sohn hat diesen selben Tod uns zuvor geweissagt." Und sehr verwunderten sich darüber er selbst und Ritter Thomas. Doch ist nachträglich von dieser Sache weiter nicht mehr geredet worden.

FRANCESCO PETRARCA

146 Parma, September 1341. Einmal sah Petrarca im Traum den geliebten Freund (Jacopo Colonna), der den Bach in seinem Garten überschritt; er ging ihm entgegen und fragte ihn, woher er komme, wohin er gehe, warum er so eilig, warum ohne Begleitung. Jener, der ein sehr anmutiger Plauderer war, erwiderte ihm lächelnd: „Erinnerst du dich, daß dir, als du mit mir jenseits der Garonne lebtest, das Klima der Pyrenäen nicht zuträglich war? Von dort komme ich ermüdet, um nie mehr dorthin zurückzukehren, und gehe nach Rom. Ich will aber nicht, daß du mich begleitest." Und indem er dies sagte, beschleunigte er seine Schritte und wehrte den

Sänger der Laura freundlich ab, der, nachdem er ihn aufmerksam betrachtet hatte, an der Blässe des blutlosen Antlitzes erkannte, daß er einen Toten vor sich hatte. Bei diesem Anblick stieß Petrarca einen lauten Schrei aus und fuhr erschreckt aus dem Schlaf auf.

Er notierte sich den Tag, erzählte den Freunden von dieser Erscheinung und teilte sie Abwesenden brieflich mit. Nach fünfundzwanzig Tagen bekam er die Nachricht, daß in jener Nacht, in der er durch die traurige Vision erschreckt wurde, der Bischof Colonna gestorben war.

JACOPO MUZIO ATTENDOLO SFORZA

4. Januar 1424. Er träumte in der Nacht vor einem kriegerischen Unternehmen, er befinde sich mitten in einem See in sehr großer 147 Lebensgefahr und rufe den ihm erscheinenden heiligen Christophorus, den Schutzpatron gegen Wassersnot, um Hilfe an, der Heilige aber blicke weg und kehre ihm den Rücken.

Als er nun am anderen Morgen, gegen den Rat seiner Unterfeldherrn, denen er den Traum erzählte, den geschwollenen Sangro bei seiner Mündung ins Meer, wo er eine seeartige Erweiterung bildete, überschreiten wollte, ertrank er.

VOR UND IN
DER REFORMATIONSZEIT

JOHANN HUS

Konstanz, Dezember 1414. In der ersten Zeit seiner Gefangenschaft erzählte er dem Ritter von Chlum diesen Traum:

148 Man wollte in der Bethlehemskapelle alle Bilder an den Wänden, die Christus darstellten, zerstören, und es gelang. Am anderen Tage stand er auf und sah viele Maler, welche noch mehr Bilder und schönere entworfen hatten, und er betrachtete die Bilder mit Freude. Und die Maler und viele aus dem Volk sprachen: „Mögen die Bischöfe und Priester kommen und diese Bilder zerstören!" Und darüber freute sich eine große Volksmenge in Bethlehem, und Hus freute sich mit ihr, und während des Lachens darüber erwachte er.

Konstanz, 1415. Sendschreiben an die Brüder in Böhmen: Wißt, daß ich große Kämpfe in meinen Träumen gehabt habe.

149 Ich habe die Flucht des Papstes vorher geträumt. Und nach der Erzählung davon sprach Chlum im Traum zu mir: „Der Papst wird auch zurückkehren." Dann habe ich auch die Gefangenschaft des Hieronymus geträumt, obgleich nicht buchstäblich so, wie es sich zugetragen hatte. Alle verschiedenen Gefängnisse, in die ich abgeführt worden bin, alles dies ist mir im Traum vorgekommen. Es sind mir oft Schlangen erschienen, die auch auf dem Schweif einen Kopf hatten, aber keine konnte mich beißen. Ich schreibe dies nicht, als ob ich mich für einen Propheten halten oder mich überheben wollte, sondern um euch erkennen zu lassen, daß ich Versuchungen an Leib und Seele gehabt habe und die größte Furcht, das Gebot unsres Herrn Jesu Christi zu übertreten.

ALBRECHT DÜRER

150 Nürnberg. Nacht vom 7. zum 8. Juni 1525. Im Jahre 1525, nach dem Pfingsttag, in der Nacht zwischen Mittwoch und Donners-

tag, habe ich im Schlafe dies Gesicht gesehen, wie viele große Wasser vom Himmel fielen. Und das erste traf das Erdreich ungefähr vier Meilen von mir mit einer solchen Grausamkeit, mit einem übergroßen Rauschen und Zerspritzen und ertränkte das ganze Land. Über solches erschrak ich so gar schwer, daß ich davon erwachte, eh die anderen Wasser fielen. Und die Wasser, die da fielen, die waren sehr mächtig, und etliche von ihnen fielen weit, etliche näher, und sie kamen so hoch herab, daß sie scheinbar gleichmäßig langsam fielen. Aber als das erste Wasser, welches das Erdreich traf, nahezu herabgekommen war, da fiel es mit einer solchen Geschwindigkeit, mit Wind und Brausen, und ich erschrak so sehr, daß ich, als ich erwachte, am ganzen Körper zitterte und lange nicht recht zu mir selbst kommen konnte. Als ich aber am Morgen aufstand, malte ich es hier oben, wie ich es gesehen hatte. Gott wende alle Dinge zum Besten!

MARTIN LUTHER

18. Dezember 1536. Doktor Martin Luther sagte: „Mein Traum 151 wird mir wahr werden.

Mich dünkte, ich wäre gestorben und stünde bei dem Grabe als nackend mit geringen Hüllen bedeckt.

Also bin ich lang verdammt zum Tode, und lebe gleichwohl noch."   **(Mitgeteilt von Anton Lauterbach)**

Es wurde einmal an D. Luthers Tische gedacht, daß die Eclipses keinen Effekt noch Wirkung hätten; so man vor Zeiten hätte gesagt, daß die Eclipses oder Finsternis allzeit eines Königs oder sonst eines großen Haupts Tod bedeuteten.

Darauf antwortete D. Luther und sprach:

„Es ist wahr, die Eclipses wollen keinen Effekt mehr haben. Ich halte, unser Herr Gott werde bald mit dem rechten Effekt kommen und mit dem Jüngsten Tage dreinschlagen; wie mir denn neulich hat geträumet.

Als ich mich nach Mittag hatte schlafen gelegt, da träumt mir, 152 daß am Tage Conversionis Pauli der Jüngste Tag kam, und ich sprach: In pace in id ipsum requiescam seu dormiam!"

                              (Mitgeteilt von Johannes Aurifaber)

KATHARINA LUTHER

19. September 1542. Als Magdalena, D. M. Luthers Tochter, Anno 1542 gestorben war, da hatte Doktor Martini Luthers Frau
153 die Nacht zuvor einen Traum gehabt, in dem ihr gedeucht hatte, daß zwei schöne, junge, wohlgeschmückte Gesellen gekommen wären und hätten ihre Tochter wollen zur Hochzeit führen.

Als nun Philippus Melanchthon des Morgens kommt ins Kloster und sie fragt, was ihre Tochter mache, da hat sie ihm den Traum erzählet.

Aber er war darüber erschrocken und hatte zu anderen gesagt: „Die jungen Gesellen sind die lieben Engel, die werden kommen und diese Jungfrau in das Himmelreich, in die rechte Hochzeit führen."

Und an demselbigen Tag war sie auch gestorben.

(Mitgeteilt von Kaspar Heydenreich)

KURFÜRST JOHANN FRIEDRICH VON SACHSEN

Doktor Martinus Luther sagte anno 1531, daß Kurfürst Johanns Traum, den er unter dem Reichstage zu Augsburg anno 1530 hätte gehabt, wäre wahr worden.

154 Denn er hatte im Traum gesehen, daß ein großer, hoher Berg auf ihm wäre gelegen, und Herzog Georg zu Sachsen wäre oben auf dem Berge gestanden; aber der Berg war eingefallen, und Herzog Georg war zu ihm herab gewalzet.

Und sagte D. Luther: „Der Berg wäre der Kaiser, darauf setzte Herzog Georg alle seine Hoffnung und Vertrauen; aber der Berg gehe ein, denn des Kaisers Gnade gegen ihn sei nicht mehr so groß, als sie zuvor gewesen. Darum so demütige sich jetzt Herzog Georg gegen unsern gnädigsten Herrn und halte sich freundlich zu ihm."

(Mitgeteilt von Konrad Cordatus)

PHILIPP MELANCHTHON

155 Frankfurt am Main, 3. März 1539. Es träumte ihm gestern, er sehe irgendein wundervolles Gemälde, auf dem im Vordergrund Christus am Kreuze hängend abgebildet war, und rund herum

waren gemalt gleichsam Seelchen in weißen Gewändern. Heran
traten in einem schönen Zug, wie sie gewöhnlich einzuziehen
pflegen, die Kurfürsten des Reiches, geschmückt mit ihren Ab-
zeichen. Ihnen folgte ein Esel nach, der eine Chorkappe auf
hatte und den Kaiser und den Papst hinter sich, als ob er sie mit
Gewalt zu dieser Gemeinschaft der Seeligen mit Christus führen
wollte.

(Mitgeteilt von Friedrich Myconius)

März 1539. Es war gleichsam ein schmaler Raum, eine Art alter- 156
tümlicher Tempel. In ihm sah ich Martin Luther nahe am
Fenster sitzen; auf dem Tisch vor ihm stand ein Becher voll
Wein. Jonas, Pomeranus und einige andere Doktoren saßen bei
Martin Luther. Mir schien, daß ich den Papst Paul III. eintreten
sah. Da faßte ich, Philippus, den Papst bei der Hand und sagte:
„Heiliger Vater, ich bitte dich, schaffe Frieden in der Kirche!"
Der Papst antwortete erregt und zornig: „Nehmt Abstand,
widerruft, und gleich wird Friede sein." Ich ließ nicht nach:
„Herr, weder Zeit noch Verhältnisse erheischen, daß wir wider-
rufen." Der Papst antwortete: „Gern würde ich alle Mißbräuche
abschaffen." Dann glaubte ich den ganzen Zug der Kardinäle
eintreten zu sehen; sie trugen schwarze Trauergewänder. Dann
war eine große Anzahl von Lutheranern da, in einfachen Gewändern, wie ich manche Landpriester in Thüringen einhergehen
sah. Schließlich sah ich den Kardinal Campegius, der den Papst
führte und gleichsam stützte. Jetzt stimmte ein Kardinal einen
Trauergesang an, wie er bei den klösterlichen Nachtwachen gesungen wird: „Libera me, Domine." Da begannen die Lutheraner jenes freudigste und triumphierende Lied: „Christus resur-
gens ex mortuis iam non moritur, mors illi ultra non domini-
batur."

(Mitgeteilt von Anton Lauterbach)

Philipp Melanchthon berichtet, er sei einst schwer an einem
Flusse der Augen erkrankt, habe gegen sein Leiden viele Arze-
neien umsonst gebraucht, aber nichts habe anschlagen wollen.
Da habe ihm geträumt, er konsultiere den D. Philo, und dieser 157
habe ihm den Rat gegeben, Euphrasia zu gebrauchen.
Das habe er getan, und nach zwei Tagen sei er ganz gesund
geworden.

FRIEDRICH MYCONIUS

158 Ich erblickte mich in einer wüsten Einöde. Nichts gewahrte mein
Auge als eine unabsehbare Öde voll scharfer Felsklippen, etwa
wie sie um die Burg Stolpen bei Meißen zu sehen sind. Die
ganze Welt war eine unermeßliche, felsige Wüste. Ich kletterte
angstvoll auf und ab, glitt ab, fiel bald vorwärts, bald rückwärts
und konnte endlich vor Ermattung und unglaublicher Traurigkeit nicht weiter. Von dem Gedanken erfüllt, ich sei geschaffen,
um ewig zu leben, müsse aber hier elend untergehen, setzte ich
mich nieder und befahl meine Seele Gott. Da hörte ich Schritte,
und als ich aufsah, nahte mir ein Mann von mittlerer Gestalt mit
heiterer, obschon ein wenig von Haaren entblößter Stirn. Über
sein grünes Unterkleid hatte er einen roten Mantel geworfen,
und über seine linke Schulter hing ein Netz. Ich erkannte in ihm
den Apostel Paulus, wie ich ihn gewöhnlich abgebildet gesehen
hatte. Er ergriff mich bei der Hand und sprach: „Stehe auf, folge
mir, es soll besser mit dir werden!" Ich folgte ihm wankend, da
eröffnete sich uns ein anmutiges Tal voll Blumen und Wohl-
geruch. Ich wünschte, mich hier ein wenig auszuruhen, aber
mein Führer trieb mich weiter. Wir gelangten nun zu einem
kristallhellen Bach, aus dem ich freudig trinken wollte, da ich
vor Durst fast verschmachtete. Aber mein Führer ließ es nicht
zu. „Denn du sollst aus der Quelle selber trinken", sagte er. Un-
gern gehorchte ich, da gelangten wir nach einer Weile zu einem
Marmorbecken, in welchem sich eine runde Öffnung befand, aus
der das Wasser mit Macht hervorquoll. Hier hieß mich mein
Führer trinken. Ich ließ mich auf die Kniee nieder, als ich aber
in den Brunnen hineinsah, erblickte ich im Grunde desselben das
Bild Christi. Der Gekreuzigte schien aber zu leben, und das Holz,
an dem er hing, war an den vier Enden fest mit dem Marmor
der Einfassung verbunden. Das Wasser aber stand über dem
Kreuze in einer Höhe von drei bis vier Fuß.
Zugleich gewahrte ich, wie die ganze, unübersehbare Wassermasse — denn die Vertiefung war unergründlich — aus den
Wunden des Gekreuzigten quoll, und zwar zuerst so glänzend
rot, daß Rubinen dunkel dagegen sind, dann aber änderte das
Wasser plötzlich die Farbe und wurde hell und klar wie Kristall.

Dieser Anblick flößte mir eine solche Scheu ein, daß ich nicht zu trinken wagte. Da erfaßte mich mein Begleiter und stürzte mich in den Brunnen. Herr, mein Gott, was ging in mir vor! Mein Haupt ruhte auf der Brust Christi, und sein Kreuz hielt mich, daß ich nicht versank. Ich aber trank mit dem Munde und dem Herzen, ja mit allen Gliedern unaussprechliche Erquickung. Indessen zog mein Führer mich aus dem Heilsbrunnen herauf und sagte: „Nun weißt du, daß du aus der Quelle, ja aus dem Urheber der Quelle getrunken hast." Wir ruhten nun ein wenig, dann gebot er mir wieder, ihm zu folgen. Neubelebt tat ich es. Da kamen wir an ein großes Ährenfeld. „Hier sollst du mähen", sprach mein Führer. Als wir näher kamen, stand bereits ein Schnitter da in rüstiger Arbeit, der mich erfreut als Mitarbeiter begrüßte und mir zeigte, wie ich das Werk anzugreifen habe. Als ich nun unter dem Schneiden des Getreides einen nicht gar hohen Hügel erreichte und mich umschaute — großer Gott, welch eine grenzenlose Ernte! Die ganze Welt schien wiederum ein einziges Ährenfeld zu sein. Ich sah aus der Ferne auch andere, hier einen, dort zwei an der Schnitterarbeit. Dennoch schienen es mir allzu wenige für die ungeheure Ernte. Indessen schnitt ich beharrlich mit meinem Mitarbeiter fort, und mir war dabei so wohl, als wäre ich schon im Himmel. Endlich verminderten sich doch meine Kräfte von der beständigen Arbeit, doch tat ich, was ich vermochte. Da wurde ich, ohne zu wissen wie oder von wem, aufs Lager gebracht und war ganz erschöpft und krank. Als ich meinen Körper betrachtete, war derselbe so abgefallen, daß nichts mehr davon übrig war als unter der Haut jämmerlich zusammenhängende Knochen. Dennoch war ich getrost und nur bekümmert, wie es mit der Ernte stehe. Da gewahrte ich meinem Bette gegenüber wiederum das Bild des Gekreuzigten, diesmal aber in ganz veränderter Gestalt. In der Quelle war der ganze Leib hell und glänzend gewesen, hier aber so abgezehrt, daß man jeden Knochen einzeln hätte zählen können, und sein ganzes Aussehen war Trauer erweckend. Zugleich stand Paulus wieder bei mir, klopfte mit dem Finger der einen Hand auf meine Brust, während er mit der andern auf den vor mir befindlichen Christus zeigte, und sprach: „Diesem mußt du ähnlich werden." Davon erwachte ich, und das Traumgesicht war verschwunden.

JUSTUS JONAS

Melanchthon erzählt: Als ich eben mit Doktor Jonas auf einem
Konvent war, erhielt ich einen Brief, in dem mir seiner ältesten
Tochter Tod kund getan wurde. Ich wußte nicht, wie ich ihm
diese Nachricht beibringen sollte, ohne ihn zu erschrecken. Ich
fragte ihn deshalb, was ihm wohl letzte Nacht geträumt habe.
159 Jonas sagte: „Es träumte mir, ich kam nach Hause, und all die
Meinigen bewillkommneten mich freudig, nur meine älteste
Tochter fehlte und war nirgends zu finden."
Da sagte ich: „Der Traum ist wahr. Eure Tochter wird euch
nirgendswo als im ewigen Leben empfangen, denn sie ist geschieden von dieser Welt."

ULRICH ZWINGLI

Am 11. April 1525 traten die drei Züricher Pfarrer mit Megander
und Oswald Myconius vor den großen Rat und baten um Wieder-
einsetzung des Abendmahls in seiner ursprünglichen Gestalt.
Joachim Am-Grüt, der Unterstaatsschreiber, entsetzte sich über
das kühne Verlangen der Pfarrer und widersprach so kräftig als
möglich. „Die Worte ‚Dieses ist mein Leib' beweisen unwider-
sprechlich, daß das Brot Christi Leib ist", sagte er. Zwingli
setzte auseinander, in der griechischen Sprache könne man das
Wort ‚bedeutet' nicht anders als mit ἐστι (ist) ausdrücken, und
führte mehrere Beispiele von bildlichem Gebrauch dieses Wortes an.
Der große Rat ließ sich überzeugen und befahl die Abschaffung
der Messe und ordnete für den folgenden Tag, den Gründonners-
tag, die Feier des heiligen Abendmahls nach apostolischem Gebrauch an.
Lebhaft mit diesem Gegenstand beschäftigt, dachte Zwingli noch
beim Schlafengehen über die Beweise nach, durch die er seine
Gegner widerlegen könne.
So kam ihm die Sache nun auch im Traum wieder vor.
160 Es war ihm, als disputiere er mit Am-Grüt, und er könne dessen
Haupteinwurf nicht widerlegen. Plötzlich erschien ihm eine Person und sagte: „Warum führst du nicht 2. Mosis 12, 11 an, wo

es heißt: ‚Du sollst das Lämmlein eilig essen, denn es ist des
Herrn Passah‘.“

Zwingli erwachte, schlug die Stelle in der Übersetzung der
Septuaginta auf und fand, daß dort ἐστι stehe und offenbar
nichts als ‚bedeutet‘ heißen könne.

Tags darauf nahm Zwingli diese Stelle zum Text seiner Predigt.

Die Traumerscheinung und Zwinglis Äußerung, er könne die
Gestalt nicht näher beschreiben, ob sie weiß oder schwarz gewesen sei, veranlaßte später die Behauptung, der Teufel hätte
dem Reformator seine Lehre eingegeben.

KASPAR PEUCER

Es war vor allem die Kurfürstin Anna, welche den Kaspar
Peucer aus verschiedenen Gründen haßte und die geschworen
hatte, solange sie lebe, solle er nicht frei werden.

In der Nacht zum 1. Oktober 1585 träumte der Gefangene, daß [161]
der ganze Hof in einem prachtvollen Leichenbegängnis an ihm
vorüberziehe und daß er selbst dazu läute. Auf einmal riß der
Glockenstrang, und Peucer erwachte mit den Worten des Psal-
misten: „Der Strick ist entzwei, und wir sind frei.“

In derselben Nacht, da Peucer dies träumte, war die Kurfürstin
gestorben; doch ging die Prophezeiung des Traumes in bezug
auf seine Gefangenschaft noch nicht in Erfüllung.

Bald darauf aber verheiratete sich der sechzigjährige Kurfürst
wieder, und zwar mit der dreizehnjährigen Prinzessin von Anhalt, der Tochter des Fürsten Joachim Ernst, der ein Gegner der
übertriebenen Orthodoxie war. Auf sein Verwenden und noch
mehr auf das der jungen Braut wurde Peucer nach einer zwölf-
jährigen Gefangenschaft endlich befreit.

TRÄUME DER DENKER
UND EINES GEISTERSEHERS

> Träume führen uns oft in Umstände und Begebenheiten hin-
> ein, in die wir wachend nicht leicht hätten können verwickelt
> werden, oder lassen uns Unbequemlichkeiten fühlen, welche
> wir vielleicht als klein in der Ferne verachtet hätten und
> eben dadurch mit der Zeit in dieselben verwickelt worden
> wären. Ein Traum ändert daher oft unsern Entschluß, sichert
> unsern moralischen Fond besser als alle Lehren, die durch
> einen Umweg durchs Herz gehen.
>
> Georg Christoph Lichtenberg

DER UNIVERSELLE MENSCH
DER RENAISSANCE

GIROLAMO CARDANO

162 Ich sah sehr oft im Schlaf einen Hahn, von dem ich dann immer
fürchtete, er möchte plötzlich anfangen, mit menschlicher Stimme
zu reden. Was denn auch bald der Fall war, und zwar waren es
zumeist Drohworte, doch kann ich mich an gar nichts mehr von
dem erinnern, was er bei so vielen Malen gesagt hat. Dieser
Hahn hatte lauter rote Federn und ebenso einen roten Kamm
und rote Hautlappen am Unterschnabel. Ich glaube, daß ich
diese Erscheinung mehr als hundertmal gesehen habe.

163 Sacco, 1531. Ich sah mich eines Nachts im Traume in einem
freundlichen, überaus herrlichen Garten, der blumengeschmückt
und reichbeladen war mit Früchten aller Art, ein sanfter Wind
wehte — kein Maler, auch nicht Pulci, mein Dichter, vermöchte
Schöneres zu schildern, und keine Phantasie könnte sich ersinnen,
was dieser Herrlichkeit ähnlich wäre! Ich stand am Eingang des
Gartens, die Türe, ebenso wie eine zweite auf der Seite gegenüber,
stand offen. Da sah ich ein Mädchen, in ein weißes Gewand gehüllt; ich trete zu ihr, umarme sie, küsse sie. Doch gleich nach

meinem ersten Kusse kam der Gärtner und schloß die Tür. Inständig bat ich ihn, er möge sie doch offen lassen; umsonst. So sah ich mich, traurig und noch immer am Halse des Mädchens ruhend, aus dem Garten des Paradieses ausgeschlossen.

Mailand, um 1534. Ich sah mich einst am frühen Morgen im 164 Traum, wie ich auf einen Berg, der mir zur Rechten lag, zulief, zusammen mit einer ungeheuren Menge von Menschen jedes Standes, Geschlechtes und Alters, Weiber, Männer, Greise, Knaben, Kinder, Arme und Reiche, alle ganz verschieden gekleidet. Und ich fragte, wohin wir denn alle liefen? Und einer von ihnen antwortete: „Zum Tode." Ich erschrak, und da mir der Berg auf einmal zur Linken war, wandte ich mich, so daß ich ihn wieder auf der rechten Seite hatte, griff nach Reben (der halbe Berg bis zu der Stelle herab, wo ich lief, war mit solchen bedeckt, und sie hatten ganz dürre, ausgetrocknete Zweige, alle ohne Trauben, so wie wir sie wohl im Spätherbst sehen) und begann, den Berg hinanzusteigen. Das ging anfangs recht schwer, denn der Berg oder besser Hügel war unten am Fuße sehr steil. Dann, als der Anfang überwunden war, stieg ich mit Hilfe der Rebstöcke leicht hinauf. Und als ich oben auf dem Gipfel des Berges war und schon in der Energie des Anlaufs darüber hinaus rennen wollte, erschienen nackte, zerrissene Felsen, und wenig hätte gefehlt, und ich wäre in eine grauenhafte, tiefe und finstere Schlucht hinabgestürzt, so daß mich heute noch, nach 40 Jahren, die Erinnerung an diesen Traum erschüttert und erschreckt. Dann wandte ich mich nach rechts, wo ein nur mit Heidekraut bewachsener Hang erschien. Dorthin lief ich in meiner Angst, nicht wissend, wohin der Weg führte, und plötzlich sehe ich mich unter der Tür einer mit Stroh, Binsen und Rohr bedeckten Bauernhütte, an der rechten Hand einen Knaben führend, der ungefähr 12 Jahre alt sein mochte und ein aschfarbenes Kleid trug.
Da erwachte ich, und Schlaf und Traum waren verschwunden.

Ich sah im Jahre 1558, am 8. Januar, als ich zu Mailand ohne 165 jedes öffentliche Amt lebte, im Traume, wie ich mich in einer Stadt befand, die angefüllt mit vielen herrlichen Palästen war. Unter anderen bemerkte ich ein goldverziertes Haus, wie ich später, da ich nach Rom gekommen war, in Wirklichkeit ein ganz ähnliches sah. Es schien gerade ein Festtag zu sein, und ich war allein mit einem Diener und einem Maultier; die beiden waren aber gerade hinter mir, von einem Hause verdeckt, zurückgeblieben, doch konnte ich noch die Stimme des Dieners hören. Einige wenige Leute kamen mir auf dem Weg entgegen, alle fragte ich neugierig, wie denn diese Stadt heiße; aber niemand gab mir eine Antwort, bis endlich ein altes Weib sagte, die Stadt heiße „Bacchetta", was im Latein soviel wie Rute (virga) heißt, womit man die Knaben zu prügeln pflegt, oder Gerte (ferula), wie man zu älterer Zeit sagte, wie wir bei Juvenal lesen: „Hielten wir also die Hand der strafenden Gerte entgegen." Bekümmert ging ich weiter und fragte, wer mir wohl die wahre Bedeutung des Wortes nennen könne; denn ich sagte mir selbst: dies ist doch kein fremdes Wort, und in Italien habe ich nie von einer Stadt dieses Namens gehört. Und dies hatte ich auch gleich der Alten vorgehalten, worauf sie aber nur weiter sagte: „In dieser Stadt sind fünf Paläste." — „Soviel ich sehe," sagte ich, „mehr als zwanzig." Worauf sie aber wiederholte: „Und es sind nicht mehr als fünf." Und dann konnte ich weder meinen Diener noch das Maultier wiederfinden und erwachte.

ICH TRÄUME — ALSO BIN ICH

RENÉ DESCARTES

Er teilt mit, daß, als er sich am 10. November 1619 schlafen legte, er noch ganz erfüllt war von seiner Begeisterung und ganz beschäftigt mit dem Gedanken, an diesem Tage die Grundlagen der herrlichen Wissenschaft gefunden zu haben. In dieser Nacht hatte er drei aufeinanderfolgende Träume, von denen er glaubte, daß sie nur von einer höheren Macht eingegeben sein konnten. 166 Nachdem er eingeschlafen war, glaubte er irgendwelche Phantome zu sehen und fühlte sich durch diese Erscheinung erschreckt. Er glaubte durch Straßen zu gehen und war über die Erscheinung so entsetzt, daß er sich auf die linke Seite niederwerfen mußte, um an den Ort gelangen zu können, wohin er zu gehen beabsichtigte.

Denn an der rechten Seite fühlte er eine große Schwäche und konnte sich nicht aufrecht halten. Beschämt, auf diese Weise gehen zu müssen, machte er eine Anstrengung, um sich aufzurichten, doch da fühlte er einen heftigen Wind. Wie ein Wirbelsturm packte ihn der Wind, so daß er sich drei- oder viermal auf seinem linken Fuß im Kreise herumdrehte. Das war es eigentlich noch nicht, was ihn erschreckte. So schwierig war es, vorwärts zu kommen, daß er bei jedem Schritt glaubte hinzufallen. Endlich bemerkte er auf seinem Wege ein Seminar, das offen stand, und er trat ein, um dort Zuflucht zu finden und Hilfe gegen seine Bedrängnis. Er versuchte, die Kirche des Seminars zu erreichen, und sein erster Gedanke war, ein Gebet zu verrichten, aber er bemerkte, daß er an einem Bekannten, ohne zu grüßen, vorbeigegangen war, und wollte wieder umkehren, um sich gegen ihn höflich zu zeigen. Doch er wurde von dem Wind, der in der Richtung, wo sich die Kirche befand, wehte, mit Gewalt zurückgehalten. Im selben Augenblick sah er inmitten des Schulhofes wiederum einen anderen Mann, dieser rief Descartes höflich und zuvorkommend beim Namen und sagte ihm, daß, wenn er Herrn N. aufsuchen wolle, er ihm etwas mitzugeben hätte. Descartes glaubte, daß es eine Melone war, die man aus irgendeinem fremden Lande gebracht hatte. Doch wie groß war sein Erstaunen, als er sah, daß Leute, die sich mit diesem Manne um ihn versammelt hatten, um miteinander zu plaudern, aufrecht und fest auf ihren Füßen stehen konnten, mußte doch er an demselben Ort immer gekrümmt und schwankend gehen, obgleich der Wind, der ihn schon mehreremal umzuwerfen drohte, sehr nachgelassen hatte.

Er erwachte mit dieser Vorstellung und fühlte im selben Augenblick einen wirklichen Schmerz und befürchtete, dies könnte das Werk böser Geister sein, die ihn verführen wollten. Sogleich drehte er sich auf die rechte Seite, denn auf der linken Seite liegend war er eingeschlafen und hatte jenen Traum gehabt. Er betete zu Gott und flehte, er solle ihn vor den bösen Wirkungen seines Traumes schützen und ihn vor allem Unglück, das ihm als Strafe für seine Sünden drohen könnte, bewahren. Er sah ein, daß seine Sünden schwer genug waren, um den Blitz des Himmels auf sein Haupt zu ziehen, obgleich er bis jetzt in den

Augen der Menschen ein makelloses Leben geführt hatte. Und
nachdem er zwei Stunden lang über das Gute und das Böse
dieser Welt mancherlei Gedanken gehabt hatte, schlief er wieder ein.

167 Alsbald hatte er einen neuen Traum. Er glaubte ein heftiges,
starkes Geräusch zu hören. Er hielt das Geräusch für einen
Donnerschlag. Darüber erschrak er und erwachte im selben
Augenblick.

Als er die Augen öffnete, bemerkte er im Zimmer viele Feuerfunken. Schon öfters war ihm dies zu andern Zeiten widerfahren,
und es war für ihn nichts Außergewöhnliches, mitten in der
Nacht zu erwachen und Sehkraft genug im Auge zu haben, um
die nächsten Gegenstände wahrzunehmen. Aber jetzt endlich
wollte er auf Erklärungen zurückgreifen, die er der Philosophie
entnahm, und indem er abwechselnd die Augen öffnete und
schloß und die Dinge, die sich ihm darboten, auf ihre Beschaf-
fenheit beobachtete, zog er für seine Erkenntnis günstige
Schlüsse. So schwand sein Schrecken, und ganz beruhigt schlief
er wieder ein.

Bald darauf hatte er einen dritten Traum, der nicht so schrecklich war wie die beiden andern.

168 Im letzten Traum fand er auf seinem Tisch ein Buch, ohne zu
wissen, wer es dort hingelegt hatte. Er schlug es auf, und als er
sah, daß es ein Lexikon war, war er darüber entzückt; denn er
hoffte, daß es ihm sehr nützlich sein könnte. Im selben Augenblick fand sich ein anderes Buch unter seiner Hand, und auch dies
war ihm unbekannt, und er wußte nicht, woher er es hatte. Er
sah, daß es eine Sammlung von Gedichten verschiedener Autoren
war, betitelt „Corpus Poetarum" usw. (Am Rande: Eingeteilt in
5 Bücher, gedruckt in Lyon und Genf usw.) Er war neugierig, einiges in diesem Buche zu lesen, und beim Öffnen des Buches fiel
sein Blick auf den Vers „Quod vitae sectabor iter? usw. Im selben
Augenblick bemerkte er einen Mann, den er nicht kannte und der
ihm ein Gedicht überreichte, das mit „Est et Non" anfing, und
ihm dieses als ein ausgezeichnetes Stück rühmte. Descartes sagte
ihm, daß er das Gedicht kenne, es sei eine der Idyllen des Ausonius,
und diese Idylle sei in der großen Gedichtsammlung enthalten
(sic!), die auf seinem Tische liege. Er wollte sie selbst dem Manne

zeigen und fing an, in dem Buche zu blättern, dessen Ordnung und Einteilung er genau zu kennen sich rühmte. Während er die Stelle suchte, fragte ihn der Mann, woher er das Buch habe, und Descartes antwortete ihm, daß er ihm nicht sagen könnte, auf welche Weise er es bekommen hätte; aber einen Augenblick vorher hatte er noch ein anderes Buch in der Hand gehabt, das soeben verschwunden sei, ohne daß er wüßte, wer es ihm gebracht, noch wer es ihm genommen habe. Er hatte noch nicht zu Ende gesprochen, da sah er am andern Ende des Tisches das Buch wieder zum Vorschein kommen. Aber er stellte fest, daß dieses Lexikon nicht ganz so war, wie er es vorhin gesehen hatte. Inzwischen fand er die Gedichte des Ausonius in der Dichteranthologie, die er durchblätterte, doch das Gedicht, das mit „Est et Non" anfängt, konnte er nicht finden und sagte zu jenem Manne, daß er ein noch viel schöneres Gedicht als dieses von demselben Dichter kenne, welches mit „Quod vitae sectabor iter?" anfange. Der Mann bat ihn, ihm dieses Gedicht zu zeigen, und Descartes machte sich daran, es zu suchen, da fand er in dem Buche verschiedene kleine Porträts in Kupfer gestochen. Daraufhin sagte er, daß dieses Buch sehr schön wäre, doch es sei nicht derselbe Druck, den er kenne. Er war noch bei dieser Beschäftigung, als die Bücher und der Mann verschwanden und in seiner Vorstellung erloschen, ohne daß er darüber erwachte. Bemerkenswert muß es erscheinen, daß, während er noch im Zweifel war, ob das, was er soeben gesehen hatte, Traum oder Vision wäre, er nicht nur im Schlaf entschied, daß es ein Traum war, sondern noch ehe der Schlaf ihn verließ, die Auslegung des Traumes machte. Er meinte, das Lexikon hätte nichts anderes zu bedeuten als den Zusammenhang aller Wissenschaften und daß die Gedichtsammlung, die „Corpus Poetarum" betitelt war, insbesondere und auf deutliche Weise die innige Verbindung der Philosophie mit der Weisheit bezeichnete. Denn er glaubte, daß man sich nicht darüber wundern sollte, wenn man bei Dichtern und selbst bei solchen, die nur törichte Kurzweil treiben, viel ernstere, vernünftigere und besser ausgedrückte Gedanken findet als in den Schriften der Philosophen. Die Göttlichkeit des Enthusiasmus und die Kraft der Imagination brächten dies Wunder hervor. Sie lassen das Samenkorn der Weisheit (das sich im Geist eines jeden Menschen findet wie die Feuerfunken in Kieselsteinen) viel leichter und viel üppiger sprießen, als es die Vernunft der Philosophen vermag. Während Descartes fortfuhr, seinen Traum im Schlafe auszulegen, kam er zu dem Schluß, daß das Gedicht über die Ungewißheit, welche Art des Lebens man wählen solle, und das „Quod vitae sectabor iter?" anfängt, den guten Rat einer weisen Person oder die Moraltheologie selbst bedeute. Noch ungewiß, ob er träume oder meditiere, erwachte er ohne jede Erregung.

Wachend setzte er die Auslegung seines Traumes und seinen Gedankengang fort.

ARCANA COELESTIA

EMANUEL SWEDENBORG

169 Nacht vom 30. zum 31. März 1744. Sah eine Schar Frauenspersonen, eine, die einen Brief schrieb, nahm ihn, weiß aber nicht, wo er geblieben ist. Sie saß, und ein gelber Mann schlug sie auf den Rücken, wollte, sie solle mehr Schläge haben; aber es war genug.

170 Sah eine sehr schöne Frau, die an einem Fenster, auf das ein Kind Rosen legte, mich bei der Hand nahm und mich führte.

171 Sah eine Prozession von Männern, die sehr prächtig geschmückt. waren, so schön, daß ich nie etwas Schöneres gesehen habe; verschwand aber rasch.

172 Nacht vom 5. zum 6. April 1744. Ich legte mich um neun Uhr nieder; die Versuchung hielt an, bis ein halb elf: da fiel ich in einen Schlaf, in welchem mir meine ganze Versuchung dargestellt wurde — es war, als komme Er. B. auf verschiedene Weise zu mir und versuche, mich auf seine Seite zu bekommen, aber es gelang ihm nicht, ich widersetzte mich noch hartnäckiger, weil er mich verächtlich machte. Dann war ich mit einer Schlange beisammen, mit einer dunkelgrauen, die lag und B(romans?) Hund war; ich schlug mehrmals mit einer Keule nach ihm, konnte den Kopf nicht treffen, es war vergeblich; er wollte mich beißen, konnte aber nicht; ich faßte sein Maul, er konnte mich nicht beißen, ich ihm auch

nicht sehr weh tun; endlich packte ich ihn bei den Kiefern und drückte sie kräftig, und die Schnauze preßte ich ihm zusammen, daß sie wie eine Eiterbeule aufsprang, und sagte, der Hund sei allerdings nicht mein Eigentum, doch da er mich beißen wolle, müsse ich ihn züchtigen, darauf schien gesagt zu werden, daß es ihm nicht gelungen sei, aus mir ein Wort herauszubringen, und ich zankte mich dann mit ihm. Als ich erwachte, war das Wort, das ich sagte: „Halt deinen Mund."

Nacht vom 8. zum 9. April 1744. Ich glaubte einen Hund auf dem 173 Schoß zu haben, der zu meinem Erstaunen sprechen und nach seinem früheren Herrn fragen konnte; er war schwärzlich, ja er küßte mich. Ich erwachte.

Nacht vom 9. zum 10. April 1744. Dann schlief ich ein und sah 174 einen meiner Bekannten an einem Tisch. Mein Bekannter begrüßte mich, aber ich merkte es erst spät, bevor ich wiedergrüßte, er wurde zornig und sagte mir harte Worte; ich wollte mich entschuldigen, kam endlich dazu und sagte, daß ich gewöhnlich in Gedanken bin und es nicht sehe, wenn jemand mich grüßt, so daß ich bisweilen an meinen Freunden auf der Straße vorbeigehe, ohne sie zu sehen; ich nahm einen Bekannten, der da war, zum Zeugen, der das bejahte, und ich sagte, niemand wünsche demütiger und höflicher zu sein als ich, und ich sei nur um der vorigen Nacht willen in andern Gedanken gewesen, als ich hätte sein müssen, und unser Herr werde in seiner unendlichen Gnade mich entschuldigen; aber mein Freund erwiderte nichts darauf, schien jedoch, wie ich glaubte, überzeugt zu sein.

Nacht vom 15. zum 16. April 1744. Ich glaubte eine Leiter in eine 175 große Tiefe hinabzusteigen; hinter mir kamen einige Frauen, die ich kannte; ich stand still und erschreckte sie, absichtlich, stieg dann hinauf, kam auf eine grüne Wiese und legte mich hin, die Frauen kamen nach, ich begrüßte sie. Sie legten sich neben mich, eine junge und eine etwas ältere; ich küßte ihnen beiden die Hände und wußte nicht, welche ich lieben sollte.

Nacht vom 17. zum 18. April 1744. Grauenvolle Träume, wie der 176 Henker den Kopf briet, den er abschlug, und lange Zeit das eine

gebratene Stück nach dem andern in ein leeres Gefäß legte — das
sollte sein Essen sein; er war eine große Frauensperson, lachte,
hatte ein kleines Mädchen bei sich.

177 Nacht vom 28. zum 29. April 1744. Ich gab einem Gärtner einige
Früchte zum Verkauf; er verkaufte sie und brachte mir zwei
Karoline dafür, sagte aber, er habe dreizehn Taler für sich be-
halten, was mich nicht weiter kümmerte.

178 Ich hatte das Gefühl, mein Wasser zu lassen, eine Frau im Bett
sah zu, sie war dick und rot; ich faßte sie dann bei der Brust, sie
entzog sich mir kaum, sie zeigte mir ihr Geheimes und etwas
Häßliches; ich wollte nichts mit ihr zu tun haben.

179 Nacht vom 22. zum 23. Juli 1744. Es war mir, als nähme ich einen
sehr hohen Flug, aber in einem solchen Kreise, daß ich richtig hin-
unterkam, als ich matt wurde.

180 Sah einen schönen Saal mit einer köstlichen Tapete an den Wänden aus einem Stück.

181 Sah einen Knaben mit einem meiner Hemden weglaufen, und ich
lief ihm nach.

182 Nacht vom 30. Juli zum 1. August 1744. Dann erwartete ich,
eine Prozession von Pferden zu sehen; es kamen auch weißgelbe,
schöne, starke Pferde in großer Anzahl, dann mehrere schöne
Gespanne, die stattlich, groß und schön an mir vorbeikamen, die
Pferde waren mit schönem Zaumzeug geschmückt.

183 Nacht vom 4. zum 5. August 1744. Sah einen Mann mit ge-
zogenem Degen auf mich zukommen; ich glaubte auch einen
Degen mit silbernem Griff zu haben; aber als der Mann kam,
hatte ich keinen, sondern eine zerbrochene Scheide. Der Mann
legte sich auf meinen Rücken und biß mich in die Hände; ich
rief um Hilfe, aber es kam keine.

184 Nacht vom 18. zum 19. Oktober 1744. Als ein großer Hund, den ich
angebunden glaubte, auf mich losstürzte und mich in das Bein biß,
kam jemand, der sein furchtbares Maul festhielt, so daß er mir
nichts mehr tun konnte.

Nacht vom 19. zum 20. Oktober 1744. Ich sah ein Tier nach dem 185 andern, und alle breiteten ihre Flügel aus, und es waren Drachen; ich flog über sie hinweg, auf einen aber stützte ich mich.

ICH BIN DAS ZEICHEN, BIN DER SINN

JOHANN GEORG ZIMMERMANN

Brugg, 5. November 1765. Ich bin ein Mann von siebenunddreißig Jahren, der die meisten Tage seines Lebens mit der Beobachtung und Erforschung der Natur zubringt; es wird Ihnen hieraus schon wahrscheinlich sein, daß ich nicht abergläubisch bin.

Aber diese Wahrscheinlichkeit steigert zur Gewißheit, wenn ich Ihnen offenbare, daß die größere Menge der Leute, mit denen ich lebe, diese leidige Krankheit in einem so erstaunend hohen Grade hat und dergestalt alle damit nicht Beseligten verachtet, daß ich geradezu den Aberglauben nicht nur ebenfalls verachte, sondern wegen seiner äußerst bösen und wenig bekannten Folgen in dem bürgerlichen Leben hasse. Nach dieser Vorbereitung soll Ihre Aufmerksamkeit rege werden, wenn ein Feind von allem Aberglauben, von allen Vorbedeutungen, Ahnungen, Erscheinungen und Träumen sagt, er werde Ihnen die Geschichte eines Traumes mitteilen — eines Traumes, der keine Erfindung ist, den er selbst in allem Ernste gehabt und den er Ihnen jetzt auf die gewissenhafteste Weise ohne Beisetzung oder Weglassung eines einzigen Umstandes erzählen will.

Millionenmal habe ich schon geträumt. Ich habe auch schon die außerordentlichsten Träume gehabt, und von denselben immer die Ursache in den Beschäftigungen des vergangenen Tages, in meinen herrschendsten Ideen, aber hauptsächlich in dem physischen Zustand meines Körpers, in der Nachtmahlzeit, in dem Maße meines Getränkes oder in andern vorhergegangenen Reizungen der Sinnlichkeit gefunden. Meine Träume waren mehrenteils abenteuerliche, auch habe ich immer alle vergessen und niemals einen erzählt. Aber es scheint mir der Mühe wert, das Angedenken eines Traumes aufzubewahren, der nichts Abenteuerliches in sich hat, zu dem die Phantasie sehr wenig beitrug, der mir fast ganz Vernunft scheint und der sich so durchaus von den Wirkungen der sonst des Nachts äußerst verworrenen Einbildungskraft unterscheidet. Die Geschichte deutlicher zu machen, will ich Ihnen vorerst die Geschichte des Tages erzählen, auf welchen diese wenigstens mir merkwürdige Nacht folgte.

Dieser Tag war der 5. November 1765. Den ganzen Morgen hindurch war mein Kopf ungemein helle, ich erfand den Plan zu einem ganz in die ausübende Arzneikunst einschlagenden Buche; eine Menge dahingehörender Ideen drängten sich herbei, ich schrieb alles auf und ging vergnügt zu meiner Mittagsmahlzeit. Nach Tische schrieb ich etwas ganz Mechanisches, ich ging hierauf in Gesellschaft, wo ich ein paar Augenblicke sehr aufgeweckt war und die übrige Zeit bald mit einigen Frauen tändelte, bald in mich selbst zurückging und an mein Buch dachte. Von diesem Orte ward ich durch Berufsgeschäfte weggeführt, und mit diesen brachte ich die ganze Zeit bis um acht Uhr des Abends zu. Meine Nachtmahlzeit war mäßig, ich aß einen kleinen Bissen von einem Rebhuhn, etwas Salat und trank nach meiner Gewohnheit ein paar Gläser Wein; bei Tische sprach ich aus meines Herzens Grunde mit meiner Familie von der mir so seltenen Heiterkeit des Geistes, die mir Gott in diesem dunkeln Monat schenkte. Nach Tische ging ich in eine kleine Gesellschaft von Jungfern, wo ich ohne Lebhaftigkeit aufgeräumt und völlig vergnügt war. Um zehn Uhr legte ich mich, ohne die geringste Beschwerde in meinem Leibe und in meiner Seele zu verspüren, ganz heiter und friedsam zu Bette. Ich richtete nach meiner Gewohnheit mein Herz zu Gott und schlief ein.

186 Im Traume wollte ich in ein mir unbekanntes Haus gehen. Man sagte mir: „Wollt Ihr in dieses Haus gehen? Denn in diesem Augenblick ist Eure vorlängst verstorbene Frau" — (die, Gott sei Dank! lebt und gesund ist) — „mit einer ebenfalls vorlängst verstorbenen Person in dieses Haus eingegangen." Ich antwortete: „Meine Frau hat in ihrem Leben immer gegen mich und alle Menschen ein äußerst gutes Herz gehabt. Es ist mir unmöglich, sie nach ihrem Tode zu fürchten." Mit diesen Gedanken ging ich in das Haus hinein und machte sofort das erste Zimmer auf. Da sah ich meine Frau — und die andere Person in ihrer gewöhnlichen Klei-

dung und Gestalt, aber, wie mir deuchte, ganz aus leichten Wolken zusammengesetzt. Meine Frau hatte die sittsame stille Lieblichkeit in ihren Gesichtszügen, die sie jetzt auf der Erde hat; aber doch zugleich etwas Feierliches auf ihrer ganzen Miene, das mir fremd war. Bei dem ersten Anblick ward ich innigst gerührt — so wie ich etwa gerührt wäre, wenn ich plötzlich einen Engel vor mir erblickte. Aber mein Herz empfand nicht die geringste Furcht. Meine Frau nahte sich mir mit einer unbeschreiblich liebenswürdigen Majestät, ohne ein Wort zu sprechen. — „Urteile selbst," sagte ich zu ihr, „was ich bei deinem Anblick empfinde! Aber erzähle mir vor allem, wie geht es dir in diesem unbekannten Lande der Unsterblichkeit, wovon ich mir so gar keinen Begriff machen kann?" — „Ich erfahre Dinge," antwortete sie, „die kein Mensch jemals vermutet hätte. Meine Seelenkräfte haben sich unendlich erhöhet und erweitert; ich durchsehe die Vergangenheit in allen ihren Ursachen und Wirkungen; jeder gegenwärtige Augenblick ist für mich ein Meer von Ideen. Nur ist mir die Zukunft noch etwas dunkel." — „Aber du hast etwas Mageres und Blasses auf deinem Antlitz, du hast etwas so ernsthaft Feierliches in deiner Art, dich gegen mich auszudrücken, das mich doch einigermaßen über deinen Zustand unruhig macht." Meine Frau holte einen tiefen Seufzer und antwortete mir nach einem kleinen Stillschweigen folgendergestalt: „Ich bin unendlich glückhaftig, und doch bin ich es nicht in der Vollkommenheit. Mein ganzes auf der Erde geführtes Leben schwebt mir immer vor dem Gemüte. Ich brachte meine meisten Tage in ziemlicher Unschuld dahin. Aber jeder Gedanke, jede Gesinnung, die nicht gerade dahin führten, wohin jetzt alle meine Wünsche gerichtet sind, scheint mir jetzt ein Verbrechen, und dies ist meine Plage; ich fühle eine Art von Lähmung (wie Ihr zu sprechen pflegt), wenn ich den Weg zum Himmel anschaue. Ich bin unendlich glücklich, weil mich Gott unendlich erhöhet hat; aber es ist mir doch nicht recht wohl." — „Auf was für einen Grad sind aber jetzt auch eigentlich deine Erkenntnisvermögen erhöhet?" — „Dieses habe ich zum Teil schon gesagt. Aber überhaupt weiß ich alles, was in den Herzen der Menschen vorging, die ich auf der Welt gekannt habe; ich weiß alles, was bei denen vorgeht, die ich in den Vorhöfen der Ewigkeit sehe, ohne daß sie mir es sagen, denn wir reden nie, wir sind ganz Betrachtung, und doch verstehen wir alle einander. Ich weiß auch sogar alles, was du jetzt denkest, wenn du es mir schon nicht sagst."—„Glaubst du, liebste Freundin, daß ich auch dahin kommen werde, wo du jetzt bist?" — „Du kennst dich, Freund! Erzähle mir alle deine Fehler." — „Neigung zum Unglauben, Zorn, Untätigkeit im Guten, Gedankenlosigkeit, Sinnlichkeit." — „Nun, so bessere dich, dann wirst du gewiß mich wiedersehen."—„O Freundin! deiner Stimme werde ich gehorchen wie Gottes Stimme. Aber meine Neugierde hat keine Schranken. Wo bist du jetzt? Was ist eigentlich der Ort, wohin man nach dem Tode gelanget?" — „Du weißt, daß das Ende der Tage noch nicht gekommen ist. Ich wohne unter Millionen Seelen in Gegenden voll Heiterkeit, Stille und Betrachtung; aber im Himmel bin ich nicht. Gott hat noch nicht gerichtet." — „Was ist der Himmel?" — „Lichtvolle Wolken verdecken noch zur Zeit unsern Augen diesen seligen Ort; ach, mein Freund, trachte dahin, trachte dahin!" — „O Freundin! deiner Stimme werde ich gehorchen wie Gottes Stimme. Aber ich habe niemals geglaubt, daß die Seelen der Abgestorbenen auf der Erde erscheinen." — „Dieses geschieht sehr selten." — „Sage mir doch, liebste Seele, warum hast du mich besucht?" — „Gott hat es zugelassen, damit ich dich rette." — „Wirst du bei mir verweilen?"—„Nicht lange." Auf dieses hin machte ich eine Menge wichtiger Fragen, und meine Frau beantwortete sie so, daß ich in diese Worte ausbrach: „O Freundin, du zeigst mir, was kein Auge niemals sah; du erzähltest mir, was kein Ohr niemals hörte; du machst mir klar, was der größte Geist unter den Sterblichen niemals in der entferntesten Dämmerung sah. Ich traue meiner Schwachheit nicht. Laß es mich aufschreiben, um es dem Weltkreise zu verkündigen." Indem ich diese Worte aussprach, sah ich mich nach Bleistift und Papier um, ich saß nieder zum Schreiben — und erwachte plötzlich.

Worte, menschliche Worte sind nicht vermögend, den Verdruß auszudrücken, der mir Leib und Seele durchbebte, als ich mich in diesem Zeitpunkt erwachet fand. Ich richtete mich in meinem Bette auf, um meiner selbst auch recht bewußt zu sein; ich sah mich um, erkannte mein Zimmer und hörte den Nachtwächter die dritte Stunde nach Mitternacht ausrufen. Mein erster Gedanke

war, aufzustehen, um Licht zu schlagen und diesen Traum aufzuschreiben. Ich tat es nicht, weil ich meinem Gedächtnisse traute;
hingegen wiederholte ich mir alles laut, deutlich und zu verschiedenen Malen in meinem Bette. Aber an die großen, neuen, die
Zukunft umfassenden Ideen, die ich im Traum hatte aufschreiben
wollen, konnte ich mich, der äußersten Anstrengung meines Ge-
dächtnisses ungeachtet, nicht erinnern.

Am folgenden Morgen schrieb ich dieses alles mit dem festen Ent-
schlusse auf, daß ich in dieser Erzählung der Wahrheit so getreu
bleiben wolle, als wenn meine Seligkeit daran hinge, und Gott
weiß, daß ich es geblieben bin.

EIN TRAUM,
DER SICH SELBST DEUTET

GEORG HERMANN RICHERZ

Göttingen, September 1784. Ich will einen abenteuerlichen
Traum, den ich hatte, ehrlich erzählen:

Es war mir, als ob ich gehenkt werden sollte. Ich wußte nicht, [187]
warum. Aber so sehr ich meine Liebe zum Leben fühlte, so fand
ich mich doch in mein Schicksal leicht. Schon sollten mir die
Augen verbunden werden, als ich noch ein lautes Gebet tun
wollte. Ich war im Begriff, mich auf die Knie zu werfen, als mir
plötzlich einfiel, daß, da ich sehr heiß wäre, das Knieen auf einem
kalten Boden meiner Gesundheit nachteilig sein könnte. In der
Tat, unter solchen Umständen eine sonderbare Furcht. Ich beugte
also nur mein Knie tief und betete in dieser Stellung folgendes
laut: „Vater! vergib unserem König, Heinrich II., denn er weiß
nicht, was er tut." Es war mir dabei, als ob ich in England wäre.
Der erwähnte König saß ziemlich nahe bei mir auf einem Thron.
Ich sah ihn ganz ungerührt bei meinem Gebet bleiben. ‚Vielleicht,' dachte ich da mit einiger Wehmut, ‚vielleicht hätte er dir
doch noch das Leben geschenkt, wenn du den in deinen letzten
Worten liegenden Vorwurf für ihn durch eine feinere Einklei-
dung etwas gemildert hättest.' Doch ergab ich mich bald wieder
in mein Schicksal. Der Scharfrichter kam und legte mir den

Kranz eines messingnen Tellers, aus dem die Scheibe herausgenommen war, um den Hals, schob dann einen an dem Kranz des Tellers befindlichen Knebel mir an den Hals und ließ mich, ohne daß ich die geringste schmerzhafte Empfindung davon hatte, eine beträchtliche Tiefe hinunterfallen. Ich hing nun, glaubte mich tot und fühlte mich doch so wohl. Ja es schien mir unmittelbar nachher, als ob ich noch eine Ansprache an die versammelte Menge hielte, mich mit Freimütigkeit auf meinen bisherigen allgemein bekannten rechtschaffenen Wandel, insbesondere auf die unbescholtene Einrichtung meines Hauswesens beriefe, und meine Richter (obgleich ich anfangs nur von einem König wußte) bat, meiner Gattin die von mir besessenen zehntausend Pfunde nicht zu entziehen.

Hier erwachte ich.

188 (Traum der Gattin.) Ich erzählte meinen seltsamen Traum unmittelbar nach dem Erwachen — und das ist der Grund, warum ich ihn noch jetzt aufs genaueste weiß — meiner gerade erwachenden Gattin in munterster Laune. Wir schliefen beide bald wieder ein.

Und nun stellte auch sie sich im Traum das ihr eben beschriebene Instrument und dessen Bestimmung lebhaft, wiewohl ohne unangenehme Gemütsbewegungen, vor. (Der Ton, in dem ich ihr meinen Traum erzählt hatte, ließ bei ihr unangenehme Gemütsbewegungen nicht aufkommen.)

Ihr träumte von einem seiner Scheibe beraubten messingnen Teller, von einem Knebel, und — „Oh, das geht ja ganz herrlich!" sagte sie im Traum, und es kam ihr vor, als ob sie selbst Versuche mit solchem Instrument anstellte.

JEDER IST, WÄHREND ER TRÄUMT, EIN SHAKESPEARE

GEORG CHRISTOPH LICHTENBERG

189 Göttingen, 9. April 1792. Vergangene Nacht träumte mir, ich sollte lebendig verbrannt werden, und zwar wurde ich in den frisch gebauten Ofen hineingeführt, der wie ein Zimmer eingerichtet war.

Ich wußte nicht deutlich, warum, ich war ziemlich ruhig. Was ich deutlich dabei dachte, war, was ich freilich bei andern Gelegenheiten öfters gedacht habe, nämlich, daß ich doch eigentlich nur etwa eine Minute verbrannt werden könnte; also um 8 Uhr wäre ich n o c h n i c h t verbrannt, und um 8 Uhr 1 Minute wäre ich verbrannt. Die Exekution sollte erst in einigen Stunden losgehen. Ich sah mich nach den Zuschauern um, fand aber nur ein paar und erwachte ruhig. Meiner Herzhaftigkeit schreibe ich diese Ruhe nicht zu; sondern es war sonst etwas.

Göttingen. Es war zu Ende September 1798, als ich jemandem 190 im Traum die Geschichte der jungen und schönen Gräfin Hardenberg erzählte, die mich und überhaupt jedermann sehr gerührt hat. Sie starb im September 1797 in den Wochen, eigentlich während der Geburt, die nicht zustande kam. Sie wurde geöffnet und das Kind neben sie in den Sarg gelegt, und so wurden sie zusammen des Nachts mit Fackeln unter einem entsetzlichen Zulauf von Volk nach einem benachbarten Orte, wo das Familienbegräbnis ist, gebracht. Dieses geschah auf dem Göttingischen Leichenwagen, einer sehr unbeholfenen Maschine. Dadurch wurden also die Leichname sehr durcheinander geworfen. Am Ende wollten sie, ehe sie in die Gruft gebracht wurden, noch einige Leute sehen. Man öffnete den Sarg und fand sie auf dem Gesichte liegend und mit ihrem Kinde in einen Haufen geschüttelt. Das schöne Weib, schwerlich noch zwanzig Jahre alt, die Krone unserer Damen, die auf manchem Ball den Neid der schönsten auf sich gezogen, in diesem Zustande! Dieses Bild hatte mich zu der Zeit oft beschäftigt, zumal, da ich ihren Gemahl, einen meiner fleißigsten Zuhörer, sehr wohl gekannt hatte. Diese traurige Geschichte erzählte ich nun jemandem im Traume, im Beisein eines Dritten, dem die Geschichte auch bekannt war, vergaß aber (sehr sonderbar) den Umstand mit dem Kinde, der doch gerade der Hauptumstand war. Nachdem ich die Erzählung, wie ich glaubte, mit vieler Energie und Rührung dessen, dem ich sie erzählte, vollendet hatte, sagte der Dritte: „Ja, und das Kind lag bei ihr, alles in einem Klumpen." — „Ja," fuhr ich gleichsam auffahrend fort, „und ihr Kind lag mit in dem Sarge." Dieses ist der Traum.

191 Göttingen. In der Nacht vom 9. auf den 10. Februar 1799 träumte mir, ich speiste auf einer Reise in einem Wirtshause, eigentlich auf einer Straße in einer Bude, worin zugleich gewürfelt wurde. Gegen mir über saß ein junger, gut angekleideter, etwas windig aussehender Mann, der, ohne auf die umher Sitzenden und Stehenden zu achten, seine Suppe aß, aber immer den zweiten oder dritten Löffel voll in die Höhe warf, wieder mit dem Löffel fing und dann ruhig verschluckte.

Was mir diesen Traum besonders merkwürdig macht, ist, daß ich dabei meine gewöhnliche Bemerkung machte, daß solche Dinge nicht könnten erfunden werden; man müsse sie sehen. (Nämlich kein Romanschreiber würde darauf verfallen.) Und dennoch hatte ich dieses doch in dem Augenblick erfunden.

Bei dem Würfelspiel saß eine lange, hagere Frau und strickte. Ich fragte, was man da gewinnen könnte; sie sagte: „Nichts." Und als ich fragte, ob man was verlieren könnte, sagte sie: „Nein!" Dieses hielt ich für ein wichtiges Spiel.

UM KANT

IMMANUEL KANT

192 Gegen Ende des Winters fing er an, über unangenehme, ihn aufschreckende Träume zu klagen. Seine Träume störten ihn des Nachts, scheuchten ihn fürchterlich auf, wenn er noch so fest schlief, und raubten ihm die nächtliche Ruhe.

Seine furchtbaren Träume wurden immer schrecklicher, und seine Phantasie setzte aus einzelnen Szenen der Träume ganze furchtbare Trauerspiele zusammen, deren Eindruck so mächtig war, daß ihr Schwung noch lange im Wachen bei ihm fortwirkte. Er dünkte sich fast nächtlich mit Räubern und Mördern umgeben. In furchtbarer Progression ging diese nächtliche Beunruhigung durch Träume dergestalt fort, daß er in den ersten Augenblicken nach dem Erwachen seinen ihm zu Beruhigung und Hilfe eilenden Diener für einen Mörder ansah.

Wir sprachen am Tage über die Nichtigkeit seiner Furcht. Kant

belachte sie selbst und schrieb sich in sein Büchelchen: Es muß
keine Nachtschwärmerei stattfinden.

JOHANN BENJAMIN ERHARD

Meine Erinnerungen gehen in einigen Dingen bis in mein erstes
Jahr zurück und werden in meinem zweiten in vielen Dingen nur
dadurch ungewiß, daß ich bis in mein viertes öfters meine Träume
mit wirklichen Anschauungen verwechselte. Es kam bisweilen
zwischen mir und meinen Eltern zu einem lebhaften Streit, wenn
ich öfters behauptete, daß gewisse Personen uns besucht oder
gewisse Dinge vorgefallen wären, wovon es mir doch nur geträumt hatte.

Noch in späteren Jahren hatte ich einigemal nötig, Traum und
Wachen nach klaren Vorstellungen meiner vergangenen Handlungen und den Gesetzen der Kausalverbindung und nicht durch
das bloße Gefühl der lebhaftern oder schwächern Erinnerung der
Eindrücke zu unterscheiden.

Noch im Jahre 1798, da ich mich in Ansbach aufhielt, war dies
der Fall.

Es träumte mir, ich hätte bei einem Mechanikus in Nürnberg ein   193
Teleskop und ein Mikroskop bestellt, und als mir es dieser
brachte, so konnte ich es ihm nicht bezahlen, worüber dieser, nach
seiner Schilderung, in äußerst große Verlegenheit kam.

Und beim Erwachen war mir die genauste Rückerinnerung von
allem, was ich seit einem Jahre in Nürnberg getan hatte, nötig,
um mich zu überzeugen, daß es ein Traum war. Aber noch war
es damit nicht abgemacht, ein halbes Jahr lang ängstigte mich
öfters der Gedanke, daß die Sache doch wahr sein könnte, und
ich mußte mich von neuem von ihrer bedingten Unmöglichkeit
überzeugen.

SALOMON MAIMON

Im Jahre . . . war ich Hofmeister bei einem Pächter in P., bei
dem ich — sowohl wegen der damaligen Hungersnot in P. als
besonders wegen des armseligen Zustandes dieses Mannes und
der Ungelehrigkeit meiner Schüler — viel auszustehen hatte.
Dazu kam noch einst, daß ich einige Tage nacheinander außer-

ordentliche Zahnschmerzen leiden mußte. In diesem Zustand der
Betrübnis und der Schmerzen schlief ich eines Abends auf meinem
harten Lager ein.

194 Es träumte mir, daß ich, ohne zu wissen wie, im himmlischen
Jerusalem angelangt sei. Ein alter ehrwürdiger Mann empfing
mich am Tor sehr liebreich, führte mich nach dem Tempel des
Herrn, um mir alle Merkwürdigkeiten darin zu zeigen. Ich kam
in einen großen Saal, worin ich einen Bücherschrank fand. Ich
griff also, meiner Gewohnheit nach, nach einem Buche, um es zu
besehen. Sobald ich es aufmachte, fand ich gleich auf dem Titelblatt den Titel eines mir dem Namen nach schon längst bekannten kabbalistischen Buches und darunter den Namen Jehovah
mit großen Lettern. Ich blätterte darin weiter und fand überall
heilige Namen und Stellen aus der Bibel nach kabbalistischer Art
erklärt. Dieses versetzte mich in einen Gemütszustand, der aus
Erstaunen, Ehrfurcht und Freude zusammengesetzt war. Ich
hatte darauf noch mehr Szenen dieser Art, konnte mich aber derselben beim Aufwachen nicht erinnern.
Sobald ich aus dem Schlafe erwacht war, kamen meine Schüler,
die in einem entfernten Zimmer geschlafen hatten, zu mir, schauten mich wider ihre Gewohnheit mit der größten Aufmerksamkeit
an und schienen über meinen Anblick in Verwunderung zu geraten. Ich fragte sie nach der Ursache ihres seltsamen Be-
nehmens, konnte aber anfangs von ihnen nichts herausbringen.
Da ich aber weiter in sie drang, so sagten sie mir: ihr Bruder,
der Pächter des nächsten Dorfes, der gestern hier (wie er öfters
zu tun pflegte) zum Besuche hergekommen und über Nacht geblieben war, wäre heute morgen in ihre Wohnstube gekommen
(er schlief des Nachts in der Heuscheune, die sowohl von der
Wohnstube als von meiner Studierstube, wo ich geschlafen hatte,
entfernt war) und habe ihnen allen einen sonderbaren Traum erzählt, den er diese Nacht gehabt hätte und der hauptsächlich
mich anginge.

195 Es kam ihm nämlich vor, als sähen sie mich alle nach dem himmlischen Jerusalem gehen. Ein alter ehrwürdiger Greis kam mir
am Tor entgegen, führte mich herein und stieß sie, als sie mir
nachfolgen wollten, zurück. Sie blieben vor dem Tor stehen, um
meine Rückkunft abzuwarten; endlich kam ich wieder heraus,

meine Gestalt war sehr ehrwürdig, mein Angesicht leuchtete wie
das Angesicht Mosis, da er die zwei Tafeln empfing.

Sie fürchteten, sich mir zu nähern, und waren in der größten
Verlegenheit, wie sie mit mir in Zukunft umgehen sollten.

Bald darauf kam der Bruder und bestätigte, daß er dies geträumt
habe.

Seit dieser Zeit bin ich auch in diesem Hause ganz anders als
vorher behandelt worden, wodurch mein Zustand einigermaßen
verbessert wurde.

AN DER WENDE EINER EPOCHE

DER TRAUM EIN LEBEN

KARL SIEGMUND FREIHERR VON SECKENDORF

Karl Siegmund Freiherr von Seckendorf, welcher den 26. April 1785 zu Ansbach starb, hatte ungefähr ein halbes Jahr vor seinem Tode folgenden merkwürdigen Traum:

196 Er sah einen Menschen in gewöhnlicher Gestalt und Kleidung zu ihm kommen, welcher ihm sagte: er solle sich von ihm ausbitten und wählen, ob er lieber seine zukünftigen Schicksale erfahren oder seine vergangenen der Reihe nach noch einmal sehen wollte. Seckendorf sagte: die Zukunft wolle er Gott überlassen, es werde ihn aber freuen, wenn er sein vergangenes Leben wieder so ganz wie im Gemälde vor sich sehen könnte. Nun gab ihm der erschienene Mann einen Spiegel, in diesem sah er sich als ein Kind von drei Jahren, sah wieder alle Hofmeistergeschichten, die er damals hatte und deren er sich wachend kaum mehr erinnern konnte. Auch jeder Verdruß, jede Begebenheit, die er in seiner Jugend mit seinen Eltern hatte, erschien ihm da so lebhaft, so getreu, als ob sie wirklich erst jetzt geschehe. So ging er durch seine Kinder- und Jugendjahre fort. Alles, was er je getan oder was ihm begegnet war, wurde ihm in diesem Spiegel wiederholt, so daß er endlich auch auf die Geschichte seines Aufenthalts in Italien kam. Hier hatte er eine Geliebte, die er gewiß würde geheiratet haben, wenn ihn sein Geschick in Italien gelassen hätte; diese sah er nun auch im Traum auf einem Bette liegen, sie winkte ihm zu, und er ging zu ihr. „Wir müssen uns trennen," sagte sie, „aber nicht lange, lieber Seckendorf, denn ohne Sie kann ich nicht lange sein. Jetzt müssen Sie mich aber auf einige Augenblicke allein lassen." Er ging also aus dem Zimmer, und wie er einige Minuten nachher hineinkam, lag sie weit schöner und einer Verklärten gleich auf dem Bette. Zu ihren Füßen rollte ein Vorhang auf.

Seckendorf sagte zur Frau von Kalb, welcher er diesen ganzen Traum erzählte, dergleichen herrlichen Anblick, als er da gesehen, könne er nicht beschreiben. Er habe, als der Vorhang auf-

gezogen worden, eine Menge schön verklärter Geschöpfe gesehen,
die Hellung habe seine Augen geblendet, und alles sei vergnügt
und in Bewegung gewesen. Eine von den umherschwebenden,
verklärten Schönen habe seine Geliebte bei der Hand genommen
und langsam zu sich hineingezogen, dann sei der Vorhang wieder
niedergefallen.

Darüber wachte er auf und dachte über seinen lebhaften Traum
nach, schlief aber doch wieder ein, und eben derselbe Mensch er- 197
schien ihm wieder, fragte ihn, ob er zufrieden gewesen sei mit
dem, was er ihm gezeigt habe, und ob er wohl auch gern noch
einmal alle Menschen, die er in seinem Leben gekannt habe, zu
sehen wünschte? Seckendorf sagte, daß es ihm das größte Vergnügen sein würde. Er erhielt also aufs neue einen Spiegel, in
dem er der Reihe nach alle Menschen, sowohl lebende als tote,
die er in seinem ganzen Leben gekannt hatte, vorbeigehen sah,
mit dem Unterschied, daß die Lebenden, Glücklichen ihn alle
freundlich ansahen und stehenblieben; diejenigen aber, von denen
er schon wußte, daß sie unglücklich geworden und mißvergnügt
lebten, gingen mit der Hand vor den Augen schnell, ohne sich
umzusehen, vorbei, und die, welche er so mit der Hand vor den
Augen vorbeigehen sah, von denen er vorher nicht wußte, ob
sie glücklich oder unglücklich lebten, waren die letzten.

(Er schrieb nach diesem Traum an seine alten Bekannten und
erkundigte sich nach ihren Schicksalen, und immer trafen sie
mit seinem Traum überein.)

Die Verstorbenen, die er in diesem Spiegel sah, hatten eine ganz
einförmige Kleidung, die sich von der der anderen auszeichnete.
Sie blieben alle einen Augenblick vor ihm stehen und winkten
ihm freundlich mit der Hand, einige schwanden auch nur wie ein
Blitz, die Hand vor den Augen, vorbei, doch so, daß er sie erkennen
konnte. Dieses war ihm das Allerschrecklichste seines Traumes,
und wenn er darauf kam, brach er immer sehr schnell ab, weil er
zu sehr bewegt war, um davon sprechen zu können. Seinen Vater,
die erste Frau von Kalb, kurz, alle seine Freunde und auch Personen, die er nur wenig kannte, sah er wieder in diesem Spiegel.

Nun erwachte er wieder, stand auf, weil er vor Angst sich nicht zu
fassen wußte, und sah, um sich die Gedanken zu zerstreuen, zum
Fenster hinaus. Es schlug eben drei Uhr.

Endlich legte er sich wieder nieder, schlief ein und dachte aufs
198 neue im Traum über seinen vorher gehabten Traum nach, machte
im Traum ein Gedicht auf seinen Traum, welches anfängt:
„Holde, süße Phantasie", komponierte im Traum dieses Gedicht
und wachte dann wieder auf.

Er konnte nicht mehr im Bette bleiben, stand auf, ließ sich ein
Licht bringen und schrieb den ganzen Traum nebst dem Gedicht
und der Komposition auf, legte sich aber nicht mehr zu Bett, sondern dachte über seine Traumgesichte nach.

DIE SYMBOLIK DES TRAUMES

JOHANN FRIEDRICH OBERLIN

199 Waldbach, 20. März 1784. Ich ging mit einiger Furcht und tiefer
Ehrerbietung durch einen sehr großen Tempel. Er war dunkel,
doch konnte ich in ihm eine von mir noch nie gesehene, erhabene
Pracht und majestätische Einfalt wahrnehmen. Es begegnete mir
einer, gleich als ein Sakristan. Er verwies mich liebreich und
ernst, daß ich da eingetreten sei; es habe mir dies nicht zu tun ge-
bührt. Der Tempel lag wie auf einer wunderherrlichen Insel, der
Ort führte in der Sprache der Jenseitigen einen ähnlich lautenden
Namen wie unser Waldbach, hatte aber zugleich noch den Beinamen Philadelphia. Beim Hinaustreten eine Wiege mit acht wohl-
gebildeten, aber überaus kleinen Kindern. Die Mutter, die dabei
saß, eine schlanke, leichte Gestalt, sagte auf mein Befragen, daß
die Kinder keine Zwillinge, sondern einzeln nacheinander, ganz
überaus leicht seien geboren worden, schien aber zugleich verlegen, daß noch keines, auch der älteren, nur zu gehen vermöchte,
daß sie noch alle Wiegenkinder wären. Dabei wurde mir innerlich
bedeutet: das geht dich an. So geht's, wenn man zu leicht und
ohne Mühe durch die Geburten und Leiden hindurchreißen will;
da gebärt man nur Kinder, die unzeitig sind und nie kräftig
werden.

200 Waldbach, 15. Juni 1784. Ich kam in ein weitläufiges, sehr alt-
fränkisches Haus mit dicken Mauern, hohen Fenstergesimsen,

daher etwas dunkel. Überall viel Hausrat, nicht in der schönsten
Ordnung. Es war, als wenn man erst eingezogen wäre und es
noch an Kästen und Schaffen fehlte. Endlich kam ich in eine
Stube von alter Bauart; es stand ein runder Ofen darin, worin
Feuer war. Ich dachte, mein Gott, hier ist es schauerlich, hier
wünschte ich doch nicht anders als in Gesellschaft meines lieben
Weibes zu wohnen. Da es etwas kalt in der Stube war, wollte ich
die Kammertür zuschließen, doch schaute ich noch zuerst recht in
die Kammer, und siehe, ich erblickte mein liebes Weib und fühlte
plötzlich eine entzückende Freude des Wiedersehens durch mein
ganzes Herz strömen. Es schlug drei Uhr, und ich ward wach.

Waldbach, 21. August 1790. Ich sah im Traume ein Zeichen am 201
Himmel. Es war gleich einem Vampir (Blutsauger) und Fleisch-
fresser; sein Gang und Lauf ging von Abend gegen Morgen. Es
schien bestimmt zu sein, blutige Zeiten anzukünden.

IN DER ZEIT DER FRANZÖSISCHEN REVOLUTION

MADAME JULLIEN

An den Sohn Julius. Paris, 1. Juni 1792. Ein Traum, ein Nichts,
alles ängstet uns, wenn es um das geht, was man liebt.
Mein Sohn, mir hat heute nacht geträumt, daß wir, Dein Bruder, 202
Du und ich, beim blassen, zitternden Schimmer des Mondes am
Rand eines Abgrunds gingen; da ich in der Gefahr nichts Heil-
sameres kenne als Unverzagtheit und Kaltblütigkeit, sage ich
mutig zu Euch: „Geht festen Schrittes, Kinder, aber geht weiter."
Ein falscher Tritt, den Du machtest, stürzte Dich vor meinen
Augen 100 Fuß tief hinab. Ich rufe um Hilfe, ich lege mich auf
den Felsen, der fast senkrecht abfällt; ich lasse mich mit ganzer
Kraft hinabgleiten und komme fast gleichzeitig mit Dir auf dem
Boden des Abgrundes an, ohne auch nur betäubt zu sein. Ich hebe
Dich auf, Du bist ganz zerquetscht, aber voller Leben und Mut.
Zwei Männer, die mir gefolgt sind, nehmen Dich auf ihre Arme

und tragen Dich nach oben, indem sie einen Pfad hinaufsteigen,
der so steil ist, daß Menschenfuß ihn niemals beschritten hat. Ich
ging mühsam hinter der Gruppe her. Die Mutterliebe gab mir
die Kraft eines Herkules, und die Freude, auf dem Gipfel anzu-
langen, erweckt mich.

Ich bin von Schweiß bedeckt und keuche vor Freude. Ich konnte
nicht wieder einschlafen, so hatte die Aufregung dieses Traumes
all meine Lebensgeister geweckt. Sollte er prophetisch sein? Droht
Dir eine Gefahr?

CAMILLE DESMOULINS

An seine Frau Lucile. Paris. Gefängnis des Luxembourg. 12. Germinal (1. April 1794). Der wohltätige Schlaf hat meine Leiden
unterbrochen. Man ist frei, wenn man schläft; da hat man keine
Empfindung seiner Gefangenschaft; der Himmel hat Mitleid mit
mir gehabt.

203 Nur erst vor einem Augenblick habe ich dich im Traum gesehen,
dich und Horaz, aber unser Kleiner hatte durch böse Säfte, die
sich nach oben ergossen hatten, ein Auge verloren, und der
Schmerz über dieses Unglück hat mich aufgeweckt.

Ich fand mich wieder in meinem Kerker; es war schon ein wenig
Tag geworden. Da ich dich nicht mehr sehen und deine Antworten hören konnte, denn du und deine Mutter habt mit mir
gesprochen, bin ich wenigstens aufgestanden, um mit dir zu
reden und dir zu schreiben.

UM GOETHE

Das Leben, so gemein es aussieht, so leicht es
sich mit dem Gewöhnlichen, Alltäglichen zu
befriedigen scheint, hegt und pflegt doch immer
gewisse höhere Forderungen im stillen fort und
sieht sich nach Mitteln um, sie zu befriedigen.

Goethe

JOHANN WOLFGANG TEXTOR

Wir alle wußten doch, daß er (Goethes Großvater) durch bedeutende Träume von dem, was sich ereignen sollte, unterrichtet
werde. So versicherte er z. B. seiner Gattin, zur Zeit, als er noch
unter die jüngern Ratsherren gehörte, daß er bei der nächsten
Vakanz auf der Schöffenbank zu der erledigten Stelle gelangen
würde. Und als wirklich bald darauf einer der Schöffen vom
Schlage gerührt starb, verordnete er am Tage der Wahl und
Kugelung, daß zu Hause im stillen alles zum Empfang der Gäste
und Gratulanten sollte eingerichtet werden, und die entscheidende
goldne Kugel ward wirklich für ihn gezogen.

Den einfachen Traum, der ihn hievon belehrt, vertraute er
seiner Gattin folgendermaßen: Er habe sich in voller gewöhn- 204
licher Ratsversammlung gesehen, wo alles nach hergebrachter
Weise vorgegangen; auf einmal habe sich der nun verstorbene
Schöffe von seinem Sitz erhoben, sei herabgestiegen und habe
ihm auf eine verbindliche Weise das Kompliment gemacht: er
möge den verlassenen Platz einnehmen, und sei darauf zur Türe
hinausgegangen. (Mitgeteilt von Goethe)

JOHANN WOLFGANG GOETHE

An J. C. Kestner. Frankfurt, 15. September 1773. Neulich hatte 205
ich viel Angst in einem Traum über sie [Lotte]. Die Gefahr war
so dringend, meine Anschläge all keine Aussicht. Wir waren
bewacht, und ich hoffte alles, wenn ich den Fürsten sprechen
könnte. Ich stand am Fenster und überlegte, hinunterzuspringen;
es war zwei Stock hoch; ein Bein brichst du, dachte ich, da

kannst du dich wieder gefangen geben. Ja, dacht ich, wenn nur
ein guter Freund vorbeiging, so spräng ich hinunter und bräch
ein Bein, so müßt mich der auf den Schultern zum Fürsten
tragen.

Siehst du, alles erinnere ich mich noch, bis auf den bunten
Teppich des Tisches, an dem sie saß und Filet machte und ihr
strohern Kistgen bei sich stehn hatte. Ihre Hand habe ich
tausendmal geküßt. Ihre Hand wars selbst! Die Hand! so lebhaft ist mirs noch, und sieh, wie ich mich noch immer mit
Träumen schleppe.

206 1785. Es träumte mir: ich landete mit einem ziemlich großen
Kahn an einer fruchtbaren, reichbewachsenen Insel, von der mir
bewußt war, daß daselbst die schönsten Fasanen zu haben seien.
Auch handelte ich sogleich mit den Einwohnern um solches Gefieder, welche sie auch sogleich häufig, getötet, herbeibrachten.
Es waren wohl Fasanen, wie aber der Traum alles umzubilden
pflegt, so erblickte man lange, farbig beaugte Schweife, wie von
Pfauen oder seltenen Paradiesvögeln. Diese brachte man mir
schockweise ins Schiff, legte sie mit den Köpfen nach innen, so
zierlich gehäuft, daß die langen bunten Federschweife, nach
außen hängend, im Sonnenglanz den herrlichsten Schober bildeten,
den man sich denken kann, und zwar so reich, daß für den
Steuernden und die Rudernden kaum hinten und vorn geringe
Räume verblieben. So durchschnitten wir die ruhige Flut, und
ich nannte mir indessen schon die Freunde, denen ich von diesen
bunten Schätzen mitteilen wollte. Zuletzt, in einem großen Hafen
landend, verlor ich mich zwischen ungeheuer bemasteten Schiffen,
wo ich von Verdeck auf Verdeck stieg, um meinem kleinen Kahn
einen sichern Landungsplatz zu suchen.

An solchen Wahnbildern ergötzen wir uns, die, weil sie aus
uns selbst entspringen, wohl Analogie mit unserm übrigen Leben
und Schicksalen haben müssen.

207 An Charlotte von Stein. Rom, den 20. Dezember 1786. Heute
Nacht hatt' ich halb angenehme, halb ängstliche Träume. Ich
war in Eurer Gegend und suchte dich. Du flohst mich, und
dann wieder, wenn ich dir begegnen konnte, wich ich dir aus.

Deine Schwester und die kleine Schardt fand ich beisammen.
Letztere versteckte etwas vor mir, wie ein farbiges Strickzeug.
Sie erzählten mir, du lesest jetzt mit vieler Freude die englischen
Dichter, und ich sah zugleich zum Fenster hinaus einen anmutigen grünen Berg mit Lorbeerhecken und Schneckengängen,
die hinauf führten. Man sagte mir, es sei der englische Parnaß.
Ich dachte, darüber wird sie mich leicht vergessen, und schalt
auf die englischen Dichter und verkleinerte sie. Dann sucht ich
dich in meinem Garten, und als ich dich nicht fand, ging ich auf
die Belvederesche Chaussee, wo ich ein Stück Weg hatte machen
lassen, das mich sehr freute. Wie ich dabei stand, kamen Oppels
gefahren, die mich freundlich grüßten, welches mir eine sehr
frohe Empfindung war.
So bleibt der Entfernte mit den zartesten Banden an die Seinigen
gefesselt.
Gestern träumte ich, die Herdern sei, eben als ich in ihr Haus 208
trat, in die Wochen gekommen.

Weimar, Februar 1805. Dann wachte er einmal von einem Traum 209
auf, wo er einem Turniere beigewohnt hatte.
Diesen Traum erzählte er mir mit großer Freude.

(Mitgeteilt von Heinrich Voss)

Ein andermal fragte er mich, ob mir auch das Glück zuteil geworden, zuweilen im Traume zu fliegen, und wie das geschehe;
er möchte gern in der Art und Weise auf etwas Allgemeineres
kommen.
Er fliege im Zimmer oder in einem Saale immer oben im Kreise 210
herum.
Ich erwiderte: Mein Fliegen sei unstet, bald niedriger, bald höher,
wohl bis auf das Dach.   (Mitgeteilt von Stephan Schütze)

BETTINA BRENTANO

An Goethe. Es war, als lief ich in Weimar durch den Park, 211
indem ein starker Regen fiel; es war grade alles im ersten Grün,
die Sonne schien durch den Regen. Als ich an Deine Tür kam,
hört ich Dich schon von weitem sprechen; ich rief, — Du hörtest
nicht, — da sah ich Dich auf derselben Bank sitzen, hinter welcher

im vorigen Jahr die schöne breite Malve noch spät gewachsen war; gegenüber lag auch die Katze wie damals, und als ich zu Dir kam, sagtest Du auch wieder: „Setze Dich nur dort üben zur Katze, wegen Deinen Augen, die mag ich nicht so nah." Hier wachte ich auf.

212 **An Goethe, 18. Juli 1808.** Dann träumte ich, daß ich längs den schilfigen Ufern des Rheins schiffe, und da, wo es am tiefsten war, zwischen schwarzen Felsspalten, da entfiel mir Dein Ring; ich sah ihn sinken, tiefer und tiefer, bis auf den Grund! Ich wollte nach Hilfe rufen — da erwachte ich im Morgenrot, neubeglückt, daß der Ring noch am Finger war.

Ach Prophet! — deute mir diesen Traum.

JOHANN PETER ECKERMANN

213 **An Johanna Bertram. Göttingen, den 19. Dezember 1821.** Mir träumte vorige ganze Nacht bei Goethen, ich habe viel mit ihm gesprochen. Ich faßte immer seine Beine um, aber er hatte dicke Unterhosen an; er sagte, er könne anders nicht mehr warm werden. Er war schon sehr alt, aber mich hatte er sehr lieb, er holte mir auch aus der Kammer eine ganze Handvoll Birnen, die er auch schälte, aber bloß am Stengel herum; ich sollte alle aufessen, aber ich sagte ihm, zwei wollte ich an meine Hannchen in Hannover mitnehmen, ich käme zwar erst Ostern hin, aber sie würden sich wohl so lange halten; die zwei steckte ich in die Taschen. Auch der Ottilien ihre beiden Kinder stellte er mir vor, sie waren hübsch und dick, mit hellen Locken, und ich rezitierte ihm seine Verse „daß dem Vater in dem Sohne tüchtig-schöne Knaben bringst". Er meinte, „stillst" müßte es heißen, ich aber sagte ihm, ob er sein eigenes Gedicht nicht besser kenne, es müsse ja „bringst" heißen, worauf er mir denn auch rechtgab. Er weinte über die jetzige Poesie, er sagte, sie läge ihm gar schwer am Herzen, er müsse nun bald davon, habe aber die beste Hoffnung auf mich gesetzt und würde nunmehr ruhiger sterben. Ich fragte ihn, was er von mir hielte, worauf er antwortete, daß, wenn ich es recht anfinge, ich einst gleichen Ruhm haben könne als er jetzt, denn mein Talent wäre nicht geringer

als das seinige. Obgleich ich im Traume war, so kam es mir
dennoch übertrieben vor, aber ich hatte darüber meine innerliche
Freude und dachte das meinige zu tun. Ich fragte ihn, wie ich
es denn anfangen müsse; er aber sagte, es sei gefährlich, mir das
zu sagen, und ließ mich darüber im unklaren; er brachte dann
das Gespräch auf andere Dinge und ging mit mir in den Garten.
Auch der Großherzog von Weimar und andere große Männer
waren bei ihm, aber die ließ er im großen Saale, wo ich sie aus
der Ferne, wenn sich die Tür öffnete, auf und ab gehen sah; ich
war in seiner Stube, und bei mir war er die größte Zeit, obgleich
er auch zuweilen nach den andern hinüberging.
Warum ich diesen Traum erzähle? Der beiden Birnen wegen, woraus Du sehen magst, daß ich auch bei Goethen an Dich dachte.

Weimar, Mittwoch, den 12. März 1828. Auch von den Kräften des
Meeres und der Seeluft war die Rede gewesen, wo denn Goethe
die Meinung äußerte, daß er alle Insulaner und Meeranwohner
des gemäßigten Klimas bei weitem für produktiver und tatkräftiger halte als die Völker im Innern großer Kontinente.
War es nun, daß ich mit diesen Gedanken und mit einer gewissen
Sehnsucht nach den belebenden Kräften des Meeres einschlief,
genug, ich hatte in der Nacht folgenden anmutigen und mir sehr
merkwürdigen Traum.
Ich sah mich nämlich in einer unbekannten Gegend unter fremden 214
Menschen überaus heiter und glücklich. Der schönste Sommer-
tag umgab mich in einer reizenden Natur, wie es etwa an der
Küste des Mittelländischen Meeres, im südlichen Spanien oder
Frankreich oder in der Nähe von Genua sein möchte. Wir hatten
mittags an einer lustigen Tafel gezecht, und ich ging mit anderen,
etwas jüngeren Leuten, um eine weitere Nachmittagspartie zu
machen. Wir waren durch buschige, angenehme Niederungen ge-
schlendert, als wir uns mit einemmal im Meere auf der kleinsten
Insel sahen, auf einem herausragenden Felsstück, wo kaum fünf
bis sechs Menschen Platz hatten und wo man sich nicht rühren
konnte ohne Furcht, ins Wasser zu gleiten. Rückwärts, wo wir
hergekommen waren, erblickte man nichts als die See; vor uns
aber lag die Küste in der Entfernung einer Viertelstunde auf das
einladendste ausgebreitet. Das Ufer war an einigen Stellen flach,

an andern felsig und mäßig erhöht, und man erblickte zwischen
grünen Lauben und weißen Zelten ein Gewimmel lustiger Menschen in hellfarbigen Kleidern, die sich bei schöner Musik, die
aus den Zelten herübertönte, einen guten Tag machten. „Da ist
nun weiter nichts zu tun," sagte einer zum andern, „wir müssen
uns entkleiden und hinüberschwimmen." — „Ihr habt gut reden,"
sagte ich, „ihr seid jung und schön und überdies gute Schwimmer.
Ich aber schwimme schlecht, und es fehlt mir die ansehnliche
Gestalt, um mit Lust und Behagen vor den fremden Leuten am
Ufer zu erscheinen." — „Du bist ein Tor," sagte einer der schönsten, „entkleide dich nur und gib mir deine Gestalt, du sollst indes die meinige haben." Auf dieses Wort entkleidete ich mich
schnell und war im Wasser und fühlte mich im Körper des anderen
sofort als einen kräftigen Schwimmer. Ich hatte bald die Küste
erreicht und trat mit dem heitersten Vertrauen nackt und
triefend unter die Menschen. Ich war glücklich im Gefühl dieser
schönen Glieder, mein Benehmen war ohne Zwang, und ich war
sogleich vertraut mit den Fremden vor einer Laube an einem
Tisch, wo es lustig herging. Meine Kameraden waren auch nach
und nach ans Land gekommen und hatten sich zu uns gesellt,
und es fehlte nur noch der Jüngling mit meiner Gestalt, in dessen
Gliedern ich mich so wohl fühlte. Endlich kam auch er in die
Nähe des Ufers, und man fragte mich, ob ich denn nicht Lust
habe, mein früheres Ich zu sehen. Bei diesen Worten wandelte
mich ein gewisses Unbehagen an, teils, weil ich keine große
Freude an mir selber zu haben glaubte, teils auch, weil ich fürchtete, jener Freund möchte seinen eigenen Körper sogleich zurück-
verlangen. Dennoch wandte ich mich zum Wasser und sah mein
zweites Selbst ganz nahe heranschwimmen und, indem er den
Kopf etwas seitwärts wandte, lachend zu mir heraufblicken. „Es
steckt keine Schwimmkraft in deinen Gliedern", rief er mir zu;
„ich habe gegen Wellen und Brandung gut zu kämpfen gehabt,
und es ist nicht zu verwundern, daß ich so spät komme und von
allen der letzte bin." Ich erkannte sogleich das Gesicht, es war
das meinige, aber verjüngt und etwas voller und breiter und von
der frischesten Farbe. Jetzt trat er ans Land, und indem er, sich
aufrichtend, auf dem Sande die ersten Schritte tat, hatte ich den
Überblick seines Rückens und seiner Schenkel und freute mich

über die Vollkommenheit dieser Gestalt. Er kam das Felsufer herauf zu uns anderen, und als er neben mich trat, hatte er vollkommen meine neue Größe. ‚Wie ist doch', dachte ich bei mir selbst, ‚dein kleiner Körper so schön herangewachsen! Haben die Urkräfte des Meeres so wunderbar auf ihn gewirkt, oder ist es, weil der jugendliche Geist des Freundes die Glieder durchdrungen hat?' Indem wir darauf eine gute Weile vergnügt beisammen gewesen, wunderte ich mich im stillen, daß der Freund nicht tat, als ob er seinen eigenen Körper einzutauschen Neigung habe. ‚Wirklich', dachte ich, ‚sieht er auch so recht stattlich aus, und es könnte ihm im Grunde einerlei sein; mir aber ist es nicht einerlei, denn ich bin nicht sicher, ob ich in jenem Leibe nicht wieder zusammengehe und nicht wieder so klein werde wie zuvor.' Um über diese Angelegenheit ins gewisse zu kommen, nahm ich meinen Freund auf die Seite und fragte ihn, wie er sich in meinen Gliedern fühle. „Vollkommen gut", sagte er; „ich habe dieselben Empfindungen meines Wesens und meiner Kraft wie sonst. Ich weiß nicht, was du gegen deine Glieder hast, sie sind mir völlig recht, und du siehst, man muß nur etwas aus sich machen. Bleibe in meinem Körper, so lange du Lust hast, denn ich bin vollkommen zufrieden, für alle Zukunft in dem deinigen zu verharren." Über diese Erklärung war ich sehr froh, und indem auch ich in allen meinen Empfindungen, Gedanken und Erinnerungen mich völlig wie sonst fühlte, kam mir im Traum der Eindruck einer vollkommenen Unabhängigkeit unserer Seele und der Möglichkeit einer künftigen Existenz in einem andern Leibe.

Weimar, Freitag, den 29. Januar 1830. Die ganze Nacht träumte 215 ich von Auguste. Ich war auf ihrem Zimmer und hatte ein heftiges Gespräch mit ihrer Mutter, die übel von mir geredet, besonders gegen die Präsidentin Schwendler, und die das Herz ihrer Tochter mir abwendig gemacht. Ich ging heftig im Zimmer auf und ab und schalt und weinte. Auguste saß auf einem Schemel; sie war auf meiner Seite und suchte meine Worte zu bekräftigen. Ich gab ihr die Hand zum Abschiede, aber sie drückte meine Hand nicht, ihre Finger lagen schlaff in der meinigen, welches mir ein Zeichen war, daß ich bleiben sollte. Ich weiß nicht mehr, was ferner ward.

Später sah ich sie wieder; sie ging mit einem andern, und ich sprach mit Holdermann, daß es nicht gut sei. Ich sah sie in Gefahr, und dann war der Traum stundenlang ein ewiges Suchen und Fliehen.

Zuletzt war ich wieder mit ihr allein, es war, als hätte sie sich beschädigt, und ich bestrich mit meiner Hand die entblößte Seite über ihrem Herzen und einen Teil ihres Rückens. Ich fand den Körper unbeschädigt, aber es war mir, als sei es nicht ihr Busen; aber ihr Gesicht, welches sich nach mir umwandte, war blühend und ganz Auguste. Ich sprach mit ihr, ob es nötig sei, Vogel zu holen, dann sah ich mich unten, als müßte ich von ihr fliehen. Ich sah mich in einem großen Hofraum mit vielen verschlossenen Türen, dienende Neger schliefen im Hof hier und dort. Endlich fand ich eine offene Tür, ich war wieder im Freien und sogleich auf einen Jahrmarkt versetzt, auf welchem ich die Trachten der Landleute meiner Heimat fand. So war es mir denn, als sei ich in meinem Geburtsort, und ich ging, um meine Schwester zu besuchen.

Montag, den 14. November 1836. Es ist eine alte Wahrheit, daß dasjenige, womit wir uns den Tag über lebhaft beschäftigen, uns auch nachts im Traume häufig zu schaffen macht, und so war es denn nicht zu verwundern, daß in den ersten Jahren nach Goethes Tode, wo jeder Tag sein Andenken lebhaft in mir zurückrief, ich auch nachts in meinen Träumen häufig mit ihm zu tun hatte. Und zwar sah ich ihn gewöhnlich als einen Lebendigen; ich hielt mit ihm allerlei Gespräche und verließ ihn stets mit der frohen Überzeugung, daß er nicht tot sei.

216 Auch in der vorigen Nacht führte mich der Traum abermals in Goethes Haus, und ich sah ihn, diesmal mit seinem Sohne, im hohen Grade heiter und lebensfrisch mir entgegenkommen. Wir begrüßten uns wechselsweise als solche, die sich lange nicht gesprochen, wobei ich in meinem Innern eine Art von Beschämung fühlte, daß ich ihn in vier Jahren nicht besucht und daß ich, trotz meiner wiederholten Träume von ihm, dem allgemeinen Gerücht Glauben geschenkt, daß er tot sei.

Goethe wie sein Sohn waren beide in Hüten und braunen Oberröcken und in ihren Bewegungen besonders rasch und rüstig

Sie machten mir den Eindruck von Männern, die nach langer
Abwesenheit ihr Haus wieder betreten und die das Wiedersehen
einer liebgewordenen Umgebung in eine heitere Aufregung versetzt hatte. Dabei war die Farbe ihrer Gesichter derart, als seien
sie lange der freien Luft und dem Wind und Wetter ausgesetzt
gewesen, durchaus frisch und vom kräftigsten Ausdruck.

Nachdem wir uns also auf das herzlichste begrüßt hatten und es
mir nach der ersten Überraschung des Wiedersehens ein wenig
bequem geworden, konnte ich nicht umhin, das allgemeine Gerücht von seinem Hinscheiden gegen Goethe in Erwähnung zu
bringen. „Die Leute meinen," rief ich ihm lachend zu, indem ich
seine Hand faßte, „Sie wären tot; ich habe aber immer gesagt, daß
es nicht so sei, und sehe nun zu meiner großen Freude, daß ich recht
hatte. Nicht wahr, Sie sind nicht tot?" — „Die närrischen Leute",
erwiderte Goethe, indem er mich sehr schelmisch ansah. „Tot? —
Was sollte ich tot sein?! — Auf Reisen bin ich gewesen! Ich habe
derweil viele Länder und Menschen gesehen; im letzten Jahre
war ich in Schweden." — „Dieses zu hören", erwiderte ich, „ist
mir unendlich lieb. Aber vor allen Dingen, ehe wir weiterreden,
was sagen Sie zu meinen ‚Gesprächen'? Sie haben ohne Zweifel
das Buch gelesen, und es liegt mir, wie Sie denken können, sehr
viel daran, von Ihnen selbst zu hören, was Sie davon halten."
„Ich habe das Buch gelesen", erwiderte Goethe. „Ihr habt Eure
Streiche nicht schlecht gemacht, und ich muß Euch loben. Auch
unterwegs habe ich überall viel Gutes davon gehört; ja ein sehr
gescheuter Mann äußerte sogar, daß meine Persönlichkeit darin
vorteilhafter erscheine als in meinen eigenen Schriften."
Er wollte von mir das Rätsel gelöset hören, worauf ich ihm erwiderte, es komme von der südlichen Beleuchtung.
Ich war, wie man denken mag, durch diese Äußerung Goethes
im hohen Grade beglücket; wiewohl mir der Ausdruck: südliche
Beleuchtung ein wenig seltsam vorkommen wollte, so daß ich
nicht recht wußte, was ich davon zu halten und was ich mir dabei
zu denken hatte.
Goethe ging in sein Arbeitszimmer, um einige Geschäfte abzu-
machen, und ließ mich mit seinem Sohne alleine, mit dem ich
allerlei heitere Gespräche über unsere italienische Reise führte.
Ich öffnete darauf ein längliches braunes Kästchen mit verschie-

denen Manuskripten, die ich nach und nach herausnahm, um sie dem jungen Goethe zu zeigen. Ich hatte ihm grade ein Heft von etwa vier geschriebenen Foliobogen in die Hände gegeben, als Goethe wieder herein und zu uns herantrat. Es waren Skizzen zu ferneren Gesprächen mit seinem Vater, worin sehr viel korrigiert war und die ich mir zu guter Zeit auszuführen vorgenommen. Goethe warf, seinem Sohn über die Schulter sehend, einen Blick in das Manuskript und nahm es ihm sodann aus den Händen, indem er daran weiterlas und blätterte. „Hm!" sagte er, „das scheint interessant zu sein, das will ich mir doch ein wenig näher ansehen." Und so ging er mit dem Hefte in sein Arbeitszimmer zurück und ließ uns beide abermals allein.

Ich unterhielt mich mit dem jungen Goethe auf das angenehmste fort, wobei ich zu meiner Freude bemerkte, daß sein inneres Wesen bei weitem geläuterter erschien, daß seine Ansichten von einer höheren Stufe geistiger Bildung herabkamen und daß zwischen ihm und seinem Vater überall ein (noch) innigeres Verhältnis stattfand als früher im Leben. Letzterer trat bald wieder herein und gesellte sich zu uns, indem er mir das Manuskript zurückgab und mir empfahl, die angedeuteten Gegenstände ausführlicher zu behandeln, damit sowohl das Überzeugende hineinkomme als auch einige Anmut. „Ein abgerissenes Faktum, eine nackte Äußerung", sagte er, „will nicht viel heißen; führen Sie aber den Leser in das Detail der Situation, in die näheren Umstände hinein, so ziehen Sie ihn in das Interesse des Gegenstandes, und er erfährt die Täuschung, als sei das geläuterte Wahre ein Wirkliches, das er in solcher Spiegelung zum zweiten Male mit zu erleben glaubt. In dem Gedruckten ist Ihnen manches dieser Art gelungen; sehen Sie zu, daß diese Andeutungen des Manuskripts jenem einigermaßen gleichkommen."

Es war mir sehr lieb, durch so gute Worte Goethes mich zu ferneren Versuchen derart angetrieben und dadurch das früher Geleistete gewissermaßen sanktioniert zu sehen.

Wir lebten darauf die Nacht weiter mit einander fort, wobei es mir merkwürdig war, daß außer Goethe und seinem Sohn niemand weiter erschien, so wenig irgend jemand seiner eigenen Familie als irgend jemand seiner übrigen Freunde und Angehörigen; selbst nicht ein Diener ließ sich sehen.

Mit Anbruch des Tages war die Szene verändert. Wir hatten eine Stadt im Rücken und befanden uns an einem sehr breiten Strom, an einer Fährstelle, die zugleich als Ausladeplatz diente, wie an verschiedenen Kaufmannsgütern und aufgeschichteten tannenen Brettern zu sehen war. Einige Bote lagen auf dem Strande, als in der Ausbesserung begriffen oder ihrer bedürftig. Der breite Strom glänzte in dem Schein der anbrechenden Morgenröte, während hoch über uns in frischer Himmelsbläue die Halbscheibe des Mondes zu erbleichen begann. Die Luft war frisch und im hohen Grade erquicklich. Den Strom rechts hinab sah man in der Ferne auf dem Wasser und der weitausgedehnten Weidefläche einige Nebelstreifen, welche anfingen zu ziehen und sich leise zu erheben. Man sah ein kleines Boot mit drei bis vier Männern den Strom herabkommen und in einiger Ferne in einem Weidengebüsch anlegen, woraus ich schloß, daß es Schmuggler sein möchten, die ihre Waren in dem Gesträuch und Schilf bis zu gelegener Stunde versteckten.

Ich führte einiges kleines Gespräch mit dem jungen Goethe über das, was uns vor Augen war, während der alte keine Lippe öffnete, vielmehr sich mit der erwachenden morgendlichen Natur in stummer Betrachtung zu unterhalten schien.

Indes ward es am Strande immer lebendiger. Von der linken Seite her, aus der hinter uns liegenden Stadt, sah man abwechselnd verschiedene Leute kommen, einige ihrem Ansehen nach gleichfalls Reisende, andere Arbeiter, die am jenseitigen Ufer zu tun hatten und mit übergesetzt sein wollten. Sie traten in eine große Fähre, die zu diesem Zweck nicht weit von uns bereit lag und die sich nach und nach anfüllte.

Die Morgenröte fing bereits an, der Helle zu weichen, die dem baldigen Erscheinen der Sonne vorangeht. Ein schöner Storch flog nahe an uns vorbei über den Strom hin nach den feuchten Niederungen des jenseitigen Ufers. Goethe sowohl wie sein Sohn bemerkten ihn. „Der Storch fliegt schon nach Fröschen für seine Jungen", sagte der junge Goethe. „Es ist Zeit, lieber Vater. Der Vogel fliegt rechts, es ist ein gutes Zeichen. Nun Doktor, gehabt Euch wohl! Es scheint, Ihr wollt nicht mit, gelt? Ihr habt noch Geschäfte." — „Ja," sagte ich, sein geheimnisvolles Lächeln erwidernd, „ich habe diesseits noch einiges zu tun." Und somit gab

ich ihm die Hand und wünschte beiden, wohl zu reisen. Goethe
schritt nach der Fähre zu voran; er öffnete keine Lippe, es schien,
als sei ihm das Reden verboten. Auch reichte er mir keine Hand.
Ein sehr flüchtiger freundlicher Blick und ein geringes Zunicken
während des Einsteigens war das einzige Zeichen des Abschiedes.

Ich ging den sanft abschüssigen Strand wieder hinauf in die
Nähe des ersten Hauses, wo ich stehen blieb, um von dieser geringen Höhe ihrer Fahrt über den Strom weiter nachzusehen.
Hiebei bemerkte ich in meinen Gedanken als etwas Auffallendes,
daß die übrigen Passagiere allerlei Bündel und Reisegepäck mit
sich führten, während meine genannten edlen Freunde ohne alles
Gepäck waren und überhaupt den Eindruck machten, als hätten
sie keine leiblichen Bedürfnisse. Ich blickte ihnen nach, so lange
ich konnte. Es tat mir nicht leid, daß sie gingen, so wie ich auch
an ihnen beim Abschiede keine Spur einer herzlichen Regung
wahrgenommen hatte; es war alles, als ob es so sein müßte. Sie
nahmen ihre Richtung nach Südosten, wo sich ein flaches
Wiesen- und Weideland mit einigem sehr einladenden Gebüsch
und Gehölz unabsehbar ausdehnte. Von Gebäuden in der Nähe
und Turmspitzen in der Ferne war jedoch keine Spur, und ich
machte daraus den Schluß, daß dies ein Land sei, das nicht von
Menschen bewohnt werde.

JOHANN CASPAR LAVATER

Zürich, 1784. Ich hatte vor etwa sechzehn Jahren an einem
Morgen zwei Träume, den einen von einem vor mir stehenden,
seit Jahren nicht gesehenen Bürger von Zürich, den andern von
einem Brief über eine bereits abgetan geglaubte Sache, den ich
erhalten würde.

Man weckte mich und meldete mir die Anwesenheit eines Rat-
suchenden, und wer vor mir stand, genau in eben der Kleidung,
genau in eben der Positur, wie ich ihn im Traume gesehen hatte,
war mein Bürger.

Und der Brief, den ich denselben Mittag erhielt, war völlig des
Inhalts, wie der Traum, den ich beim Erwachen verlacht hatte,
mich hatte besorgen lassen: eine Wiederaufwärmung eines alten
Geschäftes.

Ein andermal erhielt ich im Traum einen Brief in Quarto mit 219
Hexametern, die ich beinahe auswendig zu können glaubte, von
einem Freunde, der mir jahrelang nicht geschrieben hatte.

Denselben Morgen fragte mich jemand: ob ich auch gar nichts
mehr von meinem Freund in London wisse?

„Diesen Abend" — sagte ich lachend — „wenn mein Traum wahr
wird, werde ich einen Brief von ihm erhalten."

Ich ging auf die Post, und der Brief kam und war dem im Traum
gesehenen vollkommen gleich.

ALEXANDER VON HUMBOLDT

An Henriette Herz. Berlin, den 4. April 1796. Wenn alle Träume
so süß als mein gestriger wären, so möchte ich mein ganzes Leben
in einen Traum umschaffen. Noch nie ketteten sich meine Ideen
auf eine so wahre und doch sonderbare, auf eine so sonderbare
und doch so angenehme, auf eine so angenehme und doch so lehr-
reiche Art aneinander; noch nie. Doch wozu diese Einleitung.
Wer wird jetzt wohl noch ein Buch mit einer Vorrede schreiben,
oder wenn der Verfasser unmodisch genug ist, es zu tun, wer wird
beim Lesen die Vorrede nicht überschlagen?

Hören Sie gleich den Traum und urteilen Sie selbst, meine
Freundin.

Daß unsere Träume sich nach den, leider! noch so wenig entdeckten Regeln unserer Ideenassoziation richten, darüber sind
wir einig. Ich erzähle Ihnen daher, was meinem Traume vorherging. Ich las in einem alten griechischen Weltweisen — erschrecken Sie nicht über meine Gelehrsamkeit, es war diesmal
eine französische Übersetzung — ich las also die Worte des
Alcibiades: „Verstand und Tugend sind in einem Manne ver-
ehrungs-, in einem Weibe anbetungswürdig." Ich machte mein
Buch zu, dachte, so gut ich konnte, darüber nach — und meine
äußeren Sinne fingen allmählich an, sich zu verschließen.

Da stand auf einmal ein ehrwürdiger Greis neben mir, der im 220
jugendlichen Alter an Bildung dem schönen Sohne des Klinias
nicht unähnlich gewesen sein könnte. Er drückte mir freundlich die
Hand und sagte: „Folge mir, Jüngling, ich will dir Menschen zeigen." Ich folgte dem Greise, und er führte mich in eine prächtige

Stadt, mitten unter das Getümmel von Leuten, die alle große
Mäntel trugen und das Gesicht verhüllten, so daß man kein Geschlecht von dem andern unterscheiden konnte. Als wir über eine
Brücke gingen, sah ich zur Rechten ein Heer purpurner Mäntel
und Köpfe, welche mit Kronen geschmückt waren. Einige sangen
Lieder in fremden Zungen, andere machten Epigramme auf die
Tugend ihrer Mitmenschen usw. „Hüte dich vor ihnen," sagte
mein Führer, „denn es sind Königinnen." Kaum erblickte mich
eine, so rief sie mir zu: „Ah, Mr. d..." Aber es blieb bei dem
bedeutenden von, mein Führer riß mich hinweg und versetzte
mich auf einmal in einen angenehmen Spaziergang. Hier sah
ich drei Wesen, welche, so wenig ich sie kannte, ein sonderbares,
sehnsuchtsvolles Gefühl in mir veranlaßten. Der Greis befahl mir,
mich ihnen zu nähern, und versprach, auf einer nahen Rasenbank
auf meine Rückkunft zu warten. Unsichtbar schlich ich mich
hinter der rätselhaften Dreiheit her. Alles, was ich hörte, war so
verständig, so männlich schön, daß ich zu glauben anfing, es
wären drei edle Jünglinge, welche die Weisheit ihres Lehrers
wiederholten. Man beschloß endlich, auf die Arbeit des Tages
eine kleine Ergötzlichkeit folgen zu lassen. Jedes der drei schlug
eine eigene Art davon vor, jedes nahm völlig den Vorschlag der
anderen an. Man sprach schon von der Ausführung, und noch
hatte man sich nicht entschlossen. Denn jede der guten Seelen
wollte, was die andere wollte. Ein Zufall entschied, man sah
Pomeranzen, man wollte Pomeranzen kaufen. Schon war alles
gelagert, schon fing man an, Zubereitungen zu machen, und —
was glauben Sie, meine Freundin? — zwei Mäntel erhoben sich
wieder, lachten über den Vorschlag der anderen, und alle eilten
unverrichteter Sache davon. Da lachte ich über mich selbst und
über meinen vorigen Irrtum. Ich merkte wohl, daß ich in Gesellschaft von Damen war, und die drei verständigen Damen wurden
mir jetzt zehnfach interessanter, als es mir vorher die drei verständigen Jünglinge waren. Ich nahm sie näher in Augenschein
und fand, daß die mittlere groß und majestätisch schön wie
Minerva war. Sie hatte einen weißen Mantel über die Schulter
geschlagen, und ihr Kopfputz war — wie soll ich ihn würdiger
loben? — als hätte ihn die Natur mit eigener Hand geordnet.
Zur Rechten hatte sie die Dame, welche das Pomeranzenprojekt

zuerst vereitelt hatte, in einem lieblichen, veilchenblauen Mantel. Was zur Linken ging, machte mir Mühe zu entdecken. Die Dame ging mit geneigtem Haupte und war schwarz gekleidet. Ich wagte es, ein Stückchen ihres Kleides umzuschlagen, und da fand ich, daß die innere Seite rosenfarbig war. ,Eine schöne Seele in einer etwas finstern Hülle', dacht ich. Wohl ihr, daß sie wie manche andere ihres Geschlechts den Mantel nicht umgekehrt und die innere Seite nicht zur äußeren macht. — Ich folgte noch immer diesen liebenswürdigen Geschöpfen, ich hörte aufmerksam auf ihre Gespräche. Da zog wieder ein Purpurmantel mit einem Diadem vorüber. Aber in der Gesellschaft solcher Frauen hielt ich mich auch ohne meinen Führer stark genug, dem Diademe nicht zu folgen. Einige Schritte von uns lag ein unglückliches Mädchen am Wege, welches Räuber gemißhandelt hatten. Sie war halbnackt und mit Wunden bedeckt. Der Purpurmantel nahet sich ihr, stößt ein paar italienische Seufzer „o cielo, misera fanciulla" aus und wirft dem Mädchen aus Mitleid — ein paar unnütze Goldstücke in den Schoß. Indes nahen sich meine drei Mäntel. Der weiße seufzt, der veilchenblaue lacht, und der schwarze sieht bekümmert in sich hinein. ,Sonderbare Ausdrücke des Schreckens', dachte ich bei mir selbst. Die drei Damen werfen plötzlich ihre Mäntel ab, und jede streitet um den Vorzug, dem Mädchen den ihrigen zu geben. Es war mir, als sähe ich drei Tugenden in der Seele eines großen Mannes streiten. Die größte unter den Damen siegte, sie stand nun enthüllt vor mir, ich wollte sie anschaun, aber eine unsichtbare Macht entzog mir den Anblick, und ich saß auf einmal neben meinem alten Führer auf der Rasenbank. „Ich habe Menschen gefunden", rief ich in dem Taumel des Entzückens. „Dank, tausendfacher Dank sei dir, ehrwürdiger Greis", und hier folgte die Erzählung alles dessen, was ich gesehen. Dann schwiegen wir beide, mein Führer sah mich traurig an und sagte: „Auch ich war einst ihr Vertrauter, aber ein widriges Schicksal trennte mich von ihnen. Willst du die Frau von Angesicht kennen, die ihren Mantel dahingab, so betrachte dies Bild. Die Natur wollte einen Mann schaffen, aber sie vergriff sich im Tone und schuf ein Weib." Ich betrachtete das Bild und erkannte wen? Nein, das erfahren Sie nicht, meine Beste. Ich blickte wieder auf und siehe: der ehrwürdige Greis war in einen schönen Jüngling verwandelt. Eine

Orikel schwebte über seinem Haupte, ich wollte ihn umarmen —
aber das Traumgesicht verschwand.

Alexander.

Berlin, im Mai 1796. Wer nicht mit uns denkt, empfindet und
spricht, wird schwer diesen rätselhaften Traum erraten. Aber
für den war er auch nicht geschrieben. Wie ich ihn Ihnen und
den Ihrigen vorlas, steht er hier. Ich habe kein Wort verändert.
Es ist eine unreife Frucht, deren Sinn vielleicht nicht ganz . . .
Heben Sie dies Blatt auf, so kann es uns nach einer langen Reihe
von Jahren vielleicht einmal wieder einen lustigen Augenblick
verschaffen. Den Schlüssel verliere ich nicht, der ist an einem
Orte, aus dem man leider auch das nicht verliert, was man los
sein will.

WILHELM VON HUMBOLDT

An die Gattin, Caroline von Humboldt, Rom, 13. Juni 1804. Ich
habe neulich, und das hat mich sehr glücklich gemacht, von Dir
geträumt.

221 Es war, als schliefest Du in der grünen Stube und wolltest eben
am Morgen zu mir kommen, als ich Dir entgegenkam. Du warst
ganz weiß angezogen. Ich fragte Dich: „Was macht der
Kleine?"
Aber ich wachte auf, ehe du antworten konntest. Du warst sehr
hübsch. Ich habe lange keinen so lebendigen Traum gehabt. Es
ist mir dabei noch recht lebhaft geworden, daß doch eigentlich
nichts über das Vergnügen ginge, wenn man sein Träumen in
seiner Gewalt hätte, wenn man nur bestimmen könnte, wovon
man, und nur im ganzen, in welcher Art man träumen wollte.
Es wäre gewiß manchmal noch mehr als die Wirklichkeit, weil
es etwas Magisches und ganz ohne Zerstreuung auf e i n e n
Gegenstand Konzentriertes, sogar etwas Innigeres hat.

An die Gattin, Caroline von Humboldt, London, 16. Juni 1818.
222 Ich habe neulich wieder von Dir geträumt, wenn Du willst, ganz
und gar nicht auf eine bedeutende Weise, ich stand mit Dir und
Du machtest etwas an Deinen Haaren zurecht, aber mit einer so
unglaublichen Klarheit und Deutlichkeit, daß, nachdem ich aufwachte, Dein Gesicht und Deine Gestalt bis auf die kleinsten,

nur mir bemerkbaren Züge vor mir stand und das liebe freundliche
Bild nur nach und nach in den Umrissen schwankend wurde.
Wohl ist, wie Du neulich schriebst, etwas Wunderbares in dem
Traum, unendliche Kraft und Wesenlosigkeit zugleich, und daß
man so wenig von dem träumt, was man am liebsten hat, das
kommt mir immer als eine innere, sich selbst unbewußte Scheu
der Seele vor, durch das Glück der Träume der Wirklichkeit des
Lebens ganz fremd zu werden. Denn wenn ich mir denke, daß
ich mit der Deutlichkeit wie neulich alle Nächte vom Einschlafen
bis Erwachen Dich mir nah haben könnte, so wäre das wahre
und eigentliche Dasein des Gemüts auf einmal in den Wahn versetzt, und man würde am Leben und der Welt irre werden.

An die Gattin, Caroline von Humboldt, Tegel, 12. Dezember
1820. Die Nacht habe ich, versteht sich nur im Traum, hohen ²²³
Besuch gehabt. Ludwig XVIII. war in Person bei mir und ganz
vertraulich. Er kam in einer zweisitzigen Chaise. Das Haus war
schon halb fertig, und ich zeigte ihm den Saal, der ihm sehr gefiel. Auch war es wirklich sehr hübsch. Vorzüglich gefielen ihm
die Treppen. Es waren gar keine Stufen, sondern abschüssige,
mit Teppichen belegte Gänge. Er nahm sehr freundlich Abschied.
Doch war er nicht um mich bloß gekommen, sondern fuhr zum
König.
Dies Amüsement ist nun freilich mit dem Erwachen verschwunden.

An die Gattin, Caroline von Humboldt, Breslau, 25. April 1826.
Fällt mir ein, daß ich in der letzten Nacht in Ottmachau einen
so lebhaften Traum von dem armen seligen Burgsdorff gehabt
habe.
Er kam auf einmal, ganz wie im Leben, zu mir, ich wußte, daß ²²⁴
er tot war, und wunderte mich, wollte ihm aber nichts äußern.
Er wünschte Dich zu sehen, und ich sagte, daß ich ihn zu Dir
führen wollte, er habe ja so nicht das Tegelsche Haus fertig gesehen. Dann zeigte ich ihm das Haus, Stube für Stube, und endlich kamen wir zu Dir. Ich ging voran und sagte Dir ins Ohr:
„Es ist ein Gespenst." Du fingest mit ihm über seinen Tod zu
reden an, aber ehe es sich aufklärte, wachte ich auf.

Meine Erinnerung seiner Züge ist viel deutlicher seit dem Traum. Ich habe aber gewiß in vielen Tagen nicht einen Augenblick mehr an ihn gedacht. Es ist unbegreiflich, wie im Schlaf so Gedanken hervortreten und sich wohl phantastisch, aber doch in einer der Wirklichkeit ähnlichen Folge aneinanderreihen. Ich war früh zu Bett gegangen, und es war mitten in der Nacht, als ich von dem Traum aufwachte. Ich habe mich aber gar nicht gefürchtet, auch im Traum selbst keine Bangigkeit gehabt.

RAHEL VARNHAGEN

An die Schwester Rose Asser. Berlin, Montag den 16. Juni 1805. 225 Mir träumt heute nacht, Louis kommt wieder an! Ich, ganz wie außer mir, küß ihn immer und sage: „Gott, wie ist das? ist die Mutter hier? so etwas pflegt ja gar nicht zu geschehen, wie kommt ihr wieder, sprich Louis, rede du mit mir, Gott, Gott! So etwas Gutes ist gewiß ein Traum, sprich du mit mir, faß mich an, damit ich's weiß." So ängstige ich mich, bis du auch hinein kommst; ich sage dir dasselbe; du erzählst mir, ihr seid gleich wieder umgekehrt wegen Toby. „Wollt es denn der Vater?" sag ich. — „Nein! aber wir tatens doch." — „Faß mich an, es ist gewiß ein Traum!" Du beruhigst mich aber, und ich glaube zu leben. So quäl ich mich viele Stunden.

Und ich versichere dich, der Traum war garstig und quält mich noch! Denn du sahst immer so aus, als wüßtest du doch heimlich, es sei ein Traum, und du wolltest es mir nur nicht sagen. Wie ein Geist aus einer andern Welt sahst du aus, der recht viel verschweigt und trägt, und du sahst doch aus wie du. Und dann bin ich auch betrübt, daß so etwas immer nur ein Traum ist: und daß man es im Traum schon nicht mehr glaubt.

An Alexander von der Marwitz. Berlin, Sonnabend den 28. April 226 1810. Mir träumte vorletzte Nacht sehr schön von Ihnen! Wir beide, Sie und ich, waren sommers in einer weiten Ebene mit allen nur möglichen Bekannten. So sonnig und groß alles war, so befanden sich doch alle nur auf einem Sanddamm, einen Fahrweg breit, der durch die grasigen, doch wasserreichen Felder und Wiesen mittendurch nach einem Wasser ging, welches auch durch

Überschwemmung der Gegend näher gekommen war. Ungefähr
einen Markt weit war das Gedränge der Menschen und Bekannten,
groß und sehr wimmelnd; wir hielten uns, weil ich es nicht liebe,
ferner unter wenigern. Nach einigem Warten und Sehen, daß es
doch noch sehr lange dauern müsse, bis alle, welches nur nach und
nach gehen konnte, übergeschifft sein würden und wir auch herankommen könnten — die Reisewagen standen zerstreut auf dem
Sanddamm, und man sah das Ufer und Schiffe eine Viertelmeile
weit, hell, grün und sonnig vor sich nach Morgen zu — sagte ich
Ihnen, wir wollten etwas zurück der Sonne nach die Gegend untersuchen gehen. Schweigend und gehend willigten Sie ein. Bald
wurde es bergig, die Sonne gelb und abendlich; ich ging voran
und um eine Ecke einen gemachten Gartensteg hinauf, mit einem
Male Göttliches sehend, grüne, hohe, geschnitzte Wände, und Aussichten in frische, geputzte Täler, durch ganz freundlich aussehende
frischgrüne Berge herab; einer sah besonders schön belaubt und
dunkelgrünglänzend aus. „Sehen Sie das?" wandte ich mich um;
faßte Ihre Hand, die Sie mir gaben, auch reichten; und wir küßten uns vor Freuden auf den Mund. So gings wieder weiter, Sie
hinter mir; der Pfad führte mich in ein rundes, ganz kleines und
umschlossenes Bergtal, wie ein Hof; ich äugte nochmals links und
fand einen Hof mit offenstehenden Zimmern. „Was ist das? Aber
ich besehe es!" sagte ich scheu; Sie mir nach! Eine Reihe moderner
Zimmer, mit Instrumenten, Büchern, Zeichen- und Nähzeug,
Blumentöpfen, Tücherchen über den Stühlen; kurz ganz wohnig.
Mit einem Male steht ein Herr vor mir, nach Fünfzig, ohne Hut,
wie ein Abbé; er kam aus noch andern Zimmern. Ja, im Hof
waren schöne Hühner, Enten, alles lebendig. „Mein Herr!" sagte
ich, „verzeihen Sie; wir haben uns, das so sehr Schöne und
Sonderbare der Gegend besehend, plötzlich in Ihrem Hof befunden,
— es war Mondschein geworden im Hof — da war aber niemand, hier auch nicht, und so kam es, daß wir weitergingen; verzeihen Sie, aber wieso ist hier alles offen? Nehmen Sie's ja nicht
übel!" — „Hier kommen viele so herein," sagte der Mann, „das
schadet nichts"; und als ich ihn doch noch ansah, setzte er hinzu,
halb fragend: „Hier ist das Taubstummen-Institut? Wir sind hier
friedlich und uns tut niemand was." Da wurde ich einen blond-
lich dreizehnjährigen Knaben mit einem Buche in der Hand

gewahr, ich wollte ihn auch entschuldigungsmäßig grüßen, aber er sah schüchtern auf sein Buch und las weiter. So verschlang sich der Traum, ohne daß Sie gesprochen hätten und ohne daß wir gegen Morgen nach dem Wasser zurückkamen. Welches mir auch im Traum sehr lieb ist!

227 Ich befand mich immer in einem vornehmen bewohnten Palast, vor dessen Fenstern gleich ein großartiger Garten begann; eine mäßige Terrasse vor dem Gebäude und dann gleich große Linden und Kastanienbäume auf einem beinah unregelmäßigen Platze, der zu Gängen, Teichen, Laubgängen und dem Gewöhnlichen in solchen Gärten führte. Die Zimmer des Gebäudes waren immer erhellt, offen und die Bewegung einer großen Aufwartung darin; so sah ich immer eine ganze Reihe geöffnet vor mir da, in deren letztem eigentlich die Gesellschaft der vornehmsten Personen war, wovon ich jedoch keinen Einzelnen mir denken konnte, obgleich ich sie alle kannte, zu ihnen gehörte und zu ihnen hin sollte. Dies aber, ungeachtet daß die Türen offen waren und ich wohl ihre Rücken, an einem großen Spieltische — wie eine Bank — sah, konnte nie geschehen. Mich hinderte ein Unvermögen, eine Lähmung, die in der Luft der Zimmer und in der Erhellung zu liegen schien; ich dachte mir diese Hemmung nie im ganzen und glaubte nur jedesmal von andern Zufälligkeiten gehindert zu sein; und gedachte auch jedesmal zu meiner Gesellschaft zu kommen. Jedesmal aber, wenn ich noch sechs bis acht Zimmer von ihr entfernt war, stellte sich ein Tier in dem Zimmer ein, wo ich war, welchem ich keinen Namen geben konnte, weil seinesgleichen nicht in der Welt war; von der Größe eines dünneren Schafes, als Schafe gewöhnlich sind; rein und weiß wie unbetasteter Schnee; halb Schaf, halb Ziege, mit einer Art von Angola-Haaren; bei der Schnauze rötlich wie der reinlichste, reizendste Marmor, Aurorfarbe, die Pfoten ebenso. Dieses Tier war mein Bekannter; ich wußte nicht, woher: es liebte mich unendlich und wußte es mir zu sagen und zu zeigen. Ich mußte es behandeln wie einen Menschen. Es drückte mir mit seinen Pfoten die Hände, und das ging mir jedesmal bis ins Herz; es sah mich so voll Liebe an, wie ich mich nicht erinnere eine größere in eines Menschen Auge gesehen zu haben; am gewöhnlichsten nahm es mich bei der Hand, und da ich

immer zur Gesellschaft wollte, so durchschritten wir die Zimmer, ohne jemals hinzukommen, das Tier suchte mich zärtlich, und als hätte es wichtige Ursachen, davon abzuhalten; weil ich aber hinwollte, so ging es in Liebe gezwungen immer mit. Nicht selten auf die sonderbarste Weise: die Pfoten nämlich bis zum zweiten Gelenk unter den Dielen, durch die ich auch nach einer andern Etage hinunter sehen konnte und die doch fest waren; manchmal ging auch ich so mit dem Tiere; bald im Erdgeschoß, bald eine Treppe hoch, meist unten. Die Bedienten merkten gar nicht auf uns, obgleich sie uns sahen; ich nannte diesen liebenden Liebling mein Tier; und wenn ich eher da war, so fragte ich nach ihm: denn es übte auch auf mich eine große Gewalt aus, und ich erinnerte mich nicht, in meinem ganzen Leben wachend eine so den Sinnen nach starke Empfindung gefühlt zu haben, als mir der bloße Händedruck dieses Tieres machte. Dies aber war es nicht allein, was meine Anhänglichkeit ausmachte, sondern ein herzüberströmendes Mitleid; und daß ich ganz allein wußte, daß das Tier lieben, sprechen konnte und eine menschliche Seele hatte. Besonders aber hielt mich noch etwas Geheimes: welches zum Teil auch darin bestand, daß keiner mein Tier sah oder beachtete, als ich; daß es sich an keinen wandte; daß es ein tiefes, vielbedeutendes Geheimnis zu verschweigen schien und daß ich nicht ungefähr wußte, wo es war und hinging, wenn ich es nicht sah. Doch befremdeten und beunruhigten mich diese Dinge alle nicht einmal bis zur Frage an mich selbst; und im ganzen fesselte mich des Tieres Liebe und sein anscheinendes Leiden davon und daß ich es durch meine bloße Gegenwart so überirdisch glücklich machte, welches es mir immer zu zeigen wußte. Manchmal nur, wenn es mich so bei der Hand führte und ich sie ihm innig zärtlich wiederdrückte und wir uns in die Augen sahen, so erschreckte mich der Gedanke plötzlich: ‚Wie kannst du einem Tiere solche Liebkosungen erzeigen: es ist ja ein Tier!' Es blieb aber beim alten; diese Auftritte wiederholten sich mit kleinen Abwechslungen immer wieder, nämlich immer in neuen Träumen, in demselben Lokal.

Es kam aber, daß ich lange diesen Traum nicht gehabt hatte; und als er mir das erstemal wieder träumte, so war alles da, das Schloß, 228 die Zimmer, die Bedienten, der Garten, die Gesellschaft; ich wollte auch wieder hin; nur war etwas mehr Bewegung und eine Art

Unruh in den Zimmern, ohne sonstige Störung noch Unordnung; ich sah mein Tier auch nicht, welches, wie mich dünkte, mir schon sehr oft gefehlt hatte, eine Zeitlang her, ohne mich besonders zu kränken noch zu befremden, obgleich ich mit den Dienern des Hauses davon gesprochen hatte. Weil die unruhige Bewegung mich noch mehr störte als die gewöhnliche Gewalt, die mich vom Zimmer abhielt, so trat ich de plain pied aus großen Glasfenstern auf die Terrasse, die sich bald in den Platz mit Bäumen ohne weitere Grenze verlor; dort waren zwischen den alten Bäumen hin und her helle Laternen auf großen Pfählen angezündet; ich betrachtete müßig die erleuchteten Fenster des Schlosses und das prächtig beschienene große Laub der Bäume; die Diener liefen häufiger und mehr als sonst hin und wider; sie beachteten mich nicht, ich sie nicht. Mit einem Male sehe ich dicht an einem großen Baumstamm, halb auf seiner starken Wurzel, mein Tier zusammengekrümmt, mit verstecktem Kopf, auf dem Bauch schlafend liegen: es war ganz schwarz mit borstigem Haar. „Mein Tier!" schrei ich, „mein Tier ist wieder da", zu den Bedienten, die, mit Geräten in den Händen und Servietten über den Schultern, in ihren Gängen bloß gehemmt, aber nicht ganz nahe tretend stehen bleiben. „Es schläft", sag ich und tippe es mit der Fußspitze an, um es ein wenig zu rütteln: in demselben Augenblick schlägt es aber über sich um, fällt auseinander und liegt platt da als Fell; die rauhe Seite auf der Erde trocken und rein. „Es ist ein Fell, es war also tot!" ruf ich.

Der Traum schwindet; und nie hab ich wieder von dem schwarzen noch dem weißen Tier geträumt.

229   Ich befand mich auf einem äußersten Bollwerke einer sehr ansehnlichen Festung, welches sich in breiter, flacher, sandiger Ebene weit von dem Orte ab hinausstreckte. Es war heller lichter Mittag, und das Wetter an diesem Tage einer von den zu hellen Sonnenscheinen, die eine Art von Verzweifeln hervorbringen, weil sie nichts Erquickliches haben, durch keine nahrhafte Luft dringen, oder auf Gegenstände fallen, die auch beruhigenden, ergrünten Schatten werfen könnten. Dieses Wetter wirkte um so mehr, als die ganze Gegend aus dürrer, vegetationsloser, sandsteiniger Erde, die sich in wirklichem Sande verlief, bestand; hol-

perig und uneben, wie Orte aussehen, wo man Sand gräbt. Dieser
zu helle und alles zu hell machende Sonnenschein reizte mir Augen
und Nerven nur zu sehr auf und ängstigte mich schon auf eine
eigne Weise. Man sah auf der unseligen Fläche nichts, und der
Eindruck davon war, als ob die Sonne zornig durcheilte, diesen
nichtswürdigen Ort nicht gar umgehen zu können! So stand ich
dicht mit der Brust am Rande dieser alten Schanze — denn sie
war beschädigt wie vieles umher —, von einem ganzen Volke
hinter mir gedrängt; diese Menschen waren alle wie Athenienser
angezogen, F. stand neben mir, mit bloßem Haupte, wie sie gekleidet, aber in rosenfarbenem Taffet, ohne im geringsten lächerlich
anzusehen. Ich sollte von dieser Schanze, die die letzte der ganzen
Festung war, hinuntergeworfen werden, tief hinab, unter Steine,
kalkige Sandgruben und ganz verfallene Festungsstücke und
Schutt. Das Volk verlangte es und schrie zu F., der ihr König
war, er möchte ja sagen! Er stand grausam verbissen da und sah
nach der Tiefe. Man schrie stärker und heftiger und forderte sein
Ja; immer dichter an mir; sie faßten, mit den Augen auf F., an
meine Kleider; ich suchte ihm in die Augen zu sehen und schrie
immer: „Du wirst doch nicht ja sagen?" Er stand unbeweglich
verlegen da; verlegen gegen das Volk, noch nicht ja gesagt zu
haben. „Du wirst doch nicht ja sagen?" schrie ich wieder; das
Volk schrie auch; und er: „Ja!" sagte er. Man ergriff mich,
stürzte mich über den Wall; von Stein fiel ich zu Stein, und als
ich nach der letzten Tiefe kommen sollte, erwachte ich.
Und wußte in tiefster Seele wohl, wie F. gegen mich war. Auch
machte mir der Traum ganz den Eindruck, als ob die Geschichte
wahr gewesen wäre; ich war still; aber ich habe mich nicht geirrt.

An Varnhagen von Ense. Prag, Mittwoch, den 13. Oktober 1813.
Gestern morgen gehe ich durch die Wohnstube von dem meinen 230
nach Augustens Schlafzimmer zum Kaffee, vor ihr Bette — weil
mein Ofen noch blakt und ich in der Unpäßlichkeit weder dies
noch die offnen Fenster ertragen konnte —
Ich erzähle ihr gleich folgendes:
„Gut habe ich geschlafen, bin aber mit Kopfschmerzen aufgewacht, die auch schon vergehen. Die Köchin klappte wieder so
draußen; es ärgert mich recht; denn eben träumt mir, Frau von

Humboldt — ich nannte sie wirklich — schickt mir ein länglich Paket, worauf Varnhagens Hand ist; es hat nur einen umgewickelten losen Umschlag; und noch ein ordentlich Kuvert; auf etwas fließendem Papier, wieder von seiner Hand meine Adresse, und dabei geschrieben: Inliegend die gedruckte Institution. Eben als ich's nun erbrechen will, tobt die dumme Köchin!"
Wir haben noch lange unsere erste Tasse Kaffee nicht aus, so tritt Dore herein mit einem länglichen Brief von Gentz, wo deiner mit den gedruckten Zeitungen drin liegt; ein Billett von ihm und Dein Brief an ihn!
Sag, was ist das, daß ich so oft träume, was geschieht; nur ein wenig konfuse, als hätte mein innrer Sinn nur noch nicht Kraft genug. Als ich es Augusten erzählte, und auch vorher, war ich ganz überzeugt, dergleichen zu erhalten.

An Varnhagen von Ense. Prag, Montag, den 23. Mai 1814. Gegen Morgen hatte mir geträumt, ich stünde mit Marwitz vor Krausens Haus in Berlin, wo wegen Revue viele Offiziere wohnten, deren Pferde und Reitknechte vor der Tür waren; sie an den vielen Fenstern: ich sah nicht hin, sondern war nur über Marwitz verwundert, und noch mehr über alle Tote, die ich liebte, und die da lebten. Mama, Veit, Gualtieri, Selle, Herz und viele mehr. Ich frage immer Marwitz über die andern, weil ich mich schäme, über ihn zu fragen: „Die leben ja alle noch? Also sie waren nicht tot?" Und so viele Male. Er sagt immer nur in einem langen verlegenen, halb dummen, unartikulierten Ton: „Hm? Hm!" Während des Fragens schlag ich die Augen in die Höhe, und Prinz Louis steht hoch am offenen Fenster, in Generalskleidern und gepudert; ich grüße ihn, weil die Menschen da sind, wie einen Prinzen; er grüßt und nickt mir freundlich wie immer im Leben, und etwas ironisch; und diesmal, als wüßt er, daß ich mich wundere, und er wisse es besser und lächle über mich. Ich halte alle ihre Todesnachrichten für einen Irrtum und glaube an ihr Leben. Als ich ins Haus trete, bin ich in geräumigen, ziemlich dunklen Wirtszimmern, wo alle Verstorbenen sind: ich frage Mama, die mir nicht antwortet, ich sehe Herz und freue mich; er sieht gesund und blühend aus und freut sich auch; auch frisiert. Ich sehe Selle! „Ach, Herr Jesus," sag ich, „das ist ein Glück! Ich habe

schrecklichen Rheumatism; was soll ich tun?" — „Schwefelbäder!"
schreit er gleich heftig, und als habe er keine Zeit. — „Nein,"
sage ich, „man hat mir Teplitz verordnet!" — „Ich weiß," sagt er,
„Schwefelbäder!" — „Ich habe nicht die Gicht wie sonst, ganz
anders!" — „Ich weiß alles," sagt er, „ich weiß es. Schwefelbäder!"
Nun ists in mir fester, diese zu nehmen, als allen Ärzten zu folgen.
— Ich habe jetzt keinen. — Ich glaube vielleicht nur an drei in
der Welt, die ich nicht kenne, und an Einen über mich. Was da
für Gaben zu gehören!! Gott hat mir diesen Traum geschickt.
Du kennst meine Träume. Im Schlaf bin ich wacher. Auch hat er
mir ein Trostgefühl hinterlassen, als hätte ich die gesehen, als
sollte ich meine Toten sehen!

Frankfurt a. M., den 25. Dezember 1815. Diese Nacht träumte 232
mir, ich höre ein so schönes Präludium, aus der Höhe, oder wo
es sonst herkam; genug, ich sah nichts, welches eine so große Harmonie entwickelte, daß ich auf die Knie sinken mußte, weinte,
betete und immer ausrief: „Hab ich es nicht gesagt, die Musik
ist Gott, die wahre Musik (damit meinte ich Harmonien und keine
Melodien) ist Gott!" Immer schöner wurde die Musik; ich betete,
weinte und rief immer mehr; wie durch einen Schein, und ohne
Gedankenformen, wurde mir alles, das ganze Sein in meiner Brust,
hell und deutlicher; das Herz ging mir von glücklichem Weinen
entzwei: und ich erwachte.

An ihren Gatten Varnhagen von Ense. Baden. Dienstag, den
5. August 1817. Hatte im Traum immer ein kleines Kind mit 233
blauen Augen, ganz mager, ganz klug, verlor es immer; liebt' es
unendlich; noch! Fand es unter Matratzen öfters wieder; fuhr
mit ihm zu Schlitten; es fror mir an; ich hauchte es wieder auf,
mußte es oft suchen und ins Leben zurückbringen; hatte immer
seine Gewänder fest angepackt, und das Kind verloren, entglitten:
war außer mir, nichts zu haben, als ich erwachte. Es ist mir, als
hätte ich wirklich etwas verloren. So quälte ich mich die Nacht.

Berlin. Sonnabend, den 13. Mai 1825. Heute nacht träumte 234
mir, ich sei auf einem ganz gewöhnlichen Ort mit vielen nahen

Bekannten zusammen; von Ludwig Robert aber nur weiß ich deutlich, daß er dabei war. Plötzlich wird ein Unwetter mit Blitz und Sturm; doch gar bald blitzt es nicht mehr, sogar erinnere ich mich nicht deutlich eines Blitzes. Aber eine Röte entstand am Himmel, und bald umfloß sie den ganzen Raum, dick war er davon erfüllt; kein Gegenstand mehr zu sehen; meine Freunde waren in diesem herrlichen Abendrot — mit Staub oder vielmehr Dunst untermischt — verschwunden, obgleich mir ganz nah, eine Stubenweite nur entfernt. Die Erde schwankt, das Rot immer schöner, allgemeiner. „Wo seid Ihr?" schrei ich. ‚Das ist ein Untergang‘, denk ich, ‚oder Tod!‘ Ich will aufpassen, wie er kommt, wo meine Seele bleibt! „Robert, wo bist du?" schrei ich, greife mit der Hand nach ihm: vergeblich. „Wir wollen alle zusammen bleiben; kommt zu mir, wir wollen zusammen sterben." Die Erde schwankt noch mehr. „Robert, komm her, denk an Gott! Denk nur an Gott; ich denke an Gott." Und so passe ich auf meine Seele und schreie das immer, weil ich weiß, Robert ist ganz nah. Vom Geschrei erwache ich.

Ist das nicht ein trostvoller, göttlicher Traum? Ich hatte mir gestern abend einen bedeutungsvollen erbeten, — — weil ich sehr am Rande war. Solcher Traum ist mir so lieb als Leben, und solche Gnade nach dem Gebet, daß ich mich schäme und scheue. Gott weiß es.

KARL AUGUST VARNHAGEN VON ENSE

235 Berlin. Freitag, den 30. August 1850. Mir träumte, ich sei im Gefängnis, auf Stroh gelagert, aber mit Büchern, Schreibzeug und Papier versehen, auch durch heimlichen Besuch erfreut; ein Freund brachte mir eine Sammlung noch ungedruckter Briefe Voltaires, in die ich mich so vertiefte, daß der Aufseher mich erinnern mußte, es sei alles zu meiner Flucht bereit; ich wollte aber nicht fliehen, und indem ich die Sache noch überlegte, erwachte ich.
Die Bilder blieben lange.

236 Berlin. Freitag, den 14. März 1851. Seltsamer Traum! Der Xenienkampf erschien mir in lebenden Gestalten als eine Reihe in Berlin vorfallender Ereignisse, ganz im Charakter der damaligen

Personen und Verhältnisse, ohne Einmischung von Zügen aus
späterer Zeit, aber wahre Stürme, durch Redner und Krieger
ausgeführt.

Das Ganze ließ mir im Erwachen eine heitre Stimmung.

Gewisse Gegenden, die ich nur aus Träumen kenne, sah ich auch
diesmal wieder.

Berlin. Mittwoch, den 24. Dezember 1851. Mir hat in vergangener
Nacht geträumt, Bakunin sei bereit — daß er lebt, scheint ge- 237
wiß — und begegne mir auf seiner Flucht, er hatte nur noch den
Rhein zu überschreiten, um in Straßburg zu sein; aber was fand
er da! Ein neues Rußland, ein bonapartistisches, Gewalt, Unter-
drückung, nicht Freiheit und Schutz, sondern Haft, Auslieferung,
wenn Bonaparte nicht selber ihn erschießen ließ.

Berlin. Donnerstag, den 19. Februar 1852. Die ganze Nacht von 238
Goethe und von Rahel geträumt, sehr gut! Mit größter Innigkeit
Goethen angeschlossen, macht ich alles mit, was er in Freud und
Leid erlebte, seine Gemütsbewegungen, seine Phantasien und Anschauungen, und war überaus glücklich, besonders da auch Rahel
an allem teilnahm; der Traum führte schöne Gegenden vor, angenehme Erlebnisse mit dem Herzog Karl August, mit Frau
von Stein, mit Corona Schröter usw. Dabei guter Schlaf.

Berlin. Donnerstag, den 15. April 1852. Gestern schwer einge- 239
schlafen, von Griechenland geträumt, von Eleusinischen Geheim-
nissen und von Rahel.

Berlin. Montag, den 28. Juni 1852. In langen unruhigen Träumen 240
mich abgequält, eine schwierige Verknüpfung persönlicher Be-
züge gehörig auszudrücken, den Ausdruck zu ründen und zu
klären; ich war öfters damit beinahe zustande, doch im Niederschreiben verwirrte es sich wieder; endlich kam ich auf den Verdacht, es sei wohl nur ein Traum und ich könnte die Sache lassen,
da gab ich mir keine Mühe mehr.

Berlin. Sonnabend, den 23. Oktober 1852. Gestern träumte mir, 241
ich sei mit dem alten Kaiser Napoleon zusammen, er war ein

gewaltiger Gebieter, der Schrecken der Könige und Fürsten, selbst der von ihm gemachten.

242 Heute beängstigte mich ein Traum, den ich schon oft geträumt, ich war schon mit Rahel verheiratet, hatte den Krieg mitgemacht und sollte nun noch Medizin studieren! Dann aber ging es in revolutionäre Vorgänge über, ich sah deutsche Fürsten nach England fliehen, und einige hatten das Vertrauen zu mir, dabei meine Hilfe anzusprechen!

Welche Tollheiten, und doch Sinn darin!

243 Berlin. Montag, den 29. November 1852. Unruhige Nacht. Welch großen Traum vom alten Napoleon hatte ich! Wie lebhaft, wie geordnet!

Gebirgsgegend, Kriegsführung darin, Napoleon das Unglaubliche leistend in Führung der Märsche und Gefechte, zweimal gefangen, aber jedesmal wieder entschlüpfend.

Berlin. Freitag, den 4. November 1853. Ein seltsamer Traum.

244 Ich kehrte mit Rahel von einem Spaziergange zurück; wir trafen auf schwarze Leichendiener, ich sagte: „Du weißt doch, Rahel, daß die für mich sind? Denn heute ja leg ich mich zur Ruhe!" Sie erwiderte darauf nichts, es schien in der Ordnung, wenn auch unangenehm. Da macht ich endlich selbst die Bemerkung, es sei doch eigentlich unrecht, bei noch vorhandenem Leben sich das Begräbnis und also den Tod zu bestellen; wenn es sein müsse, recht gern, so wolle ich noch heute sterben, aber ich könne auch noch leben, das fühle ich deutlich, meine Kraft sei noch nicht aufgezehrt, und mit Rahel weiterzuleben sei ja mein höchstes Glück.

Darüber wachte ich auf, aber die Leichendiener, die ich selbst mit der Hausnummer meiner Wohnung bekannt gemacht hatte — es war indes nicht die jetzige —, sah ich noch lange vor mir schwindeln.

245 Berlin. Montag, den 2. Januar 1854. Schwerfälliger Traum von einer Schlange, die man in einer Gesellschaft als Scherz einführte und die im Ernst gefährlich war; ich wehrte sie mir ab und drohte ihr den Kopf abzuschneiden, falls man sie nicht entfernte.

Den ganzen Vormittag behielt ich die widrigen Eindrücke.

Berlin. Freitag, den 25. August 1854. Die Nacht war ich im Traum 246
erst mit Goethe, dann mit Robespierre beschäftigt; den ersteren
sah ich in einer rheinischen Gegend mit einer Gesellschaft, die zu
Wagen nicht ohne Gefahr durch ein breites Wasser fuhr, den letztern zu Pferd in einem Badeort, ganz jung und lustig, er redete
vertraulich zu mir und lachte über die dummen Leute, die ihm
einen so schlechten Namen gemacht! Ich wunderte mich, gegen
den jungen Mann den Abscheu nicht zu empfinden, den mir sonst
der Name einflößte. Ich erstaunte auch, daß er noch so jung sei.

Berlin. Montag, den 28. August 1854. Ich dankte Gott beim Aufstehen, daß ich meine Strümpfe so leicht anziehen konnte, ohne
die grausame Marter, die ich vergangene Nacht empfand, als dies 247
im Traum durchaus nicht gelingen wollte, während Tettenborn
im Reisewagen mit einer ganzen Gesellschaft stundenlang auf
mich wartete und Boten über Boten schickte! Je länger es
dauerte, desto unbekleideter ward ich und desto entfernter von
aller Hilfe. Zuletzt ging auch Ludmilla fort, und ich blieb allein
mit den Strümpfen und Stiefeln, die mir nicht gehörten.

Berlin. Mittwoch, den 30. August 1854. Traum von einem guten 248
Freunde, der Seeräuberzüge mitmacht und mich dazu verlockt; es
ist uns beiden schrecklich leid, aber wir tuns doch, schonen aber
der Menschen und haben keinen Gewinn. Und dennoch Seeräuber!
Traumunsinn!

Berlin. Mittwoch, den 6. September 1854. Träume wilder Art, 249
Seegefechte, Verlegenheiten wegen Unfolgsamkeit der Schiffs-
führer, Matrosenaufstand.

Berlin. Sonntag, den 25. Februar 1855. Schwere Träume, Be- 250
ängstigung wegen meiner Studien, noch immer soll ich die medizinischen nachholen; im vierzigsten Jahre noch Arzt zu werden, sag
ich mir, ist doch zu spät! Da besinn ich mich, daß ich schon siebzig
bin, lache und bin beruhigt. Erwachen.

Berlin. Dienstag, den 15. Mai 1855. Wilde Träume von heftigen 251
Kriegsgewirren, denen schneller Friede folgt, alle Truppen marschieren plötzlich heim.

Berlin. Montag, den 25. Juni 1855. Welcher Dämon gibt sich
jetzt mit Verfertigung meiner Träume ab?

252 Schillers Tod ein Geheimnis, man weiß nicht wann, wie und
nicht einmal, ob er gestorben?

Was hat mir Hans von Bülow getan, daß ich sein Mörder wurde
und dann, verwundert über mich selbst, gleichmütig weiterlebte?

Berlin. Sonntag, den 8. Juli 1855. Ich hatte einen schönen Traum.

253 Ich stand mit Rahel, ihr wurden die Bilder ihres Lebens vorgeführt, sie war innig bewegt, ihr wurde freigestellt, sie zu verändern,
glücklicher zu gestalten, schöner, aber sie rief mit Erhebung: „Ich
will sie nicht, wie sie waren, ich will sie auch nicht anders! Ich
will nichts mehr aus dieser Welt; ich werfe mich in Gottes
Schoß, ich bin selig!" Ich erwachte und war tief ergriffen.

254 Berlin, den 7. Dezember 1856. Der kurze Schlaf durch Träume
gestört von Bettina und ihrem Bruder Clemens, dessen Gedichte
mit denen Arnims in einer Art Schachspiel sich gegenseitig ver-
nichteten.

255 Berlin. Montag, den 26. Januar 1857. Mir träumte, ich sei in der
Schweiz und wohnte der Beratung des Bundesrates bei; Louis
Bonaparte trat ein und gebärdete sich sehr als Kaiser; da er sich
mit mir einließ und fragte, warum man die Beratung nicht fort-
setze, so sagte ich ihm, er müsse vorher sich entfernen, das wies er
aber hochmütig ab, und die Schweizer wollten nicht in ihn dringen;
da dacht ich, nun, wenn die Schweizer sichs gefallen lassen, kann
ich nichts dagegen haben. Von Minute zu Minute wurde Bonaparte
häßlicher, und zuletzt stand ein verkrüppeltes, zwerghaftes Kerl-
chen vor mir, dessen Gelangung zur Herrschaft über Frankreich
ganz unbegreiflich schien.

256 Berlin. Montag, den 1. Februar 1858. Was hab ich vom Könige
von Polen, Stanislaus Poniatowski, zu träumen! Indes benahm er
sich ganz artig, und ein französischer Brief, den er mir schrieb,
war mir für meine Sammlung sehr willkommen, aber beim Erwachen nicht zu finden!

Berlin. Sonntag, den 7. März 1858. Ich hatte einen seltsamen
Traum. Von der Mauerstraße ging ich durch lauter bis dahin mir 257
unbekannt gebliebene schmale düstre Gänge, unheimliche Winkel
und enge dunkle Höfe einwärts zur inneren Stadt, ohne die bekannten Straßen zu durchschneiden; nicht ohne Schauder und Gefahr wand ich mich durch diese enge Wüste, wo nur ein paar ärm-
liche, rohe, dabei drohend aussehende Menschen wohnten, und
war froh, endlich an einen Garten zu gelangen, der mir geöffnet
wurde und wo der Besitzer mich freundlich aufnahm und mich in
sein daranstoßendes Haus führte; begierig blickt ich auf die Straße
und sah staunend, daß ich die Breite Straße vor mir hatte, voll
Verwunderung, wie ich bis dahin hatte gelangen können, auf jenen
widrigen Wegen, die bei der mir bekannten Örtlichkeit unmöglich
waren, aber doch vorhanden sein mußten, da ich sie gegangen war!
‚Gibt es‘, fragte ich, ‚in dem offenbaren Raum noch einen zweiten
geheimnisvollen, der uns nur bisweilen zugänglich ist? Und könnte
nicht auf diese Weise dicht neben und zwischen uns auch ein Paradies sein, dessen Eingang wir suchen sollten?‘
Darüber wachte ich auf und dachte lange nach über das seltsame
Traumbild. Die „Gänge“ in der Neustadt von Hamburg hatten
wohl ein wenig in demselben mitgespielt.

Berlin. Mittwoch, den 29. September 1858. Unruhige Nacht. Ein
seltsamer Traum, der mir tief in das Gemüt leuchtete, mich noch
im Wachen erschütterte und lange beschäftigte.
„Es ist bestimmt, es ist bestimmt, es ist bestimmt“ — mit dieser 258
dreimaligen Wiederholung fing ein Brief an, den ich im Traume
bekam und geläufig, mit steigender Bewegung ablas, das Ende
schon halbwach! Seltsam, der Brief sagte mir manche Veränderung voraus, die mich betreffen werde und die doch gar nicht
wahrscheinlich ist.

AUS DER ZEIT DER ROMANTIK

> Ist nicht jeder, auch der verworrenste Traum
> eine sonderliche Erscheinung, die auch, ohne
> noch an göttliche Schickung dabei zu denken,
> ein bedeutsamer Riß in den geheimnisvollen
> Vorhang ist, der mit tausend Falten in unser
> Inneres hereinfällt?   Novalis

SOPHIE BRENTANO

259 An Clemens Brentano. Heidelberg, 12. November 1804. Ich
träume oft von Dir, ohne gerade an Dich zu denken; doch ist dies
wohl das eigentlichste, tiefste Denken. Aber fast immer seh ich
Dich mit schönen Frauen, mit denen Du sehr interessante kleine
Romane spielst. Zwei waren besonders lebhaft. Die eine hieß
Jeannette und war eine Abenteurerin, eine schöne Sünderin, wie
Du sie liebst. Sie war bei Dir unter mancherlei Verkleidungen,
und Du machtest mir ein Geheimnis daraus, bis ich es endlich erfuhr und aus dem Haus lief, Deiner Falschheit wegen. Die zweite
war eine schöne, kokette Frau aus meiner frühern Bekanntschaft,
sie war sehr zärtlich gegen Dich, Du fuhrst die ganze Nacht mit
ihr spazieren, und am Morgen frühstücktet Ihr in einem schönen
Garten, wo mir ein kleines Mädchen euren Aufenthalt verriet und
mich heimlich hinführte. Ich sah Euch sitzen. Du schienst kalt und
zerstreut, doch wußte ich nicht, was Du dachtest, welches mich
sehr ärgerte, da ich doch bei diesem Spiel Spieler und Zuschauer
zugleich war.

KAROLINE SCHELLING

260 An Meta Liebeskind. Würzburg, den 1. Februar 1805. Ich ging
auf einer Gasse an einem Fenster vorbei, wo Huber stand; ich
sah ihn nur halb, der Hut, der mir tief in den Augen saß, hinderte
mich, das Gesicht zu sehen, aber ich erkannte die Gestalt, den
Schnitt der Kleider und eine Weste, die er zu tragen pflegte. Indem

ich mich bemühte, ihn zu sehen, verwandelt sich das Fenster
in diejenige Glastür, welche aus meinem blauen Zimmer in das
kleinere führt. Er stand dahinter und kam herein. Unser Eßtisch
steht da jetzt, da ich im Winter das kleinere Zimmer bewohne;
es war für drei oder vier wie gewöhnlich gedeckt, er setzte sich
aus der Tür herein mir gegenüber, wir erwarteten, daß Schelling
herunterkäme, und sprachen indes ruhig miteinander, aber er und
ich wohl wissend, daß er tot wäre. Von Freundschaft war nicht
die Rede. Ich frug ihn, warum er uns so betrübt hätte, und ich
würde gern mit ihm getauscht haben; „denn, Huber!" — sagte ich
— „ich habe doch noch mehr im Himmel zu suchen wie Sie." Mir
lag Auguste im Sinn, wie sie mir immer gegenwärtig ist. Er sagte
— „ist das Ihr Ernst, so geben Sie mir Ihre Hand" — ich gab sie
ihm über den Tisch, die seinige war ganz warm, das fiel mir auf,
da er doch nicht lebte, und hierüber wachte ich auf, aber ich hatte
ihn so wahr, so natürlich gesehen, es war in mir alles genau so,
wie es gewesen sein würde, daß ich es nicht vergessen konnte
und ihn immer vor Augen hatte.

JEAN PAUL

1804. Traum: wo ich schwebe, Weiber küsse und zu Otto sage: 261
„Sage, wann ich aufwachen soll, so erwach ich." Er tats, ich erwachte mit der Anstrengung, womit ich mich aus dem Alpdruck
wecke — und lag mit ihm im Bette in einer Wirtsstube voll
stummer Gäste, um mich nicht zu stören. Er sagte mir, er habe
mich im Traume reden hören. Ich erzählte ihm seine Erscheinung in der Stube. — Endlich wahres Erwachen.

1807. Traum: ich fliege, ich rede darin mit meinem wachen Vater 262
über das Fliegen und sage, es sei ein magnetischer Schlaf, und
ich könne sagen, wann ich erwache. (Vorher hatt ich die Bewunderer meines Aufschwebens.) — Endlich sag ichs und erwache für den Traum und sage: „Es ist gut, daß es nur Täuschung ist, hochzufliegen; ich ginge ja sonst zufällig unter."
— In dieser Minute kommt ein Billett von einer Gräfin, welche
berichtet, daß ihre Tochter aus ihrem magnetischen Schlafe aufgewacht. Ich bringe dies in Verbindung mit meinem Flug. —
Aber endlich erwach ich wirklich.

263 November 1807. Mein Traum: ich hätte doppelte Glieder, fühlte doppelte Hände an; ich ginge im Schlafe aus dem Bette, vor das Fenster mit geschlossenen Augen (und sah doch), um meinen Schlaf zu probieren. Ich sah etwas schaudernd in den Spiegel, um (sagt' ich) mit geschlossenen Augen zu sehen, wie ich aussehe; anfangs wie vom Hohlspiegel verzogen, dann ordentlicher. Mich freuete im Traume am meisten, daß ich so viele Bewegungen machen konnte, ohne von einer aufzuwachen.

264 Dezember 1807. Ich träumte: jetzt kann ich im Traum überall hinfliegen, ohne aus dem Bette herauszugehen, und komme doch an; ich flog nachts durch eine Stadt; finde einen Hut, draußen wars doch Tag; ich fliege zurück und sage in der Stube, jetzt will ich erwachen. Es geschieht; und ich setze hinzu: „Seht, wenn ich mich jetzt heben will, ist alles wie Blei." Endlich erwacht ich.

265 Mai 1808. Mir träumte, ich sähe meinen Vater auf dem Kanapee sitzen, nach dem ich mich lange gesehnt; aber mich halb erinnernd, daß er tot, wollt ich ihn nicht recht anschauen. — Endlich stand er nicht weit davon noch einmal; ich sagte (halbbewußt eines Traums), sie sollten zusammen sich mischen; sie gingen aufeinander zu, es war mir dann, als säh ich ein Kind neben ihm, und dann vorbei.

266 Dezember 1808. Mir träumte: ich sagte zu Napoleon, ich wäre nie klüger als im Bette, wenn ich eben von ihm träumte; denn dann müßt ich ihn und seine Gedanken selber erschaffen.

267 Das Träumen vom 22. Oktober 1811. Gehirnkitzel — gegen Morgen — fand ich zu viele Beschwerlichkeit, z. B. ich hatte (wegen des umgekehrten Deckbetts) eine Blutwurst von dreifacher Größe eines Dudelsacks zu tragen und dabei einen Folianten. Ich wundere mich, daß ein abgesondertes Glied wie die Wurst lebe. — Sogleich sagt ich: es ist ein Traum, laß dies liegen, und du kannst fliegen. — Unter dem Arm-Bewegen kam mir ein kühles Lüftchen; ich dachte im Traum, die im Bette mache mirs. — Dann wunderte ich mich, daß ich träumend alles so deutlich sähe wie im Erwachen und die Augen offen spürte, als

wären sie offen; dann machte ich sie zu, und es war finster; aber
ich sagte mir: Mache die Augen nicht zu sehr auf, sonst gehen
die andern Augen auch auf. — Dann sagt ich mir: Du bist träumend ein Nachtwandler und triffst äußerlich die Gegenstände,
weil du sie dir sehr klar vorstellst; ich flog dann an einen Ort
und sagte, ich will sehen, ob ich mirs recht vorstelle, und tippe
auf eine Wand-Sache, aber immer einen Zoll fehlend. — Dann
den Befehl im Wirtshaus, ein Fremder wünsche zwei Gräfinnen
zu·sprechen, bloß weil ich ihre Gestalt sonst nicht sehen könnte
und doch sie mir vorstellte.

Juli 1816. Mir träumte, ich wäre lange mit Goethe als Freund 268
zusammen gewesen. Ich erwachte; darauf schlief ich wieder ein
und kam zu Napoleon, ohne ihm die rechte Ehrfurcht zu be-
zeigen. Ich: „Vergeben Sie diese Vertraulichkeit (worauf ich auch
wieder dieses Wort zu ändern strebte), ich hatte vorhin so lange
von Ihnen geträumt." Er fragte dann, mir nicht recht vernehmbar, gelehrte historische Sachen einen Herrn von Wang, der
eben so leise antwortete. Leise läßt der Traum immer reden,
wenn er selber nichts Rechtes weiß.

JOHANN ARNOLD KANNE

Ich träumte eine Nacht, ich wäre in meiner Vaterstadt und ginge 269
hinter der Alexandersburg den sogenannten Papenberg hinauf.
Wie ich da so langsam, still und heiter für mich hinging, zog es
mich auf einmal zur Seite zu einem ausgemauerten Brunnen, in
den steinerne Staffeln hinabgingen. Ich stieg hinab und sah ein
himmelklares, ätherisches Wasser. Ohne alle nähere Ideenver-
bindung fragte ich sogleich in den Brunnen hinein: „Werde ich
glücklich sein?" Und es antwortete mit heller, milder Stimme:
„Das kommt auf dich an!" Gleich auf dies Wort stieg ich wieder
aus dem Brunnen, wachte auf, und es war mir wunderbar leicht
ums Herz.

JUSTINUS KERNER

An Friederike Ehmann, Juli 1807. Mir träumte, ich hätte müssen 270
wie zu einem Feste viele Leute einladen, die alle in schwarzen
Mänteln einherzogen. Meine Mutter ging ganz schwarz gekleidet

voraus und zog mit ihnen auf einen Kirchhof zu einem Grabe. Da stellten sich alle die Männer in den schwarzen Kleidern stumm herum. Da gab mir meine Mutter einen Spaten und befahl mir, in das Grab hineinzugraben. Da grub ich mit zitternder Hand und, da war es gar erschrecklich, als ich verfaulte Stücke einer Bahre und einen Totenschädel mit noch halbem Gesicht herauszog. Nach und nach wurde es ganz Nacht, und all die schwarzen Männer um das Grab wurden zu Raben, die mit schrecklichem Ächzen um mich flogen, bis ich ganz ermattet voll kaltem Schweiß erwachte.

271 An Friederike Ehmann, Hamburg, Mai 1809. Mir träumte, ich ginge Lustnau zu, da kam mir Nane mit vielem Weinen entgegen, die sagte mir: daß du voll Blut totenblaß daliegest und daß das Blut, das aus deinem Herzen ströme, nicht zu stillen sei. Da ging ich weinend den Berg hinauf, und da kam Röslein herab und sagte ganz trocken: du seiest ja schon lange tot. — — — Hier ist der Traum etwas unterbrochen.

Nachher kam ich vor ein großes Haus, das wie ein Schloß war, das stand aber ganz verlassen da, und man hörte von keinem Menschen außen und innen. Ich ging eine lange, lange Treppe hinauf, wo jeder meiner Tritte dumpf nachhallte und wo alte Bilder, die da herumhingen, mich mit schrecklichen Augen ansahen. Ich ging durch viele Zimmer, die alle verlassen dastanden. Da kam ich vor einen Saal, und wie ich über die Schwelle trat, gab mir eine unsichtbare Hand einen Schlag aufs Herz, von dem es mir ganz wehe wurde. Als ich nun in den Saal trat, da lagst du ganz totenblaß in einem weißen Kleid (o Kind! so schön!!!) auf einem schwarzen Teppich tot auf dem Boden und viele Rosen und Lilien um dich her. O Liebe! wie war mir da!!! — Es kamen keine Tränen aus meinem Auge, ich fühlte keinen Seufzer, ich sank auf dich nieder, mich störte kein Traum mehr in meinem süßesten Schlaf.

LUDWIG TIECK

Als er Correggios Gemälde kennen lernte, konnte er ihre gepriesene Trefflichkeit nicht einsehen und mühte sich vielfach um ihre Auffassung.

Da träumte er, er sei auf der Galerie, der Meister selbst träte zu 272
ihm und rede ihn kurzweg mit den Worten an: „Bist du nicht
ein dummer Mensch, das Treffliche nicht zu erkennen?" Darauf
habe er ihn vor die Gemälde geführt und ihm ihre Schönheit er-
öffnet.
Er erwachte, und voll von diesen Gedanken, konnte er die Zeit
des Eintritts in die Galerie kaum erwarten. Sogleich eilte er zu
Correggios Gemälden. Wie ein Blitz leuchteten sie ihm entgegen,
die Augen waren ihm aufgegangen, und seit dieser Zeit war er
ihr größter Bewunderer.

Einmal entdeckte er im Traume ein neues, völlig unbekanntes 273
Stück Shakespeares; deutlich bis ins Einzelne hinein lag es vor
ihm, es war vortrefflich.
Wie verstimmt war er, es beim Erwachen seinen Händen entschwunden zu sehen und sich keines einzigen Wortes entsinnen
zu können.

Er war gestorben. Die erste Frage in jener Welt war, wo er 274
Shakespeare, den Vielbewunderten, treffe. Man antwortete ihm,
der große Geist sei nicht mehr hier, sondern in einer noch höhern
Welt zu suchen, er aber werde ihn schwerlich jemals erreichen. So
habe er ihn von Stufe zu Stufe vergebens verfolgt.

BARON FRIEDRICH DE LA MOTTE FOUQUÉ

In die Mitte eines glänzenden Hoffestes zu Berlin stellte mich 275
der Traum. Alles war wie gewöhnlich, in den längsther mir bekannten Formen. Da tritt einer zu mir heran, sprechend:
„Wissen Sie denn schon um die seltsame Kunde? Der große
Friedrich ist wiederum auferwacht und wird alsbald erscheinen,
seinen Rundgang in unserem Kreise zu halten." Im Traum ist
man der Verwunderung meist nicht so sehr unterworfen als im
Wachen. Ich besprach, zwar staunend, aber doch, als handle es
sich von nur überhaupt unerwartet wichtigen Dingen, allerhand
mit dem andern über die nächstfolgenden Verhältnisse. Da ging
ein Geflüster durch die Versammlung: „Er kommt!" und ich
sah den Heldengreis herannahen, und nun stand er vor mir in

wohlbekannter Gestalt und fragte mich mit wohllautend tiefer
Stimme — ich hatte sie zwar nie im Leben unmittelbar vernommen, aber doch oft genug sie schildern und nachsprechen
hören, um sie mir als bekannt vernehmen zu lassen —: „Wie
heißt Er?" Auf meine Antwort weiter: „Ist Er dem General
Fouqué verwandt?" — „Ich bin sein Enkel, Eure Majestät." —
„So! ... Na, weiß Er was? Werde Er nur halbwegs ein Kerl wie
sein Großvater war. Dann ist er was Rechts."
Ich erwachte freudeschauernd.

WAS DER TRAUM DEN DICHTERN ZUTRÄGT

> Die Welt ist tief,
> Und tiefer als der Tag gedacht.
>
> Nietzsche

HEINRICH HEINE

Dieser Großohm (Simon van Geldern) hat die Einbildungskraft des Knaben außerordentlich beschäftigt. Alles, was man von ihm erzählte, machte einen unauslöschlichen Eindruck auf mein junges Gemüt, und ich versenkte mich so tief in seine Irrfahrten und Schicksale, daß mich manchmal am hellen, lichten Tage ein unheimliches Gefühl ergriff und es mir vorkam, als sei ich selbst mein seliger Großoheim und als lebte ich nur eine Fortsetzung des Lebens jenes längst Verstorbenen!
In der Nacht spiegelte sich dasselbe retrospektiv zurück in meine 276 Träume.
Mein Leben glich damals einem großen Journal, wo die obere Abteilung die Gegenwart, den Tag mit seinen Tagesberichten und Tagesdebatten enthielt, während in der unteren Abteilung die poetische Vergangenheit in fortlaufenden Nachtträumen wie eine Reihenfolge von Romanfeuilletons sich phantastisch kundgab. In diesen Träumen identifizierte ich mich gänzlich mit meinem Großohm, und mit Grauen fühlte ich zugleich, daß ich ein anderer war und einer anderen Zeit angehörte. Da gab es Verhältnisse, wovon ich früher keine Ahnung hatte, und doch wandelte ich dort mit sicherem Fuß und sicherem Verhalten.
Da begegneten mir Menschen in brennend bunten, sonderbaren Trachten und mit abenteuerlich wüsten Physiognomien, denen ich dennoch wie alten Bekannten die Hände drückte; ihre wildfremde, nie gehörte Sprache verstand ich, zu meiner Verwunderung antwortete ich ihnen sogar in derselben Sprache, während ich mit einer Heftigkeit gestikulierte, die mir nie eigen war, und während ich sogar Dinge sagte, die mit meiner gewöhnlichen Denkweise widerwärtig kontrastierten.

Dieser wunderliche Zustand dauerte wohl ein Jahr, und obgleich ich wieder ganz zur Einheit des Selbstbewußtseins kam, blieben doch geheime Spuren in meiner Seele. Manche Idiosynkrasie, manche fatale Sympathien und Antipathien, die gar nicht zu meinem Naturell passen, ja sogar manche Handlungen, die im Widerspruch mit meiner Denkweise sind, erkläre ich mir als Nachwirkungen aus jener Traumzeit, wo ich mein eigener Großoheim war.

277 An Moses Moser, Lüneburg, Mai 1823. Ich habe Mittwochnacht in Lübtheen geschlafen, wo mich die allerfatalsten Träume plagten. Ich sah eine Menge Menschen, die mich auslachten, sogar kleine Kinder lachten über mich, und ich lief schäumend vor Ärger zu Dir, mein guter Moser, und Du öffnetest mir Deine Freundesarme, und sprachest mir Trost ein, und sagtest mir, ich sollte mir nichts zu Gemüte führen, denn ich sei ja nur eine Idee, und um mir zu beweisen, daß ich nur eine Idee sei, griffest Du hastig nach Hegels Logik und zeigtest mir eine konfuse Stelle darin, und Gans klopfte ans Fenster, — ich aber sprang wütend im Zimmer herum und schrie: „Ich bin keine Idee, und weiß nichts von einer Idee, und hab mein Lebtag keine Idee gehabt." Es war ein schauderhafter Traum, ich erinnere mich, Gans schrie noch lauter, und auf seiner Schulter saß der kleine Marcus und schrie mit unheimlich heiserer Stimme die Zitate hinzu und lächelte auf eine so gräßlich-freundliche Weise, daß ich vor Angst aufwachte.

278 Ich übergehe den anderen fatalen Traum: wie der Tr . . . doktor Oppert in seiner Equipage in meine Stube trat und mir im Vertrauen erzählte, er sei ein gebildeter Mann; ich übergehe diesen abgeschmackten Gegenstand . . .

FRANZ GRILLPARZER

279 Wien, Samstag, den 1. Juli 1809. Den 1. Juli d. J. träumte mir, ich sei im Theater, und meine Blanka werde ausgepfiffen. Ich hörte nur den ersten Akt, und unmöglich kann ich das Gefühl beschreiben, das mich beim ersten Pfiff ergriff.

Ich wachte darüber auf und stellte nun halbwachend Betrach-

tungen an, indem ich mich damit tröstete, es könne nicht mein
Stück gewesen sein, da ich es noch unvollendet im Schranke
liegen habe.

Wien, 1819. Ich hatte gestern zu viel Wein getrunken, und Kopf 280
und Magen war in Unordnung.
Spät eingeschlafen, träumte mir, ich wäre zu Schiffe und hätte
die Seekrankheit mit allen ihren Unbequemlichkeiten.
Wenn das nicht Poesie ist, so gibt es keine.

Wien, 1821. Neulich träumte mir von einem niedrigen, eigen- 281
nützigen Streiche, den mir *** spielte und der mich tief verletzte.
Frühmorgens, als ich noch im Bette lag, kam er selbst zu mir ins
Zimmer. Ich kann den Haß nicht beschreiben, den ich noch vom
Traume her gegen ihn fühlte. Ich konnte ihn kaum ansehen. Wie
absurd! Freilich lag die geträumte Unbild nicht ganz außer des
Mannes Charakter im Wachen.

Wien, 1821. Ich hatte heute nacht einen sonderbaren Traum.
Ich träumte ein Vorspiel zur Medea, von dem ich mich jetzt nur 282
noch erinnere, daß es ganz allegorisch war, daß darin Medea auf
einem bettartigen Wagen liegend erschien und von einer weiblichen Figur an einem Seile gehalten und geleitet wurde, auch,
daß im Laufe des Stückes mich einmal als höchst passend überraschte, daß bei einer Stelle Medea mit den Händen eine Bewegung machte, als ob sie flöge oder schwämme. Das Ganze hatte
mich entzückt, und nun träumte ich fort, ich sei erwacht und bei
dem Theatersekretär Schreyvogel, dem ich den Traum erzählte
und meine Absicht, nach diesem mein Stück zu ändern. Ich
konnte mich nicht mehr auf die einzelnen Umstände meines
Traumgesichtes erinnern, dachte nach, suchte mirs zu vergegenwärtigen, fand endlich das Ganze wieder zusammen und hatte
die größte Freude darüber als höchst poetisch und sinnreich. Rä-
sonnierte, auch mit einem scheinbar viel klareren Bewußtsein über
meinen Traum und Träume überhaupt, und das alles im Traum.
Als ich aus diesem höchst lebhaften Traum erwachte, bemeister-
ten sich meiner zwei Empfindungen. Erstens kam mir mein
wachender Zustand gegen den vorigen vor wie eine Zeichnung
gegen ein Gemälde, ein neblichter Tag gegen einen sonnenhellen;

dann hatte ich ein eigenes, unangenehmes Gefühl der Zeitbegren-
zung, da mir früher so vieles so im Flug, in so kurzer Zeit begegnet war.

Wien, Sommer 1830. Wie sonderbar, ja beinahe eigentlich
mechanisch die Einmischung der Erinnerung in die Träume ist,
erfuhr ich heute wieder.

283 Ich träumte gegen Morgen, daß ich Verse lese, die mein Bruder
Karl auf eine „Frau Martine" gemacht hätte.
Unmittelbar darüber aufgewacht, kam mir an dem Traume nichts
sonderbar vor als der Name Martine, den ich niemals weder gehört zu haben mich erinnerte, noch als irgend in der Welt vor-
kommend mir wahrscheinlich machen konnte. Noch über den
Gang der Phantasie bei Erfindung dieses Namens nachgrübelnd,
setzte ich mich zum Frühstück, während dessen ich im Tacitus
las. Einen vergessenen Umstand nachzuholen, schlug ich eine
gute Anzahl Blätter zurück, bis zum Tode des Germanicus, den
ich vor mehreren Tagen gelesen, und siehe da! die Frau, deren
sich Piso zur Vergiftung von Augustus Enkel bedient haben soll,
hieß — Martina. Ich hatte bei meinem schlechten Gedächtnisse
diesen Umstand so rein vergessen, daß selbst die Wiederholung
des Namens im Traume mir nicht einmal die dunkle Erinnerung
zurückführte, ihn schon einmal im Leben gehört zu haben, und —
der Traum wußte, was mir selbst unbekannt war.

Wien, gegen Ende 1844. Ich hatte heute nacht einen sonderbaren
Traum.

284 Ich befand mich als Supplikant um die Bibliothekskustosstelle
im Vorzimmer des Hofrates Löhr, wo man mich warten ließ und
ich im Ärger über solche Geringschätzung Betrachtungen über das
Selbstverschuldete meiner Stellung im Leben aneinanderreihte,
mit einer logischen Schärfe und Überzeugungskraft wie niemals
im Wachen. Unter den gleich mir Wartenden war auch der verstorbene Hofrat Floch. Sein Gesicht, das mir längst undeutlich
geworden ist, steigerte sich im Traume zu einer solchen Porträt-
ähnlichkeit, daß es mir auch unmittelbar nach dem Erwachen
noch lebendig vor den Augen stand.
Jetzt, zwei Stunden danach, ist mir der gute Hofrat Floch wieder
so undeutlich als je zuvor.

GOTTFRIED KELLER

Zürich. Nacht vom 5. auf den 6. August 1846. Ich hatte gegen
Morgen folgenden Traum:
Ich stand in der Dämmerung auf dem Rathausplatze unter 285
einem jener großen Volkshaufen, die sich zu versammeln pflegen,
wenn irgendein Verbrecher auf die nahe Hauptwache geführt
wird. Es war schon dunkel, als langsam ein Wagen durch das
Gedränge gefahren kam, auf welchem eine unkenntliche schlanke
Weibsperson saß, quer auf den Knien lag ihr ein totes Kind, sie
aber saß aufrecht und reglos. „Da kommt die Kindsmörderin,"
summte das Volk, „in einer halben Stunde wird sie geköpft!" Als
ich die hohe Gestalt über den Häuptern der Menge dahin-
schwanken sah, hatte ich, wie ich mich ziemlich bestimmt erinnere, das Gefühl: ich wünschte ihr noch, daß das genossene
Liebesglück kein allgemeines und so groß gewesen sein möge als
das gegenwärtige Leid, dann sei es schon gut. Es war jetzt ganz
Nacht geworden. Eine weiche, weiche Hand faßte die meine.
Ein ganz unbekanntes fünfzehnjähriges Mädchen, dessen Augen
ich in der Dunkelheit funkeln sah, flüsterte mir ins Ohr: „Gottfried Keller, komm, wir wollen zu mir heim gehen!" und zog mich
geschickt und sachte aus dem Gedränge. Wir gingen durch
allerlei dunkle Gäßchen, die ich in Zürich bisher gar nicht gekannt hatte und die auch nicht existieren. Das Mädchen
schmiegte sich an mich und war ein unsäglich buseliges und lieb-
liches Wesen, welches mich ungemein behaglich machte; ich
verwunderte mich auch nicht, als auf einmal ihrer zwei daraus
wurden, deren jede an einer meiner Seiten hing. Sie waren ganz
gleich, nur mit dem Unterschiede einer etwas jüngeren und
älteren Schwester. Als wir in einem Sackgäßchen angekommen
vor einem hohen, schmalen Hause standen, hießen mich die Kinder leise und behutsam gehen. So stiegen wir viele enge und
steile Treppen hinan, jeden Tritt berechnend in der schwarzen
Finsternis, sie führten mich an beiden Händen, oftmals hielten
wir an, und die guten Mädchen suchten dann mein Gesicht und
küßten mich herzlich, aber vorsichtig auf den Mund; sie konnten,
wie mich dünkte, die Küsse sehr gut und vollkommen ausprägen,
ohne Geräusch zu machen, sie fielen von ihren Lippen wie neue

goldene Denkmünzen auf ein wollenes Tuch, ohne zu klingen. Darum brauchten wir eine lange Zeit, bis wir endlich oben, in einem kleinen Dachkämmerchen, waren. Dasselbe war ganz vom Monde erhellt. Die runden Scheiben der Fensterchen waren auf den Boden gezeichnet. Sogleich zogen wir alle die Schuhe aus, um nicht laut aufzutreten. Man sah aus dem Fenster, vor welchem ein hohes Dach hinabging, über viele Dächer hinweg, unter denen man kaum die Fenster als schwarze Vierecke erkennen konnte; der Mondschein schwamm auf den Dächern, die Stadt war eingeschlafen und still, wir waren auch mäuschenstill, denn die Mädchen sagten, daß viele alte, böse Weiber in den benachbarten Dachkammern wohnten, welche ihnen immer aufpaßten und jede Freude zu verbittern suchten; wenn eine aufwache und uns höre, so seien wir des Todes. Wir saßen an einem kleinen Tischchen zwischen dem Fensterlein und dem Bette, welches mit einem schneeweißen Tuche sehr ordentlich und glatt bedeckt war. Wir durften natürlich kein Licht machen und saßen auch lieber so im Halblichte. Wir aßen und tranken etwas, aber ich weiß nicht mehr was, nur daß wir vergnüglich und leise die blinkenden Gläser aufhuben und wieder absetzten; und wenn etwa eines an einen Teller stieß, so zuckten wir ängstlich zusammen. Als eines der guten Kinder aufstand, das Bettuch abnahm und sehr sorgfältig zusammenlegte und dabei sagte: Wenn wir schläfrig werden, so können wir uns nun gleich aufs Bett legen und rechtschaffen schlafen: da durchfuhr mich ein ganz seliges Gefühl, aber nicht eigentlich sinnlich. Sie setzte sich wieder ans Tischchen und bot mir ihre weißen jungen Schultern zum Liebkosen, da fuhr sie plötzlich zusammen und sagte: Herr Jesus, die Weiber kommen! Halbtot vor Schrecken duckten sich beide fast in mich hinein, und ich umfing sie, indem wir alle drei atem- und lautlos aufhorchten. Wirklich hörte ich deutlich, wie jemand über das Dach hinschlarpte, an einem benachbarten Dachfenster anklopfte, wie dort ebenfalls jemand herausstieg auf das Dach, dann sahen wir verschiedene Schatten vor unserm Fenster vorbeihuschen, es war offenbar, die alten Weiber weckten und versammelten sich; die Ziegel rasselten unter ihren schlurfenden Füßen, es kam immer näher über unsern Köpfen, es flüsterte: „Langt nur 'nein, sie haben gewiß einen bei sich!" Ein Ziegel wurde aufgehoben, eine lange, magere Hand langte herein, tappte herum und erwischte meine Haare, welche gen Berg standen, das Blut schien in meinen Adern zu gerinnen, als ich erwachte und tief aufatmete.

Der bleibende Eindruck des Traumes war aber ein angenehmer, und ich bin froh, daß es so abgebrochen wurde. Dieser Traum hatte mich erquickt für viele Tage, wie wenn ich das artige Abenteuer wirklich erlebt hätte.

Zürich-Hottingen, 15. September 1847. Heute nacht besuchte ich 286 im Traum meine Mutter und fand eine große Riesenschlange auf dem Tabouret zusammengeringelt liegen, wie früher unsere rote Katze, welche gestorben ist. Die Schlange bildete eine ordentliche Pyramide auf dem kleinen Stühlchen, auf dem obersten engsten Ringe lag der kleine Kopf, und neben ihm ragte das spitzige Schwanzende empor, welches aus dem hohlen Innern des Turmes vom untersten Ringe her aufstieg. Da ich erschrak, so versicherte meine Mutter, es sei ein ordentliches, gutes Haustier, und sie weckte dasselbe. Wirklich entwickelte sich die Schlange sehr gemütlich, gähnte und reckte sich nach allen Seiten, wobei sie die schönsten Farben schimmern ließ. Dann spazierte sie in hohen Wellenbewegungen in der Stube umher, über den Schreibtisch und über den Ofen hin, stellte sich auf den Schwanz und fuhr mit dem Kopfe, da sie sich bei weitem nicht ganz aufrichten konnte, rings an der Stubendecke umher, als ob sie Raum suche. Dann folgte sie der Mutter in die Küche und auf den Estrich, wo sie hinging. Auch ich tat bald vertraut mit dem Tier und rief es gebieterisch beim Namen, den ich vergessen habe. Plötzlich aber hing die Schlange tot und starr über den Ofen herunter, und nun fürchteten wir sie erst entsetzlich und flohen aus der Stube. Da wurde sie wieder munter, putzte sich, lachte und sagte: „So ist es mit euch Leutchen! Man muß immer tot scheinen, wenn man von euch respektiert werden soll." Wir lachten auch, spielten mit ihr und streichelten sie. Da stellte sie sich wieder tot, sogleich wichen wir entsetzt zurück; sie machte sich wieder lebendig, und wir näherten uns wieder, sie erstarrte nochmals, und wir sprangen immer wieder fort. So trieb sie das Spiel, während ich mich in andere Träume verlor, die sehr schön waren.

287 Zürich, 3. Dezember 1847. Heute nacht träumte mir von einem
Weih. Ich schaute in einem Hause zum Fenster hinaus; im Hofe
standen die Nachbarn mit ihren Kindern. Da flog ein wunderschöner
Gabelweih über den Dächern her. Er schwebte eigentlich nur, denn
seine Flügel waren dicht geschlossen, und er schien vor Hunger
krank und matt, indem er immer tiefer sank und sich mit Mühe wieder erheben konnte, aber nie so hoch, als er vorher gesunken war.
Die Nachbarn mit ihren Kindern schrien und lärmten und warfen
ungeduldig die Mützen nach ihm, um ihn ganz herabzuwerfen.
Er sah mich an und schien, sich auf und nieder bewegend, mir
sich nähern zu wollen. Da lief ich schnell weg in die Küche, um
etwas Speise für ihn zu holen. Ich fand mit Mühe etwas, und als
ich hastig damit wieder am Fenster erschien, lag er schon tot
am Boden in den Händen eines kleinen lausigen Jungen, welcher
die prächtigen Schwungfedern ausrupfte und umherwarf und endlich ermüdet den Vogel auf einen Misthaufen schleuderte. Die
Nachbarn, welche ihn endlich mit einem Steine herabgeworfen
hatten, waren unterdessen auseinander- und an ihre Geschäfte
gegangen.

Dieser Traum machte mich sehr traurig.

288 Hingegen ward ich wieder sehr vergnügt, als ein junges Mädchen kam und mir einen großen Strauß Nelken zum Kaufe
anbot. Ich wunderte mich sehr, daß es im Dezember noch
Nelken gebe, und handelte mit dem Kinde. Sie verlangte drei
Schillinge. Ich hatte aber bloß zwei in der Tasche und war in
großer Verlegenheit. Ich verlangte, sie sollte mir für zwei Schillinge von den Blumen absondern, indem nur so viel in meinem
Champagnerglas, in welchem ich die Blumen gewöhnlich auf-
bewahre, Platz hätten. Da sagte sie: „Lassen Sie mal sehen! sie
gehen schon hinein!" Nun stellte sie eine Nelke nach der andern
bedächtig in das schlanke glänzende Glas. Ich sah ihr zu und
empfand jenes Behagen und Wohlgefühl, welches immer in einen
kommt, wenn jemand vor unsern Augen eine leichte Arbeit still,
ruhig und zierlich vollbringt. Als sie aber die letzte Nelke untergebracht hatte, wurde es mir wieder angst. Da sah mich das
Mädchen freundlich und schlau an und sagte: „Sehen Sie nun?
Es sind aber auch nicht so viel, wie ich geglaubt habe, und sie
kosten nur zwei Schillinge." Es waren indessen doch keine

eigentlichen Nelken, aber von einem brennenden Rot, und der Geruch war außerordentlich angenehm und nelkenhaft.

Zürich, 10. Januar 1848. Vergangene Nacht befand ich mich in 289 Glattfelden. Die Glatt floß glänzend und fröhlich am Hause vorbei; aber ich sah sie in eine weit fernere, fast unabsehbare Ferne fließen, als es wirklich der Fall ist. Wir standen am offenen Fenster gegen die Wiesen hinaus. Da flog ein mächtiger Adler durch das Tal hin und wieder. Als er sich drüben an der Buchhalde auf eine verwitterte Föhre setzte, klopfte mir das Herz auf eine sonderbare Weise. Ich glaube, ich empfand eine rührende Freude darüber, zum erstenmal einen Adler in seiner Freiheit schweben zu sehen. Nun flog er ganz nah an unserem Fenster vorbei. Da bemerkten wir genau, daß er eine Krone auf dem Haupte trug, und seine Schwingen und Federn waren scharf und wunderlich ausgezackt, wie auf den Wappen. Wir sprangen, mein Oheim und ich, nach den Gewehren an der Wand und postierten uns hinter die Türen. Richtig kam der riesige Vogel zum Fenster herein und erfüllte fast die Stube mit der Breite seiner Schwingen. Wir schossen — und am Boden lag anstatt des Adlers ein Haufen von schwarzen Papierschnitzeln, worüber wir uns sehr ärgerten.

Zürich, 15. Januar 1848. Träumte die halbe Nacht von einem 290 silbernen Armband. Das Mittelstück desselben bildete ein alter feiner Zürcher Gulden, auf welchem die alte Stadt Zürich mit ihren Türmen geprägt war. Das übrige Band bestand aus künstlich gearbeiteten Kettchen und Gliedern von den schönsten Formen und Verhältnissen. Ich spielte sehr vergnügt mit diesem sonderbaren Schmuck und schämte mich nicht, mein Handgelenk damit zu zieren, gleich einem Mädchen. Gegen Morgen wollte mir jemand das Band wegnehmen, und ich zankte darum, bis ich erwachte.
Übrigens erinnere ich mich jetzt wirklich eines silbernen Armbandes von zwei Jahren her, an welches sich Beziehungen knüpfen.

EDUARD MÖRIKE

An Wilhelm Hartlaub, Cleversulzbach, den 10. März 1838. Wir 291 beide, ich und Du, saßen im Stuttgarter Theater, parterre.

Es wurde eine Oper aufgeführt, eine sehr wunderbarliche, die
ich mit nichts vergleichen kann. Schon das Orchester war ganz
seltsam eingerichtet. Der Kapellmeister saß vor einer nied-
lichen Klaviatur, und rechts und links von ihm sah man die
ganze Reihe von Lampen entlang gläserne Orgelpfeifen laufen,
in ihrer äußerlichen Ordnung nur wenig voneinander abgestuft.
Hinter dem Sitz des Direktors befand sich eine Art vergitterter
Falltüre, die nach den unterirdisch angebrachten Blasebälgen
führte. Über ihr hinweg konnte man aus dem Orchester bequem
in den Mittelgang des Parterre gelangen. Die Musik war herrlich schön, besonders durch die Eigentümlichkeit jener Pfeifen-
töne, die mich einigermaßen an die Glasharmonika erinnerten.
Nur fiel es uns und Dir besonders lästig, daß unser Kompro-
motionale Treßler, nur vier oder fünf Bänke von uns entfernt,
gewisse Partien der Oper mit weiblich heller Stimme und, wie
es schien, zu großer Zufriedenheit des Publikums singend ak-
kompagnierte. „Wart!" sagtest Du endlich ergrimmt zu mir hin,
„ich muß dem Unfug schlechterdings ein Ende machen", und
zogest Deine Brieftasche, schriebst ein paar Zeilen, rissest das
Blättchen ab und gabst es, zusammengewickelt und über-
schrieben, Deinem Nachbar, der es sodann, völlig nach Art jener
Zettelchen, die wir im Uracher Kollegium zu wechseln pflegten,
von Hand zu Hand weiter bis an das Gitter laufen ließ, worin es
verschwand. Nicht lang darauf — es war soeben der erste Akt
zu Ende — steigt ein schlicht gekleideter Mann aus der Falltür
hervor, sieht sich einen Augenblick unter den Zuschauern um,
geht dann auf Treßler zu: „Herr Pfarrer Treßler von Heslach,
wenn ich nicht irre?" — „Aufzuwarten!" — „Vorhin war jemand
da aus Ihrem Hause: Euer Hochwürden möchten sich heim-
beeilen, die Frau Pfarrerin wollen soeben niederkommen." — Die
letzten Worte des Balkentreters erstickte der Angeredete in
großer Verlegenheit durch ein geflissentliches Husten, indem er
zugleich seinen Hut ergriff, dem Manne dankte und von dannen
flog. „Das hätten wir einmal gut gemacht!" sagtest Du mit
herzlicher Weltzufriedenheit, und ich bewunderte die List.

292 Ich sah aus dem Fenster eines im Freien gelegenen, etwas er-
höhten Hauses nach dem gestirnten Himmel hinauf. Die Sterne

erschienen nicht ganz so wie in der Wirklichkeit, sondern zum Teil glänzender und meist in dichteren Haufen beisammen. Nachdem sich Aug und Geist einige Zeit an ihrer Schönheit und an dem tiefen Blau erquickt hatten, ließ ich den Blick zum erstenmal auf die Erde herabsinken und sah hier mit Erstaunen ein grünes breites Wiesental, worin unzählige Schafe weideten, in sonniger Beleuchtung liegen, wie sie oft nach einem Gewitter unter schwarzem Gewölk hervorbricht; doch waren keine Wolken da. Meine Verwunderung nahm aber zu, als ich bemerkte, daß die verschiedenen Gruppen der Herde genau die Einteilung der Sternhaufen, wie sie mir noch vorschwebte, darzustellen schienen. Nur war ungefähr in der Mitte der Wiese ein ländlicher Brunnen mit hölzerner Säule, an welcher sich ein Pferd emporbäumte. Ich war nunmehr begierig, ob sich die Nacht am Himmel gegen das untere Tageslicht behaupte, und hob die Augen auf: da war wirklich der erste Anblick in seiner feierlichen Stille unverändert. Doch gleich darauf erwachte ich.

FERDINAND FREILIGRATH

Darmstadt, 3. März 1842. Der Dichter hatte keine Ahnung von der Absicht des Königs, ihm eine Pension zu verleihen.

Da ist es denn sehr merkwürdig, daß ihm bei Nacht träumte, er 293 sei beim König; aber es war der verstorbene Friedrich Wilhelm III., und dieser stand vor einem Kaufmannspult, auf dem ein großes Blatt Papier lag. Darauf war in großen Ziffern eine 3 und eine 0 dahinter geschrieben; der König rief ihn heran und sprach: „Herr Freiligrath, ich habe hier eine kleine Besoldung für Sie ausgefertigt, wieviel Nullen sollen wir denn noch hinschreiben? Was meinen Sie?" Noch ehe der Dichter geantwortet, erwachte er, und das Traumbild war verflogen.

Andern Tags erzählte er der Gattin den überaus lebendigen Traum bis in alle Einzelheiten, — am Abend trat der Briefträger mit dem Schreiben des Kanzlers von Müller herein, der Freiligrath die erste Mitteilung von diesem völlig unerwarteten und unverlangten Gnadenbeweis des Königs machte.

London. 1848. Vor der Februarrevolution beschäftigte ich mich ernstlich mit dem Gedanken einer Übersiedelung nach Nordamerika. Um diese Zeit las meine Frau eines Tages in ich weiß nicht welchem Buche von der Weißen Frau im Königlichen Schlosse zu Berlin, die man öfters als Gespenst mit einem Besen die Stuben kehren sehe. Es fiel ihr ein, daß ich ihr früher einmal von der analogen Erscheinung einer Weißen Frau im Schlosse zu Detmold erzählt habe, und sie beschloß, mich bei meiner Rückkehr vom Kontor zu fragen, ob diese Frau auch zuweilen als solche Stubenfegerin erschienen sei. Abends brachte ich wichtige Briefe aus Amerika mit nach Hause, der Auswanderungsplan wurde lebhaft besprochen und die Frage nach dem Gespenst vergessen.

In der Nacht warf ich mich unruhig im Bette hin und her und weckte dadurch meine Frau. Sie fragte, ob mir nicht wohl sei. „Ach, nein" — antwortete ich lachend — „aber mich verfolgt ²⁹⁴ ein wunderlicher Traum. So oft ich einschlafe, sehe ich die Weiße Frau mit einem großen Kehrbesen die Gemächer des Detmolder Schlosses durchwandeln, und ich habe doch nie gehört, daß sie als Stubenfegerin umgeht."

Meine Frau erzählte mir, daß auch ihr im Schlaf die vergessene Frage wieder eingefallen sei.

Dies Erlebnis, so unbedeutend es ist und so wenig ich mir damals den Kopf darüber zerbrach, ließe sich, wenn der tierische Magnetismus eine Wahrheit ist, am Ende durch die Annahme erklären, daß die Vorstellung meiner Frau durch magnetischen Kontakt auf mich übergegangen sei.

HEBBEL UND SEIN KREIS

> Die menschliche Seele ist doch ein wunder-
> bares Wesen, und der Zentralpunkt aller
> ihrer Geheimnisse ist der Traum.
>
> Hebbel

FRIEDRICH HEBBEL

München, 19. Oktober 1836. Über Nacht hab ich geträumt, 295
Napoleon zu sehen; ich fragte ihn, was er zum zweiten Teil von
Heines Reisebildern sage.

München, 3. April 1837. Über Nacht hatt ich einen wunderlichen
Traum. Ich sah baumhohe, graue Bildsäulen; um sie besser zu 296
besehen, ging ich — in einen Stall; hier wurden mir Karaïben
(die aber Pferde waren) vorgezeigt und endlich lebendige Bäume,
die vor der Tür standen und durch Stroh (ich sah die Fütterung,
sie neigten sich mit ihren Zweigen hernieder und führten dann
das Stroh mit sich hinauf in die Lüfte) ernährt wurden.

München, 29. Mai 1837. Ich sah neulich im Traum einen Lieb- 297
haber um seine Geliebte bei ihren Eltern durch Violinspielen
werben und wunderte mich nicht im geringsten darüber, daß er
auf zwei Geigen zugleich spielte.

München, 6. Juli 1837. Über Nacht träumte mir: Ich sah den 298
alten König Maximilian Joseph beerdigen und den König Ludwig krönen. Beides geschah im Grabgewölbe und Leichen- und
Krönungsfeierlichkeiten spielten gräßlich ineinander: die Leichen-
fackeln dienten zum Fackelzug bei der Krönung und als der
König Ludwig die Krone aufsetzte, nickte der König Maximilian
aus seinem Sarg heraus mit dem Kopf. Ich war unter den Kron-
beamten; als wir wieder heraufstiegen, verschloß der König Ludwig die Gruft und sagte zu mir, indem er mir den Schlüssel gab:
„Laß d e n nicht heraus, aber mich laß auch nicht hinein!"

299 München, 12. August 1837. Über Nacht im Traum saß ich in einem Wirtshaus der Au und nahm ein Mittagsmahl ein. Neben mir lag der „Woldemar" von Jacobi, mir gegenüber saß ein Reisender, der ebenfalls dinierte und mich fragte, welches Buch ich läse. Ich reichte ihm den Band hin, er steckte ihn ohne weiteres in die Tasche und verehrte mir zwei Körbe, in deren größtem eine treffliche Boaschlange, zusammengeringelt und mit ihrem langen Körper eine kleinere Schlange einschließend, lag.

München, 7. März 1838. Über Nacht hatte ich einen närri-
300 schen, mir sehr auffallenden Traum. Ich verzehrte (im eigentlichsten Verstande) die Ottoniade (ein lächerliches Heldengedicht, dessen Verfasser sich selbst mit den besten Mustern des Altertums vergleicht) und fand das Gericht sehr wohlschmeckend, es war dem Spinat ähnlich.

301 München, 19. März 1838. Neulich sah ich im Traum Napoleon. Er ritt mir finster und bleich an einem stürmischen Herbstnachmittag schnell vorüber.
302 Über Nacht wettete ich im Traum mit dem König, ich wollte in Zeit von acht Tagen über dem großen Platz, der von der Residenz, dem Theater und dem Postgebäude eingeschlossen ist, ein Dach aufschlagen.

303 München, 24. März 1838. Über Nacht im Traum entschloß ich mich, für jemand zu sterben, auf die Weise ungefähr, wie man sich entschließt, für jemand einen Gang über die Straße zu machen. Es war, als ob ich nicht wüßte, was Sterben sei.

304 München, 27. März 1838. Über Nacht, im Traum, war ich Napoleons Kammerdiener.

305 München, 6. August 1838. Über Nacht träumte mir: ich arbeitete in Dithmarschen einen Bericht in einer Armensache aus, in der ich ein Versehen begangen hatte. Dieselben ängstlichen Verhältnisse, die mich immer zwangen, alles über mich ergehen zu lassen und meine Rechtfertigung in meiner Brust zu verschließen; kein Gedanke an die gänzliche Veränderung meiner Lage.

München, 29. November 1838. Über Nacht träumte mir: ich 306 wohnte der Abdankung Napoleons bei.

München, 6. Dezember 1838. Neulich war ich im Traum Haupt 307 einer protestantischen Missionsgesellschaft, welche Katholiken zu bekehren suchte. Ich sagte mit Salbung zu einer Proselytin, indem ich auf ein Kruzifix zeigte: „Wenn du d i e s e n Gott verehren willst, so mußt du erst die Augen zumachen, um nicht zu sehen, daß er von Holz ist, dagegen" — — hier unterbrach ich mich, denn ich sah, daß meine Proselytin sich andächtig vor dem Kruzifix bekreuzte.
Die Nacht darauf war ich im Traum ein abgesetzter Papst. 308

München, 2. Februar 1839. Über Nacht hatte ich den absurdesten aller Träume.
Ich träumte nämlich, das XVI. Jahrhundert läge neben mir im 309 Bett in Gestalt eines großen Bilderbuchs und ich suchte es umsonst zu erwecken. Ich sah in dem Bilderbuch allerlei Gestalten jenes Jahrhunderts und weißen Raum dabei auf den Blättern.

Hamburg, 5. September 1839. Über Nacht ein seltsamer Traum: Ich sah einen toten Menschen, der sein Geisterleben auf Erden 310 in einem hölzernen Körper fortführte. Anfangs hatte ich vor diesem gräßlichen Wesen, das mir in einer Gesellschaft vorgestellt wurde, große Angst; als er mir aber die Hand reichte und ich fühlte, daß diese warm war, schwand mein Grauen.

Hamburg, 19. Oktober 1839. Über Nacht im Traum war ich 311 Anführer der Kreuzfahrer.

Hamburg, 2. Dezember 1840. Zwei Träume:
Ich lag in einem Sumpf, frierend und nackt. Menschen gingen 312 vorüber, höhnten mich und spieen mich an. Das war mir recht. Aber es kamen auch andere, die mir die Hand reichten und mich

herausziehen wollten. Das stachelte meinen Ingrimm, ich warf
mich knirschend zurück und widerstand. „Ists genug?" war mein
letzter Gedanke, der sich mit dem Gedanken an Gott verschmolz.

313 Auf einem Berg lagen lauter Grabsteine und Gräber umher,
falbes, grauenhaftes Licht beleuchtete den Platz, es war ein Berg
bei Heidelberg, ich tanzte mit anderen auf den Gräbern und rief
jemandem zu: „Nimm dich in acht, man sinkt oft plötzlich in
ein Grab hinein."

314 Hamburg, 12. Januar 1841. Mein Traum: Alberti hatte ein kleines Kind, das den Namen seines Vaters nicht sprechen, sondern niesen konnte.

315 Paris, 13. April 1844. Ich wurde im Traum mit Gewalt durchs
Meer gezogen, furchtbare Abgründe, hie und da ein Fels, sich
daran zu halten.

316 Sah neulich im Traum essende Tote.

317 Wien, 12. April 1846. Ich sah einen Menschen im Traum, der
Kirschen aß, die auf seinem eignen Kopf wuchsen.

318 Wien, 30. Juni 1846. Traum. Ein Mann ruft: „Fleisch! Fleisch!"
durch die Straßen und schneidet den Leuten die Beefsteaks aus
seinem ansehnlichen Bauch heraus.

319 Wien, 3. September 1846. In der letzten Nacht träumte mir:
ich sollte begraben werden, war aber, so seltsam es mir auch in
der Erinnerung vorkommt, zugleich in und außer der Truhe und
wurde von dem Geistlichen, einem mir aus meiner Jugend sehr
wohl bekannten Prediger, befragt, ob ich der zu bestattende
Friedrich Hebbel sei. Da ich es nicht leugnen konnte, verfügte
er, daß ich vorläufig, ich glaube auf eine Stunde, in einem Grabgewölbe, worin schon mehrere Särge standen, untergebracht
werden solle, indem so viel Zeit dazu gehörte, ein Grab für mich
fertigzumachen. Nun appellierte ich an die Menschlichkeit des
Geistlichen, gab ihm zu bedenken, daß keiner gern in die Erde
hinuntergehe, und ich am wenigsten, und daß ich sehr bitten
müsse, die noch übrige Stunde noch in freier Luft verweilen zu

dürfen. Dazu gab er mir denn endlich auch die Erlaubnis, aber
nicht, ohne mir nachdrücklich vorzuhalten, daß ich darauf keineswegs ein R e c h t hätte, daß es im Gegenteil unerlaubt und unanständig sei, als Toter noch unter den Lebendigen so mit herum-
zulaufen, und daß ich auf den Glockenschlag wieder da sein
müsse.

Wien, 16. Dezember 1846. Über Nacht Traum: Eine kleine 320
freundliche Straße, hell von der Sonne beschienen, in die ich ein-
bog; dann eine lange Brücke; dann ein düstrer Gang, durch
Häuser, deren Fensterseite man nicht sah, gebildet; unheimliche
Bettlergestalten am Eingang und auch drinnen; es war nicht
ganz finster, man sah Bäume am Ende herüberschimmern; die
Gestalten wurden immer drohender. „Wohin führt dieser Weg?"
fragte ich. „Nach dem Kirchhof!" war die Antwort. Sie rotteten
sich um mich zusammen, ohne mir jedoch etwas zu tun; ich
kehrte um.

Wien, 10. Januar 1847. In der Nacht tolle, wüste Traumbilder.
Unter anderem sollte der Wesselburener Turm wie ein Luft- 321
ballon in die Höhe fliegen, er war gefüllt, und der Dampf quoll
rings um ihn her hervor. Ich war aber noch ein Knabe und wurde
von meinem guten Platz von Erwachsenen, die Gefahr für mich
befürchteten, vertrieben.

Wien, 12. Januar 1847. Über Nacht träumte mir, ich sähe zwei 322
Tiere, die alles zugleich waren, häßlich, sonderbar, ekelhaft
u. s. w. Sie hatten keine Haare, keine Wolle, keine Federn,
aber doch eine Art von Bekleidung der Haut, die moosähnlich
in der Mitte von allem diesem stand, und waren so grob und un-
geschickt von der Natur ausgeführt, daß ich in ihren Muskeln noch
das offenbar Elementarische, unorganisierte Erde, Holz u. s. w.
wahrzunehmen glaubte und dachte: ,Hier siehst du einmal ein
Übergangs-Geschöpf, das dir den Lebens-Erschaffungs-Prozeß
verdeutlichen wird.'
Der Traum war sicher die Folge einer Abendlektüre in Kant,
ich las nämlich die vortreffliche Entwickelung, wie Welten entstehen und vergehen, wie die Sonnen sich verdichten u. s. w.

323 Wien, 25. April 1847. In der letzten Nacht träumte mir, ich
stände in einem uralten Brunnen von unabsehlicher Tiefe, d. h.
oben innerhalb des Geländers, auf einem Balken; dieser Brunnen
war aber eigentlich eine Uhr, Räder gingen, wie die grünlichen
Wasser flossen, Gewichte stiegen auf und nieder, ich mußte alle
Augenblick meinen Platz verändern, wenn ich nicht erquetscht
oder in die Tiefe hinabgestoßen werden wollte. Meine Angst stieg
von Minute zu Minute, endlich wurde sie so groß, daß ich mich
auf die Gefahr des Untergangs hin aus meiner Lage zu befreien
suchte, ich wagte einen Sprung und entkam. Nun traf ich Tine,
die mir sagte, in dem Brunnen seien fünf alte Kaiser begraben.

324 Wien, 8. August 1847. Über Nacht sah ich im Traum Soldaten,
die, je nachdem der kommandierende Offizier das Schwert erhob
oder es senkte, bis in den Himmel hinein schossen und wieder
klein wie andre Menschen wurden.

325 Wien, 6. Mai 1849. Neulich träumte mir, ich wohne in einer
sehr engen Straße, in welcher sich zwei Leichenzüge begegneten.
Die Särge konnten einander nicht ausweichen, und der eine wurde
so lange durchs Fenster in mein Zimmer hineingeschoben, bis
der andre vorbei war.

Wien, 20. Februar 1857. In der letzten Nacht war ich einmal
wieder in der wüstesten Traumregion.

326 Die beiden Professoren, Brücke und Ludwig, mit denen ich mich
am Abend in Gesellschaft befand, waren wissenschaftlicher
Zwecke wegen eingesperrt, und ich leistete ihnen freiwillig Gesellschaft, ging aber ab und zu. Wenn ich das Zimmer verließ,
wollte Ludwig jedesmal mit hinausschlüpfen, Brücke flüsterte
mir aber ins Ohr, es ja nicht zu gestatten, weil er draußen gleich
verloren sei. Endlich täuschte er meine Wachsamkeit aber doch,
und augenblicklich, wie er ins Freie kam, verwandelte er sich in
einen weißen Schmetterling, den der Wind herumwirbelte. Ich
suchte ihn wieder einzufangen, aber vergebens, der Wind trieb
ihn weiter und weiter, und ich rief aus, indem ich seinem Kampf
mit dem Element zusah: „Das ist doch jammerschade, ein so
braver Naturforscher!"

Wien, 25. März 1859. Über Nacht träumte mir, ich wohnte Klop- 327
stocks Bestattung bei und wurde am Grabe plötzlich aufgefordert,
ihm die Leichenrede zu halten, was mich in große Verlegenheit setzte.

Wien, 11. Januar 1860. Ich hatte über Nacht einen merkwürdigen Traum.
Ich fuhr an einer Art von Badehaus vorüber und bekam ein 328
ängstliches, beklemmendes Gefühl, als mein Blick auf eins der
Kämmerchen fiel. Da erinnerte ich mich, daß in diesem Kämmerchen ein junges Mädchen verscharrt sei, bei dessen Ermordung
ich zugegen gewesen.
Das Auffallende ist nun, daß ich in irgendeiner Nacht die Mord-
geschichte wirklich geträumt, sie vor dem Erwachen aber vollständig wieder vergessen habe.

Wien, 29. Mai 1863. Mir träumte, ich sei in Moskau, und 329
zwar mit Engländer, der vortrefflich Russisch sprach, las und
schrieb. Wir gingen aus, da mußten wir plötzlich eine Strickleiter
hinaufklimmen, um weiterzukommen. Die Passage führte über
einen Boden, unter einer Menge von Glocken durch, an die man
stieß, auch wenn man kroch, und die dann Töne von sich gaben.
„So erhält der Zar sein Glockenspiel im Gange!" sagte mein
Begleiter.

EMIL ROUSSEAU

München, 1837. In einem fremden, unbekannten Hause sieht er 330
einen Sarg, aus welchem ein Geist hervorsteigen will. Er aber
hält einen Hammer in der Hand und schlägt, um dies dem Geist
unmöglich zu machen, fortwährend auf den Sargdeckel.

München, August 1838. Mir war, als sähe ich den Anbruch 331
des Weltgerichts; alle irdische Formen und Gestalten vergingen,
alles, was das Auge wahrnahm, zerbrach und löste sich auf; aber
aus diesem Gewirr ging das göttlichste Farbenspiel hervor, ich
sah Farben, wie ich sie nie gesehen und wie ich sie nicht zu beschreiben vermag!

(Die Träume Nr. 330 und Nr. 331 mitgeteilt von Friedrich Hebbel)

JOSEPHA SCHWARZ

332 München, 17. Januar 1837. Heute nacht hat ihr geträumt, sie
wäre mit einem andern Mädchen zum Tode verurteilt gewesen,
und sie hätten sich mitten aufm Wasser gegenseitig köpfen sollen.
Die andere habe sie zuerst geköpft, es sei viel Blut geflossen,
dennoch habe sie zu leben und zu denken nicht aufgehört. Nun
habe sie mit einem breiten Messer die andere köpfen sollen, sie
habe es aber nicht vermocht und sie in den Kopf gehauen, daß
man das Gehirn habe liegen sehen können. Dann hätten sie beide
angefangen, mit Inbrunst zu beten; viel Volks sei am Ufer des
Wassers umher gestanden und habe mitgebetet und geweint.

333 München, 29. Mai 1837. Beppi träumte einmal: ich [Hebbel]
sei tot, und sie packte meine Sache zusammen. Da fand sie viele
zerrissene Westen und ärgerte sich mitten im Weinen darüber,
daß ich ihr die nicht zum Ausbessern gegeben.

334 München, 29. Mai 1837. Beppi träumte über Nacht: sie sähe
einer Trauung in der Kirche zu und bemerkte plötzlich, die Braut
habe einen Totenkopf, der Bräutigam kohlschwarze Zähne; auf
einem Seitenaltar stand ein Käfig, worin ein Affe auf und nieder
sprang.

(Die Träume Nr. 332—334 mitgeteilt von Friedrich Hebbel)

ELISE LENSING

335 Hamburg, 13. August 1840. Elisens schöner Traum: eine goldene
Harfe wird ihr gereicht; sie soll spielen und kann nicht; als sie es
aber versucht, spielt sie so herrlich, daß sie selbst entzückt wird.

336 Hamburg, 27. Oktober 1841. Sie sieht einen, der sich selbst
köpft, dann kriecht der Rumpf zum Kopf und begräbt ihn.

337 Hamburg, 9. Januar 1842. Elise träumte sehr oft, sie befände
sich in einem unendlichen, dunklen Raum, der mit Sternen besät
sei, und löse sich darin auf.

(Die Träume Nr. 335—337 mitgeteilt von Friedrich Hebbel)

CHRISTINE HEBBEL

Wien, 27. September 1846. In der letzten Nacht hat Christine geträumt, sie werde, im Bade liegend, entbunden, und zwar von einer Taube. „Tut sie nur ins Wasser" — ruft sie aus — „dann gehen die Federn schon ab." 338

Wien, 2. Mai 1847. Tine hat über Nacht geträumt, sie sähe 339 ein Luftschiff, voll von Passagieren, das über einem großen Wasser schwebte; es warf beständig Feuer aus, das zischend in das Wasser fiel.

Wien, 3. Juni 1847. Einen himmelschönen und doch grauenvollen Traum hat Tine gestern nacht gehabt.
Ihr wird von einer ihrer Kolleginnen am Hofburgtheater in 340 einem hohen gewölbten Zimmer ein Spiegel gezeigt, in welchem sie ihr ganzes Leben sehen könne. Sie schaut hinein und erblickt ihr eignes Gesicht, erst tief-jugendlich, von Rosenlicht umflossen, so jugendlich unbestimmt, daß sie es erst bei der dritten oder vierten Verwandlung erkennt, dann ohne Rosenlicht, nun bleicher und immer bleicher, bis sie zuletzt mit Entsetzen ausruft: „Nun kommt mein Geripp, das will ich nicht sehen!" und sich abwendet. Der Spiegel selbst war anfangs trübe, wie angelaufen, und wurde nach und nach heller, wie die Gesichter deutlicher wurden.

Wien, 13. Februar 1850. Tine träumt in der letzten Nacht, ein Jude soll getauft werden, und zwar durch den Henker. Dieser 341 tippt ihm dreimal hinten mit dem Schwert auf den Nacken, während er niedergekniet ist. Der Täufling stellt sich, als ob er weine, es ist aber ein grinsendes Lachen. Dabei trägt er einen langen Schlafrock statt des schwarzen Feierkleids.

Wien, 28. August 1851. Meine liebe Frau träumt über Nacht, sie sähe eine zweite Sonnenfinsternis. Wie sie durchs Glas schaut, 342 sieht sie Napoleon, der den Schatten auf einem Stock mit raschen Schritten durch die Sonne trägt; in der andern Hand hält er einen Regenschirm, und ein gemeiner Soldat folgt ihm nach.

Wien, 27. Oktober 1851. Meine liebe Frau hatte über Nacht einen höchst phantastischen Traum.

343 Das Mädchen kommt zu ihr hinein und meldet ihr: „Gnädige Frau, der Mann ohne Kopf aus Brasilien ist da und bittet dringend zu sprechen." Ganz so, als ob sie den allergewöhnlichsten Besuch meldete. Meine Frau geht hinaus und sieht wirklich einen Mann ohne Kopf dastehen, übrigens elegant gekleidet, im schwarzen Frack, weiße Handschuhe an. Er spricht und ist äußerst höflich und artig, was ihr das meiste Grauen einflößt. Bei alledem kommt es ihr zuletzt vor, als ob er doch einen Kopf hätte; wenn sie nicht hinsieht, glaubt sie einen zu bemerken, und zwar einen recht schönen; wenn sie aber hinsieht, ist er wieder weg.

Wien, 18. November 1859. Meine Frau hatte zwei phantastische Träume in der letzten Woche.

344 Einmal: wir haben ein Haus gekauft, geschmackvoll, heiter und comfortable, aber im Parterre befindet sich der Kirchhof, auf dessen verschneite Leichensteine und Denkmäler man vom ersten Stock hinabsieht.

345 Heute Sonntag: Man zeigt ihr einen Kirchhof, auf dem sich das Grab der Hofschauspielerin Rudlof, einer jungen Person, die sich ganz kürzlich erst mit einem Engländer verheiratet hat, befinden soll. Sie entschließt sich, es zu besuchen und einen Rosenkranz, den sie gerade im Haar trägt, darauf niederzulegen. Angekommen, kann sie das Denkmal nicht finden und fragt des Totengräbers Tochter, wo es sei. Sie wird in eine Kapelle gewiesen und trifft dort die Rudlof selbst, mumienartig zusammengetrocknet, mit ausgefallenen Zähnen. Diese sagt ihr, sie habe sich zur Buße für ihre unrechtmäßig geschlossene Ehe lebendig begraben lassen, empfängt den Kranz mit Freuden und gibt ihrerseits zum Andenken eine Busen-Nadel her, die sie aus einer Kommode nimmt, welche sie mit ins Grab genommen hat.

346 Wien, 6. Januar 1863. Seltsamer Traum meiner lieben Frau. Ein Mörder sitzt an einem Tisch und spielt mit seinem Kinde, welches er auf dem Schoß hält. Plötzlich fällt etwas Schweres, es ist sein Kopf, das Kind hat ihm diesen abgesägt.

Wien, 2. Februar 1863. Meiner Frau träumt über Nacht, sie 347
wird, wie ein Bild, als Madonna über einem Altar in einer katholischen Kirche aufgehängt und herrlich geschmückt. Plötzlich
steht sie, sich selbst betrachtend, vor dem Altar, aber nun ists
ihre Mutter, die eine Rede hält.

(Die Träume Nr. 338—347 mitgeteilt von Friedrich Hebbel)

BARONIN ENGELHOFEN

Wien, 3. Dezember 1859. Die Baronin Engelhofen erzählte 348
mir einen höchst phantastischen Traum. Sie sieht in Gmunden
aus dem Fenster in die Berge hinein, auf einmal wird sie
durch einen Stoß heftig ins Zimmer zurückgeworfen, und als
sie sich vom Schreck wieder erholt, bemerkt sie einen großen
Adler, der ihr gegen die Brust geflogen ist und der nun auf
dem Tisch herumkugelt. Sie geht zu ihm, weil sie ihn für
verletzt hält, um ihm zu helfen, da entdeckt sie, daß er blind
scheint, und ruft ihrer Magd, die dabei steht, zu: „Der Vogel ist
blind, was tun wir mit ihm?" Die Magd erwidert: „Ans Fenster
in die Sonne halten, vielleicht ist er nicht ganz blind und fliegt
wieder davon, hier bringt er uns alle um." Sie befolgt diesen Rat,
und das Tier fängt, wie der Lichtstrahl es berührt, wirklich an,
zu blinzeln, dann erhebt es sich in die Lüfte, wirft aber im Empor-
schweben noch einen dankbaren Blick mit blitzendem Auge
zurück.
Bald darauf wird der Baron in e i n e r Nacht blind und wieder
sehend.

(Mitgeteilt von Friedrich Hebbel)

BARON ENGELHOFEN

Wien, 24. März 1860. Frau von Engelhofen bei uns. Sie erzählte,
ihr Mann habe acht Nächte vor seinem Erkranken immer denselben Traum gehabt, die neunte mit einer Variation.
Er ist in einer fremden, ihm ganz unbekannten Landschaft, 349
ein breiter, heller Strom in der Mitte, jenseits Nebel. Ein Schiffer
steht am Strom, wenn er sich aber nähert und ihm Geld fürs
Überfahren bietet, weist der Mann ihn finster zurück.

In der neunten Nacht wird er aber freundlich, läßt ihn in seinen Nachen steigen und führt ihn pfeilschnell hinüber ans andre Ufer. Hier wird alles hell, und ein stattlicher Palast erhebt sich, aus dem sein verstorbener Vater hervortritt und ihn freundlich bewillkommt.

Er deutete diesen Traum auf eine Reise, zu der der Kaiser ihn kommandieren werde; an eben diesem neunten Tage aber erkrankte er und starb im Verlauf einer kurzen Woche.

(Mitgeteilt von Friedrich Hebbel)

MASKENZÜGE

VON ANDERSEN BIS STRINDBERG

> Der Traum belehrt uns auf eine merkwürdige
> Weise von der Leichtigkeit unsrer Seele, in
> jedes Objekt einzudringen, sich in jedes so-
> gleich zu verwandeln.   Novalis

ADAM OEHLENSCHLÄGER

Mir träumte, ich läge als Leiche in der Röskilder Domkirche, in
der nördlichen Kapelle, wo die königlichen schwarzen samt-
beschlagenen Särge stehen. Plötzlich hörte ich die Schlüssel an
der Gittertür rasseln, sie ging auf, mein Vater kam mit einem
Schwarm Fremder und zeigte ihnen die Kirche, so wie ich ihn
oft in meiner Kindheit fremden Leuten das Friedrichsberger
Schloß hatte zeigen sehen. Sie näherten sich meinem offenen
Sarge, und mein Vater sagte: „Dieser arme Mensch, der hier liegt,
ist wirklich zu beklagen! Er bildet sich ein, daß er noch lebt,
während er doch schon lange eine tote Mumie ist. Sehen Sie
einmal!" Hier faßte er mich an der großen Zehe und rieb etwas
davon zwischen den Fingern zu Staub. Er wollte nun mit der
Gesellschaft weitergehen und das Gitter wieder schließen. Ich
fühlte mich von einer entsetzlichen Angst ergriffen, daß ich da
nun mehrere Tage allein zwischen wirklichen Leichen liegen
sollte, bis ich selbst stürbe. Ich strengte alle meine Kräfte an, es
gelang mir, mich zu erheben und zu den Fremden hinzuwanken,
aber mehr vermochte ich nicht; ich sank wieder zwischen ihnen
auf einer Treppe in einen Todesschlummer. „Sehen Sie wohl?"
— sagte mein Vater — „lauter Einbildungen! Er glaubt immer,
daß er noch lebt. Aber wir könnten ihn doch in ein warmes Bett
bringen, obgleich ich im voraus weiß, daß es nichts hilft." Kurz
darauf befand ich mich in einem hohen schmalen Zimmer, mit
dunkelgrünem Damast bekleidet, der von vergoldeten Leisten
eingefaßt war. Ich lag in einem Bett, unter einem Thronhimmel
mit dicken drapierten Gardinen, gleichfalls von dunkelgrünem

Damast; in meinem Schlafgemach herrschte Halbdunkel. Aber dicht daran stieß ein großer Saal voller Menschen, die an einem Tische saßen. Ich hörte Musik, die Teller rasselten, es wurde oft laut gelacht, der Glanz der Kronleuchter strahlte durch das Schlüsselloch zu mir herein, der ich in der dunkeln Einsamkeit dalag, um zu sterben. Eine unbeschreibliche Lust zu leben, die muntern Freuden des Lebens zu genießen, erfüllte meine Brust und gab mir wieder Kraft, mich zu erheben. Ich sprang aus dem Bett, öffnete die Flügeltüren zum Saale, eilte hin und setzte mich auf einen leeren Stuhl zwischen zwei schöne Mädchen, füllte mein Glas und sang:

> „Und soll ich nicht mehr leben frisch
> Und in die Erde sinken,
> Will ich doch noch an diesem Tisch
> Erst lieben — und singen — und trinken!"

Darauf stieß ich mit den Schönen an, küßte sie und leerte mein Glas. Ich fühlte den Rotwein, zu warmem Blute verwandelt, wieder meine Adern füllen und durchströmen; ich war gesund und frisch und — erwachte.

Des Verses entsann ich mich noch und wiederholte ihn so oft, bis ich ihn nicht mehr vergessen konnte.

35 l Ich befand mich wieder in einer Kirche, aber sie war klein und hatte einige Ähnlichkeit mit der auf Friedrichsberg. Ich hatte die Musik zu einer Kantate komponiert, die nicht von mir gedichtet war. Sie wurde von einer zahlreichen Gemeinde aufgeführt, während der Prediger als Erzbischof, im Purpurgewande und mit dem Hirtenstab in der Hand, vor dem Altare stand. Die Musik war rührend und begeisternd. Alle fühlten sich dadurch bewegt. Aber es war ein Engelchor in der Kantate, den ich nicht zu komponieren vermocht hatte, weil der Inhalt zu himmlisch war. In meiner Verlegenheit hatte ich dies verschwiegen; das Konzert ging vortrefflich ohne Probe, mit Gesang und Instrumenten vom Blatte, bis man zu dem fehlenden Chor kam, wo alles schwieg. Es herrschte Todesstille in der Kirche. Endlich fragte mich der Prediger laut vom Altare, warum ich nicht auch diesen Chor komponiert hätte? Ich antwortete ängstlich: „Ich war es nicht

imstande, ehrwürdiger Herr! Solche Gefühle kann nur ein seliger Geist ausdrücken, der ganz vom Erdenstaube befreit ist." Da öffnete sich eine kleine Tür in der Wand, die niemand vorher gesehen hatte, nicht weit vom Altar, etwas über dem Haupte des Predigers. Und Ewald stand dort, bleich und freundlich, mit Schlafrock und Nachtmütze, eine Rolle Noten in der Hand, die er dem Prediger mit den Worten darreichte: „Ich habe es komponiert!" Im Augenblick war die Öffnung wieder verschwunden und die Stelle, wo sie gewesen war, nicht zu erkennen. Die Musik wurde gleich aufgeführt; ihre himmlische Milde läßt sich nicht beschreiben, sie löste meine ganze Seele auf, und ich erwachte, in Tränen gebadet.

Nacht vom 4. zum 5. Juli 1845. Es träumte mir, ich hätte ein 352 schönes Miniaturbild für ein Taschenbuch gemalt. Alle Menschen sagten, wenn ich das herausgäbe, würde das Buch ganz vorzüglich gehen. Aber dann begegnete mir Winckler (ich war ihm gestern im wachen Zustande in Südfelde begegnet), er bat mich um das Bild — ich gab es ihm und mußte später viel von meinen Freunden leiden, weil ich mich von einem solchen Schatze getrennt hatte. Aber dann setzte ich mich wieder ruhig hin und m a l t e eine Daguerreotypie so künstlich, daß, wenn man sie von einer Seite sah, war sie Maria mit dem Christuskinde, von der andern Seite stellte sie Christus am Kreuze dar. Dies fand man, sei noch besser, und versicherte mir, daß, wenn ich damit nach Paris ginge, ich mein Glück machen und großes Vermögen erwerben würde. Dies wollte ich denn auch; als ich aber erfuhr, daß R a f f a e l zufällig in Kopenhagen sei, wollte ich ihm das Bild erst zeigen. Ich besuchte ihn und wunderte mich darüber, daß er einem vornehmen Manne hier ganz ähnlich sah. ‚So sieht Raffael aus?' dachte ich. ‚Mit diesen Augen, diesem Blick hat er so viel Schönes und Herrliches gesehen und durchschaut!' Ich zeigte Raffael meine Daguerreotypie. Er wurde ganz rot im Gesicht und sagte: „Etwas so Schönes habe ich noch nie hervorgebracht. Hätte ich es doch gemacht! Wenn das doch m e i n e Arbeit wäre! Wollen Sie sie mir nicht schenken, ich könnte es dann für m e i n e Arbeit ausgeben." Ich war so geschmeichelt und so entzückt, als Raffael den Wunsch äußerte, mein Bild geschaffen zu haben, daß ich rief:

„Ja, herzlich gern!" Und ich gab ihm das Bild, indem ich doch zugleich über seine moderne Frisur sann und darüber, daß er ein
so kurzes Hinterhaar hatte. Nun hatte ich auch diese Arbeit verschenkt und mich selbst einer großen Einnahme beraubt, aber es
war an Raffael. Ich trat später auf den Marktplatz hinaus, wo
ich Raffaels Frau sah, auf einem Fleischerwagen sitzend, mit
einer Kapuze auf dem Kopf; man sah deutlich, daß sie in ihrer
Jugend schön gewesen, sie glich Frau S. Sie hielt das Bild in der
Hand und fuhr damit auf dem vollgeladenen Fleischerwagen nach
Paris; die großen Fleischstücke im Wagen zeigten sich noch
meinem wehmütig nachblickenden Auge, nachdem das Bild verschwunden war.

HANS CHRISTIAN ANDERSEN

An J. P. E. Hartmann. Basnäs, im Juni 1870. Es ist wunderlich, wie oft ich, zuletzt noch vorgestern nacht, im Traum in der
Zeit lebe, wo ich in Meislings Hause war; der Druck dort muß
sehr hart gewesen sein und meine Abhängigkeit von der Umwelt
nach meinen heutigen Begriffen unsäglich bitter.

353 Ich träumte also vorgestern, ich würde von Meisling geistig miß-
handelt, wollte es aber nicht länger ertragen und lief fort; ich
stand dann plötzlich im Rosenhain und erzählte Viggo Drewsen,
was geschehen war. Er schüttelte bedenklich den Kopf. „Was
wird Großvater sagen, und haben Sie mit Onkel Edvard ge-
sprochen?"
Ist es nicht wunderlich, daß ich als sechsundsechzigjähriger
Mann noch diese Jugendqualen empfinden kann, noch in all diesen
Banden drückender Abhängigkeit lebe, der ich entwachsen bin?
In den Träumen sitze ich noch immer auf der Schulbank, und
Meisling ist grob, aber in den letzten Jahren nennt er mich immer
Herr Staatsrat. So vermischen die Träume Vergangenheit mit
Gegenwart!

CHARLES DICKENS

354 Dickens träumt von einer Frau in rotem Schal, die sagt: „Ich
bin Miß Napier."
„Warum Miß Napier?" schreibt Dickens, „ich kenne keine Miß
Napier."

Nach einigen Stunden erhält er den Besuch zweier Personen, die ihm eine Dame in rotem Schal vorstellen. Sie hieß Miß Napier und war Dickens gänzlich unbekannt.

ROBERT LOUIS STEVENSON

Er studierte an der Edinburger Universität.

In seinem Traumleben verbrachte er nun ganze Tage im Sezier- 355 saal. Sein Herz schnürte sich zusammen, die Haare standen ihm zu Berg beim Anblick der ungeheuerlichen Mißgeburten und der verhaßten Geschicklichkeit der Chirurgen. An einem häßlichen regnerischen Abend kam er über die Südbrücke, ging die Hauptstraße hinauf und trat durch die Tür eines großen Logierhauses, unter dessen Dach er zu wohnen glaubte. Die ganze Nacht stieg er in seinen nassen Kleidern über Treppen, Treppen auf Treppen in unendlicher Folge, und bei jedem zweiten Absatz stand eine Lampe mit einem Reflektor. Die ganze Nacht eilte er an verschiedenen Menschen vorüber, die hinuntergingen: Bettelweibern von der Straße, großen, müden, mit Kot bespritzten Bauern, armseligen Zerrbildern von Männern, fahlen Karikaturen von Frauen, und alle müde, schläfrig wie er, und alle allein, und alle streiften ihn im Vorübereilen. Zuletzt sah er aus einem Fenster gegen Norden den Tag über dem Fjord emporsteigen, und da gab er es auf, drehte sich um und stieg hinunter; im nächsten Augenblick befand er sich auf der Straße, seine Kleider waren feucht, naß und trübselig die Dämmerung, und er ging einem neuen Tag entgegen, voll neuer Mißgeburten und neuer Operationen.

Es kam ihm so vor, als wäre er im ersten Stock einer einfachen 356 Farm im Hügelland. Das Zimmer, in dem er sich befand, trug einen schüchternen Anstrich von Vornehmheit, ein Teppich lag auf dem Boden, und an der Wand stand ein Klavier, glaube ich, aber trotz dieser gesuchten Verschönerungen war er doch keinen Augenblick darüber im Zweifel, daß er im Moorland war, unter Leuten aus den Hügeln, mitten in der weiten Heide. Er konnte vom Fenster aus in den leeren Farmhof sehen, der die Spuren langer Vernachlässigung aufwies. Eine große, unheimliche Stille lag über der Welt. Kein lebendiges Wesen, weder Hausbewohner

noch Vieh waren zu sehen. Nur ein alter zottiger Hühnerhund
saß an die Mauer des Hauses gelehnt. Er schien zu schlafen.
Irgend etwas an diesem Hund machte den Träumer unruhig.
Es war ein ganz unbestimmtes Gefühl, denn das Tier hatte gar
keine besonderen Kennzeichen, im Gegenteil, es war so alt,
stumpf, schmutzig und hinfällig, daß es weit eher hätte Mitleid
erregen können, und trotzdem kam der Träumer immer mehr
zur Überzeugung, daß es gar kein richtiger Hund war, sondern
eine Geburt der Hölle. Schwärme von Sommerfliegen summten
schläfrig durch den Hof; da streckte plötzlich der Hund die
Vorderpfote aus, fing eine Fliege in der offenen Fußsohle und
steckte sie ins Maul wie ein Affe — und auf einmal schaute
er zu dem Träumer am Fenster empor und blinzelte mit dem
einen Auge.

357 Ihm träumte, er wäre der Sohn eines sehr reichen, schlechten
Menschen, der viele weite Ländereien und ein böses Gemüt sein
eigen nannte. Der Träumer oder der Sohn, wie man es nun
nennen will, hatte viel außer Land gelebt, um seinem Vater aus
dem Wege zu gehen. Schließlich kehrte er aber doch nach
England zurück und fand ihn zum zweiten Mal verheiratet. Es
war eine junge Frau, und die Leute munkelten, daß sie furchtbar
darunter litt und ihr Joch haßte. Der Träumer empfand undeutlich, daß es für Vater und Sohn wünschenswert war, eine Zu-
sammenkunft zu vereinbaren, um über diese Heirat zu sprechen,
doch eigensinnig und aufgebracht, wie sie beide waren, wollte
sich keiner dazu herablassen, den anderen aufzusuchen. Sie
trafen sich also laut Verabredung in einer trostlosen sandigen
Gegend am Meeresufer. Dort gerieten sie in Streit, eine unerträgliche Beschimpfung traf den Sohn wie ein Peitschenhieb, und
er erschlug den Vater. Kein Verdacht kam auf. Der Tote wurde
gefunden und beerdigt, der Träumer erbte große Güter und fand
sich auf einmal unter einem Dach mit der Witwe wieder, für
die kein Vermächtnis hinterlassen worden war. Die beiden lebten
sehr einsam, wie es nach einem Trauerfall schon üblich ist, saßen
an einem Tisch, verbrachten gemeinsam die langen Abende und
wurden von Tag zu Tag bessere Freunde. Da schien es ihm
plötzlich, als wollte sie ihn über gefährliche Dinge ausholen, als

wäre sie sich über seine Schuld klar, als beobachte sie ihn, als stelle sie an ihn gefährliche Fragen. Er schrak vor ihrer Gemeinschaft zurück, wie man vor einem Abgrund zurückschreckt, der sich plötzlich geöffnet hat, doch so stark war die Anziehung, die von ihr ausging, daß er immer wieder in die alte Vertraulichkeit verfiel, und immer wieder schauderte er von neuem vor einer heimtückischen Frage, einem unerklärlichen Ausdruck in ihren Augen zurück. So lebten sie ein Leben voll Hinterhältigkeit, lebten ein Leben voll abgerissener Gespräche, herausfordernder Blicke und unterdrückter Leidenschaft, bis er eines Tages die Frau, in einen Schleier gehüllt, heimlich aus dem Haus schleichen sah. Er folgte ihr auf den Bahnhof, folgte ihr in den Zug, der sie an das Meer brachte, folgte ihr über die Sandhügel bis zu dem Platz, wo der Mord geschehen war. Dort begann sie zwischen den Seegräsern umherzutasten. Er beobachtete sie, flach auf dem Bauch liegend. Plötzlich hielt sie etwas in der Hand; was es war, weiß ich nicht, aber ein tödliches Beweisstück gegen den Träumer war es, soviel ist sicher, und während sie es in die Höhe hielt, um es zu betrachten, da glitt, vielleicht in der Erregung über die Entdeckung, ihr Fuß aus, und sie hing in beträchtlicher Gefahr am Rand der hohen Sanddünen. Sein einziger Gedanke war, aufzuspringen und sie in Sicherheit zu bringen, und so standen sie nun einander gegenüber, von Angesicht zu Angesicht, sie, ohne es zu verbergen, mit dem tödlichen Zeugnis gegen ihn in der Hand, er, durch seine bloße Anwesenheit ein neues Glied in der Kette des Beweises. Sie wollte sprechen, er sah es, aber das war mehr, als er ertragen konnte. Verloren war er, das konnte er ertragen, nicht aber darüber mit seiner Vernichterin reden, und so schnitt er ihr mit einem gleichgültigen Gespräch das Wort ab. Arm in Arm kehrten sie zu dem Zug zurück, sprachen miteinander, ohne daß er das Gesagte erfaßte, legten die Reise in demselben Wagen zurück, setzten sich zum Essen nieder und verbrachten den Abend im Wohnzimmer, — ganz so wie sonst. Doch Ungewißheit und Angst tobten in dem Träumer. ,Sie hat mich noch nicht angezeigt', schwirrten seine Gedanken. ,Wann wird sie mich anzeigen? Morgen vielleicht?' Aber es geschah nicht morgen und auch am nächsten Tag nicht und auch nicht am folgenden. Ihr Leben verlief wieder im alten Geleise, nur sie schien freundlicher als vorher und die Bürde seiner Ungewißheit und Verwunderung wurde von Tag zu Tag unerträglicher, so daß er zusehends verfiel, wie ein Schwerkranker. Und einmal durchbrach er alle Bande der Schicklichkeit, wartete einen Augenblick ab, wo sie sich außer Haus befand, durchwühlte ihr Zimmer und fand endlich das verhaßte Beweisstück unter ihren Schmucksachen verborgen. Da stand er nun und hielt das Ding, von dem sein Leben abhing, in der Hand, voller Staunen über ihr widersprechendes Betragen, daß sie es gesucht, behalten und doch keinen Gebrauch davon gemacht hatte. Auf einmal öffnete sich die Türe, — sie selbst. So standen sie abermals einander gegenüber, Aug in Auge, und der Beweis war zwischen ihnen, und wieder erhob sie zu ihm ihr Angesicht, in dem das Verlangen nach einer Aussprache brannte, und wieder scheute er davor zurück und schnitt ihr das Wort ab. Bevor er aber das Zimmer verließ, in dem er das Unterste zu oberst gekehrt hatte, legte er sein Todesurteil zurück, wo er es gefunden, und ihr Gesicht leuchtete auf dabei. Er hörte dann noch, wie sie ihrem Mädchen in unglaublich findiger Verstellung die furchtbare Unordnung unter ihren Sachen erklärte. Fleisch und Blut konnten die Spannung nicht länger ertragen, und am nächsten Morgen war es wohl, glaube ich — denn Zeitbestimmungen sind auf der Schaubühne des Geistes immer eine mißliche Sache —, als er aus seiner Zurückhaltung losbrach. Sie hatten gemeinsam in einem großen parkettierten Raum, wo wenig Möbel und sehr viel Fenster waren, das Frühstück eingenommen. Während der ganzen Mahlzeit hatte sie ihn mit hinterhältigen Anspielungen gequält, und als sich die Diener entfernt hatten und die beiden Gegner mit sich allein waren, erhob er sich. Auch sie sprang auf, bleich bis in die Lippen, bleich bis in die Lippen hörte sie ihm zu, wie er in wilde Klagen gegen sie ausbrach. Wozu quälte sie ihn eigentlich so? Sie wußte alles, sie wußte auch, daß er ihr Feind nicht war. Warum zeigte sie ihn nicht lieber gleich an? Was bedeutete überhaupt ihr ganzes Benehmen? Wozu quälte sie ihn so, und noch einmal, wozu quälte sie ihn so? Sie ließ ihn aussprechen, fiel auf die Knie und streckte die Hände nach ihm aus. „Verstehst du denn nicht?" schrie sie. „Ich liebe dich!"

HONORÉ DE BALZAC

An Eva Hanska. Passy, 1. Juni 1841. Diese Nacht, liebe Gräfin, 358 habe ich Sie so deutlich und greifbar im Traum gesehen, daß ich Ihnen, wie in der Fabel von den zwei Freunden, sogleich schreibe. Ganz erschreckt, Sie so deutlich gesehen zu haben, erwachte ich, schlief wieder ein und las dann einen lieben, langen Brief von Ihnen. Sie waren gar nicht verändert, worüber ich entzückt war. Sie waren fern und nah zugleich, ich hatte nicht einmal das Glück, Ihnen die Hand zu drücken.

Kam der Traum vielleicht daher, daß ich abends zuvor mit einem Russen bei der Tochter des verstorbenen Prinzen Kozlowski, einem Fräulein Rzewuski, die mit uns in Wien war und die mir beweisen wollte, daß Sie nicht schön seien (sie selbst ist scheußlich), von Ihnen gesprochen hatte? Oder ist am Ende ein Brief von Ihnen an mich unterwegs? Frau von B. erging es auch so, jedesmal, wenn ich ihr schrieb, träumte sie von dem Brief. Und die Erinnerung daran stimmte mich plötzlich traurig, während ich vor meinem Schreibtisch saß, bevor ich an Sie schrieb.

CHARLES BAUDELAIRE

An Charles Asselineau. Paris. Dienstag, 13. März 1856. Mein lieber Freund! Da Träume Sie unterhalten, schicke ich Ihnen hier einen, der Ihnen sicherlich nicht mißfallen wird. — Es ist fünf Uhr morgens, er ist also noch brühwarm. Bedenken Sie, daß es nur sozusagen ein Muster aller jener tausend Träume ist, von denen ich belagert werde. Ich brauche Ihnen wohl nicht zu sagen, daß die unglaubliche Sonderbarkeit dieser Träume und ihre ganze Art, die meinen Beschäftigungen und meinen Herzensangelegenheiten völlig fremd ist, mich immer zu der Annahme treibt, daß alles das nur eine Hieroglyphensprache ist, zu der mir der Schlüssel fehlt. Es war (in meinem Traum) zwei oder drei Uhr früh, und ich ging 359 allein in den Straßen umher. Ich begegne Castille, der, glaube ich, einige Wege zu machen hatte. Ich sage ihm, daß ich ihn begleiten werde und den Wagen benutzen möchte, um für mich einen Weg zu machen. Wir nehmen also einen Wagen. Ich betrachte es als eine Pflicht, der Besitzerin eines großen Bordells ein Buch von mir, das eben erschienen war, zu überbringen. Als ich das Buch, das ich in Händen hielt, ansah, zeigte es sich, daß es ein obszönes Buch war, was mir die Notwendigkeit erklärte, das Buch dieser Frau zu schenken. In meinem Innern war diese Notwendigkeit übrigens nur ein Vorwand, um eines der Mädchen dieses Hauses zu ..., woraus sich ergibt, daß ich ohne die Notwendigkeit, das Buch zu überbringen, nicht gewagt hätte, in ein solches Haus zu gehen. Ich sage Castille von all dem nichts, lasse den Wagen vor diesem Hause halten, Castille bleibt im Wagen zurück, und ich nehme mir vor, ihn nicht lange warten zu lassen. Gleich nachdem ich geläutet habe und eingetreten bin, bemerke ich, daß mein ... durch den offenen Hosenschlitz heraushängt, und ich finde, daß es selbst an einem solchen Orte unanständig wäre, sich so zu zeigen. Zudem spüre ich, daß ich sehr durchnäßte Füße habe, und bemerke, daß meine Füße nackt sind und ich in eine Wasserlache unter der Treppe getreten bin. Ach was! sage ich mir, ich werde sie waschen, bevor ich ..., und bevor ich das Haus verlasse. Ich gehe hinauf. — Von diesem Augenblick an ist von dem Buch keine Rede mehr.

Ich befinde mich in ungeheuren ineinandergehenden Sälen, Räumen von traurigem und düsterem Aussehen, wie alte Kaffeehäuser, alte Lesesäle oder gemeine Spielhäuser. Die Mädchen, die in diesen Sälen verstreut sind, sprechen mit Männern, unter denen ich Gymnasiasten bemerke. — Ich fühle mich verstimmt und befangen, ich fürchte, daß man meine Füße sieht. Ich schaue sie an und sehe, daß ich einen Stiefel anhabe. Einige Zeit darauf bemerke ich, daß beide Füße beschuht sind. Es fällt mir auf, daß die Wände dieser ungeheuren Säle mit allen möglichen Zeichnungen in Rahmen geschmückt sind. Nicht alle sind obszön. Es sind sogar architektonische Zeichnungen und auch ägyptische Figuren darunter. Da ich mich immer befangener fühle und keines der Mädchen anzusprechen wage, unterhalte ich mich damit, alle Zeichnungen auf das genaueste zu besehen.

In einem rückwärtigen Teile eines dieser Säle entdecke ich eine ganz sonderbare Serie. In einer Menge kleiner Rahmen sehe ich Zeichnungen, Miniaturen und Photographien. Es sind buntfarbige Vögel mit glänzendem Gefieder und l e b e n d e n Augen. Bisweilen sind es nur Vogelhälften, Bilder seltsamer Lebewesen, gräßlich, fast formlos wie Meteorsteine. In der Ecke jeder Zeichnung findet sich eine Anmerkung: Das und das Mädchen, soundso alt, hat in dem und dem Jahre diesen Fötus zur Welt gebracht, und mehr Anmerkungen dieser Art.

Ich erwage, daß derlei Zeichnungen wenig danach angetan sind, Liebesgedanken zu erwecken.

Ein anderer Gedanke ist: Es gibt in der ganzen Welt nur ein einziges Blatt, nämlich den „Siècle", der dumm genug sein könnte, ein Bordell zu eröffnen und darin gleichzeitig eine Art medizinisches Museum unterzubringen. Und plötzlich sage ich mir: Tatsächlich, es ist der „Siècle", der die Gelder zu dieser Spekulation hergegeben hat, und dieses medizinische Museum entspricht ganz seiner Art, Fortschritt, Wissenschaft und Aufklärung zu propagieren. Dann überlege ich, daß die moderne Dummheit ihre geheimnisvolle Nützlichkeit hat und daß dasjenige, was zum Schlechten hätte führen sollen, durch einen geheimnisvollen Mechanismus sich zum Guten wendet. Und ich bewundere bei mir selbst das Treffende meines philosophischen Geistes.

Aber mitten zwischen diesen Abnormitäten gibt es ein Wesen, das lebt. Es ist eine Mißgeburt, die in dem Hause geboren wurde und sich immer auf einem Sockel befindet. Obwohl sie lebt, gehört sie mit zum Museum. Sie ist nicht häßlich, das Gesicht ist sogar ganz hübsch, sehr sonnverbräunt, von orientalischer Färbung, viel Rosa und Grün darin. Sie hält sich zusammengekauert in einer sonderbaren, verdrehten Stellung. Außerdem ist etwas Schwärzliches an ihr, das ihren Körper und ihre Glieder vielfach wie eine Schlange umwindet. Ich frage sie, was das eigentlich sei? Sie erklärt mir, daß das ein gräßlicher Fortsatz ist, der von ihrem Kopf ausgeht, etwas Elastisches, wie Kautschuk, und so lang, so unendlich lang, daß, wenn sie es wie einen Haarzopf um ihren Kopf winden wollte, die Schwere nicht zu ertragen wäre, und daß sie deshalb gezwungen ist, diesen Fortsatz um ihre Glieder zu winden, was übrigens auch viel effektvoller sei.

Ich spreche lange mit der Mißgeburt. Sie teilt mir ihre Sorgen und Kümmernisse mit. Seit mehreren Jahren schon ist sie wegen der Neugierde des Publikums genötigt, sich in diesem Saale und auf diesem Sockel aufzuhalten. Das Unangenehmste für sie ist aber die Abendbrotzeit. Denn da sie ein lebendes Wesen ist, muß sie gemeinsam mit den Mädchen des Hauses soupieren und muß

mit diesem furchtbaren kautschukartigen Anhängsel schwankend
bis zum Speisesaal gehen, wo sie dann diesen Fortsatz entweder
um sich gerollt lassen oder ihn wie ein Paket Stricke auf einen
Sessel neben sich zusammenlegen muß; denn lasse sie ihn einfach
auf dem Boden nachschleppen, so würde die Schwere ihren Kopf
nach hinten reißen. Außerdem muß sie, die kleine, zusammen-
gerollte Mißgeburt, gerade neben einer großen, schön gewach-
senen Dirne sitzen. Übrigens gibt sie mir alle diese Erklärungen
ohne jede Bitterkeit. Ich wage nicht, sie zu berühren, aber ich
interessiere mich für sie.

In diesem Augenblick (das ist kein Traum mehr) macht meine Frau
mit einem Möbel ein Geräusch im Zimmer und weckt mich auf.

Ich erwache, ermüdet, zerschlagen; Rücken, Beine und Hüften wie
zusammengeschnürt. Ich glaube, ich muß in der verdrehten, zu-
sammengerollten Stellung der Mißgeburt geschlafen haben.

Ich weiß nicht, ob Sie all das ebenso komisch finden wie ich.

Der gute Minos, denke ich, wäre recht verlegen, müßte er aus diesem Traume eine moralische Nutzanwendung ziehen.

EDMOND DE GONCOURT

360 Paris, 27. Juli 1870. Ich habe diese Nacht zum erstenmal von
Jules geträumt. Ich war, wie ich es stets im Wachen bin, in
großer Trauer um ihn — doch er befand sich an meiner Seite.
Wir gingen eine Straße entlang, die eine gewisse Ähnlichkeit mit
der Rue Richelieu hatte, und mir schien, als ob wir uns zu irgendeinem Theaterdirektor begaben, um ihm ein Stück zu bringen.
Unterwegs begegneten wir Freunden, Théophile Gautier war
unter ihnen. In der ersten Gefühlsregung wollten sie mir alle
ihr Beileid aussprechen, doch bei dem unerwarteten Anblick
meines Bruders, der, wie es seine Gewohnheit war, in meinem
Traum hinter mir einherschritt, hielten sie plötzlich inne . . . Der
Zweifel zerriß mir das Herz, ich schwankte zwischen der Gewißheit, daß er lebt, was mir durch seine Anwesenheit neben mir
bestätigt wurde, und der Gewißheit seines Todes, den mir in
diesem Augenblick die sehr klare Erinnerung an die Todes-
anzeigen, die noch auf dem Billard ausgebreitet lagen, zum Bewußtsein brachte.

GUSTAVE FLAUBERT

Vor drei Wochen träumte mir, ich befände mich in einem großen 361
Wald, der ganz voller Affen war; meine Mutter war bei mir. Je
weiter wir gingen, desto mehr Affen zeigten sich; sie saßen in
den Zweigen, lachten und hüpften; sie sprangen auf unseren
Weg, wurden größer und zahlreicher. Alle blickten mich an, und
zuletzt bekam ich Angst. Sie bildeten einen Kreis um uns; einer
von ihnen wollte mich streicheln und faßte meine Hand; da schoß
ich auf ihn und verwundete ihn an der Schulter; er stieß ein gräßliches Geheul aus. Da sagte meine Mutter zu mir: „Warum ver-
wundest du deinen Freund? Was hat er dir getan? Siehst du
nicht, daß er dich liebt? Wie er dir ähnelt!" Und der Affe sah
mich an. Sein Blick schnitt mir ins Herz, und ich erwachte . . .
im Gefühl einer Naturgleichheit mit den Tieren und einer Ver-
brüderung in pantheistischer und liebevoller Gemeinschaft.

An Caroline Commanville, Ende Januar 1879. Heute nacht habe
ich infolge meines Beines ein entsetzliches Alpdrücken gehabt.
Ich kroch auf dem Bauche, und Paul (der Portier) verhöhnte 362
mich. Ich wollte ihm Religion predigen (sic), und alles hatte sich
von mir abgewandt.

ADAM MICKIEWICZ

(Wir fuhren vom Begräbnis der Frau Mickiewicz zurück.) Das
Schweigen dauerte fast zehn Minuten. Adam unterbrach es mit
einem tiefen Seufzer und den Worten: „Und so ist alles ganz in
Erfüllung gegangen." — „Was ist in Erfüllung gegangen?"
fragte ich. — „Habe ich dir denn nie meinen Traum erzählt, den
ich in einer Silvesternacht in Petersburg geträumt habe?" —
„Niemals." — „Wirklich nie?" — „Nie."
Nach einer Weile begann Adam:
„Eines Abends kehrte ich früh heim, denn ich wollte am näch-
sten Morgen rechtzeitig in der katholischen Kirche sein. Franz
Malewski war schon zu Hause. Ich zündete selbst eine Kerze
an, wir plauderten noch ein wenig, dann schlief ich ein.
Da träumt mir, es ist schon Morgen. Ich stehe auf, ziehe mich 363

an, mir ist, als klopfe jemand kurz an die Tür. Ein anständig
gekleideter Mann tritt ein und überreicht mir eine Visitenkarte.
Da ich auf der Mitte der Karte keinen Namen finde, frage ich:
‚Von wem ist sie denn?‘ — ‚Sehen Sie nur genau hin.‘ Ich halte
die Karte ans Licht. Der Name fehlt, aber rings herum ist ein
breiter Rand mit Zeichnungen aller Marterwerkzeuge: Nägel,
Hämmer, Zangen, Ahlen, Geißeln. Zornig rief ich aus: ‚Was
sind das für Scherze!‘

Tief bewegt wachte ich auf und fragte: ‚Franz, schläfst du?
Ich werde wohl in diesem Jahre sterben?‘ — ‚Schlaf ruhig weiter,
das sind Einbildungen‘, gab er mir zur Antwort.

Es dauerte lange, bis ich wieder einschlief.

364 Es schien mir, als ob ich schon auf die Kirche zugehe. Leute
kommen nach der ersten Messe aus der Kirche heraus, und ich
dränge mich am Eingang durch die Menschenmenge hindurch.
In der Vorhalle der Kirche reißt mir der Wind den Hut vom
Kopf, ich laufe hinter dem Hut her, erwische ihn, hebe ihn auf
und stehe plötzlich vor drei zu einer Hochzeitsfeier gekleideten
Damen. Auf einmal ist um uns herum kein Mensch mehr da,
und die älteste der Damen, scheinbar die Mutter der Braut,
sagt: ‚Wie kommt es denn, Herr Mickiewicz, daß Sie sich zu
Ihrer Trauung verspäten?‘ — ‚Wieso zu meiner Trauung?‘ —
‚Leugnen Sie es nicht ab, Sie haben doch die Visitenkarte angenommen und haben sie hier bei sich.‘ Ich nehme aus der
Westentasche diese Visitenkarte, sie hebt den Saum des bestick-
ten Kleides der Braut und legt die Visitenkarte an die Stelle, aus
der sie herausgeschnitten war. ‚Da können Sie es sehen.‘ Wie
das im Traum zu sein pflegt, war das schon ein überzeugender
Beweis. Wir gehen zum Altar und bleiben dort stehen. Ich
werfe einen Blick auf meine Zukünftige. Sie ist ganz verschleiert,
ich schreie: ‚Schlage den Schleier zurück!‘ und wache darüber
wieder auf.

Mein Schrei hat Franz aus dem Schlafe geweckt, und ich sage
ihm wieder, ich sehe es voraus, daß ich in diesem Jahre sterben
werde. Lange lag ich wach, aber dann schlief ich noch einmal ein.
Endlich war es Zeit, aufzustehen. Ich gehe fort, und als ich
mich der Kirche nähere, begegne ich den aus der Kirche Kommenden, und mit den Leuten, die in die Kirche wollen, trete ich

ein. Da rollt mein Hut, den der Wind mir vom Kopf herunter-
gerissen hatte, auf dem Boden der Kirchenvorhalle. Ich bücke
mich nach dem Hut, fasse ihn und hebe ihn auf. Zu meiner Überraschung steht Frau Szymanowska vor mir und sagt: ‚Was soll
denn das bedeuten, Herr Mickiewicz, Sie nehmen mir ja meine
Celina weg.‘ Mein Traum fiel mir ein, aber Celina war damals
kaum ein Backfisch, ich mußte lachen. Von der hin- und her-
flutenden Menge wurden wir getrennt und schieden, ohne ein
Wort mehr zu wechseln.

Seitdem waren viele Jahre verflossen. Ich war schon hier in
Paris und bekam Sehnsucht nach einem eigenen Hausstand. Ich
erinnerte mich an Celina und daß sie ein braves Mädchen war,
und schrieb ihr: ‚Wenn du meine Frau werden willst, so komme
nach Paris.‘ Sie kam, wir traten zusammen vor den Traualtar.
Schon näherte sich der Priester, ich sah sie an. Sie war ganz
verschleiert, ihre ganze Gestalt, ihre Bewegungen erinnerten
mich an jene, die ich im Traum in Petersburg gesehen hatte,
und schnell sagte ich: ‚Celina, schlage den Schleier zurück.‘ "

Nach einer Weile fügte Adam hinzu: „Ihre letzte Krankheit
war eine wahre Qual. Sie, die, wenn sie ein Kind zur Welt
brachte, nie einen Schrei von sich gab, jammerte manchmal so
schrecklich, daß man es auf der Straße hörte, und danach zeigte
sie sich so hingebend und so liebevoll, daß ich zu ihr sagte: ‚Du
bist für mich ein Engel.‘ Sie antwortete leise: ‚Weshalb war ich
nicht immer so?‘ Und ich seufzte und wiederholte nur: ‚Weshalb
warst du nicht immer so?‘ "   (Mitgeteilt von Alexander Biergiel)

Paris, 1855. Einmal wurde im Hause von Severin Gałęzowski
die Frage aufgeworfen, ob die Generation von 1830 den Untergang von Petersburg erleben werde, dieser Hauptstadt, die, wie
einst Ninive und Babylon, nur Sklaverei und Mord über die Welt
bringe. Mickiewicz meinte, daß sich das Schicksal von Petersburg wohl erst nach seinem Tode entscheiden werde, und er
erzählte folgenden Traum:

Er nahm im Himmel an den Beratungen über Petersburg teil, 365
und die Vernichtung dieser Hauptstadt schien ihrer Sünden
wegen unausbleiblich. Adam Mickiewicz wurde von Mitleid
ergriffen. Er erhob seine Stimme für die Rettung der Stadt um

der großen Arbeit willen, die bei der Gründung der Hauptstadt
auf einem ekelhaften Morast geleistet worden war. Er wachte
auf, bevor das Urteil verkündet wurde.

(Mitgeteilt von Severin Gałęzowski)

An Thomas Zan. Paris, 2. September 1855. Du wirst begreifen,
daß die Nachricht von Johannes' (Czeczot) Tode mein Herz
durchbohrt hat. Gerade um die Zeit herum, als es mit ihm zu
Ende ging, habe ich sehr oft von ihm geträumt und stets auf
eine bestimmte Art.

366 Es schien mir immer, daß er in dem Städtchen, in dem ich mich
jetzt niedergelassen habe, angekommen sei und daß er mich
suche; ich wiederum — so schien es — vergaß, seine Wohnung
ausfindig zu machen, und warf mir meine Nachlässigkeit vor.
Dieser Traum wiederholte sich mehr als zehnmal, bis die Nachricht von seinem Tode kam, und das letzte Mal zeigte er sich
mir, und es war, als ob er mich zu sich einladen würde.

JULIUS SŁOWACKI

An die Mutter. Paris, 16. Mai 1842. Ich danke Dir, meine Liebe,
für die Nachricht über Ludka. Dieser Name hat für mich noch
immer einen merkwürdigen Zauber. Unlängst hatte ich über sie
einen außerordentlich schönen Traum.

367 Es schien mir, daß wir uns an der untersten Stufe einer großen,
gewaltigen Treppe in der Vorhalle irgendeines Palastes begegneten . . . Ich wußte, daß ich sie dort treffen würde, sammelte
meine ganze Kraft und Energie, ging langsam auf sie zu, und
indem ich ihr ins Gesicht sah, das zu meinem Leidwesen schon
verändert war, faltete ich die Hände und wollte zu ihr sprechen . . .
Doch kaum hatte ich die ersten Worte hervorgebracht, über-
wältigte mich ein herzzerreißendes, heftiges Weinen, und ich
fiel an der Treppe nieder wie Dante vor Francesca . . . Sie stand
über mir, und von Mitleid ergriffen nahm sie mit der Hand von
ihrem Gesicht jene nebelhafte Maske ab, die ihre Veränderung
bewirkt hatte, sie war jetzt schöner als früher und sah mich
einige Augenblicke an. Dann begann sie langsam die Treppe
hinaufzusteigen . . . und ich hörte, wie das Echo ihrer Schritte

in der Höhe verklang und zuletzt nicht mehr hörbar war. Doch
die Handbewegung, mit der sie von ihrem Gesicht die ganze Veränderung, die Jahre und Trauer mit sich brachten, abnahm, war
von wunderbarer Schönheit.
So ist manchmal der Traum ein herrlicher Maler und Moralist.

FJODOR MICHAILOWITSCH DOSTOJEWSKI

Petersburg, 8. November 1866. Wahrscheinlich hätte Dostojewski noch länger gezögert (Anna Grigorjewna Snitkina den Heiratsantrag zu machen), wenn nicht ein prophetischer Traum zur
Entscheidung gedrängt hätte.
Mein Vater träumte, daß er einen wichtigen Gegenstand verloren 368
habe; er suchte ihn überall, durchwühlte ungeduldig alle Schränke,
warf alle unnötigen Dinge, die in seinem Zimmer ihm hinderlich
waren, auf den Boden. Plötzlich bemerkte er in der Tiefe einer
Schublade einen Diamanten, einen ganz kleinen Diamanten, der
so stark strahlte, so stark, daß er das ganze Zimmer erleuchtete.
Mein Vater betrachtete ihn erstaunt; wie konnte dieses Schmuck-
stück in die Schublade gekommen sein? Wer hatte es hier hingelegt? Und plötzlich, wie das in Träumen geschieht, begriff auch
mein Vater, daß dieser kleine Diamant, der so hell strahlte, seine
kleine Stenographin war.
Er erwachte ganz gerührt, ganz glücklich: „Ich muß ihr heute
noch einen Heiratsantrag machen", sagte sich Dostojewski. Er
hat seinen Entschluß nie bereut.

(Mitgeteilt von Dostojewskis Tochter, Ljubow)

An die Gattin Anna Grigorjewna. Ems, 13. August 1879. Stelle
Dir vor, was für einen Traum ich am Fünften hatte (ich habe mir
das Datum notiert):
Ich sehe meinen Bruder, er liegt mit durchschnittener Halsarterie 369
im Bett und verblutet. Entsetzt will ich zum Arzt laufen, doch
hält mich der Gedanke zurück, daß er bis zum Erscheinen des
Arztes verblutet sein würde.
Ein sonderbarer Traum, und zumal am fünften August, am Vor-
abend ihres Todes. (Tags darauf starb die Frau des Bruders,
Emilia Feodorowna.)

ANNA GRIGORJEWNA DOSTOJEWSKI

370 Dresden, 22. Mai 1867. Mir träumte, Fedja würden lauter Geschenke gebracht, von dem einen ein Ring, von dem anderen
Bücher; ein Mädchen schenkte ihm einen Becher aus Elfenbein
für Blumen und von sehr feiner Arbeit. Endlich fragte ich ihn,
warum er denn heute so viele Geschenke bekomme. „Weil heute
mein Geburtstag ist" — antwortete Fedja. Ich war so bestürzt
darüber, daß ich nicht wußte, wann sein Geburtstag sei, und daß
ich ihm nichts geschenkt hatte, daß ich bitterlich zu weinen begann und zu Mascha lief, die schon im Bett lag, um sie zu fragen,
wo meine drei Tausender seien (ich hatte auf einmal drei Tausender), und um sie zu beschwören, sie möge mir doch einen
Rat geben, was ich ihm kaufen solle.
In Tränen erwachte ich.

371 Dresden, 3. Juni 1867. Ich träumte heute, daß ich irgendwohin
nach einer mir unbekannten Stadt reise; ich war schon auf dem
Bahnhof, hatte bereits die Billets gelöst, aber so lange mit Mama
geplaudert, daß der Zug abfuhr und ich einen Dienstmann nehmen mußte, damit er mich auf einen andern Bahnsteig führe, wo
ich hoffte, den Zug noch zu treffen.
Dann erwachte ich.

Dresden. Montag, den 17. Juni 1867. Gestern las ich den ganzen
Abend „Les Misérables", die Beschreibung der Schlacht von
372 Waterloo, und sah dann im Traum nur Krieg, Verwundete, Soldaten und in den Straßen das Blut in Strömen fließen. Ich war
mit Fedja, er wollte mich aber nicht in Schutz nehmen; mir war
kalt, er gab mir jedoch kein Tuch, was mich tief verletzte.

Baden-Baden. Mittwoch, den 10. Juli 1867. Meine Nerven sind
jetzt so angegriffen, daß ich immer die merkwürdigsten Träume
habe.
373 So sah ich heute meinen Vater; dann sah ich einen jungen Mann
und bemerkte, wie Fedja viertausend Franken nahm und mit ihm
zum Roulette ging; ich wußte Räuber würden des Wegs kommen
und die beiden erschlagen. Das Herz tat mir Fedjas wegen so
weh, und es war mir um ihn so leid, daß ich darüber erwachte.

Baden-Baden. Sonnabend, den 3. August 1867. Ich träumte, 374
Fedja hätte mich in eine Erziehungsanstalt gegeben, um meine
Bildung zu vollenden; da wir uns jedoch wochenlang nicht sehen
durften, verdroß uns die Sache sehr, und ich konnte mir gar nicht
erklären, warum er denn das getan, da ich doch sieben Jahre
fortwährend gelernt hatte, froh war, das Lyzeum los zu sein, und
jetzt lernen sollte, wo wir doch so gut miteinander gelebt hatten.
Mir wurde ganz schwer ums Herz bei dem Gedanken, daß wir
nun nicht mehr beisammen sein konnten.

Baden-Baden. Sonnabend, den 17. August 1867. Ich sah mich im 375
Traum in Jerusalem bei einem Begräbnis und in einem Bazar,
wo ich Schuhe und Strümpfe aus Batist kaufte, die eine Sohle
kosteten, das waren vierzig Kopeken in einer ganz neuen türkischen Münze.
Als ich erwachte, mußte ich über die alberne neue Münze lachen.

Petersburg, 23. Februar 1881. Es war kurz nach Mitternacht, und
die Hausleute waren noch nicht schlafen gegangen, als ich plötzlich fühlte, wie mich jemand stark bei der Schulter zupfte und
mit ängstlicher Stimme rief: „Njuta, mein Täubchen, was ist mit
dir, beruhige dich, um Gottes willen beruhige dich." Ich richtete
mich im Bett auf und rief voll Schrecken: „Um Himmels willen,
was ist denn geschehen? Was habe ich jetzt gesehen? Ich habe
ihn gesehen . . ."
Und plötzlich fing meine Tochter, die unsere Schreie und Ausrufe
aufgeweckt hatten, zu weinen an und sagte:
„Mama, eben jetzt habe ich Papa im Traum gesehen, wie wenn 376
er dort irgendwo aufgestanden wäre, so blaß . . ."
Und kaum hatte sie diese Worte ausgesprochen, als ich mich
plötzlich ganz klar besinnen konnte, was ich geträumt hatte:
Ja, auch ich hatte ihn in diesem Augenblicke gesehen, leichen- 377
blaß, mit leidendem Gesichtsausdruck, sich irgendwo erhebend,
wie aus einem Grab.

WSSEWOLOD MICHAILOWITSCH GARSCHIN

Ich sah mich verirrt auf einem weiten, wie das Meer uferlosen 378
Felde. Das Feld war kahl, der Boden glühend. Über mir strahlte

der Himmel in einem rötlichen Glanze, und es schien mir, ich
weiß nicht weshalb, als wäre dies verdünntes Blut. Und trotz des
Tageslichtes war am Himmel ein Stern, der vor mir herging und
mir gleichsam den Weg wies. „Aber warum muß ich gerade in
seiner Richtung gehen?" — kam mir in den Sinn, und ich wandte
mich, dem Stern zum Trotz, nach der entgegengesetzten Richtung.
Aber was geschah? Der Stern, der verhängnisvolle, machtvolle
Stern, stand wiederum vor mir, auf meinem Wege. Mit einer mir
im Wachen nicht eigenen Hartnäckigkeit wandte ich mich nach
links und fürchtete sogar den Himmel anzuschauen. Ich senkte
mein Haupt und fühlte trotzdem den Stern über mir. Ich blieb
stehen, setzte mich zum Ausruhen nieder — mein Stern stand ebenfalls unbeweglich. Es schien mir, als ob ich lange geruht hätte.
Ich sprang auf und fing an, nach der entgegengesetzten Seite zu
laufen. Der Stern lief mit mir, und endlich zeigten sich die ver-
schwommenen Umrisse der Stadt. Ich beschleunigte meine Schritte,
doch plötzlich stand vor mir ein dichter Wald von Palmen der verschiedensten Arten. Ich liebe Palmen sehr, hier jedoch ärgerten
sie mich, weil ich keinen Ausgang aus diesem Wald sah. Der Lärm
aus der Stadt nahm jedoch unterdes zu. Ich vernahm deutlich Geschrei und Gestöhn und empfand den glühenden Wunsch, so
schnell als möglich irgend jemandem zu Hilfe zu eilen. Ich fand
mit Mühe durch die dichten Kronen der Bäume meinen Stern.
Er strahlte noch heller, während der Himmel dunkler wurde und
die Schatten der Dämmerung sich bereits ausbreiteten. Der Wald
war weit hinter mir zurückgeblieben. Die Stadt lag ganz nahe vor
mir . . . und plözlich verlosch mein Stern. Eine dichte, undurch-
dringliche Finsternis überfiel mich . . .
Ich erwachte, vermochte jedoch lange nicht darüber Klarheit zu
gewinnen, ob dies ein Traum oder ein Wahn im Wachen gewesen
war.

LEW NIKOLAJEWITSCH TOLSTOI

Jasnaja Poljana. 17. Februar 1910. Man sprach über das Träumen. Lew Nikolajewitsch erzählte uns, er hätte unlängst geträumt, daß er auf dem Ball mit einer Dame Walzer tanzte und
sich sehr darüber kränkte, daß er nach der alten Art walzte, während alle — nach der neuen tanzten.

„Die Träume sind eine eigentümliche Erscheinung. Ganz richtig ist Pascals Ausspruch: wenn die Träume aufeinander folgten, dann könnten wir den Traum von der Wirklichkeit nicht unterscheiden." (Mitgeteilt von Walentin Feodorowitsch Bulgakow)

ALEXEJ SERGEJEWITSCH SSUWORIN

Petersburg, 2. September 1902. 10 Minuten vor 3 Uhr morgens. Wir waren in einem Dorfe, das aber nicht an unser Nikolskoje 380 erinnert. Die Straße zog sich einen Hang entlang hin, dann führte eine Brücke über einen Fluß. Auf der Brücke steht Lew Tolstoi mit noch einigen Personen. Anscheinend bringt er ein Manuskript für uns in die Druckerei. Ich laufe ihm entgegen, um ihn zu seinem fünfzigsten Jubiläum zu beglückwünschen. „Ich gratuliere Ihnen, Lew Nikolajewitsch." — „Nun, wozu denn?" erwiderte er. „Sie haben recht," sagte ich, „man braucht Ihnen nicht zu gratulieren: Sie können uns allen Glück wünschen, daß Sie fünfzig Jahre gearbeitet haben." Ich nehme das Manuskript und eile nach Hause. Bei der flüchtigen Durchsicht sehe ich, daß es Skizzen aus der russischen Geschichte und noch irgendwelche Bruchstücke sind. Die Zeit vergeht. Er kann schon in der Druckerei sein, und ich bin nicht dort und habe das Manuskript doch an mich genommen, als wolle ich mich mit der Durchsicht beeilen und es noch vor ihm in die Druckerei bringen. Ich sage, man solle rasch die Pferde anspannen. Aber da stehen schon einige Wagen neben mir. Einer fährt vor, und der Kutscher sagt, er wolle mich fahren. Wir halten schließlich vor einem langen, einstöckigen Hause, dessen Fenster fast in gleicher Höhe mit dem Fußsteig liegen. Es ist anscheinend unser Haus. Vor ihm steht Tolstoi mit seinen Bekannten. Die Fenster im Hause sind offen. Ich steige aus dem Wagen, gehe auf Lew Nikolajewitsch zu, wir unterhalten uns. Plötzlich ruft Anna Iwanowna aus dem Hause: „Lew Nikolajewitsch, wollen Sie nicht Tee trinken?" Ich denke: weshalb ist sie hier? Aber Tolstoi geht in das Haus hinein, wir folgen ihm. Wir kommen in einen Saal, der in zwei ungleiche Teile geteilt ist. In dem einen Teil wird ein Gottesdienst zelebriert; er erinnert an eine Abendmesse; im anderen Teil befinden wir uns. Irgend jemand beginnt mit einem Vorhang, auf dem Heiligenbilder wie auf einem Altar aufgemalt sind, jene Hälfte des Saales, wo der Gottesdienst stattfindet, abzusperren. Der Mensch ist mittelgroß und trägt einen grauen baumwollenen Kaftan. Er ist mit seiner Arbeit noch nicht fertig, als ich sehe, wie Lew Nikolajewitsch eine alte Stola und ein altes Meßgewand anlegt, um gleichfalls Gottesdienst abzuhalten. Mir ist das unangenehm, und ich denke, man wird darüber sprechen, daß Tolstoi in meinem Hause Gottesdienst gehalten habe, ein Klatsch ist unvermeidlich. Ich gehe in das Nebenzimmer, es ist dunkel und gleichfalls voller Menschen. Plötzlich höre ich Anna Iwanowna weinerlich kreischen: „Nicht doch, nicht doch, nicht doch", und immer wieder nur diese Worte. ‚Nun,' denke ich mir, ‚Anna Iwanowna macht Skandal und will Tolstoi den Gottesdienst nicht abhalten lassen.' Ich eile in den Saal. Lew Nikolajewitsch steht im Meßgewand da, das Gesicht der Ecke mit dem Heiligenbild zugewandt, und einige Schritte vor ihm Anna Iwanowna, die immer wieder sagt: „Nicht doch, nicht doch." Ich trete näher und überlege mir, was ich tun soll, als ich plötzlich Gorbunow sehe. Er trägt einen Frack und sitzt seitlich auf dem Stuhl, die eine Hand hängt über der Stuhllehne. Er schaut ruhig auf Tolstoi und Anna Iwanowna. Ich gehe auf ihn zu und denke mir: er ist doch gestorben; aber er sieht so lebendig aus, daß ich an seinem Tode zu zweifeln anfange. Als ich mich umwende, sehe ich, wie Tolstoi das Meßgewand ablegt, sein Bart ist voller Dornen, die seinem Gesicht einen unangenehmen Ausdruck verleihen.

Hier erwachte ich, stand auf und sah im Vorzimmer nach der Uhr. Es war zehn Minuten vor drei Uhr. Dann ging ich in mein Arbeitszimmer und schrieb den Traum nieder.

MAXIM GORKI

„Welches ist der schrecklichste Traum Ihres Lebens?" fragte mich Tolstoi.

„Ich träume selten und behalte Träume schlecht, aber zwei sind mir in der Erinnerung geblieben und werden es wohl mein Leben lang bleiben.

381 Ich träumte einmal, daß ich den Himmel skrofulös, eitrig, grün-

lich gelb sah, und die Sterne darauf waren rund, flach, ohne Strahlen, ohne Glanz, wie Ausschlag auf der Haut eines Kranken. Und über diesen Eiterhimmel glitt langsam, schlangenartig, ein rötlich gezackter Blitz, und wenn er einen Stern berührte, schwoll der Stern zu einem Ball und zerbarst geräuschlos, wobei er einen dunklen Fleck, wie einen kleinen Rauch, zurückließ; und dann verschwand der Fleck schnell im fahlen und flüssigen Himmel. Ein Stern nach dem andern zerbarst und verging so, und der Himmel wurde immer dunkler und immer schrecklicher, und zuletzt wirbelte er empor, warf Blasen auf, und in Stücke brechend, begann er als eine Art kalten Gelees auf meinen Scheitel zu fallen, und in den Zwischenräumen zwischen den Trümmern zeigte sich eine metallene Schwärze wie von Eisen."

Lew Nikolajewitsch sagte: „Nun, das kommt aus einem gelehrten Buch; Sie müssen etwas über Astronomie gelesen haben; daher der Alp. Und der andere Traum?"

„Der andere Traum: Eine beschneite Ebene, glatt wie ein Blatt [382] Papier; kein Hügel, kein Baum, kein Busch irgendwo, nur — kaum sichtbar — ein paar Ruten, die aus dem Schnee herausragen. Und über dem Schnee dieser toten Wüste streckte sich von Horizont zu Horizont der gelbe Streifen einer kaum wahrnehmbaren Straße, und über die Straße marschierte langsam ein Paar Schaftstiefel aus grauem Filz — leer."

Er hob seine buschigen Werwolfbrauen, sah mich durchbohrend an und dachte eine Weile nach.

„Das ist furchtbar. Haben Sie das wirklich geträumt, Sie haben es nicht erfunden? Aber auch dieser Traum hat irgendwie etwas Büchermäßiges."

Und plötzlich wurde er böse, und sich mit dem Finger das Knie reibend, sagte er streng mit gereiztem Ton: „Aber Sie sind doch kein Säufer. Es ist unwahrscheinlich, daß Sie je viel getrunken haben. Und trotzdem ist etwas Betrunkenes in diesen Träumen. Es gab einen deutschen Schriftsteller, Hoffmann, der träumte, daß [383] Spieltische über die Straße liefen und alles mögliche Zeug dieser Art, aber er war ein Trunkenbold — ein ‚Kalaholiker', wie unsere gebildeten Kutscher sagen. Leere Stiefel, die marschieren — das ist wirklich furchtbar. Selbst wenn Sie es nicht erfunden haben, bleibt es merkwürdig. Wirklich furchtbar."

Plötzlich lächelte er über das ganze Gesicht, so daß sogar seine Wangenknochen strahlten:

„Und stellen Sie sich das nur vor: auf einmal läuft über die Twerskaja ein Spieltisch mit gebogenen Beinen, seine Klappbretter machen klapp, klapp, und bei jedem Klapp gibt es kalkigen Staub, und Sie können sogar noch die Nummern auf dem grünen Tuch sehen — Steuerbeamte hatten drei Tage und drei Nächte ohne aufzuhören daran Whist gespielt — das hat der Tisch nicht mehr ausgehalten und ist davongelaufen."

Er lachte, und da er offenbar bemerkte, daß ich durch sein Mißtrauen gegen mich ein wenig verletzt war:

„Sind Sie verletzt, weil ich Ihre Träume für büchermäßig gehalten habe? Nehmen Sie es nicht übel, ich weiß, manchmal erfindet man etwas, ohne es zu merken, etwas, das man nicht glauben kann, etwas ganz Unwahrscheinliches, und dann bildet man sich ein, daß man es geträumt hat und es keineswegs erfunden hat. Ich erinnere mich an eine Geschichte, die mir ein alter Gutsbesitzer 384 erzählt hat. Er träumte, daß er durch einen Wald ginge und heraus auf eine Steppe käme. Auf der Steppe sah er zwei Hügel, die sich plötzlich in Frauenbrüste verwandelten, und zwischen ihnen erhob sich ein schwarzes Gesicht, das hatte statt Augen zwei Monde wie weiße Flecken. Der alte Mann träumte, er stünde zwischen den Beinen der Frau, und vor ihm war eine tiefe, finstere Schlucht, die ihn einsaugte. Nach diesem Traum wurde sein Haar grau und seine Hände begannen zu zittern, und er ging ins Ausland zum Doktor Kneipp, um eine Kaltwasserkur zu machen. Aber er muß wirklich so etwas gesehen haben — er war ein Stück von einem Wüstling."

Er klopfte mich auf die Schulter.

„Aber Sie sind weder ein Trinker noch ein Wüstling — wie kommen Sie zu solchen Träumen?"

„Ich weiß nicht."

„Wir wissen nichts von uns."

Er seufzte, zog die Augen hoch, dachte ein wenig nach und fügte dann mit leiser Stimme hinzu: „Wir wissen nichts. —"

Diesen Abend während unseres Spaziergangs nahm er meinen Arm und sagte:

„Die Stiefel trappen — schrecklich, eh? Ganz leer — tjop, tjop —

und der Schnee knirscht. Ja, es ist gut; aber Sie sind ein rechter
Büchermensch, wahrhaftig. Seien Sie nicht böse, aber das ist nicht
gut und wird Ihnen im Wege sein."

Ich bin kaum mehr Büchermensch als er, und damals hielt ich ihn
für einen grausamen Rationalisten trotz aller seiner netten
kleinen Sätze.

MAURUS JOKAI

Mir träumte, ich befände mich in einer weiten, weiten Wüste, 385
einer öden, grenzenlosen Fläche. Ich ging ruhig vor mich hin;
ich wußte den Weg, auf dem ich bald aus ihr herauszukommen
dachte. Da hörte ich ein eigentümliches Geräusch hinter mir,
kleine rasch und regelmäßig trippelnde Schritte auf dem Boden:
tripp tripp — tripp tripp — tripp tripp. Zuerst achte ich kaum
darauf. Aber wie das immer fortdauert, mir dicht auf den Fersen,
wird mir das gleichmäßige Geräusch so unangenehm, ich mag
es nicht hören, ich drehe mich verdrießlich um. Da sehe ich eine
kleine, alte Frau in grauen Kleidern; sie mußte mir nachgegangen
sein. So wie ich still stehe, tut sies auch. Ich denke, sie wird
den Weg nicht kennen, wird hinter dir hergehen, um auch aus
dieser häßlichen Wüste hinauszukommen. Sie sieht nicht zu mir
auf, und wie ich in ihr Gesicht blicke, bemerke ich, ihre Augen
sind geschlossen, sie ist blind. Ach, ich hatte recht, sie will sich
von mir führen lassen. „Mütterchen," sage ich zu ihr, „kommen
Sie, ich werde Sie führen." Sie antwortet nicht und bewegt sich
nicht. ‚Gut,' denke ich, ‚du scheinst auch taub zu sein. Tu, was
du willst.' Aber gleich höre ich auch schon wieder hinter mir
die kleinen, kurzen, raschen Schrittchen. Das fatalste Gefühl!
Rasch wende ich mich wieder um, da sehe ich, daß die Frau, wie
plötzlich überrascht, die Augen schließt, ein Paar helle Augen,
und wieder stellt sie sich taub und blind. Mir wird es so unheimlich, daß ich ihr nichts sagen kann. Ich wende mich ab und gehe
rasch vorwärts, aber immer dicht hinter mir klingt das Trippeln
der Alten, und mir kommt das Gefühl: ‚Du führst nicht die
Frau, sondern sie schiebt dich, wohin sie will.'

‚Nun, das soll dir nicht gelingen,' sage ich mir, gehe im Zick-
zack, nehme andere Richtungen, immer höre ichs — tripp, tripp,
tripp, tripp.

Ist denn die Wüste nicht bald zu Ende? Da hebe ich die Augen,
und weit, weit am Horizont, wo der Weg hinführt, bemerke ich
etwas ganz Schwarzes. Was ist das? Ich blicke schärfer hin . . .
‚Das ist ja eine enorme, schwarze Grube — das ist ja mein Grab!
Ach, dahin willst du mich schieben? Wart, ich werde listiger
sein als du.‘ Ich wende mich rasch vom Wege ab und gehe im
rechten Winkel weiter. Die Frau bleibt immer gleich nahe hinter
mir. Nach längerer Zeit blick ich wieder auf — da am Horizont
steht die schwarze Grube wieder vor mir. Auch dieser Weg
führt gerade auf sie zu. ‚Und du sollst mich doch nicht dahin
schieben, verdammte Alte,‘ sag ich zu mir und setze mich fest
auf den Boden. Die Schrittchen klangen nicht mehr, ich fühle
nur die Nähe des Weibes hinter mir. Aber wie ich nun ruhiger
die Augen hebe, — da seh ich — kommt die Grube selbst leise,
langsam, dann schneller aus der Ferne auf mich zu. Mich schau-
derts, ich springe auf, wende mich um, und dicht hinter mir
steht die Alte, viel größer geworden als ich. Mit großen, weit
offenen, hellen Augen blickt sie böse, hämisch lächelnd auf mich
nieder, die Hände mit den gekrallten Fingern hat sie über mich
erhoben — ich versuche, mich gegen sie zu stürzen, und über
dem Ringen bin ich aufgewacht.

AUGUST STRINDBERG

Paris, 1896. Manchmal träume ich in der Nacht, und diese
Träume sagen mir die Zukunft vorher, sichern mich gegen Ge-
386 fahren und enthüllen mir Geheimnisse. So erscheint mir ein
lange verstorbener Freund im Traume und zeigt mir ein Geld-
stück von ungewöhnlicher Größe. Auf meine Frage, woher dieses
merkwürdige Stück stamme, antwortet er mir: „Aus Amerika“,
und verschwindet mit dem Schatz.
Am andern Tage erhalte ich einen Brief aus Amerika von einem
Freunde, von dem ich zwanzig Jahre lang nichts mehr gehört
und der mir mitteilt, daß ein Auftrag für die Ausstellung von
Chicago mich vergeblich in ganz Europa gesucht habe. Es handelte sich um ein Honorar von 12 000 Francs, eine für meine
damalige verzweifelte Lage ungeheure Summe, die ich sehr wohl
hätte brauchen können.

Paris, 1896. Ein anderer Traum von weiterer Tragweite ließ mir 387
Jonas Lie mit einer vergoldeten Bronzependule voll seltener Zie-
raten erscheinen.
Als ich einige Tage später auf dem Boulevard St. Michel spa-
zierenging, zog das Schaufenster eines Uhrmacherladens meine
Aufmerksamkeit auf sich.
„Die Uhr des Jonas Lie!" rief ich laut.
Wirklich, es war dieselbe. Sie war von einer Himmelskugel ge-
krönt, an der zwei Frauen lehnten, das Räderwerk ruhte auf vier
Säulen, in der Kugel zeigte ein Datumanzeiger den dreizehnten
August.

Paris, 14. Mai 1896. In der vergangenen Nacht hatte ich einen
Traum. Ein abgeschnittener Kopf wurde wieder auf den Rumpf 388
eines Menschen gesetzt, der wie ein durch den Trunk herab-
gekommener Schauspieler aussah. Der Kopf fing an zu sprechen;
ich bekam Furcht und warf meinen Bettschirm um, indem ich
vermeintlich einen Polizisten vor mir hinstieß, um mich gegen
den Angriff des Rasenden zu schützen.

Paris, 28. Juni 1896. Ich habe meine Frau im Traume gesehen; 389
sie hatte einen zahnlosen Mund. Sie gab mir eine Gitarre, die
wie ein Donauboot aussah.
Derselbe Traum bedrohte mich mit Gefängnis.

1. September 1896. Nachts träume ich von einem Adler, der 390
mich zur Strafe für etwas Unbekanntes in die Hand hackt.

22. August 1907. Träumte, ich sei in dem Heim meiner Kindheit 391
am Sabbatsberg; sah, daß der größte Teich vertrocknet war.
Dieser Teich war den Kindern immer gefährlich gewesen, weil
die Ufer aus Morast bestanden; auch war der stinkende Teich
voller Frösche, Igel und Eidechsen. Jetzt im Traum ging ich auf
dem trocknen Boden umher und war erstaunt, daß er so rein
war. Dachte: ‚Nun ist es aus mit dem Froschsumpf, nachdem ich
mit den „Schwarzen Fahnen" gebrochen habe.'

12. September 1907. Träumte, ich befände mich in einem Stein- 392
bruch und könne weder hinauf noch hinunter kommen. Ich
dachte ganz ruhig: ‚Muß wohl um Hilfe rufen.'

393 20. September 1907. Träumte in der Nacht, ein schwarzer Hund
springe mir auf die Schulter; ein weißer Hund saß auf der Erde.
Als ich am Morgen das Fenster öffnete, sah ich zwei Hunde,
einen weißen und einen schwarzen, die sich um ein Tauende
zankten. Das zu deuten war nicht schwer!

Eines Morgens erhielt ich einen Brief von zwanzig Quartseiten
aus Amerika. Mir ist bange vor langen Briefen. Sie beginnen
immer mit Schmeicheleien und enden mit Schelte. Ich las indessen, wie gewöhnlich, erst den Namen; der war mir unbekannt.
Darauf blickte ich hier und dort hinein und sah, es war so einer,
der mich beeinflussen wollte. Ein Wort stach mich wie eine
Nadel, und ich riß den Brief in kleine Stücke, die ich in den
Papierkorb legte.

394 In der Nacht träumte mir, der merkwürdige Mann, der noch nach
seinem Tod meine Schritte zu leiten schien, zeigte mir eine alte
Handschrift, die ich nicht lesenswert gefunden. Der alte Gelehrte
hielt die Handschrift gegen das Licht; da sah ich wie in Wasser-
zeichen eine andere Schrift zwischen den Zeilen. Gleich darauf
wurde mir ein abgerissener Draht aus Blei gezeigt; bei näherem
Zusehen bestand die Bruchfläche aus Gold.
Als ich am Morgen erwachte, verstand ich den Traum in seiner
ganzen klaren Symbolik. Ich ging zum Papierkorb, sammelte
die Stücke von dem Manuskript des Unbekannten; brachte sechs
Stunden damit zu, sie zusammenzufügen. Dann begann ich zu
lesen.

395 Ich war nach meinem geliebten Schärenhof gefahren, den ich im
Frühlingsprießen fand. Die Birken hatten eben ausgeschlagen,
und die See schmiegte sich zärtlich an den Strand. Die Villa war
mit merkwürdig schönen Möbeln ausgestattet. Kein bestimmter
Stil, aber eine Mischung von mehreren. Hier stellte ich alles für
den Sommer zurecht, den herrlichen, nordischen Sommer mit
seinen hellen Nächten. Dort soll der Schreibtisch stehen, be-
schattet vom Blütenschmuck des Apfelbaumes vor dem Fenster,
dort das Buchregal, und dort gegen Süden soll das Schlafzimmer
liegen mit dem Ausblick auf eine mit einfachen Blumen ge-
schmückte Wiese. Und alles war schön und gut, wie es im Früh-

ling sein soll, wenn sich alles erneut. Die Idylle schien vollständig
zu sein, aber kein Glück ist rein und ganz. Vom Hofe her höre
ich plötzlich Renntierschreie, und wie ich das Fenster öffne, sehe
ich zwei Krähen, die ihr Nest in einen der Bäume gebaut hatten,
das Haus umflattern. Sie waren sehr aufgeregt, und ihr wildes,
heiseres Geschrei jagte mir Schrecken ein. Ich ging auf den Hof,
nahm eine Handvoll des neu zugeführten Sandes und warf diesen
in das Nest. Und da kreischten die Vögel auf, flogen über die
Wiese, über das Meer und verschwanden im blauen Äther.

ANCH' IO SONO PITTORE

Es werden die Menschen gehen und
sich nicht bewegen; sie werden mit
dem sprechen, der nicht da ist; sie
werden den hören, der nicht spricht.

Leonardo da Vinci

MORITZ VON SCHWIND

396 An Ludwig Schaller. Karlsruhe, 4. November 1842. Mir träumte
in der ersten Nacht (nach der Rückkehr von der Hochzeitsreise),
daß ich die Sporen wieder an die Stiefel schraubte und einen
Mohrenkopf ritt. Da ich den zu langweilig fand, brachte man mir
einen Falben mit schwarzem Schweif und Mähne.

CARL SPITZWEG

397 An Friedrich Pecht. München, 4. Oktober 1884. Ich begnüge
mich in meinem Traumleben still und billig mit mir selber — und
geh, wenns hoch kommt, wie heute nacht, zum Weinwirt Eckel,
schau einen Gast für den Wirt an und einen andern Gast für den
Kellner, laß mir ein Glas Mosler geben, hab dann mein Geld vergessen, und wie ich fort will, ist mir wieder mein Hut gestohlen.
Was mir überhaupt in letzter Zeit Hüte gestohlen worden sind,
und zwar feine Zylinder, natürlich alles im Traume, geht über alle
Beschreibung, ein paar Hutmacher könnten davon leben.

MARIA BASHKIRTSEFF

Mai 1873. Heute nacht hatte ich einen schrecklichen Traum:
398 Wir waren in einem Hause, das ich nicht kannte, als auf einmal
ich oder ich weiß nicht wer (ich erinnere mich nicht mehr daran)
durch das Fenster sieht: Ich sehe, wie die Sonne größer wird und
fast die Hälfte des Himmels bedeckt, aber sie leuchtet nicht und
wärmt nicht. Darauf teilt sie sich, ein Viertel verschwindet, der

Rest teilt sich wiederum und verändert seine Farbe; wir sind gleichsam vergoldet. Darauf bedeckt sie sich bald mit einer Wolke, und alle Welt ruft: „Die Sonne steht still!" Wie wenn ihre natürliche Funktion wäre, sich zu drehen. Einige Sekunden ist sie dann unbeweglich, aber blaß geblieben, dann ist die ganze Erde seltsam geworden; nicht etwa daß sie gewackelt hätte, ich kanns gar nicht ausdrücken, denn etwas Ähnliches existiert gar nicht mehr in unserer alltäglichen Wirklichkeit. Es gibt keine Worte, um das auszudrücken, was wir nicht verstehen. Darauf hat sie sich wiederum gedreht, wie zwei Räder, das eine in dem anderen, das heißt, die helle Sonne war auf Augenblicke von einer Wolke bedeckt, die ebenso rund war wie sie. Der Schrecken war ein allgemeiner. Ich fragte mich, ob das das Ende der Welt sei; aber ich wollte glauben, daß das nur für einen Augenblick wäre. Mama war nicht bei uns, sie kam in einer Art Omnibus angefahren und schien gar nicht erschreckt. Alles war seltsam, der Omnibus war nicht so wie andere Omnibusse. Dann sah ich meine Kleider an; wir packten unsere Sachen in einen kleinen Koffer. In demselben Augenblick fängt alles wieder an. Es ist das Ende der Welt, und ich frage mich, warum Gott mir nichts vorher gesagt hat, und ich frage mich, ob er mich für würdig hält, daß ich diesen Tag überlebe. Alle Leute haben Furcht, und wir steigen mit Mama in den Wagen, und wir fahren, ich weiß nicht wohin.

Was soll der Traum bedeuten? Ist er von Gott geschickt, um uns irgendein großes Ereignis vorauszusagen, oder ist das bloß nervös von mir?

Dienstag, den 17. August 1874. Ich habe von der Fronde geträumt. Ich war soeben in den Dienst Annas von Österreich getreten; sie mißtraute mir, und ich führte sie inmitten ihres rebellischen Volkes und rief: „Es lebe die Königin!" Und das Volk rief mit uns: „Es lebe die Königin!" 399

Nizza. Montag, den 27. Dezember 1875. Ich habe einen drolligen Traum gehabt. Ich flog sehr hoch über der Erde, mit einer Lyra 400 in der Hand, deren Saiten alle Augenblicke abgingen, und ich konnte keinen Ton hervorbringen. Ich flog höher und immer

höher, ich sah unermeßliche Horizonte, blaue, rote, gelbe, ge-
mischte, goldige, silberne, zerrissene, seltsame Wolken; dann auf
einmal wurde alles grau und sodann von neuem glänzend; und
ich stieg immer weiter in die Höhe, bis ich endlich zu einer ganz
erschreckenden Höhe gelangte. Doch ich hatte keine Furcht, die
Wolken schienen eisig, dunkelgrau und glänzten wie Blei. Alles
war weg, ich hatte meine Lyra mit den schlecht gespannten
Saiten immer noch in der Hand, und tief unten zu meinen Füßen
schwebte eine dunkelrote Kugel, die Erde.

401 Mittwoch, den 30. August 1876. Mir hat geträumt, Pietro A. . . .
sei gestorben. Ich näherte mich seinem Sarge und legte ihm eine
Kette aus Topas mit einem goldenen Kreuz um den Hals. Kaum
hatte ich das getan, so bemerkte ich, daß der tote Mensch nicht
Pietro war.
Der Tod im Traume bedeutet eine Ehe, glaube ich.

402 Sonntag, den 20. Mai 1883. Mir hat geträumt, man legte auf mein
Bett einen Sarg und sagte, es wäre ein Mädchen darin. Und der
Sarg glänzte wie Phosphor in der Nacht.

CAMILLE COROT

403 Paris, Februar 1875. Ich habe diese Nacht im Traum Landschaften gesehen, mit ganz rosafarbenem Himmel.

(Mitgeteilt von Vincent van Gogh)

GIOVANNI SEGANTINI

Der Künstler glaubte an Ahnungen und Warnungen durch
Stimmen aus dem Jenseits und erzählte zum Beweise dafür:
Einmal habe er sich auf einem langen Wege im Winter verirrt
und sich schließlich entkräftet in den Schnee gesetzt und sei
eingeschlafen.

404 Da habe er eine Stimme gehört, die ihn anrief. Es sei die Stimme
seiner längst verstorbenen Mutter gewesen.
Dieser sei er gefolgt, sonst wäre er rettungslos verloren gewesen.
Seitdem, erklärte der Künstler, glaube er an eine andere Welt.

PAUL GAUGUIN

Marquesas, 1903. Erst heute nacht träumte mir, ich sei tot. Und 405
merkwürdig, es war tatsächlich der Augenblick, wo ich glücklich lebte.

E. R. WEISS

Ich kam langsam um die Ecke und bog zwischen die hohen 406
Gartenmauern der breiten Straße ein, die bergauf führt; hatte
mich etwas verspätet, eines höchst merkwürdigen Vorfalles
wegen, der unklar blieb, ja, und nahm an, Moritz werde wohl
schon bei mir zu Hause gewesen sein, um mich zu unserem
Donnerstagspaziergang abzuholen. Es war Morgen, ein wunderbar erlöster Morgen — so empfand ich — kühl und sonnig. Da
trat er richtig, kaum hatte ich ein paar Schritte straßauf gemacht,
aus dem eisernen Gittertor in der hohen schrägen Gartenmauer
linker Hand, über der die Bäume dunkel ragten. Ich sah ihn
von hinten, er hatte keinen Hut auf, und die kleine, kahl werdende
Stelle seines zierlichen Kopfes schimmerte hell und klug, ganz
weit her. Sorglich schloß er das eiserne Tor, wie es so gebildeter
Menschen Art ist, und ging mit dem eigentümlich abgemessenen
Schritt, der ihm eigen ist, schräg über die Straße. Ich rief ihn.
Er hörte nicht. Ich rief noch einmal, vergeblich. Er stieg weiter
die Straße hinauf, jetzt an der Mauer auf der anderen Seite, die
im Licht der Morgensonne stand. ,Wie seltsam,' dacht ich, ,daß
er nichts hört,' und begann rascher zu gehen.
Da flog von rechts, steil herab aus der Luft fallend, ein kleiner
Knabe schräg vor meinen Augen vorbei und schlug mit der Stirn
voran aufs Pflaster und lag da. Entsetzt stürzt ich auf den hellen
Körper zu, hob ihn auf, das Herz stand mir still, er war seltsam
leicht. Aber ich war so glücklich, als er sich ein wenig bewegte,
wie schlaftrunken, und daß er sich aufrichtete, als ich ihn auf
die Arme nahm. Er war anzusehen wie eines der Kinder auf den
wahrhaft himmlischen Bildern Freyholds, so ein rundes Kind,
das nie groß und häßlich wird, fast wie ein kleiner Engel; seine
Härchen, so hellblond, standen wie weiße weiche Federchen um
den rosa Kopf, er hatte ein Kittelchen an und kurze Höschen.
weiß und blau gestreift.

„Büble" — sagt ich —, „liebes Büble", und lachte ihn an und
wollte es nicht fassen, daß ihm nichts geschehen war, aber er
war ganz unverletzt, und nur auf der Stirne hatte er einen runden
rosigen Fleck, so groß wie ein kleines Rosenblatt.

„Nicht Büble sagen", naunzte er, und verzog das helle Gesicht
und machte mit dem einen Ärmchen eine abwehrende Bewegung.
Da gingen in dem Hause rechts, ich hatte es noch gar nicht
bemerkt, ein, zwei, zehn, zwanzig Fenster auf, und aus allen
Fenstern riefen Kinder: „Büble! wo bist, Büble? bist gefallen?
bist tot?" Ich hatte mein Gesicht zu den rufenden Kindern hin-
übergedreht, jetzt sah ich wieder den süßen Knaben an auf
meinem Arm. In diesem Augenblick sank er auf meine Schulter
und starb und war tot. Das sah ich gleich, so unbegreiflich es
auch war. Seine Augen waren geschlossen. Es war ganz still.
Die rufenden Kinder waren alle verschwunden. Ich trug ihn
wie bewußtlos zu der Tür des Hauses. Die Tür ging auf, und
eine Frau in der Tracht der Krankenpflegerinnen stand da. Sie
hatte kein Gesicht, an dessen Stelle war eine undeutliche Fläche
unter dem dummen weißen Rüschenhäubchen, aber zwei strenge
bläuliche Augen sahen mich an. Sie streckte die Arme vor, wie
um mir den Knaben abzunehmen. Ich legte ihn stumm auf ihre
Arme. Sie sagte: „Er wird zu Doktor Sau kommen; der wird
sich freuen; er hat ja seine meisten Studien an Affen und Hunden
und Meerschweinchen gemacht, aber lebendigen natürlich! Sie
haben doch wohl seine regelmäßige Anzeige im ‚Badener Tag-
blatt' gelesen: Sputum-, Harn- und andere Analysen, Vivi-
sektion usw." Grauenhaft, einfach saumäßig, fuhr es mir durch
den Kopf. Mein Herz klopfte. Die strengen Augen machten
einen unverkennbar protestantischen Aufblick. Dann verschwand
sie, ohne von der Stelle zu gehen, und die dünne eiserne Tür
schlug schmetternd zu.

Ich stand und sah mich verwirrt um. Moritz war nicht mehr
zu sehen. ‚Ach,' dachte ich, ‚wie schade! Wie traurig! Er hätte
mir sagen können, was das alles zu bedeuten hat; er weiß
doch alles.'

407 16. August 1924. Der Dampfer, mit dem ich fuhr, hielt in London. Ich hatte M. G. dort aufzusuchen. Das war unsympathisch,

aber es ging nicht anders; ich wußte nicht einmal mehr, warum
ich diesen Boche sprechen mußte. Ich ging eine lange Straße
hinunter; es war gegen Abend und Himmel und Häuser düster
und fremdartig. Die Menschen, die mit mir gingen, wurden plötzlich zahlreich, wurden eine Menge, die ganze Straße war auf einmal voll, alles drängte vorwärts, Entgegenkommende wurden
mitgerissen, ein verworrenes Geschrei wurde hörbar, das näher
und näher kam; da mündete die enge Straße mit dem Strom
der vorwärtseilenden Menschen, ich mitten drin, auf einen kleinen
Platz, der voller Menschen war, die alle schrien und in der
Rechten einen kleinen blauen Zettel schwenkten, alle mit dem
Gesicht einer großen dicken Frau zugewendet, die in einiger
Entfernung stand und alle überragte — auf was steht sie nur?
fragt ich mich —, die ebenfalls einen blauen Zettel schwenkte und
dazu schrie und mit dem andern Arm wilde Bewegungen machte.
Was sie schrie, was sie alle schrien, konnte ich nicht verstehen,
manchmal klang es wir no! no! no! das sie rhythmisch brüllten.
Ich wußte nicht, was tun; einige sahen mich böse an, schwenkten
ihre blauen Zettel und brüllten. Es war unangenehm, daß ich
keinen blauen Zettel hatte, nicht wußte, warum und was sie
schrien. Da hielt mir einer plötzlich den Zettel vor die Augen,
sah mich mit weit aufgerissenen Augen an, wie in wildem Zorn,
deutete auf ein Wort auf dem Zettel und brüllte mir ins Gesicht.
Ich las das Wort und verstand ihn selbst zu gleicher Zeit — und
brüllte wie er das Wort help, das auf dem Zettel stand, und
schwenkte meinen blauen Zettel. Da kümmerte er sich nicht mehr
um mich. Plötzlich fuhr aus einer Seitengasse, die kaum breiter
war als das Gefährt, ein Wagen mit vier, sechs Pferden davor,
im Galopp in die brüllende Menge, der Kutscher peitschte die
Pferde, die Menschen verstummten wie auf Kommando, zer-
stoben wie Phantome, der Wagen toste hart an mir vorbei und
verschwand ebenso plötzlich, und ich stand an der Ecke der
dunklen leeren Straße, aus der er herausgesaust war. Alles war
still, der Platz schien mir ganz leer, denn ich sah nicht mehr
hin, sondern war schon im Begriff, in die dunkle Seitenstraße
hineinzugehen, die bergan ging. So ging ich eine lange Zeit,
schien mir. Der Gedanke an den Zweck meines Aufenthaltes
überfiel mich, und ich dachte mit Schrecken daran, daß ich gar

keine Adresse von M. G. wußte oder sie vollkommen vergessen
hatte. Was mach ich nur? fragte ich mich und sah zum Himmel
empor, der sich schwarz über den schwarzen Häusern ausdehnte,
nach unten, dem Horizont zu, von einer fahlen, gelblichen Helligkeit aufgelichtet, ein tragisches Licht. Ich stolperte über etwas,
sah, daß es eine Stufe war, die quer über die Straße ging. ‚Wie
in Italien,‘ dacht ich — ‚hier in London. Komisch!‘ Ich merkte
auf und sah mich nahe an einem großen Haus, rechter Hand,
ging darauf zu, immer ab und zu eine Stufe hinauf und stand
vor dem Haus. Es war ein sehr vornehmes Haus, beinahe ein
Palast, in einem seltsamen Stil, einem Mischstil aus Formen, wie
man sie auf Entwürfen Weinbrenners sieht, und Formen, wie sie
die modernsten Architekten versuchen; dazwischen aber waren
in Maßstab und Form sehr kühne, üppige Zierrate angebracht,
in Kurven und Gehängen, die mich an die ungeheuerlichen
Fruchtgehänge an der Fassade eines Palastes in Avignon erinnerten, dessen Entwurf man Michelangelo zuschreibt. Der
ganze schwere, massige, reiche Bau stand hell vor dem schwarzen
Himmel, weißlichgrau mit schwärzlichen Tiefen, wie weißer Marmor aussieht, der ein Jahrhundert lang dem Einfluß nördlichen
Klimas ausgesetzt ist. An manchen Stellen glänzte der Stein
blank. In der Mitte des Palastes war ein hohes Fenster mattgelb
erleuchtet. Eine Weile stand ich und staunte. Dann trat ich ein
paar Schritte zurück, um das Ganze besser zu übersehen, stieß
wieder an eine Stufe, die aber in der Straßenrichtung lief. Ich
trat hinauf, sie war sehr hoch. Da war eine zweite Stufe, auf die
ich hinaufstieg, dann noch eine. Aha, eine Treppe! Ich stieg
hinauf; sie war sehr steil, viel zu steil für eine Treppe. ‚Was für
ein Unsinn, so eine Treppe,‘ dacht ich. Ich war schon ziemlich
weit oben, da bemerkte ich, daß ich wenden mußte, um höher zu
kommen. Die Stufen führten jetzt in umgekehrter Richtung. Ich
tat noch zwei, drei Schritte und befand mich plötzlich an einer
Rampe, einer Art Geländer, alles aus dem weißlichen, etwas blinkenden Marmor. Die Balustrade war aufs reichste bildhauerisch
behandelt, sie war, schien mir, ein einziges ungeheuer großes
Ornament. Ich sah darüber weg und bemerkte zu meinem maß-
losen Staunen, daß die Höhe, die ich erstiegen hatte, die Balustrade, an der ich stand, zu einer gewaltigen Halle oder einer Art

Treppenhaus gehörten und dieses wieder zu dem Palast, dessen Fassade also sozusagen eine Innenfassade war, mir gegenüber. Ich sah auch, daß zu dem erleuchteten Fenster von links und rechts eine geschweifte Treppe hinaufführte. Das Fenster war eine hohe Glastür, die sich auf einen balkonartigen Platz öffnete, auf dem die beiden Treppen von links und rechts her mündeten. Balkon und Treppen hatten dasselbe herrliche üppige Geländer, wie der Platz, auf dem ich stand. Die ganze Halle war von einem sanften, warmen, goldenen Licht erhellt. Da trat aus der Glastür nackt und hell eine Frau, bei näherem Zusehen war sie eine junge Person, sehr schlank, blond, mit langen schönen Beinen, an den Füßen hatte sie kleine Pantöffelchen, auf dem Kopf, das sah ich erst jetzt, ein ganz kleines Spitzenhäubchen und in der Hand einen Staubwedel, eine Zofe also oder so was Ähnliches. ‚O Gott,‘ dacht ich, ‚wenn die mich jetzt sieht hier oben, den Eindringling, und nackt wie ich bin‘ — denn ich war auf einmal auch nackt, hatte nur noch meinen schwarzen steifen Hut auf dem Kopf, den man eine Melone nennt. Ich bückte mich hinter die Rampe und hielt mich an einem prachtvoll bewegten Ornament, einer Art Blattvolute aus blinkender, vergoldeter, herrlich ziselierter Bronze. Ich äugte hinüber, im Begriff, mich gebückt hinter der Balustrade davonzumachen. Sie fuhr mit dem Staubwedel ein bischen an der Tür herum, wie zum Spiel, und zeigte mir ihren langen, schlanken Rücken. Da sah ich, daß sie auf dem Popo, dessen beide Wölbungen tadellos waren, ein paar große bläulichrote Flecke hatte, den Muttermalen ähnlich, die man bei manchen unglücklichen Menschen im Gesicht sieht. ‚Schade,‘ dacht ich — ‚und nun aber nichts als fort.‘ Da wandte sie sich wieder um und erblickte mich, war gar nicht überrascht, sondern winkte mir mit dem Staubwedel, hinüberzukommen. In drei Schritten war ich drüben, ich wußte nicht, wie es zuging. ‚Die werde ich nach der mir fehlenden Adresse fragen,‘ beschloß ich unterwegs, stand neben ihr, hatte meinen Anzug gottlob wieder an und fragte sie. Sie sagte: „Das wird Ihnen Herr Meier wohl sagen können, ich weiß sie nicht." Da trat aus der Glastür ein dicker jüdischer Herr im Frack und mit ihm und hinter ihm ein paar andere Herren und Damen in Abendtoilette. Ich grüßte und fragte. Er sah mich an, schüttelte ein wenig den Kopf, zuckte die Achseln, drehte sich um, die anderen auch, und sie verschwanden wieder in der Glastür. Das nackte Zöfchen war noch da und sagte: „Gehen Sie nur, bitte, bis zur nächsten Ecke und fragen Sie den Mann dort." Dann war sie weg, die Glastür erlosch, es wurde dunkel, ich drehte mich um, stieg wieder zwei, drei solch hohe Stufen hinunter und ging die schwarze Straße in der Richtung fort, die sie mir gezeigt hatte. Ich traf sofort den Mann, er stand am Metallpfosten einer hohen elektrischen Straßenlampe angelehnt. Ich fragte ihn. Er wies stumm mit der linken Hand seitwärts, sah mich an und sagte, ohne die Zigarette aus dem Mund zu nehmen: „Kommen Sie, aber schnell, es ist die höchste Zeit." Damit lief er schon davon, ich hinter ihm her. Er rannte auf eine hohe schmale Treppe zu, drehte sich um, zeigte hinauf, ganz hoch oben stand ein Zug mit erleuchteten Wagen, vorn war die Lokomotive mit roten Lichtern. Er raste die Treppe hinauf, ich keuchend hinter ihm. Die Treppe nahm kein Ende. „Wenn wir den Zug ums Himmels willen nur noch erreichen", flehte ich. Da waren wir oben, sausten an der Lokomotive vorbei, die tockl-tockl-tockl machte, auf den schmalen hellen Bahnsteig, in den ersten Wagen hinein, kein Mensch war drin, aber mein Führer rannte den Gang längs, ich hinterher, durch den zweiten Wagen durch und im dritten setzte er sich, ich sah ihn von weitem, kam atemlos zu ihm und setzte mich neben ihn. ‚Verrückt', dachte ich, ‚warum rennt er in den dritten Wagen, sie waren doch alle völlig leer. Wer mag es nur sein?' Ich sah ihn an, er war mir ganz unbekannt. Wie sollte ich ihn auch kennen! Da nahm er den Hut ab und fuhr sich mit der flachen gelben Hand übers Gesicht, wie ein Mensch wohl tut, der erwacht und noch schlaftrunken ist. Ich starrte ihn an: wo hab ich diese kahle Stirn, diese Augenlöcher schon gesehen, mein Gott, wo nur, und diesen Schatten, der doch keine Nase ist, und ein eisiger Schrecken fuhr durch mich durch bis zur Mitte meines Körpers: ich wußte, wer er war! Da wachte ich auf.

BRÜDER, AUCH DIESE TÖNE!

Glaubt mir, des Men-schen wahr-ster
Wahn wird ihm im Trau-me auf-ge-tan.

Wagner

GIUSEPPE TARTINI

Im Jahre 1713 träumte ich in einer Nacht, daß ich einen Pakt ge- 408
schlossen hätte und der Teufel in meinen Diensten stand. Alles
gelang mir nach Wunsch, alles, was ich begehrte, ging im vorhin-
ein in Erfüllung, meine Wünsche wurden durch die Dienste meines
neuen Bedienten stets übertroffen. Ich hatte den Einfall, ihm meine
Geige zu geben, um mich zu überzeugen, ob er es fertigbringen
würde, mir schöne Melodien vorzuspielen; aber wie groß war mein
Erstaunen, als ich ihn eine so merkwürdige und so schöne Sonate
mit solcher Meisterschaft und so viel Geist vortragen hörte, daß
nichts, was ich geschaffen hatte, damit verglichen werden konnte.
Ich war darüber so verwundert, entzückt und begeistert, daß mir
der Atem verging. Ich erwachte durch diese heftige Erregung,
nahm sofort meine Geige und hoffte, etwas von dem, was ich soeben gehört hatte, wiederzufinden; doch es war vergeblich. Das
Stück, welches ich dann komponierte, ist in Wahrheit das beste,
das ich je gemacht habe, und ich nannte es auch „Die Teufels-
sonate"; doch es blieb weit hinter dem zurück, was ich im Traum
gehört hatte, so daß ich meine Geige zerbrochen und für immer
der Musik entsagt haben würde, wenn ich imstande gewesen
wäre, von ihr zu lassen.

LUDWIG VAN BEETHOVEN

An Baron Ignaz von Gleichenstein. Baden, 13. Juni 1807.
Die vorgestrige Nacht hatte ich einen Traum, worin mir vorkam, 409
als seist Du in einem Stall, worin Du von ein paar prächtigen

Pferden ganz bezaubert und hingerissen warst, so daß Du alles
rund um Dich her vergaßest.

FRÉDÉRIC CHOPIN

410 An Julian Fontana. Nohant 1841. Einstmals träumte mir, daß
ich im Spital gestorben sei . . . und dieser Gedanke hat sich in
meinen Kopf so fest genistet, daß ich ihn nicht vergessen kann —
wie wenn mir dies gestern geträumt hätte.
Wenn Du mich überlebst, so wirst Du erfahren, ob man an
Träume glauben soll.

ROBERT SCHUMANN

An die Mutter. Leipzig, 22. August 1828. Deinen Brief erhielt
ich am 10., diesem Karfreitage unserer Freuden, wie ich eben so
recht aus ganzem Herzen geweint hatte.
411 Vorgestern träumt ich von Dir, wie Du auf den Schloßberg gegangen warst, um Dich recht auszuweinen, und als ich aufwachte, lagen auch noch Tränen in meinem Auge.

412 An die Mutter. Leipzig, 19. März 1834. Es war einmal eine Zeit,
da erschienst Du oft in meinen Träumen, aber stets wie warnend
oder erzürnt über mich. Wie anders ist jetzt alles! Wie ein guter
Genius stehst Du jetzt stets vor mir, im Wachen wie in Träumen
immer mild, liebend und wie durch Jugend verklärt. Glaubst
Du, daß ich fast täglich von Dir träume und fast immer schön!

413 An Joseph Joachim. Düsseldorf, 6. Februar 1854. Und geträumt
habe ich von Ihnen, lieber Joachim; wir waren drei Tage zusammen. — Sie hatten Reiherfedern in den Händen, aus denen Champagner floß — wie prosaisch! Aber wie wahr!

JOHANNES BRAHMS

An Clara Schumann. Düsseldorf, 1855. Denken Sie, was ich die
414 Nacht träumte. Ich hätte meine verunglückte Symphonie zu
meinem Klavierkonzert benutzt und spielte dieses. Vom ersten

Satz und Scherzo und einem Finale furchtbar schwer und groß.
Ich war ganz begeistert. Viel hab ich auch von Ihnen geträumt
und Schönes.

CLARA SCHUMANN

Frankfurt a. Main, 19. Februar 1886. Dann träumte mir nach [415]
Tisch, ich würde zu Grabe getragen mit Musik, sah aber selbst zu.

RICHARD WAGNER

Genf, 23. August 1858. Ich sah Dich (Mathilde Wesendonk) im [416]
Traume auf der Terrasse: Du warst in Männerkleidung und
hattest eine Reisemütze auf dem Kopfe. Du spähtest nach der
Richtung, in welcher ich verreist war; ich aber nahte von der
entgegengesetzten: so wandtest Du den Blick immer von mir ab,
und ich suchte vergebens, Dir meine Nähe anzuzeigen, bis ich
denn leise rief: „Mathilde!" Dann lauter, immer lauter, bis mein
Schlafzimmer davon erklang und ich vom eigenen Rufen erwachte.
Als ich dann wieder ein wenig zum Einschlafen und Träumen
kam, las ich Briefe von Dir, die mir eine Jugendliebe bekannten;
Du hattest dem Geliebten entsagt, doch priesest Du mir seine
guten Eigenschaften: ich wurde dabei wie einer genommen, der
Dich eben nur trösten sollte — was mich etwas verdroß. Ich
wollte diesen Traum nicht weiter aufkommen lassen und stand
auf, um diese Zeilen zu schreiben.
Den Tag über hatte ich heftige Sehnsucht gehabt, und eine
schmerzliche Lebensungeduld hatte sich meiner wieder bemächtigt.

An Mathilde Wesendonk. Mailand, 25. März 1859. Wenige Nächte
vor meiner Abreise hatte ich (aber) in Wahrheit noch einen
wunderlieblichen Traum, so schön, daß ich ihn Ihnen noch mitteilen muß, wiewohl er viel zu schön war, um mitgeteilt werden
zu können. Alles, was ich davon beschreiben kann, war ungefähr
folgendes.
Eine Szene, die ich in Ihrem Garten (der aber nur auch wieder [417]
etwas anders war) vorgehen sah. Zwei Tauben kamen über die

Berge her; die hatte ich abgeschickt, um Ihnen meine Ankunft
zu melden. Es waren zwei Tauben: warum zwei? Das weiß ich
eben nicht. Sie flogen als Paar dicht nebeneinander. Wie Sie sie
erblickten, schwebten Sie plötzlich in die Luft auf, ihnen entgegen,
in der Hand schwangen Sie einen mächtigen buschigen Lorbeer-
kranz; mit dem fingen Sie das Taubenpaar, und zogen das flat-
ternde nach sich, den Kranz mit den Gefangenen neckend hin
und her schwenkend. Dazu fiel plötzlich, ungefähr wie beim
Sonnendurchbruch nach dem Gewitter, ein so blendender Licht-
glanz auf Sie, daß ich davon erwachte.

Nun mögen Sie sagen, was Sie wollen: das hat mir geträumt, aber
nur noch unendlich schöner und anmutiger, als mans beschreiben
kann. Mein armer Kopf hätte so etwas nicht mit Absicht erfinden
können!

HUGO WOLF

An die Eltern. Wien, 12. Mai 1878. Warum schreiben Sie nicht?
Ist etwas vorgefallen? Was ist denn der Grund?

418 Ich hatte gestern einen fürchterlichen Traum: Sie fuhren mit mir
am Markt. Auf der Höhe des Lavamünder-Berges angekommen,
wurden wir überfallen. Sie wurden — kaum getraue ich es
niederzuschreiben — von den Strolchen erschlagen, ich — was
mit mir geschah, weiß ich nicht, denn in Angstschweiß gebadet
wurde ich wach.

HISTORISCHES INTERMEZZO

HERZOGIN ELISABETH CHARLOTTE VON ORLEANS

An die Herzogin Sophie von Hannover. Versailles, 20. März 1689.
Ich kann doch nicht lassen, zu bedauern und zu beweinen, daß ich
sozusagen meines Vaterlandes Untergang bin und über daß alle
des Kurfürsten, meines Herrn Vater Seligen Sorge und Mühe
auf einmal so über einen Haufen geworfen zu sehen an dem
armen Mannheim. Ja ich habe einen solchen Abscheu vor alles,
so man abgesprengt hat, daß alle Nacht, sobald ich ein wenig 419
einschlafe, deucht mir, ich sei zu Heidelberg oder zu Mannheim
und sehe alle die Verwüstung, und dann fahr ich im Schlaf auf
und kann in zwei ganzer Stunden nicht wieder einschlafen; dann
kommt mir in den Sinn, wie alles zu meiner Zeit war, in welchem
Stand es nun ist, ja in welchem Stand ich selber bin, und dann
kann ich mich des Flennens nicht enthalten.

WILHELM I., KÖNIG VON PREUSSEN, DEUTSCHER KAISER

Karlsbad, 1863. Wenn er früh zum Sprudel ging, um dort seinen
Becher zu holen, überreichte ihm denselben immer ein hübsches
junges Mädchen und fügte einen Strauß Blumen hinzu, die der
König immer freundlich annahm. An einem Morgen fehlte das
Mädchen, und ein alter Mann gab dem König den Becher.
Letzterer stutzte und fragte, wo das Mädchen sei. Sie war unwohl
und fehlte nur für heute. Der König trank ruhig seine vorge-
schriebene Zahl Becher und sagte dann zu Steinäcker, der an
diesem Tage den Dienst hatte, bei der großen Promenade:
„Es ist doch gar zu dumm, daß man sich durch Träume berühren läßt.
Heute nacht träumte ich, das Mädchen fehle am Strudel, und an 420
ihrer Stelle gebe mir ein alter Mann den Becher. Der Becher
sei vergiftet gewesen.

Ich habe mich ordentlich vor mir selber geschämt, daß ich einen
Augenblick vorhin stutzte, als das Mädchen wirklich durch einen
alten Mann vertreten war."

Kein anderer an des Königs Stelle hätte nach solchem Traume,
von dem die erste Hälfte eintraf, den Sprudel ruhig getrunken.

(Mitgeteilt vom Prinzen Kraft zu Hohenlohe-Ingelfingen)

An Otto v. Bismarck. Berlin, 18. Dezember 1881. Einen eigentümlichen Traum muß ich Ihnen erzählen, den ich diese Nacht
träumte, so klar, wie ich ihn hier mitteile.

421 Der Reichstag trat nach den jetzigen Ferien zum erstenmal zusammen. Während der Diskussion trat der Graf Eulenburg ein;
sogleich schwieg die Diskussion; nach einer langen Pause erteilte
der Präsident dem letzten Redner von neuem das Wort. Schweigen! Der Präsident hebt die Sitzung auf. Nun entsteht ein
Tumult und Geschrei. Keinem Mitgliede darf ein Orden während
der Session des Reichstags erteilt werden; der Monarch darf
nicht in der Session genannt werden. Andern Tages Sitzung.
Eulenburg erscheint und wird mit solchem Zischen und Lärm
empfangen — darüber erwache ich in einer nervösen Agitation,
daß ich lange mich nicht erholen konnte und zwei Stunden von
halb fünf bis halb sieben Uhr nicht schlafen konnte.

Das alles geschah in meiner Gegenwart im Hause so klar, wie
ich es hier niederschreibe.

Ich will nicht hoffen, daß der Traum sich realisiere, aber eigentümlich bleibt die Sache. Da dieser Traum erst nach dem sechs-
stündigen ruhigen Schlaf eintraf, so könnte er doch keine un-
mittelbare Folge unserer Unterredung sein.

Enfin, ich mußte Ihnen diese Kuriosität doch erzählen.

Ihr

Wilhelm

OTTO VON BISMARCK

An Kaiser Wilhelm I. Berlin, 18. Dezember 1881. Eurer Majestät Mitteilung ermutigt mich zur Erzählung eines Traumes, den
ich Frühjahr 1863 in den schwersten Konfliktstagen hatte, aus
denen ein menschliches Auge keinen gangbaren Ausweg sah.

Mir träumte, und ich erzählte es sofort am Morgen meiner Frau [422] und andern Zeugen, daß ich auf einem schmalen Alpenpfad ritt, rechts Abgrund, links Felsen; der Pfad wurde schmaler, so daß das Pferd sich weigerte, und Umkehr und Absitzen wegen Mangel an Platz unmöglich; da schlug ich mit meiner Gerte in der linken Hand gegen die glatte Felswand und rief Gott an; die Gerte wurde unendlich lang, die Felswand stürzte wie eine Kulisse und eröffnete einen breiten Weg mit dem Blick auf Hügel und Waldland wie in Böhmen, preußische Truppen mit Fahnen und in mir noch im Traume der Gedanke, wie ich das schleunig Eurer Majestät melden könnte. Dieser Traum erfüllte sich, und ich erwachte froh und gestärkt aus ihm.

DAS BIST DU

TRÄUME ZEITGENÖSSISCHER DEUTSCHER DICHTER UND SCHRIFTSTELLER

> Alle verschiedenen Arten und Grade der Träume
> erforscht zu haben, würde bedeuten, in einem weit
> tieferen Sinne als irgendeinem heutigen, Kenner
> der menschlichen Seele zu sein.
>
> Gerhart Hauptmann

GERHART HAUPTMANN

Ich erinnere mich eines Traumes, den ich zuweilen in meiner Jugend gehabt habe und der mir jedesmal eine Schwermut in der Seele ließ, da er mir etwas, wie eine unwiederbringliche, arkadische Wonne, schattenhaft vorgaukelte.

423 Ich sah dann stets einen sonnigen, von alten Buchen bestandenen Hang, auf dem ich mit anderen kleinen Kindern bläuliche Leberblümchen abpflückte, die sich durch trockenes, goldbraunes Laub zum Lichte hervorgedrängt hatten.

Mehr war es nicht.

Ich nehme an, daß dieser Traum nichts weiter als die Erinnerung eines besonders schönen, wirklich durchlebten Frühlingsmorgens war, aber es scheint, daß ein erstes Genießen der goldenen Lust, zu der sich die Sinne des Kindes erschlossen, das unvergeßliche Glück dieser kurzen Stunde gewesen ist.

424 Mai 1898. Ich träumte von Lonig. Ich besah mir die Scheune, wo ich als Vogt neben den Arbeitern gestanden habe. Der Hof machte einen öden Eindruck. Ich ging dann ins Herrenhaus, wo Tante Julie noch wohnte, aber gänzlich vereinsamt. Die Räume und Wände enthielten für sie und mich noch die Schatten der Vergangenheit. Es herrschte ein fremder Verwalter. Wir schritten gemeinsam durch eine ungeheure Allee von Kastanien: Tante Julie und ich. Auf einmal fühlte ich, sah in ihrem Gesicht die Ver-

änderung zum liebenden Weibe. Um die Lippen spielte Zärtlichkeit, Humor und kindliches Leben. Da sah ich und weiß nun auch im Wachen, was ihr das Leben genommen hatte. Unter den Seitenfenstern war ein stehendes Wasser, ein Teich: düster von Pappeln und Weiden umgeben, gelbe Blätter bedeckten überall die Ufer.

HUGO VON HOFMANNSTHAL

Dies war der Traum.

Ich lag und war müde von einem weiten Weg über Berge. Es war noch Sommer, aber gegen Ende des Sommers, und als mitten in der Nacht ein Sturm die Balkontür aufriß und der See heftig rauschend gegen die Pfähle schlug, sagte ich mir, halb im Schlaf: „Das sind die Herbststürme." Und zwischen Schlaf und Wachen durchfloß mich ein unbeschreibliches Glücksgefühl über die Weite der Welt (über deren halberleuchtete Berge und Täler und Seen jetzt der Sturm hinbrauste).

In dieses Gefühl versank ich wie in eine weiche dunkle Welle und war sogleich mitten im Traum und war draußen und droben, in der halberleuchteten fahlen Nacht, im Sturm, auf dem weiten Abhang eines großen Berges. Aber es war mehr als der Abhang eines Berges, es war eine ungeheure Landschaft, es war — dies konnte ich nicht sehen, sondern ich wußte es — der terrassenförmige Rand eines gigantischen Hochlandes, es war Asien. Und um mich war, gewaltiger als der Sturm, und die fahle, halberleuchtete Nacht mit großmächtiger Unruhe erfüllend, ein ungeheurer Aufbruch. Ein ganzes Volk war um mich, und das ganze Volk war im Dunkel geschäftig, seine Zelte abzubrechen und seine Habe auf Packtiere zu laden. Ganz nahe von mir waren Gruppen stummer Menschen, hastig beluden sie Kamele und andere Tiere; aber es war sehr finster. Ich legte auch mit Hand an bei einem Zelt, das noch nicht abgebrochen war. Ich war allein in dem Zelt, riß die Zeltpflöcke aus der Erde, und bei einem halben Licht sah ich die prachtvolle Arbeit, die den unteren Saum des Zeltes schmückte: ein sehr künstliches Ornament, aus dunkelbraunen Lederstreifen aufgenäht auf ganz hellem, naturfarbenem Leder. Immerfort war um mich die dumpfe Bewegung des ungeheuren Aufbruches, ich fühlte, wie

alles unter der Gewalt des Befehles geschah, eines Befehles, gegen
den es keinen Widerspruch gab. Und ohne weiters wußte ich, daß
das Zelt, an dem ich arbeitete, ein Teil von s e i n e m Zelte war,
von dem Zelte dessen, der den Aufbruch befohlen hatte und von
dem alle Befehle kamen. Und als müßte es so sein, stieg ich auf
einen Klumpen übereinandergelegter Decken der Maultiere, schob
irgend etwas in der Zeltwand auseinander und sah hinein in das
Hauptzelt. Es war finsterer darin als dort, wo ich stand. Erst
allmählich konnte ich sehen, dann aber ganz deutlich. Das Zelt
war ohne Möbel oder Schmuck, nur die dunklen Wände. An der
einen Seite lagen auf einer großen Decke, auf einer dunkelroten
oder rotvioletten Decke lag ein junges Weib von dunkler Blässe,
von einer unbeschreiblichen dunklen Blässe und Schönheit, aus
deren Armen ein Mann sich löste, ein großer, hagerer Mann, aufstand und dicht vor meinen Augen vorüberging durch das leere
Zelt an die entgegengesetzte Wand. Die Junge — sie trug nichts
als breite Armreifen — hob stumm die Arme nach ihm, wie um
ihn zurückzurufen, aber er sah sich nicht nach ihr um. Auch ich
hatte sein Gesicht kaum gesehen, aber ich wußte, daß er alt war,
alt und gewaltig, mit einem zweigeteilten wehenden Bart, um den
Kopf einen erdfarbenen Turban. Aber sein sehr schlanker Körper,
nackt bis zum Gürtel, seine langen dünnen Arme waren wie die
eines jungen Mannes, voll Leichtigkeit und Kühnheit. Von der
Hüfte hing ihm ein langer Schurz von dem unbeschreiblichsten
Gelb. Ich will den Ton dieses Gelb wiedererkennen, wo und wann
immer es mir wieder vor die Augen käme. Es war herrlicher als
das Gelb auf alten persischen Kacheln, strahlender als das Gelb der
gelben Tulpe. Jetzt war er an der Zeltwand gegenüber, der dunkelsten, und riß dort einen Vorhang auf, daß ein großes Fenster entstand. Der Wind wehte herein und warf seinen zweigeteilten
weißen Bart über seine erdbraunen mageren Schultern nach rückwärts. Die schöne Frau hob sich bittend auf und schien ihn zärtlich beim Namen zu rufen, aber die Luft trug mir den Laut nicht
zu. Ich sah nur ihn und sah durch das Fenster, das er in die Zeltwand gerissen hatte, hinaus: da war draußen die halberleuchtete
Nacht, das unabsehbare gestufte Bergland und der stumme Aufbruch eines ganzen Volkes. Und sein bloßes Dastehen an dem
viereckigen Ausschnitt des Zeltes, das über alle Zelte erhöht war,

brachte einen stummen, wilden Tumult in den ganzen Aufbruch, und selbst die Wolken schienen schneller unter dem ziemlich bleichen Mond über das Bergland hinzujagen. Dieser Mann und kein anderer war Agur.

RICHARD DEHMEL

An Carl du Prel. Berlin, 16. September 1891. So träumte ich als 426 Achtzehnjähriger die ganz eigentümliche Lösung einer geometrischen Konstruktionsaufgabe auf goniometrischem Wege.

Ungefähr um dieselbe Zeit verfiel ich im Traum darauf, eine For- 427 mel für die Brechung solcher Lichtstrahlen zu finden, die von unten her durch ein Prisma fallen, also in der Neigung nicht zur Kante, sondern zur Basis; und mein physikalischer Lehrer sagte mir damals, daß die betreffende Berechnung zwar naheliege, aber — soviel ihm bekannt, sonst noch nicht angestellt worden sei.

An Paula Dehmel. Dresden, 18. Oktober 1892. Also ich träumte, 428 daß ich Dir „endlich" weggelaufen war. Das fängt nett an — nicht wahr? Aber paß nur auf! — Zu Fuß quer durch Deutschland. Ein nebelnasser, herbstlicher Spätnachmittag, und ich bin in einer kleinen, mittelalterlich gebauten Stadt; hungernd, ganz und gar abgerissen, keine Stiefel mehr, keine Hosen, bloß den alten grauen Sommerüberzieher um den Leib, worüber ich mich wundere, weil Du ihn doch eigentlich der H. gegeben hast. Alles feucht und grau und frostig; mit fressend nassen Strümpfen laufe ich durch die Straßen, immer hungriger. An der uralten Feldsteinmauer der Kirche finde ich unter einem Strauch einen Beutel, und von außen fühle ich mit Entzücken, daß zwei Eier drin sind. Ich mache ihn auf; nun sind es schon wenigstens ein Dutzend, lauter hartgesottene Soleier mit zersprungenen Schalen. Ich esse und esse; sie werden nicht alle, es werden immer mehr, ohne daß der Beutel größer wird. „Eierdieb, Eierdieb!" höre ich hinter mir schreien. Ich drehe mich um; ein Strolch zeigt mit dem Stock auf mich; Weiber und Landgendarme in dichtem Haufen auf mich zu; ich renne weg, den Beutel immer fest in der Hand. Es ist ja aber gar kein Eierbeutel, es ist ja ein Portemonnaie; ich bin ja reich, Du hast ja geerbt, und wir haben ja das gelbe Schloß im Park Schön-

hausen gekauft, — der Strolch hat mich eingeholt, es ist Sch. „Sie
haben eine Vagabundin festgenommen", schreit er keuchend; ich
weiß plötzlich, daß Du das bist. Ich will ihn fragen, wo das Gefängnis liegt; er ist aber verschwunden — richtig: ich träume ja. Nein,
doch nicht! ich bin ja in Oranienburg, ich weiß ja, daß Du mir
nachgelaufen bist, — ich muß Dich befreien. Ich frage immerfort: „Wo ist das Gefängnis?" Keiner weiß es. Da kommt unsere
alte Marie von der Mühle her, den Fußweg unter den kleinen Linden entlang; die weiß es. Sie sagt mir: „Du mußt eine Droschke
nehmen." Ich ärgere mich, daß nur zweiter Klasse an der Ecke
stehen; ich bin in furchtbarer Angst, daß ich zu spät komme, der
Strolch sitzt wieder neben mir, ich sehe aber: ich habe mich getäuscht, es ist doch nicht Sch. Er erzählt mir, daß der Gefängniswärter Dich mißbrauchen will; ich fühle eine furchtbare Herz-
beklemmung, mir ist, als hörte ich Dich von fernher schreien. Die
Droschke hält; ich sehe noch, wie ich dem Kutscher in der rasenden Hast ein Goldstück statt eines Fünfzigpfennigers gebe. Ich
stürzte auf ein Weib los, die auf der steinernen Treppenstufe sitzt:
„Wo ist sie, wo ist sie?!" Das Weib grinst mich an mit einem fetten, roten Gesicht; es ist die Frau des Gefängniswärters. Ich höre
Dich wieder schreien, wie aus dem Keller herauf; das Weib grinst
noch immer. Ich fasse sie mit Würgefingern an der Kehle; sie
grinst nur immer. Ich begreife plötzlich: sie ist der Staat, ich kann
ihr nichts tun. Ein unsagbares Weh zerkneift mir das Herz, ich
falle vor ihr in die Kniee, ich will schreien: „Gib sie mir, gib sie mir
heraus" — da stürzt Du mit einem lauten, nie gehörten Jubelschrei
aus der Haustür mir in die Arme — —
Ich wache auf, unten auf der Elbe tönt die heulende Dampfpfeife
eines Schiffes. — O Lieb, wie bin ich froh! Du weißt: solche
Träume sind mir immer innerste Enthüllungen der Seele.

Pankow, 10. April 1894. Heut früh erwachte ich durch einen
sonderbaren Traum.

429 Ich irrte durch ein Labyrinth, dessen dunkle Gänge sich hin und
wieder zu phosphorisch leuchtenden Kammern erweiterten; der
Lichtschein war matt und kam aus den Wänden. In jeder dieser
Kammern ragte aus einer Seitenwand ein eiserner Schmiedehaken
von seltsam symbolischen Formen, hier in eine offene Hand aus-

laufend, da in eine gekrümmte Kralle, da in einen Schlangen-
ring usw., und durch diese Hakenösen lief eine Schnur, an der ich
mich, die dunklen Gänge entlang, von Kammer zu Kammer weiter-
tastete. Plötzlich entdeckte ich, daß ich wieder in die Kammer
kam, von der ich ausgegangen war, die mit der offnen Hand, ohne
daß die Schnur abzweigte; also gab es keinen Ausweg, worüber ich
heftig erschrak. Von diesem Schreck erwachte ich.
Entstanden ist der Traum wohl aus der irgendwie emporgerüttel-
ten Erinnerung an die römischen Katakomben. Ich kann mich
aber nicht besinnen, dort etwa einen ähnlichen symbolischen Einfall gehabt zu haben.

Pankow, 19. April 1894. Heut erwachte ich durch einen entzückenden Traum.
Ein Fürst bestattete seine heißgeliebte Gattin. Eine Rotunde aus 430
grauem Sandstein mit mächtigen Säulen. Der Sarg von Eisen. Ich
im kleinen Trauergefolge. Der Fürst steht an dem Sarge neben
der gähnenden Gruft; er weint (seine Tränen fallen auf den Eisendeckel). Der Fürst ist Kaiser Wilhelm (der jetzige), — nein, es ist
mein alter Gönner Otto Jaeger, — nein, ich selbst bin der Fürst.
Der Sarg wird versenkt. Ich trete aus der Halle ins Freie. Mein
jubelndes Volk empfängt mich. Ich erinnere mich: ich habe ein
Edikt erlassen: das Volk soll fröhlich sein zur Ehre ihres Todes,
sie wollt es so. Ich mische mich in die Festfreude. Es ist Frühling.
Das Volk ist nur aus jugendlichen Menschen gebildet, Jünglingen
und Mädchen. Sie scheinen nackt, aber ihre Haut ist von ganz
eng anliegender Hülle bedeckt, wie von einem zarten, magisch
leuchtenden Trikot, und alle tragen an den Schultern schimmernde,
mohnblumenrote Elfenflügel. Sie haschen einander und schlingen
Reigentänze unter den knospengrünen Bäumen. Ich wandle weiter und komme in eine Waldschlucht. Auf einem moosigen Fels-
block sitzen zwei der festlichen Mädchen, ein braunes, ein blondes;
die Braune hat rötliche, die Blonde azurblaue Flügel. Sie tanzen
vor mir her, reizen mich; ich komme in Hitze, ich will sie haschen.
Ich folge immer weiter; bald halte ich eine, bald entwindet sie
sich, weil ich wieder nach der andern haschen möchte. Von diesem
ermüdenden Neckspiel erwache ich . . .
In diesem Traume scheint sich mir nun doch ein wirkliches

Neulebensgefühl geäußert zu haben, das der Darstellung wert
sein dürfte! Ich werde das Gedicht dann enden lassen

„— — — — Und jetzt:
„ich halte beide? nein: ich bin erwacht."

Pankow, 25. April 1894. Heut nacht träumte ich immerfort
(mehrmals hintereinander) von meiner toten Großmutter.

431 Sie lag in einem großen hellen Saale in einem riesenhaften altertümlichen Bett (ich sagte mir: Krankenbett) und las in einem großen vergilbten Gebetbuch mit Dürerschen Holzschnitten. Ich saß
an einer Wand und betrachtete den Ausdruck ihres Gesichtes mit
schweigender Spannung.
Aufwachend erinnerte ich mich, daß ich vor etwa einer Woche mal
vergebens versucht habe, mir ihre Gesichtszüge aus dem Gedächtnis vorzustellen, und nun ist mir wohl mein Unterbewußtsein im
Traum zu Hilfe gekommen.

432 Pankow, 18. Mai 1894. Heute morgen träumte mir, ich s c h l i e f e
und jemand suchte mich vergebens zu wecken. Dann wurde ich
langsam wach (immer im Traum) und erkannte meinen Bureau-
chef, worauf ich mich noch eine Weile schlafend s t e l l t e. Endlich schlug ich die Augen auf (im Traum), und nun war es gar
nicht mein Chef, sondern jemand anders; dadurch kam mir zum
Bewußtsein, daß ich wohl nur träumte, und nun wachte ich wirklich auf. Wer der andere Jemand war, wußte ich (erwacht) nicht
mehr. Ich selbst? — —

Pankow, 24. Mai 1894. Heut morgen träumte ich ein ganzes
Trauerspiel.

433 Ein einsames Schloß, weltabgelegen, auf schroffem Felsplateau,
am Rande einer Waldschlucht. Da lebt ein Mann mit einer etwas
älteren Gattin, die er früher sehr geliebt hat, und einer eben zur
Jungfrau gereiften Tochter, der Mann noch in der vollen Ge-
schlechtskraft, die Frau schon abgeblüht. Die Frau liebt ihn so
sehr, und er verehrt sie so, daß er ihr den Schmerz nicht anzutun
vermag, anderen Weibern nachzugehen. So überwältigt ihn die
tierische Natur zur Blutschande mit der Tochter. Die Mutter will
sich in die Schlucht stürzen, im Gefühl, daß s i e die eigentliche
Ursache der Verirrung sei; er reißt sie vom Fenster zurück und

überzeugt sie, daß sie um der Tochter und des Kindes willen am Leben bleiben müsse. Dann geht er einsam in die weite Welt. Mir war, als ob ich dieses Drama Wort für Wort in einem Buche läse; zugleich aber sah ich die szenische Situation (das Schloß, die Schlucht, die Zimmer usw.) in natura vor mir und lebte selbst die Handlung mit, eben als jener Mann. Ich hatte einen langen, dunkeln Bart, volles und leicht ergrautes Haar und stak in einem Hauskostüm der deutschen Renaissance, von Beruf Naturforscher. Zugleich aber wieder saß ich, modern gekleidet, in einem Eisenbahncoupé und erzählte, nachdem ich das Drama zu Ende gelebt und gelesen, immer das Buch in der Hand, einer neben mir sitzenden Dame den Inhalt der Handlung. Plötzlich sah ich, daß die Dame das Gesicht jener Tochter hatte (übrigens ein Gesicht, das mir im Leben bisher noch nicht begegnet ist) und daß sie mich mit einem höchst beängstigten Blick anstarrte, gleichsam fragend, woher mir denn ihr Schicksal so genau bekannt sei. Von diesem Blick, der mich durchschauerte, erwachte ich.

An Isi Dehmel. Altona, 19. April 1899. Vorgestern morgen träumte mir, ich reiste mit Dir durch einen fremden Ort, ein Nest 434 voll lauter Mörder- und Diebesspelunken, und plötzlich in einer unterirdischen Schmiedewerkstatt entdeckten wir, daß man mir all mein Geld, auch Deinen Hundertmarkschein, aus der Brieftasche gestohlen hatte; lauter falsche Scheine, sogenannte „Blüten", hatten mir die Halunken dafür hineinpraktiziert. Wir kamen uns ganz verraten und verkauft vor in dem fremden Land: wovon sollten wir leben?! Unheimlich! Aber als wir dann sahen, daß die Ringe noch an unsern Fingern waren, kamen wir uns so seltsam reich vor, daß wir nur zu winken brauchten, um alles zu haben; allerlei Gesindel brachte uns aus den dunkeln Gängen der Schmiede mit scheuen Blicken das schönste Essen herangeschleppt, und ganz glückselig ließen wirs uns schmecken. Und plötzlich saßen wir unter einem merkwürdig blau blühenden Feigenbaum — (das muß wohl durch das Wort „Blüten" Traumbild geworden sein) — und durch den roten Glutglanz, der von dem Schmiedefeuer hinten in der Höhle ausging, flatterten zahllose Banknoten von dem Baum auf uns nieder, die waren alle echt, wir brauchtes bloß zuzugreifen, und ringsum lachende Gesichter; vor Entzücken wachte ich auf.

An Isi Dehmel. Rantum, Sonntag, 1. Juli 1899. Ich schlief dann wieder ein (es war ¼ nach vier, die Uhr erinnerte mich an Paula, ein Brautgeschenk von ihr; ich hatte kürzlich darüber nachgedacht, ob ich sie nicht dem Peter-Heinz bei passender Gelegenheit schenken solle)· und hatte den zweiten, ganz großartigen Traum.

435 Ich war von Häschern verfolgt, Männern in Trachten der Inquisitionszeit, und konnte plötzlich fliegen. Ich flog ganz langsam über den Eichenhain bei unserm Forsthaus in Cremmen; er war halb kahl wie im November, am Rande standen die Häscher und schrien mir nach. Auf einmal empfand ich, daß ich hinüber ins ewige Leben fliege, und sah den Auferstehungstag unter mir. Aus den braungelben, abgefallenen Blättern der Eichen kamen wie Würmer unzählige menschliche Ärmchen und Beinchen gekrochen, in den wachsbleichen Farben der mittelalterlichen Gemälde, und schließlich waren es ganze Menschlein, alle nackt, nicht größer als Marionetten, alle sehr schlank, mit allerlei fahlen bunten Schamlappen; der ganze Waldboden unter mir wimmelte von diesen welken, nackten Angstkörperchen. Eine ungeheure Seligkeit erfüllte mich, wie ich so frei darüber hinflog. Am Waldrand standen noch immer die Häscher und schrien mir nach, ich sei wohl größenwahnsinnig, ich hielte mich wohl für Nietzsche, sie würden mich schon noch kriegen, den Nietzsche hätten sie auch gekriegt — ich dachte selig: ja, ihr Halunken! den Ärmsten habt ihr da unten genug gequält — „oder für Bismarck" schrien sie — ich dachte halb beklommen: ja, der hat freilich schon bei Lebzeiten triumphiert! Auch Goethe! — In diesem Augenblick sah ich Goethes Gesicht aus einer Wolke aufleuchten — die grauen Haare flossen zusammen mit dem Gewölk, die großen braunen Augen begrüßten mich mit solchem Zutrauen und Einverständnis, daß ich vor grenzenloser Freude das Bewußtsein verlor — ich f ü h l t e , wie ich bewußtlos wurde — und als ich wieder zu mir kam, stand ich auf der Chaussee am Eichenhain, und Paula mit Peter-Heinz kam mir entgegen. Ich glaubte mich wach und erzählte ihr den Traum. Sie suchte mir klarzumachen, daß ich noch immer träumte, ich solle nicht Traum und Leben verwechseln, es sei ihr unverständlich, wieso mir die Erinnerung an irgendein Kirchenbild und an Goethes Porträt so wunderbar vorkomme. Da nahm ich die Uhr aus der

Tasche und hielt sie Heinrich ans Ohr — er hatte mir aufmerksam zugehört — und fragte ihn lächelnd: „Nicht wahr, du verstehst mich?" — Er nickte, wie er nur tut, wenn er tatsächlich etwas vollkommen verstanden hat, und als ich ihm dann die Uhr zum Behalten gab, machte er solche beglückte Miene, daß Paula sich mit mir darüber freute. Wir drückten uns die Hand, und davon erwachte ich wirklich.

An Hans Benzmann. Blankenese, 14. November 1902. Merkwürdigerweise habe ich heute früh von Schiller geträumt, trotz- 436 dem ich an seinen Geburtstag gar nicht gedacht hatte (ich lese selten Zeitungen). Er sagte mir sehr Zustimmendes über die Venus Regina und meine Kindergedichte. Als ich mich etwas wunderte über diese Auswahl, bemerkte er, daß er noch nicht alles von mir kenne, es aber bald nachholen wolle, und drückte mir die Hand; wovon ich erwachte.

An August Strindberg. Wien, 15. November 1908. Neulich hat mir von Dir geträumt.
Ich saß mit meiner jetzigen Frau, mit der ich eine e c h t e Ehe 437 führe, in einem Garten; da gingst Du draußen vorüber, blicktest über den Zaun und nicktest uns einen Gruß zu, mit einem Lächeln, das zuerst ein schmerzhaft spöttisches Zucken war, dann aber in ein helles Erstaunen überging und zuletzt ganz väterlich wohlwollend wurde, unendlich gütig und heiter. Nun gingen wir auf Dich zu, und Du reichtest mir die Hand über den Zaun; ich wollte sie Dir küssen, Du wehrtest mir, und davon wachte ich auf.

An Walter Tiemann. Blankenese, 5. Februar 1913. Vor ein paar Tagen hab ich von Ihnen geträumt.
Ihre Stirn war noch höher als sonst, und oben drauf saß eine große, 438 entzückend smaragdgrüne, aber schauderhaft giftig aussehende Fliege. Ich wollte sie wegjagen, aber da sagten Sie ganz gemütlich:

„Ach, lassen Sie doch das Tierchen;
das putzt mir meine Nierchen."

Das kam mir im Traum als ein so ungeheurer Witz vor, daß ich laut lachen mußte und davon aufwachte.

PAULA DEHMEL

Pankow, 6. Mai 1894. Heute besuchte uns Paul Scheerbart. Etwa eine Viertelstunde, bevor er kam, hatte Paula (in einem kurzen
439 Nachmittagsschlaf) geträumt, daß er ins Zimmer trete. Er war seit etwa drei Monaten nicht bei uns gewesen.

(Mitgeteilt von Richard Dehmel)

DETLEV VON LILIENCRON

An Ernst Freiherrn von Seckendorff. Potsdam, Neues Palais, 18. Juli 1869. Ich hatte diese Nacht einen sehr schönen Traum, trotz meiner jetzigen stürmischen Zeit.

440 Ich träumte, ich wohnte an einem schönen See mit schönen Buchen und uralten Eichen und säße in meiner, natürlich bis aufs Äußerste comfortable eingerichteten Stube, wäre kein Soldat mehr, ein freier Mann, und triebe Sprachen, Musik und Geschichte; hielt mir Zeitungen, um auch au fait zu sein mit der Politik und Welt überhaupt, und es war himmlisch mit einem Wort — und bums, da wachte ich auf.

An Ernst Freiherrn von Seckendorff. Kellinghusen, 1. Mai 1872. Ich hatte einen Traum vor einigen Tagen, den ich nicht loswerden kann.

441 Ich sah in eine weite, öde Landschaft hinein, und es erschienen nacheinander, in Leichentüchern, meine Freunde — meine Freunde, die ich seit der Zeit meiner ersten Erinnerungen bis zum heutigen Tage hatte und habe. Und alle wandten das Gesicht ab von mir; — und als der letzte vorbeigezogen war, war nur wieder die weite, öde Landschaft, im Hintergrunde ein kleines, dunkles Fichtengehölz, einsam, mit seinen büschelartigen Kronen wie exotische Gewächse aussehend. Und einsam kam ich mir selbst vor. Es war, als wenn sie alle mir sagen wollten: Wir haben dir solche Liebe entgegengebracht, aber du hast sie nicht erwidert, du hast uns von dir gestoßen — ein unbeschreiblich trauriges Gefühl bemächtigt sich meiner.

An Hermann Friedrichs. Kellinghusen, 14. Juli 1885. Neulich
442 träumte ich (vorgestern nacht): Der gute Arno [Holz] stände

mir auf einer Barrikade gegenüber. Ich, meinen Musketieren
voran, auf ihn zu: unterfange ihn, er liegt in meinen Armen, ich
küsse seine bleiche Dichterstirn, das rote Tuch, die schwarzen
kurzen Locken um das blasse Antlitz . . . dann kämpften wir . . .
und ich erwachte.

An Karl Henckell. Kellinghusen, 14. November 1889. Vor
einigen Nächten war ich mit Ihnen, Ihnen gegenüber, auf der [443]
Barrikade. Ich mit dem blauen Blümchen der Treue auf dem
Helme. Wir durchstachen uns gegenseitig und gaben uns dann
sterbend die Hand als — Dichter.
Merkwürdiger Traum. Sie sehen, wie ich mich mit Ihnen beschäftige.

An Richard Dehmel, 10. Juli 1900. Lieber Richard, heute nacht
habe ich Deinetwegen unendlich geweint, ja geschluchzt im
Traume; als ich erwachte, stürzten meine Tränen, was mir, soviel ich mich erinnere, nur einmal erst im Traume passiert ist.
Höre meinen Traum:
Du warst gestorben. Und das erschütterte mich so furchtbar, daß [444]
ich meine Tränen nicht mehr zügeln konnte. Ganz kurz vorher
waren wir noch in einer kleinen pommerschen Stadt, wo ich 1873
mal in einem Manöver in Quartier lag, lustig zusammen gewesen.
(An diese Stadt habe ich in fast dreißig Jahren nie mehr gedacht.) — Nun suchte ich Dein Grab. Da kam auch Frau Isi.
Wir fanden es: es war ein herrliches Mausoleum. Nun war ich
wieder allein, bei Deinem Mausoleum. Da kam ein uralter Herr
zu mir und sagte: „Es ist der Technik gelungen, Tote lebendig
zu machen." Und da erhobst Du Dich aus Deinem Grabe und
wandeltest — eine Maschine! ein gräßliches, Dir körperlich sehr
ähnliches Gestell, das er (der alte Herr) aufgezogen hatte. Nun
waren wir — ich ging stets hinter Dir her — in Kiel am Hafen.
Du wandtest Dich rechts und links. Da — kamen auch andre
Freunde von mir aus allerältesten Tagen, Leutnants u. s. w., an
die ich seit dreißig Jahren nicht gedacht!!! Dann gingt ihr alle
in ein Haus, elegantes Zimmer, und fingt an (gräßlich, gräßlich!!!) mechanisch zu sprechen. Da schlug ich Dein Gestell
entzwei vor Entsetzen!!! Und da — da — hörte ich deutlich

(im Traum!!!) eine herrliche Musik. Und ich wachte auf mit
unendlichen Tränen.

CHRISTIAN MORGENSTERN

445 Nacht vom 28. zum 29. Juli 1905. Eine Anzahl von uns, worunter
mir noch M. Heimann, später auch Frisch (und seine Frau) erinnerlich, waren von andern eingeladen worden, Schriften (Dramen, Lyrisches, Lehrhaftes) eines fremden, höchst merkwürdigen
Kulturvolkes (Chinesen, Inder?) kennenzulernen, um sie zu übersetzen. Es hieß, zwölf Personen hätten genug auf Jahre zu tun,
wenn sie einen Vorstoß in diese fremde wunderliche Literatur
machen wollten. Zu dem Zweck wurden uns große Bücher vorgelegt, die mit schönen mönchischen Handschriften gefüllt waren,
und uns Stellen vorgelesen, die uns außerordentlich bedeutsam
erschienen. Zu gleicher Zeit glitten wir im Traum unmerklich
mehr und mehr in dieses Land selbst, es wurde uns geraten, seine
Tempel, Gärten, Theater, Schlösser kennenzulernen. Ein Trupp
von uns wurde herumgeführt. Ich erinnere mich eines ungeheuren Lesesaales, in den man uns blicken ließ und dessen uns
entgegengesetzte Seite eine einzige gewaltige Glasscheibe ab-
schloß, durch die man eine Schweizer Landschaft mit einer Stadt
erblickte — wie wir erfuhren: Bern und seine Alpen; augenscheinlich von jenen Leuten der Wirklichkeit nachgebildet und
hinter jener Scheibe als Aussicht angebracht.
Nach einer Weile verlor ich meine Gefährten. Ich nahm einen
eigenen Führer und ließ mich von ihm, ich glaube nach einem
Tempel, tragen. Der Träger trug zwei Stangen, die oben Fuß-
tritte wie die Stelzen hatten. Auf diese trat man, während man
sich an ihrem obersten Teil mit den Händen und Armen festhielt.
Der Träger trug dann das Ganze wie eine doppelte Fahnenstange.
Der Mann, den ich genommen, lachte auf meine Befürchtung, ich
könne ihm zu schwer werden, und versicherte, ich würde viel eher
loslassen als er. Er trug mich durch reißende Kanäle, und zuletzt
begann ich sowohl müde zu werden wie ihn zu fürchten. Hier
schiebt sich irgendwo eine Vorstellung ein, die ich in einem der
Theater gesehen haben muß und in der ein junges, süßes, zartes
Geschöpf die Hauptrolle gespielt haben muß. Worte und Er-

scheinung überwältigten mich mit solcher Macht, daß ich in Tränen ausbrach. Und ich weinte so mit meinem ganzen Wesen, aber ohne jede Bitterkeit, nur aus tiefster Erregung der Seele, daß ich meine, dies Gefühl nie vergessen zu können. Was das Stück enthielt, weiß ich nicht mehr. Das Wort Samaria blieb haften, und als hinterher wieder davon als von einem Übersetzungsangebot gesprochen wurde, hörte ich, daß die Sonne darin einmal mit Amanda angeredet wurde, was ich durch Alliebende (!) zu übertragen vorschlug.

Nacht vom 26. zum 27. November 1908. Ich sehe etwas in der 446 Luft wie etwa drei glänzende, glasklare Äpfel an einem (unsichtbaren?) Zweige, sie bewegen sich leicht im Wind — und daran geht mir das Wesen alles Lebens auf. Ich denke an Böhme und seine Lampe. Nach jenem Vorgang — bewegtes All — erkläre ich mir, im Traum, das ganze Leben. Das Ende ist mir leider entschwunden, ich weiß nur, daß ich großer Klarheit genoß.

MAX DAUTHENDEY

Brastagi. Sonntag, den 20. Dezember 1914. Ich träumte vorgestern, daß ich auf einem Bett im Freien bei einem Hause lag 447 und bis ans Kinn mit einem Khakianzug zugedeckt war. Da kam der deutsche Kaiser, und viel Volk folgte und umstand dann freundlich und wohlwollend mein Bett. Als ich den Kaiser sah, dachte ich: „Ich will doch nicht den falschen Glauben in ihm erwecken, als ob ich kriegsverwundet wäre." Und so rief ich ihm zu: „Majestät, ich bin aber nicht verwundet, ich liege nur und ruhe mich ein wenig im Herzen aus." Der Kaiser lächelte gnädig und setzte sich beim Kopfende des Bettes nieder, und die Leute standen am Fußende. Aber ich lag auf dem Rücken. Es war, als könnte ich kein Glied rühren, und es war, als hätte ich keine Arme.
Dann erwachte ich glücklich.

Tandjong-Morawa. Sonnabend, den 26. Dezember 1914. Vorhin träumte mir, ich stand bei meinem Vater und umarmte ihn und 448 deutete auf ein kleines Kindchen, das ein weißes Häubchen auf

dem Kopfe trug und vor mir von jemand auf dem Arm gehalten
wurde. „Ach," sagte ich, „Papa, laß uns alle solche weiße Schlaf-
mützchen, wie das Kind eins hat, aufsetzen, du und ich auch, und
laß uns dann oben auf der ‚Neuen Welt' unter den Zwetschgen-
bäumen sitzen, du und ich, und wir wollen von Mama sprechen."
Mein Vater lächelte, und ich fühlte im Traum, daß ich kindisch
und müde gesprochen hatte. Da breitete ich meine Arme um
ihn, zog ihn an mich und sagte: „Ach, Vater, laß mich dieses mir
nur wenigstens vorstellen, wenn es auch gar nicht möglich ist,
aber ich will es mir vorstellen, das ist schon genug und tut mir
wohl, mir das vorzustellen!"
Ich erwachte und fühlte, wie mir mein Herz süß klopfte, wie meine
Brust schluchzte, und meine Augen waren naß von Tränen, die
ich im Traum am Halse meines Vaters geweint hatte, halb vor
Entzücken, halb vor großem Leid und unsagbarem Kummer.

449 Garoet, 21. Juli 1915. Ich war im Traum auf einem Dampfer. Ich
befand mich in meiner Kabine vor dem Spiegel und kämmte
mich. Da höre ich erschrockene Ausrufe auf den Schiffsgängen
und Lärm. Ich fürchtete, dem Schiff sei etwas zugestoßen. Da
legt sich das Schiff schon auf die Seite, daß ich nicht mehr in
meiner Kabine aufrecht stehen kann. Ich öffne die Türe. Und
sehe, daß ich draußen nicht mehr fortkomme, das Wasser dringt
überall ein. Ich fühle, es bleibt mir nur noch Zeit, ein Gebet zu
sprechen. Nur noch ein Gebet, ist der einzige Gedanke, den ich
habe. Und der Gedanke stimmt mich so bitter ernst und bitter
traurig. Nicht mehr Zeit habe ich zum Leben, als ein Vater-
unser lang ist, und dann ist der Tod da.
Mit diesem Gedanken, nur noch ein Gebet lang Lebenszeit zu
haben, erwachte ich. Und wachgeworden, betete ich inbrünstig.
Und erschöpft lag ich dann mit offenen Augen auf dem Bett und
wiederholte mir das Traumbild, und freute mich allmählich, daß
ich doch noch leben durfte, und daß alles nur ein Traum gewesen ist.

450 Malang, 9. November 1916. Heute nacht träumte ich, daß ich mit
Annie in ein Bett hineinstieg. Das Bett stand auf der Mainbrücke in Würzburg. Und alle Leute konnten uns sehen. Aber

die Bettlaken waren schmutzig. Und ich sagte zu ihr: „Zu meinem Empfang hättest du andere Laken nehmen sollen." Da stieg sie wieder hinaus. Und Kissen und Laken rutschten aus meinem Bett. Und ich suchte nach Annie und war unruhig, daß sie nicht bei mir im Bett geblieben war.

Tosari. Sonntag, den 17. Mai 1917. Heute nacht hatte ich ganz wunderbare Träume.

Ich war in einem erleuchteten Raum. Da saßen viele Bekannte 451 aus München und Berlin, Schriftsteller mit ihren Frauen, um einen Tisch. Der Saal war eng und niedrig, wie der Eßsaal eines kleinen Dampfers, und weiß und hell erleuchtet, wie von Lampen. Ich lag in einer Nische, etwas höher als der Tisch, um den alle saßen. Und es war, als läge ich in einem oberen Kabinenbett. Ich war in weiße Tücher gewickelt. Und einige von den Zunächstsitzenden, ich glaube es war vor allem Frau H., erzählten mir, daß ich verbrannt worden wäre, und wie es bei meiner Leichenverbrennung gewesen sei. Sie sagte: „Du wurdest beim Verbrennen immer kleiner und kleiner und warst zuletzt nur noch ein ganz kleines Häufchen Asche." Ich hörte mit großer Aufmerksamkeit zu. Es war, als dürfte ich meine weißen Laken noch nicht verlassen, als wäre ich noch zu schwach, um nach dem Tod meine Auferstehung zu feiern. Die andern aber waren alle schon wieder zu einem anderen Leben auferstanden. Und nur ich mußte noch in weißen Tüchern abwarten, bis ich ganz fertig war. Es war ein ziemlich neues, hilfloses und nicht unangenehmes, verklärtes Gefühl in mir. Dann sah ich in unvermittelter Fortsetzung des Traumes mich unter einem Brückenbogen der alten Mainbrücke von Würzburg stehen. Mir war, als stände mein Freund V. neben mir. Und wir schauten auf die Festung, die auf dem Marienberg liegt und die vom Brückenbogen eingerahmt wie ein großes buntes Wandgemälde unterm Abendhimmel lag. Der Himmel war weinrosig, die Festungswälle waren fröhlich lilablau, aber unten um die schweren Mauern des Berges hing purpurrotes wildes Weinlaub, als wäre es ein leuchtender Herbstabend. Ich fand das Bild fast zu bunt und unwirklich, wie ein in hellen Farben gehaltenes Gemälde von riesigem Umfang, aber es stimmte mich froh, und die Festung meiner Heimatstadt lag so verklärt in ihrer Farbenfröhlichkeit da, wie ich sie nicht kannte. Sie war viel zu schön, dachte ich bei mir.

Tosari. Dienstag, den 19. Juni 1917. Heute nacht sah ich schon
452 wieder im Traum meine Schwester Anna in Amerika. Ich ging durch hohe, breite, schöne Straßen einer großen Stadt, vielleicht war es Philadelphia, da rief eine Dame auf breitem leeren Trottoir meinen Namen. Ich sah meine Schwester schön und jung, wie sie in den Jahren war (1880), als sie mit ihrem Mann und ihren zwei kleinen Kindern nach Amerika auswanderte. Ihre schön geschnittene Nase, ihre schönen blauen Augen, die groß und königinnenhaft ruhig schauten, das lange Oval ihres Gesichts, ihr schwarzblaues schweres Haar, alles erkannte ich mit einem Blick wieder, als wären nicht siebenunddreißig Jahre an ihr vorbeigegangen. Wie sie mir noch die Hand reichte, sah ich fünf Schritte hinter ihr meinen Vater stehen. Ich warf beide Arme vor Freude in die Luft und rief: „Papa!" Er lächelte. Und einige Herren, die in der Ferne näher kamen, lachten auch und teilten meine Freude. Sie war nur zu kurz. Das vertrauliche Wiedersehen mit Schwester und Vater war zu kurz. Das Bild verschwand bald.

Wie traurig, daß man schöne Träume und Wiedersehen mit fernen lieben Angehörigen nicht verlängern kann. Ich lebe so fern hier von allen alten vertraulichen Familienerinnerungen, daß solch ein schöner Traum mir den ganzen Tag danach noch Wohlbehagen bereitet. Ich fürchte nur, daß meine arme alte Schwester Anna gestorben ist, oder bald sterben wird, da ich schon zweimal in so kurzer Zeit von ihr träumte und sonst nie in all den siebenunddreißig Jahren von ihr geträumt habe.

453 Als mein Schwager vor sieben Jahren starb, da habe ich ihn auch kurz vorher im Traum gesehen, und er führte mich im Traum im Reichstagsgebäude umher; dann trat er mit mir in einen Saal, dort saßen an einem langen grünen Tisch alle meine gestorbenen Verwandten, auch seine gestorbene Frau, meine Schwester Marie. Er selbst war im langen, feierlichen schwarzen Gehrock, in welchem man ihn später auch begraben hat.

Ich las einige Tage später in der Zeitung die Nachricht, daß er gestorben und nur drei Tage krank gewesen war, nachdem er erst vierzehn Tage vorher, mit dreiundsechzig Jahren, nochmals geheiratet hatte. Ich ahnte nichts von seiner Lungenentzündung, als ich ihn im Traum sah, und ich war erschüttert, als diesem Traum die Todesnachricht folgte.

Ich glaube bestimmt: wie es drahtlose Telegraphie gibt, gibt es auch Fernwirkung zwischen solchen Menschen, die dafür besonders zugänglich sind.

Ich träumte doch auch im Juni 1896, daß mein Vater sterben 454 würde. „Im September stirbt dein Vater!" so sagte mir in Paris nachts im Juni eine Stimme.

Und am fünften September desselben Jahres starb mein lieber Vater. Ich hörte in der ganzen Zeit von Juni bis September nichts von ihm. Und wußte auch nicht, daß er nur zwei Tage krank war und dann mittags zwölf Uhr am fünften September sanft und ohne Todeskampf auf seinem Bette eingeschlafen ist.

Tosari. Montag, den 12. November 1917. Ich hatte mich früh zu Bett gelegt. In der Nacht, gleich in der ersten Nachthälfte, hatte ich schwer geträumt.

Ich hatte in einem Steinhaus im ersten Stock zu Bett gelegen. 455 Und träumte, ich war erwacht, da mein Bett mit einem Fuß durch den Zimmerboden durchbrach. Darauf war ich im Traum geflüchtet. Und wie ich die Treppe hinuntersprang, da lösten sich Treppengeländer und Stufen auf, und die Mauern gaben ihre Backsteine her, die polterten vor mir in die Tiefe. Wo ich hintrat, löste sich das Gemäuer vor mir, und die Backsteine rollten vor mir her. Später war ich unten, und ich sah im unteren Raum die Füße meines Bettes durch die Decke über mir, und ich zeigte das aufgeregt einigen Leuten. Da sah ich zugleich, wie die Wände überall eingebogen waren und wie das ganze Haus zu stürzen drohte, und ich flüchtete wieder.

Das habe ich ungefähr drei Stunden vor dem Erdbeben geträumt.

Tosari, 18. Februar 1918. Heute nacht träumte ich sehr viel.

Ich war auch in Frankreich, und zuletzt war ich in einer Kammer, 456 die war erhellt von Oberlicht, ich sollte dort Lose nehmen und Cakes gewinnen. Aber die Frau, die nachsehen sollte, was ich gewonnen hatte, schlug ein Buch vor mir auf, darin waren mit Schnüren angeheftete Cakes auf jeder Blattseite. Aber mein

238 MAX DAUTHENDEY

Gewinn war schon herausgenommen, und kein Cake war mehr auf meinem Blatt des Buches. Nur leere Fettflecke zeigten die Stelle, wo die Cakes gewesen waren. Da deutete ich an die Wand, wo Brote zur Schau aufgehängt waren. Auf ein gelbes gekräuseltes Brot an der Wand deutend, das groß war, sagte ich: „Das möchte ich gewinnen." — „Ich will es Ihnen verkaufen", sagte die Frau, und sie nahm es von der Wand herab. ‚Aber,' dachte ich, ‚das darf sie doch nicht. Das Brot ist ja ein Gewinn und gehört nur dem, der es gewonnen hat. Wenn sie das oft tut, Brote verkaufen, dann werden die Gewinner böse, weil sie nichts bekommen.' Ich war aber doch froh, daß sie mir das große hellgelbe Brot verkaufen wollte, und ich freute mich. Und ich dachte: ‚Es ist jetzt Abend und die Lotterie scheint zu schließen, darum verkauft sie mir das Brot.'
Dann wachte ich auf.

457 Tosari, 16. März 1918. Heute nacht träumte ich, daß eine Frau neben mir angekleidet im Bett lag. Sie sprang plötzlich auf und zeigte mir ein dünnes Glasröhrchen. Darin war eine graue, schwarzgesprenkelte Masse. Und sie rief aus: „Ich habe die Pest!" Ich erschrak sehr und dachte: ‚Dann habe ich sie auch.' Und sie ging vor mir her und hielt mir nochmals die kleine Glasröhre mit der grauen und schwarzgesprenkelten Masse dicht unter die Augen. Die schwarzen Punkte in der Masse schienen die Pestbazillen zu sein. Dann lief sie fort, rang die Hände, hob die Arme in die Luft, ließ die Arme fallen und weinte bitterlich. Dieser Traum griff mich sehr an.

Tosari. Sonntag, den 24. März 1918. Ich träumte heute nacht einen Traum, der so unheimlich war, daß mir gruselte und die Haare sich mir sträubten.

458 Ich sah einen ganz kleinen Mann, der war nur einen Fuß hoch. Er stand in meines Vaters Haus in der Kaiserstraße 9 in Würzburg auf dem langen Korridor unserer Wohnung unter der Gasflamme, die dort brannte. Ich dachte, furchtbar erschreckt durch die kleine Erscheinung: ‚Was will der Mensch da, dieser übernatürliche.' Ich wurde so aufgeregt, daß ich ihm einen Fußtritt geben wollte. Wie erstaunte ich aber, die Gestalt schwebte plötz-

lich zum Gangfenster in den Hof hinaus und in die Höhe. Und ich folge ihr und schwebte plötzlich auch in der Luft zum Gangfenster hinaus. Draußen in der Luft sah ich plötzlich, daß der Kleine sich in eine ganz natürliche Menschengestalt verwandelte. Ein junger Mann in schwarzem Anzug sah mich in der Luft schwebend an. Ich kehrte darauf, durch das Gangfenster schwebend, wieder in das Haus zurück, war aufgeregt und rief: „Hilfe!" Denn ich sah Licht unter der Küchentür, und mir schien, die Erscheinung sei in den Keller gesunken, wo die Küche unter meines Vaters Wohnung lag.

Dann wachte ich auf. Es war mir noch immer ganz schauerlich zumute.

Tosari, 28. Mai 1918. Heute nacht hatte ich unheimliche Träume. Ich sah zwei Menschen aus der Erde steigen, die führten mich 459 herum. Um zu sehen, ob es gute Geister wären, begann ich laut zu beten und vom lieben Gott zu sprechen. Sie lächelten nur. Und ich war überzeugt, da sie nicht verschwanden, daß sie mir Gutes tun wollten. Später begann der eine Mensch mir eine Matratze zu zeigen. In die sollte ich gewickelt werden. Ich fand das unbehaglich. Es war, als wollte man mich mit der Matratze begraben. Ich dachte: ‚Warum soll das sein? Muß ich sterben?' Dann stand der Mensch vor mir in einem weißleuchtenden Hemd und verschwand wieder vor mir in der Erde.

Ich wachte unter Gruseln von diesem Traum aus tiefem Schlaf auf.

PETER ROSEGGER

Ich war fortgezogen von meinem Meister und seinem Handwerk. Ich habe in der Welt gelebt und gestrebt — und habe doch noch bei ihm sitzen und nähen müssen. Siebzehn Jahre ist es nun schon her, seit ich von meinem Lehrmeister gegangen bin; siebzehn Jahre ist es, seit ich jeden Tag an der geistigen Ausbildung und Vollendung meines Wesens arbeite, Hunderte und Hunderte von Büchern lese und selbst welche schreibe; und eine fast so lange Zeit ist es, seit ich gar manche Nacht neben meinem Lehrmeister in irgendeinem Bauernhause sitze und nähe.

Ich erzähle Träume und sage die Wahrheit; das mag freilich un-
vernünftig sein. Aber Leuten, die auf Träume was halten, und
Leuten, die sich etwa gar mit dem Studium des Traumes abgeben,
um in demselben die Wahrheit und das Gesetz zu finden, mag
meine Mitteilung willkommen sein. Mir ist es mit der Sache überaus ernst. Ich erfreue mich sonst eines gesunden Schlummers,
aber ich habe die Ruhe von so mancher Nacht eingebüßt, ich habe
neben meinem bescheidenen Studenten- und Literatendasein den
Schatten eines veritablen Schneiderlebens durch die langen Jahre
geschleppt wie ein Gespenst, ohne seiner loswerden zu können.
Es ist nicht wahr, daß ich mich tagsüber in Gedanken so häufig
und lebhaft mit meiner Vergangenheit beschäftigt hätte. Ein der
Haut eines Philisters entsprungener Welt- und Himmelsstürmer
hat anderes zu tun. Aber auch an seine nächtlichen Träume wird
der flottgewordene Bursche kaum gedacht haben; erst später, als
ich gewohnt worden war, über alles nachzudenken, oder auch, als
sich der Philister in mir wieder ein wenig zu regen begann, fiel
460 es mir auf, wieso ich denn — wenn ich überhaupt träumte — alle-
mal der Schneidergesell war, und daß ich solchergestalt schon so
lange Zeit bei meinem Lehrmeister unentgeltlich in der Werkstatt
arbeitete. Ich war mir, wenn ich so neben ihm saß und nähte und
bügelte, recht wohl bewußt, daß ich eigentlich nicht mehr dorthin
gehöre, daß ich mich als Städter mit anderen Dingen zu befassen
habe; doch hatte ich stets Ferien, war stets auf der Sommerfrische,
und so saß ich zur Aushilfe beim Lehrmeister. Es war mir oft gar
unbehaglich, ich bedauerte den Verlust der Zeit, in welcher ich
mich besser und nützlicher zu beschäftigen gewußt hätte. Vom
Lehrmeister mußte ich mir mitunter, wenn etwas nicht ganz nach
Maß und Schnitt ausfallen wollte, eine Rüge gefallen lassen; von
einem Wochenlohn jedoch war gar niemals die Rede; oft, wenn
ich mit gekrümmtem Rücken in der dunkeln Werkstatt so dasaß,
nahm ich mir vor, die Arbeit zu kündigen und mich fremdzu-
machen. Einmal tat ichs sogar, jedoch, der Meister nahm keine
Notiz davon, und nächstens saß ich doch wieder bei ihm und nähte.
Wie mich nach solch langweiligen Stunden das Erwachen beglückte! Und da nahm ich mir vor, wenn dieser zudringliche Traum
sich wieder einmal einstellen sollte, ihn mit Energie von mir zu
werfen und laut auszurufen: Es ist nur Gaukelspiel, ich liege im

Bette und will schlafen! Und in der nächsten Nacht saß ich doch
wieder in der Schneiderwerkstatt.

So ging es Jahre in unheimlicher Regelmäßigkeit fort.

Da war es einmal, als wir, der Meister und ich, beim Alpelhofer 461
arbeiteten, bei jenem Bauern, wo ich in die Lehre getreten war,
daß sich mein Meister besonders unzufrieden mit meinen Arbeiten
zeigte. „Möcht nur wissen, wo du deine Gedanken hast!" sagte
er und sah mich etwas finster an. Ich dachte, das Vernünftigste
wäre, wenn ich jetzt aufstünde, dem Meister bedeutete, daß ich
nur aus Gefälligkeit bei ihm sei, und wenn ich dann davonginge.
Aber ich tat es nicht. Ich ließ es mir gefallen, als der Meister
einen Lehrling aufnahm und mir befahl, demselben auf der Bank
Platz zu machen. Ich rückte in den Winkel und nähte. An demselben Tage wurde auch noch ein Geselle aufgenommen — bigott,
es war der Böhm, welcher vor neunzehn Jahren bei uns gearbeitet
hatte und damals auf dem Wege vom Wirtshause in den Bach gefallen war. Als er sich setzen wollte, war kein Platz da. Ich blickte
den Meister fragend an, und dieser sagte zu mir: „Du hast ja doch
keinen Schick zur Schneiderei, du kannst gehen, du bist fremd
gemacht." — So übermächtig war hierüber mein Schreck, daß ich
erwachte.

Das Morgengrauen schimmerte zu den klaren Fenstern herein in
mein trautes Heim. Gegenstände der Kunst umgaben mich; im
stilvollen Bücherschranke harrte meiner der ewige Homer, der
gigantische Dante, der unvergleichliche Shakespeare, der glor-
reiche Goethe — die Herrlichen — die Unsterblichen alle. Vom
Nebenzimmer her klangen die hellen Stimmchen der erwachenden
und mit ihrer Mutter schäkernden Kinder. Mir war zu Mute, als
hätte ich dieses idyllisch süße, dieses friedensmilde und poesiereiche,
helldurchgeistigte Leben, in welchem ich das beschauliche menschliche Glück so oft und tief empfand, von neuem wiedergefunden.
Und doch wurmte es mich, daß ich mit der Kündigung meinem
Meister nicht zuvorgekommen, sondern von ihm abgedankt
worden war.

Und wie merkwürdig ist mir das: seit jener Nacht, da mich der
Meister „fremd gemacht" hatte, genieße ich Ruhe, träume nicht
mehr von meiner in ferner Vergangenheit liegenden Schneider-
zeit, die in ihrer Anspruchslosigkeit ja so heiter war und die doch

einen so langen Schatten in meine späteren Lebensjahre herein-
geworfen hat.

MAX BURKHARD

Ich bewohnte als Student ein Zimmer, von dem ein Fenster in
einen schmalen Lichthof ging. Jenseits des Lichthofes entdeckte
ich einmal, auch an einem Fenster, ein junges, hübsches Mädchen,
das dort den größten Teil des Tages mit Nähen verbrachte. Es
war um die Weihnachtszeit und ein kalter Winter. Mein Fenster
aber hatte ich nach meiner Gewohnheit meist offen, und als ich
mich nun grüßend an das Fenster stellte, da öffnete das junge Mädchen sein Fenster auch. Aber meine „freundliche" Anrede beantwortete sie nur mit einem besorgten Blick in den Lichthof, einem
leichten Räuspern („Hm! hm!") und den mysteriösen Worten:
„Wir sind belauscht." Ganz dasselbe wiederholte sich einige Male.
Am letzten Tage des Jahres aber warf sie mir einen kleinen Knäuel
herüber, in den eine Visitkarte gewickelt war, auf der ihr Name
stand und beiläufig: „Heute abend sieben Uhr gehe ich durch
die . . . gasse". Abends erklärte sich mir das Rätsel, die Arme
hörte nicht ganz gut und hatte sich geniert, mir zu sagen, ich
solle lauter reden. Darum fand ich sie aber nicht weniger hübsch
und liebenswürdig, im Gegenteil ich sah, daß sie gebildet und
intelligent war und ein heiteres und anmutiges Wesen hatte.
Und nun kam der Sylvestertraum. (Ich schlafe des Nachts noch
heute bei offenem Fenster.)

462 Im Traum nun sah ich von meinem Bett, wie sich das Fenster
gegenüber öffnete und das Mädchen mit lauerndem Blick herüber-
sah. Neben ihr stand der Hausknecht eines Zuckerbäckers, bei
dem ich öfter einige kleine Einkäufe machte. Er trug eine Art
Leiter, wie sie die Kaufleute zum Auf- und Abladen der Fässer
verwenden, nur war, während diese nach dem Gesetz der schiefen
Ebene wirkenden Apparate lediglich oben und unten eine Ver-
bindungssprosse haben, auch eine Mittelsprosse da. Mit langen
Schritten, unter Benutzung der Mittelsprosse, kamen beide nacheinander herüber und näherten sich mit unheimlich starren Blicken
meinem Bett: ich wußte, sie wollten mich „rauben". Ich rief um
Hilfe, und durch die Türe kam ein alter Onkel von mir zu meinem
Schutz. (Die größte Ironie des Traumgottes, denn der gute Alte,

wenn er überhaupt dagewesen wäre, hätte bei meinem Schreien sofort die Decke über die Ohren gezogen oder das Hasenpanier ergriffen.) Meinen Bedrängern aber erschien mein Onkel offenbar gar schrecklich wehrhaft anzusehen. Meine Freundin vor allem floh voraus über die Leiter, der Hausknecht folgte ihr — aber er verfehlte in der Eile die Mittelsprosse und stürzte in den Lichthof. Um sich vor der Verfolgung meines grimmen Oheims zu retten, zog das Mädchen, noch am Fensterbrett stehend, rasch die Leiter nach sich, doch ich sah, wie sie das Übergewicht bekam, sich ihr Gesicht durch die Todesangst verzerrte und sie samt der Leiter ebenfalls in die Tiefe fiel.

Wenn ich ein Maler wäre, könnte ich noch heute das entsetzte Gesicht des Mädchens malen, und ich weiß, genau diesen Ausdruck hätte ihr Antlitz in der Todesfurcht wirklich annehmen müssen. Recht früh am andern Morgen schloß ich das Fenster und nagelte einen großen Plaid vor: nicht einmal hinüber s e h e n wollte ich mehr, so hatte sich meine Freundschaft in unüberwindliche Abneigung verkehrt.

Der Prüfungsraum kehrt bei mir, auch jetzt noch manchmal, 463 in der Form wieder, daß ich weiß, ich habe die Matura gemacht, besuche aber wieder die oberste Klasse des Gymnasiums, um freiwillig nochmal die Matura zu machen, und nun interessiert mich nur die Frage, ob, wenn ich durchfalle, das frühere Prüfungszeugnis gilt.

Ein anderer typischer Traum ist mein Höllentraum. Ich sterbe 464 und komme natürlich in die Hölle. Im Gymnasium hatte mir die Sache so geträumt, daß der Klassenvorstand die Zeugnisse verteilt, und alle, die durchgefallen sind, kommen in die Hölle, ich selbstverständlich auch.

Besonders genau erinnere ich mich an einen solchen Traum: da standen lauter Schulbänke und ein Katheder in der Hölle, und mein Freund kam auf mich zu und sagte mir: „Heute bekommen wir Kalbsbraten, weil dein Namenstag ist." (Kalbsbraten mochte ich nämlich gar nicht leiden, und so habe ich den Teufel einen infernalischen Witz machen lassen, daß ich dieses Gericht just zur Feier meines Namenstags kriegen sollte.)

465 Ein anderer typischer Traum, dessen öftere, dermalen allerdings schon lange ausständige Wiederkehr ich offenbar meiner Tätigkeit im Wiener Landesgericht in Strafsachen verdanke, ist der, daß ich irgend etwas sehr Böses, das aber nie persönlich individualisiert ist, angestellt habe (unter einem Mord habe ich es noch selten getan) und eben im Begriffe bin, auf der Westbahn in einen Zug einzusteigen, als jener freundliche alte Herr an mich herantritt, der seinerzeit dort jedem Kind als „geheimer" Detektiv bekannt war und mich allerdings auch wirklich einmal arretiert hatte (freilich aus einem viel harmloseren Anlaß) und mich auffordert, „kein Aufsehen zu machen und mit ihm zu gehen".

Als Direktor hatte ich öfter im Sommer über einen Tag nach Ischl zu fahren, was ich so machte, daß ich die eine Nacht hinfuhr, die andere zurück. Zur Hinfahrt lieh ich mir am Wiener Westbahnhof immer einen Schlafpolster aus — zur Rückfahrt aber hatte ich nie einen solchen, weil am Bahnhof in Ischl kein „Polstermann" etabliert ist. Das verdroß mich immer.

466 Als ich nun wieder einmal nach Ischl fuhr, träumte mir, daß in Attnang, wo der Zug bekanntlich längere Zeit hält, ein vielleicht zehnjähriges Mädchen in das Coupé trat und sagte: „Ich bitt, ich komme den Polster zu holen."—„Sakrament!" rief ich im Traum, „nicht einmal bis Ischl kann ich mehr den Polster haben? Und sagen Sie mir, warum kriegt man denn in Ischl keine Polster? Morgen nacht muß ich zurückfahren und kann auf der harten Lehne liegen." — „Aber das ist ja sehr einfach", erwiderte das kluge Kind. „Behalten Sie den Polster, geben Sie ihn in Ischl dem Portier zum Aufheben und holen Sie sich ihn abends zum Zurückfahren."

Und so habe ich es auch von da an immer gemacht, nur schäme ich mich heute noch, daß mir das nicht im wachen Zustand eingefallen ist.

Noch drastischer aber ist ein Traum, den ich vor zwei Jahren (1898) in Sizilien hatte.
Ein paar Tage vor dem Traum hatte ich in Neapel meinen Freund, den Professor W., zufällig getroffen. Ein Studienkollege desselben ist der Buchhändler G. in Wien.

Ich hatte in Palermo immer sehr lebhafte Träume.

Eines Tages hätte ich gern in einem Buch, das ich natürlich in
Palermo nicht zur Hand hatte, etwas nachgeschlagen.

Des Nachts träumte mir nun folgendes:

„Weil ich jetzt immer so lebhaft träume, als ob die Sachen wahr 467
wären, könnte ich ja jetzt träumen, daß ich rasch nach Wien fahre
und mir das Buch hole!" Gedacht, geträumt. Ich bin im Nu
in Wien und gehe in eine Buchhandlung, in der mein Freund W.
als Buchhändler steht. Ich erzähle ihm: „Weil ich jetzt immer so
lebhaft träume, als ob die Sachen wahr wären und ich in Palermo
das und das Buch notwendig brauchen würde, habe ich mir gedacht, ich träume, daß ich nach Wien fahre und mir das Buch hole.
Gib mir das Buch!" Mein Freund W. ging zu einer Bücherstelle,
hob das Buch herab, klopfte es an der Hand ab, wie es die Buchhändler bei verstaubten Büchern machen, und gab mir es; ich
kann nicht sagen, daß mir etwas in seiner Miene aufgefallen wäre,
aber ich selbst wurde plötzlich mißtrauisch, als ich das Buch in
der Hand hielt, und fragte ihn: „Du, W., glaubst du, daß ich das
Buch jetzt morgen früh wirklich habe?" Da machte er ein so
spöttisch lächelndes Gesicht, wie er es nicht ungerne macht, und
sagte, indem er leicht den Kopf schüttelte: „I glaub nit."

FRIEDRICH HUCH

Ich fahre auf der Eisenbahn, und zwar sitze ich ganz vorne wie auf 468
dem Bug eines Schiffes. Allmählich wird die Straße breiter, und
jetzt befinde ich mich wirklich auf einem Wasser, vorn auf der
Spitze eines Schiffes. Hinter mir tönt Gesang von Schülern, welche
von einer Fahrt heimkehren. Rechts und links erheben sich dunkle
Häuserwände. Jetzt fahren wir auf einem Kanal. Links an einer
dunklen Wand liegt ein langgestreckter schwarzer Kahn, in ihm
kauert ein kleiner nackter Knabe, der die Hand ins Wasser hält.
Jetzt fahren wir an einer Badeanstalt vorbei, und da befinde ich
mich auf dem Lande. Sonderbare Bildwerke aus Wachs stehen
dort: Knaben verschiedenen Alters; jeder trägt eine Unterschrift:
Bildnis des ertrunkenen Knaben . . . Ich bedenke, wie mancher
unter ihnen wohl nicht ertrunken, sondern ertränkt sein möchte,
und da sehe ich eine Gruppe und trete auf sie zu: Neben einer

unbeweglichen eine zweite Wachsfigur, die den Oberkörper hin
und her bewegt. Ich erkenne in ihr einen Freund, der sich mit achtzehn Jahren erschoß. Um seinen Hals ist eine Kette geschmiedet.
In der unbeweglichen Nebenfigur erkenne ich einen Kameraden,
der tröstend aussieht. — Die Figur macht stets dieselben gleich-
mäßigen, pendelnden Bewegungen; ich suche ihren Blick zu
fangen, aber ihre Augen gleiten, wenn sie die meinen treffen,
weiter. Da rufe ich seinen Namen. Die Bewegung hört langsam
auf, die Figur hebt den Kopf und lauscht. Ich rufe ihn nochmals
an, und sein Blick trifft mich wie aus Fernen. Ich frage ihn, ob er
mich erkennt, und er nickt mit dem Kopfe. Ich frage ihn nach
seinem Dasein nach dem Tode — ob er antwortete, weiß ich nicht
mehr — plötzlich begannen die Bewegungen des Oberkörpers von
neuem; ich rief ihn abermals, aber die Bewegungen wurden
schneller und schneller, von Grauen gepackt wollte ich entfliehen,
— aber da wurde er mich gewahr: Mit einem Ruck hat er sich die
Kette vom Hals gerissen; jetzt stürzt er auf mich zu; ich taumele
rücklings ins Wasser, und wie ich emportauche, wirft er mir die
Kette um den Hals, wirft sich platt auf die Uferfliesen und zerrt
mich dicht, dicht zu sich heran, daß mein Gesicht sein grinsendes,
schimmelweißes, schwarzäugiges fast berührt.

469 Ich habe eine kleine japanische Puppe. Ich zeige sie meinen
Freunden. Sie halten sie spielend in ihren Händen. Einer nimmt
sie bei den Beinen, daß der Kopf nach unten hängt. Ich sehe, wie
der Kopf dunkelrot wird; die Augen treten vor, die Backen
werden violett; ich schrie: „Ihr erwürgt sie ja!" — Da bin ich
wach.

470 Ich halte in den Händen ein kugelförmiges Glasgefäß. Es ist mit
Wasser gefüllt; darin schwimmen eine Menge durchsichtig-
weicher, fremdartiger Geschöpfe. Ich kann der Versuchung nicht
widerstehen, den Glasdeckel ein ganz wenig abzuschrauben. Im
selben Augenblicke aber preßt von innen eine Kraft nach; das
Wasser braust und die Tiere drängen nach oben. Das Gefäß öffnet
sich mehr und mehr, ich kann es nicht mehr schließen. Neben mir
sitzt der, welcher den Deckel zu schließen vermag; ich rufe ihn,
er hört nicht, ich rufe heftiger, er hört nicht, ich rüttele ihn an den

Schultern, er hört nicht, er schläft. Da ist das Glasgefäß gesprengt. Wasser und Tiere sind am Boden. Ich sehe wie sie scheußliche Bewegungen machen, Ekel und Furcht überwältigen mich. Da nehme ich ein großes, scharfes Messer und schneide vorsichtig ein jedes von ihnen mitten durch, sodann alle einzelnen Teile noch einmal, bis endlich jede letzte Zuckung aufhört und nur noch formlose, schwarze kleine Klumpen am Boden liegen.

Meine Schwester L. und ich stehen nachts auf einer Straße. Sie 471 weist auf ein Haus, dort wohne eine Frau, die müsse sie ermorden. Sie dringt in das Haus, ich bleibe als Wache draußen, scheinbar in einem Buche lesend, das ich in der Hand halte, damit Vorübergehende nicht auf mich aufmerksam werden. Endlich höre ich Lärm, man holt mich, deutet auf eine offene Tür, durch die ich Unruhe und Tumult bemerke. Im selben Moment sehe ich L. durch eine Seitentür aus dem Hause eilen, in Mantel und Federbarett. Wir dringen in das Haus, da sehe ich in den Armen einer Frau, die fast genau so aussieht wie sie selbst, die Sterbende, mit purpurrot umränderten Augen, erzählend, sie sei von zwanzig Stichen durchbohrt. — Jemand verfaßt eine Todesanzeige und ein anderer fragt: „Was aber soll mit den vielen Fischen geschehen, die nun ohne Herrin sind? Wollen wir sie zu uns nehmen?" Ich rufe entsetzt: „Um Gottes willen nicht; wir essen einen dieser Karpfen, und wenn er auf dem Tische steht, sieht uns plötzlich aus ihm das Auge der Gemordeten an!"

Ich starre auf ein Stück alten Elfenbeines, welches behauen und 472 geglättet wurde. Es sind darin Reihen langer Masern, kürzer und länger, unterbrochen und zusammenhängend, vortretend und verschwindend. Und während ich sie nur anzublicken glaube, wird es mir mit einem Male bewußt, daß ich sie l e s e. Es ist ein Wilder, welcher durch diese Zeichen zu mir spricht, der mir erzählt, wie er die Kunst gelernt habe, Elfenbein in dünne Streifen zu schneiden, diese Streifen aufzublasen, daß sie sich teilten und dünnste Wände zu kleinen Kästen bildeten, die solcherart entstünden. Im selben Augenblicke aber, wo ich mir bewußt werde, daß ich diese Naturzeichen lese, liegen sie wieder als Masern vor mir, ohne Sinn und Bedeutung. Da tritt ein Verwandter zu mir, und ich erzähle ihm,

noch hingerissen, was geschah. Er sieht mich verständnislos an,
mit einem traurigen Blicke.

473 Ich habe ein längliches Paket am Arme. Ich weiß, es ist ein totes
kleines Kind darin, das ich heimlich irgendwo versenken soll. Ich
gehe treppauf, treppab, aber jedesmal, wenn ich es niederlegen
oder wie achtlos verlieren will, öffnet sich irgendeine Tür, oder ich
sehe durch ein Treppenhausfenster ein Gesicht, das herübersieht.
Ich ziehe dann die Schlinge des Bindfadens über meinen Finger
und baumele das Paket recht achtlos gegen Pfosten und Treppengeländer. Dann treffe ich ein junges Mädchen, gehe mit ihm
spazieren und denke mehrmals: ,Wie ahnungslos sie sich da mit
dem Ellbogen an mein Paket stößt!' Da bemerke ich, daß die
äußere Hülle locker geworden ist, und ich entferne sie. Ich fühle
jetzt auch genau den Kopf des Kindes und fühle zugleich, wie die
innere Pappe durchweicht ist. Wie ich im Schreck das Paket
fester und fester umwickeln will, öffnet es sich mehr und mehr.
Ich will hinunter zum Flusse, aber da stehe ich in einem kreis-
runden, niedrigen Steingemach, umgeben von meinen Richtern.
— Und jetzt erfahre ich zu meinem größten Staunen, obgleich ich
es nun schon seit langem gewußt, aber wieder vergessen zu haben
scheine: daß das Ganze ein Weihnachtsmysterium ist, das tote
Kind das Christkind, ich selbst Judas Ischariot, die Richter aber
die Apostel.

474 Ich befinde mich mit mehreren andern auf einer langen Stein-
veranda. In meiner Nähe steht eine Frau mit zwei kleinen Kindern an der Brüstung. Sie hat den Rücken dagegengekehrt, daß
sie die Kinder, welche auf der Brüstung stehen, nicht sehen kann.
Das eine sucht das andere hinabzustoßen, aber es bleibt regungslos, wie vorher, stehen. Ich überlege mir, daß es meine Pflicht
sei, zuzuspringen; aber ich bleibe ruhig an meinem Platze, neugierig auf das Ende. Das Kind wiederholt seinen Stoß, und das
zweite fällt langsam und kopfüber hinunter. Ich höre ein knacken-
des Geräusch auf einem Steinboden. Es folgt eine furchtbare
Aufregung; dann wird alles still. Ich wage nicht hinunterzusehen
und bleibe abgekehrt und regungslos. Man sagt mir, drunten liege
eine breiige Masse mit einem ungeheuren Kinderkopf; es sei aber

eigentlich kein Kinderkopf: er habe Glotzaugen und ein breites
Froschmaul. — Ich höre das Geräusch von Besen; und als ich
endlich hinunterblicke, sehe ich einen grauen Steinboden und eine
verfegte, karminrote Lache.

Ich bin unter einer Steinbrüstung. Von oben gießt ein früherer 475
Mitschüler mit einer Brause Wasser auf mich nieder. Ich eile
empor zu ihm und sage, nun müßte ich mir meinen Anzug neu
aufbügeln lassen. Zugleich denke ich an meine Uhr; ich ziehe sie
heraus; sie steht still; ich versuche sie aufzuziehen, fühle beim
Drehen, daß Sand im Innern ist. Da fängt die Uhr plötzlich an
zu schnurren, die Zeiger schießen im rasenden Wirbel herum,
immerfort, immerfort; ich blicke sie voll Angst an. Da sehe ich,
wie aus der Mitte des Zifferblattes langsam ein roter Blutstropfen
emporquillt; das Blut vermischt sich mit Wasser, das über das
Zifferblatt drängt, die Glasrundung dehnt sich weiter und weiter,
wie eine Seifenblase; in höchster Angst rufe ich meinen Freund
herbei; der nimmt die Uhr, zieht schnell irgendwo etwas heraus,
und ich sehe, wie das Blut mit dem Wasser langsam abfließt zur
Erde; dann gibt er sie mir zurück. Sie ist nun wieder wie vorher,
bewegungslos.

ISOLDE KURZ

Ich ging im Traume arglos durch die Straßen von Florenz, nur 476
belästigt durch ein größeres Paket auf meinem Arm, weil es dort
nicht üblich ist, daß eine Dame dergleichen selber trägt. Plötzlich
ward es mir bewußt, daß in dem Pack sich Kleider befanden,
häßliche, gelb und grau gestreifte Alltagskleider, die ich soeben
aus einem mir wohlbekannten Schauladen auf der Piazza Signoria
entwendet hatte. Und nun mit einem Male das vernichtende
Schamgefühl, die schreckliche Verlegenheit, wie die Beute loswerden, bis es mir in einem Seitengäßchen gelang, sie in einem
fremden Hausflur niederzulegen und schleunigst das Weite zu
suchen.

In meinen ersten florentinischen Winter von 1877 auf 78 fällt
ein schauerlicher Traum.

Die schwarzverlarvten Brüder der Misericordia, dieses Überlebsel
des Mittelalters, das mich immer unheimlich an seinen Ursprung
in der Pestzeit erinnerte, hatten mir in den damals noch engen
und altertümlichen Straßen, wenn sie im Eilschritt mit einer
Bahre vorüberzogen, einen tiefen Eindruck gemacht.

477 So stand ich nun im Traum auf den Domstufen und sah die
schwarzen Brüder in ihren langen Gugelmänteln und schwarzen
Masken, den Pilgerhut im Nacken, mit schwarzer Fahne und
brennenden Fackeln des Weges eilen, von allen Vorübergehenden,
wie üblich, durch Hutabnehmen gegrüßt. Sie trugen einen
schwarzverhangenen Sarg nach ihrer Sammelstelle, dem Oratorio
della Misericordia, das dem Campanile gegenüberliegt. Eine
große Menschenmenge drängte nach, und ich folgte gleichfalls.
Auf meine Frage, was da vorgehe, wird mir geantwortet:
„L'uffizio della vendetta." (Den italienischen Ausdruck hatte der
Traum sprachlich ganz logisch erfunden; zu deutsch hieße es
„Racheamt", wobei Amt in kirchlichem Sinne zu nehmen.) Und
ich erfuhr nun, daß in Florenz von alters her dieser Brauch
herrsche: Wenn einer viele Frevel begangen habe, aber zu hoch-
gestellt oder zu reich gewesen sei, um dem weltlichen Richter
zu verfallen, so werde er nach seinem Tode von den Brüdern
der Misericordia nach ihrem Bethaus abgeholt; die Herausgabe
des Leichnams dürfe von den Angehörigen nicht versagt werden,
das sei eine uralte Sitte. Was ferner mit ihm geschehe, wisse
man nicht. Die Schwarzen waren unterdessen mit dem Sarg in
dem Kirchlein verschwunden, dessen hohe Stufen die Menge
umlagerte. Die Pforte blieb offen, nur der niederwallende Vorhang verschloß den Eingang, und ein untersetzter schielender
Pförtner stand davor. Das tückische Gesicht dieses Menschen
blieb mir auch im Wachen so tief eingeprägt, daß ich meinte,
es müsse durchaus in Florenz ein solches geben. Von brennender
Neugier getrieben, suchte ich mich an ihm vorüber durch die
Tür zu drücken, wobei er sich stellte, als ob er mich nicht sähe,
ich fühlte aber, wie er mit unsäglich lauerndem Blick nach mir
schielte. Ehe ich mirs recht überlegte, stand ich innen. Da hatten
sie den Sarg in der Mitte auf eine altarähnliche Erhöhung gestellt
und umgingen ihn unter den schauerlichen Zeremonien eines
Totengerichts. Dann sollte das Urteil an dem Leichnam voll-

streckt werden. Ich entsetzte mich so, daß ich ins Freie zu entkommen strebte, aber unter der Tür trat mir der scheele Pförtner
entgegen, ich hörte eine hämische Stimme mir ins Ohr sagen:
„Zusehen kann, wer Lust hat, aber es wird dafür gesorgt, daß
er nichts ausplaudert." Gleichzeitig blinkte ein Dolch vor mir
auf, und ich fühlte das kalte Eisen am Halse.
Mit wildem Schreck fuhr ich in die Höhe und bekam wirklich
ein kaltes Eisen zu fassen — den Kommodeschlüssel, den ich
am Tag unter meinem Kissen versteckt hatte.

München, Winter 1892. Ich wollte einen Brief in einen der 478
unbequemen Münchner Briefkasten werfen, aber da ich den
Regenschirm und Pakete, die mich belästigten, gegen den Wind
halten mußte, konnte ich damit nicht fertig werden. Ich befand
mich in einem halbdunklen, beklemmenden Torweg. Da beugte
sich mit einem Male eine grinsende Teufelsfratze über mich
und sagte:

> „Hauzli, Bauzli,
> Gelt, der Kauzli?
> Siehst das Schnauzli,
> O du Mauzli?"

Als ich in wilder Angst erwachte, fand ich, daß mir das federn-
gefüllte Kopfkissen, woran ich nicht gewöhnt war, ins Gesicht
hing.

Florenz. Ich stieg hinauf in einen Saal mit gläsernen Wänden, 479
der hoch oberhalb der Erde lag. Dort setzte ich mich in die
Mitte auf einen Hockerstuhl, die Füße auf einen Schemel gestützt.
(So pflegte ich nämlich als Kind zu sitzen, wenn meine Mutter
mir die Zöpfe flocht.) Unsichtbare Hände lösten mir die Haare
und kämmten mich. Als sie durchfuhren, hatte das Haar die
Farbe der ersten Jugend wieder und hing ringsum tief über den
Stuhl hinab. Je länger sie kämmten, desto länger wurde das
Haar, bis es als ein Goldstrom durch den Saal und die Treppen
hinunterfloß und sich mit langen Sonnenfäden um die Erde
spann. Endlich war es wieder auf dem Scheitel befestigt, ich
fand mich in einem weißen, durchsichtigen Gewand und hatte eine

Schmucknadel auf der Brust, die aus einem einzigen, wundervoll verschlungenen Sonnenstrahl gebildet war. Aus einer Tür, zu der zwei Stufen emporführten, kam mir ein befreundeter Herr entgegen und bat mich, ihm die schöne Nadel zu zeigen. Ich gab sie ihm in die Hand, wo sie sofort ihren Glanz verlor und verbogen und rostig wurde. Indes bekümmerte mich dies nicht weiter, ich ließ sie ihm, stieg hinauf und befand mich auf der schmalen Vorderseite einer Plattform, von wo ich die Welt in ungeheurer, schwindelnder Tiefe unter mir sah. Aber die Luft wurde mir zu dünn, ich begann nach Atem zu ringen und ging weiter nach hinten, wo die Plattform sich verbreitert fortsetzte. Da glitt mir eine hohe, weiße, ganz durchsichtige Säule entgegen, und ich wußte gleich, daß es mein frühverstorbener jüngster Bruder war. Die Säule umfing mich schirmend und zog mich ganz in sich hinein, daß ich in spinnwebdünnen Schleiern eingesponnen und eingepuppt war und keine Luft mehr brauchte. Es war ein Augenblick vollkommenen Wohlbehagens und inniger Überzeugung, daß mir in Leben und Sterben nichts Böses widerfahren könne.

Dann erwachte ich, verwundert, mich noch im Leben zu finden.

480 Ein andermal, es war zu Anfang des Jahrhunderts, befand ich mich im Traume in Rom und ging zwischen zwei Freunden über die Piazza Navona, die aber in nichts der wirklichen Piazza Navona glich, denn sie war unermeßlich groß und ganz mit hin und her flutenden Menschen erfüllt. Ich fühlte mich vom langen Gehen unsäglich müde, daß ich mich kaum noch schleppen konnte. Da sagte der Herr, der mir zur Rechten ging: „Das kann ich nicht länger mit ansehen, ich verschaffe Ihnen unter allen Umständen einen Wagen." Augenblicklich verschlang ihn das Gewühl, und ich wußte bestimmt, daß der treue Freund sich alle Mühe geben, aber den Wagen, den ich brauchte, nicht finden würde. Ich ging mit dem Begleiter zur Linken weiter, bis dieser sagte: „Dort fährt die Straßenbahn, ich werde sie für Sie anhalten." Er lief blitzschnell voraus, ich sah, wie die Straßenbahn hielt, er sprang auf das Trittbrett, kehrte mir von dort ein völlig unbekanntes Gesicht zu und fuhr als fremder Herr von dannen. Bestürzt über die Verwandlung ging ich allein weiter, und

plötzlich überkam michs, daß ich ja gar nicht einmal wußte, wo ich wohnte und was ich überhaupt in Rom zu tun hatte. Ich war nun gänzlich ratlos, denn ich wußte auch nicht mehr, wo ich sonst hingehörte. Zum Glück fiel mir nun die Wohnung eines in Rom ansässigen befreundeten Landsmannes ein, den ich aufzusuchen beschloß. ,Er wird mir doch sagen können, wo ich wohne und weshalb ich hier bin,' dachte ich. So setzte ich mich abermals in Bewegung, geriet in eine menschenleere Stadtgegend, unter große, aber verkommene, düstere Paläste. In eins dieser Häuser trat ich schließlich ein, um mich nach dem Wege zu erkundigen. Aber es war kein Türsteher da, überhaupt keine lebende Seele. Ich stieg mehrere Treppen hinauf bis ins oberste Stockwerk, wo ich Stimmen hörte. Da flogen mit Gekrach die Türen auf, rohe, verbrecherisch aussehende Kerle brachen mit Johlen hervor. Ich in Todesangst die Treppe hinunter, das Gesindel brüllend und lachend hinter mir her. Zu ebener Erde fand ich mich plötzlich vor einer Gangtür, an der zu meiner freudigsten Überraschung der Name eines ritterlichen, nie versagenden Freundes angebracht war, der aber in Wirklichkeit gar nicht in Rom, sondern in Florenz wohnte. Ich fiel fast gegen die Tür, riß mit letzter Kraft die Klingel, die bekannte Haushälterin trat heraus, und auf die atemlose Frage: „Ist denn Ihr Herr hier?" nickte sie bejahend. Ich konnte nur noch sagen: „Gott sei Dank!" und erwachte mit dem Gefühl, gerettet zu sein.

Den Todesfällen in der Familie gingen mehrmals ahnungsvolle oder schreckhafte Träume voraus, die das bange Gefühl von etwas Schwerem, in der Luft Liegendem gaben. So hatte ich im Vorfrühjahr 1904, wenige Wochen vor dem Tode meines älteren Bruders, als dieser jedoch noch völlig gesund war, in Florenz einen grausigen, mich tief erschütternden Traum.

In dem Haus, in dem ich wie in der Jugend mit Mutter und Brüdern zusammenzuwohnen glaubte, war ein Hof, in dessen Mitte sich eine Öffnung im Boden befand von der Länge und der Breite eines Sarges. In dieser Öffnung wogte und brandete fortwährend ein lehmfarbenes Wasser, das zuweilen hoch emporstieg und jedesmal einen fürchterlichen Dämon mit heraufhob, der in dieser Wasserkluft hauste. Er lag auf dem Rücken, war

fahl und lehmfarbig und sah aus wie eine menschliche Leiche.
So oft das brodelnde Wasser ihn herauftrieb, mußte ich ihn mit
einer langen Stange unter fürchterlicher Anstrengung hinunter-
stoßen, sonst hätte er ein Opfer verlangt. Warum ich endlich
nach heftigem Kampf die Stange wegwarf und fortlief, weiß ich
nicht mehr; im Traum war es begründet. Danach irrte ich unter
Todesangst in Gängen und Erdgeschossen umher und trat endlich in ein Zimmer, wo der zweite Bruder in einem großen Bette
friedlich schlief. Er wachte nicht auf, aber der bloße Anblick
seines ruhigen Atmens tröstete mich, ich stieg beruhigt und
gestärkt die Treppe zum Oberstock hinauf, wo wir Geschwister
uns nun alle beisammen fanden. Plötzlich stand der schreckliche
Dämon schwarzgekleidet unter uns und herrschte mich an: „Gib
mir ein Messer!" Um ihn zu hintergehen, reichte ich ihm die
Kerze, mit der ich die Treppe heraufgestiegen war, aber diese
verwandelte sich in seiner Hand augenblicklich in ein Messer,
das er sogleich zückte. Man sah nicht, wem die Bewegung galt,
nur dunkel fühlte ich den ältesten Bruder besonders gefährdet.
Ich begriff, daß jeder Gegenstand, den Menschenhand dem
Dämon reichte, sich in eine todbringende Waffe verwandeln
mußte, und vor Entsetzen erwachte ich.

Im Frühjahr 1905, kurz vor dem Tode meines zweiten Bruders,
482 träumte ich, dieser sitze behaglich neben mir im Lehnstuhl. Da trat
plötzlich der ältere, vor drei Vierteljahren verstorbene, mit seinen
kurzen raschen Bewegungen herein und setzte sich ihm gegenüber. Er sah sehr energisch aus mit dem kühnen, unternehmen-
den Blick, der ihm eigen war, wenn ihn berufliche Kämpfe in
Anspruch nahmen. Er redete dringend auf den jüngeren ein, der
dem gleichen ärztlichen Beruf angehörte, und schien ihn zu etwas
aufzufordern; ich hörte nicht zu, denn das Erstaunen über seine
Gegenwart benahm mich ganz. Ich begriff nur, daß er mit irgendeiner Sache beschäftigt war, zu der er den anderen brauchte.
Das Bewußtsein, daß er tot sei, war in mir immer lebendig, aber
ohne Grausen. Ich hatte bloß ein dringendes Verlangen, etwas
über seinen jetzigen Zustand zu erfahren, konnte jedoch nicht
sprechen. Mit unendlicher Mühe rief ich ihn endlich beim Namen
an und brachte auch die Worte heraus: „Wie geht dirs jetzt?"

Da wandte er sich zu mir herüber, lächelnd wie zu einer ganz
kindischen Frage, nahm ein Stückchen Seidepapier, das auf dem
Tische lag, und mit den knappen, sachlichen Bewegungen des
Arztes tupfte er mir vorsichtig zwei Tränen, die sich gebildet
hatten, von den Augen. Dann warf er das Papierchen weg und
kehrte sich wieder dem Bruder zu, den er durch seine Worte so
beherrschte, daß dieser, obgleich widerwillig, aufstand und mit
ihm hinausging.
Ungefähr zehn bis zwölf Tage danach starb auch der Jüngere
nach nur dreitägiger akuter Krankheit.

Forte dei Marmi, Februar 1906. Ich habe eine Reise vor, bei der 483
mir mein Körper hinderlich ist. Also fahre ich heraus und lasse
ihn ganz gleichgültig im Bette liegen. Wie ich dann zufällig
wieder daran vorüber muß, bleibe ich doch neugierig stehen und
sehe ihn an. Er ist gleich ganz zusammengefallen wie ein leerer
Schlauch, bewahrt aber doch noch vollkommen seine Ähnlichkeit.
Das ist mir widerlich zu sehen, ich fasse ihn mit zwei Fingern
und bringe ihn von seiner eingerutschten Lage wieder in eine
gerade, wobei er ganz leicht ist. Dann ergreift mich aber ein
plötzliches Grausen. Ich denke: ‚Wenn diese, die hier im Bette
liegt, jetzt auf einmal die Augen aufschlagen und mich anblicken
würde, so müßte ich völlig an meinem Ich irre werden und in
Wahnsinn fallen.‘ Schnell gehe ich weg. Danach finde ich mich
mit meiner Mutter und deutschen Freunden aus früherer Zeit
auf einer unbekannten kleinen italienischen Bahnstation neben
dem Verschiebegeleise stehend. Wir sollen hier den Wagen-
wechsel abwarten, aber von einem Zwang getrieben, entferne ich
mich vom Bahnsteig, wie in allen meinen Reiseträumen, wo ich
dann fast immer den Anschluß verliere. Es ist eine halb länd-
liche Gegend, abseits vom Meere gelegen. An einer Wegbiegung
sticht mir ein Gebüsch allerleuchtendsten Buchses in die Augen.
Dort wende ich mich hin, aber durch ein Rudel spielender
Kinder vertrieben, gehe ich weiter bis an die nächste Ecke, wo
gleichfalls Kinder spielen. Sie halten ein gerolltes Tuch an zwei
Enden, schlagen damit den Boden und hüpfen darüber wie über
einen Strick. Als ich herankomme, laden sie mich während des
Schlagens ein, auf das Tuch zu springen. Da ich unendlich

leicht bin, gelingt es sofort. Alsbald glättet sich das Tuch, das
nicht viel größer ist als ein großes Taschentuch, und steigt mit
mir in die Höhe. Die Kinder, die es halten, fliegen mit. Sie
sehen aus wie die Putten auf dem großen Tizianschen Gemälde,
die bei der Himmelfahrt Mariä die tragenden Wolken stützen
und schieben. Dieser Traumflug, der erste seit vielen Jahren, ist
herrlich und erquickend, ich sehe Länder, Berge, Meere unter
mir, und erst der Gedanke, daß meine Mutter noch immer auf
der kleinen Station auf mich warte und sehr aufgeregt sein müsse,
bringt das Tuch plötzlich zum Sinken. Beim Berühren der Erde
erwache ich.

484 Ende Februar oder Anfang März 1908. Ich irre ganz allein auf
einer völlig verödeten und vereisten Erde umher. So weit das Auge
reicht, ist alles Schnee und Vergletscherung, grenzenlos, ununter-
brochen. Eine andere, mir unbekannte Person, deren Geschlecht
mir nicht einmal deutlich wird, so fremd blieb sie mir, findet sich
hinzu, und wir setzen zusammen die hoffnungslose Wanderung
fort, ohne uns aneinander anzuschließen. Wir gleiten steile, tief
verschneite Hänge hinab, wobei wir mit einer Stange steuern.
„Ach," sagt die fremde Person, „jetzt verschwindet auch noch
der Mond." Ich hebe die Augen auf und erblicke am fahlen
Schneehimmel eine weiße, scheinlose Scheibe und will mich
freuen, daß er doch noch da sei, als ein Stück von der Scheibe
sich ablöst und wie ein Schneelappen herunterfällt. Gleich zer-
stäubt auch der Rest der Mondscheibe in weiße Flocken. Die
trübe Schneebeleuchtung auf der Erde verändert sich nicht. Es
ist die Vereisung des Planeten, was ich erlebe. Ich fühle mich
trostlos. Da öffnet sich die Schneewand zu meiner Linken, die
Gestalt meiner Mutter erscheint bis zum Gürtel und neigt sich
gegen mich heraus. (Sie lebte damals noch, aber im Traum
schien es, als wäre sie längst gestorben.) Es war nur ihr Bild
in einer tabernakelähnlichen Umrahmung. Ich schrie auf und
streckte die Arme nach ihr. Da streckte das Bild gleichfalls die
Arme aus, und ich erwachte.

485 Mai 1918. Ich gehe in der Dämmerung durch eine düstere, mit
allerlei Hindernissen verstellte deutsche Straße, die zwischen einer

hohen Mauer und einer Reihe unbestimmter alter Baulichkeiten liegt und deren Pflaster zum Teil aufgerissen ist. Da kommt von hinten ein Mann vorüber, in dem ich trotz der heutigen bürgerlichen Tracht und dem abendländischen Gesichtsschnitt augenblicklich Jesus Christus erkenne. Er hat gar keins der herkömmlichen äußeren Merkmale, aber ich fühle mit untrüglicher Gewißheit, daß Er es ist. Er hält seinen Überrock mit einer Hand über der Brust zusammen, und obwohl er es durch keine Bewegung verrät, vielmehr sorgfältig verbirgt, weiß ich doch, daß er eine gräßliche, furchtbar schmerzhafte Wunde in der Brust trägt, in der alle Wunden des Krieges beisammen sind, und daß er diese Wunde freiwillig übernommen hat. Alles, was ich dabei empfinde, drängt sich in das Wort „Pelikan" zusammen, das mir im Munde zittert, aber nicht heraus kann. Im Vorbeigehen streift er mich mit einem einzigen herzzerreißenden Blick, vor dem ich fast vergehe. Ich strebe ihm nach, da tritt er in einen dunklen Hofraum und verschwindet zwischen aufgestautem Gerümpel.

München, 29. Dezember 1918. Der Anfang des Traumes war etwas verworren, bevor die eigentliche Absicht sich herausschälte. Ich befand mich zuerst in Florenz in der Nähe der Porta San Frediano, wo ich aus einem hohen alten Omnibus stieg, deren es jetzt keine mehr dort gibt, und mit Freunden aus alter Zeit vom Schicksal nahestehender Personen sprach. Die Zeitereignisse waren im Traum vergessen, aber es schimmerte doch das Bewußtsein durch, daß Schweres geschehen ist, seit man sich nicht mehr gesehen.

Gleich darauf aber bin ich in eine deutsche Landschaft versetzt, fühle mich eine Zeitlang auf einem Pferderücken, dann auf den Füßen. Die Stimmung ist irgendwie unruhig. Da sehe ich einen Reiter, den ich träumend zu kennen glaube, ohne doch eigentlich zu wissen, wer er sei, in schönem schlankem Trab in die Ebene hinausfliegen und blicke ihm mit Wohlgefallen nach. Plötzlich taucht zur Linken, wie aus dem Boden gewachsen, ein anderer Reiter auf, den ich nach der schlottrigen Art, wie er zu Pferde sitzt, für einen Matrosen halte. Dieser drängt gegen den ersten Reiter heran und treibt ihn von seinem Wege ab gegen eine

sumpfige Niederung hinunter, wo ich beide aus den Augen verliere, denn das große Steingebäude, neben dem ich stehe, hemmt
den Blick. Ich wende mich rückwärts, und statt wie zuvor auf
einer grünen lachenden Wiese, finde ich mich plötzlich vor einem
gewaltigen Strom, breit wie die Isar und tiefgrün, mit jagenden
Wellen, worauf Leiche an Leiche vorbeitreibt. Zuerst auf der
Mitte des Stromes ein Arbeitsmann, seitwärts liegend, hemd-
ärmelig, mit graugewürfelter Hose, die wie mit Kalk oder dergleichen beschmiert ist, dann näher vom Ufer ein junger Mann
mit feinem Gelehrtengesicht, spitziger Nase, blondem Haar und
gut gekleidet; dieser bewegt noch schwach den linken Arm, wie
um das Ufer zu gewinnen, wird aber gleichfalls hilflos vorbei-
gerissen. Ich stehe selbst auf der linken Flußseite hart am
Wasser, das fast in gleicher Höhe mit dem Rasengelände hin-
schießt, und habe den Eindruck, daß diese alle der wildgewordene
Strom vom festen Ufer weggerissen hat. Keine Möglichkeit,
irgendwie zu helfen. Zuletzt kommt in gleichem Abstand wie
die andern etwas wie ein Kleiderbündel herangetrieben, worauf
ein Kopf mit langem, schwimmendem Frauenhaar.
Entsetzt erwachte ich, und als ich schon aufgestanden war, blieb
ich noch lange im Bann dieses Traumes, der mir eine tiefe Trostlosigkeit hinterließ.

FRANZISKA GRÄFIN ZU REVENTLOW

487 München, 3. Januar 1899. Geträumt, daß ich mich selbst umbringen wollte und mir mit einer Axt ein Loch in den Kopf
schlug. Dann zum Doktor, und er sagte, ich würde vielleicht am
Leben bleiben, aber wahnsinnig werden. Ich fühlte selbst, daß
ich nicht mehr klar denken konnte, und hielt mir das Loch mit
beiden Händen zu.

488 München, 15. August 1899. Geträumt, daß auf Bubi nicht acht-
gegeben und er in einen langen reißenden Bach fiel, während ich
mich von irgend jemand umarmen ließ. Ich sah ihn immer weiter
forttreiben und wußte, daß ich ihn nicht erreichen konnte.

489 Territet, 19. Mai 1902. Von Wedekind geträumt. Gingen zusammen über einen dunklen Hof zu einer Bretterbude. Er gab

mir einen kleinen Frosch zu verschlucken und fragte dann, ob
er nicht ein Schweinehund wäre. Ich: „Nein, er wäre doch
wundervoll."

Bei Forte dei Marmi, 23. September 1904. Blödsinnige Träume:
Will nachmittags um vier Uhr in den Urwald gehen mit einem 490
Buch unterm Arm und sage zu jemand: „Jetzt ist die Affen-
stunde, jetzt kann man träumen." Dachte dabei, daß in dieser
Stunde Mensch und Affe sich einander näherten.

Bei Forte dei Marmi, 10. Oktober 1904. Geträumt, daß ich mein 491
Baby bekäme, aber es war nur eins. Überall Meer, große Überschwemmung, graue Wellen bis in die Straßen und Zimmer. Ich
wollte die Geburt erleichtern und turnte am Trapez. Dann saß
plötzlich ein Baby auf meinem Bett mit einer Kapuze und einem
Jäckchen wie Bauernkinder — gefiel mir nicht besonders, es war
so groß wie ein einjähriges und glich etwas dem Bubi.

Bei Forte dei Marmi, 14. Oktober 1904. Gegen elf einen schauder-
haften Traum.
Ich hatte heftige Schmerzen und war ganz krumm gebogen, 492
wollte mich grad strecken und schreien und konnte es nicht.
Dann sagte jemand, daß ich jetzt noch ein drittes Kind bekäme,
und ich fand Knochen von den beiden andern im Bett. Wieder
Schmerzen und verzweifelte Anstrengung, wachte in Schweiß gebadet auf.

Bei Forte dei Marmi, 24. Oktober 1904. Heute nacht geträumt,
daß ein Matrose meine beiden Babis in einem Boot nach einem 493
Schiff brachte und dann ohne sie zurückkam.

München, 16. Dezember 1904. Traum: Ich wollte Schlittschuh 494
laufen, plötzlich wars der Husumer Schloßgarten, jemand ein-
gebrochen und darin eingefroren. Mir fiel ein, daß ich ihn schon
lange hätte herausziehen wollen, und rief Orlonsky zur Hilfe. Wir
zogen ihn zusammen heraus, er war noch lebendig, riß aber in
der Mitte durch. Dann betteten wir ihn im Schlafzimmer meiner
Eltern, mein Vater und Bubi waren auch da. Die Haare fielen

ihm aus, und die Beine liefen selbständig im Zimmer herum. Wir
bemühten uns, sie einzufangen — endlich war er wieder beisammen und lebendig, zog seinen Mantel an, um essen zu gehen,
und ich dachte mit Schrecken daran, daß ich mit dieser Wasser-
leiche im Lokal zusammensitzen müßte. Dabei sah er Düllberg
ähnlich.

495 München, 20. März 1905. Geträumt, daß im dunklen Zimmer auf
den Koffern zwei Ärzte saßen und erklärten, ich wäre schwindsüchtig „bis tief hinein". War mit O. in einer Art Gartenzimmer,
dahinter ein großer dunkler Garten. Panizza kam, sah genau
aus wie damals, als er mich hier im Sommer zuerst besuchte,
sagte, er ginge in den Garten und möchte mit mir sprechen. Ich
wußte, daß er sich aufhängen wollte, aus seiner Anstalt aus-
gerissen sei, und ich eilen müßte, ihn zu finden. Dachte dazwischen, es wäre vielleicht besser, ihn dabei zu lassen. Fing
dann an, meine Sachen zu suchen, und verschwätzte mich mit O.
immer in dem Gefühl, es wird zu spät, wenn ich mich nicht eile.
Etwas Angst vor dem dunklen Garten — daß er mir etwas tun
könnte. Als ich dann wirklich in den Garten ging, wußte ich,
daß es schon zu spät wäre.

496 München, 23. März 1905. Traum: Eine große Fläche mit un-
regelmäßigen Kreisen, ausgefüllt mit goldenen Tupfen auf
schwarzem Grund, die allmählich rot und dann bunt wurden.
Jemand, ich glaube Stefan George, sagte mir, das bedeute die
Syrochen.
Er hatte noch irgend etwas anderes gesagt, worauf ich mich nicht
mehr besinnen konnte, wachte mit dem Gefühl auf, daß ich etwas
Großes entdeckt.

497 Bregenz, 3. September 1905. Geträumt, daß ich nach Hause
zurückgekehrt wäre. Erst ein namenloses Wonnegefühl, mein
Husum, Schloß und Garten, wie immer in solchen Träumen alles
in einer Art überirdischer Beleuchtung, die etwas besonders Be-
seligendes hat.
Dann wurde es umgeworfen, die Leute — unfreundlich — sagten
mir, ich wäre schon neununddreißig Jahre und sehr alt geworden.

Irgendeine sonderbare orientalische Szenerie, man sah durch runde Bogen auf Wasser, in dem Blumen schwammen. Ich plötzlich wahnsinniges Heimweh nach München, stelle es mir in Gedanken vor, alles so sonnig und bekannt, und sage mir, in München bin ich wieder viel jünger. Entschließe mich, fortzufahren. Bin dann plötzlich in München, aber ohne Bubi. Den mußte ich dalassen und überlege nun immer, wie ich ihn jetzt wiederbekommen soll.

München, 5. Oktober 1905. Zweimal von spitzen Schuhen mit 498 hohen Absätzen geträumt — heute nacht, daß ich mit mir selbst ins Restaurant ging und nicht wußte, wie ich mich andern gegenüber bezeichnen sollte. Dachte ganz verwirrt: „Soll ich sagen meine Frau oder er?"

München, Fasching 1906. Beim Nachmittagsschlaf einen Vers, 499 den ich ganz genau behalten:

> „Recken und blecken ist starr und stamm.
> Ich bin der König von Carlikam."

Ganz Schwabing mußte furchtbar lachen.

Schloß Winkl, September 1906. Komische Träume in letzter Zeit: Bubis Geburtstag, er klagt über Zähne. Ich schau ihm in 500 den Mund und sehe hinter jedem Zahn ein winziges Froschköpfchen. Mir wird ganz kalt vor Schreck, und ich denke: „Hab ich ihn denn so vernachlässigt?" Mit ihm zum Doktor, und der sagte: „Oh, das kommt schon vor, besonders bei Kindern." Dann zeigte er mir drei Wespen, die er eingesperrt hatte, und ein kleines Stück grünes Tuch. Erzählte: „Sehn Sie, das haben die Wespen mir gefärbt." Ich sollte draus sehn, daß Unmögliches möglich wäre, sah es auch ein und war ganz befriedigt.

Schloß Winkl. Donnerstag, den 11. Oktober 1906. Geträumt, 501 daß Hofmann in einer Grotte herumraste und für eine Nymphe schwärmte. Zuletzt stand er da und schrieb Verse an die Wand:

> „Kommst du zum Frühstück, quell ich ungespundet.
> Frühstückst du nicht, so bin ich tief verwundet."

Gasturi (Korfu). Montag, den 17. Dezember 1906. Schlafe schlecht, fürchte mich, träume greuliche Sachen.

502 Einmal eine unterirdische Höhle voll abscheulich geschwollenen weißen Gestalten, und man sagt mir, das wäre der Himmel der Ungläubigen. Ich: „Dann will ich lieber wieder zum lieben Gott zurück."

503 Gasturi, 3. Januar 1907. Geträumt, daß ich mit Lisa zum Henker ging, um uns köpfen zu lassen. Wiesel begleitete uns ganz tragisch. Stiegen einen fürchterlich hohen Turm mit einer schwindligen Luke hinauf. Der Henker war ein schwarzbärtiger Mann mit schwarzen Sicherheitsnadeln statt Zähnen. Wir faßten die Sache halb als Ulk auf, und zwar wollten wir die andern Leute damit irre machen und zugleich den Henker verulken. Er sagte, heute könnte er es nicht machen, weil wir noch Papiere dazu brauchten, und wir zogen wieder ab, stiegen den Turm von inwendig hinunter und fanden unten drin eine Restauration und eine Apotheke, worüber wir sehr lachten. Dann an einer Statue vorbei, die der „Ruß" hieß, eine wahnsinnige Rüstung an hatte und wie Hofmann aussah.

504 Gasturi, 9. Januar 1907. Träumte, daß ich krank, ein alter gemütlicher Doktor stieg mit vielen Kissen durchs Fenster zu mir ein, maß mich und sagte, ich hätte vierzig Grad Fieber. Ich lag da, war ganz vergnügt und dachte: „Nun bin ich doch endlich wirklich krank, nun hört das Gfrett auf." Nebenan feierte Cecconi seine Hochzeit; er hatte zwei Särge kommen lassen, darin sollte die Hochzeit gefeiert werden, und alle fanden es sehr merkwürdig. Nach kurzer Zeit hörte ich die Schandleiche herauskommen und wehklagend die Treppe hinaufgehen. Sie klopfte an alle Türen und rief immer wieder: „Hätte ich mich doch besser vorgesehn, der tut einem ja gar zu weh."

505 Gasturi, 13. Januar 1907. Traum: Ich sollte ein Loch im Boden, das ganz mit Gold gefüllt war, im Auftrag Napoleons vor den Griechen behüten, die davor herumwimmelten. Er hatte lauter alte Handschuhe darüber gelegt; ich hob mir einen davon auf und dachte: „Der ist von Napoleon, eine große Reliquie für mich."

Gasturi, 16. Januar 1907. Geträumt, daß ich mit Achilles im 506
Husumer Rittersaal tanzte und maßlos verliebt. Es war eine
solche Wonne, wie ich sie selten wirklich gefühlt habe, ganz unsinnige stille Verliebtheit. Um uns tanzten andre Leute, Maja
ganz allein kam an uns vorbei mit still seligem Gesicht, wir
tanzten ganz eng, meine Füße berührten kaum den Boden. Noch
ganz beseligt aufgewacht.

RUDOLF LEONHARD

Straußberg, 6. Februar 1910. Ich träumte heute nacht: ein Knabe 507
in zerlumptem grauen Leinenkleid, mit schmalem bräunlich-
blaßen Gesicht, trat zu mir und begrüßte mich vertraut. Wir
sprachen kurze Zeit, was, weiß ich nicht mehr. Dann gingen wir
nebeneinander durch die Straße. Er hatte die grauen Lumpen ab-
gelegt und trug ein mäßig langes, sehr weißes, an den Hüften
nachlässig gegürtetes Hemd; da sah ich, daß es ein Mädchen mit
jungen Brüsten sei. Ich legte den Arm leise um seine Hüften
und bat um irgend etwas, das Hemd leuchtete in der steingrauen
Straße. Auch ich war plötzlich ganz nackt. Ich freute mich dessen
und ging doppelt leicht und fest und sicher neben dem Mädchen
vorwärts. Von weitem kamen uns Menschen entgegen. Ich
schämte mich nicht, wußte aber, daß ich Aufsehen erregen würde,
und so zog ich widerwillig ein Hemd an. Dabei dachte ich: es ist
nicht recht, nachzugeben, es ist feige, und hatte das Gefühl
schmerzlichen Bedauerns.

Straußberg, 19. November 1910. Ich träumte, daß nach mancher- 508
lei Vorgängen eine Schar großer schwarzer Vögel von einem
Felde aufflog; ich wollte grade auf einen Baum klettern, als ich
das sah, es wich dabei eine dumpfe Angst von mir, erleichtert und
plötzlich ganz froh, rief ich: „Ich wußte doch, daß diese schwarzen
Vögel noch da seien!" Im Übermut nahm ich einen Stein, und
ohne recht zu zielen traf ich einen der Vögel. Der Stein riß ihm
ein Stück Fleisch aus dem Leibe, es war eine ganz weiße Wunde
zwischen seinen schwarzen Federn, die aber nicht blutete. Da
waren Haß und Tollheit, die mich hatten werfen lassen, plötzlich
fort; ich kniete neben ihm nieder und suchte ihn hastig ganz zu

töten, durch Hammerschläge auf den Kopf, aber der Hammer
war zu schwach; je mehr ich mich mühte, seine Schmerzen rasch
zu enden, um so mehr quälte ich ihn. Er gab keinen Laut, aber
seine Krallen zitterten und krümmten sich.

509 Straußberg, 13. Mai 1911. Gestern träumte ich, daß ich mit andern
Wein trank, ich saß am Tisch und hatte kein Geld, ihn zu bezahlen, und mußte doch eine Flasche wählen. Dann stand ich aber
auf und ging hinaus, an den zwischen Mauern hinströmenden
Fluß; ich warf mich hinein und schwamm ein Stück stromabwärts,
dann stand ich aufatmend am Ufer. Der Fluß verwandelte sich
plötzlich in eine breite, schimmernde Sandbahn, und wie ich vorher bedauert hatte, den Wein lassen zu müssen (mit dem Gefühl,
durch den Fluß für immer von dem Tisch, auf dem er stand, getrennt zu sein), so schmerzte es mich nun, den Fluß verloren zu
haben. Da sah ich ein großes, viereckiges Strahlengebilde in
rasender Schnelligkeit um den Himmel kreisen. „Seht ihr den
Kometen?" schrie ich auf, und alle drehten sich um und hoben das
Gesicht. Ich stürzte überwältigt von der Schönheit und der Kraft
dieses Leuchtens in ein Haus, um es Mutter und Schwester zu
zeigen. Sie hatten es schon gesehen und standen erregt im ganz
dunklen Zimmer.

510 Straußberg, 5. Januar 1912. Ich rannte mit zwei Mädchen, auch
ein Mann kann mit dabei gewesen sein, einen sehr steilen Abhang hinunter, zwischen Bäumen und Büschen hindurch. Sie
hatten Furcht, im Taumel der Schnelligkeit, da rief ich die halb-
hohen Bäume an, zwischen denen wir liefen, rief ganz laut ihre
Namen wie Götternamen: „Eschen, Birken, Kiefern, Eschen!",
und wirklich wurden die andern ruhig.

511 Pyrmont, 11. Juni 1914. Ich träumte, wir seien in New York; aber
es war keine Stadt, sondern ein unbeschreiblich riesiges Gebäude
mit unzähligen Stockwerken und unabsehbaren Korridoren. In
diesen, welche die Straße vertraten, war nicht ein einziger Mensch.
Die Korridore waren mit Holz verkleidet und durch Fenster erhellt, etwa wie die Gänge eines modernen Geschäftshauses. An
den Türen waren Schilder, aber nicht nur jede Familie hatte ein

Zimmer, sondern auch jeder öffentliche Ort war nur ein Zimmer des riesigen Hauses. Ich hatte mich von den andern getrennt und suchte einen Abort; an einer Tür fand ich das lange Schild einer holländischen Schule, schrägüber stand an einer andern Tür auf dem Porzellanschild „Bahnhof Börse". Ich wußte, daß ich nicht zurückfinden würde, und traf keinen Menschen.

Göttingen, 18. Oktober 1916. Ich träumte, daß ich — unter selt- 512
samen Urlaubsverhältnissen — nach Halle fahre (wohin ich doch niemals fuhr!). Im Zuge geschahn Abenteuer, die ich nicht mehr weiß. Mit andern fuhr ich, ohne etwas zu versuchen oder auszurichten, sofort, mit demselben Zug, wieder nach Berlin zurück. Dort sah ich auf dem Bahnhof den Urlaubsschein an, erinnerte mich, daß mir noch vier Tage blieben, verstand die Fahrt nicht mehr und suchte einen neuen Zug. Ich mußte zu einem andern Bahnhof, betrat einen nach dem andern, verließ jeden verwirrten Bau wieder, kam über abenteuerliche Plätze, in wilder Biegung gelagerte und ungeheuerliche Untergrundbahnschächte. Mutter wies mir den Weg. Ich hatte weit zu gehn und lief am Rande der Stadt, am Walde, zwischen gelichteten roten Kiefernstämmen, auf federndem Waldboden. Große rote Häuser zogen sich am Waldrand lang; an einem stand in riesigen goldnen Buchstaben der Name eines Verlages (mit dem ich nur ganz flüchtig einmal zu tun hatte). Ich wand mich immer tiefer durch den flackernden Wald.

Göttingen, 10. Februar 1917. Ich ging durch die Kolonie Grune- 513
wald, Hofequipagen jagten vorbei, und Reiter in Hoflivree wendeten (ähnlich, wie es gestern abend auf der ganz finstern Straße ein Wagen tat) so dicht an mir, daß sie mich streiften. Ich drang in jäher Wut in die sehr bunten Häuser. In einigen wurde ich abgewiesen, in einem freundlich aufgenommen. In diesem war eine Bühne. Ich spielte auf ihr mit, in erstem Auftreten, erstaunt und sicher, eine nie gelernte Rolle, die ich aber tausendmal erlebt hatte und die mit der Reise nach Kopenhagen (ich war gestern abend des Passes wegen bei dem Magistratsassessor) zusammenhing. Hinter der Bühne erschrak ich, weil niemand beachtete, daß es mein erstes Auftreten gewesen war, und war erstaunt über die

Überwindung körperlicher Unsicherheit. Dann geriet ich in bunte Vorgänge und Befreundungen in einer Teestube.

514 Göttingen, 22. April 1917. Es war in einem großen Saal voller Tische und Betten eine Verhandlung gegen einen Mörder, zu der als Beweisstück der Leichnam gleich mitgebracht worden war und von und zwischen vielen Menschen herumgeschleppt wurde. Meine Schwester und ich protokollierten, in heftigem technischen Wettstreit; sie hatte einen Fehler bei mir bemerken wollen; als ich bei der Verlesung an diese Stelle kam, fragte der Präsident danach, und ich bestritt mit sehr heller Stimme den Fehler. Dadurch kam noch größere Verwirrung unter die Versammelten, alle brachen auf und begaben sich durch Scharen bewegter Menschen hindurch in eine durchströmte Landschaft.

515 Göttingen, 23. April 1917. Wir bewohnten auf einer Hochebene eine Blockhütte; in Sichtweite, aber nur durch schwierige Wege ihr verbunden, lag eine andre. Ich kam mit einem Mann aus dem verschneiten Tal auf die verschneite Hochebene gestiegen, leicht gekleidet, in Schnallenschuhen und Kniehosen. Aus irgendeinem Grunde war es nötig, denen in der andern Blockhütte etwas zu sagen. Der außerordentlich tiefe Schnee auf der Hochebene hatte eine sehr harte Decke, und mich sehr leicht machend konnte ich ihn überschreiten, ohne zu versinken. Ich wählte dabei die geschwärzten Stellen zum Aufsetzen des Fußes und mahnte den andern, mir genau zu folgen. Nach der Ankunft fanden wir Häuslichkeit und Wärme; aber die Menschen in jener Blockhütte taten einander jede Nacht Gewalt an. Auf einmal fiel mir ein, daß nur die Dunkelheit, in der man einander nicht findet, diese Grausamkeiten verhindern könne. Ich stieg, nur halb bekleidet, auf den Boden und suchte das elektrische Licht zu löschen. Ich fand den Schalter nicht; sehr viele Griffe und Vorsprünge kamen unter meine Hände, schließlich entdeckte ich, während schon andre die hölzernen Treppen herauflärmten, daß als Kontakt krumme, halb in der Wand steckende Nägel dienten. Ich drehte einige. Manche Flammen erloschen, andre aber gingen an; schließlich warf ich mich auf den Bauch und kroch in einer grauenhaften Halbhelligkeit von schleichender, grünlicher Art (wie gestern abend eine

mich nicht einschlafen ließ), über Bretter, die mich mit Splittern aufrissen. Ich wußte, daß meine Schwester in Gefahr sei. Da erhob ich mich, stand plötzlich draußen, sah zwischen Rigel und Jakobsstab im Bogen einen großen Stern fallen und eine lange Linie von Goldpunkten hinterlassen. Ich wollte, ich mußte mir etwas wünschen; da fiel mir wieder die Gefahr meiner Schwester ein, ich wollte ihr Behütung wünschen, aber ehe ich mich sammeln und Worte fassen konnte, war die Erscheinung erloschen, und ich stand nüchtern im ganz Schwarzen.

Pyrmont, 18. August 1917. Im Traume heute warf ich Sandstücke 516 in einen durchleuchteten, von Seitenstollen erreichten, senkrecht in die Tiefe gehenden Fuchsbau. Es kam ein ganz junger Fuchs heraus, blieb stehen und ließ sich fassen. Er biß mich sorgsam in den Rücken der linken Hand und blieb in dieser Hand. Mit der rechten faßte ich einen nachkommenden alten Fuchs. Ich brachte beide zu irgendwem, und den biß wieder der kleine, in derselben ruhigen, sorgsamen, selbstverständlichen Art, wohl nur, weil ich wußte, daß es so sein müßte.

Berlin, 26. Januar 1921. Im Traum war ich in einem alten Uni- 517 versitätsgebäude. Ich ging durch Anatomieräume und Lehrsäle, um für eine Versammlung eine Statue (früh wußte ich noch, was sie darstellte, jetzt habe ich es vergessen) herunterzuholen. Wir fanden sie, sie war riesig. Es zeigte sich aber, daß sie aufgeblasen war und zusammengelegt werden konnte. Ich trug sie mit einem Mädchen eine steile Holztreppe, die ins Freie führte, hinunter. Die letzte Stufe übersprangen wir, die Statue stieß an die Reste einer Brüstung und brach unten ab. Wir erschraken, und es gab ein Getümmel.
Etwas später fuhr ich in einem Kahn über einen See, der drei Biegungen hatte. An jeder Biegung stieß der Kahn an Planken. An der letzten stieg ich aus und wurde von einem Adler, etwa von meiner halben Größe, angegriffen. Ich schlug ihn mit einem Stock und einer Schaufel. Er war schwer verwundet, ich schlug, mehr nun aus Angst dies zu sehen als aus Angst vor ihm, immer weiter auf ihn ein, auf seinen Kopf, über den eine breite blutige Schmarre lief. Dabei dachte ich: „Es ist gar nicht mehr Mitleid, daß ich ihn

ganz töten will, sondern Siegergier!" Und als er die schon zerzausten Flügel, sich krümmend, spreizte, dachte ich, zwischen Wut und Verzweiflung: „Um so besser, da kann ich ihn gleich ausstopfen lassen." Da sprach er und sagte, wieder gekrümmt unter einem Schlag: „Mach es doch auf einmal!" Nachher stand ich in der Tür eines Zimmers, und drei Leute traten ein. Der letzte war ein junger, sehr eleganter Mann mit einer breiten roten Schmarre über dem Kragen, und ich wußte, daß dies der Adler sei, den ich über den Kopf geschlagen hatte — mit einer unklaren Befremdung darüber, daß die Schmarre jetzt am Hals war.

518 Berlin, 25. Januar 1924. Letzte Nacht hatte ich geträumt, daß mir ein Bein oder beide Beine, ich weiß es nicht mehr, abgenommen worden seien.

519 Heute träumte ich, daß ich im Übermaß des Gefühls einer unerwiderten Liebe schwer erkrankte, ohnmächtig wurde und erst nach zwei Jahren das Bewußtsein wiedererlangte; und nun waren mir beide Beine gelähmt (oder auch abgenommen worden, das weiß ich nicht mehr, so daß ich Prothesen trug). Ich schleppte mich umher, und ich fühle jetzt noch, obwohl ich die beim Erwachen noch gewußten Einzelheiten vergessen habe, wie ich gelitten habe und wie fürchterlich alles und wie traurig ich war; wie alles in den zwei Jahren verfallen war und nun ganz zugrunde ging.

WALTER BENJAMIN

520 Im Traum — es sind nun schon drei bis vier Tage, daß ich ihn träumte, und er verläßt mich nicht — hatte ich eine Landstraße im dunkelsten Dämmerlicht vor mir. Sie war mit hohen Bäumen zu beiden Seiten bestanden, dazu von einem Wall, der sich hoch erhob, auf der rechten begrenzt. Während ich in einer Gesellschaft, von deren Zahl und Geschlecht ich nichts mehr weiß (nur, daß es mehr als einer war), am Eingang der Straße stand, trat der Sonnenball nebelweiß und ohne alle Strahlungskraft zwischen den Bäumen undeutlich, fast vom Laube verdeckt, hervor, ohne daß es sich merklich erhellte. Mit Windeseile stürzte ich mich — allein — die Landstraße entlang, um des freieren Anblicks teilhaftig zu werden; da verschwand die Sonne alsbald, weder versinkend noch

hinter Wolken, sondern als hätte man sie ausgelöscht oder fortgenommen. Augenblicks wurde es schwarze Nacht; ein Regen,
der die Straße zu meinen Füßen gänzlich erweichte, begann mit
ungeheurer Gewalt zu fallen. Indessen lief ich besinnungslos vor
mich hin. Plötzlich zuckte, weder vom Sonnenlicht noch vom
Blitz, der Himmel an einer Stelle weißlich auf — „schwedisches
Licht" war das, wie ich wußte — und einen Schritt vor mir lag das
Meer, in welches mitten hinein die Straße führte. Da lief ich, be-
seeligt durch die nun doch gewonnene Helle und die rechtzeitige
Warnung vor Gefahr, im gleichen Sturm und Dunkel wie vorher,
triumphierend die Straße zurück.

Oberhalb einer Großstadt. Römische Arena. Des Nachts. Ein 521
Wagenrennen findet statt, es handelt sich — wie ein dunkles Bewußtsein mir sagte — um Christus. Die Meta steht im Mittelpunkt des Traumbildes. Vom Platze der Arena fiel der Hügel
steil zur Stadt herunter. Ich begegne an seinem Fuße einer rollen-
den Elektrischen, auf der hinteren Plattform im roten, brandigen
Gewande der Verdammten erblicke ich eine nahe Bekannte. Der
Wagen saust fort, und vor mir steht plötzlich ihr Freund. Die
satanischen Züge seines unbeschreiblich schönen Gesichts treten
in einem verhaltenen Lächeln heraus. In den Händen, die er erhebt, hält er ein Stäbchen, und mit den Worten: „Ich weiß, daß
du der Prophet Daniel bist", zerbricht er es über meinem Haupt.
In diesem Augenblick wurde ich blind. Nun gingen wir miteinander in der Stadt weiter bergab; wir waren bald in einer Straße,
auf deren rechter Seite Häuser waren, links freies Feld und an
ihrem Ende ein Tor. Darauf schritten wir zu. Ein Gespenst erschien im Fenster des Erdgeschosses von einem Haus, das wir
zur Rechten hatten. Und wie wir weiter gingen, begleitete es uns
im Innern aller Häuser. Es ging durch alle Mauern und blieb
immer auf gleicher Höhe mit uns. Ich sah das, trotzdem ich blind
war. Ich fühlte, daß mein Freund unter den Blicken des Gespenstes litt. Da wechselten wir unsere Plätze: ich wollte nächst
der Häuserreihe sein und ihn schützen. Als wir ans Tor kamen,
wachte ich auf.

Da ich im Traume wußte, nun müsse ich bald Italien verlassen, 522
fuhr ich von Capri nach Positano hinüber. Mich beherrschte die

Meinung, ein Teil dieser Landschaft sei nur für den erreichbar,
der in einer verlassenen Gegend, die dafür ungeeignet war, rechts
von der eigentlichen Landungsstelle anlege. Der Ort hatte im
Traum nichts von dem wirklichen. Ich stieg weglos einen steilen
Hang empor und traf auf eine verlassene Straße, die breit durch
nordisch düstern, morschen Tannenwald sich zog. Die überquerte
ich und sah zurück. Ein Reh, Hase oder dergleichen bewegte sich
laufend längs dieser Straße von links nach rechts. Ich aber ging
geradeaus und wußte den Ort Positano entfernt von dieser Einsamkeit links etwas unterhalb der Waldstelle. Da zeigte sich nach
wenigen Schritten als alter, längst verlassener Teil desselben ein
großer, grasüberwucherter Platz, auf dessen linker Längsseite eine
hohe, verlassene, altertümliche Kirche, auf dessen rechter Schmalseite als riesige Nische eine Art großer Kapelle oder Baptisterium
stand. Vielleicht grenzten einige Bäume den Ort ab. Jedenfalls
war da ein hohes Eisengitter, das den weiträumigen Platz, auf dem
auch jene beiden Gebäude einen größeren Abstand hielten, ein-
grenzte. An das trat ich heran und sah einen Löwen in Salto-
mortales sich über den Platz bewegen. Er schnellte niedrig über
den Boden. Mit Schrecken gewahrte ich gleich darauf einen übergroßen Stier mit zwei gewaltigen Hörnern. Und kaum hatte ich
die Gegenwart der beiden Tiere erfaßt, als sie auch schon durch
eine Gatterlücke, die ich nicht bemerkt hatte, heraustraten. Im
Nu waren eine Anzahl Geistlicher zur Stelle, sowie andere Personen, die unter ihrem Befehl sich in einer Reihe anordneten, um
Weisungen entgegenzunehmen, wie sie im Sinne der Tiere lagen,
deren Gefahr nun gebannt schien. Weiter erinnere ich mich an
nichts, als daß ein Bruder vor mich hintrat und auf seine Frage,
ob ich verschwiegen sei, ich mit sonorer Stimme, über deren Ge-
lassenheit ich im Traum erstaunte, „Ja!" erwiderte.

523 Mir träumte, als Mitglied einer forschenden Expedition in Mexiko
zu sein. Nachdem wir einen hohen Urwald durchmessen hatten,
gerieten wir auf ein oberirdisches Höhlensystem im Gebirge, wo
aus der Zeit der ersten Missionare ein Orden sich bis jetzt gehalten
hatte, dessen Brüder unter den Einheimischen das Bekehrungs-
werk fortsetzten. In einer unermeßlichen und gotisch spitz geschlossenen Mittelgrotte fand Gottesdienst nach dem ältesten

Ritus statt. Wir traten hinzu und bekamen sein Hauptstück zu sehen: gegen ein hölzernes Brustbild Gottvaters, das irgendwo an einer Höhlenwand in großer Höhe angebracht sich zeigte, wurde von einem Priester ein mexikanischer Fetisch erhoben. Da bewegte das Gotteshaupt dreimal verneinend sich von rechts nach links.

Im Traum sah ich ein ödes Gelände. Das war der Marktplatz von 524 Weimar. Dort wurden Ausgrabungen veranstaltet. Auch ich scharrte ein bißchen im Sande. Da kam die Spitze eines Kirchturms vor. Hocherfreut dachte ich mir: ein mexikanisches Heiligtum aus der Zeit des Präanimismus, aus dem Anaquivitzli. Ich erwachte mit Lachen.
(ana = prae, vi = vie, Witz = mexikanische Kirche!)

In einem Traume sah ich mich in Goethes Arbeitszimmer. Es hatte 525 keine Ähnlichkeit mit dem zu Weimar. Vor allem war es sehr klein und hatte nur ein Fenster. An die ihm gegenüberliegende Wand stieß der Schreibtisch mit seiner Schmalseite. Davor saß schreibend der Dichter im höchsten Alter. Ich hielt mich seitwärts, als er sich unterbrach und eine kleine Vase, ein antikes Gefäß, mir zum Geschenk gab. Ich drehte es in den Händen. Eine ungeheure Hitze herrschte im Zimmer. Goethe erhob sich und trat mit mir in den Nebenraum, wo eine lange Tafel für meine Verwandtschaft bereitstand. Sie schien aber für weit mehr Personen berechnet, als diese zählte. Es war wohl für die Ahnen mitgedeckt. Am rechten Ende nahm ich neben Goethe Platz. Als das Mahl vorüber war, erhob er sich mühsam, und mit einer Gebärde erbat ich Erlaub, ihn zu stützen. Als ich seinen Ellenbogen berührte, begann ich vor Ergriffenheit zu weinen.

Besuch im Goethehaus. Ich kann mich nicht entsinnen, Zimmer 526 im Traume gesehen zu haben. Es war eine Flucht getünchter Korridore wie in einer Schule. Zwei ältere englische Besucherinnen und ein Kustos sind die Traumstatisten. Der Kustos fordert uns zur Eintragung ins Fremdenbuch auf, das am äußersten Ende eines Ganges auf einem Fensterpult lag. Wie ich hinzutrete, finde ich beim Blättern meinen Namen schon mit großer, ungefüger Kinderschrift verzeichnet.

527 Ich träumte, mit Roethe geh ich — neugebackener Privatdozent — in kollegialer Unterhaltung durch die weiten Räume eines Museums, dessen Vorsteher er ist. Während er in einem Nebenraum mit einem Angestellten sich unterhält, trete ich vor eine Vitrine. In ihr steht neben anderen, wohl kleineren Gegenständen, die verstreut sind, die metallische oder emaillierte, trübe das Licht spiegelnde, fast lebensgroße Büste einer Frau, nicht unähnlich der sogenannten Leonardoschen Flora im Berliner Museum. Der Mund dieses Goldhauptes ist geöffnet, und über die Zähne des Unterkiefers sind Schmucksachen, die zum Teil aus dem Munde heraushängen, in wohlgemessenen Abständen gebreitet. Mir war nicht zweifelhaft, daß das eine Uhr sei.

(Motive des Traums: der Scham-Roethe; Morgenstunde hat Gold im Munde; „la tête, avec l'amas de sa crinière sombre / et de ses bijoux précieux, / sur la table de nuit, comme une renoncule, / repose". Baudelaire.)

528 Im Traum nahm ich mir mit einem Gewehr das Leben. Als der Schuß fiel, erwachte ich nicht, sondern sah mich eine Weile als Leiche liegen. Dann erst wachte ich auf.

529 Ich träumte von einer Schülerrevolte. Dabei spielte Sternheim irgendwie eine Rolle, und später referierte er darüber. In seiner Schrift kam wörtlich der Satz vor: Als man zum erstenmal das junge Denken siebte, fand man darauf genährte Bräute und Brownings.

WIELAND HERZFELDE

530 1913. Sommer. Auf dem Turnplatz unserer Schule. Dort sitzt im hügeligen Gras eine Mutter mit einer erwachsenen Tochter. Es ist noch ein kleineres Kind dabei, von dem weiß ich nur, daß es den zwei Frauen ähnlich sah. Sein weißer Anzug ist ein kleiner Freudenschein zwischen dem müden Schwarz der Mutter und der Tochter. Der Mutter Röcke reichen nicht bis an die Knöchel. Gelenk und Waden leuchten wie Milchglas unter den schwarzen Florstrümpfen. Sie ist kaum älter als die Tochter und fast schöner, doch ist es eine Schönheit, welcher Kühle entströmt,

neben der die Wangen des Mädchens flammen wie Blumen um eine Marmorurne.

Plötzlich bin ich allein mit der Tochter. Sie steht mir gegenüber. Ganz in Schwarz gekleidet, doch ich weiß genau, daß dies Schwarz nicht Trauer bedeutet, daß es eigentlich dunkelstes Rot ist. Ihre Augen sind braun. Sie blitzen mich an „wie Damaszenerklingen" (so träumte ich wörtlich), „scharf und schillernd".

Ich küsse sie.

Jetzt habe ich ihr den Kopf abgeschnitten; sehe aber weder einen Körper noch die Schnittfläche des Halses. Ich halte den Kopf in beiden Händen. Die schwarzen Haare liegen sorgsam an den Schläfen. Die Augen sind geschlossen. Dieser Kopf ist nicht tot. Er schläft und lächelt beinahe. Während ich in sein schönes Gesicht blicke, bin ich auf einmal unter allen meinen Kameraden, welche Leichtathletik treiben. Darum stelle ich meinen Frauenkopf behutsam auf die Erde, nehme eine Eisenkugel und übe in einiger Entfernung Kugelstoß, den Kopf als Ziel. Ich treffe ihn nie, und könnte das auch nicht ertragen, es ist, als müßte ich gegen meinen Willen so grausam spielen, nur um meiner Schülerpflicht willen: Kugelstoß zu üben.

Jedesmal, wenn ich die in der Nähe des Kopfes liegende Kugel wieder hole, küsse ich ihn, rasch, als sei es verboten. Es ist mir dann, als küßte ich eine Schlafende, die ich liebe, die meinen Kuß fühlen, aber nicht davon erwachen soll. Nicht im geringsten wundert mich oder beunruhigt mich, daß ich den Kopf von seinem Leib getrennt habe. Ich denke kaum daran.

Nachher versuche ich, mit dem Kopf selbst Kugelstoß zu üben. Doch gleich beim ersten Mal bleiben meine Finger in den Haaren hängen. Meine Kameraden sehen das alles. Sie entsetzen sich aber keineswegs darüber, sondern bleiben ebenso verständnis- und teilnahmslos, wie sie es in Wirklichkeit sind, wenn ich auf dem Turnplatz über Politik oder Kunst, Religion oder sonst eine Gesinnungsfrage spreche.

Mittlerweile kommt Dr. Himpel, unser Turnlehrer, heran, und im selben Augenblick habe ich — kein schlechtes Gewissen — sondern nur das gleiche demütigende Gefühl, kontrolliert zu sein, wie so oft in Wirklichkeit, wenn er bei meinen obenerwähnten Gesprächen dazukommt. Ich packe meinen Kopf deshalb

rasch in Zeitungspapier und will ihn über den Lattenzaun auf
die Gurkenbeete der nebenanliegenden Gärtnerei werfen. Doch
rutscht er dabei aus dem Papier und fällt dem Dr. Himpel auf die
Füße, gar nicht heftig. Jetzt habe ich das Gefühl eines Mörders,
jetzt flackert Liebe zu diesem Kopf rücksichtslos in mir auf. Ich
küsse ihn — ungeachtet des Dr. Himpel und meiner Kameraden.

531 August 1919. Ich wippe mit der Fußspitze — und schwebe ohne
Anstrengung ziemlich rasch durchs offene Fenster schräg über
die Straße auf irgend einen Balkon.

Nun bin ich aber doch im Zweifel, ob das Ganze nicht bloß ein
Traum ist. Um mich von der Wirklichkeit meines Fluges zu über-
zeugen, gehe ich durch die Glastüre des Balkons in die fremde
Wohnung. Offenbar in ein Speisezimmer. Vor dem großen
Spiegel schneide ich allerhand Grimassen, immer noch im Zweifel,
ob ich nicht träume, dann knipse ich dicht vor den Ohren mit den
Fingernägeln. Nein, ich höre es, bin also vollkommen wach.

Eine Platte mit herrlich belegten Brötchen lenkt mich ab. Ohne
weiteres verschlinge ich davon eine ganze Anzahl, wodurch auch
der letzte Verdacht, nur zu träumen, behoben wird. Maßloser
Jubel erfüllt mich jetzt, da es Wahrheit ist: ich kann fliegen! Nur
wegen der verzehrten Brötchen bin ich etwas beklommen.

Und wie ich mich scheu im Zimmer umsehe, liegt auf einer seide-
nen Causeuse nackt, mit einem Lächeln, das sagt: „Ich habe alles
von Anfang an beobachtet", ein junges Weib, herausfordernd
schön, mit Hüften, die meines Fluges Kurven zu vollenden
scheinen. Größte Verlegenheit und scheuloses Begehren lassen
mich wortlos vor sie hintreten, ihre Hand ergreifen und wie mit
der Bitte um Verzeihung und um Hingabe festhalten. Da ver-
stärkt sich ihr Lächeln, sie preßt meine Hand auf ihre rechte
Brust — so elastisch, weich, daß ich mit rasender Lust meine
Nägel hinein klammere (so wie beim Spiel mit jungen Katzen).
Sie schlingt ihren Arm um meinen Hals und preßt mein Gesicht
in ihren Schoß, den statt der Schamhaare ein Strauß dunkler
Veilchen schmückt; deren Duft, gemischt mit dem Blumenerde-
geruch des Frauenfleisches, atme ich tief und lange ein — bis ein
Gefühl restloser Zufriedenheit sich mehr und mehr in mir aus-
breitet, meine Finger sich langsam aus den ein wenig abgekühlten

Brüsten lösen. Nur mein Atem bleibt sengend heiß, und bald sind die Veilchen des Frauenschoßes unter meinen Lippen verdorrt.

Da erhebe ich mich im Traume und sehe, daß ich geträumt haben muß, daß ich auf einer Causeuse eingeschlafen bin, die mit Veilchensträußen gemustert ist. Und nun zweifle ich auch wieder daran, ob ich fliegen kann, will es sofort versuchen, weiß aber überhaupt nicht mehr, wie es anzufangen ist.

DER WELTKRIEG

So schreckst du mich durch Träume,
und mit Gesichten ängstigst du mich.
Hiob VII, 14

BISCHOF DR. JOSEPH VON LANYI

Großwardein, 28. Juni 1914, gegen einhalb vier Uhr morgens.
Einer dem Erzherzog Franz Ferdinand besonders nahestehenden
Persönlichkeit, seinem Lehrer der ungarischen Sprache, Dr. Joseph von Lanyi, Bischof zu Großwardein, fand die angstvolle Voraussicht in der Nacht vor dem Morde (in Sarajevo) ihren Niederschlag in einem Traumgesicht, aus dem der Bischof um halb vier
Uhr morgens auffuhr.

532 Er träumte, daß oben auf seiner Morgenpost ein schwarzrandiger
und schwarzgesiegelter Brief mit dem Wappen und der Handschrift des Thronfolgers liege. Der Bischof öffnete den Brief
und sah auf der Kopfseite des Briefbogens ein farbiges Ansichtskartenbild, das den Erzherzog und seine Gemahlin im Automobil,
ihnen gegenüber einen General, neben dem Chauffeur einen Offizier zeigte. Aus dem Zuschauerspalier springen zwei junge
Burschen und schießen auf die Hoheiten. Der Brieftext lautet:

„Euer Bischöfliche Gnaden! Lieber Doktor Lanyi!
Teile Ihnen hiermit mit, daß ich heute mit meiner Frau in
Sarajevo als Opfer eines politischen Meuchelmordes falle. Wir
empfehlen uns Ihren frommen Gebeten und heiligen Meßopfern
und bitten Sie, unseren armen Kindern auch fernerhin in Liebe
und Treue so ergeben zu bleiben wie bisher.

Herzlichst grüßt Sie Ihr

Erzherzog Franz.

Sarajevo, 28. Juni 1914, halb vier morgens.
Bischof Lanyi hat sein Traumgesicht und den Text des geträumten Briefes noch im Morgengrauen zu Papier gebracht; seine
Niederschrift ist sogar der Handschrift Franz Ferdinands frappant
angenähert.   (Mitgeteilt von Leonhard Adelt)

ISOLDE KURZ

Ich bin einen unendlich weiten Weg zu Fuß gewandert, und es 533
ist mir gelungen, ungehindert die italienische Grenze zu überschreiten. Jetzt befinde ich mich in Florenz bei der Porta San
Giorgio, aber der Weg ist eben, eng und schnurgerade. Die ganze
Einwohnerschaft flutet darin feierabendlich und festlich auf und
ab. Es scheint mir jetzt die Hauptstraße von Siena zu sein, voll-
gedrängt von geputzten Menschen, wie ich sie einmal an einem
Feste dort sah. Man lacht, man plaudert, jeder redet mit dem
andern und auch mit mir. Niemand scheint die Fremde, die
Deutsche, zu wittern. Die altgewohnte Sprache schwirrt mir so
vertraut um die Ohren, das Herz wird mir ganz weit, ich denke:
,Wie gut lebt sichs doch unter diesem heiteren, geselligen Volk.'
Es ist ohne Sonnenschein wunderbar hell, Dinge und Menschen
stehen so leicht und klar in dem seligen Abendlicht, Häuser,
Pflastersteine, Mauern, über die Oliven und Zypressen empor-
wachsen, alles ohne Schwere. Mitten durch die Straße läuft jetzt
eine steinerne Stufe, durch die sich nun doch die Boden-
senkung kundgibt, darauf sitzen elegante Damen und Herren mit
italienischer Unbefangenheit beisammen, ich mitten unter ihnen.
(Beim Erwachen wußte ich den Wortlaut unserer heiteren Gespräche noch.) Ein Offizier in farbiger Friedensuniform steht vor
einer Gruppe und spricht laut und ausdrucksvoll in durchaus
gerechter und würdiger Weise über den Krieg, er weiß nichts
von Völkerhaß; mit einer halben, verbindlichen Wendung gegen
mich erkennt er die edlen Eigenschaften der Deutschen an.
Dieser scheint allein von allen etwas gemerkt zu haben. Das
Herz hüpft mir im Leibe über mein gelungenes Unternehmen.
Nachdem ich mich eine ganze Weile an dem heiteren Fest
gesonnt habe, kommt es mir plötzlich vor, als sei irgend etwas
nicht in Ordnung. Ich werde unruhig, und jetzt fällt mir auch
ein, daß ich nicht weiß, wo ich wohne. Ich frage einen neben
mir stehenden Herrn, der ein Polizeibeamter zu sein scheint,
nach dem Hotel, er erbietet sich aufs artigste, mich zu führen.
Nach wenigen Schritten werde ich in einen Wagen genötigt und
fahre mit größter Schnelligkeit durch die Straßen von Florenz,
die jetzt wieder die alten sind. Menschen laufen schreiend und

schimpfend dem Wagen nach, ihre Gesichter sind von Haß ver-
zerrt, ich erkenne, daß ich in eine Falle gegangen bin. Wir
halten vor dem Palazzo Vecchio, ich weiß jetzt, sie wollen mich
in das Gelaß hoch oben bringen, wo Savonarola gefangen saß,
und mich dann zum Genuß des Pöbels auf der Piazza hinrichten.
Man reißt mich aus dem Wagen, ich entspringe und klettere
unter furchtbarer Anstrengung, aber sehr geschwind an der
Außenmauer des Palazzo Vecchio hinauf, mich an den Quadern
anklammernd. Polizisten und Leute aus der Menge klettern
nach. Es fällt mir ein, daß in demselben Gelaß vor Zeiten sich
der alte Cosimo de Medici bei einer Staatsumwälzung versteckt
hielt. Vielleicht findet sich auch für mich ein Versteck, wenn
ich nur erst im Turme bin. Ich klettere sowohl außen wie innen.
Aber die andern sind ebenso flink, ich höre Lachen, Keuchen,
Schreien hinter mir. Jetzt bin ich fast oben, aber sie haben mich
schon. Soll ich mich hinabstürzen oder mich ergeben? Da langen
die feindlichen Arme mit hartem Griff nach mir, und ich erwache.

HANS CAROSSA

534 26. Oktober 1916. Vor einem Turmeingang hatte ich den kleinen
Wilhelm zurückgelassen und ihm zu warten befohlen. Ich stieg
die Wendeltreppe hinauf. Die rohe Ziegelwand hatte Nischen;
die schienen tief in Katakombenfinsternis hineinzuführen. Ich
sah hohe schmale silberne Wiegen; in jeder lag, puppenklein,
ein toter deutscher oder französischer Soldat, die gläsernen
Augen weit offen; einzelne Lorbeerblätter, wie kleine Flügel,
standen auf Blutgerinnseln an Stirn und Haar. Ich stieg weiter
und befand mich auf einmal vor dem schönen jungen Wolf, den
wir im Tierpark zu Hellabrunn öfters gefüttert haben; seine
rechte Vorderpfote war zwischen zwei Stufen eingeklemmt, er-
wartungsvoll sah er mich an. Eine Berührung genügte, um ihn
zu befreien; vorsichtig hinkend ging er mir nach oben voraus.
Dabei merkte ich, daß von den Schultern an sein Fell eigentlich
ein Gefieder war, breite graue, silbern geaugte Federn, in einem
Pfauenschweif endend. Ich sah empor, da flog hinter Wolken
der Mond, Wind pfiff um die Ohren, ich stand auf weiter Heide.
Drei weibliche Gestalten, in weiße Decken gehüllt, schliefen unter

eisklirrenden Bäumen. Die vordere war Vally; dahinter, größer, wesenloser, lagen Mutter und Schwester. Ich beugte mich nieder, da sah ich, daß die weißen Decken aus lauter Schneeflocken bestanden, die wie ein Federkleid aneinanderhingen. Der Wolf ging im Kreise herum und beschnupperte die drei Frauen. Jetzt erwachten sie, mit verstörten Gesichtern; keine kannte mich. „Der Wolf wird euch fressen, wenn ihr schlaft auf der Heide!" rief ich ihnen zu. Sie lächelten einander verlegen an.. „Geht in den Turm! Dort sind silberne Wiegen", setzte ich hinzu. Ich wollte es freundlich und ermutigend sagen, aber es kam hart und drohend heraus. Sie erkannten mich nicht und fürchteten sich vor mir. Vally, frostgeschüttelt, zog die Schneedecke über sich und rief dabei leise dem Wolf etwas zu. Der legte sich den Schläferinnen zu Füßen, schlug ein Pfauenrad und bedeckte alle drei mit seinem ungeheuren grauen, silbern spiegelnden Gefieder. Da hörte ich ganz laut und klar das Söhnchen aus der Tiefe rufen: „Vater, bist du schon oben?" und war wach.

18. November 1916. Ich war nachts einmal aufgewacht und hatte 535 bemerkt, daß der Unterstand von Mäusen bewohnt ist. Sie huschten über das Tischchen, knabberten am Brot und streiften einige Male so kunstreich an den geschliffenen Gläsern der Ungarn hin, daß es eine gar liebliche Folge heller Klänge gab. Dadurch war das Widerliche des Getiers auf einmal aufgehoben, etwas geisterlich Koboldisches lag in der Luft, und vor einem ganzen Theater lustigster Mäusemetamorphosen schlief ich ein. Immer mehr entfärbten sich dabei die Tiere; schließlich waren sie alle glänzend weiß und liefen auf einer grünen Fläche hin und her. Als ich sie aber näher betrachten wollte, stand ich am Billardtisch eines dunstigen Kaffeehauses, wo ein unsichtbares Orchester fernher dudelte, und statt der Mäuse sah ich weiße Kugeln auf dem grünen Tuche laufen. Einziger Spieler am Billard war jener Rumäne, dem wir auf dem Berge das Morphium eingespritzt haben. Mit wiegendem Tänzerschritt umkreiste er den Tisch und hielt mit leisen, deutenden Bewegungen seines Stabes die weißen Bälle in Lauf, ohne sie zu berühren. Diese wurden immer glänzender; wie Kreisel summend, mit sphärischer Sicherheit rollten sie hin und her auf dem grünen Stoff; keiner

störte den andern, und wenn sie von einem Rande zurück-
schnellten, verstärkten sie Geschwindigkeit und Licht. Eigentlich glichen sie einander genau; doch dünkte mich bald einer
besonders herrlich, ja ich fühlte mein ganzes Schicksal an ihn
gebunden, — wenn er stillstand oder mit einem anderen
zusammenstieß, mußte grenzenloses Unheil geschehen. In einiger
Entfernung ging Regina als Scheuermädchen von Tisch zu Tisch,
las Zigarrenstummel und zerbrochene Gläser auf, und warf sie
in einen Kehrichteimer, den sie mühsam daherschleppte. Plötzlich stand sie bei mir und flüsterte: „Weißt du's schon? Eben
bin ich deinem Schatten begegnet." Dann trat sie an das Billard,
ergriff gelassen meine wunderbare Kugel, warf sie zu dem übrigen
Kehricht und setzte den Deckel auf den Eimer. Der Rumäne,
der nun auf einmal Glavina glich, spielte weiter; seine Augen-
höhlen waren voll Schnee, er schien nichts zu vermissen. Ich
aber hob die Hand und schlug Regina auf die Stirne, da schlief
sie stehend mit unbeschreiblich seligem Lächeln ein. Der Ball
jedoch gab im Eimer keine Ruhe; man hörte ihn mit immer
höherem Tone weiter kreiseln und mitunter pfeifen, wie Mäuse
pfeifen. Dabei wurde der Boden unruhig; ich hatte Mühe, mich
aufrechtzuhalten. Alles schwankte; Regina, die schlaferstarrte,
noch immer lächelnd, neigte sich wie eine Bildsäule, übermensch-
lich groß, zu mir herüber, wie um mich zu erschlagen.
Und das war die Sekunde, wo draußen mit heulendem Knall das
Geschoß zersprang. Ich stand im Nu auf den Beinen.

13. Dezember 1916. Immer weniger gern ruf ich mir Träume
536 zurück; der aber war so klar, so voll Hindeutung. Wir lagen
wieder in Frankreich, in dem traurigen verödeten Gebiet bei
Margny-aux-cerises in Bereitschaft. Starker Wind wehte; Gra-
naten wechselten eintönig über uns. Furcht lag auf mir. Mein
Leib hatte nahezu völlig sein Gewicht verloren; ich fühlte mich
wie eine Flaumfeder leicht und mußte gewärtigen, daß der zu-
nehmende Wind mich alsbald emporheben und zu den Franzosen
hinübertragen werde. Da schmiegte sich etwas an meinen Ellenbogen, und siehe, es war Matschka, das graue Kätzchen, das ich
in Kézdi-Almás hatte sterben sehen. Groß und hübsch war es
geworden, das weiße Flöckchen im Nacken glänzte wie ein Licht.

„Wie geht es dir?" sagte ich und wollte es streicheln; da sprang es mit weitem Satz in einen der wassergefüllten Granattrichter, verschwand und tauchte nach einer Weile wieder auf, eine schimmernde, mit roten Zeichen bemalte Granate im Maul, die es herantrug und in demütiger Haltung vor mich hinlegte. Wie froh war ich! „Die Granate ist schwer," sagte ich mir, — „wenn ich sie in der Hand halte, kann mich der stärkste Wind nicht mehr mitnehmen." Als ich sie aber ergriff, war es kein Geschoß mehr, sondern ein zappelnder, goldgrauer Fisch mit rötlichen Punkten. „Der muß gebraten werden!" rief eine wohlbekannte Stimme hinter mir. Ich sah mich um, da stand Vally vor einem Herdfeuer, neben ihr Wilhelm, und auch dieser schrie: „Der muß gebraten werden!" Sonderbar lächelnd nahm Vally den Fisch und übergab ihn dem Söhnchen, das ihn zum Herde trug. Dann legte sie sich zu mir nieder; wir umarmten uns und drängten uns innig aneinander, wobei mir ein wenig auffiel, daß sie wohl Vally war, zugleich aber auch Regina, dann wieder die Ungarin, die hier in der fremden Stube schlief. Aber wie liebte ich die drei Frauen in der e i n e n Gestalt! Wie waren sie wirklich e i n Wesen, mächtig seiend eine in der andern! Freilich, irgendwo in der Tiefe, wo der Traum selber zu träumen schien, war etwas Dunkles, ein stiller Einwand, der uns nicht ganz zur Freude kommen ließ; aber auch das ging vorüber. Sie versteht kein Deutsch, ich kein Madjarisch, fuhr es mir durch den Sinn, und dieser Gedanke gab mir unendliche Freiheit; selig fühlte ich meine Schwere in mich zurückkehren. Dabei löste sich eine blaue, aus innen leuchtende Wolke von uns ab, stieg empor und entfernte sich bis zum Horizont hinaus. Wir standen auf und betrachteten aufmerksam dieses Gewölk, an dessen Rande sich lange Reihen winziger blinkender Wesen, Insekten ähnlich, entwickelten. Sie näherten sich und wurden dabei groß und kriegerisch. Am Ende waren es wirkliche Soldaten mit silberblauen Stahlhelmen, von rotgeflügelten Generalen geführt; in schräger glänzender Flucht zogen sie zahllos über uns hin und durch uns hindurch wie durch Rauch. Auf einmal stand Wilhelm neben mir, zur Reise gegürtet, einen Stab in der rechten Hand, in der linken einen Teller mit dem Fisch. Ich stand auf, gab dem Knaben zu essen und aß dann selber. Kaum hatte ich einen Bissen

hinuntergeschluckt, da begann ich zu begreifen, daß es doch
eigentlich drei verschiedene Frauen gewesen waren, die ich
umarmt hatte, und das bekümmerte mich sehr. Wilhelm aber
ließ mir keine Zeit, zu grübeln. — „Vater, es ist Zeit!" rief er
und stieß ungeduldig den Stab auf den Boden. Wir gingen
einer Ferne entgegen, die ganz in Flammen stand, da machte
ich die Augen auf und sah in ein helles Ofenfeuer hinein.
Die junge Frau setzte gerade einen großen Kessel auf die
zischende Platte.

WIELAND HERZFELDE

537 1917. Eine sehr steile Chaussee in den Vogesen; links und rechts
Tannenwald. Dunkelgrün mit gelbgrünen jungen Trieben; zuweilen unterbrochen von leuchtenden Moosflecken und Früh-
lingsblumen. Die Chaussee selbst mit Glatteis überzogen. Von
oben herab stößt ein eisiger Wind mir entgegen, und nur ganz
ungewiß und unterbrochen spüre ich dem blühenden Wald zu
beiden Seiten atemweiche Luft entströmen.
Ich bin gleich einigen anderen Soldaten an eine Leiterwagen-
deichsel gespannt und versuche mit äußerster Anstrengung, mehrere mit Stacheldraht beladene, zusammengekoppelte Fuhrwerke
die Chaussee hinaufzuziehen.
Vergeblich.
Immer wieder gleiten wir auf dem Glatteis aus. Es quält mich
die Versuchung, statt der Anhöhe den seitlichen Frühlingswald
zu gewinnen. Weg von dem Wagen! Doch sobald ich nur einen
Schritt zur Seite setze, gibt mir eines der Pferde, die neben uns
steigen, ohne Geschirr, ohne zu ziehen, als seien es überlegene
Lebewesen, einen Schlag mit dem Schweif und schnaubt mich
aus schwarzen Nüstern mit ekelhaft warmem Atem an.
Immer schwerer und drückender wird unsre Last.
Ich kann mich kaum mehr auf den schmerzenden Knieen halten,
und die Angst erwacht in mir, die Wagen könnten zurückrollen
und uns über das Eis weg mit ins Tal hinabschleifen. Meine
Angst steigt mehr und mehr, gleichzeitig der Haß gegen die
Pferde, die uns unbarmherzig antreiben.
Jetzt kann ich es nicht mehr aushalten und drehe mich um, damit

ich mich mit dem Rücken gegen die drohende Rückwärtsbewe-
gung der Fuhrwerke stemme.

Doch kaum umgedreht, stehe ich frei, nackt und ganz allein auf
der Anhöhe oben und sehe einen Augenblick lang, wie die Wagen
ins Tal hinunterrollen. Auf ihnen liegt nun kein Stacheldraht
mehr, sondern mit starr in die Luft ragenden Beinen, tot, die
Pferde, welche uns antrieben. Die mit mir Angeschirrten sind gestürzt, ihre Körper zeichnen eine rote Bahn auf das Eis der abschüssigen Chaussee.

Dichter Regen trübt mir den Blick. Ich stapfe in ganz veränderter Landschaft über lehmglitschigen Boden voller Pfützen;
gänzlich nackt — der hochbepackte Tornister und ein ungewöhnlich großer Stahlhelm, der mich vorm Regen schützt, sind meine
einzige Kleidung. Der Regen ist von Schrapnellkugeln durch-
setzt, die mit zynischem Ton in den Lehm klatschen. Ich fühle
mich unter dem Stahlhelm vor den Kugeln sicher. Nur die Möglichkeit, im aufgeweichten Boden auszurutschen, beunruhigt mich,
denn ich habe es — warum, weiß ich nicht — sehr eilig.

Die Landschaft ähnelt der von Ypern. Völlig zerschossenes, ein
wenig welliges Gelände, zuweilen Telegraphenstangenstummel,
Gebüsch mit zu früh gewelktem Laub. Dann links von mir ein
ehemaliger Wald. Jetzt starren ausnahmslos — völlig ineinander
verstrickt — die Wurzeln seiner Bäume aus dem Grund, der einem
Morast gleicht, da die Granattrichter voll Wasser stehen und nur
schmale Bodenstreifen sie voneinander trennen. Einige Schritt
von meinem Wege ab sehe ich bereits nichts mehr als ein dichtes
Gestrüpp von Wurzeln und gänzlich zersplitterten Baumstamm-
resten, durch das das Wasser ein wenig blinkt. Ich denke wörtlich: ‚Wie indisches Dschungel.'

Auf einmal nehme ich schräg vor mir, tief im Gestrüpp ein rotes
Leuchten wahr. Ich verliere es zuweilen aus den Augen, doch
bald glänzt es wieder auf, näher und deutlicher: dunkelrot wie das
ewige Licht in einer katholischen Kirche, aus den Pflanzen her-
ausflackernd wie ein Irrlicht. Schließlich sehe ich es so genau,
daß ich vom Wege ab direkt darauf zulenke.

Ich durchbreche den Wust aus Ästen, Wurzeln und Splittern
leichter, als erwartet; da — als nur wenig Flechtwerk und Schritte
mich davon trennen — erkenne ich, daß dieses vermeintliche Licht

Sonne ist, reflektiert von einem blutgefüllten Granatloch.

Balancierend über ein Erdgrat bis dicht an den Rand des Blut-
tümpels, blicke ich — und höre vor schauriger Erwartung zu
atmen auf — in den Trichter hinein.

Jetzt hebt sich langsam aus der Mitte ein Menschenkopf, das von
Blut triefende gelbrote Haar klebt sich in breiten Strähnen an
die Stirn eines totengelben Gesichts — an das Gesicht meines
leiblichen Bruders.

„John!" rufe ich, indem Grauen meine Poren öffnet, und strecke
meine Arme nach ihm, um ihn herauszuziehen.

Da ringeln sich aber aus dem roten Schlamm dicke, grünlich-
graue Schlangen um Hals und Schultern meines Bruders und
ziehen ihn in den Bluttrichter zurück. Die blassen Lippen haben
sich gerade zum Sprechen geöffnet, doch schmutziges Blut rinnt
hinein, und sie verschwinden stumm. — —

Ich liege frierend am Boden unseres Unterstandes, eingepreßt
zwischen schnarchenden und unruhig ihre verlausten Körper
kratzenden Soldaten.

538 Frühjahr 1918. Winter. Eine breite Landstraße dehnt sich in
großen Biegungen zwischen hohem Fichtenwald: schön stilisierte
Bäume, kantig (wie auf den Bildern meiner frühesten Jugend-
erinnerung), unter lastendem Schnee. Poröses, wäßriges Eis
drückt die Gräser am Chausseerand nieder; es ist Tauwetter.

Wir gehen in Gesellschaftsgruppen: Tante, John, meine Schwester, die Angehörigen alle, vielleicht auch Gäste. Die Frauen
tragen schwarze Taffetkleider. Es scheint Feiertag zu sein, spät
am Nachmittag. Der schmelzende Schnee ist hellrosa gefärbt.
Das wird die untergehende Sonne sein. Bei jedem Schritt spritzt
Tauwasser unter den Sohlen hervor.

Sonderbar — — diese Spritzer sind so dunkelrot wie die Blutstropfen auf Jesu Brust bei Darstellungen der Kreuzigung.

Es regt sich darüber niemand auf. Harmlos — gemütlich nähern
wir uns dem Dorfe. Nur gesprochen wird nicht. Das Schweigen
ist vollkommen. Ob niemand außer mir, der ich als letzter gehe,
die blutroten Fußspuren wahrnimmt, die wir in den Schnee
prägen? Ich selbst bin kaum erstaunt darüber, verfolge jedoch
eifrig das Aufsetzen und Hochheben der verschieden geformten

Schuhe. In einem der ersten Eckhäuser befindet sich das Gast-
lokal des Dorfes, in dem pflegen sich Sonntags die Bürgersleute
(halb privat) zu treffen, die in den Halbvillen des der Stadt vor-
gelagerten Dorfes wohnen. Die Vordersten unsrer Gesellschaft
wollen eintreten. Ein Schrei! Alles duckt sich — rast davon. Ich
auch, und denke bei mir: „Wie wenn wir beim Einschlag eines
schweren Kalibers in den Graben sprangen und türmten." Gleichzeitig durchzuckt mich die Frage: „Flieger?" während etlicher
geduckter Sprünge. Dann hält mich Neugierde zurück: Im Gast-
lokal muß die Ursache sein. Sofort zurück! Ich recke mich und
blicke durch die Glastür in das Innere des Wirtshauses; wie in
ein Panoptikum. In karminrotem, trübem Leuchten ohne Licht-
kern stehen titanenhafte breitschultrige Gestalten mit hell-
zinnoberrotem Taffet bekleidet, der deutlich eine außerordentliche
Muskulatur abzeichnet. Hellzinnoberrote Larven verbergen die
Gesichter. Die athletischen Männer halten auf ihren wagerecht
ausgestreckten Armen das Opfer. Lustmord? Sie zerschneiden
(glatt, wie mit Rasiermessern) ganz frisches Fleisch eines völlig
nackten Mädchens. Rasche Bewegungen wie bei einer Operation.
Keinerlei Geräusch. Nur einige Sekunden währt mein Blick, da
kreuzt ihn aus dem Larvenschlitz hervor ein Raubtierauge. Ich
pralle zurück. Zu spät! Der hellrot-tafftene Muskulöse springt
durch die geschlossene Glastür wie ein Panther auf mich — beißt
mich in den Oberarm. Ich sinke ohnmächtig aufs Pflaster.
Erwacht stellte ich fest, daß ich mich im Lazarett befinde, mein
Arm jedoch nicht gebissen worden, vielmehr gerade eingeschlafen ist.

MAX DAUTHENDEY

Tosari. Ich träumte in der Nacht vom Sonntag auf Montag, also 539
vom zehnten zum elften März 1918, daß ich in einer Stadt auf der
Straße war, und plötzlich mußte man sich unterstellen in Haus-
türen, weil ein Luftangriff geschah. Man hörte die Flugmaschine
in der Luft heransurren. Es war eine schreckliche Angststim-
mung in mir. Ich stellte mich bei einem Haus an eine Türe, und
dabei mußte man jeden Augenblick starr vor Angst und Erwartung sich vorstellen, von Bomben zerschmettert zu werden.
Ich war froh, als ich erwachte und alles nur Traum gewesen war.

Aber ich kann mir nun vorstellen, was man in deutschen Grenz-
städten und in London aushalten muß, wenn ein Luftanfall gemeldet wird. Es ist das ein Zustand, nicht zu beschreiben. Man
will fliehen und weiß nicht wohin. Es war furchtbar marternd,
zu wissen, daß der Tod als Bombe aus der Luft fallen kann.

AM CHEMIN CREUX

Am 3. September 1916, zur Zeit des Angriffes beim Chemin Creux
(zwischen Maulpas und Cléry), wurde der Unterleutnant D. vom
dreizehnten Alpenjägerbataillon von einer Kugel getroffen und
verließ die vordere Linie, um sich verbinden zu lassen. Am
Abend, fünfzehn Stunden später, fehlte er beim Appell. Man
suchte vergeblich auf allen Verbandplätzen nach ihm. Er galt
als vermißt.

Am achtzehnten September kam das dreizehnte Bataillon in denselben Abschnitt zurück, wo inzwischen die vordere Linie um
etwa drei Kilometer vorverlegt worden war.

540 In der Nacht vom 18. zum 19. September sah ein intimer Freund
von D., der Unterleutnant V., im Traum seinen Freund in einem
Granatloch am Rande des Chemin Creux bei einer Weide im
Sterben liegen. D. machte ihm heftige Vorwürfe, daß er seinen
besten Freund so hilflos seinem Schicksal überlasse.

V. ist der kaltblütigste Offizier von der Welt, ruhig und skep-
tisch. Trotzdem ließ ihm sein Traum keine Ruhe. Er ging zu
seinem Kommandeur, der ihn zunächst nicht ernst nahm, ihm
aber schließlich aus Gefälligkeit die Erlaubnis gab, am Chemin
Creux nachzuforschen. V. langt dort an und findet den Schauplatz seines Traumes. Am Fuß einer Weide befindet sich ein
Stab mit einem Zettel: „Hier liegen zwei französische Soldaten."
Nichts ließ an diesem Platze darauf schließen, daß hier die Be-
gräbnisstätte von D. wäre. Doch grub man nach und fand D.,
der seit etwa vierzehn Tagen hier bestattet lag.

(Mitgeteilt von Professor Charles Richet)

AHNUNGSTRAUM EINER MUTTER

Frau Macklin sieht zu ihrer großen Überraschung in der Nacht
vom 27. zum 28. März 1918 in einem sehr deutlichen Traum ihren

Sohn David, einen englischen Infanterieleutnant, in der Uniform 541
eines gemeinen Soldaten. Er trägt einen Helm und seine Feld-
ausrüstung. Sie redet ihn an: „Ach, David, warum bist du nicht
mehr Offizier, und warum trägst du die Uniform eines Tommy?"
Sie erzählt ihren Traum zwei Personen, die es bezeugen. Am
dritten April erhält sie die Nachricht, daß ihr Sohn in der Nacht
vom siebenundzwanzigsten zum achtundzwanzigsten März gefallen ist.
Der Leichnam David Macklins konnte nicht aufgefunden werden.
Bei Nachtangriffen trugen manchmal die Offiziere Soldaten-
uniformen.   (Mitgeteilt von Professor Charles Richet)

VON KRIEGSGEFANGENSCHAFT

Im April 1919 träumte ein Freund von mir in München, er be- 542
finde sich in einer ihm unbekannten deutschen Stadt. Er ging
durch viele Straßen und trat in ein Haus, in dessen erstem Stock
er einen ehemaligen Freund aus den sechziger Jahren, den vor
nicht allzulanger Zeit verstorbenen französischen Sozialistenführer E. V., als Kriegsgefangenen fand. Dieser war jung, wie
er es damals in ihrer gemeinsamen Universitätszeit gewesen, und
sehr verschönert. Der Träumer, der gleichfalls wieder jung war,
fragte ihn, wie es komme, daß er noch hier als Gefangener zurückgehalten werde, da doch schon lange Waffenstillstand sei.
Jener erklärte, es gehe ihm vortrefflich und er wünsche keinen
Wechsel. Der Träumer fragte nun, ob es wohl einem Deutschen
in französischer Gefangenschaft ebenso gut gehen würde, worauf V. antwortete: „Wenn er unter uns Sozialisten gerät, dann
ja, aber bei den Bourgeois möchte ich es ihm nicht raten."
Danach wechselte der Traum.
Der Träumer befand sich zwar noch in demselben Raume, aber
er hatte das Vorspiel vergessen, vielmehr schien es ihm jetzt, daß
er selber in Frankreich gefangen sei. Er stieg viele Treppen
empor, um sich zu flüchten, geriet oben in einen großen leeren
Saal, der eine Kirche war, kroch unter den Kirchenstühlen herum,
bis er endlich in einem oberen Fenster ein Türchen entdeckte,
kletterte dachsartig hinaus und befand sich nun im Freien vor
dem Gebäude. Er ging durch die französische Stadt, wobei er

einige Sorge wegen des mangelnden Passes hatte, sich aber mit dem Bewußtsein tröstete, daß er ja den Ausweis für die Münchner Bibliothek besaß. Da er Hunger fühlte, trat er in ein Speisehaus, hatte auch gleich ein Essen vor sich, war nun aber bestürzt darüber, weil ihm einfiel, daß er ja kein französisches Geld bei sich hatte. Er zog seine Börse heraus, in der er all die bayrischen Scheine und Eisenmünzen sah, die er tags zuvor in wachem Zustand hineingesteckt, und sagte sich, daß diese ihn ja verraten müßten. Nichtsdestoweniger ließ er sich in eine Unterhaltung mit den Anwesenden ein, wobei er ein fließendes und tadellos reines Französisch sprach, so daß niemand den Deutschen erkannte. Dem Kellner schob er rasch mit den Worten: „Trois francs, cinq centimes" einen seiner bayrischen Scheine hin und verließ den Raum, ohne verfolgt zu werden. Vor ihm lag eine schöne breite Straße, die sich nach unten perspektivisch verengte und die durch ein Tor abgeschlossen war. Diese ging er hinunter, aber sie wurde enger und enger, und als er die Pforte erreichte, war die Öffnung winzig, nur noch so weit wie eine gehöhlte Hand. Eben hatte er noch einen Wagen durchfahren sehen, aber als die Pferde das Loch erreichten, hatten sie die Größe von Flöhen. Unter der qualvollen Bemühung, mit seinem Taschenmesser den Ausgang zu erweitern, erwachte er durch einen Klingelzug.

(Mitgeteilt von Isolde Kurz)

TRÄUME DER GELEHRTEN

Das Leben und die Träume sind Blätter eines und des
nämlichen Buches. Das Lesen im Zusammenhang heißt
wirkliches Leben. Wann aber die jedesmalige Lesestunde
(der Tag) zu Ende und die Erholungszeit gekommen ist, so
blättern wir oft noch müßig und schlagen, ohne Ordnung
und Zusammenhang, bald hier, bald dort ein Blatt auf: oft
ist es ein schon gelesenes, oft ein noch unbekanntes, aber
immer aus demselben Buch. So ein einzeln gelesenes Blatt
ist zwar außer Zusammenhang mit der folgerechten Durch-
lesung: doch steht es hiedurch nicht so gar sehr hinter dieser
zurück, wenn man bedenkt, daß auch das Ganze der folgerechten Lektüre ebenso aus dem Stegreife anhebt und
endigt und sonach nur als ein größeres einzelnes Blatt
anzusehen ist.

Schopenhauer

ARTHUR SCHOPENHAUER

Berlin. Nacht vom 31. Dezember 1830 auf den 1. Januar 1831.
Und um der Wahrheit in jeder Gestalt und bis an den Tod zu
dienen, schreibe ich auf, daß ich in der Neujahrsnacht zwischen
1830 und 1831 folgenden Traum gehabt, der auf meinen Tod in
gegenwärtigem Jahre deutet. Von meinem sechsten bis zu meinem zehnten Jahr hatte ich einen Busenfreund und steten Spiel-
kameraden, ganz gleichen Alters, der hieß Gottfried Jänisch und
starb, als ich, in meinem zehnten Jahr, in Frankreich war. In den
letzten dreißig Jahren habe ich wohl höchst selten seiner gedacht.
Aber in besagter Nacht kam ich in ein mir unbekanntes Land, 543
eine Gruppe Männer stand auf dem Felde und unter ihnen ein
erwachsener, schlanker, langer Mann, der mir, ich weiß nicht
wie, als eben jener Gottfried Jänisch bekannt gemacht worden
war, der bewillkommnete mich.
Dieser Traum trug viel bei, mich zu bewegen, beim Eintritt
der Cholera 1831 Berlin zu verlassen: er mag von hypothetischer
Wahrheit, also eine Warnung gewesen sein, d. h. wenn ich geblieben, wäre ich an der Cholera gestorben.

FRANZ VON PAULA GRUITHUISEN

544 Mir träumt oft, es verfolge mich ein Stier oder Löwe oder ein böser Hund.

Einmal sagte ein Stier, vor dem ich mich auf einen Zaun geflüchtet hatte, auf dessen anderer Seite ein Strom war, „du wirst mir nicht entfliehen, denn bald wird das Wasser den Zaun umreißen", und als der Zaun sank, wachte ich auf.

545 Einmal träumte mir, ich ritte auf einem sehr großen Pferd, welches aber immer kleiner wurde; es bekam allmählich lange Ohren und wurde aschfarbig, endlich wurden die Ohren wieder kleiner, es wuchsen Bockshörner daneben heraus, und meine Füße streiften auf den Boden auf. Dann stieg ich unwillig ab, und der Bock war ein Kalb geworden, welches wie eine Katze miaute; endlich bekam es auch die Katzengestalt, es kletterte auf einen Baum, der sich in eine Kirche verwandelte, worin ich die Orgel spielen hörte. Ich ging in die Kirche, diese sah wie ein Lustgarten aus, ich hörte noch immer die Musik, es war aber nicht mehr die Orgel, sondern — meine Katze spielte die Maultrommel. Nun wurde aus der Katze ein schönes Mädchen, welches ein Lied sang, das mir sehr wohl gefiel; ich fragte es, ob es dieses Lied nicht in Musik gesetzt habe, es sagte: „Nein, aber ich will es dir gleich auf ein Band singen." Es nahm ein rosafarbenes Band, und besang dasselbe von einem Ende zum anderen, und da standen Noten und Text. Darüber war ich entzückt, ich wollte mit ihm galant sein und diese neue Kunst loben, aber als ich es ansah, ward aus dem schönen Mädchen ein altes Weib, aus dessen Nase und Mund Würmer krochen; das Weib wollte mir seine halbverfaulte Hand reichen, darüber erwachte ich.

Es war ein Morgentraum; ich wußte, daß ich träumte, und gab recht geflissentlich auf die Metamorphosen acht, die ich, wie sie hier stehen, nach dem Erwachen aufschrieb.

546 Mein verstorbener Vater zeigte mir einen Sperber, der ihm auf der Hand saß, und sagte: „Unter allen Vögeln, die ich habe, frißt keiner so viel als dieser, heute will ich ihn aber einmal satt füttern", und hielt ihm eine Ente vor. Aber es kam ein großer, schwarzer

Hund daher, der meinem Vater die Ente nahm. Ich schlug daher mit meinem Stock nach dem Hund und wachte endlich, vom Schweiße triefend, auf.

Ich träumte ein andermal, ich suchte in meiner Bibliothek, die 547 aber im Schlosse Haltenberg in einem großen Zimmer stand, die Adagia des Erasmus von Rotterdam und konnte sie nicht finden. Weil ich sie aber am Einband kannte, so stand ich nur und durchlief die Reihen der Bücher, welche stark vom Sonnenlicht beleuchtet waren, von der Linken zur Rechten nacheinander.
Ich reckte mich auf, und die Bücher schienen hierauf etliche Sekunden von der rechten zur linken Seite wie in einem Guckkasten fortzulaufen.

J. CH. FERDINAND HOEFER

Paris, Juli 1859. Dr. Hoefer, Direktor der „Biographie générale", die bei Didot erschien, sagte mir, die Träume seien seelische Vorgänge, die schwer zu erklären sind. In dem Artikel über Humboldt habe er geschrieben, Deutschland könne stolz sein, zwei so große Männer wie Friedrich der Große und Alexander von Humboldt zu haben. Hierauf habe ihn Humboldt, dem er diesen Artikel zugesendet hatte, inständig ersucht, diesen Vergleich fallen zu lassen, denn er fühle sich zu klein, um in dem Land eines Leibniz Genie genannt zu werden, und er sei ein zu großer Anhänger der Freiheitsidee, um mit Friedrich dem Großen in einem Atem genannt zu werden.
Dr. Hoefer hatte von Tag zu Tag die Antwort auf diesen Brief verschoben, da erfuhr er den Tod dieses berühmten Gelehrten.
Zwei Monate später träumte er, er sei in einem ungeheuer großen, 548 prächtigen Saal, wo ein aufmerksames Publikum den Ausführungen eines Redners folgt. Dieser Redner ist er selbst. Und wie er seine Blicke über die Zuhörer schweifen läßt, erblickt er seinen Freund Humboldt. „Wie!" ruft er plötzlich mitten in seinem Vortrag aus, „Sie sind es? Man hat mir gesagt, Sie wären gestorben." —
„Nein, mein Lieber," antwortet Humboldt mit seinem gewohnten Lächeln, „das ist nur ein Scherz. Ich ließ das Gerücht von meinem Tod verbreiten, Sie sehen aber, daß ich noch lebe."

(Mitgeteilt von Camille Flammarion)

LOUIS PIERRE GRATIOLET

Vor einigen Jahren war ich bei meinem berühmten Meister Mr. de Blainville mit dem Studium der Organisation des Gehirns beschäftigt. Ich hatte eine große Anzahl teils menschlicher, teils tierischer Gehirne präpariert. Ich enthäutete sie sorgfältig und gab sie in Alkohol.

549 Eine Nacht träumt mir, ich hätte mein eigenes Gehirn präpariert und es in Alkohol gelegt. Nach einigen Minuten nehme ich es heraus und stecke es wieder in meine Gehirnschale. Aber ich habe das Gefühl, daß das Gehirn sich durch die Flüssigkeit zusammengezogen hat und bedeutend kleiner geworden ist. Es füllt nicht mehr die ganze Gehirnhöhle aus, und ich fühle, wie es in meinem Kopf hin und her wackelt. Diese Empfindung ist so schrecklich, daß ich jäh erwache und befreit von diesem Alp aufatme.

ALFRED MAURY

550 7. April 1861. Ich träumte, daß ich in der Eisenbahn fuhr und auf einer Station in der Nähe von Lagny aussteigen mußte. Ich trat in ein Café, die ganze Landschaft konnte man von dort aus sehen. Es wurde Bier gebracht. Ich möchte nebenbei bemerken, daß ich tags zuvor den Wunsch hatte, Bier zu trinken, doch konnte ich ihn nicht befriedigen, denn verschiedene Geschäfte kamen dazwischen und brachten mich von diesem Gedanken ab. Als ich an dem Cafétisch saß, erkannte ich das Café, ich war hier auf einer anderen Reise einst eingekehrt, auf einer völlig phantastischen Reise, von der ich in meinem Traum meiner Frau, die mich begleitete, erzählte, daß sie sieben oder acht Jahre zurückliege. Ich glaubte in meinem Traum bestimmt, daß ich den Ort, den Tisch wiedererkenne und alle Umstände der früheren Reise, die ich angeblich mit meinem jüngeren Bruder gemacht hatte. Ich war also ganz davon überzeugt, daß ich einst jenen Traum geträumt hatte; ich erinnerte mich an ihn, er kam mir mit völliger Klarheit ins Gedächtnis zurück; ich fühlte sogar ein wirkliches Vergnügen, daß ich mich wieder an dem Ort befand, den ich ehemals in Begleitung meines Bruders, der jedoch seit mehr als zehn Jahren tot ist und den ich so sehr betrauerte, besucht hatte.

Ich wachte auf, und noch ganz voll von meinem Traum, sagte
ich mir, daß diese Erinnerung, die mir im Traum gekommen war,
ein früherer Traum gewesen sein müsse. Alle Einzelheiten der
Reise waren phantastisch. Es gibt kein Café an der Station von
Lagny, und die Lage von Lagny ist übrigens auch nicht so wie in
meiner Traumerinnerung. Ich weiß nicht, wann ich diesen ersten
Traum gehabt habe, seine Bilder tauchten in meinem Gedächtnis
durch das Erscheinen ähnlicher Bilder auf. Ich hatte jenen Traum
vollkommen vergessen, doch verschiedene Umstände deuten darauf, daß er, wie ich davon auch im Traume überzeugt war, mehrere
Jahre zurückliegt.

Ich war unpäßlich und schlief in meinem Zimmer, während meine
Mutter am Kopfende des Bettes saß.
Ich träumte von der Schreckensherrschaft. Ich wohne Mord- 551
szenen bei, erscheine vor dem Revolutionstribunal, sehe Robespierre, Marat, Fouquier-Tinville, all die garstigen Gesichter dieser
schrecklichen Zeit, ich diskutiere mit ihnen; endlich nach vielen
Ereignissen, an die ich mich nicht mehr recht erinnere, wird über
mich Gericht gehalten, ich werde zum Tode verurteilt, auf dem
Karren — umgeben von einer ungeheuren Volksmenge — auf den
Revolutionsplatz geführt; ich steige auf das Schafott; der Henker
bindet mich auf das verhängnisvolle Brett, er läßt es umkippen,
das Fallbeil fällt; ich fühle, wie mein Kopf sich vom Rumpfe
trennt; ich erwache in der heftigsten Angst und fühle auf meinem
Hals die Bettstange, die sich plötzlich gelöst hatte und auf mein
Genick gefallen war, wie das Messer einer Guillotine.
Meine Mutter bestätigte mir, daß dies soeben geschehen sei, und
so war — wie ich oben geschildert habe — dieser von außen kommende Reiz, den ich fühlte, der Ausgangspunkt für den Traum, in
dem so viele Ereignisse aufeinander folgten. Im Augenblick, als
ich den Schlag erhielt, weckte die Erinnerung an die schreckliche
Maschine, deren Wirkung die Bettstange so gut zeigte, alle Bilder
einer Epoche, deren Symbol die Guillotine gewesen war.

HIPPOLYTE TAINE

28. September 1868. Ich glaubte, ich wäre in einem Salon, und 552
blätterte in einem Album mit Landschaften, die erste derselben

stellte das Polarmeer dar, ein großes blaues Wasser, auf dem Eisblöcke schwammen. In diesem Augenblick bemerke ich, daß der
Maler selbst vor mir steht, und fühle mich verpflichtet, die Schönheit des Blattes laut zu loben. Ich wendete die Seiten um, und die
Landschaften schienen mir immer schlechter zu werden, und plötzlich fällt mir ein, daß ich schon vergangenes Jahr das Album in
Händen gehabt, daß ich dasselbe sogar in einem Journal besprochen habe, daß mein sehr wenig schmeichelhafter Aufsatz
dreißig oder vierzig Zeilen lang war und in der dritten Kolumne
der zweiten Seite stand; und diese Erinnerung machte mich der-
maßen verlegen, daß ich darüber erwachte.

Ich bemerke, daß dieser ganze Traum ein Roman war, aber die
aufsteigende Erinnerung und die Einfügung dieser Tatsache
waren spontan erfolgt, ohne auf widersprechende Vorstellung zu
stoßen, so daß ich den eingebildeten Aufsatz bejahen mußte.

553 November 1869. Im Verlauf eines Traumes erschien mir meine
eigene Gestalt, vor einem Tische in einem Lehnstuhl sitzend, bekleidet mit einem weißen, schwarzgestreiften Schlafrock; die Gestalt wendete sich mir zu, worüber ich so heftig erschrak, daß ich
aus dem Schlafe auffuhr.

CAMILLE FLAMMARION

554 Ich bin in der Bibliothek Didier, wo ich meine ersten Werke veröffentlicht habe: „La Pluralité des Mondes habités“, „Les Mondes imaginaires“, „Dieu dans la Nature“ usw.

Ich treffe dort mit den Herren Cousin, Guizot, de Barante, de
Montalembert, Lamartine, Maury, Mignet, Thiers und Caro zusammen. (Was öfters wirklich geschah.) Vor der Tür begegnete
ich den mir befreundeten Herren Jean Reynaud, Henri Martin
und Charton, die mich ansprachen und mir sagten, ich solle
mich beeilen, damit ich sie zu einer Reunion im Magasin pittoresque begleiten könne. Nach meinem Eintritt in die Buchhandlung sagte Herr Didier zu mir: „Gehen Sie mit mir in die
Tuilerien, es spielt dort die Gardemusik.“ Wir verlassen gemeinsam die Buchhandlung. „Ist Herr Maindron nicht mehr bei Ihnen
angestellt?“ frage ich unterwegs. — „Nein.“ — „Durch wen

wollen Sie ihn ersetzen?" — „Wenn ich nur einen braven, intelligenten Burschen wüßte!" — „Ich kann Ihnen einen vorschlagen!" — „Wirklich?" — „Ja, meinen Bruder, er ist vier Jahre jünger als ich, hat für den Handelsstand Interesse, und ich bin überzeugt, daß er sich in der Buchhandlung wohl fühlen wird." — „Nun gut, soll er kommen." In den Tuilerien finden wir die Plätze alle besetzt; der Kaiser sitzt auf einem Sessel, er erhebt sich und bietet Herrn Didier den Platz mit den Worten an: „Was ˈmacht denn Maury, man sieht ihn ja gar nicht mehr?" — „Sire," antwortet der Buchhändler, „sie sind jetzt alle in meinem Laden versammelt und planen einen Staatsstreich." In dem Moment ändert sich die Szene; ich sehe ein Tal bei Haute-Marne und ein Bächlein, an dessen Ufer ich als kleiner Junge mit meinem Bruder oft gespielt habe.

Paris, 5. Dezember 1865. Ich trete aus alter Gewohnheit in die 555 Buchhandlung ein und staune nicht, Herrn Didier (den man vor drei Tagen begraben hatte) zu sehen. Ich denke eben, daß man ihn im Starrkrampf begraben hatte und daß er im Grabe wieder aufgewacht war. Ich schüttle ihm die Hand, will ihn aber über dieses Thema nicht befragen, und wir plaudern über Bücherfragen. Dann gehen wir, wie wir es meist getan, aus dem Laden und gehen die Quais entlang gegen die Tuilerien zu. Obgleich er wie immer aussieht, kommt er mir doch verwandelt und geheiligt vor. Er ist munter und beweglich, und ich sage ihm, daß er sich verjüngt hat. „Ich fühle mich auch sehr wohl", antwortete er. Er will auf jeden Fall meine Hand drücken, aber ich empfinde einen unüberwindlichen Schrecken davor. „Verzeihen Sie," sage ich, „ich weiß nicht warum, aber ich kann nicht handeln, wie ich will." Diese Antwort scheint ihn zu verletzen. Ich überwinde mich also und ziehe seinen Arm in den meinen, doch zittere ich vor Entsetzen und muß ihn wieder loslassen. „Plaudern wir", sage ich.
Er kommt mir wie eine wandelnde Leiche vor; aus seinen Antworten ersehe ich, daß er seine Intelligenz und seine Urteilskraft verloren hat und wie ein Automat spricht. Als er mir zufällig mit seinen Lippen nahekommt, wird mein Grauen durch den üblen Geruch vermehrt. Ich weiß nicht mehr, was wir sprachen; aber wir geraten in einen Streit, und er gibt mir zum Schluß eine Ohr-

feige. In dem Augenblick kommt ein Trupp Gendarmen vorüber, und das Institut, bei dem wir angelangt waren, verschwindet, und wir stehen auf dem Abhang eines Hügels. Ich sehe Didier fest und starr an. „Wissen Sie denn nicht, daß ich Camille Flammarion, Ihr geliebter Autor, bin?" Er scheint sich zu erinnern. „Ja, großer Autor. Aber was haben Sie gegen mich, Sylvie? Sie empfinden Grauen vor mir, Sylvie." — „Ich bin nicht Sylvie, ich bin Camille." Er ergreift meine Hand, und diese Berührung ist so gräßlich, daß ich erwache.

556 Ich bin auf einem hohen Berge. Eine Schar Raben zieht krächzend vorüber. Sie streifen ihre Haut ab, wie es die Raupen tun, oder wie die Schmetterlinge aus der Puppe schlüpfen, und wie ihre Hüllen um mich herumfliegen, sehe ich mit Erstaunen, daß es pergamentartige Köpfe von Orang-Utans sind. Der Astronom Babinet, der neben mir steht, füllt seine Taschen damit.

557 Ich wohne einer spiritistischen Sitzung bei, wo Herr Mathieu, Vorstand des Meßbureaus und Mitglied der Académie des Sciences (Schwager von Arago), das Medium abgibt. Man bringt den Kopf meines Vaters, sehr schön, wie aus Elfenbein modelliert. Ich bin davon gar nicht aufgeregt, ja mein Vater selbst wohnt dieser Séance bei und erklärt energisch, er glaube nicht an diese Dinge.

558 Wir waren mehrere Personen auf einem öffentlichen Platze. Über unseren Köpfen kämpfte ein ungeheurer Ballon verzweifelt mit dem Winde. Plötzlich dreht er sich vollständig um, mit der Gondel nach oben. Alles stürzt erschreckt herbei und glaubt, der Luftschiffer müsse im nächsten Moment zerschmettert herunterfallen. Aber er breitet einen Fallschirm aus und sinkt langsam zu Boden.

559 In einem Traum finde ich mich in den letzten Reihen einer Armee auf dem Schlachtfelde. Die Kugeln schwirren um mich herum, aber ganz geräuschlos. Wenn eine Kugel herankommt, so drehe ich mich um und sehe ihrer Richtung nach. Zuletzt folgen sie einander so schnell, daß ich es aufgebe, ihnen nachzusehen. Und ich sage zu mir selbst: „Wie dumm doch die Menschen sind, daß sie darin ein Vergnügen finden. Als ob sie nichts anderes zu tun hätten!"

Ich bin in dem Krater eines Vulkans in oder bei Paris. Plötzlich 560
überflutet die Höhle ein glänzendes, mildes Licht, dann sehe ich
die herrlichsten Kristalle in tausend leuchtenden Farben. Der
Boden zittert nicht. Es tauchen düstere Schatten in Mönchskutten
gekleidet auf. Ein Schauer überläuft mich, dann ermanne ich
mich und erwarte ihr Herankommen. Ich bin das einzige lebende
Wesen unter ihnen und bin von dem glühenden Wunsch beseelt,
diese Wesen über das Jenseits zu befragen. Ich frage den nächsten, ob er wirklich aus dem Reich der Toten komme, ob alle
Menschen dort wieder belebt würden und ob es eine positive, wirkliche Welt wie die unsrige sei. Er will antworten, da ändert sich
die Szene, die leuchtenden Kristallsäulen verschwinden, unbekannte, flüssige und durchsichtige Substanzen bewegen sich von
oben nach unten und von unten nach oben im reichsten Farbenspiel. Es ist herrlich. Ein wundervolles Licht beleuchtet die Farben, und die Schatten ziehen ruhig weiter an mir vorüber. Nichts
Schreckhaftes trübt die hehre Majestät dieses Schauspiels. Der
Gedanke an das Ende der Welt bemächtigt sich meiner, die früheren Fragen verlieren ihr Interesse für mich, denn ich spüre, wie
ohne Mühe und Qual mein Leben entweicht und wie ich allmählich in die Welt, die mich umgibt, übergehe.

KARL ALBERT SCHERNER

Mir träumt, ich sei auf einer hiesigen, sehr lebhaften Straße und 561
rede mit einem bekannten General, der in Zivil ist. Er hat eine
zu kurze weiße Weste an mit unschönem Muster. Ich ziehe sofort frei auf der Straße meinen Rock aus und reiche ihm meine
Weste anstatt der seinigen, er gibt mir seine Weste, und ich sage
ihm den Preis der meinen. Er geht nach seinem Wohnhause zu,
ein ihm vertrauter Begleiter sagt zu mir: „Hätten Sie ihm nicht
den Preis gesagt, was sein Zartgefühl beleidigte, so hätte er
Ihnen zwei Taler gegeben." Ich aber war darüber sehr aufgebracht, da ich für meine Weste weit mehr bezahlt hatte.
Gleich darauf kommt ein Freund von mir aus Berlin samt seiner
(seit Jahren verstorbenen) Frau plötzlich zu mir auf Besuch, und
sie logieren bei mir, wobei die Phantasie alle Einzelheiten vor-
malt, welche die Störung des kleinen Hauswesens durch einen

unvermutet anlangenden Besuch hervorruft. Ich erscheine dabei
verheiratet und mit Familie begabt, was beides mir in Wirklichkeit abgeht.

Meine Gäste, so träume ich weiter, sind schon auf dem Bahnhofe, um abzureisen; ich reite ihnen auf einem Pony nach, über
dieselbe Straße, wo ich dem General begegnete, und ich will vor
einem Hause absteigen, wo ich vor einiger Zeit vortreffliche
Zigarren gekauft. Das Pferd aber ist wild, geht mit mir davon,
ich verliere die Zügel und halte mich nur an der Mähne fest.
Dabei fällt mir ein, es sei doch töricht, auf den Bahnhof zu Roß
mich zu begeben, ich könnte ja mit dem Pferde nicht auf dem
Perron erscheinen, und gäbe ich es jemandem zu halten, so könnte
man mir mit dem Rosse davongehen.

Ich komme hiernach in meiner Wohnung an und sehe nach
meinem Kanarienvogel. Zum Schrecken bemerke ich, daß man
bei den häuslichen Störungen durch den Besuch ihn zu füttern
vergessen habe; er liegt tot auf dem Boden des Bauers. Das
Bauer besteht aus einer Art großen und hohen, völlig glatten
Bechers, worüber kein Drahtgeflecht und worin keine Stengel
sind. Da sage ich mir: ‚Der Vogel ist darum tot, weil er ohne
Stengel Futter und Trank nicht erreichen konnte.' Ich nehme
dann den Vogel, lege seinen Schnabel zwischen meine Lippen,
hauche ihm Atem ein und netze ihn mit Speichel. Der Vogel
regt sich, wird wach und nach und nach ganz lebendig — und
in demselben Augenblick befinde ich mich in einer großen Kirche.
In der Kirche erschallt ein herrlicher Choral, ich erquicke mich
an ihm mit ganzer Seele, still andächtig sitze ich auf einem Stuhl
in einer Ecke der Kirche. Mir zu Angesicht gegenüber sitzt eine
alte Frau in einer Bank, welche allein die Richtung längs dem
Schiffe hat, indes alle anderen Bänke quer dem Schiffe entlang
stehen; ihr kleiner Sohn sitzt daneben in einer Querbank. Auf
einmal kommt die Alte keifend auf mich los, zankt sich mit mir
(ohne allen Anlaß meinerseits) und fordert barsch, ich solle aufstehen und ihr den Stuhl hinter mir geben; sie wolle auch auf
einem solchen sitzen und ihrem Sohne näher sein — und ich muß
aufstehen und ihr den Stuhl geben. Darauf bin ich außerhalb
der Kirche.

Ich bin auf dem Kirchhofe. Ohne irgend welche Veranlassung

entblöße ich mich wie zu einem natürlichen Bedürfnis. Schnell
aber bringe ich meine Kleider in Ordnung, denn eben treten die
Leute aus der Kirche heraus, vor deren Blicken ich mich retten
will. Ich laufe zur Kirchhoftür hinaus durch ein kurzes Dorf,
und schnell bin ich auf freiem Felde.

Auf dem freien Felde sehe ich die Knaben des Dorfes in einer
ebenso lebhaften als sonderbaren Belustigung begriffen. Sie beschäftigen sich mit Werfen; der Gegenstand des Wurfs fällt weit
von ihnen nieder; ich sehe und staune, denn das, was sie werfen,
ist ein dem Kaninchen ganz ähnlich aussehender Hund; freundlich springt er, so wie er von dem Wurfe aus der Höhe auffällt,
in behendem Laufe wieder zu den Knaben zurück; sie werfen
ihn wieder und wieder hoch durch die Lüfte, er läuft ebenso
munter wieder zum Wurfe zurück, als ob ihm dieses besonders
gefiele.

Hierauf befinde ich mich ohne jede Vermittlung auf der Schulbank des Gymnasiums, aber vor einem hiesigen Universitätsprofessor, mit dem ich bei wissenschaftlichen Disputationen öfters
in Widerstreit kam; ich sehe mich dabei als Schüler und erleide
die ganze Qual einer mangelhaften Präparation. Der Professor
macht mir Vorwürfe, daß ich in dieser Sache mich so wenig bemühe. Meine Nachbarn — ich meinte mich in der Quarta des
Gymnasiums zu befinden, wo ich meine Schulbildung genoß —
und namentlich ein mir durch seine schöne Schrift auf der Schule
auffällig gewesener Quartaner rufen mir die Vokabel zu, die der
Professor fragt: „Maus, Maus!" höre ich immer vorschwatzen,
bin aber ebenso zu ehrgeizig, es nachzusprechen als zu ängstlich,
etwas Falsches zu sagen und mich zu blamieren. Über der Un-
erträglichkeit dieser Ehrgefühlspein erwache ich.

Mir träumte, ich beschäftige mich mit Kanarienvögeln, von denen 562
vier bis fünf in einem geräumigen Zimmer flogen, in dem ich
mich befand. Als ich einen von den Vögeln fing, biß er mich in
den Finger, so harmlos, wie es kleine Vögel beim Einfang zu
tun pflegen. Darauf befand ich mich stehend vor einem Eck-
hause einer hiesigen Straße; an dem Hause hinauf stiegen auf
Leitern mehrere Maurer, welche die Wände des Hauses von
außen, wie es schien zum Zwecke des Aufputzes, aufrissen und

bekratzten. An dem Eckfenster des ersten Stocks dieses Hauses hing ein Käfig, in dem ein Kanarienvogel herumflatterte; ich suchte eine Leiter, um hinaufzusteigen und den Käfig mit dem Vogel herabzuholen. Aber mehrere am Hause stehende Leitern hatten sehr viele Sprossenlücken; die höchste endlich, nach der ich zuletzt griff, hatte überhaupt keine Sprossen und war oben mit einem Scharnier konstruiert und zusammengehalten, etwa also wie ein aufrechtstehendes, sehr langes Zirkelinstrument. Da sah ich mich denn im weiten Umkreis überall um, wo wohl eine brauchbare Leiter zu haben wäre, und ich erblickte eine solche über eine Achtelmeile entfernt in einem beliebten Spazierorte Breslaus, woselbst sie an einem kleinen Hause angelehnt stand. Ich laufe sofort dahin, habe die Leiter stets vor Augen, und auf dem letzten Felde vor dem Hause, an dem die Leiter angelehnt stand, sehe ich auf der grünen Ackersaat eine Löwin hoch aufgerichtet stehen, blutbeschmutzt, neben ihr dicht im Häuflein die anscheinend eben geworfenen Jungen. Den Löwen, so meinte ich dabei zu wissen, habe man kurz vorher auf einer Hasenjagd erschossen. Hunde von vorübergehenden Spaziergängern auf der Straße liefen dreist an die Löwin hinan und beschnupperten sie sowie ihre Jungen, ohne daß sie ihnen etwas tat; ich selbst, obwohl ich dicht an dem Felde der Löwin vorüberging, fürchtete mich gleichfalls nicht. Als ich dann bei der Leiter angekommen war, schloß der Traum.

563 Mir träumte: ich sei auf dem Bahnhofe mit einem jüngern Bekannten, der abfahren will. Dieser steigt auf den Dampfwagen, macht ihn los und fährt damit ab. Der Wagen gerät aber ins Wasser, und ich sehe mit Schrecken, daß mein Freund selbst ins Wasser gestürzt sei und nur noch mit dem Kopfe herausrage, so daß ich mich schon anschicke, ihn durch meine Schwimmkunst zu retten. Da auf einmal sehe ich mich im Hause meiner Kindheit und gewahre mit Angst, daß die Decke der Stube über mir sich gewaltig nach unten biegt; es wird mir klar, daß die Lokomotive über dem Zimmer auf dem Boden des Hauses sei und dort auf die Zimmerdecke drücke, aber der Gedanke an die starken Balken, welche auf dem Boden über dem Zimmer gelegt sind, beruhigt mich einigermaßen. Da bin ich plötzlich wieder

in dem Saal des Gymnasiums, wo ich meine Schulbildung genossen, und mit Schrecken sehe ich, daß der Dampfwagen über
der Decke schon tief in diese eingedrungen sei, denn man erblickt schon die herausgetretenen vier Räder. Endlich bin ich
hierorts in einem mir bekannten Palais, wo ich öfter zu verkehren
pflege, und sehe im Hausflur desselben an der Decke wiederum
die Räder des Dampfwagens, und zwar schon bis an die Achsen
durch die Decke durchgedrungen, so daß der Hauswart des
Palais sofort an seinen Herrn in der Ferne telegraphieren läßt
und nach der Polizei schickt — da wird an meine Tür geklopft,
und ich erwache.

Mir träumte: ein fürchterlicher Donner erhebt sich über mir; [564]
ich blicke auf zum Himmel; der umwölkte Himmel öffnet sich
in nie gesehenem Glanze, Blitze zucken daraus hervor, sie zucken
auf mich, und ich fühle es, wie sie mich treffen und ich getroffen
niedersinke. Da ruft von oben aus dem Lichtglanze herab
Jehovahs Stimme mir zu: „Erhebe deine Hand und poche an
den Zaun, an welchem du liegst, damit dir Hilfe zuteil werde
und du aus der üblen Lage herauskommst." Darauf rührte ich
meine Hand zum Klopfen, und wie ich sah, daß ich sie rühren
könne, erhob ich mich ganz. Darauf schritt ich, es war ganz
dunkel, auf einem Stege über das reichliche Regenwasser. Ein
Knabe mit einer vollen Büchertasche ging dann über dieselbe
Stelle, wo ich vom Blitze getroffen wurde, und fand daselbst
einen silbernen Gegenstand, wie eine Dose, dessen metallischer
Glanz hell aufblitzte. Weiter begegnete ich einer mir bekannten
Dame, die mir unter Tränen erzählte, sie habe ihre Schwester
zur Abfahrt begleitet, und sie und ihre Schwester hätten so sehr
geweint, daß alle Leute auf dem Bahnhofe mitgeweint hätten.
Darauf komme ich in meiner Wohnung an und sehe zu meinem
Staunen, daß sich drei fremde Schlafgäste eingefunden haben,
so daß die Wohnung ganz überfüllt war. Endlich nehme ich die
Futterdüte meines Kanarienvogels zur Hand und erfreue mich
an dem Auf- und Abrollen der runden Körner.
Aus dem Traume erwachend, zitterte ich noch am ganzen Leibe
von dem erlittenen Blitzschlage.
Ich war von dem Donner eines wirklichen Gewitters erwacht.

JOHANNES VOLKELT

565 Ich sah einen schwarzpolierten Violinkasten, der einem dabei-
stehenden Manne zum Sarge bestimmt war. Dann wurden statt
Erdschollen kleine Zuckerstückchen auf den Kasten geworfen.

566 Mir träumte, ich sehe meinen Doppelgänger mit eingefallenem
Gesicht sich im Bette herumwälzen, während ich selbst angstvoll
im Zimmer hin und her laufe. Ich hatte die Vorstellung, mein
zweites Ich habe sich vergiftet und sei dem Tode nahe. Doch
war es mir trotz aller Angst, als ob ich selbst durch den Tod
meiner anderen Gestalt nicht getroffen würde.

567 Ich stand im Traume einst auf einem Dache und hielt einen
langen, glänzenden Eiszapfen in der Hand. Mit leichtem
Schwunge werfe ich ihn in die Luft und sehe hoch oben sein
Glänzen. Unten angekommen zerspringt er. Aus seinen Splittern aber erhebt sich eine weiße Taube. Ich denke mir, das
Taubenei müsse gefroren im Eiszapfen enthalten gewesen sein.
Gleich darauf befinde ich mich auf dem Erdboden und sehe die
Taube auf dem niedrigen Dache eines Schuppens. Sie ist nun so
groß wie eine Gans; ihr weißes Gefieder ist an der Seite rötlich
gefleckt. Mit Verwunderung schaue ich, wie sie gravitätisch
dasteht.

568 Mir träumte, ich befinde mich auf der Galerie eines hochgewölb-
ten Saales. Unten sitzen auf einer kreisförmigen Bank in ziemlicher Anzahl, den Rücken nach innen gekehrt, nackte Mädchen
mit hellblondem, ganz kurzem Haar und von zarter Leibesfarbe.
Zuerst kam es mir sogar vor, als ob ihre Köpfe von glattem
Holze wären, etwa wie bei Puppen. Dann erheben sie sich, tanzen
in den ausgelassensten Sprüngen und schwenken dabei mit weißen
Taschentüchern. Ich entferne mich nun und steige eine schmale
Treppe hinab, wobei ich bemerke, daß einige Stufen derselben
ganz zerbröckelt und ausgezackt sind. Auf der Straße angekommen, nehme ich mehrere vermoderte Zahnstücke aus dem
Munde.

Mir träumte, ich gehe an einem Hause vorüber, in dessen erstem 569
Stockwerk mir wohlbekannte Mädchen wohnen. Ich rufe den
Namen eines derselben laut zum Fenster hinauf. Schon stehe ich
auf einem mäßig großen prismatischen Stein, welcher der Mauer
des gegenüberstehenden Hauses anliegt. Merkwürdigerweise
kann ich von hier aus in die Zimmer des ersten Stockes sehen;
die Mädchen sind gerade mit dem Ankleiden beschäftigt, stoßen
ein Geschrei aus und suchen sich zu verstecken. Gleich darauf
habe ich es mit einem Schranke zu tun, in dem sich zwei von
oben nach unten gehende Schubladenreihen befinden. Ich klettere auf den Knöpfen, die zum Herausziehen der Schubladen angebracht sind, an dem Schranke empor, immer in Gefahr, mit
demselben umzufallen. Dabei bin ich fortwährend damit beschäftigt, eine der Schubladen aufzuziehen. Hierauf ziehe ich einen
Zahn aus meinem vorderen Oberkiefer, wobei ich spüre, wie das
Blut herausströmt.

Mir träumte, ich stehe auf einer Anhöhe; vor mir breiten sich, 570
so weit ich sehen kann, trübe, schwärzliche Wasserfluten aus, im
Kreise, ja zum Teil ein wenig bergauf fließend. Hinter mir steht
ein ödes, unheimliches Haus. Ich habe die Einbildung, eine fürchterliche Verschwörung sei unter den Menschen losgebrochen;
eine Sekte wolle alle anderen Menschen hinmorden und treibe
alles flüchtig vor sich her. Schon befinde auch ich mich auf der
Flucht, drei mir befreundete Schwestern an meiner Seite. Die
eine fällt mir weinend um den Hals, als wollte sie bei mir Schutz
suchen. Da sehe ich in der Ferne ihren Mann, doch wie ich ihm
nahe bin, ist es ein Feind, der mich herumstößt. Dann geht die
Flucht weiter über bergiges Land, und immer bin ich in Angst,
ob die drei Schwestern wohl bei mir sind. Plötzlich befinde ich
mich mit zahlreichen Menschen in einem Schulzimmer, das mir
wie eine Zufluchtsstätte vorkommt. Ich spreche eifrig über das
bevorstehende Weltreich der neuen Sekte. Da tritt ein mir höchst
widerwärtiger ehemaliger Mitschüler herein, ganz rot im Gesicht.
Ich halte ihn für einen Fürsten der Sekte. Wir bringen alle ihm
laute Huldigung dar, und ich sehe, wie man ihm eine Art Geschenk hinreicht. Doch wie er es nehmen will, wird er angefallen,
worauf wir alle in entschlossene Stellung gegen ihn treten. Mir

ists, als hätte ich jeden Augenblick den Tod zu erwarten. Ich
stehe in der ersten Reihe und mache mit dieser eine nach vor-
und rückwärts schaukelnde Körperbewegung. Zuletzt halte ich
mich an einer Schulbank, welche die wiegende Bewegung mitmacht.

571 Mir träumte, ich sei mit zwei Freunden in einem Zimmer eines
Hotels meiner Vaterstadt. Beide Freunde wollen sich das Leben
nehmen. Die Gründe weiß ich nicht mehr; im Traume aber
schien mir ihr Entschluß sehr begreiflich. Dann befinde ich mich
in dem Garten meines elterlichen Hauses hinter einem Schuppen
(ein Plätzchen, das mich in meiner Kindheit immer ganz eigentümlich ansah). Hier brennt eine Kerze, es ist fünf Uhr früh, und
mir ist, als hätte ich bis jetzt hier studiert. Ich überlege, ob ich
nach Hause, schlafen gehen soll. Denn in mein Hotelzimmer
wollte ich durchaus nicht zurück; mit namenloser Angst dachte
ich daran, mit den beiden Toten allein in einem Zimmer schlafen
zu müssen. Ich nehme mir vor, so zeitig als möglich mich in
dem Hotel zu erkundigen, denke mir schon, wie mir da der
Hausknecht gleich entgegenkommen wird und dergleichen. Doch
schon ist es Morgen; ich gehe auf die halbdunkle Straße, voll
banger Spannung, ob wohl die vorübergehenden Leute schon
von den Selbstmördern erzählen. Allerhand unheimliche Gestalten
huschen hastig vorüber, einige flüstern dunkle Worte, die sich
mir auf die Selbstmörder zu beziehen scheinen, und ich erwache
mit heftigem Herzklopfen.

572 Ich träumte, mir bringe in einer Restauration ein Kellner auf
einer ziemlich großen Schüssel Schweinebraten, daneben aber
noch ein Stück Zunge, die mit einer mir unausstehlichen Sauce
übergossen ist. Meiner Bemerkung, daß ich die Zunge nicht bestellt, schenkt der Kellner keinen Glauben, worauf ich grob
werde und ihn impertinent nenne. Darauf finde ich in den Kar-
toffeln eine Menge Haare, und wie ich das oben liegende Stück
Braten wegnehme, entdecke ich darunter eine Menge Borsten.
Entrüstet verlasse ich die Restauration.

573 Ich befinde mich in einem Schulzimmer und sehe bei einer Schulbank zwei kleine Knaben stehen, die ich für Swift und Sterne

halte (mit denen ich mich nie beschäftigt). Auf der Bank bemerke
ich zwei schwarze Punkte, die ich für Würfel ansehe, mit denen
jene beiden — so bilde ich mir ein — spielten. Doch bald ist daraus ein ziemlich großer Käfer von glänzend grüner Farbe und
eine große Fliege geworden. Mit ausgebreiteten Flügeln setzt
sie sich auf den Käfer. In der Wand gegenüber gewahre ich zwei
kleine Löcher, die mir die Nester der beiden Tiere zu sein
scheinen. Plötzlich sind Käfer und Fliege verschwunden, und an
ihrer Stelle sehe ich einen kleinen, sich verästelnden Zweig, auf
dem mehrere graue Vögelchen von der Größe eines Kolibri
sitzen. Dann steht ein Mädchen neben mir. Ich betrachte aufmerksam ihr winziges Ohr und beiße hinein, worüber ich erwache.

Mir träumte, auf meinem Büchergestell stünden lauter altertüm- 574
liche, in Schweinsleder gebundene Bücher, wie deren mein verstorbener greiser Vater eine Menge besaß. Ich schlug ein dickes
Buch auf, das ich für ein mir bekanntes uraltes Gesangbuch
meines Vaters hielt. Doch es war ganz zerfressen und verfault,
so daß es mir unmöglich schien, darin zu lesen. Dabei hatte ich
ein unheimlich banges Gefühl; es war wie etwas von der Verwesung meines Vaters, was mich aus dem verfaulten Buche
anwehte.

FRIEDRICH NIETZSCHE

An Malwida v. Meysenburg. Basel, 6. April 1873. Mir träumte 575
diese Nacht, ich ließe mir den Gradus ad Parnassum neu und
schön einbinden.
Diese buchbinderische Symbolik ist doch verständlich, wenn auch
recht abgeschmackt. Aber es ist eine Wahrheit! Von Zeit zu Zeit
muß man sich, durch den Umgang mit guten und kräftigeren
Menschen gewissermaßen neu einbinden lassen, sonst verliert man
einzelne Blätter und fällt mutlos immer mehr auseinander. Und
daß unser Leben ein Gradus ad Parnassum sein soll, ist auch eine
Wahrheit, die man sich öfters einmal sagen muß.

ERNST MEUMANN

Ich fuhr in der Eisenbahn, die Fahrt war eine außerordentlich 576
schnelle. Während ich am Fenster stand und Häuser, Bäume und

Menschen blitzschnell vorbeifliegen sah, fuhr der Zug plötzlich
in einen Tunnel ein. Der Tunnel wurde wohl als Kehrtunnel
gedacht, denn ich hatte sofort die Empfindung, daß der Zug
eine scharfe Kurve durchlief, bei der er sich in bedenklicher
Weise neigte. Ich dachte einen Augenblick über diese ungewöhnliche Seitenlage des Zuges nach, die ich durch starkes Vorbeugen des Körpers zu kompensieren suchte: ,Sie wird wohl
dem Radius der Kurve entsprechen', sagte ich mir dann. Auf
einmal sah ich (trotz des Tunnels) die Menschen und Bäume
draußen genau senkrecht über mir stehen, so daß ich mit den
Augen angestrengt nach oben blicken mußte, um sie zu erkennen.
„Ganz richtig" — sagte ich mir — „diese Projektion muß ja
stattfinden, weil wir uns in ganz horizontaler Lage befinden."
Die Drehbewegung des Zuges auf der Kurve wurde aber all-
mählig so stark, daß ich die (schon vorher beständig vorhandenen)
Drehschwindelempfindungen unerträglich fand und erwachte.

577 Ich befand mich an dem Bahnhof einer kleinen Stadt, erwartete
im sogenannten Reisefieber ungeduldig meinen Zug und fragte
endlich einen Beamten, ob dieser Verspätung hätte. Der Beamte
belehrte mich, daß ich auf dem verkehrten Bahnhof sei, der von
mir erwartete Zug fahre von einem anderen, gegenüberliegenden
Bahnhof ab. Er fügte hinzu: „Eilen Sie sich, wenn Sie noch
mitkommen wollen." Ich begann nun die übliche Jagd nach
meinem Zuge, und als ich den unrichtigen Bahnhof eben verlassen hatte und mit sinnfälliger Deutlichkeit vor mir zuerst ein
kahles Feld, und hinter diesem den anderen Bahnhof erblickte,
sagte ich zu mir: „Wie oft habe ich nun diese Situation geträumt, heute erlebe ich sie doch einmal wirklich!"

578 Ich saß im Traume auf der Zinne eines hohen Turmes. Allmählich
erfaßte mich Schwindel, ich suchte wieder herabzusteigen, fand
aber nicht den geringsten Anhaltspunkt für meinen Fuß. ,Hier
hilft nichts anderes, als zu springen', dachte ich und versuchte
eine Sprungbewegung nach dem Inneren des Turmes zu machen.
Allein ich saß wie festgebannt, die Beinbewegung gelang nicht.
In diesem Augenblick träumte ich, daß irgendeine Gestalt (deren
Aussehen mir ganz dunkel zum Bewußtsein kam) mich von hinten

in den Abgrund unter dem Turm zu ziehen drohte. Die Anstrengung zu springen steigerte sich infolgedessen zu einer ganz
verzweifelten, und plötzlich gelang mir der Sprung im Traume.
Zugleich aber erwachte ich, weil ich beide Beine so heftig empor-
geschleudert hatte, daß die Decke wegflog.

Ich hatte am Tage vorher an einem Examen teilgenommen, bei
welchem im Lateinischen geprüft wurde. Dieses Erlebnis hat
augenscheinlich den Traum der nächsten Nacht beeinflußt.
Ich träumte nämlich, daß ich selbst im Examen wäre und im 579
Lateinischen geprüft würde. Vor mir lag ein lateinischer Text,
den ich zuerst vorzulesen und dann zu übersetzen hatte.
(Sogleich nach dem Erwachen war mir der größte Teil des
Traumes noch in sicherer Erinnerung, und beim Niederschreiben
bemerkte ich, daß sowohl der Inhalt des Textes wie die Fragen
des Examinators und meine Antworten ganz unsinnige waren.
Interessant sind die dabei auftretenden Kombinationen der lateinischen Worte.)
So war in dem Text das Wort „Acura" vorgekommen, und ich
wurde gefragt, was dieses bedeute? Da ich mich gänzlich ratlos
fühlte, half mir der Examinator nach: „Wie ist das Wort denn
zusammengesetzt?" Ich antwortete: „aus »a« und »cura«." Frage
des Examinators: „Was bedeutet es also?" Und sogleich gab er
selbst die Erklärung: „Damit bezeichnet man doch bekanntlich
die Perioden des Stillstandes in dem dichterischen Schaffen
Schillers!" Dies erläuterte er mir dann näher auf eine mir im
Traume höchst geistreich erscheinende Art, die ich mir aber
nach dem Erwachen nicht mehr zusammenreimen konnte. Dann
las ich in dem Texte weiter: „conscientiae memor securus" und
zerklaubte mich vergeblich an der Übersetzung, worauf bald
das Erwachen eintrat.

WILHELM WUNDT

Vor dem Hause stellt sich, so träumte mir, ein Leichenzug auf, 580
an dem ich teilnehmen soll: es ist das Begräbnis eines vor längerer
Zeit verstorbenen Freundes. Die Frau des Verstorbenen fordert
mich und einen andern Bekannten auf, uns auf dem jenseitigen

Teil der Straße aufzustellen, um an dem Zuge teilzunehmen. Als sie fortgegangen, bemerkt der Bekannte: „Das sagt sie nur, weil dort drüben die Cholera herrscht; deshalb möchte sie diese Seite der Straße für sich behalten!" Nun versetzt mich der Traum plötzlich ins Freie. Ich befinde mich auf langen, seltsamen Umwegen, um den gefährlichen Ort, wo die Cholera herrschen soll, zu vermeiden. Als ich endlich nach angestrengtem Laufen am Haus ankomme, ist der Leichenzug schon weggegangen. Noch liegen aber zahlreiche Rosenbuketts auf der Straße, und eine Menge von Nachzüglern, die mir im Traume als Leichenmänner erscheinen, sind alle gleich mir im eiligen Lauf begriffen, den Zug einzuholen. Diese Leichenmänner sind sonderbarerweise alle sehr bunt, namentlich rot gekleidet. Während ich eile, fällt mir außerdem noch ein, daß ich einen Kranz vergessen habe, den ich auf den Sarg legen wollte. Darüber erwache ich denn mit Herzklopfen.

JAMES SULLY

581 Ich träumte, ich wäre unerwartet in die Lage versetzt, in einer Klasse, vor jungen Damen, einen Vortrag über Herder halten zu müssen. Ich begann zögernd mit einigen vagen Gemeinplätzen über das augusteische Zeitalter der deutschen Literatur, anknüpfend an die drei weltbekannten Namen von Lessing, Schiller und Goethe. Sofort fiel meine Schwester, die plötzlich in der Klasse erschienen war, mir ins Wort und sagte, sie meinte, es gehörte noch ein vierter berühmter Name zu dieser Periode. Die Unterbrechung störte mich, doch sagte ich in einem Gefühl des Triumphes: „Ich vermute, du meinst Wieland?" Dann wandte ich mich an die Schülerinnen mit der Frage, ob unter ihnen auf eine, die Wieland kenne, nicht zwanzig wären, denen die von mir genannten Namen geläufig sind. Darauf geriet die Klasse plötzich in allgemeine Unordnung. Mein Gefühl der Verlegenheit wurde immer größer. Die Peinlichkeit der Situation stieg für mich aber aufs höchste, als viele ganz junge Mädchen im Alter von zehn Jahren und darunter in die Klasse hereinkamen und zuhören wollten. Ich brachte diese jungen Mädchen zu der Frau eines alten Kollegiendirektors, um gegen ihre Aufnahme zu protestieren — und wachte plötzlich auf.

HAVELOCK ELLIS

Mir träumte, daß ein namhafter Maler, mit dem ich bekannt war, 582
mein Porträt malte. (Die Pose des Porträts war stehend, ich lag
aber selbst ausgestreckt; das verwunderte mich aber nicht.) Ich
sah die Farbe des Bildes vollkommen deutlich, und ich bemerkte,
daß der Künstler außerordentlich schnell malte; so verwandelte
sich das rote und schwarze Muster der Krawatte, die er mir gegeben hatte, plötzlich in ein ganz anderes Muster von blauer Farbe,
und das ganze Bild erschien nun als eine Harmonie in Blau, wobei die Schnelligkeit, mit der der Maler diese Veränderung hervorrief, mir einen sehr merkwürdigen Eindruck machte.

Ich befand mich bei einem Zahnarzt, der gerade einem Patienten 583
einen Zahn ausziehen wollte. Ehe er die Zange ansetzte, sagte er
mir (wobei er ein parfümiertes Tuch, das am Ende einer Art Besen
befestigt war, anzündete, um den unangenehmen Geruch zu ver-
treiben), daß es der größte Zahn wäre, den er je gesehen hätte.
Als der Zahn gezogen war, fand ich, daß er wirklich enorm war,
in der Form einer Art Kessel mit zolldicken Wänden. Ich nahm
einen Zollstock — wie ich ihn gewöhnlich bei mir trage — aus
der Tasche und fand einen Durchmesser von nicht weniger als
25 Zoll; das Innere sah wie roh behauener Fels aus, und es war
seegras- und flechtenähnlicher Anflug daran. Der Zahn kam mir
groß vor, aber nicht übermäßig.

Ich fand mich im Traume in einem Gesellschaftszimmer und sah 584
da eine schöne und anziehende Frau in einem ungewöhnlich tief
dekolletierten Gesellschaftskleide, das die Brüste ganz sehen ließ;
dann erschienen im Raume zwischen beiden Brüsten noch drei
Brustwarzen, und ich konstatierte im Traum, daß ich hier einen
wissenschaftlich sehr interessanten Fall von überzähligen Brüsten
vor mir hätte, den ich später einmal genauer untersuchen müßte;
wie ich nun weiter hinsah, entdeckte ich eine Anzahl kleiner, an
Brustwarzen erinnernder fleischiger Auswüchse und begriff nun,
daß ich tatsächlich einen Fall der als Molluscum fibrosum bezeichneten seltenen Hautkrankheit vor mir hatte.

585 Ich träumte, daß eine Dame aus meiner Bekanntschaft (deren
Identität ich beim Erwachen nicht feststellen konnte) auf den Einfall gekommen war, sich eine mit großem Scharfsinn und enormen
Kosten hergestellte künstliche Frau anzuschaffen. Ich sah mir
dieses Produkt an, und Haut und Haar schienen ganz natürlich,
wie ich mit einem gewissen Grauen bei der Besichtigung der Brüste
und der Achselhöhlen bemerkte; aber stellenweise — ich beobachtete das besonders an einem ihrer Arme — war das Geschöpf so
mangelhaft wie eine schlecht gemachte Puppe. Es konnte aber,
wenn man es etwas stützte, gehen, und das Merkwürdigste war,
daß es Fragen intelligent beantwortete; nur das ließ mich bei
dem ganzen Erlebnis erstaunen.

586 Ich träumte einmal, ich wäre mit einem Arzte in seinem Ordi-
nationsraum und er zeigte mir ein Billett von einem Patienten, in
dem es hieß, die Ärzte wären Narren und könnten ihm nicht helfen,
aber er hätte neulich auf Rat eines Freundes etwas Selvdrolla eingenommen, und das hätte so gut getan wie sonst nichts, deshalb
möchte der Arzt so gut sein und ihm noch etwas schicken. Ich
sah ganz deutlich das Billett, nicht so, daß ich es Wort für Wort
lesen konnte, aber ich war mir seines Inhalts ganz bewußt, als ich
es ansah; das einzige Wort, das ich deutlich, mit allen Buchstaben,
sehen konnte, war der Name des Medikaments, aber das wogte
unter meinen Blicken hin und her und schien sich zu verändern,
bis ich schließlich Selvdrolla herausbekam. Der Arzt nahm nun
von einem Brette seines Medizinschranks eine Flasche, die eine
hellgelbe, ölige Flüssigkeit enthielt, und goß etwas davon ab; dabei erzählte er mir, das Mittel wäre in letzter Zeit sehr beliebt geworden, namentlich bei Gicht und damit verwandten Krankheiten,
aber es wäre außerordentlich teuer. Ich wunderte mich, daß ich
davon nie etwas gehört hätte, war aber noch mehr erstaunt, als er
nun aus der Flasche eine Menge von dieser öligen Flüssigkeit in
eine Schüssel goß, in der irgendein Gericht war, und dabei sagte,
es schmeckte sehr gut und wäre nicht gefährlich.

587 Ich träumte, es wäre jemandem durch irgendwelche physikalische
Vorrichtungen oder chemische Substanzen gelungen, den Eindruck
zu machen, als hätte er keinen Kopf; er ist im Begriff, durch weite

Bezirke in Rußland zu reiten, mit der Absicht, auf die abergläu-
bische Bevölkerung einen so mysteriösen Eindruck zu machen,
daß sie ihn als großen religiösen Propheten betrachten und aufnehmen. Ich sehe deutlich, wie er über Sand, der dem am See-
strande ähnlich ist, hingaloppiert, aber ich vermeide es, ihm nahe-
zukommen. Dann sehe ich, wie sich ihm in weiter Entfernung
Gestalten nähern und ihn festhalten; später erfahre ich, daß er ein
lange gesuchter, schwerer irischer Verbrecher ist.

Ich befand mich auf der großen Plaza einer spanischen Stadt (zu 588
deren Traumbild mir wohl Pamplona das Material geliefert hat)
und sah, wie der Gouverneuer aus dem am Platze liegenden Gou-
vernementsgebäude heraustrat und auf die ihn erwartenden Beamten zuging; ich hörte nun aber, daß er sie englisch anredete;
die Ursache davon war natürlich, daß er die Muttersprache des
Träumenden sprach; aber ich war in meinem Traume außerordentlich überrascht, ihn so sprechen zu hören und sah ihm
scharf ins Gesicht, um zu konstatieren, ob er nicht vielleicht
ein Engländer wäre. Schließlich beruhigte ich mich bei der Annahme, daß er Englisch spräche, damit ihn die Umstehenden
nicht verständen.

Als ich einmal im südlichen Spanien lebte, wachte ich eines Morgens auf, als ich einen Moskito summen hörte.
Ich schlief wieder ein und träumte, daß ein großes Insekt — so 589
groß wie ein Hummer, aber flach wie ein Kakerlak und scharlach-
rot — sich auf meine Hand gesetzt hätte. Das Insekt hatte zwei
lange Hörner, von denen viele dünne und lange Fäden ausgingen,
die ziemlich tief in meiner Hand saßen. Ich mußte das Tier in zwei
Stücke schneiden und den an meiner Hand festsitzenden Vorder-
teil wegnehmen, mit großer Vorsicht, um nicht Teile der Fäden
in meinem Fleische zu lassen. Das Tier machte einen um so un-
angenehmeren Eindruck, als es keinen Laut von sich gab, so daß
sein Angriff unbemerkt scheinen mußte. Es schien mir, als wollten mich viele dieser Tiere nacheinander angreifen.
Beim Erwachen fand ich eine gereizte Stelle am Handgelenk, als
wenn der Moskito mich gestochen hätte, obwohl ich längst nicht
mehr von diesem Insekt gestochen wurde.

590 Ich war in einem Hotel und stieg viele Treppenfluchten hinauf,
bis ich in ein Zimmer trat, wo das Zimmermädchen das Bett
machte. Die weißen Bettücher waren über das Zimmer verstreut
und sahen wie Schnee aus; ich bemerkte dann, daß mir sehr kalt
war, und es schien mir, daß ich wirklich von Schnee umgeben
wäre, wobei das Mädchen bemerkte, ich wäre sehr mutig, so
hoch zu steigen, nur wenige Leute wagten das in diesem Hotel,
weil oben immer so große Kälte herrschte.
Ich wachte auf und fand, daß die Nacht sehr kalt war und daß ich
mich in die Bettücher verwickelt und dabei teilweise entblößt
hatte.

591 Ich wohnte einem Schauspiel von etwas zweifelhaftem, erotischem
Charakter bei in Begleitung anderer Personen, die sich aus Verlegenheit das Gesicht mit der Hand bedeckten, mit der sittsamen
Gebärde, welche an die Bewegung erinnert (wie das Traumbewußtsein offenbar konstatierte), die man oft in der Kirche beim Beten
sieht. Darauf fing im Hintergrunde eine Stimme laut einen Vers
des Tedeum an zu singen.
Dabei erwachte ich, und es schien mir im Halbwachen, als wäre
die Stimme, die ich im Traum gehört hatte, eine wirkliche Stimme.
Es war aber keine menschliche Stimme zu hören gewesen, sondern
nur das laute Heulen des Windes und das Prasseln des Regens an
den Fensterscheiben.

592 Ich wohnte — im Traum — einer Aufführung von Haydns „Schöpfung" bei, wobei das Orchester sich wesentlich dadurch beteiligte,
daß es in sehr realistischer Weise den Vogelgesang darstellte, ohne
daß ich jedoch die Strophe eines einzigen Vogels erkennen konnte.
Dann kamen Soli für Männerstimmen, ich sah die Sänger, besonders einen, der mir dadurch auffiel, daß er gegen Ende immer
leiser sang und schließlich kaum noch zu hören war.
Beim Erwachen war die Quelle dieses Traums nicht sogleich zu
finden, ich ermittelte sie aber bald in dem Gesange eines im Nebenzimmer befindlichen Kanarienvogels.

593 Die Nacht war sehr windig und ich nicht ganz wohl, vielleicht infolge eines leichten Pleuraschmerzes, den ich erst am anderen Morgen entdeckte.

Ich träumte, mit Freunden ruhig zu Hause zu sitzen, als der Himmel plötzlich aufleuchtete. Wir fanden, daß das daher käme, daß es unaufhörlich blitzte, und diese Wahrnehmung dauerte während des ganzen Traumes fort, wobei der Himmel wie eine zerborstene Eisfläche aussah, hinter deren Spalten es aufleuchtet. Von Zeit zu Zeit flogen Fragmente von Häusern und allerlei Trümmer durch die Luft, und ich bemerkte eine Frau, die über mir mit ihren Kleidern durch die Luft segelte. Wir waren uns nun darüber klar, daß ein furchtbarer Zyklon ausgebrochen war, der uns jeden Augenblick erreichen und mit dem Hause forttragen konnte.
Dabei hören meine Erinnerungen an diesen Traum auf.

Ich ging mit einem Freunde spazieren; wir trafen einen Vagabunden, der meinen Freund um ein paar Zigaretten ansprach; er erhielt diese; der Vagabund bot zum Dank meinem Freunde seine Schnapsflasche an und forderte ihn auf, daraus zu trinken; er tat das, und ich folgte diesem Beispiele, obschon ich erhebliche Bedenken hatte, wie mir der Schnaps aus der Flasche eines Landstreichers bekommen würde. Ich hatte in der Tat seit vielen Jahren keinen Schnaps getrunken, aber der brennend heiße Geschmack, den ich nun im Traume hatte, war sehr ausgesprochen. 594
Beim Erwachen waren meine Lippen heiß und trocken, und zweifellos hat diese Schleimhautempfindung dazu geführt, daß das Traumbewußtsein ihre Entstehung durch den Genuß von Zigaretten und rohem Schnaps erklärte.

In einem aufgeregten Traume schien es mir, ich sei im Begriff, zu sterben, wieso und warum — dessen konnte ich mich beim Erwachen nicht mehr entsinnen. Ich träumte, daß meine Frau, in der Absicht, meinen Leiden ein Ende zu machen, mir irgendeine mit Gelee vermengte Substanz eingab. Ich fand den Geschmack seltsam — nicht bitter, wie ich mich beim Erwachen entsann, sondern warm und schmackhaft, und fragte sie, was es sei. Sie antwortete: „Strychnin". Hierauf bemerkte ich, daß dies doch ein äußerst schmerzhafter Tod sei, und weigerte mich, mehr davon zu nehmen. Ich überlegte mir sorgfältig, ob es nicht eine tödliche Dosis gewesen sei und ob ich nicht lieber meine Zuflucht zu einem Gegenmittel nehmen solle, wobei ich mich nur auf Opiumpillen 595

entsinnen konnte. Indessen nahm das Entsetzen vor dem über mir
schwebenden Tode mehr und mehr zu, bis es schließlich so akut
wurde, daß ich davon erwachte.

596 Es schien mir in einem Traum, der augenscheinlich die Folge einer
unbequemen Position von Kopf und Hals war, ich sei gestorben
(trotzdem ich merkwürdigerweise nicht ich selbst, sondern mehr
oder weniger mit einer häßlichen alten Frau identisch war) und befände mich im Begriff, seziert zu werden. Dann allmählich schien
ich mir dessen, was um mich herum vorging, ganz schwach bewußt zu werden, blieb jedoch vollkommen unbeweglich, glaubte
immer noch, ich sei tot und das schwache Bewußtsein, welches
ich empfand, hinge auch mit dem Tode zusammen. Unterdessen
wurden Vorbereitungen zu meinem Begräbnis getroffen, und ich
sollte eingesargt und eingenagelt werden. In diesem Augenblicke
jedoch sah ich fürchterlich klar, daß solches Vorhaben meinen Er-
stickungstod zur Folge haben würde, und mit der äußersten Kraft-
anstrengung gelang es mir, endlich meine Arme zu bewegen und
irgend etwas Unverständliches zu sprechen. Daraufhin wurde das
Begräbnis aufgehoben, und ganz allmählich schien ich den Gebrauch der Sprache und meiner Gliedmaßen wiederzuerlangen.
Aber ich hatte das Gefühl, ungeheuer vorsichtig sein zu müssen
wegen irgendwelcher nach dem Tode erhaltenen Wunden; besonders schmerzte mich mein Hals; aber ich erkannte die Notwendigkeit, ja nicht den Kopf zu bewegen, da sonst augenblicklicher Tod
die Folge davon sein könnte.

JOHN MOURLY VOLD

597 5. Februar 1885. Mit einer Dame steige ich eine Leiter hinauf,
um einige vermeintliche Diebe zu erblicken, die sich im Nachbarhause aufhalten. Am Ende der Leiter angelangt sehe ich einige
Menschen (wahrscheinlich von der Rückenseite); ich fühle mich
gedrungen, den Kopf zu drehen, um hinter dem Rücken sehen
zu können, sehe die Rückenseite der „Diebe". Ich sehe — mit
gedrehtem Kopfe — die Diebe sich umwenden, so daß ihre Gesichter gegen uns gekehrt sind, und jetzt fangen sie an, gewaltig
rückwärts zu laufen. Indem ich anfange, die Leiter herabzu-

steigen, kommt es mir schwer vor, mich mit den Händen festzuhalten; ich fühle meinen Kopf schwindlig. Später bin ich in
der Schule, muß dabei helfen, einen Mann herauszuschmeißen,
welcher eine Dame, vermeintlich eine Lehrerin, mit Gewalt über-
fällt. Nachher komme ich in ein Zimmer, wo ich den gewalt-
tätigen Mann ruhig grübelnd sitzen sehe. Eine Weile nachher
gehe ich mit einem Menschen in ein Schulzimmer; ich habe Angst,
daß der in Frage stehende Mann einen Diebstahl begehe (oder
begangen habe), und schließe die Tür eines Schrankes zu. Bin
im Zweifel, ob ich auch eine andere Tür schließen soll, unter-
lasse es aber. Vergesse ein im Schranke brennendes Kerzenlicht
auszulöschen, öffne die Schranktür aufs neue und lösche das
Licht aus. Ich sitze in einem Zimmer mit einer anderen Person
an einem Tische lesend oder im Begriff zu lesen; es kommt mir
vor, als ob es Morgen ist.

4. Mai 1891. Ich spreche mit einem Herrn, mit dem ich spazieren- 598
gehe, bleibe zurück, und um den Herrn einzuholen, wende ich
schließlich die Methode an, daß ich die Arme vor mir auf die
Erde setze und durch sie wie durch eine Art Schwungbrett mich
vorwärts schleudere. Dann suche ich fortdauernd denselben
Herrn, gehe eine Treppe in einem kleinen Raum hinauf, welche
an einen Absatz im Turme des Domes meiner Vaterstadt erinnert,
wo ich einige Menschen den Mechanismus der Turmuhr untersuchen sehe.

Nacht vom 11. zum 12. Oktober 1901. Nachdem ich spät abends 599
etwa bis Mitternacht das Buch „Mannequin d'Osier" von Anatole
France gelesen hatte, träumte ich vor dem ersten Erwachen um
halb fünf Uhr, daß mich jemand schlägt mit einem Gegenstande,
der, wie es scheint, durch die Bewegung einen Wind hervor-
bringt, dessen Kühle durch das Bein, zunächst durch das Fußgelenk, geht.
Ich schlafe aufs neue zwischen sechs und sieben Uhr ein und
träume vor halb neun Uhr oder später folgendes:
Ich befinde mich unter mehreren Menschen, Erwachsenen und 600
Kindern, und entdecke, daß einige nur eine Art bewegte (Papp-)
Puppen sind; ich besinne mich später im Wachen insbesondere

auf einen Kopf, der oben offen, unten enger war, etwa von der
Form meiner damals gebrauchten Lampenkuppel in Tulpenform
(vergleiche den „mannequin" in der Abendlektüre); ein Kind
nach dem andern faßt mich am Arm und anderswo, so daß es
zu schmerzen scheint; ich glaube an einem Karneval oder an
einer ähnlichen Veranstaltung teilzunehmen.

601 Ich bin mit einigen Männern zusammen, von denen jedenfalls
einer ein blasses Aussehen hatte; ich halte sie für Aussätzige
und sehe die Fingerspitzen des einen blutig und wie angefressen,
das heißt verkürzt; auf dem Sprunge, zu gehen, will ich ihnen —
aus Furcht vor der Ansteckung — nicht die Hand geben; weil
aber einer damit den Anfang macht, geschieht es doch. Gleich
nachher beginne ich mir die Hände zu waschen, merke aber, daß
trotz wiederholten Waschens an einem meiner Finger ein Fleck
bestehen bleibt; ich habe also Angst, durch den Aussatz ange-
steckt zu sein.

602 Ich befinde mich in einem Laden, wo Garn oder etwas Ähnliches
verkauft wird; eine Person hat mit etwas (einer Art Stoff, einer
Ware, etwas Länglichem) viel zu tun; dann zeigt sie mir ein
Buch, auf dessen Außenseite das griechische Wort πᾶν gedruckt
zu lesen ist. Ich überlege mir die Sache und sage dann mir
selbst, es sei ja leicht verständlich, daß das Buch diesen Namen
trägt, da es heißt: „In ihm leben, weben und sind wir."

603 Ich schwebe längs der Erde oder dem Boden und sage mir selbst
etwa folgendes: „Es ist doch interessant, daß ich jetzt, während
ich wach bin, dieses Schweben beobachten kann; es ist seltsam,
aber es muß doch sicher sein", worauf ich erwache.

604 Als eine Art Traumerlebnis höre ich, daß eine Person etwas
redet. Mir kommt es dann vor, als ob ich mich in einem anderen
Zustand befinde, irgend wie erwache, und jetzt sage ich mir
selbst: „War das Gehörte nur ein Traum, oder war jemand da,
der mir etwas sagte?" Um mich davon zu überzeugen, ob jemand
da ist, rufe ich leise: „Geijerstam? Heidenstam!" Ich zweifle

in bezug auf den zu wählenden Namen und sage beide mit schwankendem Tone — worauf ich realiter erwache.

Ich befinde mich in einer Art Gesellschaft und entdecke plötzlich, 605 daß ich nur in der Unterhose stecke; ich fühle mich geniert und ziehe mich schleichend durch die Tür in ein anderes Zimmer zurück. Dann sage ich mir selbst: „Aber vielleicht träume ich nur?" Um die Frage zu lösen, sehe ich mich selbst genauer an, finde, daß ich oben nur eine wollene Jacke trage, die obendrein nicht zugeknöpft ist, und folgere hieraus, daß ich wach bin.

Ich bin bei einer Art Vorlesung oder Drama gegenwärtig; weil 606 ich mit dem Lesen nicht zufrieden bin, erkläre ich, daß ich den Anwesenden eine dramatische Arbeit vortragen will. Ich stelle mich auf die Bühne hin, auf der sich ein Bett befindet; ich selbst befinde mich im bloßen Hemde, es scheint, als ob ich mich vor den anwesenden Damen nicht geniere; ich begebe mich ins Bett, das Buch in der Hand; eine Verwandte von mir bringt mir ein reines Hemd, das ich über das schmutzige anziehe. Ich fange an vorzulesen und eine Erklärung des Gelesenen zu geben; es geht mir aber schlecht, da ich nach den Worten suche und sogar das Lesen mir beschwerlich fällt; lange bleibe ich vor einem assyrischen Bilde stehen. Während meines Vortrages falle ich zu wiederholten Malen in Schlaf; die Zuhörer unruhig, . . . ich gehe ab . . . kehre zurück; bei alledem kommt es mir vor, daß ich selbst Verfasser einer dramatischen Arbeit bin, respektive sie in der Traumzeit verfaßt habe. Von der Arbeit sind mir beim Erwachen nur Andeutungen übriggeblieben.

Ich stehe neben einem Glaskasten, etwa von der Größe eines 607 Aquariums mittlerer Größe, ich bin davon überzeugt, wobei ein unbestimmtes Sehen stattfindet, daß meine Schwester schlafend in dem Kasten liegt. Ich suche — durch Rufen oder Klopfen oder beides — die Schwester zu wecken, aber vergebens; fordere dann jemand auf — oder besorge es selbst —, sie durch einen Fernsprecher zu wecken, welcher wie ich meine, in eine im Kasten befindliche Glocke endigt; durch den Gebrauch desselben, wobei unentschieden bleibt, ob ein Laut gehört wurde oder nicht, erwacht sie.

CHARLES RICHET

Im Jahre 1907, eines Morgens gegen acht Uhr, schlief ich ziemlich tief.

608 Ich träumte, ich sei mit Frau Charcot zusammen (warum Frau
Charcot, die ich überhaupt nicht kenne, mit der ich nie ein Wort
gesprochen, die ich sogar nie gesehen habe?), und wir fahren zusammen im Automobil in einer Platanenallee. Das Auto fährt
so rasend, daß ich ein Unheil befürchte. Das Unheil passiert,
und ich erwache.

Das Unglück bestand aber lediglich aus dem Briefträger, der
einen eingeschriebenen Brief brachte. Als ich ihn in die Hand
nahm, bildete ich mir sofort ein — ich weiß wirklich nicht, wie
ich zu dem Eindruck kam —, zwischen dem eingeschriebenen
Brief und meinem Traum müsse eine Beziehung bestehen. Ich
war meiner Sache so sicher, daß ich, um ein sichtbares Zeichen
meiner Gewißheit zu haben, ein kleines Kreuz auf die Liste der
Postunterschriften machte. Der Brief kam von den Azoren, von
meinem Freund, dem Oberst Chaves, der mich um ein empfehlen-
des Wort an den mir übrigens gänzlich unbekannten Jean
Charcot bat, welcher mit seiner Jacht in einigen Wochen nach
den Azoren segeln sollte.

SANTE DE SANCTIS

609 30. Mai 1914. Ich finde einen kleinen Schatz in einem alten
Hause. An den kleinen Goldklumpen ist ein Zettel geheftet, der
den Namen meines reichen alten Verwandten mit dem Datum
1357 trägt; jedoch ist der Name und das Datum mit schöner
Elzeviertype gedruckt. Während des Schlafes bemerke ich den
Widerspruch zwischen dem Datum und dem Druck; aber dennoch
wird der Widerspruch von mir hingenommen.

610 14. Juni 1914. Ein Beet mit zwei (oder vier) langgestreckten
Erhöhungen . . . der Arbeiter hat einen Spaten . . . Leichname
sind dageblieben, als andere weggeschafft wurden. Nach einigen
Spatenstichen erscheinen in der Tat (zwei oder vier) ausgestreckt
liegende Skelette. Sie bestehen aber nicht alle nur aus Knochen,

zum Teil sind sie von Weichteilen umhüllt, genau so wie in der „Auferstehung der Toten" von Luca Signorelli im Dome von Orvieto (dieser Vergleich ist ein Bestandteil des Traumes). Ich betrachte sie mit Neugierde, aber ohne Traurigkeit; bei der Betrachtung bemerke ich, daß sie mimische Bewegungen ausführen, und lenke die Aufmerksamkeit der Anwesenden auf diese Tatsache. Alle erkennen den Sachverhalt, ohne sich jedoch zu wundern. Indem ich auch auf die Leichname schaue, sehe ich, daß sie sich immer mehr und mehr beleben, die Arme aufheben und sich strecken . . . sie sind ernst und beachten uns nicht . . . ich bemerke: der Tod ist nichts als ein Traum, und es wäre nur erforderlich, ein Mittel zu finden, um das Erwachen, wann immer es auch erfolge, nicht zu verhindern. Ich habe das Gefühl — im Traume — daß das Ereignis dieses Wiederauflebens der Toten, dieses Wiedererwachens, eine von mir schon mehrere Male beobachtete und ganz sichere Sache sei. Ich sage im Traume: „Wie wunderlich ist diese Art der Auferstehung der Toten! Das Fleisch, welches sich nach und nach über den Knochen wieder formt . . ., und doch ist es so."

19. Juni 1914. Ein Mädchen im Bett. Ich schaue sie an; ich 611 kenne sie nicht, aber ich bemerke, daß sie sich unter meinem Blick nach und nach verändert; sie wird bläulich im Gesicht, sie erscheint mir von Binden umwickelt. Ich frage: „Wer bist du?" Ich erkenne sie: es ist meine Frau; sie ringt mit dem Tode und ruft mich mit sehr schwacher Stimme: „Santuzzo!" Ich erwache; es ist nachts halb zwei Uhr. Ich präge mir den Traum ein.
Nach einigen Minuten lege ich mich zurecht, um weiterzuschlafen, aber nach einiger Zeit höre ich, auf der linken Seite liegend, die Stimme meiner Frau, die mich ruft: „Santino!" Ich war gut wach (posthypnische Halluzination des Gehörs).

Nacht vom 17. zum 18. Dezember 1914. Ich habe geträumt, 612 meinen Landhausgarten mit einer Ausschmückung versehen zu haben, welche bei jeder Biegung der Pfade angebracht war. Es ist ein großer Schild aus Lederriemen hergestellt, welche ineinander verflochten und grün bemalt waren, jeder Riemen aus

dem Schilde heraushängend. Ich finde jedoch, daß verschiedene
Einzelheiten der Verzierung nicht harmonisch sind; ich tadle
deshalb meinen Sohn, welcher der Ausführende meines Entwurfes
war. Lebhafte Auseinandersetzung. Ich mache eine Zeichnung,
welche ich beim Erwachen ganz klar im Gedächtnis habe.
Einen Tag nach dem Traume, neunzehnten Dezember 1914, habe
ich die geträumte Verzierung aufgezeichnet und einem Künstler
gezeigt, mit der Bitte, mir zu sagen, wer, ich oder mein Sohn,
in der geträumten Auseinandersetzung recht hatte. Der Künstler
erkennt an, daß die Zeichnung schön ist und daß in der Auseinandersetzung ich vollkommen recht hatte.

613 17. August 1917. Besuch einer unbekannten Kirche Roms in
Begleitung von Freunden… Die Kirche ist ganz rot tapeziert (Pa-
pier oder Damast?), drin sind zwei Altertumskenner, welche die
Zeichnung an der Verkleidung der Wände kopieren: Es waren
große Rosen; ich halte dem Sakristan vor: „Das ist doch eine
Papiertapete und nicht einmal antik . . .“ Papier oder Damast?
Zweifel — schließlich Entscheidung, daß es Damast ist. Der
Patron der Kirche, ein Kardinal, tritt ein (ein kleiner Greis, ganz
rot gekleidet). Ich erfahre, daß die Tapete nach Meinung der
Abzeichnenden von großem Wert ist . . . Verlassen der Kirche
mit den Freunden. Eine fremde Frau gibt dem Sakristan ein
Trinkgeld. Nahe am Ausgang befindet sich ein offener Glas-
schrank mit vielen antiken Gegenständen, insbesondere etruskischen Terrakotten und anderen Kuriositäten. Ich bewundere
sie begehrlich; mir kommt der Gedanke, diesen oder jenen Gegenstand zu nehmen, dann aber enthalte ich mich dessen, denn es
kommen mir Bedenken. Inzwischen gibt mir einer meiner
Freunde von ferne ein Zeichen, daß er eine Statuette aus etrus-
kischer Terrakotta gestohlen habe.

DIE INTELLEKTUELLEN LEISTUNGEN IM TRAUME

JULIUS CÄSAR SCALIGER

Scaliger der Ältere schrieb ein Gedicht zum Lobe der berühmten Leute in Verona.

Im Traume erschien ihm ein Mann, der sich Brugnolus nannte und 614 beklagte, daß er in diesem Gedicht vergessen worden sei.

Obgleich Scaliger sich nicht erinnerte, je etwas von ihm gehört zu haben, so machte er doch Verse auf ihn; und sein Sohn erfuhr zu Verona, daß ehemals ein Brugnolus als Kritiker daselbst berühmt gewesen sei.

Von diesem Brugnolus, setzt Leibniz hinzu, hatte Scaliger einst gehört und gelesen, aber nachher es wieder vergessen.

CHRISTIAN SCHLEGEL

Der berühmte Numismatiker Christian Schlegel in Arnstadt träumte, seine Frau sei gestorben. Im Traume machte er ein 615 Gedicht auf ihren Tod und am Morgen konnte er sich so lebhaft noch an das Gedicht erinnern, daß er es aufschrieb.

Tags darauf starb seine Frau bei einer Entbindung. Schlegel ließ auf ihren Tod das Gedicht drucken, das er im Traume gemacht hatte.

LODOVICO ANTONIO MURATORI

In der Nacht vor dem 31. Dezember 1743 glaubte ich bei An- 616 bruch des Tages einen vornehmen Kavalier vor mir zu sehen, der zu einer hohen geistlichen Würde erhoben war und mich seiner Protektion auf das Leutseligste versicherte (wiewohl kein einziger aus seiner Familie in den geistlichen Stand getreten war). Auch ich empfahl mich ihm darauf und machte folgenden Pentameter:

„Et quam multa queas, fac quoque multa velis."

Beim Erwachen schrieb ich den Pentameter sogleich auf.
Ich dachte lange darüber nach, ob ich diesen Vers wohl im
Wachen jemals selbst gemacht oder in irgendeinem Buch gelesen
hatte, aber ich konnte mich auf nichts besinnen.

SAMUEL JOHNSON

617 Er hatte im Traume mit einem andern einen Wettstreit über
witzige Einfälle, und es verdroß ihn, daß es ihm vorkam, der
Gegner besäße mehr Witz als er, und gleichwohl war der Witz
des Streiters und Gegners der seinige.

RYKLOF MICHAEL VAN GOENS

In meinem elften Lebensjahr besuchte ich die lateinische Schule
zu Utrecht, wo in der Klasse, in welcher ich saß, eine gewisse
Rangordnung unter den Schülern stattfand, die sich nach Fleiß
und Aufmerksamkeit richtete und sich also oft veränderte.
Dasjenige, worin man wetteiferte, waren bald lateinische Exer-
zitien, bald Lektionen zum Auswendiglernen und so weiter, und
unter anderm auch Fragen, die grammatikalische Regeln oder
lateinische oder griechische Phrasen betrafen und von dem
Lehrer zuerst an den obersten Schüler und, wenn dieser sie nicht
beantworten konnte, an den folgenden und so weiter getan wurden. Der Schüler, der die Antwort wußte, wurde über denjenigen
gesetzt, der sie nicht wußte.

618 Nun träumte mir einstmals, daß ich mich in der lateinischen
Klasse befand, daß der Lehrer eine Frage über den Sinn einer
lateinischen Phrase aufwarf und daß ich gerade der erste in der
Reihe war und den festesten Vorsatz bei mir empfand, diesen
Platz wo möglich zu behaupten. Als mir aber die Frage vor-
gelegt wurde, blieb ich stumm und zerbrach mir vergebens den
Kopf, um die Antwort zu finden. Ich sah denjenigen, der nach
mir saß, Zeichen der Ungeduld geben, um befragt zu werden —
ein Beweis, daß er die Antwort wußte. Der Gedanke, an diesen
Schüler meinen Platz abtreten zu müssen, setzte mich beinah in
Wut, aber ich suchte vergebens in meinem Kopfe nach und
konnte den Sinn der Phrase auf keine Weise herausbekommen.

Der Lehrer hatte schließlich die Geduld verloren, mir länger Zeit zur Beantwortung zu lassen, und sagte zu dem nach mir sitzenden Schüler: „Nun kommst du dran." Und der Schüler setzte sogleich den Sinn der Phrase deutlich auseinander, und diese Auseinandersetzung war so einfach, daß ich gar nicht begreifen konnte, wie ich nicht darauf hatte verfallen können.

KARL FRIEDRICH BURDACH

Mancher Gedanke, der im Wachen hervortritt, ist nur das Wiedererscheinen des im Traume Gebildeten. Der Traum kann aber auch mit unauflöslichen Problemen quälen oder mit scheinbaren Entdeckungen necken. Bei Anwandlungen von Erschöpfung, welche als Vorläufer eines Nervenfiebers sich arteten, schwebten mir im Schlafe wissenschaftliche Aufgaben vor, die ich nicht zu lösen vermochte und die mich so lange peinigten, bis ich erwachte, und bei neuem Einschlafen begann dieselbe Qual.

Im gesunden Zustande hatte ich oft im Traume wissenschaftliche Einfälle, die mir so wichtig vorkamen, daß ich darüber erwachte; da ich sie mir dann als an mir angestellte Erfahrungen mit dem Datum aufzeichnete, so finde ich, daß sie meist nur in die Sommermonate fielen. Oft bezogen sie sich auf Gegenstände, mit welchen ich mich zu derselben Zeit beschäftigte, waren jedoch in ihrem Inhalte mir ganz fremd.

So träumte ich während meiner Arbeit über das Gehirn am 6. Juli 1815, die Umgebung des Rückenmarkes zum Übergange ins Gehirn bezeichne den Gegensatz beider durch das Durchschneiden ihrer Achsen und durch das Zusammentreffen ihrer Strömungen in einem Winkel, der beim Menschen mehr als bei Tieren einem rechten sich nähere und die eigentliche Bedeutung der aufrechten Stellung enthalte. [619]

Am 17. Mai 1818 träumte ich von einem plexus cephalicus des fünften Hirnnerven, der dem plexus brachialis und cruralis entspreche. [620]

Am 11. Oktober 1818 träumte mir, die Gestalt des Fornix werde durch die des Stabkranzes bestimmt, der vorne weiter nach hinten trete, hinten mehr divergiere. [621]

Bisweilen aber betrafen diese Einfälle auch Gegenstände, über die

ich zu derselben Zeit gar nicht nachgedacht hatte, und waren dann
meist noch kühner.

So zum Beispiel im Jahre 1811, wo die gewöhnliche Ansicht des
Kreislaufes bei mir feststand, auch keine entgegengeṣetzte Vorstellung eines anderen auf mich eingewirkt hatte und ich mich
überhaupt mit anderen Gegenständen beschäftigte, träumte ich,
622 das Blut fließe durch eigene Macht und setze das Herz erst in
Bewegung, so daß, wenn man letzteres als den Grund des Kreislaufes betrachte, dies eben so sei, als wolle man die Strömung des
Baches von der Mühle ableiten, welche er treibt.

Von solchen halbwahren Einfällen, die mir im Traume so großes
Vergnügen gewährten, führe ich nur noch einen an, welcher den
Keim von Ansichten trug, die sich späterhin in mir entwickelten:
623 Am 17. Juni 1822 dachte ich im Mittagsschlafe, der Schlaf, so
wie die Verlängerung der Muskeln, sei ein In-sich-Gehen, welches
in Aufhebung des Gegensatzes bestehe. Im Gefühle der vollen
Klarheit, welche mir dieser Gedanke über einen großen Kreis der
Lebenserscheinungen zu verbreiten schien, erwachte ich, aber sogleich zog sich alles wieder in die Dämmerung zurück, da mir
diese Ansicht zu fremd war.

MAN KANN GRIECHISCH

Geheimer Kirchenrat Schwarz erzählt folgenden merkwürdigen
Traum, den er in seiner Jugend gehabt hat:
624 Es mochte etwa in meinem neunten Lebensjahre sein, als ich
Griechisch zu lernen anfing. Die Sprache interessierte mich sehr,
trotzdem der Unterricht ganz dürftig war. Wir kleinen Knaben
mußten, nachdem wir in das Deklinieren und Konjugieren einigermaßen hereingekommen waren, uns sogleich an dem Evangelium Johannis versuchen. Täglich lernten wir aus unserem
griechischen Wörterbuch so gut wie aus unserem lateinischen
Cellarius. Aber diese Freude dauerte für mich nicht lange, denn
ich kam in die lateinische Schule des Städtchens N., in der Griechisch nicht gelehrt wurde. Doch entfremdete ich mich nicht
meiner Hallischen Grammatik. Nach einigen Jahren gab man
mich aber anderswohin in die Schule, wo mir ein besserer Unterricht zuteil wurde. Dort lernte man die griechische Grammatik,

versteht sich nach damaliger Weise, die Etymologie mit aller Genauigkeit der Akzente, tüchtig auswendig. Und ich war sogar so glücklich, zuhören zu dürfen, wenn die älteren Schüler aus Geßners Chrestomathie, die ich auch besaß, übersetzten.

Um diese Zeit — ich war zwölf oder dreizehn Jahre alt — hatte ich einen Traum, in dem mir meine verstorbene Großmutter (eine fromme Frau, auf die ich sehr viel hielt) eine Pergamentrolle vorlegte, auf der in griechischer Sprache mein Lebensschicksal aufgezeichnet war. Ich verstand alles, als wäre es in deutscher Sprache, war aber nicht mit allem zufrieden und wollte diesen und jenen Lebensumstand anders wünschen. Hierauf aber erwiderte meine Großmutter folgendes, das ich dann unten geschrieben las:

$$\mathit{Ta\tilde{v}ta\ \chi\varrho\eta\sigma\mu\psi\delta\eta\vartheta\tilde{\epsilon}\tilde{i}\sigma a\ \chi\varrho\eta\sigma\mu\psi\delta\acute{\epsilon}\omega\ \sigma o\iota.}$$

Wie es mir prophezeit wurde, so prophezeie ich dir.
Hierauf erwachte ich.

Der Traum hatte mich sehr bewegt. Doch alles war vergessen, Worte und Inhalt, ich mochte mich besinnen, so viel ich wollte, nur die letzten Worte standen noch ganz vor meinen Augen mit allen griechischen Sprachzeichen. Ich schrieb sie augenblicklich auf die Papierdecke meiner griechischen Chrestomathie auf, wo sie mir im Mannesalter noch unter die Augen gekommen sind. Aber damals verstand ich den Sinn der Worte nicht und mußte das Wort χρησμψδέω erst im Lexikon nachsuchen, da es mir ganz fremd war.

Man wird die Genauigkeit bemerken, sogar im nicht akzentuierten enklitischen σοι und im Feminin des Partizips Aorist. I. pass., da es eine Frau war, welche das von sich sagte. Daraus darf man wohl schließen, daß ich auch das übrige Griechisch ganz richtig im Traume vor mir hatte.

Wie war nun die Seele im Stande, so etwas zu produzieren, das ich im wachen Bewußtsein nicht verstand und das ich vielleicht kaum nach allen Schuljahren zu schreiben fähig geworden wäre? Ohne dessen bewußt zu werden mochte ich allerdings Worte wie jenes χρησμψδέω im Wachen aufgenommen haben, aber zur Erklärung der Sache gehört doch da noch mehr.

(Mitgeteilt von Gotthilf Heinrich Schubert)

FRIEDRICH HEBBEL

625 München, 3. April 1837. Ich träumte einmal, ich läse lauter
neue, herrliche Romanzen von Uhland und erinnerte mich beim
Erwachen noch lebhaft, wie sehr ich die Tiefe ihrer Kompositionen bewundert hatte; ich mag da selbst recht gute Romanzen
gemacht haben und kann mich (so lächerlich es klingt) noch jetzt
über das Vergessen dieses Traums ärgern.

626 München, 19. März 1838. Über Nacht hatt ich einen Traum, der
mir deswegen merkwürdig ist, weil er sich so oft (ich hatt ihn
schon früher mehreremal) in mir wiederholt. Mir träumte nämlich, ich hätte die Idee zu einem Gedicht. Sie gefiel mir sehr; ich
ging, wie ich zu tun pflege, mit schnellen Schritten in meinem
Zimmer auf und ab und trat zuweilen an den Schreibtisch, um
die Verse, so wie sie entstanden, niederzuschreiben. Je mehr
ich mich (ich fühlte dies deutlich, ohne mir dessen bewußt zu
sein) dem Erwachen näherte, um so weniger war ich mit den
Versen zufrieden, und es kam mir zuletzt vor, als ob die Idee
überhaupt nichts wert sei. Ich überdachte sie noch einmal, und
in derselben Minute, wo ich mich von ihrer Nullität überzeugte,
erwachte ich, hatte nun aber auch nicht mehr die leiseste
Ahnung von ihr, die mich doch noch kurz zuvor so lebhaft beschäftigt hatte.

627 München, 10. Juni 1838. Über Nacht träumte mir: ich faßte
eine gute Idee, erinnerte mich aber zugleich dabei, daß es im
Traum geschehe, sprach: „Sieh, die Idee ist denn doch wirklich
einmal etwas wert, nicht wie gewöhnlich krankhafte Traum-
geburt, die sollst du dir merken!" Und meinte nun wirklich, in
ein Buch, worin ich beim Einschlafen gelesen, ein Merkzeichen
niederzulegen. Übrigens bin ich überzeugt, daß die Idee in der
Tat trefflich war, denn ich beurteilte sie förmlich.

628 München, 20. September 1838. Über Nacht im Traum rezen-
sierte ich mein Gedicht: „Das Haus am Meer." Das Gedicht
schien mir nicht allein verfehlt, sondern völlig absurd; ich kann
mich aber durchaus nicht mehr erinnern, aus welchen Gründen.

Es war jedoch auch nicht mehr dasselbe, die Geschichte eines
Hundes kam mit darin vor.

München, 13. November 1838. Über Nacht träumte mir, ich 629
machte ein sehr langes Gedicht, und zwar deklamierte ich es,
indem ich es machte, sogleich, ohne irgend anzustoßen, laut in
einer Gesellschaft. Ob ich damit zufrieden war, weiß ich nicht,
doch weiß ich, daß ich mich über diese neue Gestalt meines
Talents im stillen sehr verwunderte.

HEINRICH BRUGSCH-PASCHA

In der Arbeit empfand ich die höchste Lust, und jede neue Entdeckung auf dem Gebiete der altägyptischen Entzifferungen, für
welche mir meine Reisen ein außerordentlich reiches Material zu
Gebote gestellt hatten, konnte mich in einen wahren Freuden-
taumel versetzen. Tatsächlich lebte ich bisweilen in einem Zustande wirklicher Verzückung, die mein ganzes Nervensystem in
Beschlag nahm und die merkwürdigsten Erscheinungen an mir
hervorrief.
Die folgende erwähne ich ausdrücklich, weil sie sich im Laufe der
Zeit mehrfach wiederholte, so daß ich anfing, mich vor mir selber
zu fürchten.
Bis tief in die Nacht hinein saß ich eifrig vor meinen ägyptischen
Inschriften, um beispielsweise die Aussprache und die gramma-
tische Bedeutung eines Zeichens oder einer Wortgruppe festzustellen. Ich fand aber trotz allen Grübelns und Nachdenkens die
Lösung nicht, legte mich übermüdet in mein Bett, das sich in
meinem Arbeitszimmer befand, nachdem ich vorher die Lampe
ausgedreht hatte, um in einen tiefen Schlaf zu verfallen.
Im Traum setzte ich die unerledigt gebliebene Untersuchung 630
fort, fand plötzlich die Lösung, verließ sofort meine Lagerstätte,
setzte mich wie ein Nachtwandler mit geschlossenen Augen an
den Tisch und schrieb das Ergebnis mit Bleistift auf ein Stück
Papier. Ich erhob mich, kehrte nach meiner Schlafstätte zurück
und schlief von neuem weiter.
Nach meinem Erwachen am Morgen war ich jedesmal erstaunt,
die Lösung des Rätsels in deutlichen Schriftzügen vor mir zu

sehen. Ich erinnerte mich wohl des Traumes, aber fragte mich vergebens, wie ich imstande gewesen war, in der dicksten Finsternis deutlich lesbare ganze Zeilen niederzuschreiben.

PAUL HEYSE

631 Mir war, als wandelte ich mit meinem Freunde Ludwig Schneegans durch die Hauptstraße von Sestri Levante. Wir traten in die Kirche ein und fanden dort einen Katafalk, auf dem die Leiche einer schönen, stattlichen Frau von etwa vierzig Jahren aufgebahrt lag. Der Küster erzählte uns ihre Lebensgeschichte, die so merkwürdig war, daß Schneegans ausrief: „Das ist ja eine richtige Novelle und eine ganz famose!" Das verdroß mich nicht wenig. ,Nun hat er,' dachte ich im Traum, ,seine Hand auf den Stoff gelegt und ist doch gar kein Novellist.'
Als ich erwachte, war mir alles noch höchst gegenwärtig, ich besuchte desselben Tags meinen Freund und erzählte ihm, was ich geträumt. „Wenn du darauf bestehst," sagte ich, „muß ich dir die Geschichte überlassen, nach dem Recht des primi occupantis."
Er verzichtete lachend, und nach vierzehn Tagen hatte ich „Die Frau Marchesa" geschrieben, in allen Hauptzügen durchaus nach dem geträumten Bericht des Küsters, aus dem mir sogar einige Namen im Gedächtnis geblieben waren.

ZWEI TRÄUME EINER STUDENTIN

Nacht vom 19. zum 20. Juni 1914. Den Abend vorher studiere ich das logarithmische Gesetz von Fechner; ich begreife es aber nicht. Ich schlafe sofort ein.

632 Ich habe sehr lebhafte, schnelle Träume von Gegenständen aus der Psychologie mit undeutlichen Bildern des Raumes . . . Was darin herrscht, ist das „Eilen meiner Gedanken". Ich habe den Eindruck, vorwärts zu gehen, vorwärts, immer vorwärts . . . Ich habe außerdem den Eindruck, mich gegen jemanden aufzulehnen und großen Widerstand zu finden. Ich weiß nicht, um was es sich handelt; auf einmal rufe ich: „Ja, ja, ich begreife es. Es ist das logarithmische Gesetz."

Ich schüttle mich und bin halb wach; Gefühl großer Müdigkeit. Es gelingt mir nicht, mich zu bewegen; ich wiederhole: „Das logarithmische, das logarithmische!" Gefühl der Anstrengung und der Ermüdung im Kopfe; immer wieder ertönt das Wort. Endlich, wie von einem Alpdruck erlöst, wache ich vollständig auf und sehe das Licht. Ich habe den Beweis des logarithmischen Gesetzes höchst klar im Kopfe.
Ich bin ruhig, ich schlafe wieder ein.

29. November 1919. Ich träume, daß sehr schlechtes Wetter ist. [633] Ich schaue durch die Fensterscheiben hinaus. Es regnet in Strömen, dann schneit es. Ich bin höchst erstaunt; denke: „Aber es ist warm!" — Ich öffne die Fenster, fühle die von draußen kommende warme Luft des Schirokko; ich sage und denke: „Aber wie ist das möglich? Der Schnee müßte auftauen!" Und dennoch überzeuge ich mich, daß es schneit.

(Mitgeteilt von Sante de Sanctis)

DIE LÖSUNG EINER GEOMETRISCHEN AUFGABE

Wir hatten in der Schule den bekannten pythagoreischen Lehrsatz durchgenommen; im Anschluß an ihn folgte in unserem mathematischen Lehrbuche (Schurig) die Aufgabe: Verbindet man die Ecken der drei Quadrate (des Hypotenusenquadrats und der beiden Kathetenquadrate) miteinander, so entstehen drei neue Dreiecke, die dem ursprünglichen im Innern gleich sind. Wie ist das zu beweisen? Der Lehrer sagte: „Nun will ich mal sehen, wer das morgen weiß." Das Lösen von Aufgaben hatte mir von jeher schon viel Vergnügen bereitet; auch in diesem Falle machte ich mich gleich an die Arbeit: ich zeichnete, konstruierte, überlegte, aber ich konnte zu keinem Resultate gelangen. Auch nach dem Abendessen befaßte ich mich noch mit dem Problem, das mich gar im Bett noch längere Zeit wach hielt; aber schließlich schlief ich doch darüber ein.
Ich schlief unruhig, weil mich die Materie selbst jetzt noch im [634] Traume beschäftigte, bis ich endlich ganz deutlich vor mir eine Figur konstruierte, indem ich zu jedem Dreieck nach außen hin noch die Parallelen der Quadratseiten zog und so drei neue

Parallelogramme erhielt, in denen die nach der Aufgabe zu ziehende Verbindungslinie eine Diagonale bildete. Nun zog ich weiter — alles im Traum — noch die andere Diagonale, und der Beweis lag mit Hilfe eines kurz vorher gelernten Kongruenzsatzes klar auf der Hand.

Ich weiß, wie ich nun beruhigt schlief; als ich am andern Morgen geweckt wurde, stand sofort die ganze Zeichnung im Geiste wieder vor mir, ich sprang schnell auf und zeichnete sie noch vor dem Ankleiden in einem Zuge auf. Von den Klassengenossen hatte keiner die Aufgabe gelöst, und ich erinnere mich noch ganz genau — es war vor fünfundzwanzig Jahren —, daß ich dem sich sehr für das Ereignis interessierenden Lehrer genau berichten mußte, wie ich zu der Lösung gekommen war.

ZEITDAUER IM TRAUME

ANTOINE MARIE CHAMANS
GRAF VON LAVALETTE

Paris, Ende 1815, im Gefängnis. Ein Traum besonders hinterließ Herrn Lavallette einen so tiefen Eindruck, daß auch die Zeit
ihn nicht verwischen konnte.

So hat er ihn erzählt:

Eines Nachts, nachdem ich bereits eingeschlafen war, weckte
mich die Turmuhr des Palais, die Mitternacht schlug. Ich hörte,
wie das Gitter geöffnet wurde, um die Schildwache abzulösen,
aber gleich schlief ich wieder ein. Im Schlaf hatte ich einen
Traum:

Ich befand mich in der Rue Saint-Honoré, in der Nähe der Rue 635
de l'Echelle; überall herrschte eine grausige Dunkelheit, alles
war verödet, und doch erhob sich alsbald ein unbestimmtes,
dumpfes Getöse ... Im Hintergrund der Straße tauchte plötzlich ein Reitertrupp auf und kam auf mich zu, aber Menschen
und Pferde hatten zerfetzte Haut. Die Reiter trugen Fackeln,
rote Flammen erhellten ihre Gesichter, die von bloßgelegten
Muskeln blutig durchzogen waren, ihre eingesunkenen Augen
rollten in tiefen Höhlen, ihre Münder waren aufgerissen bis zu
den Ohren und Helmhauben von herabhängendem Fleisch über-
ragten ihre scheußlichen Köpfe. Die Pferde schleppten langsam
ihre Leiber durch den Rinnstein, aus dem das Blut bis zu den
Häusern stieg. Bleiche Frauen mit aufgelöstem Haar zeigten
sich schweigend an den Fenstern und verschwanden wieder.
Dumpfes, unartikuliertes Wimmern erfüllte die Luft, ich war
allein auf der Straße, allein, starr vor Schrecken, und hatte nicht
die Kraft, mein Heil in der Flucht zu suchen. Die furchtbare
Kavalkade ritt im Galopp vorbei, ritt immerfort an mir vorbei
und schleuderte mir schreckliche Blicke zu. Länger als fünf
Stunden dauerte dieser Zug, endlich war er vorüber; ihm folgte
eine unendliche Menge von Artilleriewagen, beladen mit zerfetzten Leichen, die noch zuckten. Ein ekelhafter Geruch von Blut

und Pech erstickte mich ... und plötzlich wurde das Gitter heftig geschlossen, und ich erwachte.

Ich ließ meine Uhr schlagen, es war erst Mitternacht.

Also hatte diese schreckliche Phantasmagorie nur zwei oder drei Minuten gedauert, gerade so lange, als man brauchte, um die Schildwache abzulösen und das Gitter wieder zu schließen. Da es sehr kalt war, dauerte wohl die Instruktion des Wachpostens nur ganz kurz, am Morgen bestätigte mir der Gefängniswärter meine Zeitberechnung.

Und doch kann ich mich an kein einziges Ereignis meines Lebens erinnern, dessen Dauer ich mit einer solchen Genauigkeit bestimmen könnte, an keins, dessen Einzelheiten so tief in mein Gedächtnis eingegraben, so stark in meinem Bewußtsein geblieben wären.

EXPERIMENTELL ERREGTE TRAUMBILDER

> Meine Hand im Schlaf auf eine Falte
> eines seidenen Vorhangs geschlagen,
> diese Empfindung kann zu einem
> Traum aufwachsen und blühen, dessen
> Beschreibung ein Buch erfordert.
>
> Georg Christoph Lichtenberg

Nacht vom 5. zum 6. Februar 1894. Ich sitze auf einer Dräsine 636
und arbeite mich unter starker Mühe auf dem Gleise vorwärts.
Es ist dunkle Nacht. Der Zug kommt, er naht mit jedem Augenblick, ich höre das Zittern der Schienen. Ich springe von dem
Karren und arbeite mit aller Kraft, um ihn aus den Schienen
fortzuwerfen. Dies gelingt gerade in dem Augenblick, in dem
die Lokomotive stöhnend und sausend an mir vorbeifährt, einer
schwarzen Masse gleich, vorn mit einer roten Blendlaterne ausgestattet und nach den Seiten weiße Dampfstrahlen aussendend.
Wagen für Wagen rollen vorbei, alle mit erhellten Fenstern. Ich
stehe mit meinem Karren ruhig daneben, in dem Graben und sehe
alles an, bis es verschwunden ist.

Ich bin im Begriff auszufahren. Pferde und Wagen stehen auf 637
der Fahrstraße bereit. Plötzlich fällt mir ein: „Ich will nicht
in den Wagen steigen, ehe dieser in sehr starker Bewegung ist.“
Die Pferde fahren in starkem Trabe fort. Ich mache mir ein
Vergnügen daraus, dem Wagen nachzulaufen und mich an dem
Rande desselben festzuhalten. Die Fahrt wird immer schneller.
Endlich, als sie so schnell wird, daß ich schwer mitlaufen kann,
werfe ich mich auf den Wagen, so daß der Körper auf die Arme
gestützt wird (der Wagen hatte die Tür auf der Rückseite und
die Sitze auf den Langseiten). Nach und nach krabble ich ganz
in den Wagen hinauf und lege mich ausgestreckt auf einen der
Sitze. Lange suchte ich nach einer bequemen Lage. Das rechte

Bein schien mir in einer Spalte zwischen der Wagenseite und dem Polster des Sitzes festgeklemmt zu sein.

638 Ich befand mich in einem Wagen mit meiner Mutter und ein bis zwei anderen Damen, die alle, wie es schien, schwarz gekleidet wie in Trauer waren, durch eine Landschaft mit Mooren und niedrigem Gebüsch fahrend. Alles trug eine gelbgraue, düstere Farbe. Wir fuhren an einigen neugezimmerten Häusern vorbei, die mitten in der Einöde lagen. Ich zeigte sie meiner Mutter als die Senne, in der ich diesen Sommer mich aufgehalten hatte. An einem der Häuser wurde noch gebaut. Es fehlten zwei bis drei Wände, so daß wir den innern Teil des Hauses sehen konnten. Ich erklärte die Einrichtung und die Verteilung der Zimmer. Hierbei sah ich sehr deutlich alle Einzelheiten und wunderte mich darüber, daß die Zimmer jetzt so viel kleiner erschienen als im letzten Sommer. Meine Mutter fand die Landschaft düster. Diesen Eindruck machte die Landschaft jetzt auch auf mich. „Aber warte, bis du die Berge ringsum siehst," sagte ich, „dann wirst du schon zugeben, daß es hier nichtsdestoweniger schön ist." Aber die Berge ringsum waren hinter dichten, grauen Nebeln fast vollständig verborgen. Nur der oberste Rand der zwei nächsten Berge war über den Nebeln sichtbar. Einer war mit dichtem grünem Fichtenwald, der andere mit schneeweißem Fichtenwald bewachsen. Ich war darüber betrübt, eine so schlechte Gelegenheit erhalten zu haben, um der Mutter einen Ort zu zeigen, den ich sonst so schön gefunden und in so hohen Tönen gepriesen hatte, der sich aber jetzt in einem so ungünstigen Lichte darstellte. Ich suchte die Sache dadurch zu bessern, daß ich ihr erklärte, daß hinter all dem Nebel der ganze „Jotunheim" mit Reihen von weißen Gipfeln versteckt lag. „Aber jetzt können wir sie nicht sehen", fügte ich erklärend hinzu. Jetzt waren wir bis ans Ende des Weges gelangt. Wir stiegen vom Wagen herunter, banden das Pferd fest und fingen an, zu Fuß einen schmalen Pfad hinaufzusteigen. Die Umgebung war wild und düster, eine Waldgegend auf einem Bergesrücken. Der Pfad ließ sich beschwerlich gehen, er war schmal, oft jäh und voller Eis. Insbesondere der oberste Punkt war schwer zu erreichen. Wir kamen jedoch hinauf und wollten die Aussicht genießen, als wir

einen hohen steinernen Aussichtsturm sahen, der einem hohen Leuchtturm oder dem Turm einer türkischen Moschee ähnlich sah. „Der Turm ist höher, als ich glaubte", sagte ich. (Ich sprach, als ob ich in der Landschaft lokal bekannt wäre, obwohl die Landschaft mir vollständig neu, ja eine „freie Phantasie" war.) „Gehen wir lieber dahin." Aber das Hinunterkommen war noch schlimmer als das Hinaufsteigen. Immer glitten wir auf dem Eise aus. Nur schwierig gelang es mir, den Damen über den glatten Eisabhang hinab zu helfen, bis wir endlich einige Bäume fanden, an deren Stämme wir uns stützen konnten. Wir erreichten endlich den Turm, gingen in denselben hinauf. Wir sahen von ihm aus eine dunkle, düstere Landschaft, einen dunkelgrünen Fichtenwald, im Hintergrund hohe, dunkle Berge, alles wie in ein bläuliches Helldunkel gehüllt. Hinter den Bergen sah man nur einen grauen Regenhimmel mit herabhängenden Nebeln; dann und wann zerstreuten sich die Nebel ein wenig, und ich benutzte dann die Gelegenheit, um der Mutter einen langen, weißen, jetzt sichtbaren Streifen der fernen Schneeberge zu zeigen. Während wir in dieser Weise die Landschaft betrachteten, wurde diese mir plötzlich ganz fremd. Zwischen zwei Reihen von hintereinander hervorstechenden Bergen, die den Kulissen eines Theaters gleich einen offenen Raum zwischen sich ließen, sah ich Felsen und Steine, die nach und nach heller aus den sich zwischen die Berge zurückziehenden Nebeln sich meinem starrenden Blick offenbarten. „Nein, was dies ist, weiß ich nicht", sagte ich meiner Mutter. Hinter mir stand ein Herr, der anscheinend besser unterrichtet war. Ich hörte ihn nämlich, indem er auf einen der wichtigsten Punkte mit dem Finger zeigte, zu einem begleitenden Herrn sagen: „Was Sie dort sehen, ist das Löwentor von Mykene." Plötzlich wurde es mir bewußt, daß ich vor mir eine antike Landschaft sah, wo allerlei alte berühmte Kunstwerke wie auf einem Brett angesammelt waren. Felsen und Steine erschienen jetzt deutlich als eine Sammlung von Säulen, Altären, Grabsteinen (vielleicht sogar Pyramiden), Tierfiguren und so weiter. Eine chaotische Mischung von allerlei zugehauenen Steinen füllte das Tal, so weit ich sehen konnte, und verlor sich zwischen die fernen Berge und Nebel. Über dem ganzen lag derselbe trübe Farbenton — eine Mischung von bläulichem Hell-

dunkel und grauer Regenfarbe —, der fast über dem Ganzen des
Traumes ruhte. Nach und nach unterlag der Turm einer sehr
durchgreifenden Änderung. Aus einem einsamen Aussichtspunkt
in einer öden Landschaft wandelte er sich in einen stark besuchten Touristenpunkt. Er wurde bevölkert von einer Menge
Herren und Damen, auch von Ausländern in Touristenkostümen.
Der obere Teil des Turmes, wo wir uns befanden, spaltete sich
in eine Reihe mit Lampen beleuchteter Zimmer und Räume. In
einem Zimmer saß eine Versammlung junger Skiläufer aus der
Stadt; in demselben Zimmer wurde die Generalversammlung eines
Skiklubs abgehalten. In einem anderen Zimmer saßen eine Reihe
Studenten und Kadetten auf langen Sofas längs der einen Wand;
starkes Lampenlicht fiel ihnen allen ins Gesicht. In einem dritten
Zimmer übte sich ein mir bekannter Kadett im Ballettanzen und
in allerlei künstlichen Tanzschritten und Armbewegungen, indem
er gleichzeitig Chansonettenlieder sang. Ich wunderte mich immer
mehr, indem ich diese mir unbekannten Räume durchschritt;
ich konnte es mir nicht erklären, wie alle diese Zimmer und
Menschen plötzlich in den Turm gekommen waren. Ich begrüßte
höflich alle die bekannten Gesichter und eilte durch ein Zimmer
nach dem andern, die Treppe hinab und aus dem Turm hinaus.
Als ich mich in freier Luft befand, setzte ich den Hut auf den
Kopf. Der Fußsteig, den ich im Walde ging, wimmelte von
Touristen, Herren mit Stöcken und Damen mit flatternden Reise-
schleiern. Ich sah sie alle nur im Vorbeigehen und eilte fort.
Es sei hinzugefügt, daß während des großen Szenenwechsels im
Turme ein verwirrtes Intermezzo mit einer allgemeinen Aufklärung alles Gesehenen eintrat. Ich besinne mich darauf, daß
ich in der Zwischenzeit unter anderem damit beschäftigt war,
eine in einem kleinen Fenster ganz am Boden befindliche ge-
färbte Glasscheibe zu betrachten. Ich legte mich auf die Knie
und kroch an das kleine Fenster heran, um das Muster zu beobachten, welches aus roten, grünen und gelben Figuren bestand. Die Farben waren sehr stark und die Figuren, wie bei
Glasgemälden gewöhnlich, durch breite, dicke, dunkle Umrisse
begrenzt. Die drei Farben wechselten in rundlichen Figuren. In
den kleinen offenen Zwischenräumen waren andere, aber dunkle
Farben, so daß im ganzen ein mäanderartiges Muster entstand.

18. Februar 1901. Ich befand mich in einem Kuhstall, sah hier 639 eine Menge Kühe, ohne zu wissen, wie ich dorthin gekommen war. Den Kuhstall habe ich früher gesehen, er glich dem in der Heimat vor vier oder fünf Jahren gesehenen. Ein großer Mann in hellgrauen Kleidern, Gesicht nicht erinnerlich, stand still am Ende des Ganges zwischen den Ständern. Wir wechselten einige Worte, auf die ich mich nicht mehr besinnen kann, die aber zur Folge hatten, daß wir aufeinander sprangen und eine wilde Schlägerei entstand. (Träumer faßte mit der rechten Hand um den Nacken des anderen; dieser warf den Träumer in einer nicht mehr erinnerlichen Weise nieder; Träumer fühlte im Fallen den Kopf schmerzen.) Ich blieb ganz verbläut liegen, fühlte am Kopf und an anderen Stellen Schmerzen und hörte, nachdem der Mann verschwunden war, ein betäubendes Geräusch. Als ich den Kopf hob, sah ich zu meinem Schrecken, daß die Kühe los waren und wild gegeneinander mit den Hörnern stießen, während ich über mir Pferde stampfen hörte. Am Ende brachen mehrere Pferdebeine durch das Dach, ich sah im Dache etwa vier Beine, nicht beisammen, sondern getrennt, als ob sie verschiedenen Pferden gehörten, und mit einem Krach stürzte das Dach herunter. Dann erwachte ich.

17. Februar 1901. Ich träumte, daß ich den Feuilletonartikel 640 irgendeiner Zeitung las. Die Überschrift bestand aus zwei Zeilen, deren obere lautete: „Die gestohlenen Diamanten"; auf die untere Zeile besinne ich mich nicht. Mir schien, der Artikel handle von der in eine Zelle eingesperrten Schwester eines Königs. Dann trat ein Bursche herein, der ihre Diamanten stahl und deren Besitzerin verführte. Als der König kam und dies erfuhr, zürnte er sehr und sagte: daß sie aus der Zelle gar nicht hinauskommen, sondern dableiben sollte. Gleicherweise sagte er, daß er versuchen wollte, jenen Schlingel zu erwischen, damit er bestraft werde. Die Schwester legte dann für den Betreffenden, zu dem sie Liebe gefaßt hatte, Fürbitte ein und sagte: daß er, wenn sie ihn fahren ließen, möglicherweise zurückkäme, um sie zu heiraten. Davon wollte aber der König nichts hören und sagte, sie solle dableiben, wo sie wäre.

641 18. Februar 1901. Ich nahm an einer Gesellschaft teil, welche die Königin Viktoria im Lesesaal des Studentenvereins gab. Alle waren schwarz angezogen; denn es war ein Trauerfest für die eben gestorbene Schwester der Königin. Wir tranken Wein aus Papiertüten, ich saß am Ende des Tisches. Nach der Mahlzeit ging die Königin in eine Ecke des Saales, wo sie einige Blumen hervornahm, die sie einem hochstehenden Hofmanne zeigte. Sie erzählte, wer ihr die Blumen geschenkt; als sie aber zu einem Chrysanthemum Leucanthemum kam, wollte sie nicht damit heraus, von wem sie diese Blumen erhalten hatte. Schließlich zeigte sie auf mich und sagte: „Von dem da habe ich sie bekommen; nicht wahr?" Zuerst stand ich eine Weile schweigend; denn obgleich ich wohl wußte, daß ich der Königin Viktoria kein Chrysanthemum gegeben hatte, wagte ich nicht zu widersprechen. Aber am Ende rief ich „Nein!" und lief durch die Tür hinaus, da ich merkte, daß es jetzt gefährlich wurde. In der Tür des Lesesaales begegneten mir mehrere von meinen Kameraden, denen ich mit knapper Not entwischte (sie suchten zuerst den Laufenden anzuhalten), als ich stürmend daherkam. Ich schlug mich aber hindurch und entkam durch den Hausflur und den Torweg, wo eine Menge Studenten spazieren gingen. Ich lief durch die Straße davon und hörte, wie die Verfolger mir auf der Ferse waren. Aber plötzlich war ich nicht mehr in Kristiania, sondern lief in wilder Hast durch die Straßen Drontheims, erkannte den Ort wieder, die Kameraden, zwei, zuerst vielleicht mehrere, hinter mir. Ich war rasend über ihr schofles Benehmen, stockte daher auf dem Markte und fing an, mich mit zweien unter ihnen zu balgen. Der eine lief davon, den andern gelang es, mich in eine Straße hinunter zu drängen, als plötzlich der Schuldirektor von X. (dessen Schüler Träumer realiter gewesen ist) vorbeikam, einen großen schwarzen Hut tief ins Gesicht gedrückt. Ich rief ihn um Hilfe an, denn ich merkte, daß die Menge gegen mich sei. Möglichst schnell, mit langen Schritten, gingen wir alle beide die Straßen hinunter und erreichten bald das von ihm bewohnte Haus in X. Wir eilten hinein, gingen zwei bis drei Treppenstufen hinauf (der Direktor wohnt realiter parterre), ließen die Vorhänge herunter und verrammelten die Tür. Einen Augenblick später hörten wir einen Lärm vor der Haustür. Es waren die Soldaten der Königin

Viktoria mit Hellebarden und Lanzen — sie kamen, um mich zu holen. Zuerst kroch ich unter den Tisch; als ich aber merkte, daß ich da nicht sicher war, lief ich in eine nebenan befindliche alte, leere Bude hinein. Da hing ein großer Sack an einem Pfosten und mit Angstschweiß an der Stirn kroch ich in den Sack hinein — — —. Dann erwachte ich.

(B. B. Studentin) 24. April 1902. Ich ging auf einer schwim- 642 menden Brücke. Plötzlich fängt diese an, sich wie im starken Seegang zu bewegen. Ich lachte darüber, sah aber, daß ich mich an Bord eines Schiffes befand, welches in See gegangen ist. Sofort wußte ich, daß das Schiff „Forsund" hieß und nach Steukjer segeln sollte. Ich fragte einen der Schiffsleute, ob das Schiff zuerst in Drontheim anlegen würde. Er glaubte es nicht, aber sagte, daß ich gewiß an irgendeinem „Bestimmungsorte" aussteigen könnte. Ich ging eine steile Treppe über einen Boden und kroch durch eine Spalte, wobei ich nur mit Mühe fortkam. Dann gelangte ich an eine Stelle, wo mein unverschlossener Koffer lag nebst einer Reisetasche und frischen Heringen in einem Papier. Das Papier war ein wenig zerrissen, so daß ich die Heringe sehen konnte. Ich glaubte, alles gehöre mir. So ging ich wieder auf das Verdeck; als ich aber da angekommen war, mußte ich — weiß nicht warum — zu dem Koffer zurückeilen. Der Weg war jetzt noch beschwerlicher, und ich war nahe daran, gerade da, wo ich kriechen sollte, fest sitzen zu bleiben; ich mußte den Rücken beugen, so daß die Brust den Boden berührte, kam aber durch. Dann sah ich vom Schiff einen Teil von Drontheim und wurde darüber sehr froh. Nun war das Schiff ganz klein, und ich saß auf dem Vordersteven. Plötzlich stießen wir sehr hart gegen das Land, ich trieb vorwärts (undeutlich in der Erinnerung). Als ich mich erhob, sah ich zwei Mädchen auf dem Lande stehen und einen Knaben im Grase liegen. Das eine Mädchen fiel um, blieb ein wenig liegen und erhob sich dann mit beiden Händen vor dem Gesicht und klagte darüber, daß sie sich gestoßen hatte. Ich sagte einem an Bord, daß das Schiff merkwürdig hart aufgestoßen sein mußte, da das Mädchen auf dem Lande davon umgefallen sei. Der Angeredete antwortete: „Du weißt doch, daß, wenn zwei Dinge zusammenstoßen, beide einen gleich starken Stoß bekommen." — „Das weiß ich schon," antwortete ich, „aber du solltest bedenken, daß zwischen der Masse des Schiffes und derjenigen der Erde, auf welcher sie stand, ein großer Unterschied besteht; es war nichtsdestoweniger seltsam." Nun war ich auf dem Lande und ging einen Abhang hinauf. Plötzlich stand ich in etwas, wovon ich nicht loskommen konnte. Ich versuchte, zu wiederholten Malen, die Beine zu heben; aber es gelang nicht. Dann ging der Boden los, und ich sah, daß es eine Tonne voll gelben Pulvers war. Die Tonnenreifen gingen los und hingen an meinen Beinen fest. Die Tonne selbst war sehr niedrig. Ich hob jetzt den linken Fuß über sie und kam los. Ich war jetzt mit einer nicht ganz jungen Dame zusammen und ging fortwährend aufwärts. Wir gingen in ein Haus und in einen halbdunklen Korridor. Da trafen wir den Besitzer des Schiffes. Die Dame fragte ihn, ob ich den Inhalt der Tonne bezahlen sollte. Der Mann antwortete nicht sofort. Ich fürchtete dann, er würde die Frage bejahen, und sagte ihm, er habe kein Recht, einen solchen Anspruch zu stellen; „das Ereignis müßte dem Zufall zugeschrieben werden", und dann müßte er einsehen können, daß ich keine Verpflichtung hätte. Er gab nach, wie ich meinte; er sagte aber nichts. Jetzt gingen wir zusammen nach dem Schiff bergab. Ich sah den Mann einen Diamantring tragen. Auf dem Wege stand ein Handkarren voll von Kleidern und Kisten. Er erzählte, dies seien Sachen, welche ein in dem eben besuchten Hause wohnender Oberst heute abend gestohlen hatte. Er hatte eine ganze Menge Schmucksachen gestohlen, und jetzt war er General geworden. Ich dachte, der Grund müsse der sein, daß niemand einem Oberst gegenüber Verdacht hegte. Er teilte mit, daß er heute abend die ganze Familie des Generals mit sich auf das Schiff führen sollte. Ich gab der Dame ein Zeichen, daß wir nicht folgen wollten; aber sie antwortete: „Wenn jemand uns fragt, wissen wir nichts."—„In der Weise sind wir dann Hehler", sagte ich; ich war darüber betrübt, daß wir genötigt waren, mitzureisen.

643 Von einem anderen Traum ist mir nur dies erinnerlich, daß ich immer unter Treppen und auf Stellen, wo es schwer war fortzukommen, kroch und daß ich dadurch in den Beinen müde war. Ich sah einige Heringe und legte sie in ein Papier. Ein Mann stand da und guckte mich an. Ich fragte ihn, ob die Heringe

ihm gehörten, und er antwortete: „Ja, acht Stück." Ich nahm sie einen nach dem anderen und gab sie ihm. Sie waren eine Elle lang und breit, ich fand es ekelhaft, sie anzufassen, da sie entzweigerissen waren. Von dem zuletzt erhaltenen sagte der Mann vergnügt, er sei eine Goldbutte. Ich sah diesen Hering an und entdeckte, daß sie alle rot geworden waren. „Fürwahr, alles ist mir rot geworden", sagte der Mann und lachte.

Nacht vom 23. zum 24. April 1902. (Den Anfang habe ich vergessen.) Ich ging in einem Gebäude, um dasselbe zu besehen; da 644 war ein Grabstein mit einer Inschrift: „Du wolltest In List siegen." Jemand (ein Mann, aber undeutlich) ging neben mir und erklärte, daß der hier Begrabene getötet worden war. Jetzt war ich mit diesem Manne im Walde. Undeutlich ist mir, daß wir da dem Begrabenen begegneten und daß ich dachte, jetzt würde ich sehen, wie er starb. (Hier ein vergessener Übergang im Traume.) Das Nächste, worauf ich mich dann besinne, ist der Punkt, daß eine Reihe Männer bei dem Hause, wo wir zuerst waren, aufgestellt standen. Jetzt sah ich, daß es die Scheuer in X. war, wo meine Eltern früher gewohnt haben. Die Dachrinnen und einige Bohlen waren mit leuchtend gelber Farbe angestrichen. Ich blieb neben der Reihe der Männer stehen, der mich begleitende Cicerone stellte sich ein Stück links von den Männern. Der Mann, den wir im Walde trafen, stand zu hinterst in der Reihe. Sie standen dicht zusammen, so daß wir nur ihre linke Seite und ihren linken Arm sahen. Der Führer feuerte jetzt zwei scharf, aber kurz knallende Schüsse ab, um den letztgenannten Mann zu töten. Ich stand dicht neben dem Manne, weshalb ich zur Seite sprang, da es mir bange war, er würde mich treffen. Dann ging der Führer auf die andere Seite des Mannes und feuerte wieder zwei Schüsse ab. Noch war der Mann nicht verwundet. Ich sprang eine Anhöhe hinab, da ich es unheimlich fand, daß er so lange gepeinigt wurde. Ich kehrte mich um und sah dann mehrere Menschen mir laufend nachkommen. Der Führer stand am Abhang, der Mann kam auf dessen Gipfel gelaufen. Der Führer feuerte dann wieder gegen den Mann zwei Schüsse ab, so daß dieser jetzt fiel und flach auf dem Boden lag. Jemand sagte, es sei jetzt vorbei, ich fühlte mich erleichtert;

aber plötzlich erhob der Mann sich wieder. Er zog zuerst die
Beine an und erhob sich dann schwankend, ohne die Arme anzu-
wenden. Er stand dann mit herausgestreckter Brust und schwatzte
viel, worauf ich mich nicht mehr besinne. Ich dachte, er rede
irre. Jetzt feuerte der Führer wieder zwei Schüsse ab, und ich
sprang über die Anhöhe; denn ich glaubte nicht, daß ich es noch
länger aushalten könnte, zuzusehen. Da sah ich die schönsten
Blumen, zuerst roten und weißen Mohn, dann — auf einem
kleinen Hügelchen ein dunkelblaues Stiefmütterchen, etwa fünfzehn Zentimeter lang und fünfzehn Zentimeter breit. Ein kleines
Mädchen kam jetzt hinter mir gelaufen. Sofort sah ich einen
kleinen Abgrund hinter der Blume und rief dem Mädchen zu,
daß es vorsichtig sein sollte. Als es mir nahe kam, faßte ich es am
Kleid, mit der rechten Hand, worauf es sich später hinter mir
hielt. Jetzt war der Führer hinter mir; ich sah ihn nicht, denn
ich saß zwischen den Blumen. Er erzählte, daß der Mann jetzt
endlich tot sei. Ich freute mich darüber und dachte, daß die
Grabschrift gut passe.

645 28. März 1902. Ich las in einem Buche von einem Hahn, der hingerichtet wurde, weil er alle Morgen zu spät krähte. Etwas war
mit Rot geschrieben. Es handelte sich um einen „fürstlichen
Hahn", und es kam mir vor, daß die Erzählungen aus der römischen
Kaiserzeit datierte; es wurde ein neuer Hahn angeschafft, der
$0<1$ krähen sollte; dies fand ich nicht seltsam, sondern las: zwischen zwölf und eins ($0<1$ war mit Rot geschrieben). Dann
war es nicht länger Lesen, sondern volle Wirklichkeit. Es handelte sich um eine nächtliche Überrumpelung und Flucht. Die
Situation war in einem Dorf in meinem Heimatsort, viele Menschen waren mit in dem Komplott; eines Nachts sollte es los-
brechen. Dann sagte eine Person, daß das Ganze mißlingen
würde, wenn Feuer entstünde oder wenn dieser Hahn zu krähen
anfinge. Es war zwischen zwölf und eins, als wir uns fortschlei-
chen wollten. Der Plan wurde aber entdeckt, und ich sah viele
Männer unterhalb des Hauses über den Wall gehen. Dann sollte
verfolgt werden, und man setzte den meisten der Fliehenden nach.
Ich sah acht bis zehn Personen auf der anderen Seite des Hügels
abwärts laufen, die den Weg links nach einem Bootsschuppen

eingeschlagen hatten, um ein Boot zur Flucht zu benutzen. Als
sie auf der anderen Seite des Hügels waren und uns nicht sehen
konnten, beeilten wir uns—ich, ein Kamerad, der, wie ich glaube,
mein Bruder war, und ein Weib —, liefen aus allen Kräften auf
der rechten Seite des Hügels zum Schuppen hin und stiegen in
ein Boot hinein, um fortzukommen. Wir hatten vom Hause ein
kleines Kind mit uns genommen. Dies sollte das Weib sitzend
halten, während wir ruderten. Sie saß auf der Ruderbank zu
hinterst im Boote. Mein Kamerad (Bruder) saß mit einem Riemen bereit auf der Ruderbank vorn; ich stand zwischen ihnen
und sah die vielen Ruder an. Ich wählte mir einen sehr starken
und guten Riemen, schritt über die Bank hinweg und setzte mich
auf die vorderste, legte den Riemen hinaus und stemmte mich mit
den Beinen kräftig gegen das Boot, worauf wir aus allen Kräften
ruderten. Wir hatten Angst vor den Verfolgern. Die See war
durch Wind und Wellen bewegt. Während des Ruderns überlegte ich bei mir selbst, daß wir, auf der anderen Seite angelangt,
um nicht erwischt zu werden, uns sofort in den Wald hineinbe-
geben sollten. Mir war die Gegend wohlbekannt. Wenn sie uns
jetzt einholten, wagten sie des Kindes wegen nicht zu schießen,
so dachte ich und wendete das Wort „Geisel" an. Daher mußten
wir das Kind möglichst lange behalten, dadurch würden wir ver-
hältnismäßig sicher sein. Indem ich während des Ruderns im
Fjord in dieser Weise nachdachte, erwachte ich.

Ein Universitätsprofessor, früher mein Lehrer, macht mir zum 646
Vorwurf, daß ich nicht ruhig sei. Es scheint, als ob ich mich, um
einen Vortrag des Professors besser hören zu können, bewegt
habe. Meine Bewegung wiederholt sich; dann kommt der Professor auf mich zu und schlägt mich mit etwas wie einem Stock
auf den Rücken; ich sage, daß ich nur, um besser hören zu
können, vorwärts gegangen bin. Jetzt faßt er mich um den Leib
und fängt mit mir zu tanzen an; es geht um den Saal herum in
einer Art Polka; ich sehe die eigenen Füße in Bewegung. In der
Ecke komme ich durch die Drehung aus dem Takte; sonst geht
es gut. Ich bemerke, daß die Anwesenden uns beobachten, und
denke bei mir selbst, daß es sie wohl wundert, wie gut ich mich
mit dem Tanzen abfinde.

647 Ich ging an einem sonnenklaren Wintertage spazieren in kupier-
tem Terrain und in hohem Schnee. Ich bestieg eine nicht besonders steile Anhöhe und kam zum Fuß eines jähen Abhanges.
Schon in der Entfernung sah ich Fritjof Nansen (doch nicht
dessen Gesichtszüge) als einen kleinen Knaben in dunklen Kleidern sich damit unterhalten, den Abhang hinabzugleiten und
dann im tiefen Schnee bergauf zu laufen, indem seine Füße gleichsam Stufen traten. (Träumer glaubt: einmal hinunter, einmal
herauf; fand, daß Nansen lange oder schwere Schritte machte;
das Schuhwerk Nansens war als Winterschuhwerk schlecht.) Ich
selbst — ein Mann in vorgerückten Jahren (war, wie er meint,
größer als in Wirklichkeit) — bewunderte Nansens Kraft und
Ausdauer, sprach nichts, während ich unterhalb des Abhanges
stand, zählte die Stufen, welche der Knabe lief: einige mehr als
zehn. Auch ich versuchte, wie weit ich bergauf laufen konnte,
lief selbst bergan und gelangte etwas weiter als er (dachte dies
bei mir selbst, als ich oben war, glitt nicht bergab). „Dorthin
gelangte ich", hörte ich ihn sagen, während ich ihn auf eine
Stufe zeigen sah (Nansen war unterhalb des Träumers, er zeigte
um eine Stufe zu hoch). „Ja, das war ausgezeichnet", sagte ich
und sah ihm in die Augen. Dann machte er sich Skrupel und
sagte: „Nein, es war nicht weiter als dorthin"; dies hörte ich ihn
sagen, indem ich ihn auf eine Stufe weiter unten zeigen sah.
Dann erwachte ich.

648 Ich sehe eine Dame in einem leichten, dunklen Mantel und Handschuhen, von denen übrigens nur einer im Gedächtnis geblieben
ist, in einem Zwischending zwischen einem Rollstuhl und einem
Fahrrad vorbeikommen. Sie saß mitten zwischen zwei großen,
glänzenden Rädern, aber es hatte das Aussehen, als ob sie nicht
stillhalten könnte, was mir übrigens ganz natürlich schien. Bis
jetzt hatte ich gemeint, sie sitze auf einer Art Veloziped, jetzt sah
ich aber, daß sie in einem Rollstuhl saß, und wurde sehr betrübt,
da ich glaubte, sie sei um den Gebrauch ihrer Beine gekommen.
Plötzlich war ich damit beschäftigt, eine Menge Treppen hin-
aufzugehen; denn ich wollte einen Kirchturm besteigen. Die
Glocken läuteten immer. Anfangs war gewiß eine Freundin mit
mir. Dann kam ich auf einen großen, hellen Bodenraum mit

Lehmboden. Da befand sich eine Leiter zum oberen Teile des Turmes. Jetzt war ich allein. Ich ging auf die Leiter zu, aber drehte mich um, während ich sie festhielt, um zwei Strolche aus einer im anderen Teile des Raumes befindlichen Rotte schlafender Strolche anzureden. Wonach ich fragte, weiß ich nicht; aber die Frage betraf das Aufsteigen. Sofort reute es mich, denn ich merkte, daß sie mich am Hinaufsteigen hindern wollten, da sie fürchteten, ich würde von ihrer Anwesenheit berichten. Sie hinderten mich zuerst einmal; in welcher Weise, ist mir nicht bekannt, da sie ihren Platz nicht änderten. Mir erschien es notwendig, hinaufzusteigen, und ich kehrte mich bald wieder gegen die Leiter. Dann sprang einer der Strolche über den Boden und kam mit einer seltsamen Maske zurück. Sie war aus dünnem, braunem Leder gemacht und ging zu den Augen hinab. Auf dem Kopfe standen zwei Stricke, jeder auf einer Seite, senkrecht empor, die ich für Hörner hielt. Sie hatten das Aussehen von großen, querzerknitterten Handschuhfingern. Ich wußte, wie gesagt, daß das Ding eine Maske war; aber ich fürchtete, der Strolch würde mich schlagen, weshalb ich mich auf den Rücken fallen ließ, damit er sehen könne, daß ich mich ruhig halten wollte. In der kurzen Zeit, wo ich auf dem Rücken lag, wurde ich mehr und mehr durchsichtig, und ich freute mich darauf, daß ich verschwinden würde. (Strolch und Glocken verschwanden.) Als ich durchsichtig wurde, nahm ich gewissermaßen mich selbst wahr, aber hatte kein Gefühl mehr von einem Ich.

(Träume Nr. 636—648 mitgeteilt von Prof. J. Mourly Vold)

ÜBER TRÄUME MUSS MAN UMLERNEN

> Man wird mir sagen, daß ich von Dingen rede,
> die ich nicht erlebt, sondern nur geträumt habe:
> worauf ich antworten könnte: es ist eine schöne
> Sache, so zu träumen! Und unsere Träume sind
> zu alledem viel mehr unsere Erlebnisse, als
> man glaubt, — über Träume muß man umlernen!
>
> Nietzsche

DER TRAUM ALS DOLMETSCHER DER WÜNSCHE

VERLOBUNGSTRAUM EINER VERHEIRATETEN FRAU

Eine verheiratete Frau, ungefähr vierzig Jahre alt, erzählt, daß sie folgenden Traum gehabt habe:

649 O** kommt zu ihr in ihr Haus, in die Wohnstube, wo sie sich allein befindet, und macht ihr einen bescheidenen, aber offenherzigen Heiratsantrag. Sie gerät anfangs darüber in Verlegenheit; ohne ihn jedoch abzuweisen, äußert sie Bedenklichkeiten und macht ihm Einwände, die die Absicht seiner Bewerbung betreffen. Er sucht diese auf eine anständige Weise aus dem Wege zu räumen und zu widerlegen, und hierdurch entsteht eine lange Unterredung, deren sie sich Wort für Wort erinnert. Die Unterredung läuft darauf hinaus, daß sie sich endlich entschließt, zwar immer noch mit einer gewissen Ängstlichkeit, ihm das Jawort zu geben. Er beschenkt sie darauf mit einem Ringe, und sie, um ein gleiches zu tun, geht in ihr Zimmer, wo sich ihr Geschmeide befindet. Indem sie hier nach einem Ringe sucht, denkt sie über die Sache von neuem nach, und indem sie das Unschickliche dieser Verbindung — er ist etwa fünfundzwanzig Jahre alt —

recht lebhaft empfindet, wünscht sie ihr gegebenes Wort wieder
zurücknehmen zu können. Doch fürchtet sie auf der andern
Seite wieder, er möge sich dadurch beleidigt fühlen, und auch das
will sie nicht gern. Nachdem sie so eine Zeitlang mit sich selbst
gekämpft hat und ihre Unruhe immer größer geworden ist, entschließt sie sich endlich, noch einmal zurückzugehen und ihn auf
den Unterschied ihres Alters und die Unannehmlichkeiten, die in
der Folge daraus entstehen könnten, aufmerksam zu machen; für
den Fall aber, daß er diesen Vorstellungen nicht Gehör geben
sollte, nimmt sie einen Ring mit zurück. Inzwischen läßt er es
doch nicht zum Äußersten kommen, er findet ihre Vorstellungen
vernünftig, und sie werden zuletzt dahin eins, daß sie immer seine
Freundin bleibe, ihm gern mit Rat und Tat, wo sie könne, beistehen wolle, aber übrigens wollten sie in dem Verhältnisse
bleiben, in welchem sie sich jetzt befänden. Und so scheiden sie
friedlich voneinander.

Natürlich waren ihr bei der ganzen Verhandlung ihr Mann und
ihre Kinder, die sie gewiß sehr liebt und die am Leben und gesund sind, gar nicht eingefallen. Sie war auch nicht in ihrer Vorstellung etwa Witwe, sondern in jeder Hinsicht frei und ledig.
Andererseits ist O** gar nicht in der Lage, daß ihm einfallen
könnte, zu heiraten; noch mehr, er hat mehrmals geäußert, daß
er, durch begründete Ursachen bewogen, den festen Entschluß
habe, nicht zu heiraten. Er hatte sie in seinem Leben nie unter
vier Augen gesprochen, geschweige ihr etwas gesagt, was nur im
entferntesten dazu Beziehung haben könnte.

(Mitgeteilt von L. D. Voss)

DIE UNGELIEBTE FESSEL

Meine Bekannte hatte sich, alleinstehend, durch das Gefühl der
Vereinsamung bewegen lassen, einem Herrn, für den sie nicht
tiefer empfand, ihr Jawort zu geben.

In der Nacht träumte ihr, sie liege in einem hohen durchleuch- 650
teten Kuppelsaal im offenen Sarge, ganz von Binden wie eine
Mumie umwickelt, und sie besann sich allmählich, daß es der
Verlobte gewesen, der sie so umschnürt und in den Sarg gelegt
hatte. Dieser stand wachehaltend zu ihrer Rechten im Saale.

Da ertönten von der Linken her himmlische Klänge wie Sphären-
musik. An ihrer Seite saß ihre längst verstorbene Mutter mit der
Harfe, nach gewohnter Art tief in das Instrument versunken,
und griff, durchglüht von Andacht, in die Saiten. Bei den wunderbaren Tönen lockerten sich die Binden, die sie unbeweglich gehalten hatten, und begannen sich mehr und mehr zu lösen. Endlich stand die Mutter auf, beugte sich über sie, nahm ihr den Rest
der Binden vollends ab, Mutter und Tochter schlossen sich mit
leidenschaftlicher Freude in die Arme, wobei die Träumerin doch
die Berührung nicht spürte, und ein Gefühl unendlicher Befreiung
war in ihr.

Von diesem Wink ergriffen, schrieb sie gleich des andern Tags
an den Verlobten und löste die ungeliebte Fessel.

(Mitgeteilt von Isolde Kurz)

DIE WIDERSTREITENDEN GEFÜHLE

651 (Frl. Z.) 1. März 1916. Ich befinde mich vor dem Nemi-See; ich
betrachte die Landschaft in ihren kleinsten Einzelheiten. Die
Zweige der Bäume sind in zitternder, gleichsam eine verhaltene
Kraft ausdrückender Bewegung. Ich habe zur Linken den Herrn P.,
zwischen uns beiden befindet sich jemand, der bald G., bald C. ist,
bald ich selbst. Wenn nicht ich es bin, die sich dazwischen schiebt,
so fühle ich mich durch ihn angezogen, aber durch wen ... Ich entdecke, daß es nicht mehr G. ist, nicht C., noch einer der anderen;
es ist eine unbekannte Person. Ich spreche mit P. über die Schönheit der Natur, aber ich fühle mich innerlich sehr bewegt, fühle
in mir den Kampf von Gefühlen. Ich leide; endlich weine ich
viel; darauf beruhige ich mich und fühle mich sehr erschöpft. Nun
fühle ich mich allein, rasch aber werde ich gewahr, daß ich selbst
die „zitternden Bäume" bin, daß ich die Kraft bin, welche sie zittern macht. Ich fühle mich mit der Umwelt vollkommen ver-
wachsen. Ich spreche mit dem Herrn P., ich sage ihm, daß ich
Ungeheures genieße, aber er versteht mich nicht. Verzweiflung.
Es schnürt mir die Kehle zu.

Ich erwache schluchzend.

(Mitgeteilt von Sante de Sanctis)

ZWEI MENSCHEN TRÄUMEN DEN GLEICHEN TRAUM

EIN BUND DES TRAUMES MIT DEM WACHEN

Daß zwei Menschen denselben Traum in derselben Nacht, drei Tage vor seiner Erfüllung geträumt haben, dürfte vielleicht zu den seltenen Fällen gehören.

Als im Juni des Jahres 1812 — schreibt Justi — mein neunjähriger Sohn Karl gefährlich krank darniederlag, wagten meine Frau und ich aus gegenseitiger Schonung nicht, den Gedanken, daß das Kind wahrscheinlich bald sterben werde, laut auszusprechen. Wir beweinten unser Los im stillen.

In der Nacht vom 17. zum 18. Juni hatte ich folgenden, mir unvergeßlichen Traum.

Ich führte meinen Karl auf einer blühenden Wiese an der Hand, 652 er schritt freudig und rasch und sah mich lächelnd an. „Wie?" — rief ich froh — „du kannst wieder gehen, lieber Karl?" (Schon seit mehreren Monaten war ihm dies unmöglich gewesen.) Kaum hatte ich ausgeredet, da erblickte ich einen großen prächtigen Palast. Der Knabe riß sich von mir los und eilte in den Palast hinein. „Du wirst mich doch nicht verlassen?" rief ich. Ich wollte ihm nacheilen, doch kam ich nicht von der Stelle. Mit einem Gefühl des Schmerzes erwachte ich.

Um meine Frau nicht zu betrüben, verschwieg ich ihr diesen leicht zu deutenden Traum. Am Abend desselben Tages saßen wir in einer wehmütigen Stimmung beisammen. Wir sprachen von unserem kranken Kinde, und zum erstenmal gab ich meiner bangen Besorgnis um sein Leben Ausdruck. Endlich erzählte ich den Traum, den ich in der letzten Nacht gehabt hatte. Kaum hatte ich meine Erzählung beendet, da tat meine Frau einen lauten Schrei und rief unter Tränen aus: „Denselben Traum habe auch ich in der letzten Nacht geträumt!" Sie ließ sogleich unser Dienstmädchen kommen, dieses sollte den Traum, den meine Frau ihm gleich am Morgen mitgeteilt hatte, mir wiedererzählen. Nur der Ausgang des Traumes war nicht der gleiche.

Meine Frau träumte: sie und ihr Mädchen führten unseren Knaben 653

auf einer blühenden Wiese an der Hand. Er ging freudig
und rasch, blickte seine Führerinnen lächelnd an, beide wunderten
sich über seinen schnellen Gang. Auf einmal erblickten sie einen
großen prächtigen Palast. Der Knabe riß sich von ihnen los und
eilte hinein. Beide liefen ihm nach, fanden in dem Palast eine
große Menschenmenge, durchsuchten weinend mehrere Säle, doch
fanden sie den Knaben nicht. „O Gott, was wird mein Mann sagen,
daß wir unseren Karl verloren haben?" rief meine Frau trostlos
aus — und erwachte.

Leider bewährten sich die Worte des Ennius bei Cicero: „Aliquot
somnia vera!" Drei Tage nach diesem merkwürdigen Doppel-
traum starb unser Kind. Auch in diesem Fall war es — um die
Worte Jean Pauls zu gebrauchen — „ein Bund des Traumes
mit dem Wachen". Wir hatten die trübe Wirklichkeit vorausgeträumt.

POCHT DOCH DER BLEICHENDE TOD

654 Einem Brauer in München träumt zur Zeit der Cholera, es käme
einer der heiligen drei Könige mit einem Speer zu ihm und stäche
ihn nieder.

655 Einer Frau in seiner Nachbarschaft träumt in der nämlichen
Nacht das nämliche, nämlich, daß zu jenem Brauer einer der
heiligen drei Könige gekommen und ihn niedergestochen.

Diese Frau erzählt ihren Traum am Morgen der Tochter des
Brauers, der Vater gleichfalls. In drei Tagen stirbt er an der
Cholera.   (Mitgeteilt von Friedrich Hebbel)

DIE VERWANDLUNGEN DES ICH

DER DOPPELGÄNGER

656 Einem meiner Freunde träumte, er überrasche sein Liebchen
unter den zärtlichen Küssen eines fremden Mannes. Wie er voll
Zorn auf den Übeltäter losgehen will, bemerkt er, daß dieser
seine eigene Gestalt habe, und beruhigt sich mit dem Gedanken,
er selbst habe also sein Mädchen geküßt.

           (Mitgeteilt von Johannes Volkelt)

TAUBE UND SIEGELLACKSTANGE

Ein Freund von mir litt eines Nachts an unerträglichem Zahn-
schmerz, konnte keine Ruhe finden, fiel aber doch in eine Art
Halbschlaf.

Da hörte er kräftig an die Wand klopfen. Alsbald war er sich 657
darüber klar, daß zwischen Petersburg, wo er sich befand, und
Florenz, dem Wohnsitz meiner Mutter, eine telephonische Verbindung bestand und daß sie es war, die ihm rufe. (Es muß
zur Erklärung eingeschaltet werden, daß die geistig und ethisch
außerordentlich hochstehende Frau, die sich viel mit Philosophie
beschäftigte, auf ihn in seiner Jugend einen starken bildenden
Einfluß ausgeübt hatte und daß sie auch in späteren Jahren sich
brieflich mit ihm über philosophische Fragen unterhielt.) Er antwortete also auf den Anruf, sagte ihr, daß er furchtbare Schmerzen habe, und vernahm nun deutlich ihre Stimme: „Ja, weißt
du denn nicht, daß der Mensch nicht nur Leib ist, sondern auch
Seele? Du mußt dich mit deiner Seele über den Leib erheben,
dann kannst du über die Schmerzen lachen." Der Kranke versuchte das Mittel, er stellte sich mit der größten Lebhaftigkeit vor, daß er von seinem Körper getrennt vorhanden sei und
daß ihn dessen Leiden nichts angehe. Alsbald erschien es ihm,
als schwebe er geistweise, körperlos, aber doch etwa in der Gestalt
einer Taube über dem Bett und sehe darin seinen Körper, der
ihm ganz gleichgültig und verächtlich geworden war, in Gestalt
einer langen roten Siegellackstange liegen. Und nun genoß er
schmerzlos ein unendliches Wohlbehagen, wobei er zugleich mit
Hohn und Verachtung auf den elenden Wurm von Siegellackleib
heruntersah, der sich in Qualen wand und krümmte. Er hatte
bloß die eine Besorgnis: „Wenn ich nur nicht wieder eins werden
muß mit dem erbärmlichen Ding da unten."

EUROPA

In einer Zeit, wo er sich angestrengt auf Geographieunterricht 658
vorzubereiten hatte, träumte er einmal, daß sein zu unendlicher
Größe gewachsener, lang ausgestreckter, ganz von bebendem
Leben durchpulster Körper Europa sei, die Knochen und Rippen

fühlte er als Alpen und Pyrenäen, die Ströme flossen in seinen
Adern, er konnte den Lauf des Rheins verfolgen, besonders aber
zog mächtig und groß die Donau durch die ganze Länge seines
Leibes.

(Träume Nr. 657 und Nr. 658 mitgeteilt von Isolde Kurz)

TRAUM VON DER EIGENEN GEBURT

Ganz von meiner ersten Kindheit an, so weit zurück, daß die
Erinnerung an alles andere sich vollständig in eine dunkle Ferne
zu verlieren scheint, hat sich merkwürdigerweise ein einzelnes
Ding in meinem Gedächtnis befestigt — um so merkwürdiger, als
es sich um eine Erinnerung nicht von der Welt der Wirklichkeit,
sondern von derjenigen der Träume handelt.

Noch merkwürdiger ist es, daß sich dieser Traum oft, wenn auch
mit abnehmender Häufigkeit, bis zur Gegenwart wiederholt.

Dies ist der Traum:

659 Ich habe ein seltsames Gefühl davon, selbst relativ sehr groß,
aber in der Tat sehr klein zu sein, und daß ich mit Gewalt durch
eine enge Öffnung passieren muß. Es kommt mir zugleich vor,
daß ich mich in vollständiger Finsternis befinde, ohne irgendwelche Einmischung von Vorstellungen aus der Außenwelt —
was besonders beachtet zu werden verdient.

Schon der Umstand, daß die Erinnerung an diesen Traum weiter
zurückgreift als jede andere Erinnerung, scheint darauf zu deuten,
daß der Traum schon damals auf mich einen Eindruck gemacht
hat und mir seltsam vorgekommen ist und daß er eigenartiger
Natur sein muß; dazu kommt noch, daß er sich wiederholt hat,
bis ich erwachsen war. Ich bin nicht krank gewesen, wenn ich
den Traum gehabt, noch hat, soviel ich weiß, irgendeine andere
äußere Ursache ihn hervorgerufen.

Wie leicht verständlich, habe ich oft darüber nachgedacht, was
die Ursache dieses Traumes sein könne; insbesondere ist mir das
oben genannte Gefühl von Doppeltheit — daß ich mich relativ
groß, aber realiter klein fühle — sonderbar vorgekommen.

Indessen bin ich in der letzten Zeit auf einen Gedanken gekommen, der mir eine ebenso wahrscheinliche als interessante Lösung zu bieten scheint. Ich glaube nämlich, daß der Traum geradezu eine unbewußte Reminiszenz von meiner Geburt ist, die, während alle äußeren Sinneseindrücke und Sinnesvorstellungen fern sind, im Schlafbewußtsein auftaucht und in der Form eines Traumes Oberhand gewinnt. Der Umstand, daß ich mich relativ groß und nichtsdestoweniger klein kenne, muß dann dadurch erklärt werden, daß ich im Verhältnis zur Öffnung, die ich passieren soll, groß erschien, ob ich schon in der Wirklichkeit klein war. Die Passage durch die Öffnung ist immer in horizontaler Richtung, den Kopf nach vorne, geschehen. Ferner kann, wie oben gesagt, hervorgehoben werden, daß ich während des ganzen Prozesses keine anderen Vorstellungen von der Außenwelt, weder von Menschen noch von Tieren noch von Dingen habe — die Finsternis herrscht, was ja meine Erklärung stützt, daß ich zur Zeit des ersten Auftretens des Traumes noch keine Sinneseindrücke von der Außenwelt erhalten hatte. (Mitgeteilt von Prof. J. Mourly Vold)

DER VERERBTE TRAUM

Ich teile den folgenden Fall eines von mehreren Mitgliedern einer Familie häufig gehabten Traumes mit, der den Vorteil hat, gut bezeugt zu sein.

O., ein norwegischer Pfarrer auf dem Lande, hatte in jüngeren Jahren einen mit fast regelmäßigem Zwischenraum wiederkehrenden Traum; das erstemal, als er darauf aufmerksam wurde, war er neun oder zehn Jahre alt. Jetzt tritt der Traum seltener auf oder wird seltener behalten, doch besteht er dem Berichte nach wahrscheinlich noch immer; denn einmal im Frühling des Jahres 1895 kam es ihm vor, daß er den Traum gehabt habe, ohne daß er beim Erwachen sich an Einzelheiten erinnern konnte. Es kommt dem Pfarrer vor, als ob der Traum ohne eigentlich nachweisbare Veranlassung auftrete.

Der Traum ist sehr kurz und fängt eigentlich mitten in einer 660 Szene an . . . der Träumer weiß, daß er einen Menschen fast totgeschlagen hat. Im Traume herrscht Halbdunkel, und nur undeutlich zeigt sich der Mensch, der als ein altes Weib vorgestellt wird, auf der Erde zusammengekrümmt liegend. Der Träumer steht selbst schräg vor dem Weibe, Kopf und Schulter des letzteren geradeaus, der übrige Leib schräg nach links, die rechte Schulter und das Genick werden am besten gesehen. Der Träumer, der niemals den Anfang der Begebenheit gesehen, hat auch nie die geschlagene Person stehend, nie ihr Gesicht gesehen. Etwas, das sich auf ein graues Halstuch bezieht, bleibt nur unbestimmt in der Erinnerung. In der gewaltigsten Angst und dem stärksten Grauen schlägt der Träumer mit einem abgebrochenen, starken Stock die Gestalt, welche noch schwache Zuckungen am Körper zeigt; aus Mitleid will er die beinahe Tote ganz totschlagen, ohne daß ihm dies recht gelänge. Er erwacht, ohne das Weib vollkommen getötet zu haben.

Am deutlichsten scheint — nach der Ansicht des Pfarrers — der Traum bei einer um zehn Jahre älteren, jetzt verstorbenen Schwester des Pfarrers aufgetreten zu sein.

Als der Knabe neun oder zehn Jahre alt war, sagte einmal die 661 ältere Schwester, jetzt habe sie dies — ungefähr dasselbe wie das oben Erzählte — aufs neue geträumt; dabei wurde er sich bewußt, auch diesen Traum gehabt zu haben. Die Schwester hat, wie er meint, den Ausdruck „alten Menschen" von der halbtoten Person geträumt, auch erinnert sich der Bruder an den folgenden Ausdruck von ihr: „Ich strengte mich an und schlug mit der ganzen Kraft, die ich aufzubringen vermochte, um ihn (sie?) totzuschlagen, aber er (sie?) lebte immer wieder auf."

Wie man sieht, besteht kein wesentlicher Unterschied zwischen dieser und der vorigen Form des Wiederholungstraumes. Es wird bemerkt, daß ein Halstuch, welches das Weib in der Traumerzählung des Pfarrers um den Kopf trägt, vielleicht aus dem Traumbericht der Schwester in den des Bruders hineingekommen ist.

662 Auch bei der jüngeren Schwester — der Pfarrer hat nur zwei Schwestern, diese und die eben genannte — tritt derselbe Traum periodisch auf, aber in etwas geänderter Gestalt. Um viele Jahre später als das oben referierte Gespräch fragt der Bruder die jüngere Schwester, ob sie so etwas wie den genannten Traum aus Erfahrung kenne. Sie antwortet, sie kenne ihn gut und sei bisweilen von ihm sehr gequält; sie wendet jedoch das Wort

„Mensch", nicht „Weib" an. Dem späteren, mir von dem Pfarrer
mitgeteilten Bericht der Schwester zufolge kehrt ein ähnlicher
Traum bei ihr wieder, wie ihr scheint, zu gewissen Zeiten, aber
nicht besonders häufig, jetzt seltener als früher und niemals
ganz in derselben Form.

Bei ihr handelt es sich nicht um ein Weib, sondern um einen
Mann oder ein Kind. Die Person ist tot, aber lebt wieder auf und
will etwas Böses, am liebsten gegen die Träumerin, ausführen.
Nicht selten hat der Wiederaufgelebte die Gestalt eines langen
Menschen auf Stelzen, der die Träumerin töten will.

Über die Unterschiede zwischen dieser Traumform und der des
Pfarrers bemerkt der Letztgenannte folgendes: Da in dem Traum
des Pfarrers das Weib als solches nur undeutlich, wohl zunächst
durch das nicht sicher festgestellte Halstuch, bestimmt wird, ist
die Möglichkeit offen, daß auch er einen Mann sieht; aber es
bleibt der Unterschied, daß bei ihm kaum ein Kind den Halbtoten vertritt. Außerdem verhält sich der Bruder wesentlich
aktiv, die Schwester wesentlich passiv; darum, daß der Träumer
verfolgt wird, handelt es sich bei jenem nicht, da der Bruder selbst
der Verfolgende ist, dagegen tritt dies Moment bei der Schwester
in den Vordergrund, obschon auch bei dieser die gesehene Person
vor der Verfolgung tot (eigentlich halbtot) erscheint und dann
auflebt.

Die jetzt längst verstorbene Mutter träumte nicht selten, daß 663
jemand sie töten wolle. Die jüngere Tochter erwachte mehrmals
durch das Geschrei der Mutter, jemand trachte ihr nach dem
Leben.

Der Pfarrer hat selbst eine dunkle Erinnerung daran, daß die
Mutter oder die Großmutter von einem dem seinen ähnlichen
Traum erzählt habe.   (Mitgeteilt von Prof. J. Mourly Vold)

DIE OKKULTEN FÄHIGKEITEN
IM TRAUME

SEELISCHE FERNWIRKUNG

Mein Großvater hatte einen Koch mit Namen Räuber und einen
Läufer mit Namen Unterfutter. Die Läufer wurden damals nicht
nur zum Voranlaufen bei dem Wagen gebraucht, worin die Herrschaft fuhr, sondern auch zu Bestellungen über Land. Unterfutter
muß ein wahrer Virtuose in seinem Fach gewesen sein, denn mein
Vater hat mir sehr oft erzählt, daß, wenn er heute mit einem Brief
zu dem Schwager meines Großvaters nach Heinrichsdorf geschickt
worden, also zwanzig Meilen weit, er den dritten Tag mit der Antwort immer zurückgewesen sei.

Am 29. November 1744 war dieser Läufer nach Berlin geschickt,
sollte den 30. zurückkommen und blieb aus. Es war sehr tiefer
Schnee gefallen.

664 Da träumt dem Koch Räuber in der Nacht zum 1. Dezember, der
Unterfutter erscheine ihm und bäte: er möchte schnell nach der
kleinen Heide kommen und ihn erretten, — er läge im Schnee
und werde gewiß erfrieren, wenn er nicht abgeholt würde.

Räuber erwacht, denkt: ob er herausgehen solle, schlägt sich aber
den Gedanken aus dem Sinn und schläft wieder ein.

665 Da erscheint ihm der Läufer zum zweiten Male und bittet drin-
gender, — es sei die höchste Zeit, er liege auf dem und dem Fleck.
Der Koch springt auf, will gehen, sagt es den andern Dienstboten,
die lachen ihn aus; er schämt sich, legt sich wieder hin und schläft
abermals.

666 Das Gesicht erscheint zum dritten Male, aber blaß und entstellt:
es sei nun zu spät, Räuber sei an seinem Tode schuld; er solle nun
wenigstens für ein ehrliches Begräbnis sorgen.

Nun wird es dem Koch zu arg; er geht mit der Laterne und mit
Begleitung nach der Heide und findet den armen Unterfutter
wirklich tot und erstarrt auf dem bezeichneten Fleck. Unterm
1. Dezember 1744 ist er unter den Gestorbenen im hiesigen Kir
chenbuch. Mein Vater und meine Onkels haben mir die Geschichte erzählt. (Mitgeteilt von Friedrich A. L. v. d. Marwitz)

KUNDE IM TRAUME VON EINEM EREIGNIS, DAS SICH IN DER FERNE ABGESPIELT HAT

GRAF ADAM RZEWUSKI

24. Februar 1831. Während des polnischen Aufstandes hatte mein
Vater ein merkwürdiges Abenteuer.
Damit man es aber versteht, muß ich anführen, daß einer meiner
Ahnen, derselbe, der von Katharina der Großen gefangen genommen wurde, in einer kleinen Stadt des Königreichs Polen, Chełm
starb und beerdigt wurde. Der Zustand, in dem sich das Land
befand, war zu jener Zeit so zerrüttet, daß eine Überführung der
Leiche in die Familiengruft unmöglich war.
Am Vorabend der Schlacht von Grochów, einem der bedeutendsten Gefechte, lag mein Vater, der mittlerweile zum Kommandeur
des Kürassierregimentes „Prinz Albert von Preußen" befördert
worden war, in seinem Zelt und träumte, daß ein alter Mann, den 667
er nach einem Gemälde, das er gesehen hatte, als seinen Großvater erkannte, ins Zelt trat. Dieser trug die alte polnische Tracht
mit gelben, an den Zehen abgetragenen Stiefeln. Der Geist, wenn
man ihn so nennen kann, setzte sich neben sein Bett und erzählte
ihm, daß er sein Ahne wäre und daß das Gewölbe, in dem er begraben worden war, in dieser Nacht von Aufständischen er-
brochen, sein Leichnam aus dem Grab genommen und gegen die
Mauer geworfen sei. Er fügte hinzu, mein Vater solle nach Chełm
gehen, seine irdischen Überreste holen, in die Familiengruft
bringen und dort beisetzen; auch solle er zur Erinnerung an
diesen Vorfall zwei Kreuze errichten lassen, und zwar eines

im Park, das andere auf einem Platz, den er genau bezeichnete, nämlich an der Biegung der Hochstraße, welche zu dem Haus, das in dem Familiensitz steht, führt. — Auch sagte er, daß mein Vater am nächsten Tag verwundet werden würde.

Und wirklich, den andern Tag fand eine Schlacht statt, und mein Vater erhielt einen Schuß in das Bein.

Er war lange Zeit krank und vergaß über den Ereignissen ganz seinen Traum.

Mehr als zehn Jahre später fügte es sich, daß er mit dem Kaiser für einige Manövertage in der Nähe von Chełm sich aufhielt. Seine Neugierde führte ihn in die Kirche. Diese war seit dem Aufstand geschlossen, aber mein Vater bestand darauf, daß in seiner Gegenwart die Gruft geöffnet wurde, und als er eintrat, sah er seines Großvaters Leiche aufrechtstehend an die Mauer gelehnt, in demselben Anzug und denselben zerrissenen Stiefeln, in denen er ihn in der Nacht damals im Traume gesehen hatte.

Er ließ die Leiche auf sein Grundstück überführen, dort beerdigen, und die beiden Kreuze erinnern seit jenem Tage an dies wirklich merkwürdige Erlebnis. (Mitgeteilt von Catherine Prinzessin Radziwill)

AHNUNGSTRAUM EINES KINDES

Bei der Überführung der Leiche der Fürstin Wrede und der feierlichen, während der Nacht stattgefundenen Bestattung in der Gruft der Schloßkapelle zu Ellingen war etwas Seltsames vorgekommen. Man hatte die kleinen verwaisten Mädchen am Abend nicht ahnen lassen, daß in der Nacht die Mutter ihnen entführt werden solle, und dieselben wie immer zeitig zur Ruhe gebracht.

Am anderen Morgen aber hatte das ältere, das damals acht Jahre zählten mochte, ihrer Gouvernante erzählt, wie schrecklich sie geträumt, wie sie von schwarzen Männern ihre Mutter getragen gesehen, inmitten brennender Fackeln, über die Schloßtreppe hinab, über den Hof, durch das mit schwarzen Draperien umkleidete Portal der strahlend erleuchteten Kirche, und was dort alles geschehen — das Kind hatte im Traum den ganzen Hergang der feierlichen Bestattung gesehen. (Mitgeteilt von Levin Schücking)

MARTIAL LAGRANGE TRÄUMT, WAS DR. GUINARD DENKT

Paris, September 1891. Dr. Aimé Guinard, Chirurg im Pariser Hospital, berichtet: Mein Zahnarzt ist mit mir befreundet und wohnt ziemlich weit im Opernviertel. Da aber seine Kundenzahl sehr groß ist und ich meine Zeit nicht im Wartezimmer zubringen kann, entschloß ich mich, einen nicht weit von mir wohnenden Zahnarzt, Herrn Martial Lagrange, zu konsultieren. Ich gebe die Details an, um zu zeigen, daß mir dieser Herr bis zu Beginn dieses Jahres ganz fremd gewesen.

Eines Abends im September gehe ich wie gewöhnlich um halb elf Uhr schlafen; um zwei Uhr nachts bekomme ich die rasendsten Zahnschmerzen und kann nicht mehr einschlafen. Um meine Gedanken abzulenken, nehme ich eine Abhandlung, an der ich gerade arbeite, vor und entwerfe das letzte Kapitel zu meiner Besprechung: „Die chirurgische Behandlung des Magenkrebses." Da ich trotzdem von den heftigsten Schmerzen geplagt bin, beschließe ich, am nächsten Morgen gleich meinen Nachbar, Herrn Lagrange, aufzusuchen und mir den kranken Zahn ziehen zu lassen. Während der ganzen schlaflosen Nacht beschäftigen mich nur diese zwei Gedanken (die Ruhe und Dunkelheit um mich verstärken sie nur): meine Abhandlung über den Magenkrebs und der Besuch beim Zahnarzt.

Um zehn Uhr früh bin ich im Wartezimmer des Zahnarztes. Herr Lagrange erblickt mich kaum, als er ausruft: „Das ist doch merkwürdig, ich habe die ganze Nacht von Ihnen geträumt."

Ich antwortete scherzend: „Hoffentlich war Ihr Traum, trotzdem er mit mir zusammenhing, nicht allzu unangenehm."

„Oh," meint er, „es war ein schreckliches Alpdrücken. Ich hatte einen Magenkrebs, und die Idee verfolgte mich, daß Sie mir den Magen aufschneiden wollten, um mich zu heilen."

Nun hatte ich Herrn Lagrange seit sechs Monaten nicht gesehen, wir hatten keine gemeinsamen Freunde, und er konnte nicht ahnen, daß mich dieses Thema jetzt beschäftigte.

(Mitgeteilt von Camille Flammarion)

ANTIZIPATION EINES GESCHEHNISSES

ELENA MARCELLA BEMBO

Pietro Bembo, der später ein berühmter Kardinal geworden ist, führte, ehe er in den geistlichen Stand trat, gegen einen seiner Verwandten einen Prozeß. Er hatte, um seine Sache zu verfechten, eine Schrift aufgesetzt, die er dem Gericht übergeben wollte. Ehe er zu diesem Zweck das Haus verließ, wünschte er wie gewöhnlich seiner Mutter guten Morgen, die ihn darauf fragte, wo er denn hinzugehen gedächte. Kaum hatte er die Frage beantwortet, so beschwor ihn seine Mutter, doch den Tag über nicht aus dem Hause zu gehen.

670 „Mir träumte diese Nacht," setzte sie hinzu, „daß du deinem Gegner auf der Straße begegnet bist und nach einem Wortwechsel einige Stiche von ihm erhalten hast."

Bembo lachte und kehrte sich an die Bitten seiner Mutter nicht. Indes, auf der Straße traf er in der Tat seinen Verwandten, mit dem er den Prozeß führte, wurde von ihm angehalten, in eine heftige Unterredung wegen des Rechtshandels verwickelt und zuletzt mit einem Dolche ein paarmal verletzt.

(Mitgeteilt von L. A. Muratori)

NICOLAS CLAUDE FABRI DE PEIRESC

Im Jahre 1610. Peiresc, der ein leidenschaftlicher Sammler von Altertümern war, befand sich in Gesellschaft des Jakob Raynerius auf der Reise nach Nimes. Als in der Nacht vor ihrer Ankunft in Nimes beide schliefen, wurde Raynerius durch ein unverständliches, lautes Sprechen des Peiresc aufgeweckt und bemerkte, daß dieser wie in schwerem Traume redete. Er rief ihn und fragte, was ihm denn geträumt habe. Peiresc antwortete: „Du hast mich eines angenehmen Traumes beraubt.

671 Ich war, so deuchte mich, eben in Nimes, wo mir ein Goldschmied eine goldene Münze des Julius Cäsar zum Auswechseln anbot."

Am Morgen wurde die Reise nach Nimes fortgesetzt. Dort angelangt, beschloß Peiresc, vor dem Mittagessen noch ein wenig

in der Stadt umherzugehen. Da begegnete er einem Goldschmied, und es war derselbe, den er im Traume gesehen hatte.
Er fragte diesen, ob er vielleicht seltene Münzen besitze, und erhielt die Antwort: ja, er habe eine goldene Münze des Julius
Cäsar. Diese kaufte Peiresc, fröhlich über den seltenen Fund
sowie über den Traum, der ihn erst zu jenem Goldschmied hin-
gewiesen hatte.

GIACOMO CASANOVA

Warschau, Januar 1766. Ich muß von einem Erlebnis berichten,
und zwar ohne Rücksicht darauf, wie man über meine Denkweise
urteilen mag.

Es handelt sich um einen Traum, den ich gegen Ende Januar
hatte.

Ich habe schon an anderer Stelle erwähnt, daß ich nie ganz frei
von Aberglauben gewesen bin.

Mir träumte, ich speiste in guter Gesellschaft, da warf einer der 672
Gäste mir eine Flasche an den Kopf; mein Blut floß reichlich.
Ich stieß dem Angreifer meinen Degen durch den Leib. Dann
stieg ich in einen Wagen, um wegzufahren.

Prinz Karl von Kurland kam um diese Zeit nach Warschau und
forderte mich auf, beim Grafen Poniński der damals Haushof-
meister der Krone war, zu speisen.

Mitten beim Essen zerspringt eine Flasche Champagner, ein
Splitter trifft mich über dem Auge und verletzt eine Ader. Das
Blut rinnt mir über das Gesicht, rieselt über meinen Rock bis
auf das Tischtuch. Alle springen auf, schnell wird mir die Stirn
verbunden, man wechselt das Tischtuch, und es wird weiter
gespeist. Ich war der erste, der über meinen Unfall lachte.

Allerdings war ich erstaunt über den Zusammenhang dieses Er-
eignisses mit meinem Traum, war aber froh, daß es in wesentlichen Umständen von dem Traume abwich.

Einige Monate später sollten diese Umstände sich verwirklichen.

LORENZO DA PONTE

Kurze Zeit vor den Ereignissen, die mich von Venedig forttrieben,
entzog mir eine kindische Erörterung über die lateinische Pro-
sodie die Freundschaft Casanovas. Niemals gestand Casanova ein

Unrecht zu. Ich reiste ab, und drei Jahre lang hörte ich nicht einmal mehr seinen Namen nennen.

673 In einer Nacht träumte ich in Wien, daß ich am Graben einen
Mann gewahrte, der mich scharf fixierte und, nachdem er mich
erkannt hatte, in meine Arme sank. Es schien mir übrigens, als
ob Salieri sich zu dritt bei uns befand.

Ich erzählte diesen Traum meinem Bruder. Salieri besuchte mich
allmorgendlich; am Tage des Traumes kam er zur gewöhnlichen
Stunde, und wir gingen in dem öffentlichen Garten spazieren. Als
ich an den Graben kam, bemerkte ich, daß ein Greis, der auf einer
Bank saß, mich in einer eigentümlichen Weise fixierte. Während
ich noch in meiner Rückerinnerung herumsuchte, wer es wohl
sein könne, erhob er sich und eilte mir mit lebhaften Gestikula-
tionen entgegen. Er war es! Es war Casanova, der mit lauter
Stimme mir zurief: „Lieber da Ponte, welche Freude, Sie wieder-
zusehen!" Es waren dies genau die Worte, die ich im Schlafe vernommen zu haben glaubte. Wer an Träume glaubt, ist ein Narr,
sagt man; wer aber gar nicht daran glaubt, was ist der?

JOHANN WERNER STREITHORST

Wernigerode 1773. Als er bei Gelegenheit seiner Präsentation
an der Johanniskirche in Halberstadt eine Gastpredigt gehalten
674 und Hoffnung hatte, die Stelle zu erhalten, so träumte ihm einige
Zeit vorher in Wernigerode, daß er seine Absicht nicht erreichen
werde. In demselben Traume bringt ein Bote ihm einen Brief,
in welchem er die Worte findet: Gedenke des vierten Advents.
Einige Zeit nachher kam wirklich ein Bote in derselben Kleidung,
die er im Traume gesehen, und zwar am vierten Adventssonntag,
und brachte ihm die Berufung zu seiner ersten Stelle an der
Martinischule.

DAS ERDBEBEN IN KALABRIEN

Am 4. Februar 1783 wurde Kalabrien von einem heftigen Erdbeben heimgesucht.

675 Eine Nacht zuvor sah Lukrezia Ruffo, eine siebzigjährige Frau,
im Traum alle Schrecken des Erdbebens und war dadurch so erschüttert, daß sie mit einem lauten Klagegeschrei erwachte.

Als sie darauf ihrer Familie, die durch das Geschrei aus dem Schlafe geweckt wurde, den Traum erzählte und eine genaue Beschreibung auch des Seebebens gab, wurde sie verlacht.

Am nächsten Tage gehörte ihr Schwager zu den Opfern des Erdbebens, er war einer von denen, die vom Meere verschlungen und wieder ausgeworfen wurden; er verwickelte sich in Netze und kam auf die traurigste Art um.

EMILIE SCHWAB

Stuttgart, 23. Februar 1848. Gustav Schwabs Tochter Emilie erzählte am Morgen des vierundzwanzigsten Februar, wie sie die Nacht über in Fieberträumen gelegen, die sie nach Paris — mitten 676 in Revolutionsszenen — versetzt hätten. Sie hörte plötzliches Schießen, sah große Verwirrung, Rennen und Laufen, Fliehende und Händeringende, dann das Herausreißen von Staketen, die Errichtung von Barrikaden, alles so deutlich in den dunklen, engen Straßen von Paris, als ob sie es miterlebte.

Die Schilderung wurde natürlich als eine Reminiscenz aus der Revolution von 1789 angesehen, was Emilie aber bestritt, da sie sich gar nicht mit jenen Begebenheiten beschäftigt, auch alles einen modernen Anstrich gehabt habe.

Als nun einige Tage darauf die Zeitungen die Berichte über den ersten Ausbruch der Revolution brachten, so paßte nicht nur die Zeit, sondern auch die Einzelheiten am Anfang der Bewegung genau zu den Erlebnissen des Traumes.

RETTUNG DURCH EINEN TRAUM

Donnerstag, den 7. November 1870 ersucht die Frau eines Bergarbeiters des Kohlenbergwerks in Belfast ihren Mann, er möchte doch ja genau den Strick des Fahrkorbes untersuchen.

„Ich habe nämlich geträumt," sagte sie, „daß ihn jemand diese 677 Nacht durchschnitten hat."

Der Bergmann erzählte, ohne dem Traum viel Beachtung beizulegen, seinen Kameraden die Worte seiner Frau. Wie groß war ihr Erstaunen, als sie beim Aufwickeln sahen, daß das Seil an mehreren Stellen angeschnitten war.

Nach dem Newcastle Journal verdanken die Arbeiter ihre Rettung nur diesem Traum.

(Mitgeteilt von Dr. Macario)

DER TRAUM ALS WAHRSAGER

678 Doktor G. Orsi sieht am 2. Juli 1858 im Traum das Schiff „Adria Doria", auf das sich sein Bruder eingeschifft hatte, mitten in einem heftigen Sturm.

679 In der Nacht darauf hat er denselben Traum.

680 In der dritten Nacht sieht er wiederum den Sturm, das Schiff ist an Felsen gescheitert, und die Schiffbrüchigen laufen verwirrt nach allen Seiten. Doch fühlte er, daß sein Bruder gerettet ist.

Am achten Juli teilt ihm ein Telegramm aus Gibraltar mit, daß das Schiff in einem Sturm in der Nacht vom zweiten auf den dritten Juli untergegangen, sein Bruder Alexander aber wohlbehalten davongekommen ist. (Mitgeteilt von Professor Tamburini)

ZWEI LOTTERIETRÄUME

Christoph Knape erzählt: Im Jahre 1768, als ich in Berlin in der Hofapotheke die Apothekerkunst erlernte, hatte ich in der Ziehung der Königl. Preußischen Zahlenlotterie, die am 30. Mai desselben Jahres stattfand, auf die Zahlen 22 und 60 gesetzt.

681 In der Nacht vor der Ziehung träumte mir, daß mittags gegen zwölf Uhr, zu welcher Zeit die Lotterie gezogen zu werden pflegt, der Hofapotheker zu mir herunterschickte und mir sagen ließ, daß ich zu ihm heraufkommen sollte. Als ich heraufkam, sagte er zu mir, ich sollte sogleich zu dem Auktionskommissar Mylius hingehen und ihn fragen, ob er die gewünschten Bücher in der Auktion erstanden habe. Ich sollte aber bald wiederkommen, weil er auf die Antwort warte. ‚Das ist vortrefflich,' dachte ich bei mir, ‚jetzt wird gerade die Lotterie gezogen, da will ich sogleich, sobald ich meinen Auftrag ausgerichtet habe, nach dem Lotterieamt hinlaufen und sehen, ob meine Nummern herauskommen. (Die Lotterie wurde damals auf öffentlicher Straße, vor dem Lotterieamt gezogen.) Wenn ich nur schnell zugehe, so komme ich doch noch früh genug wieder nach Hause.' Ich ging also

gleich zu dem Auktionskommissar Mylius, bestellte meinen Auftrag, und nach erhaltener Antwort lief ich eiligst nach dem Lotterieamt an der Jägerbrücke. Ich fand hier die gewöhnliche Zurüstung und eine ansehnliche Menge Zuschauer. Man hatte schon
angefangen, die Nummern in das Glücksrad hineinzuzählen, und
in dem Augenblick, als ich ankam, wurde Nummer 60 vorgezeigt
und ausgerufen. ‚Das ist eine gute Vorbedeutung,‘ dachte ich, ‚daß
gerade eine von meinen Nummern ausgerufen wird, indem ich
dazukomme.‘ Da ich nicht lange Zeit hatte, so wünschte ich, daß
man mit dem Hereinzählen der noch übrigen Nummern möglichst eilen möchte. Sie wurden endlich alle hereingezählt, und
nun sah ich, wie dem Waisenknaben die Augen verbunden wurden und er nachher auf die gewöhnliche Art die Nummern zog.
Die erste gezogene Zahl wurde vorgezeigt und ausgerufen, es
war Nummer 22. ‚Schon wieder eine gute Vorbedeutung,‘ dachte
ich, ‚nun wird 60 gewiß auch herauskommen!‘ Es wurde die
zweite Nummer gezogen, vorgezeigt und ausgerufen, und — siehe
da — es war Nummer 60. „Nun mögen sie meinetwegen ziehen,
was sie wollen" — sagte ich zu jemand, der neben mir stand —
„meine Nummern sind heraus, ich habe nicht länger Zeit."
Drehte mich um und lief nach Hause.
Hier erwachte ich.
Am nächsten Tag wurde dieser Traum nicht nur dem Verlauf
nach, sondern wörtlich erfüllt.

März 1925. Ein seltenes Ereignis trug sich in Brindisi zu.
Dort träumte eine Dame, daß ihr jüngst verstorbener Vater ihr [682]
erschien und vier Nummern angab, die bei der nächsten Ziehung
der Staatslotterie unfehlbar herauskommen würden.
Die Dame kaufte die betreffenden Lose, und tatsächlich wurden
jene vier Nummern gezogen, so daß die Dame einen plötzlichen
Gewinn von zwei Millionen Lire einheimste.

TRAUM EINES MÄDCHENS
VON EINEM VERGRABENEN SCHATZ

Der sechzehnjährige Bauernjunge Pius Marconi, aus Todi gebürtig und Analphabet, schlief in einer Sommernacht des Jahres

1871 auf dem Treppenabsatz eines Kolonistenhauses bei Spina. Im Schlafe fühlte er, daß er gerüttelt wurde, und als er die Augen öffnete, sah er Luisa, ein Mädchen seiner Bekanntschaft, das in einem Nachbarhause wohnte.

683 Luisa sagte zu ihm: „Höre, mir hat soeben jemand im Traume gesagt, ich solle nachts in den Busch bei Ricciarello gehen. Dort, in nächster Nähe von Roccaccia und dann links gegen Querciabella, einen Schritt gegen Osten, läge ein Schatz vergraben. Ich antwortete im Traume, ich hätte Furcht, bekam aber darauf den Bescheid, ich könnte ein Mädchen zur Begleitung mitnehmen. Doch ich habe auch jetzt noch Angst, — du mußt hingehen, und wenn du den Schatz findest, wollen wir ihn teilen." Pius blieb zunächst ungläubig; zwei oder drei Tage lang drang das Mädchen in ihn, hinzugehen. Endlich, in der vierten Nacht entschloß er sich dazu. Er nahm eine Hacke und eine Laterne mit und begann an der bezeichneten Stelle zu suchen. In einer Tiefe von sechzig Centimetern fand er einen Stein mit eingegrabenen Worten, die er aber nicht lesen konnte. Er entfernte den Stein und entdeckte ein irdenes, graues Gefäß von eigentümlicher Form, das in einem kleinen, ummauerten Raum stand. Das Gefäß enthielt nichts als Kohlenstaub. Enttäuscht warf er es fort, so daß es zerbrach, und schickte sich zum Gehen an. Aber nach einigen Schritten besann er sich anders und beschloß, beim Laternenschein in der Nachbarschaft weiterzusuchen. Nach kurzer Zeit fand er ein kleines, irdenes, graues Gefäß. (Es hatte die charakteristische Form einer etruskischen Vase.) Das Gefäß enthielt dreizehn dicke, glänzende und wohlerhaltene Silbermünzen.

Pius verschwieg zunächst seinen Fund. Als er dann aber die dreizehn Geldstücke, um ihren Wert zu erfahren, einigen Leuten zeigte, versicherten sie ihm schlau, es seien Franken, und gaben ihm für seinen Fund dreizehn Scudi. Später erkannte man aus den Scherben der Graburne, daß es sich um ein sehr kostbares Gefäß gehandelt habe.

Ich erfuhr diese Begebenheit in San Vito in Monte (Provinz Perugia) im August 1896.

Luisa, die in Spina lebt, bestätigte mir die Tatsachen des Vorfalls.   (Mitgeteilt von Sante de Sanctis)

ZUSAMMENHANG ZWISCHEN EINEM TRAUM UND EINER HANDLUNG

Endlich aber werden auch andere, mitunter ziemlich geringfügige Begebenheiten von einigen Menschen haarklein vorhergeträumt, wovon ich selbst, durch eine unzweideutige Erfahrung, mich überzeugt habe. Ich will diese hersetzen, da sie zugleich die strenge Notwendigkeit alles Geschehenden, selbst des allerzufälligsten, in das hellste Licht stellt. An einem Morgen schrieb ich mit großem Eifer einen langen und für mich sehr wichtigen, englischen Geschäftsbrief. Als ich die dritte Seite fertig hatte, ergriff ich, statt des Streusands, das Tintenfaß und goß es über den Brief aus: vom Pult floß die Tinte auf den Fußboden. Die auf mein Schellen herbeigekommene Magd holte einen Eimer Wasser und scheuerte damit den Fußboden, damit die Flecke nicht eindrängen. Während dieser Arbeit sagte sie zu mir: „Mir hat diese Nacht geträumt, daß ich hier Tintenflecke aus dem Fußboden. ausriebe." 684 Worauf ich: „Das ist nicht wahr." Sie wiederum: „Es ist wahr, und ich habe es nach dem Erwachen der andern, mit mir zusammen schlafenden Magd erzählt." — Jetzt kommt zufällig diese andere Magd, etwan 17 Jahre alt, herein, die scheuernde abzurufen. Ich trete der Eintretenden entgegen und frage: „Was hat der da diese Nacht geträumt?" — Antwort: „Das weiß ich nicht." — Ich wiederum: „Doch! sie hat es dir ja beim Erwachen erzählt." — Die junge Magd: „Ach ja, ihr hatte geträumt, daß sie hier Tintenflecke aus dem Fußboden reiben würde." — Diese Geschichte, welche, da ich mich für die genaue Wahrheit derselben verbürge, die theorematischen Träume außer Zweifel setzt, ist nicht minder dadurch merkwürdig, daß das Vorhergeträumte die Wirkung einer Handlung war, die man unwillkürlich nennen könnte, sofern ich sie ganz und gar g e g e n meine Absicht vollzog und sie von einem ganz kleinen Fehlgriff meiner Hand abhing: dennoch war diese Handlung so strenge notwendig und unausbleiblich vorherbestimmt, daß ihre Wirkung, mehrere Stunden vorher, als Traum im Bewußtsein eines andern dastand. Hier sieht man aufs deutlichste die Wahrheit meines Satzes: Alles, was geschieht, geschieht notwendig.

(Mitgeteilt von Arthur Schopenhauer)

TODESAHNUNGEN

CHRISTIAN III., KÖNIG VON DÄNEMARK

Christian III. hatte, wie Selneccerus glaubwürdig berichtet, am 25. Dezember 1558 ein sonderbares Traumgesicht.

685 Er sah im Traum einen weiß bekleideten Mann vor sein Bett treten, welcher zu ihm sprach: wenn er was zu befehlen hätte, wie es nach seinem Tode im Königreich sollte gehalten werden, so möchte er es beizeiten tun, denn über acht Tage würde er sein Leben beschließen und in ein solches Reich versetzt werden, das weit schöner und seliger als das dänische wäre.

Der König ließ sich, als der zum Sterben bezeichnete Tag kam, das Abendmahl reichen, gab seinem Sohne Friedrich nötige Lehren, beschenkte seine Diener und fing, nachdem er sich wohl vorbereitet, zu den Umstehenden an: „Ich will singen, und ihr müßt mit mir singen, daß man sagen kann, der König von Dänemark habe sich selbst zu Grabe gesungen." Und mitten in dem religiösen Lobgesange, welchen er anstimmte, verstarb er.

MARIA VON MEDICI

Mai 1610. Maria Medici, der Gemahlin König Heinrichs IV. von Frankreich, wurden die nahen Tränen in einem seit alter Zeit immer unter dieser Bedeutung bekannt gewesenen Traumbild — durch Perlen — vorausgedeutet.

Es träumte der Königin, wie de Serres in der Lebensgeschichte Heinrichs IV. erzählt, wenige Tage vor der Ermordung ihres
686 Gemahls, die zwei kostbaren Diamanten, welche sie kurz vorher dem Juwelier zur Auszierung einer für sie in Arbeit gegebenen neuen Krone anvertraut hatte, wären in Perlen verwandelt worden.

Später wurde ihr dann noch in einem deutlicheren Traumbilde
687 die Ermordung des Königs vorausgesagt. Sie sah im Traume, wie der König in der Nähe des Louvre mit einem Messer getötet wurde.

CHARLES CHEVILLET CHAMPMESLÉ

Der Schauspieler Champmeslé starb ganz plötzlich am 22. August 1701.

Zwei Tage vor seinem Tode sah er im Traume seine verstorbene 688 Mutter und seine verstorbene Frau, die letztere winkte ihm, auch dahin zu kommen, wo sie jetzt sei.

Dieser Traum machte auf Champmeslé einen äußerst lebhaften Eindruck. Er erzählte ihn seinen Freunden, und sie bemühten sich vergebens, ihm den Traum auszureden. Tags darauf, es war an einem Sonntag, trat er in der „Iphigenie" in der Rolle des Ulysses auf. Während das Zwischenstück gespielt wurde, ging er im Foyer auf und ab und sang immerfort: „Adieu, paniers, vendanges sont faites." Am Montag ging er in eine Kirche und gab dem Küster dreißig Sous, mit der Bitte, eine Seelenmesse für seine Mutter und eine für seine Frau lesen zu lassen. Der Küster wollte ihm zehn Sous zurückgeben, doch Champmeslé sagte zu ihm: „Die dritte Messe soll für mich sein, und ich werde sie selbst anhören." Nach der Messe traf Champmeslé unterwegs einige Kameraden, plauderte mit ihnen eine Weile und lud sie noch zum Mittagessen ein. Mitten im Gespräch fiel er plötzlich tot um.

PRINZ EUGEN VON SAVOYEN

An den Fürsten Adam von Lichtenstein. Ryssel, 2. November 1708. Der Tod meiner Mutter geht mir sehr zu Herzen.

Es ist sonderbar, mich überfiel am 14ten nachmittags, als sie starb, nach Tisch ein Schlaf, dem ich, um die Fatiguen der Nacht desto besser aushalten zu können, nachgab.

Mir träumte, meine Mutter in den Trancheen tot zu sehen; die 689 Anstrengung, zu ihr zu kommen, machte mich wach.

Meinem Generaladjutanten, der im Zimmer saß, erzählte ich meinen Traum — dieser schien mir etwas betroffen zu sein. Rasch fragte ich ihn:

„Vielleicht ist es wahr? Wissen Sie etwas von ihr?"

„Ja, ich hörte von ihrer schweren Unpäßlichkeit reden."

„Oh!" sagte ich. „So kann der Traum wahr sein."

Und er war es.

CHRISTOPH VON SCHMID

Dillingen, Januar 1784. Im Herbst des Jahres 1783 habe ich meine Studien zu Dillingen begonnen.

690 Zwei Monate nachher, um das Fest der heiligen drei Könige 1784, träumte mir, ich wandle durch eine der düstersten Straßen meiner Vaterstadt Dinkelsbühl. Einer meiner liebsten Jugendfreunde begegnete mir im Traume und sprach zu mir: „Dein Vater ist sehr krank."

Ich erwachte und war sehr betrübt. Ich schlief wieder ein.

691 Da sah ich im Traume zwei Geistliche, die mir als unsere Hausfreunde wohl bekannt waren, in schwarzen Mänteln, die sie bei gewöhnlichen Besuchen nicht trugen, in unser Haus hineingehen. Ich erwachte wieder, noch bekümmerter. Ich schlief noch einmal ein.

692 Da sah ich im Traume eine Totenbahre aus dem Hause heraustragen. Geistliche und angesehene Herren begleiteten sie, eine Menge Volkes erfüllte die Straße. Trauergesänge und Posaunen erschollen.

Ich erwachte noch betrübter und blieb es den ganzen Tag. Mein Kostherr sagte öfter: „Was fehlt Ihnen denn? Warum sind Sie so traurig?" Ich gestand es aber nicht. Nach ein paar Tagen kam der Famulus meines Professors, einer meiner Mitstudierenden, und sagte: „Der Herr Professor läßt Sie rufen."

„Nun", rief ich, „ist es gewiß: mein Vater ist gestorben!" Mein Kostherr meinte, ich sei verrückt geworden. „Erst vor wenigen Tagen", sagte er, „war ja ein Bauersmann aus der Gegend von Dinkelsbühl hier und versicherte, Ihr Vater und alle die Ihrigen seien gesund und wohl." Ich aber sagte: „Sie werden sehen, daß ich recht habe!" und ging.

Der Professor fing an, von wissenschaftlichen Dingen zu reden; ich aber dachte: ‚Sollte ich mich denn irren? Es ist nicht möglich!'

Endlich fragte er: „Haben Sie schon lange keinen Brief mehr von Hause erhalten?" — ‚Nun', dachte ich, ‚ist es doch so, wie ich glaube.' Er sagte weiter: „Der Herr Pfarrer von Thannhausen im Riese hat mir geschrieben, Ihr Vater sei sehr krank geworden." Ich sprach erschüttert: „Sagen Sie es nur gerade

heraus — mein Vater ist gestorben." — „Wer sagte Ihnen das?"
fragte er. — „Niemand," sprach ich, „genug, ich weiß es." Nach
einigem Zögern und nachdem er die Krankheit als sehr gefährlich geschildert, sprach er endlich: „Er ist gestorben!"

AHNUNGSTRAUM EINES STUDENTEN

Professor Meier in Halle wurde eines Tages zu einem seiner Zuhörer gerufen, welcher gefährlich krank war. Der Patient versicherte seinem Lehrer, daß er gewiß sterben würde, weil er einen
sonderbaren Traum gehabt habe, und er habe Professor Meier
deswegen zu sich kommen lassen, um ihm diesen Traum anzu-
vertrauen, welchen er selbst aufgezeichnet und in sein Schreibpult
verschlossen hätte. Er gab Meier den Schlüssel zum Schreibpult
und bat ihn, die in einem Kästchen befindlichen Papiere nach
seinem Tode zu sich zu nehmen und, wenn sein Traum eingetroffen sei, ihn bekanntzumachen.
Der Student starb auch wirklich kurze Zeit darauf. Professor
Meier öffnete das Schreibpult und fand in einem versiegelten
Päckchen die Niederschrift des folgenden Traumes:
Ich ging im Traume auf dem Halleschen schönen Kirchhof 693
vor dem Galgtor spazieren. Die vielen Leichensteine und Epi-
taphien gefielen mir außerordentlich, ich besah eins nach dem
andern, las ihre Aufschriften und wollte mich endlich entfernen,
als ich auf einen Leichenstein stieß, welcher mir besonders auffiel. Ich las nämlich mit größtem Erstaunen meinen eigenen Vor-
und Zunamen darauf; aber noch bestürzter wurde ich, als ich sogar den Tag meines Todes darauf angezeigt fand. (Es war auch
wirklich der Tag des Monats, in welchem der Student starb.) Es
überfiel mich eine unbeschreibliche Angst, ich fing am ganzen
Leibe zu zittern und zu beben an. Nur das Jahr meines Todes
war mir nicht deutlich genug, der Leichenstein war hier und da
mit Moos bedeckt, und einer von diesen Moosklumpen saß gerade
auf der vierten Ziffer der Jahreszahl. Meine Neugierde, so ängstlich sie mich auch machte, trieb mich an, zur größten Gewißheit
zu gelangen, ich wollte das Moos wegkratzen, um auch die vierte
Ziffer kennenzulernen, — aber in dem Augenblick erwachte ich.
Der Student vermutete, daß die mit Moos bewachsene Ziffer der

Jahreszahl die gewesen sei, welche man eben damals schrieb, als
er krank wurde.

GRÄFIN TUTSCHKOW

Etwa drei Monate vor dem Einrücken der Franzosen in Rußland
694 träumte die Gattin des Generals Tutschkow, sie sei im Gasthaus
in einer unbekannten Stadt, und ihr Vater träte ein, ihren einzigen Sohn an der Hand führend, und sagte kummervoll: „Dein
Glück ist aus, dein Gatte ist gefallen. Bei Borodino ist er geblieben."
Dreimal kehrte der Traum wieder.
Sie war derart entsetzt, daß sie ihren Gatten weckte und ihn fragte:
„Wo liegt Borodino?" Sie suchten den Namen auf der Karte und
fanden ihn nicht.
Vor der Ankunft der Franzosen in Moskau erhielt Graf Tutschkow das Kommando über die Reserve.
Eines Morgens trat der Vater der Gräfin in das Hotelzimmer,
das sie bewohnte. Er führte ihren Sohn an der Hand und war
ebenso traurig, wie sie ihn im Traum gesehen hatte. Er sagte zu
ihr: „Er ist gefallen. Bei Borodino ist er geblieben."
Sie schlief in demselben Zimmer, mit denselben Möbeln wie in
ihrem Traum, und ihr Gatte war tatsächlich in der Schlacht an
den Ufern des Borodinoflusses gefallen, nach dem ein kleines
Dorf seinen Namen führt.

NAPOLEON

Sankt-Helena, Oktober 1816. Nach Tische erzählte der Kaiser
einen Traum, den er in der letzten Nacht gehabt hatte.
695 Es wäre ihm eine Dame, mit der er nur wenig bekannt gewesen
sei (Mad. Clarke, Herzogin von Feltre), erschienen, hätte ihm gesagt, daß sie gestorben sei, und sonst noch viele aneinander-
gereihte und vernünftige nähere Umstände beigefügt.
„Diese waren so klar, so bestimmt" — sagte der Kaiser — „daß
ich davon betroffen war; in einem solchen Grade, daß, wenn
ich hören sollte, diese Dame sei in der Tat gestorben, meine
Ansichten umgeworfen wären und ich mich ergeben und es so
halten müßte" — sagte er lachend, indem er einen unter uns

anblickte — „wie diejenigen, welche an Träume und Gespenster glauben."

AUGUST FERDINAND BERNHARDI

Berlin 1820. Er hat seinen Tod auf eine wunderbare Weise vorher geträumt, und die Geschichte ist, wie ich von mehreren weiß, zuverlässig.

Gleich als er um Ostern krank wurde, träumte er, er ginge unter 696 den Linden spazieren, es käme ein Sturm, und in dem Bewegen der Bäume fiele ein Blatt vor seine Füße nieder. Er nahm es im Traume auf und fand, daß es eine Berliner Zeitung war, in welcher erzählt stand, daß er am vierten Junius begraben worden sei.

Er hat den Traum gleich erzählt, und man wußte die Geschichte schon selbst in der Stadt vor seinem Tode.

Nachher träumte er noch einmal, daß er am zweiten Junius be- 697 stimmt sterben würde, und sagte es auch.

Beides ist pünktlich eingetroffen. Es ist doch sehr wunderbar.

(Mitgeteilt von Wilhelm von Humboldt)

ARMAND CARREL

Paris, 19. Juli 1836. Eines Tages erzählte er seinen vertrautesten Freunden mit folgenden Worten einen Traum, dessen Erinnerung ihn verfolgte:

Ich habe meine Mutter im Schlafe gesehen. Sie war schwarz ge- 698 kleidet und hatte die Augen voller Tränen. Erschrocken fragte ich sie: „Um wen weinst du? Um meinen Vater?" — „Nein." — „Um meinen Bruder?" — „Nein." — „Um wen trauerst du denn sonst?" — „Um dich, mein Sohn."

Am Tage nach diesem prophetischen Traume schrieb Armand Carrel im „National" jene Zeilen, auf die Herr Emile de Girardin eine Erwiderung gab (die das Duell zwischen ihnen zur Folge hatte. In diesem Duell wurde Carrel tödlich verwundet).

GUSTAV SCHWAB

Im Jahre 1841 machte Gustav Schwab eine Reise, auf die er bis nach Heidelberg seinen jüngsten Sohn Ludwig, der sich ganz

wohl befand, zu Verwandten mitnahm und, als er weiter reiste,
bei diesen zurückließ.

Als er nach mehreren Tagen über Frankfurt zurückkehrte und
699 bei Nacht im Eilwagen saß, träumte ihm, er habe seine Brieftasche
vor sich und sehe auf einem ihrer Blätter geschrieben stehen:

†

Schwab

den 14. Oktober.

Als er erwachte, war ihm der beängstigende Traum noch ganz
gegenwärtig, und als er nach Heidelberg kam, fand er seinen
Sohn sehr bedenklich am Nervenfieber erkrankt. Gerade an dem
im Traum bezeichneten Tage traten bei dem Sohne Zeichen
einer tödlichen Krise ein, sein Todeskampf begann, bald darauf
erfolgte auch sein Hinscheiden.

GIUSEPPE GARIBALDI

19. März 1852. Garibaldi fuhr in den ersten Monaten des Jahres
1852 als Kapitän des Kauffahrteischiffes „Carmen" von Chile
nach Asien. Eines Tages schlief er ermüdet von seinem Dienst
am Ausguck der Kommandobrücke ein und hatte einen furchtbaren Traum.

700 Er glaubt in der Heimat zurück zu sein und ein Trauergeleit
mit einer Bahre, die mit einem schwarzen Tuch bedeckt ist, zu
sehen. Ihm ist, als müßte ihm das Herz brechen, wenn er sich
nicht überzeugte, wer unter dem Tuche liegt. Nachdem er sich
der Bahre genähert, hebt er das Tuch auf; und wen erblickt er?
Seine Mutter! Sie ist bereits kalt und starr.

Und wirklich starb Garibaldis Mutter in Nizza genau an dem
Tage und in der Stunde des traurigen Traumes: es war der neun-
zehnte März, sein Geburtstag.

Das italienische Volk feierte später den neunzehnten März
immer mit der größten Begeisterung, Garibaldi aber nie, denn
er sah nunmehr diesen Tag als Unglückstag an. Erzählt uns
nicht Dante in der „Vita nuova" einen ähnlichen Traum, die
Vision eines Jünglings, der ihm den Tod seiner Beatrice ansagt?
Hätte Garibaldi im vierzehnten Jahrhundert gelebt, und wäre den
Nachfahren sein Traum übermittelt worden, wie viele würden

ihn heute eine Erfindung nennen. Doch ist dieser Traum so wahr, daß Garibaldi stets ganz erschüttert war, wenn er ihn noch nach vielen Jahren vertrauten Freunden erzählte. Und er pflegte die Erzählung mit den Worten zu schließen: „Ach, laßt mich in Frieden mit der Behauptung, es gebe keine Seele."

JULIUS RODENBERG

Es war der heiße Sommer 1854, und ich stand damals in Marburg dicht vor dem Rigorosum. Die Großmutter war nur ein paar Tage bettlägerig gewesen; aber sie, die so friedlich gelebt, sollte nicht ohne Todeskampf scheiden. Sie schien eingeschlummert, erwachte jedoch noch einmal in der Nacht, murmelte etwas, was mein Vater, meine Mutter und eine meiner Schwestern, die an ihrem Bette standen, für meinen Namen hielten — denn sie hatte mich, als den erstgeborenen ihrer Enkel, immer besonders liebgehabt. In derselben Nacht nun, ohne daß ich von ihrer Erkrankung etwas gewußt — denn man wollte mich in meinen Examenarbeiten nicht beunruhigen —, hatte ich einen beängstigenden Traum.

Es war eine drückend heiße Julinacht, und in jenem Zustande des Einschlafens, wenn das Bewußtsein aufhört und die Phantasie weiterarbeitet, sah ich plötzlich meine Großmutter vor mir; 701 traurig, wie ich sie nie gesehen, beugte sie sich über mich, sprach meinen Namen aus und verschwand, worauf ich alsbald mit Tränen in den Augen erwachte.

Tagelang konnte ich die Qual nicht loswerden, aber ich schrieb nichts davon nach Haus.

Als ich, einige Wochen später, nach absolviertem Examen heimkehrte, kam mir die Schwester entgegen. Lange wagte ich nicht zu fragen; endlich sagte ich: „Die Großmutter?" — „Sie ist tot", erwiderte die Schwester; und nun, da mir das Datum und die Stunde des Traumes unvergessen im Gedächtnis waren, erfuhr ich, was sich in jener Nacht an ihrem Sterbelager zugetragen.

AHNUNGSTRAUM EINER BRAUT

Susanna Kubler berichtet: Es war im Kriegsjahr 1870—71. Mein Bräutigam war Soldat der rheinischen Armee, und seit langen bangen Tagen war ich ohne Nachricht.

In der Nacht vom 23. August 1870 quälte mich ein seltsamer Traum.

702 Ich bin in dem Zimmer eines Hospitals, in der Mitte steht ein Tisch, auf dem mein Bräutigam liegt. Sein rechter Arm ist entblößt, und nahe der Schulter befindet sich eine große Wunde. Zwei Ärzte, eine Krankenschwester und ich sind bei ihm. Er sieht mich an und fragt: „Liebst du mich noch?"

Einige Tage nachher teilte mir die Mutter meines Bräutigams mit, daß er am achtzehnten August bei Gravelotte an der rechten Schulter tödlich verwundet worden war und am dreiundzwanzigsten August starb. Die Krankenschwester, die ihn gepflegt, teilte uns zuerst seinen Tod mit. Der Traum steht noch heute in greifbarer Deutlichkeit vor mir.

SOGAR DIE SECHS SILBERNEN ROSEN AM SARGE

Sara Morgan-Dawson berichtet: In den letzten Tagen des November 1871 — es war an einem Mittwoch und, wie ich glaube, der 22. — weilte ich bei der mir befreundeten Familie Davidson in New Orleans. Eine Frau Thilton war anwesend und erzählte verschiedene Träume, die sie gehabt und die immer in Erfüllung gegangen waren. Die Anwesenden kannten bereits die Wahrheit ihrer Berichte.

Betroffen von einer Erzählung dieser Dame rief nun unser Wirt aus:

„Madame, ich ersuche Sie, ja nicht von mir zu träumen!"

„Zu spät, mein Herr! Erst gestern abend habe ich von Ihnen geträumt!" Alles bestürmt sie, den Traum zu erzählen.

703 „Mir hat geträumt, daß ich von heute in sechs Wochen, einer dringenden Einladung von Ihnen folgend, Sie besuchte."

„Oh, der Traum läßt sich leicht verwirklichen, Madame! Ich werde Sie an dem bestimmten Tage zu uns bitten. Und Sie, mein Fräulein," wendete sich der Hausherr zu mir, „werden sicher uns auch die Ehre geben. Welcher Tag ist es?"

Einer der Anwesenden sah im Kalender nach: „Mittwoch, der dritte Januar 1872."

„Gut, wir wollen alle den Traum von Madame miterleben!"

„Oh, bitte, warten Sie, das ist noch nicht alles," warf Frau Thilton ein, „mir träumte noch," fuhr die Dame fort, „daß ich beim Eintreten dieses Haus leer und verlassen fände und daß ich Sie vergebens suche. Endlich habe ich in der Mitte des zweiten Salons einen großen Metallsarg gesehen; der Deckel war geschlossen, ich sah weiter nichts, aber ich wußte, daß Sie in dem Sarg liegen!"

Unser Wirt brach in Gelächter aus, ebenso alle Anwesenden, und Herr Davidson sagte scherzend zu seiner Frau:

„Oh, nur keinen Metallsarg, ich mag Metall nicht! Nur einen Sarg aus Palisanderholz bitte ich mir aus!"

Lachend versprach seine Frau, falls sie ihn überleben sollte, seinen Wunsch zu erfüllen.

Frau Thilton fuhr fort: „Ich sah nur einen Menschen im Salon und stellte mich neben ihn. An den Längsseiten des Sargdeckels sah ich sechs silberne Rosen."

Man lachte von neuem über diesen bizarren Sargschmuck; aber Frau Thilton blieb ernst und sagte: „Es hat selbst im Traum einen tiefen Eindruck auf mich gemacht."

Man trennte sich lachend und gab sich ein Stelldichein für Mittwoch, den dritten Januar.

Noch während der folgenden sechs Wochen wurde der Traum öfters scherzhaft erwähnt.

Am zweiten Januar 1872 fiel unser Wirt, Herr Davidson, einem fürchterlichen Zufall zum Opfer: er wurde von einer Lokomotive erfaßt und zermalmt.

Am andern Morgen wurde er in den Sarg gelegt; die Familie wünschte, daß niemand sein entstelltes Gesicht sehe, und ich übernahm die Wache am Sarge und blieb auch, nachdem der Deckel geschlossen worden war, auf meinem Posten. Frau Thilton kam, der Einladung folgend, in das Haus und fand im zweiten Salon den Sarg und nur mich bei ihm. Sie stellte sich an meine Seite; stumm, ohne uns anzusehen, standen wir bei dem Sarge. Plötzlich berührte sie meinen Arm und deutete auf sechs silberne Rosen, die die Längsseiten des Metallsarges zierten. Ich sah sie fragend an, und sie sagte: „Oh, erinnern Sie sich nicht? Die sechs silbernen Rosen, die ich genau so in meinem Traume gesehen habe!" Vierzehn Tage später sagte mir die Witwe: „Erinnern Sie sich jenes außergewöhnlichen Traumes? Alles kam, wie unsre Freundin es vorausgesehen! Bis auf den Sarg! Selbst in meinem Schmerz habe ich seinen Wunsch nicht vergessen."

Ich war unfähig, mich zu verstellen, und stammelte: „Aber es war doch ein Metallsarg!"

„Niemals! O mein Gott! Wer hat es gewagt, mir entgegenzuhandeln?"

„Und die sechs silbernen Rosen waren auch auf jeder Seite." Meine arme Freundin war ganz erschüttert. Man stellte den Leichenbestatter zur Rede. Ein Palisandersarg war nicht aufzutreiben gewesen, und nur ein Metallsarg war in der nötigen Größe vorrätig, so daß man diesen hatte nehmen müssen.

(Träume Nr. 702 und Nr. 703 mitgeteilt von Camille Flammarion)

BERNHARD VON GUDDEN

704 Eines Morgens im Frühling des Jahres 1886, als noch niemand an die bayrische Königskatastrophe denken konnte, erzählte der Geheime Medizinalrat Doktor Gudden in München sehr verstimmt am Frühstückstisch, er habe in der Nacht das schreckliche Traumgesicht gehabt, wie er im Wasser stehend mit einem Manne um sein Leben rang.

Bald hernach wurde der König Ludwig II. für geisteskrank erklärt und am zehnten Juni nach Schloß Berg am Starnberger See gebracht, wo der Geheimrat Gudden mit seiner Überwachung betraut ward.

Am dreizehnten Juni fand man den König und seinen Arzt als Leichen im Wasser des Sees. Der Arzt hatte, wie man noch erkennen konnte, mit dem irrsinnigen König im Wasser vergeblich um sein Leben gerungen.

EIN TRAUM, DER NICHT TRÜGT

705 Im Jahre 1895 träumte ein höherer Beamter im Marineministerium in Petersburg, namens Lukawski (seine Stellung erforderte nicht, daß er öfters das Meer befahren mußte), er befinde sich an Bord eines großen Schiffes. Dann erfolgt ein Zusammenstoß, er fällt ins Meer, hält sich eine Zeitlang mit einem anderen Passagier über Wasser und ertrinkt schließlich.

Von diesem Augenblick an ist er überzeugt, daß er durch ein Schiffsunglück ums Leben kommen wird. Er ordnet seine Angelegenheiten, wie wenn sein Tod nahe bevorstünde. Nach einigen Monaten beginnt er den Traum zu vergessen, als er plötzlich den Befehl erhält, in einen Hafen des Schwarzen Meeres abzureisen. Da fällt ihm sein Traum wieder ein. Vor der Abreise sagt er zu seiner Frau: „Du wirst mich nicht wiedersehen. Wenn ich tot bin, trage Trauerkleidung, aber nicht jenen schwarzen Schleier, der mir zuwider ist."

Zwei Wochen später stieß der Dampfer „Wladimir", auf dem sich Lukawski eingeschifft hatte, mit einem anderen Dampfer zusammen, wobei Lukawski ertrank. Ein Passagier des Dampfers „Wladimir", namens Henicke, der mit dem Leben davonkam, erzählte, daß er sich einige Augenblicke lang mit Lukawski auf einer Rettungsboje befand.

DER TRAUM ALS PROPHET

Wien, 2. August 1880. Baron L. Hellenbach beabsichtigt, seinen Kollegen, den berühmten Hauer, wegen einer wissenschaftlichen Frage aufzusuchen.

Nachts zuvor träumte er — ohne die Gestalt zu erkennen —, er [706] sehe einen Mann bleich und hinfällig, den zwei Männer unter den Armen stützen.

Am Morgen begibt er sich in das Geologische Institut, an dessen Spitze Hauer stand. Da Hellenbach die Tür nicht findet, sieht er durchs Fenster und erblickt das genaue Bild seines Traumes. Hauer hatte sich soeben mit Zyankali vergiftet.

(Träume Nr. 705 und Nr. 706 mitgeteilt von Ernest Bozzano)

DIE DREI SÄRGE

In den ersten Septembertagen träumte Frau Annette Jones, die Frau eines Zigarrenhändlers in Old gravel Lane in London, die ein krankes Kind hatte, sie sähe einen Wagen herbeifahren und [707] vor ihr halten. In dem Wagen standen drei kleine Särge, zwei waren weiß, der dritte, etwas größere, blaßblau. Der Kutscher nimmt den größten der weißen Särge herunter, stellt ihn vor die Frau hin und fährt mit den beiden andern weiter.

Mrs. Jones erzählt ihren Traum ihrem Gatten und einer Nachbarin und betont namentlich den merkwürdigen Umstand des blaßblauen Sarges.

Am 10. September schenkt eine Freundin der Jones einem Kinde das Leben. Es stirbt aber am 29. September. Am folgenden Montag, dem 2. Oktober, stirbt der sechzehn Monate alte Knabe der Jones gleichfalls. Es wird beschlossen, beide Kinder zugleich zu beerdigen. Am Morgen des Begräbnistages teilt der Geistliche den Jones mit, in der Nachbarschaft sei noch ein drittes Kind gestorben, und es sollte mit den beiden andern zusammen zur Kirche gefahren werden. Frau Jones sagt zu ihrem Gatten: „Die Särge unsrer Kinder sind weiß, ist der dritte blaßblau, so ist mein Traum in Erfüllung gegangen." Der dritte Sarg wird gebracht — er ist blaßblau.

Zu bemerken bleibt noch, daß die Särge genau die Größe hatten, wie es Frau Jones in ihrem Traum gesehen hatte: der kleinste war der für das zuerst gestorbene Kind, der zweite für den sechzehn Monate alten Jonesschen Knaben, der dritte, größte, blaue, für ein sechsjähriges Kind.   (Mitgeteilt von Maurice Maeterlinck)

EIN EREIGNIS IN DER SCHWEIZ
WIRD ZUGLEICH AUF JAVA GETRÄUMT

Soerabaja (Java), März 1918. Frau W. erzählte mir von der armen Frau M. Diese sagt, der Tod ihres Sohnes sei ihr im Traum angesagt worden. Am Samstag erfuhr sie abends das Telegramm aus der Schweiz. Aber am Dienstag nachmittag in der gleichen Woche fuhr sie nachmittags aufschreiend aus dem Schlaf.

708 Jemand hatte sie im Traum am Arm geschüttelt und hatte ihr laut zugerufen: „Er ist tot."

Sie war so verstört aus dem Nachmittagsschlaf aufgefahren, daß auch ihr Mann darüber erschrak. Und sie hatte ihm erzählt, man hätte gerufen: „Er ist tot." Aber weder er noch sie dachten dabei an den Tod des Sohnes, bis sie drei Tage später das Telegramm erhielten, und dann erinnerten sie sich wieder an den Schrecken vom Dienstag nachmittag, an die Stimme, die ihr im Traum zugerufen hatte: „Er ist tot."

Ich finde, die Schicksalsstimme hat die Mutter im Traum recht
vorsichtig benachrichtigt, da sie nicht sagte: „Dein Sohn ist
tot", sondern sagte: „Er ist tot." Dies war eine Vorbereitung
auf den großen Schrecken, aber es war noch nicht die Anzeige
des ganzen Schreckens. Ich sage immer, wir Menschen leben,
wie alle leben, im allwissenden Weltgeist, wir leben umgeben und
durchdrungen von allem Wissen des Geistes und des Gefühles.

(Mitgeteilt von Max Dauthendey)

VORAUSSEHEN EINER PERSON

LUIGI CAPUANA

Mein berühmter Freund Luigi Capuana hat mir im Jahre 1896
folgenden Traum erzählt.
Im Jahre 1867 träumte er lebhaft von einer brünetten Dame mit 709
äußerst ausdrucksvollen und sinnlichen Augen. Im Traume
machte er sich die Dame zu eigen und wachte mit einem starken
Eindruck auf, der längere Zeit anhielt.
Zwei oder drei Tage später begegnete er in der Via dei Calzajoli
einer Dame, und zitternd erkannte er sie als diejenige wieder, die
im Traume bei ihm gewesen war.   (Mitgeteilt von Sante de Sanctis)

DER ENGLÄNDER

Ich hatte einen Freund namens Sazin.
Als ich gestern abend von Dir nach Hause kam — schreibt er
mir —, hatte ich keine Begegnung, die die Entstehung meines
Traumes hätte veranlassen können. Ich schlief um halb zwei
Uhr ein.
Ich träume, daß ich mit Dir am Boulevard bin. Eine Dame der 710
Halbwelt, die ich kenne, geht vorbei, ein Vorübergehender redet
sie an und geht mit ihr weiter. Ich folge ihnen und bleibe als un-
sichtbarer Zuschauer in dem Zimmer. Der Mann ist groß und
blond und scheint ein Engländer zu sein. Ich kenne ihn nicht.
Wie groß ist mein Erstaunen, als ich heute morgen beim Vor-
übergehen an Nr. 68 der Rue de la Victoire diesen Mann und diese
Frau aus dem Haus treten sehe. (Mitgeteilt von Camille Flammarion)

ZWEI PERSONEN, DIE SICH AUS IHREN TRÄUMEN KENNEN

711 Leopold Reisinger berichtet: Im Jahre 1915 sah ich in einer längeren Traumreihe das Gesicht eines Mädchens. Ich könnte von dem Liebreiz des Antlitzes sprechen, wenn dieser den stärkeren Eindruck hinterlassen hätte. Aber der stärkere Eindruck war unsägliches Heimweh nach einer versunkenen Vergangenheit. Erst allmählich wandte sich meine Aufmerksamkeit während des Traumes dem Mädchengesicht selbst zu. Ich hob den Haarknoten vom Nacken des Mädchens weg und fand an einer bestimmten Stelle unter der blonden Fülle eine kleine, leicht gerötete Narbe. Als ich dieses Zeichen entdeckt hatte, wurde mir klar, daß ich selbst diese Narbe in einem früheren Leben verursacht hatte. In raschem Aufeinander zogen Bilder an meiner Seele vorbei: Feuer, Menschen in Tierfellen, Abschiedsschmerz, Kampf ... Ich zog im Traum das Gesicht des Mädchens an meine Brust und bat um Vergebung. Dann sprach die Gestalt zu mir: „Nun weißt du mein Merkmal und wirst mich auch im Leben wiedererkennen, selbst wenn du mein Gesicht vergessen haben solltest. Am Jahrestag werden wir einander begegnen." Nach diesen Worten wurde mein Traum leer.

Zehn Tage nachher ging ich eines Nachmittags durch die Neubaugasse, wo ich vor einem Schild, auf welchem ich „Plöhn, Maschineschreib- und Stenographielehranstalt" las, wie angewurzelt stehenblieb. Ich konnte einfach nicht weitergehen. Nun hatte ich schon damals eine gründliche Abneigung gegen Schreibmaschinen und Kurzschriftsysteme. Jenes Schild hatte also für mich eher abschreckenden als anziehenden Charakter. Nichtsdestoweniger konnte ich nicht weg von der Stelle. Ja, der Einfall, mich in diese Lehranstalt als Schüler zu begeben, erfüllte mich mit übermütiger Freude. Ich meldete mich in der Direktion und war nach Entrichtung der Gebühren berechtigt, sofort am Unterricht teilzunehmen. Die Entrichtung der Gebühr wurde mir bestätigt mit 15. September 1915. Das Datum verwirrte mich: ich hatte die Zwangsvorstellung, mich an etwas erinnern zu müssen, und dann die Empfindung, für diesen Tag eine Verabredung einhalten zu sollen, deren ich mich durchaus nicht entsinnen konnte. Ich mußte eine ganze Weile noch auf die Quittung geschaut haben, da mich die Direktrice noch fragte, ob alles stimme. Ich ging schließlich gleich in den Unterrichtsraum. Handelsbeflissene beiderlei Geschlechts saßen über ihren Heften. Ich war in ihre Stenographiestunde geraten. Der Unterricht langweilte mich tödlich. Ich legte mir den „Zarathustra" auf die Bank und las unbekümmert der Tatsache, daß ich nur in der ersten Bank einen freien Platz gefunden hatte und daher die Aufmerksamkeit der Lehrerin erregen müßte. „Gehen Sie in die Kanzlei, dort bekommen Sie Heft und Bleistift", sagte sie. Ich nahm Hut, Stock und Zarathustra und ging. Als ich die Tür des Klassenzimmers geschlossen hatte, öffnete sich die Tür des gegenüberliegenden Zimmers, und — meine Traumbekannte trat auf den Korridor. Ich war heftig erschrocken. Ich sah deutlich, wie sich das Gesicht des Mädchens mit einer Blutwelle übergoß; dann ein verwunderter Ausruf, und das Mädchen kam mir entgegen und bot mir die Hand. „Gehen wir fort von hier", sagte ich. „Ich habe mich doch eben einschreiben lassen", lachte sie und griff nach meinem Buch. Als sie den Titel gelesen hatte, hielt sie mir das Buch, welches sie in der Hand trug, hin. Es war ebenfalls „Zarathustra". Wir waren beide keines Wortes mächtig, gaben einander nur die Hand und gingen zusammen fort. Sie begann zuerst zu sprechen: „Ich habe von Ihnen geträumt, und als ich Sie oben erblickte, schienen Sie mir ein alter Bekannter; aber das werden Sie nicht glauben?" fragte sie ängstlich. Ich war völlig verwirrt, vermochte nicht an mich zu halten und fragte gänzlich unvermittelt: „Sie haben im Nacken unter den Haaren eine kleine Narbe?" — „Ja", sagte sie erstaunt.

Was dann in uns vorging, weiß ich nicht auszudrücken. Wir starrten uns an und hatten Tränen in den Augen.

VORAUSSEHEN EINER ÖRTLICHKEIT

FÜRSTIN RAGOSKA

Kurz bevor die Fürstin Ragoska von Warschau nach Paris reiste. hatte sie folgenden Traum:

712 Sie träumt, daß sie sich in einem Zimmer befindet, in welchem sie noch nie war, und daß ein ihr unbekannter Mann mit einem Becher zu ihr kommt und ihr daraus zu trinken anbietet. Sie erwidert, daß sie keinen Durst habe, und dankt ihm für sein Anerbieten. Der Unbekannte wiederholt seine Bitte und setzt hinzu, sie solle den Trank nicht ausschlagen, denn es sei der letzte in ihrem Leben. Sie erschrak darüber heftig — und erwachte.

Im Oktober 1720 kam die Fürstin munter und gesund in Paris an und bezog eine Wohnung; doch bald nach ihrer Ankunft wurde sie von einem heftigen Fieber befallen. Sie schickte sogleich zu dem berühmten Arzt des Königs, dem Vater des Helvetius. Der Arzt kam, und die Fürstin geriet in großes Erstaunen. Man fragte sie nach der Ursache ihres Erstaunens, und sie gab zur Antwort, daß der Arzt vollkommen dem Manne gleichsähe, den sie zu Warschau im Traum erblickt hätte. „Doch diesmal" — sagte sie — „werde ich noch nicht sterben, denn dieses Zimmer ist nicht dasselbe, das ich damals im Traume gesehen habe."

Die Fürstin wurde bald darauf wieder gesund und schien ihren Traum ganz vergessen zu haben; doch ein neuer Umstand brachte ihn ihr wieder in Erinnerung. Sie war mit ihrem Logis nicht zufrieden und verlangte, daß man ihr eine Wohnung in einem Kloster zu Paris herrichten möchte. Dies geschah auch. Die Fürstin zog in das Kloster ein; doch kaum war sie in das für sie bestimmte Zimmer getreten, so fing sie überlaut zu schreien an: „Es ist um mich geschehen! Ich werde nicht wieder lebendig aus diesem Zimmer herauskommen, denn es ist dasselbe, das ich zu Warschau im Traume gesehen habe."

Sie starb nicht lange darauf, zu Anfang des Jahres 1721, und zwar in diesem Zimmer an einem Halsgeschwür, das durch die Herausnahme eines Zahnes entstanden war.

DAS HAUS DES UNBEKANNTEN HELFERS

***s hatte das Unglück, daß ihm durch einen Bedienten eine beträchtliche Summe Kassengelder entwendet wurde. Durch den Diebstahl geriet ***s in große Verlegenheit, da er kein Vermögen hatte, nur die Einkünfte, die ihm sein Posten einbrachte. Der fehlende Betrag mußte vor Ablauf des Monats ersetzt werden, weil er dann Rechnung ablegen sollte und seine Kasse in Ordnung sein mußte. Zwar hatte er Freunde, doch sie waren nicht imstande, ihm eine so hohe Summe vorschießen zu können. Die Zeit der Kassenrevision nahte bis auf wenige Tage heran, ohne daß er Hilfe zu finden wußte.

Nun träumte er in einer Nacht, als ob ihm jemand sage: er [713] möchte in die ***Straße, in das ***Haus gehen; Straße und Haus waren ihm so deutlich durch bekanntere Häuser bezeichnet, daß er nicht irren konnte. In dem Hause nun solle er zwei Treppen hinaufgehen, sich aber auf der zweiten in acht nehmen, daß er nicht herunterfalle. So würde er das nötige Geld erhalten.

Am Morgen des folgenden Tages, während ihn dieser Traum noch ganz beschäftigt, kommt einer seiner Freunde zu ihm, dem er seine Traumgeschichte erzählt und von dem er auch erfährt, wer in dem bezeichneten Hause im zweiten Stock wohne; er selbst wußte dies nicht. Der Mann, den er da finden und der ihm Geld leihen sollte, war ihm fast unbekannt, er erinnerte sich nur, ihn ein einziges Mal in einer großen Gesellschaft gesehen zu haben. Da er von Träumen und Ahnungen nichts hielt, fand er es nicht ratsam, zu einem Unbekannten hinzugehen.

Er sucht also denselben Tag aufs neue Hilfe; doch vergebens. Nun, am zweiten Tag nach seinem Traum, glaubt er seiner eigenen Ruhe noch schuldig zu sein, zu dem Unbekannten zu gehen. Er wagt es daher und geht in das Haus, von dem er geträumt hatte, kommt die erste Treppe glücklich hinauf, und indem er auf die zweite gehen will, erinnert er sich der Warnung, nicht herabzufallen. Er geht langsam und bedächtig und ist nun fast oben, als eine Tür heftig geöffnet wird, und durch die schnell aufgerissene Tür öffnet sich eine kleine, unbefestigte Gittertür an der Treppe, so daß er durch diese ihm entgegenstoßende Gittertür leicht hätte in Gefahr geraten können, getroffen zu werden und herabzufallen. Ein ihm unbekannter Mann kommt heraus, bittet ihn um Verzeihung und entschuldigt sich mit der Dringlichkeit seiner Geschäfte. ***s vermutet, daß dies der Mann sei, zu dem er wolle, und trägt ihm ohne Umschweife sein Anliegen vor. Wie groß war sein Erstaunen, als er hört: „Warum sind Sie nicht gestern gekommen? Ich habe eine noch größere Summe verliehen und hätte sie Ihnen gern gegeben, wenn ich es eher gewußt hätte. Doch Sie sollen nicht vergeblich Ihr Zutrauen in mich gesetzt haben. Sie brauchen jetzt Hilfe; derjenige aber, dem ich gestern ein Kapital ausgezahlt habe, hat es jetzt so nötig nicht, und ich werde ihn zu bewegen suchen, einige Zeit zu warten."

Dies geschah.

DIE FORELLE IN DER SCHLEUSE ZU OXENHALL

In den „Times" vom 2. Dezember 1852 steht folgende gerichtliche Aussage: Zu Newent in Glocestershire wurde vor dem Coroner Mr. Lovegrove eine gerichtliche Untersuchung über den im Wasser gefundenen Leichnam des Mannes Mark Lane abgehalten. Der Bruder des Ertrunkenen sagte aus, daß er auf die erste Nachricht vom Vermißtwerden seines Bruders Markus sogleich erwidert habe:

714 „Dann ist er ertrunken: denn dies hat mir diese Nacht geträumt und daß ich, tief im Wasser stehend, bemüht war, ihn herauszuziehen."

715 In der nächstfolgenden Nacht träumte ihm abermals, daß sein Bruder nahe bei der Schleuse zu Oxenhall ertrunken sei und daß n e b e n   i h m   e i n e   F o r e l l e   s c h w a m m.   Am folgenden Morgen ging er, in Begleitung seines andern Bruders, nach Oxenhall: daselbst sah er   e i n e   F o r e l l e   i m   W a s s e r. Sogleich war er überzeugt, daß sein Bruder hier liegen müsse, und wirklich fand die Leiche sich an der Stelle.

Also etwas so Flüchtiges wie das Vorübergleiten einer Forelle wird um mehrere Stunden, auf die Sekunde genau, vorhergesehen!   (Mitgeteilt von Arthur Schopenhauer)

DIE ARKTISCHE EXPEDITION FRANKLINS

716 Walter Snoo, ein Freund von John Franklin, sah im Traum die Gegend, wo die Franklinsche arktische Expedition verunglückte. Als er erwachte, nahm er einen Bleistift, und da er guter Zeichner war, zeichnete er die Boote, die sie umgebenden Eisblöcke, kurz die ganze Gegend. Diese Zeichnung schickte er einem Freunde ein, dem Besitzer eines großen illustrierten amerikanischen

Journals. In dieser Zeitung wurde das Bild veröffentlicht, und eine kurze Beschreibung der Traumempfindung Walter Snoos wurde ihm beigefügt.

Als man viele Monate später die Reste der verunglückten Expedition in der Eisregion auffand, schickte ein Augenzeuge ebenfalls eine Zeichnung der Unglücksstelle ein: die Lage und Stellung der vereisten Körper, die Eisblöcke, die Boote, die Hunde, alles stimmte auf das genaueste mit der Zeichnung Snoos überein.

(Mitgeteilt von Camille Flammarion)

CROMWELL F. VARLEY

Folgenden Fall habe ich im Jahre 1860 erlebt. Ich ging an die Aufsuchung des ersten atlantischen Kabels. Als ich in Halifax anlangte, wurde mein Name durch Mr. Cyrus Field nach Harbour Grace telegraphiert, so daß ich, als ich dort anlangte, sehr herzlich empfangen wurde und sogar ein Souper vorfand. Das Souper zog sich in die Länge, und wir brachen spät auf. Ich mußte den Dampfer erreichen, der am nächsten Morgen abging, und meine Sorge war, rechtzeitig zu erwachen. Ich faßte den schon früher erprobten Entschluß, den starken Willen zu haben, am Morgen zur rechten Zeit wach zu werden.

Der Morgen kam, und ich sah mich selbst im Traume im Bette 717 fest schlafen. Ich versuchte mich aufzuwecken, aber ich konnte es nicht. Da erblickte ich einen Hof, in dem ein Haufen Bauholz lag, dem sich zwei Männer näherten. Sie stiegen auf den Holzhaufen, hoben einen schweren Balken auf und warfen ihn herab. Da träumte ich, daß eine Bombenkugel vor mir einschlug, und als die Männer den Balken herabwarfen, träumte ich, daß die Bombe geplatzt war. Dadurch wachte ich auf.

Ich ließ keine Sekunde verstreichen, sprang aus dem Bett und öffnete das Fenster. Da erblickte ich den Hof, das Bauholz und die beiden Männer, genau so, wie ich sie im Traum soeben gesehen hatte. Ich hatte vorher gar keine Kenntnis der Örtlichkeit. Am Abend, als ich die Stadt betrat, war es dunkel gewesen, und ich wußte nicht einmal, daß in dem Hause ein Hof vorhanden war. Offenbar hatte ich also alle diese Dinge im Geist gesehen, während mein Körper noch im Schlafe lag. Ich konnte das

Bauholz auf dem Hofe tatsächlich erst sehen, nachdem ich das
Fenster geöffnet hatte.

DER KRIEGSSCHAUPLATZ

A. Régnier berichtet: Im Jahre 1869 hatte ich eines Nachts
einen schrecklichen Alptraum.

718 Ich war Soldat, und es war Krieg. Ich machte alle Strapazen des
Soldatenlebens mit, den Marsch, Hunger und Durst, hörte die
Kommandos, das Gewehrfeuer und die Kanonenschüsse. Ich sah
die Toten und Verwundeten an meiner Seite fallen und hörte ihr
Stöhnen. Dann befand ich mich in einem Dorf, wo wir eine
schreckliche Attacke des Feindes (es waren Preußen, Bayern und
badische Dragoner) zu erleiden hatten. (Ich hatte nie vorher diese
Uniformen gesehen.) Plötzlich sah ich einen unserer Offiziere den
Kirchturm besteigen, um die Bewegungen des Feindes zu beobachten. Dann kam er zurück, wir bildeten eine Angriffskolonne,
und im Laufschritt ging es mit gefälltem Bajonett auf die preußische Batterie zu. Wir standen einander Mann gegen Mann
gegenüber, da versetzte mir einer der Artilleristen einen Säbelhieb über den Kopf und spaltete mir ihn in zwei Teile.
Ich war aus dem Bett gefallen und erwachte mit bösem Schädel-
weh. Bei meinem Fall hatte ich mir den Kopf an einem kleinen
Ofen verletzt, der mir als Tisch diente.
Am 6. Oktober 1870 verwirklichte sich mein Traum: das Dorf,
die Kirche, die Schule standen auf dem Platz genau wie in meinem
Traumbild. Unser Kommandant besteigt den Kirchturm, um die
Stellung des Feindes zu beobachten; dann kommandiert er, im
Laufschritt mit gesenktem Bajonett auf die feindliche Batterie zu
stürmen. Ich erwarte nun, wie in meinem Traum, den Säbelhieb,
der mir den Kopf spalten wird. Aber ich erhielt nur einen Kratzer
auf meinen Schenkel, vielleicht, weil ich den — für meinen Kopf
bestimmten — Hieb parieren konnte.

DAS KRANKENZIMMER

Dr. Golinski, Arzt in Krementchug, Rußland, berichtet: Ich
pflege um drei Uhr zu dinieren und dann ein bis anderthalb

Stunden zu schlafen. Im Juli 1888 liege ich wie gewöhnlich auf dem Kanapee und schlafe etwa um halb vier Uhr ein.

Ich träume, daß es läutet und daß man mich zu einem Kranken 719 holen kommt. Ich betrete dann ein kleines Zimmer mit dunklen Tapeten. Rechts von der Eintrittstür steht eine Kommode, auf dieser eine sonderbar geformte Lampe oder ein Kerzenleuchter. Mich interessiert diese kleine Lampe ungemein, ich habe nie eine ähnliche gesehen. Links von der Tür steht ein Bett, in dem eine Frau liegt, die einen starken Blutfluß hat. Ich weiß nicht, wieso ich ihre Krankheit kenne. Niemand ist anwesend, und ich träume undeutlich, daß ich medizinische Hilfsmittel anwende, um ihr zu helfen. Dann erwache ich auf ungewöhnliche Weise. Während ich meist langsam wieder erwache und zuerst in einem Zustand des Halbschlafes bin, fahre ich plötzlich auf, als ob mich jemand geweckt hätte.

Zehn Minuten nach meinem Erwachen läutet es, und ich werde zu einer Kranken gerufen.

Als ich das Krankenzimmer betrete, bin ich sehr betroffen, es ähnelt ganz dem meines Traumes. Die seltsam geformte kleine Petroleumlampe steht auf der Kommode rechts, und links ist das Bett.

Ich trete, kaum meiner Sinne fähig, zu der Kranken und sage ihr: „Sie haben einen Blutsturz." — „Ja," antwortet sie, „woher wissen Sie es denn?"

Ich frage die Kranke, wann sie nach mir geschickt habe. Sie antwortet, sie fühle sich seit dem Morgen unwohl. Um ein Uhr mittags sei ein leichter Blutsturz eingetreten, dem sie keine weitere Bedeutung beigelegt habe. Um zwei Uhr erst habe sie angefangen, sich zu beunruhigen, und legte sich zu Bett, hoffend, das Bluten würde dadurch aufhören. Um vier Uhr etwa habe sie sich entschlossen, nach mir zu schicken, da sie immer stärker blutete. Die Entfernung zwischen beiden Wohnungen beträgt etwa zwanzig Minuten.

PRINZESSIN EMMA CAROLATH

Im Einschlafen dachte ich noch mit großer Sorge an den Gesundheitszustand eines geliebten Wesens.

720 Da sehe ich mich im Traum in einem unbekannten Schlosse in einem achteckigen, mit rotem Damast ausgestatteten Kabinett. In dem Bett liegt die Kranke, deren ich mit so viel Sorge gedenke. Eine Lampe beleuchtet das blasse, lächelnde Gesicht, das von einer Flut schwarzer Haare umrahmt ist. Zu Häupten des Bettes hängt ein Gemälde, das einen tiefen Eindruck auf mich macht: ein Genius krönt Christus mit einem Rosenkranz. Ich sehe das Bild so deutlich, daß ich es zeichnen könnte, und lese die Verse von Schiller, die darunter stehen.

Zwei Jahre später bin ich Gast in einem ungarischen Schlosse. Als ich das für mich bestimmte Schlafgemach betrete, bleibe ich zitternd und betroffen stehen: es ist das achteckige, mit rotem Damast ausgeschlagene Zimmer meines Traumes, und zu Häupten des Bettes hängt das Christusbild mit den Versen Schillers. Dieses Bild ist nie kopiert oder reproduziert worden, und es ist unmöglich, daß ich jenes Appartement vorher je anders als im Traume sah.

(Träume Nr. 718—720 mitgeteilt von Camille Flammarion)

SO WEIT ÖFFNET SICH GEHEIME KUNDE

Im August 1910 sieht der Cavaliere Giovanni de Figueroa, einer 721 der angesehensten Fechtmeister von Palermo, im Traum eine Landschaft neben einer mit weißem Staub bedeckten Straße. Auf dieser gelangte er bis an ein weites Ackerfeld. Mitten auf diesem Ackerfeld erhebt sich ein Bauernhaus mit einem Erdgeschoß für Scheunen und Ställe, rechter Hand eine Hütte aus Laubwerk und ein Karren, auf dem Pferdegeschirre liegen.

Ein Bauer in dunklen Hosen und schwarzem Filzhut kommt auf ihn zu, fordert ihn auf, ihm zu folgen, und führt ihn hinter das Haus. Durch eine enge, niedrige Tür treten sie in einen kleinen Stall. Eine schmale Steintreppe führt im Innern hinauf bis über die Eingangstür. Ein Maultier, das an eine versetzbare Krippe angebunden ist, versperrt den Aufgang mit seinem Hinterteil; der Cavaliere muß es beiseite schieben und steigt die Treppe hinauf. Oben angelangt, kommt er in eine Art von Bodenraum, an dessen Decke Bündel von Wassermelonen, Tomaten, Zwiebeln und Maiskolben hängen.

In diesem Raume sieht er zwei Frauen und ein junges Mädchen. Durch die Tür, die ins Nebenzimmer führt, erblickt er ein hohes Bett, so hoch, wie er es noch nie gesehen hat.

Hier endet der Traum.

Er kommt ihm so seltsam vor, daß er ihn mehreren Freunden erzählt, deren Namen er angibt und die bereit sind, sein Zeugnis zu bestätigen.

Am 12. Oktober desselben Jahres will er einem Mitbürger, der von seinem Sekundanten begleitet wird, bei einem Duell beistehen. Er fährt im Automobil nach Marano, wo er nie gewesen ist, ja, das er nicht einmal dem Namen nach kennt. Kaum sind sie ins Freie gekommen, so macht ihm die weiße, staubige Straße einen merkwürdigen Eindruck. Das Automobil hält am Rande eines Feldes, das er wiedererkennt. Man steigt aus, und er sagt zu einem der Sekundanten: „Es ist nicht das erstemal, daß ich herkomme. Am Ende des Fußwegs muß ein Haus sein und rechts eine Hütte und ein Karren mit Pferdegeschirren darauf." In der Tat findet sich alles, wie er gesagt hat. Im nächsten Moment, genau in demselben Augenblick wie im Traume, kommt der Bauer mit den dunklen Hosen und dem schwarzen Filzhut auf ihn zu und fordert ihn auf, ihm zu folgen. Aber statt hinter ihm herzugehen, geht der Cavaliere voraus, denn er weiß ja schon Bescheid. Er findet den Stall, und genau an der Stelle, wo er vor zwei Monaten gestanden hatte, steht an seiner versetzbaren Krippe der Maulesel, der mit seinem Hinterteil den Aufgang versperrt. Der Fechtmeister geht die Treppe hinauf, sieht den Bodenraum mit der Decke, an der die Melonen, Tomaten und Zwiebeln hängen, und in einer Ecke rechter Hand die drei stummen Frauen — dieselben, die er im Traume gesehen hatte, während er im anstoßenden Zimmer das Bett erblickt, dessen Höhe ihm so aufgefallen war.

(Nach E. Bozzano, mitgeteilt von Maurice Maeterlinck)

VERBRECHEN UND TRAUM

VIERMAL IM TRAUME UND DANN
IN WIRKLICHKEIT ERLITTENES SCHICKSAL

Im Jahre 1790 wurde in Amsterdam eine schreckliche Mordtat begangen. Ein Mann, aus Locle gebürtig, seinem Beruf nach Uhrmacher, wurde von unbekannten Männern überfallen, von ihnen an Händen und Füßen gebunden und in den Kanal geworfen. Man zog ihn noch lebend aus dem Wasser, doch wenige Stunden darauf starb er, seine letzten Worte waren: „Ach, die Schurken!"

Unter den Papieren des Verstorbenen fand ich folgendes Billett, das wahrscheinlich kurz vor dem Überfall geschrieben worden ist:
722 „Diese Nacht habe ich einen schrecklichen Traum gehabt. Ich träumte, daß zwei Männer mich faßten, banden und ins Wasser warfen. Das ist das vierte Mal, daß ich im Laufe von fünf Wochen diesen Traum habe. Gott schütze mich!"

Man hat noch ein zweites Billett des Uhrmachers gefunden:
„Sollte ich das Leben durch irgendein Unglück verlieren, so ersuche ich diejenigen, die dieses Billett finden werden, Nachricht von meinem Schicksal meinem Vater, der Ratsherr in Locle ist, zu geben, damit er wisse, was seinem Sohne widerfahren ist."

Dies erzählte mir der Advokat N. Bondt, dessen Sohn von der Regierung beauftragt wurde, die hinterlassenen Papiere des Uhrmachers zu ordnen, und der unter den Papieren diese zwei Billette fand.   (Mitgeteilt von Pieter Nieuwland)

MORD AUS TRAUM

723 Ein Lehrjunge in Hamburg träumt, er werde auf dem Wege nach Bergedorf ermordet, und erzählt seinem Meister den Traum.
„Sonderbar ist es," sagt dieser, „daß du eben heute mit Geld nach Bergedorf mußt." Der Junge hat die größte Angst, aber er muß fort. Als er auf der Straße nach B. an eine berüchtigte einsame Stelle kommt, kehrt er um, geht ins nächste Dorf und bittet den Schulzen, ihm doch bis über diese Strecke hinaus einen

Begleiter mitzugeben. Der Schulze läßt seinen Knecht mitgehen. Sobald der Knecht den Jungen wieder verlassen hat, packt ihn noch einmal die Angst, er kehrt ins nämliche Dorf zu dem nämlichen Schulzen zurück und bittet ihn, ihm einen Begleiter bis ganz nach B. mitzugeben. Der Knecht muß abermals mitgehen. Nun erzählt der Junge diesem unterwegs den Traum, u n d d e r K n e c h t e r m o r d e t i h n.

(Mitgeteilt von Friedrich Hebbel)

TRÄUME EINER GIFTMÖRDERIN
IN DER UNTERSUCHUNGSHAFT

Mein Mann und ich gingen durch einen Wald, kamen an einem 724 eingezäunten Abgrund vorbei. Wir kamen ins Gruseln, in diesem Abgrund hielten sich Löwen auf. Link schimpfte und sagte: „Ich werfe dich gleich hier hinunter!" Schon lag ich tief unten. Die Löwen stürzten sich auf mich los, aber ich streichelte und liebkoste die Tiere, gab auch meine Stullen zu fressen. Diese Tiere taten mir nichts. Kletterte den Abhang beim Füttern herauf und sprang dann über den Zaun. Link aber sagte wütend: „Du Aas krepierst nicht." Hier war eine Tür, die nur angelehnt war. Ich gab Link einen Stoß, der stürzte hinunter. Die Löwen haben ihn zerrissen, und er lag dort in einer großen Blutlache.

Link kaufte einen kleinen Hund. Er wollte den Hund zum 725 Wachen erziehen. Nahm den Stock und haute das Tier ganz fürchterlich. Der Hund schrie schon, wenn er Link seine Stimme hörte. Ich konnte dieses nicht mit ansehen und schalt darüber, daß er das Tier so schlug: „Du erreichst im Guten und Lieben viel mehr." Da Link nicht hörte, nahm ich ihm den Stock fort und schlug ihn damit über den Kopf, daß er tot umfiel.

Es lagen im Saal lauter Tote. Dieselben sollte ich waschen und 726 anziehen, ich aber durch Unvorsichtigkeit eine Bank umstieß. Fielen die Toten alle zu Boden, beim Aufnehmen bekam ich das Gruseln, wollte so schnell eilen und rufen. Aber ich kam beim Laufen nicht von der Stelle, und der Ruf blieb mir im Halse stecken.

727 Hatte Termin. Meine Strafe wurde sehr hart. Als ich mir den Kopf zerbrach: wie endest du nun am leichtesten, kam eine Aufseherin und meinte: „Ich helfe Ihnen." Nahm ein Messer und schnitt mir den Körper durch.

728 In meinem Zimmer hatte ich eine ganz kalte Person, ob eine Sie oder einen Er weiß ich nicht; ob die Gestalt tot war, weiß ich auch nicht. Es tat mir so sehr leid, daß die Person so kalt war. Nahm ich einige glühende Kohlen aus dem Ofen und legte dieselben ans Bett, um damit die Person erwärmt werden sollte. Aber im Nu stand alles in Flammen, und ich war ganz von Sinnen, glich einer Wahnsinnigen.
Wer mir dieses Gefühl nachfühlen kann, wenn man erwacht, und ist nichts von wahr.

729 Eine Person stand mit einem Eimer, worin eine Schlange lag, im Zimmer. Die Person zeigte der Schlange den Weg, wo dieselbe schleichen sollte, und diese umzingelte mich und biß mich in den Hals.

730 Ich betrachtete eine weiße Fahne mit einem schwarzen Adler, rauchte eine Zigarette dabei. Aus Versehen brannte ich ein Loch herein. Wurde darum vors Kriegsgericht geführt und bekam lebenslänglich Zuchthaus. Aus Verzweiflung erhängte ich mich.

731 Wir übten uns im Ballfangen, mit vier Bällen. Die Bälle färbten sich in der Luft. Mit einem Mal hatten sich die Bälle verwandelt in Köpfe, die mich so anguckten, daß ich angst und bange wurde. Da bekam ich das Gruseln und lief fort. Aber ich strengte mich so sehr an und kam nicht von der Stelle. Da rief ich: „Muttchen, steh mir doch bei!" Aber auch dieses blieb im Halse stecken.
Als ich erwachte, war ich wie in Schweiß gebadet.

732 Ging über Land. Als wir eine Mühle erlangten, betraten wir dieselbe und baten um etwas Mehl. Der Müller so hartherzig war und uns die Tür wies, ärgerte ich mich wahnsinnig, gab ihm einen Stoß, und flog ins Mühlrad. Dort wurde er ganz zerstückelt.

Mein Mann hatte immer die Absicht, ins Ausland zu wandern. 733
Der Wunsch ging in Erfüllung, wo er mich mitnahm. Auf dem
Schiff wunderte ich mich über alles, was ich sah, wollte auch viel
wissen. Durch dieses viele Fragen wurde Link ungemütlich und
warf mich über Bord. Dieses hatte jemand gesehen, und wurde
gerettet. Als ich wieder bei Link war, paßte ihm das nicht; ich
wurde ihm lästig. Da packte es mich wieder, daß er mich erst
mitlockte, nun wollte er mich los sein. Da gab ich ihm einen
Stoß. Link fiel so unglücklich ins Wasser und kam nicht wieder
zum Vorschein. Aber ich sehe ihn immer hinter mir kommen.

„Hast mir doch immer versprochen, wolltest mir ein Paar Schuhe 734
kaufen, kannst mir den Wunsch doch erfüllen." — „Ja, ich werde
dir ein Paar Holzschuhe kaufen. Sind gut genug für dich." Ich
sagte nein, danke, dann will ich keine. Für dieses „Danke"
schlug er mich an den Kopf, so daß ich nicht wußte, was um mich
her war. Als ich langsam wieder zur Besinnung kam, saßen wir
in der Straßenbahn. Link sagte: „Hast du nun ausgemault?"
Da überlegte ich erst, was überhaupt los war. Da konnte ich mich
nicht beherrschen. Beim Aussteigen stieß ich ihn vor die Straßenbahn, wurde auch gleich überfahren, so daß er ganz zerstückelt
im Blute lag.

(Träume Nr. 724—734 mitgeteilt von Alfred Döblin)

DER TRAUM ALS BEWEISMITTEL

Das Düsseldorfer Schwurgericht verurteilte den Arbeiter Schramm
wegen Mordes an dem Arbeiter Johann Maaßen zum Tode. Seine
Überführung wurde auf ungewöhnliche Weise ermöglicht. In der
Nähe der Schellenburg bei Düsseldorf wurde eine männliche
Leiche aus dem Rhein gefischt, die zwei Kopfschüsse aufwies
und mit einem großen Stein beschwert war. Die Personalien des
Ermordeten konnten damals nicht ermittelt werden. Im März
war Schramm wegen eines anderen Deliktes mit einem anderen
Gefangenen zusammen in einer Gefängniszelle untergebracht.
Dort hat Schramm geträumt und im Traume laut gesagt: 735
„Schmeißt ihn in den Rhein, Strick um den Hals, Stein an-
binden."

Von seinem Mitgefangenen befragt, erzählte Schramm diesem den Vorgang am Rhein, den Namen des Ermordeten und den Namen eines Komplizen.

Die Leiche des seinerzeit aus dem Rhein gezogenen Mannes wurde nun ausgegraben und tatsächlich als die des Arbeiters Johann Maaßen identifiziert. Schramm bestritt später die Richtigkeit der seinem Mitgefangenen nach dem Traum gemachten Aussagen. Die Sachverständigen waren jedoch der Ansicht, daß in dem Traum und der nachfolgenden Erzählung die Wahrheit liege, so daß das Gericht das Todesurteil aussprach.

QUODLIBET

FRIEDRICH FREIHERR VON DER TRENCK

Im Gefängnis Magdeburg, 1754. Kaum gestattete mir der
wütende Hunger einen ruhigen Schlaf, so träumte mir, als ob
ich an einer großen Tafel schmausete, wo eben alle Speisen, die
ich vorzüglich gerne essen mochte, im Überflusse aufgetragen
waren. Ich fraß träumend wie ein Nimmersatt; die ganze Gesellschaft erstaunte über meinen Appetit.
Der Magen fühlte nichts in Wirklichkeit; desto begieriger fraß
ich denkend.
Ich erwachte, oder vielmehr der Hunger weckte mich; dann
schwebten mir die vollen Schüsseln vor den Augen, und dem
leeren Bauche blieb die rasende Sehnsucht.

DAS GEDÄCHTNIS IM TRAUME

Ein Freund von mir war in einer Bank von Glasgow als Kassierer
angestellt. Ein Mann kommt an die Kasse und verlangt die
Auszahlung von sechs Pfund. Es sind mehrere Leute vor ihm
da, die auf die Erledigung ihrer Angelegenheit warten. Aber der
Mann benimmt sich so ungebärdig und lärmend, daß einer der
Anwesenden den Kassierer bittet, erst dessen Sache zu erledigen,
damit der Mann sich entfernen könne. Dieser betrachtet es als
sein gutes Recht und wird noch ungeduldiger, aber der Kassierer
erledigt alles der Reihe nach.
Acht oder neun Monate später beim Jahresabschluß wollen die
Bücher absolut nicht stimmen, es fehlen immer sechs Pfund.
Mein Freund sucht Tag und Nacht vergebens nach dieser Summe.
Eines Nachts legt er sich, ermüdet von der Anstrengung, zu Bett
und schläft ein.
Er träumt, er sei im Bureau, der Lümmel von damals tritt an den
Schalter, und die Ereignisse jener Stunde spielen sich bildgetreu
vor ihm ab.
Er erwacht, und unter dem Eindruck dieses Traumes untersucht

er die Bücher und findet, daß er gerade diese Summe in seinem
Journal einzutragen vergaß, die genau dem Defizit entsprach.

(Mitgeteilt von John Abercrombie)

DIE SPINNE

Ein sehr hübsches wahrsagendes Traumgesicht erzählte mir einmal der Dichter Wilhelm Hertz. Seine Schwägerin, die mit
ihrem Mann in einer Pension in Genf lebte, wollte sich eines Tages
beim Zeichen der Tischglocke schnell noch die Hände waschen,
da sah sie ein kleines Spinnchen im Waschbecken zappeln. Sie
fischte es vorsichtig aus dem Wasser, um es zu retten, zog nach
dem Waschen schnell noch ihre Ringe an und ging zu Tische.
Unter der Mahlzeit bemerkte sie, daß ihr der wertvollste Brillant
aus einem der Ringe fehlte. Sie klagte den Nachbarn ihren Verlust, und nach Tische begann ein allgemeines Suchen; den Dienstboten wurde ein hoher Finderlohn versprochen, wenn sie den
Stein brächten. Alles umsonst. Des Nachts im Bette überdachte
sie nochmals alle Umstände, die mit dem Verschwinden des
Steins zusammenhingen.

738 Da träumte ihr gegen Morgen, die Spinne komme vor ihr Bett
gekrochen und gebe ihr den Rat, beim Aufstehen drei Schritte
gegen das Fenster zu machen und sich dann zu bücken, da werde
sie den Stein finden, und das solle ihr Dank für die Lebensrettung
sein.

Die Schläferin erwacht, ein allererster Lichtschein fällt durch die
Scheiben, sie gleitet leise vom Bett, um ihren Mann nicht zu
wecken, macht drei Schritte gegen das Fenster, bückt sich, aus
dem Teppich blitzt ihr etwas entgegen: der Brillant, der sich im
Gewebe verfangen hatte.

MITTELALTER UND ANTIKE

Ein Freund von mir träumte um die Zeit, wo er als Lehrer an
einer Erziehungsanstalt in Petersburg die Examina in neuer,
mittelalterlicher und antiker Geschichte abzunehmen hatte,
folgendermaßen:

739 Zuerst spazierte er durch die Straßen einer mittelalterlichen

Stadt, die an Nürnberg erinnerte. Da war ein aufgeregtes Gedränge, Menschen rannten hintereinander her, und plötzlich scheint es, als gelte die Jagd ihm. Einer ist ihm schon auf den Fersen und streckt ein Fangeisen nach seinem Hals, wie er vor langer Zeit in der Nürnberger Folterkammer eins als Werkzeug zur Menschenjagd gesehen hatte. Er rennt den Burgberg hinauf, zum Schloßhof hinein, flüchtet sich in den Turm und mit einem Satz über den Rand des tiefen Ziehbrunnens in den großen Eimer hinein, der sich alsbald mit ihm senkt. Gleichzeitig saust auch schon die Lanze des Verfolgers über seinen Kopf hinweg, aber er weiß sich völlig geborgen. Der Eimer sinkt in die Tiefe, unten wird es hell, er tritt heraus auf eine wundervolle Waldlichtung, und das erlebte Schrecknis ist weggewischt. Mitten im Grünen steht ein Blockhaus, worauf ein Pferdeschädel, derbe Kinder mit nackten Beinen spielen davor, die einen stochern in einem Ameisenhaufen, andere treiben sich johlend mit einem Schwein herum. Der Wanderer sieht noch im Vorübergehen, wie ein mächtiges Germanenweib, hochbusig, mit nackten Armen, aus der Hütte tritt und die Kinder packt, um sie wegzuholen. Dann hört er Pferdegetrappel, Reiter mit auf dem Wirbel zusammengebundenem Haarschopf kommen vorüber, anfangs betrachtet er sie mit Vergnügen, aber es werden ihrer immer mehr, sie schreien ihm in einer Sprache zu, die er als Gotisch erkennt, er merkt plötzlich, daß er wieder verfolgt ist, fängt aufs neue zu laufen an, rennt und rennt eine Waldschlucht hinunter, bis er an ein Törchen kommt, und stürzt hinaus mit der Gewißheit, daß ihm hier niemand mehr folgen kann. Er findet sich auf einer schön gepflasterten antiken Straße, zwischen wohlgeordneten Gräberreihen, die in eine römische oder großgriechische Stadt führt. Vornehm gesittete Reiter auf edlen Rossen kommen ihm entgegen, er betritt die Stadt, sieht die Inschriften an den Häusern, gerät auf den Markt mitten in eine Volksversammlung. Herrliche Cäsarenköpfe, wallende Togen tauchen auf, eine besonders gebietende Gestalt besteigt die Rednerbühne, aber gleich entsteht wieder ein Lärm, die schöne Ordnung wandelt sich abermals in Aufruhr. Der Träumer fühlt schon beklommen, daß sich die Dinge aufs neue gegen ihn zuspitzen wollen, aber ehe es so weit kommt, wird er durch einen Klingelzug von außen geweckt.

Es waren die verschiedenen Zeitabschnitte, in denen in dieser
Woche geprüft worden war; die Examensnöte der Schüler hatten
sich in eine Verfolgung des Lehrers verwandelt.

EINE SZENE AUS DEM ALTEN TESTAMENT

740 Ein anderer Traum versetzte ihn mitten ins Alte Testament: er
fand sich mit Abraham auf einer Bank vor dessen Hütte, während
der kleine Isaak, ein Junge mit semitisch-spitzigem Schädelbau
und blitzenden Zähnen, auf der Schwelle an einem übergroßen
Butterbrot kaute; eine wundervolle grüne Landschaft leuchtete
ringsumher, von weidenden Herden, schaffenden Mägden und
Knechten belebt. Aber der Erzvater, eine mächtige Gestalt mit
langem weißem Bart, war sehr erregt: ein kleiner Städtefürst aus
der Nachbarschaft hatte ihn beleidigt, worüber er sich nicht beruhigen konnte. Er sagte: „Wenn auch der Name Abraham gewiß eine friedliche Gesinnung verbürgt, so hab' ich doch nicht
die Absicht, mir alles gefallen zu lassen; dieser Heide, dieser
Kanaaniter soll mir büßen." Und die alte Sarah, die im Hintergrund wirtschaftete, mummelte mit zahnlosem Mund gleichfalls
Verwünschungen, indes Isaak weitermampfte. Der Träumer sagte
sich: „Hier bin ich ja mitten in einer mir wohlbekannten Bibel-
szene", aber er konnte sich nicht erinnern, wo die Stelle sich
finde, und über diesem Bemühen erwacht er.

Doch die Sache läßt ihm keine Ruhe, und da der Traum sich schon
verwischen will, schließt er noch einmal die Augen mit dem
Wunsch, die alte Gewißheit des Vorgangs wiederzuerlangen.
Er träumt auch sogleich wieder dasselbe: er sitzt auf derselben
Stelle und befindet sich in derselben Lage, die er in ihrem Verhältnis zur Bibel geklärt wissen möchte, glaubt aber aufs neue,
es sei eine ganz bekannte Sache, die er nur zu seinem Verdruß
nicht wiederfinde.

(Träume Nr. 738—740 mitgeteilt von Isolde Kurz)

EIN IM TRAUME VERÜBTER SELBSTMORD

Ein junger Kaufmann von etwa siebzehn oder achtzehn Jahren
reiste in ununterbrochener Fahrt mit Extrapost von Genf nach

Leipzig zur Ostermesse. Als er in Leipzig im Gasthof ankam, warf er sich ganz erschöpft vor Ermüdung in einen Stuhl, um ein wenig auszuruhen.

Kaum aber war er eingeschlafen, so wurde er von Träumen beunruhigt.

Es träumte ihm, daß er sich selbst umbringe, und während des Traumes quälte ihn eine so große Beängstigung, daß er sich gar nicht zu helfen wußte. Noch träumend sprang er auf, griff nach einem Messer, das ein Federmesser war, trat vor einen Spiegel, der in der Stube hing, und versetzte sich mehrere Stiche in den Hals, in die Herzgegend und in die Arme.

Das Blut strömte aus seinen Wunden, und er stürzte ohnmächtig zu Boden.

Kurz darauf trat der Gastwirt in die Stube, und da der Jüngling in diesem Augenblick aus seiner Ohnmacht erwachte, so bat er den Wirt, ihn doch zu retten. Man ließ einen Arzt kommen, und dieser fand, daß der junge Kaufmann gerettet werden könne, da die Wunden bloß Fleischwunden seien.

Auf die Frage, warum er sich habe umbringen wollen, erklärte er, daß er gar keine Ursache zu einer solchen Tat gehabt und nie an Selbstmord gedacht habe. Während des Traumes hätte er aber eine so fürchterliche Beängstigung und Beklemmung gefühlt, daß er glaubte, sich auf keine andere Art als durch Selbstmord von diesem peinigenden Zustande befreien zu können.

PROFESSOR CLEMENS VON PIRQUET

Karlsbad, September 1925. Der Chef der Kinderklinik an der Wiener Universität, Professor Freiherr von Pirquet, ein Arzt, der Weltruf genießt, ist das Opfer eines eigentümlichen Unfalls geworden. Professor Pirquet weilte mit seiner Frau zur Kur in Karlsbad und bewohnte ein Zimmer im ersten Stock des Hotels Pupp. Er litt seit einigen Tagen an einer Wurzelhautentzündung und hatte deshalb eine Dosis Veronal genommen, um die Schmerzen zu lindern.

In der Nacht erwachte seine Frau, von Hilferufen geweckt, die vom Hofe her ins Zimmer schallten. Das Bett neben ihr war leer, das Fenster stand offen. Im Hof lag Professor Pirquet, der aus

dem Fenster gestürzt war und ernste Verletzungen erlitten hatte.
Er erzählte, daß er das Opfer eines entsetzlichen Traumes geworden sei.

742 Er habe geträumt, er sei in einem brennenden Stall und werde
von allen Seiten von Flammen umzingelt. Deshalb habe er das
Fenster aufgerissen und sei hinuntergesprungen.

Ohne Zweifel war der furchtbare Angsttraum eine Folge des un-
gewohnten Veronals.

TRÄUME BLINDER PERSONEN

TRAUM EINES BLINDEN BUCHHÄNDLERS

Der blind geborene Windbrecht in Augsburg, der sich mit dem
Handel alter Bücher abgab, träumte, es wolle ihm jemand 743
Nouëts Betrachtungen abkaufen.
Er stand auf, holte alle zwölf Bände aus einem Schrank, in dem
sie zerstreut unter mehr als tausend Büchern standen, und stellte
sie auf den Tisch.
Wie er geträumt hatte, der Handel sei aus, so legte er sich wieder
nieder.
Sein Weib sah ihm zu. Als sie ihn am Morgen fragte, ob er heute
nacht närrisch gewesen sei, so erinnerte er sich an den gehabten
Traum.

EXPERIMENTELL ERREGTE TRAUMBILDER
JUGENDLICHER BLINDER

Die gestorbene Mutter kommt von den Toten zurück, steigt aus 744
einem Grabe und geht in ein Zimmer. Er sieht seine Tante,
deren Rechte mit dem Aufwickeln von Garn beschäftigt ist; er
selbst hat etwas in der Hand und hört die Tante sagen: „Wenn
du eine Nadel vollgestrickt hast, kannst du die Arbeit weglegen."
Er befindet sich plötzlich in einem Schloß, wo er keinen Ausgang
findet; er geht hunderttausend Treppen hinab, dies kommt ihm
sehr seltsam vor. Als er damit fertig ist, sagt ihm ein Unbekannter, er sei acht Tage hinabgegangen. Während es im Anfang
des Traumes hell war, ist es jetzt dunkel. Er kommt auf eine
Eisfläche hinaus, einen Fausthandschuh an der rechten Hand,
fällt durch das Eis hindurch; ein grauer Vogel reißt ihn empor.

Er nimmt ein Bad, sieht viele Fische, nimmt sie mit den Händen 745
und wirft sie aufs Land. Findet eine Wand im Wasser und setzt
einen Fuß gegen sie. Ein Fisch beißt ihn in den Fuß, er will
ihn mit der Hand greifen, eine „Glockenkette" (vielleicht ist hier

eine Meduse gemeint) schlingt sich ihm um die Finger und die Hand, mit der anderen Hand wirft er sie weg.

746 Er bekommt zum Geschenk einen Stuhl, wie er ihn im Schlaf-zimmer hat, mit einer kleinen Schublade darin, in der sich Weizen-wecken befinden. „Vielleicht werde ich sie nehmen?" fragt einer. — „Willst du Kampf haben?" Er sieht die Weizenwecken wie am Tag, klein und rund, und befühlt sie. „Du hast ein Psalmenbuch zerstört", sagt eine Lehrerin einem Dienstmädchen. Er sah das kleine, schwarze, mit glänzenden Rändern versehene Buch.

(Träume Nr. 744—746 mitgeteilt von Prof. J. Mourly Vold)

FRIEDRICH HITSCHMANN

747 Ich erinnere mich, daß ich einst als Knabe im Traume eine Addition vornehmen sollte; plötzlich wurde mir klar, daß ich, ohne es selbst zu wissen, multipliziert hatte, und die Vorstellung von der auf diese Weise entstandenen ungeheuren Zahl erfüllte mich mit unaussprechlichem Entsetzen.

Ich erwachte, in Angstschweiß gebadet, und rief der Mutter, die hilfreich an mein Lager eilte, zitternd entgegen: „Ach Gott, es wächst der Länge und der Breite nach", wobei mir unklar der Be-griff des Quadrierens vorgeschwebt haben mag.

748 Ich fand mich, wie mir das oft begegnet, im Traume in meine Schulzeit zurückversetzt, und ein Lehrer fragte mich, was für Unterrichtsgegenstände heute vorgenommen worden wären, wo-bei er sich der in Schulen gebräuchlichen Redewendung bediente: „Was habt ihr heute gehabt?" An diese Form seiner Frage an-knüpfend, brachte ich auf dem Umwege eines Wortspieles zu-gleich die Empfindung zum Ausdruck, daß der Kopf mich heftig schmerzte, indem ich antwortete: „Wir hatten Geographie, Ge-schichte und — Kopfweh, letzteres allerdings nur ich allein", worauf der Lehrer bemerkte: „Dieser Zusatz ist auch höchst nötig gewesen."

Kurze Zeit nach der Lektüre der „Geschichte des Don Carlos" von St. Real, welche Schiller bekanntlich als Quelle für sein
749 Drama benutzte, träumte ich eine am spanischen Hofe spielende Geschichte voll Kabale und Intrigen, in welcher eine Prinzessin

die geheimen Ränke ihrer Schwester aufdeckte und ihr in Beantwortung, ich weiß nicht mehr welcher Frage, zürnend zurief:

> „Weil du nach Spaniens Königskrone trachtest,
> Die du dir in den Brautkranz flechten willst."

OSKAR BAUM

Aus den Träumen in den ersten Nächten nach meiner Erblindung
ist mir einer klar in Erinnerung:
Ein Schiff mit sonderbar zerfetzten Segeln, veränderlicher wie 750
buntfarbiger Nebel, auf dem Hintergrund von üblichem, blassem
oder weißlich-grauem Nebel. Das Schiff schwamm im Festland,
in einer Art flüssigem oder vielleicht nur durch dieses eine
Schiff mühelos zerteilbarem Festland. Die Uniform der Menschen auf dem Schiff und um das Schiff herum trug die Farben
der Franzosen, Engländer und Indianer, deren Kämpfe in Nordamerika die Lektüre meiner letzten sehenden Tage gewesen
waren. Nie werde ich den Schmerz vergessen, den ich empfand,
wenn die phantastisch übergewaltigen Tropenbäume mit allerhand gold- und silberleuchtenden Früchten rechts und links vom
Schiff aus mit Kanonen oder eigentlich nur mit Pulverdampf
vernichtet wurden. Und die Spannung, wenn wieder ein neuer
dieser Märchenbäume in Sehweite um das langsam daher-
gleitende Schiff hinter den bald wie Wolken, bald wie Tier-
schemen wechselnden Segeln auftauchte!

Am qualvollsten ist mir die Traumerscheinung meines ältesten, 751
sehr geliebten Bruders, der während des Krieges im zweiund-
vierzigsten Jahr starb, ein Mensch von kühnster Aufrichtigkeit
und Ungeniertheit. Oder eigentlich ist er es selbst gar nicht, der
mir erscheint — das ist das Grausige. Mit allen kleinsten, mir
so vertrauten lieben Eigentümlichkeiten ausgestattet, kommt er
immer gerade von der Reise — mein Bruder war geschäftlich viel
auf Reisen gewesen — lebensvoll und wirklich ist er da, spricht,
ißt, plauscht, so daß ich mich innerlich schäme, ihn für tot gehalten zu haben. Und doch taucht ein Mißtrauen auf, erst zaghaft,
meine Liebe will es nicht aufkommen lassen, aber es wird immer
mächtiger, die Erscheinung wird immer übertriebener, falsche

komödiantische Züge mischen sich ein, sie wird zur Fratze meines Bruders. Bis ich mit letzter, todesbereiter Verzweiflung ihn packe und anfahre: er sei es ja gar nicht! Und siehe da — ein angst-schlotternder Schwindler, Hochstapler gesteht, daß er den ihm von Geschäftsreisen Wohlvertrauten nur kopiert habe, um irgend-welche Vorteile von mir zu erlangen.

Und ein ekles, schales Gefühl von der Unverläßlichkeit des Heilig-sten macht mich lebensmüde, und an solchem Tage kann ich nie etwas Richtiges leisten.

Mit geringen Variationen kehrte dieser Traum schon zwei- oder dreimal wieder.

752 Im allgemeinen aber habe ich kein Grauen vor der Erscheinung geliebter Verstorbener im Traum.

Da ist ein Jugendfreund, einst mein Bettnachbar im Blinden-institut, ein Epileptiker, dem ich oft bei nächtlichen Anfällen die verkrampften Hände löste und den Mund trocknete. Er ist jung, nach Angabe seiner Familie während eines solchen nächtlichen Anfalls durch einen unglücklichen Sturz gestorben. Andere da-gegen behaupten hartnäckig, er habe sich erschossen.

Erscheint er mir, ist es, als ob ich unversehens einen guten alten Bekannten in fremder Gegend träfe. Er führt mich immer durch lustige Lokale, wo es viele Mädchen, aber keinen freien Tisch für uns gibt und sich niemand um uns kümmert. Oft beginnt der Traum schon mit diesem Suchen, als ob wir die ganze Zeit seit dem vorigen Traum schon vergeblich gesucht hätten. — Manchmal schließt sich plötzlich hinter uns eine Tür, wir stehen in einem stillen Raum, er hat sein kindliches Lachen und zeigt im Hinter-grund auf eine alte Frau, die uns vorwurfsvoll ansieht. Er geht auf sie zu, ich will ihn zurückhalten — da öffnet sich hinter ihr wieder ein lärmendes Café mit vielen besetzten Tischen, und er lacht und geht mir wieder voraus, aber so, daß ich ihn sehr gut hören kann; er plauscht ohne Ende. Er hat die Gewohnheit, nach wenigen Worten wegen allzu reicher Speichelbildung, den Atem immer zischend zwischen den Zähnen einzuziehen. Einmal fragte ich ihn, ob es wahr sei; ich wußte selbst nicht recht, was ich damit meinte (vielleicht seine Todesursache). Er wurde ärgerlich, oder richtiger: verlegen, wurde undeutlich und zerging.

Dieses Zergehen der Gestalten im Traum ist das Aufregendste
für mich, diese Deutlichkeit des Undeutlichwerdens, des Ver-
schwimmens.

Von Träumen ohne jede für mich merkbare Anknüpfung an Erlebtes habe ich nur einen aus jüngster Zeit im Gedächtnis, da ich
Träume leicht vergesse.

Ich stand auf einem steinigen, buckligen Abhang, wahrscheinlich 753
auf einem sehr hohen Berg, und eine Dame mit einem Apparat,
den ich nie gesehen hatte, kam auf mich zu. Ein Kästchen auf
zwei Elfenbeinstäbchen, das beim Näherkommen sich als ein
riesiger grüner Tierkopf darstellte, der ohne Körper fröhlich
weiterzuleben schien. Zwei dünne Darmfetzen hingen ihm nur
aus dem Halse, die, steif und beweglich zugleich, wie ein Ersatz
für Gliedmaßen in den Händen der Dame staken. Plötzlich öffnete
sich das Krokodilmaul, und ich sah, daß es hohl war und dahinter
ein schreckenblasses, sehr junges, zierliches Mädchengesicht, das
gar nichts mit den länglichen, knochigen, etwas mürrischen Zügen
der Dame gemein hatte, die mit dem Kästchen aus der Tiefe her-
aufgetaucht war. Da höre ich verschiedene Stimmen, ich drehe
mich nach rechts und links — (was mir bei Tage selbstverständlich
ist: die Menschen, mit denen ich spreche, nicht zu sehen, ist mir
im Traum unerträglich). Ich kann nirgends die Menschen um
mich her entdecken. (Die Qual meiner ersten blinden Tage.) Aus
dem Staunen der Blicke, die ich aber deutlich auf mir ruhen fühle,
und der Stimmen, merke ich endlich, daß ich selbst dieses grausige
Tierfragment zu werden mich anschicke; ich fühle, wie meine
Beine sich sonderbar zu verengen beginnen, und hinter mir ist
dies Mädchengesicht, das also vor mir solche Angst hat. Wie ich
mich nun auch wende, es wird mir immer in meinem Rücken
bleiben; in dieser Angst erwache ich.

WAS MAN ALS KIND TRÄUMTE

Die Welt wird Traum, der Traum
wird Welt.   Novalis

CARL PHILIPP MORITZ

Als ich ein Knabe von ungefähr zwölf Jahren war, überredete
ich mich einige Tage lang fest, daß eine junge Kaufmannsfrau
in unserer Nachbarschaft tot sei, bis ich sie einmal vor der Tür
stehen sah und über ihren Anblick sehr erschrak.

754 Nachdem ich aber etwas nachdachte, fiel es mir plötzlich ein,
daß mir vor einigen Tagen von dem Tode dieser Frau geträumt
hatte, so daß ich sie in einem Sterbekittel im Sarge liegen sah.

Die Ideen vom Traume hatten sich nicht gehörig verdunkelt
und sich daher mit den Ideen von der Wirklichkeit vermischt.

BARON FRIEDRICH DE LA MOTTE FOUQUÉ

In der Brandenburger Kinderstube schlief einige Zeit lang, eines
Familienbesuches halber, Fritz mit zwei andern Kindern bei-

755 sammen. Da kam ihm ein entsetzlicher Traum, und eines leisen
Schauders kann sich auch der Sechziger noch jetzt beim Aufschreiben nicht erwehren, so kindisch auch die Erscheinung
herauskam.

Eine nach damaligem Geschmack ehrbarlich geputzte Madame
war es, die hereintrat, einen Strick in der Linken, ein Messer in
der Rechten, und ganz gelassen sagte: „Nun haltet euch hübsch
ruhig, Kinder. Denn erst muß ich euch binden und nachher euch
schlachten."

Eben die äußere Gewöhnlichkeit war es, welche dem kleinen
Träumer die bedrohliche Kunde so überaus schrecklich machte
und weshalb er so entsetzt aus seinem Schlaf emporfuhr.

Ich meine sogar, er habe das wunderliche Ding mehr denn einmal im Traume gesehen.

Als er es den Spielgenossen wiedererzählte, waren auch die
seltsam ergriffen davon, aber auch bald ebenso seltsam damit

vertraut. Eine „Bind-Madame" hieß in der kleinen Genossen-
schaft jene Erscheinung und ward fortan häufig aus Papier oder
Spielkarten mit der Schere nachgebildet. Wie man etwa zu
fragen pflegte: „Soll ich dir ein Pferd ausschneiden oder einen
Hund?", so fragte man auch ganz unbefangen, ob eine „Bind-
Madame" ausgeschnitten werden sollte.

Winzig klein, wie er in der doch längst schon beiseite gelegten 756
Bilderfibel zu sehen war, stieg König Xerxes auf, oder es kamen
auch zwei moderne Wildfänge, bei Wein und Spiel erzürnt die
Degen aufeinander zückend, wie sie ein Taschenkalender zur
moralischen Warnung dargestellt hatte, ebenfalls die Erscheinungen im Traume im kleinen Format geblieben. Und die allzu-
mal wollten ein gewisses geisterhaftes Anrecht auf den Knaben
geltend machen, und das ihm recht Entsetzlichste dabei war
eben ihre schauerliche Kleinheit.
Eine Zeitlang fast allnächtlich kamen diese Traumgesichte
wieder, fast ohne alle Variationen dieselben und just um ihrer
Einförmigkeit willen fürchterlich, weil ihnen ebendas einen
Anspruch auf die Realität der Erscheinungen des wachen Zustandes zu verleihen schien.

November 1788. Man wollte dem armen Fritz, wie sehr er auch
begehrte, seine Mutter noch einmal zu sehen, die Leiche nur dicht
verschleiert zeigen. Mochte vielleicht die Verwesung bereits ihr
grauenvoll entstellendes Werk begonnen haben an der einst so
holden Gestalt? Sehr mutmaßlich bei dem Faulfieber, an welchem sie gestorben war. Sonst hätte sich dieses anmutige Gesicht unmöglich so rasch entstellen können. Und an sich war die
Sorge lobenswert, die man trug, dem Sohn das Bild seines
Mütterleins unverstört zu erhalten. Dennoch, bei diesem phantastischen Knaben zog auch das Verhüllen schauerliche Folgen
nach.
Ihm träumte nämlich — irre ich nicht, war es gleich in der 757
ersten Nacht —, er schleiche sich in tiefster Dunkelheit einsam
nach dem Sterbelager der Mutter hin. Und dann richte sich die
Leiche auf und fasse nach ihm mit langen, kalten Armen und er-
fasse ihn und ziehe ihn grauenvoll gewaltsam an ihre kalte Brust.

Im Sträuben sich freizuringen, warf er dann etwas, das ihm in
die Hand kam, nach dem plötzlich unheimlich gewordenen, spuk-
haft verschleierten Wesen. Und was war es, das er geworfen
hatte? Ein überaus zierliches, buntbemaltes Döschen, ihm vor
wenigen Wochen durch die Mutter geschenkt, ob seines ganz ab-
sonderlichen Wohlgefallens daran, als er es einst unerwartet
unter ihren Schmucksächlein fand. Und nun hatte er es nach der
lieben Leiche geschleudert voll wahnsinnigen Entsetzens und erwachte darüber, und zwar unter den furchtbarsten Schauern der
Selbstanklage.

Dreimal in drei aufeinander unmittelbar folgenden Nächten kam
dieser aus sehnsüchtiger Liebe und tollem Grauen zusammen-
gewobene Traum wieder, und das noch schrecklichere Erwachen
daraus zu Gewissensbissen.

HEINRICH STEFFENS

Ich erinnere mich eines Traumes aus meiner Kindheit mit völliger
Klarheit. Ich schlief mit einem Bruder in einem Bette.
758 Im Traume sah ich mich in eine einsame Straße versetzt, ein wildes
Tier von bizarrer Gestalt verfolgte mich, ich konnte — wie öfters
der Fall ist —, von Schrecken ergriffen, nicht rufen, ich lief die
Straße entlang, das Tier kam immer näher. Endlich erreichte ich
eine Treppe und konnte, durch die Angst erstarrt und durch das
Laufen erschöpft, nicht weiter. Ich ward von dem Tier ergriffen
und schmerzhaft in die Lende gebissen. Dieser Traum war mir
nach dem Erwachen in allen Teilen völlig klar. Durch den Biß
erwachte ich — und mein Bruder hatte mich in die Lende
gekniffen.

JOHANN PETER ECKERMANN

Ich erzählte Goethen einen merkwürdigen Traum aus meinen
Knabenjahren, der am andern Morgen buchstäblich in Erfüllung
ging.

„Ich hatte" — sagte ich — „mir drei junge Hänflinge erzogen,
woran ich mit ganzer Seele hing und die ich über alles liebte. Sie
flogen frei in meiner Kammer umher und flogen mir entgegen und
auf meine Hand, sowie ich in die Tür hereintrat. Ich hatte eines

Mittags das Unglück, daß bei meinem Hereintreten in die Kammer einer dieser Vögel über mich hinweg und zum Hause hinausflog, ich wußte nicht wohin. Ich suchte ihn den ganzen Nachmittag auf allen Dächern und war untröstlich, als es Abend ward und ich von ihm keine Spur gefunden hatte. Mit betrübten herzlichen Gedanken an ihn schlief ich ein und hatte gegen Morgen folgenden Traum.

Ich sah mich nämlich, wie ich an unseren Nachbarhäusern umher- 759 ging und meinen verlorenen Vogel suchte. Auf einmal höre ich den Ton seiner Stimme und sehe ihn hinter dem Gärtchen unserer Hütte auf dem Dache eines Nachbarhauses sitzen; ich sehe, wie ich ihn locke und wie er näher zu mir herabkommt, wie er futterbegierig die Flügel gegen mich bewegt, aber doch sich nicht entschließen kann, auf meine Hand herabzufliegen. Ich sehe darauf, wie ich schnell durch unser Gärtchen in meine Kammer laufe und die Tasse mit gequollenem Rübsamen herbeihole; ich sehe, wie ich ihm sein beliebtes Futter entgegenreiche, wie er herab auf meine Hand kommt und ich ihn voller Freude zu den beiden andern zurück in meine Kammer trage.

Mit diesem Traume wache ich auf. Und da es bereits vollkommen Tag war, so werfe ich mich schnell in meine Kleider und habe nichts Eiligeres zu tun, als durch unser Gärtchen zu laufen nach dem Hause hin, wo ich den Vogel gesehen. Wie groß war aber mein Erstaunen, als der Vogel wirklich da war! Es geschah nun buchstäblich alles, wie ich es im Traume gesehen. Ich lockte ihn, er kommt näher; aber er zögert, auf meine Hand zu fliegen. Ich laufe zurück und hole das Futter, und er fliegt auf meine Hand, und ich bringe ihn wieder zu den andern."

RAHEL VARNHAGEN

In meinem siebenten Jahre träumte mir einmal, ich sähe den lieben 760 Gott ganz nahe, er hatte sich über mir ausgebreitet, und sein Mantel war der ganze Himmel; auf einer Ecke dieses Mantels durfte ich ruhen und lag in beglücktem Frieden zum Entschlummern da.

Seitdem kehrte mir dieser Traum durch mein ganzes Leben immer wieder, und in den schlimmsten Zeiten war mir dieselbe Vorstellung

auch im Wachen gegenwärtig und ein himmlischer Trost: ich
durfte mich zu den Füßen Gottes auf eine Ecke seines Mantels
legen und da jeder Sorge frei werden; er erlaubte es.

FRIEDRICH HEBBEL

Ich habe übrigens wirklich in meiner Kindheit einmal geträumt,
761 den lieben Gott zu sehen; es war ein schwankes Seil hoch am
Himmel aufgeknüpft, auf das setzte er mich und schaukelte
mich. Ich hatte große Angst, wenn ich so in die Wolken hinauf-
flog, und wollte mich immer, wenn das Seil wieder die Erde berührte, herausstürzen, aber ich hatte den Mut nicht. Ich erinnere
mich aller dieser Empfindungen noch aufs deutlichste; ich
meine die roten Steinchen, die ich an der Erde bemerkte, wenn
mein Blick sie streifte, noch zu sehen.

GOTTFRIED KELLER

Zürich, 1824. Ich war ein Kind von kaum fünf Jahren, als ich von
einer Nachbarin sagen hörte, man werde ihre Vermählung feiern.
762 Ich verstand „Vermehlung" und träumte gleich darauf von ihr,
das heißt von der Person, wie sie entkleidet, in einen Backtrog
gelegt und mit Mehl eingerieben und zugedeckt wurde, und
dieser Traum hinterließ mir einen sehnsüchtig-traurigen Eindruck, der mich lange Jahre trotz allen Gelächters nie verließ.

CARL SPITTELER

Tausend kleine Dinge und Vorkommnisse des wachen Lebens,
die den abgestumpften Erwachsenen gänzlich kalt lassen, die er
nicht einmal mehr sieht und, wenn er sie sieht, nicht bemerkt,
rühren dem Kinde, weil es noch frisch fühlt und weil ihm die
Erdendinge neu sind, bis in die Seele und erzeugen Traum-
spiegelungen im Schlafe.
763 Ich kann aus meiner Erfahrung berichten, daß mir ein Eisengitter
um ein Haus, ein flüchtiger Blick in ein Kellergeschoß in der
darauffolgenden Nacht ernste, tiefsinnige Träume verursachten,
daß auf größere Neuigkeiten, zum Beispiel auf den erstmaligen
Anblick strömenden Wassers, ein wahrer Traumsturm folgte.

Und wie golden schon die Landschaftsbilder in den Träumen des Erwachsenen leuchten mögen, die Landschaften, die der Traum des Kindes malt, sind noch viel seliger und süßer. Die Träume meiner zwei ersten Lebensjahre sind meine schönste Bildersammlung und mein liebstes Poesiebuch. — Von den Sehnsuchtsträumen kennt das Kind wenigstens den Liebestraum, jenen Traum, der über eine herzinnige Gegend den Seelenodem eines geliebten Menschen wie einen Schmelz hinhaucht, während vielleicht die Gestalt des Geliebten in dem Gemälde gar nicht sichtbar wird. So erging es mir als Kind mit meiner Großmutter. Welche Märchenlandschaften immer der Traum mir vorzaubern mochte, unfehlbar schwebte der Geist meines Großmütterchens darüber.

FRÉDÉRIC MISTRAL

In einem wunderhübschen Bach, der klar, durchsichtig und blau 764 wie das Gewässer von Vaucluse um den „Mas" herumfloß, erblickte ich prächtige Büschel von großen grünen Iris, die eine feenhafte Menge von goldenen Blüten im Sonnenschein leuchten ließen. Wasserlibellen kamen geflogen und ruhten sich mit ihren blauseidenen Flügeln auf den Blüten aus; und ich? Ich schwamm ganz nackt in dem herrlichen, lieblichen Wasser und pflückte mit beiden Händen ganze Bündel — ja ganze Armevoll von blonden Lilien. Und je mehr ich pflückte, desto mehr ·schossen empor. Mit einemmal höre ich eine Stimme, die mir laut zuruft: „Frédéric!"
Ich wache auf, und was sehe ich! Eine große Handvoll goldgelber Teichlilien leuchtete auf meinem Bettchen.

ROBERT LOUIS STEVENSON

Die beiden größten Sorgen seines engen Erdendaseins, die praktische alltägliche, die seine Schulpflichten mit sich brachten, und jene höchste und letzte, die sich um Fegefeuer und Jüngstes Gericht drehte, verschmolzen oft zu einem fürchterlichen Nachtgesicht.
Er glaubte selbst vor dem hohen weißen Thron zu stehen, er 765

wurde aufgerufen, der arme kleine Kerl, und sollte einige Wort-
formen aufsagen, von denen sein Schicksal irgendwie abhing;
doch seine Zunge stockte, sein Gedächtnis war leer, die Hölle
griff nach ihm — da erwachte er mit hochgezogenen Knien und
hing an der Stange seiner Bettgardinen.

WELTUNTERGANG

766 An ihrem fünften Geburtstage war sie in Hampstead in der Nähe
einer Kirche, deren Uhr die Stunden etwas laut schlug.

Eines Morgens erzählte sie ihrem Vater folgenden Traum (ich
gebrauche ihre eigene Sprache): die dicksten Glocken der Welt
läuteten. Als dies vorüber war, fielen Erde und Häuser in
Stücke; alle Seen, Flüsse und Teiche flossen zusammen und bedeckten das ganze Land mit schwarzem Wasser, so tief wie die
See, auf der die Schiffe fahren. Die Menschen ertranken. Sie
selbst flog über das Wasser, hoch und niedrig, in voller Angst,
hineinzufallen. Dann sah sie, wie ihre Mama ertrank, und flog
schließlich nach Hause, um es ihrem Papa zu erzählen.

(Mitgeteilt von James Sully)

DREI TRÄUME VON KÜHEN

Ein Knabe, welcher in der Stadt wohnte und zu den Ferien auf
dem Lande sich aufhielt und dort alltäglich in einer Gartenlaube
zu sitzen pflegte, von der aus unmittelbar die Viehweide des
Dorfes zu übersehen war, träumte:

767 Er sitze lernend in der Gartenlaube und sehe durch einen schmalen Ritz des Gartenzauns eine unmittelbar dahinter weidende
Kuh. Auf einmal springt die Kuh durch diesen schmalen Ritz
hindurch in den Garten, und der Knabe nimmt Reißaus.

Derselbe Knabe träumte bald darauf ein andermal:

768 Er sei in einem kleinen, sehr häßlichen Prüfungssaal, und der
Hauptlehrer seiner Klasse nimmt eben die Versetzung vor. Auf
einmal sieht der Träumer, daß eine Menge häßlich gelber Kühe,
wovon einige mit nur einem Horn, mitten unter den Schülern
seien und wie der Lehrer gleichfalls über deren Versetzbarkeit
entscheide. Immer urteilt der Lehrer wechselweis ein paar Knaben

ab und dann wieder eine Kuh, bei allen Kühen aber sagt er:
„Du bist unreif", so daß zuletzt auf der einen Seite des Saales
sich alle versetzten Knaben, auf der anderen aber die unversetzten
Knaben und Kühe befanden.

Er träumte einmal: Es war Festtag unter den Kühen, und er 769
selbst begibt sich zu den Kühen auf die Weide. Aber die Kühe
sind nun nicht unten auf der Weide, sondern er sieht sie in der
Luft fliegen, die Beine breit voneinander, dazwischen so wie ein
Tisch, auf dem sie ritten, und den Schwanz hoch in die Höhe.
Dann kommt er auf eine andere Weide, und da sieht er ein Stück
von einem Wagen und einen Baumstamm aneinandergebunden,
voran an der Deichsel befestigt ist ein schwarzes Pferd; das
Pferd berührte noch die Erde, das andere Zeug drehte sich in
der Luft fliegend fortwährend im Kreise herum. An den Baumstamm und Wagen in der Luft hing sich von der einen Seite
ein Zwerg, von der andern eine ziemlich dicke Frau; der Zwerg
hatte einen breiten Rücken und eine braune Jacke an. Nun aber
wundert sich der Träumer, Frau und Zwerg auf einmal wieder
unten zu sehen; die Frau verschwindet unmittelbar, der Zwerg
aber geht in den Wald. Anstatt dessen aber steht der Oheim
des Träumers vor ihm, mit dem er in die Gartenlaube geht, woselbst er noch mehrere bekannte Personen vorfindet.

(Mitgeteilt von Karl Albert Scherner)

DER WITZ

Helene N. (zwölf Jahre, Vater tot). Ich träumte, mein Vater 770
wäre bei uns gewesen. Da saßen wir gerade bei der Zeitung, und
als ich so las, kam ich auf einen Witz. Ich las ihn vor. Da hörte
ich, wie mein Vater so feste an zu lachen fing.
Und wie ich aufwachte, war all die schöne Herrlichkeit vorbei.

DIE RÄUCHERKAMMER

Wilhelm S. (zehn Jahre). Mich träumte diese Nacht, mein Vater 771
ging vor den Schrank, um etwas zu holen. Da erblickte er einen
Mann, der die Treppe hinaufging, mit einem Korbe. Mein Vater
fragte ihn, was er oben wollte. Er sagte, er wollte Äpfel holen.

Mein Vater warf ihn hinunter und sagte, hier hätte niemand etwas zu suchen. Da ging mein Vater in die Küche. Plötzlich schlich sich der Mann hinauf, aber mein Vater lief hinterher. Als der Mann meinen Vater sah, lief er in seiner Angst in die Räucherkammer. Weil aber geräuchert wurde, fiel er in die Öffnung hinunter und war tot.

(Träume Nr. 770 und Nr. 771 mitgeteilt von A. Busemann)

DAS VERSTECK

772 Veronika J. (fünf Jahre). Ich bin mit Mutti an einem Haus vorbei-gegangen, wir haben durch ein Fenster in ein Zimmer hinein-geguckt, ein Mann tanzte in der Stube herum und hatte die Gardine zugezogen. Die Frau des Mannes sagte zu Mutti, ich sei nett. Ich habe mich mit einigen Jungens versteckt, und in dem Versteck bemerkten wir, daß der Mann drin war. Da sind wir fortgelaufen, und er hat uns, Gott sei Dank, nicht gekriegt. Der Mann hat mir zugerufen, ich solle einen Tag bei ihm bleiben, und da habe ich angefangen zu weinen.

TRÄUME DER TIERE

Ferner scheinen nicht nur die Menschen zu träumen, sondern 773
auch Pferde, Hunde, Rinder, ferner auch Schafe und Ziegen und
die ganze Klasse der lebendiggebärenden Vierfüßler. Die Hunde
verraten es aber durch Bellen.   (Aristoteles)

Die Pferde kehren die Ohren im Schlafe vor- und rückwärts, der 774
Hund dreht seine Nasenflügel hin und her, als beröche er seitwärts etwas, das Hornvieh ruminiert im Schlafe, das Schwein bewegt die Rüsselspitze, und die Jagdhunde bellen und bewegen
die Füße im Traume: lauter Beweise, daß auch bei Tieren die
Sinne im Traume tätig sind.   (Gruithuisen)

Der Jagdhund träumt oft vom Jagen, er spürt, schlägt an, setzt 775
nach: aber sein Gebell ist nur leise und heiser, und die Bewegungen der Füße haben zwar den regelmäßigen Rhythmus wie
beim Laufen, sind aber nur schwache Vibrationen.   (Burdach)

Alle Hunde schlafen gern und viel, aber in Absätzen, und ihr 776
Schlaf ist sehr leise und unruhig, häufig auch von Träumen
begleitet, die sie durch Wedeln mit dem Schwanze, durch
Zuckungen, Knurren und leises Bellen kundgeben.   (Brehm)

Der Königliche Wildmeister Balla beobachtete öfter, daß Spür- 777
hunde Jagdszenen träumten, er unterschied an dem leisen Gebell
oder Geheul, das sie im Schlafe ausstießen, ob sie von dem Ren-
kontre mit einem Fuchs oder einem Hasen träumten oder vom
Apportieren der Beute. Das Gebell war in jedem Fall von leichten Bewegungen des Kopfes und der Glieder begleitet.
                                    (Sante de Sanctis)

FESTSTELLUNGEN
ZU DEN
TRÄUMEN

Geburts- und Sterbedaten wurden angegeben, um die Feststellung, in welchem Lebensjahr oder wie viele Jahre vor
dem Tode jemand den Traum gehabt hat, zu erleichtern.
Da in der Traumliteratur Träume oft inhaltlich ungenau erzählt, die bibliographischen Quellen unbestimmt oder falsch
angegeben sind, so habe ich mir zur Aufgabe gemacht, nur
Träume zu bringen, deren Texte ich quellenmäßig nachgeprüft habe, und nur Quellen zu zitieren, für deren Richtigkeit
ich einstehen kann. Dies war um so mehr nötig, als hier nicht
selten noch unberücksichtigte Texte gegeben, noch nicht
entdeckte Quellen der Traumliteratur zugeleitet werden.

Hier wurde in vielen Fällen der Versuch unternommen, das Wacherlebnis als die Quelle des Traumes zu finden und unter den oft dichten Schleiern der Traumphantasie Form und Umriß der Tageswirklichkeit zu erkennen. Durch Aufzeigen des Zusammenhanges zwischen Eindrücken, Empfindungen und Gedanken des Wachbewußtseins und dem Traumgeschehen sollten Wesensart eines Menschen verdeutlicht, seine Charakterzüge aufgehellt, die Stärke und Richtung seiner Erlebnisse bestimmt werden.

In einer Abhandlung über die Lichtwirkung beim Photographieren machte Strindberg darauf aufmerksam, daß das Licht des Mondes auf eine Bromsilberplatte im Entwickler eine stärkere Wirkung als das Sonnenlicht ausübt. Bei der hier versuchten Seelenphotographie übte auf die Platte, auf der das Bild aufgefangen werden sollte, eine intensivere Wirkung als das Licht eines Wirklichkeitsfaktums die Strahlung aus, die vom Traumgeschehen ausging.

Man kann Traumtexte wie ein Palimpsest lesen, wie bei diesem unter der beseitigten Schrift der ursprüngliche Text wieder sichtbar wird, so entdeckt man im Traumtext unter den Zeichen, die mit ihren Arabesken, Schnörkeln, Windungen, durch ihr Kreuzundquer verwirren, den ursprünglichen Text einer Geschichte.

Bei der Konfrontierung der Träume mit den Tatsachen des persönlichen Wachlebens mußten oft zur Verdeutlichung des individuellen, religiösen, politischen, künstlerischen Erlebnisses und Schicksals die historische Umwelt und die Zeitgeschehnisse berücksichtigt werden; neben dem Monolog sollte auch der Chor hörbar werden. Um dies in einem gewissen Sinne zu erreichen, war es notwendig, Namen zu nennen, Begebenheiten zu erwähnen, Orte anzugeben, Daten festzuhalten, manchmal in fast schon erdrückender Fülle, und man fühlte dabei die Wahrheit der Worte, mit denen Goethe auf die Schwierigkeit und Plage einer Forschungsarbeit hinwies, „es ist ein Meer auszutrinken,“ sagte er zu Eckermann, „wenn man sich in eine historische und kritische Untersuchung dieserhalb einläßt.“

ERZVÄTER

Literatur: Ernst Moering: Theophanien und Träume in der biblischen Literatur, auf ihre Darstellungsform untersucht. Göttingen 1914.

Die Träume der Bibel sind Offenbarungsträume. Gott gibt dem Menschen im Traume seinen göttlichen Willen kund, er erscheint dem Träumenden, redet mit ihm, stellt ihm Belohnung oder Bestrafung in Aussicht. „Im Traum, im Nachtgesicht, wenn tiefer Schlaf auf die Menschen fällt, im Schlummer auf dem Lager, dann öffnet er der Menschen Ohr und drückt ihrer Verwarnung das Siegel auf, von seinem Tun den Menschen abzubringen und den Mann vor Hoffart zu schirmen." (Hiob 33, 15—17.)

Gott kommt des Nachts im Traume zu König Abimelech und befiehlt ihm, er solle Sara dem Abraham zurückgeben, denn sie sei Abrahams Weib; tue er das nicht, so sei er des Todes. (Gen. 20, 3 flg.) Er offenbart sich Jaakob im Traume und verheißt ihm und seinen Nachkommen Schutz und Segen. (Gen. 28, 10 flg.) Im Traume erhält auch Jaakob den Befehl, in das Heimatland zurückzukehren. (Gen. 31, 13.) Gott warnt im Traume Laban, Jaakob ein böses Wort zu sagen. (Gen. 31, 24.) Er erscheint im Traume Samuel, um ihm das Urteil über die Familie Elis zu verkünden (1. Sam. 3, 10 flg.), zeigt sich zu Gibeon dem Salomo im Traume und sagt ihm, daß er ihm eine Bitte gewähren wolle. Und als Salomo die Gabe der Unterscheidung zwischen Gut und Böse erbittet, verspricht er ihm die Erfüllung dieses Wunsches und auch Reichtum, Ehre, Auszeichnung und langes Leben. (1. Kön. 3, 5 flg.)

Gott offenbart sich auch durch Träume den Propheten.

Und wie der Traum, so wird auch die Deutung eines Traumes von Gott eingegeben. Jossef sagt zu den Gefangenen, die sich darüber beklagen, es wäre niemand da, der ihnen ihren Traum deuten könnte, daß die Traumdeutung von Gott komme (Gen. 40, 8), und Pharao gegenüber verwahrt er sich dagegen, als ob er es wäre, der einen Traum auszulegen verstünde. „Ich nicht! ein Gott möge antworten, was Pharao frommt." (Gen. 41, 16.) Als Nebukadnezar von den Traumdeutern verlangt, nicht allein daß sie ihm seinen Traum deuten, sondern ihm auch sagen, was er geträumt habe, ist Daniel imstande, Traum und Deutung dem König kundzutun, denn „es gibt einen Gott im Himmel, der Geheimnisse enthüllt". (Daniel 2, 28.)

Doch nicht alle Träume, die geträumt werden, sind göttlichen Ursprungs. Auch falsche Propheten treten auf, sie weissagen Lüge, erzählen eitle Träume. Vor diesen Lügenpropheten, die durch ihre Träume das Volk verführen, wird gewarnt (Jeremias 23, 25 flg. und 29, 8), und sie werden sogar mit dem Tode bestraft. (Deut. 13, 6.)

JAAKOB — Quelle: Genesis 28, 10—22.　　　　　　　　1
Jaakob legte sich an der „Stätte" schlafen, nachdem er sich von den Steinen der Stätte ein Lager für sein Haupt gerichtet hatte. Durch das Schlafen an einem geheiligten Ort wollte man Traumorakel erhalten; der Traum ist ein Inkubationstraum.

JOSSEF — Quelle: Genesis 37, 3—8.　　　　　　　　　　2
Quelle: Genesis 37, 9—11.　　　　　　　　　　　　　　3

IM LANDE DER PHARAONEN

JOSSEF DEUTET ZWEI GEFANGENEN IHRE
TRÄUME — Quelle: Genesis 40, 9—13.　　　　　　　　4
Quelle: Genesis 40, 16—19.　　　　　　　　　　　　　　5

DIE TRÄUME DES PHARAO
Quelle: Genesis 41, 1—4.　　　　　　　　　　　　　　　6
Quelle: Genesis 41, 5—7.　　　　　　　　　　　　　　　7

THUTMOSIS IV. — Sohn und Nachfolger Amenophis II., regierte von 1436—1427 v. Chr.

8 In der Gedenkinschrift auf die Freilegung der Sphinx wird der
Traum Thutmosis berichtet. Danach träumte Thutmosis, daß
der Sonnengott zu ihm sagte: „Sieh mich an und blicke auf mich!
Mein Sohn Thutmosis, ich bin dein Vater, der Gott Harmachis-
Cheperi-Rē-Atum. Ich will dir die Königsherrschaft geben, und
du sollst dereinst die weiße und die rote Krone auf dem Throne
des Geb, des Götterkönigs, tragen. Dir soll die Erde in ihrer
Länge und Breite gehören, und alles, was das Strahlenauge des
Herrn des Alls erleuchtet. Die Reichtümer Ägyptens und die
großen Tribute aller Länder sollen dir beschieden sein sowie
eine Lebensdauer, groß an Jahren. Mein Antlitz ist auf dich gerichtet und ebenso mein Herz. Mich bedrängt der Sand der
Wüste, auf der ich stehe. Versprich mir, daß du meinen Wunsch
erfüllen wirst. Denn ich weiß, daß du mein Sohn und mein Ret-
ter bist. Und ich bin mit dir." (G. Steindorff: „Die Blütezeit
des Pharaonenreichs", S. 63/64.)
im Schatten der großen Sphinx: die große Sphinx von Gizeh ließ
vier Jahrhunderte vorher Amenemhēt III. errichten.

ASSYRER / BABYLONIER
MEDER / PERSER

TRAUM EINES ASSYRISCHEN SEHERS IN NI-
9 NIVE — Der Traum wird in den Annalen Assurbanhabals berichtet; die auf Tonprismen verzeichneten Annalen wurden im
Schlosse Assurbanhabals in Ninive gefunden.
Assurbanhabal, der König von Assyrien, unternahm auf den
Traum des Sehers hin einen Feldzug gegen den Elamiterkönig
Te-Umman; an den Ufern des Eulaeus besiegte er das elami-
tische Heer, nahm Te-Umman gefangen und ließ ihn enthaupten.
da ich sie angerufen: Assurbanhabal hatte, wie die Inschrift be-
richtet, in Arbela die Hilfe der Kriegsgöttin Istar angerufen —
Istar, die Arbela bewohnt: Arbela war die Hauptstätte des Istar-
Kultus, hier wurde vor allem die kriegerische Istar verehrt —
Nebo: der von Babyloniern und Assyrern verehrte Gott Nebo
(Nabu).

Die Annalen Assurbanhabals enthalten noch andere Träume politischen Inhalts. So erschien Gyges, dem König von Lydien, Gott Assur im Traume und befahl ihm, die Oberherrschaft Assurbanhabals anzuerkennen und Assurbanhabal Tribut zu entrichten. Gyges gehorchte den Weisungen des Traumes, sein Abgesandter hatte den Auftrag, von dem Traume seines Gebieters dem Assyrerkönig Bericht zu erstatten.

NEBUKADNEZAR, König von Babel, regierte von 605 bis 561 v. Chr.

Quelle: Das Buch Daniel 4, 1—25.   10

Im Buch Daniel (Kap. 2) wird noch ein anderer Traum Nebukadnezars überliefert. Durch den Traum wurde der König in Unruhe versetzt, er verlangte von den Weisen, sie möchten ihm den Traum und seine Deutung kundtun. Als die Weisen den Traum nicht angeben konnten, erteilte der König den Befehl, alle Weisen Babels hinzurichten. Da flehte Daniel zu Gott, ihm das Geheimnis zu enthüllen, und Gott offenbarte ihm des Königs Traum und die Deutung des Traumes. Daniel trat vor Nebukadnezar, erzählte ihm den Traum und gab ihm die Deutung. Der König sah im Traume eine gewaltige Statue. Das Haupt der Statue war von Gold, Brust und Arme der Statue von Silber, Bauch und Lenden von Erz, Schenkel von Eisen, Füße teils von Eisen, teils von Ton. Ein Stein traf die Statue an den Füßen und zertrümmerte sie, vom Wind wurden die einzelnen Teile der Statue in alle Richtungen zerstreut, nichts blieb von ihr übrig; der Stein aber wuchs zu einem großen Berg und füllte die ganze Erde aus. Daniel deutete dem König den Traum: es wurde dem König im Traume gezeigt, was dereinst geschehen werde. Nach seinem Reiche werden noch drei entstehen, und das letzte Reich, stark wie Eisen, werde die anderen Reiche zertrümmern und zerschmettern, selbst aber dann zerstört werden, und nach ihm wird das ewige Reich Gottes kommen.

ASTYAGES, König der Meder, regierte von 584—550 v. Chr.

Quelle: Herodot I, 107.   11
Quelle: Herodot I, 108.   12

und bringe ihn um: auf welche Weise Harpagus den Cyrus vor dem Tode bewahrt hat, darf als bekannt vorausgesetzt werden. Zu den Vaterträumen des Astyages vgl. auch den Traum Philipps II. von Mazedonien, Nr. 29. — Vor der Geburt seines Sohnes Augustus träumte Cneius Octavius, daß der Schoß seiner Gattin Atia den Glanz der aufgehenden Sonne ausstrahle (Sueton, Buch II, Kap. 94).

CYRUS (* 599, † 529 v. Chr.), Begründer des persischen Weltreichs.

13 Quelle: Xenophon, Cyropädie, B. VIII, Kap. 7.

Cyrus starb, nachdem er dreißig Jahre regiert hatte, im siebzigsten Lebensjahr. Nach Xenophon starb er in der Heimat, nach Herodot fiel er im Lande der Massageten, besiegt in der Schlacht von der Königin Tomyris.

14 Quelle: Herodot I, 209.

Der Sohn des Cyrus, Kambyses, hatte während seines Aufenthaltes in Ägypten einen Traum, der ihn befürchten ließ, die Herrschaft könnte ihm streitig gemacht werden. Er träumte, daß ein Bote aus Persien zu ihm mit der Nachricht käme, Smerdis säße auf dem Königsthron und berührte mit dem Haupte den Himmel. Auf diesen Traum hin ließ Kambyses seinen Bruder Smerdis ermorden. (Herodot, B. III, Kap. 30 und 64.)

XERXES (ermordet 465 v. Chr.), König der Perser, übernahm die Regierung im Jahre 485 v. Chr.

15–18 Quelle: Herodot VII, 12—19.

Xerxes die Meinung des Artabanos sehr unruhig machte: Artabanos riet Xerxes vom Feldzug gegen Griechenland ab, würde aber der Feldzug unternommen werden, so sollte der König nicht mitziehen, sondern im Perserland verbleiben — mit einem Ölzweige gekrönt: der Ölbaum war im Altertum das Symbol des Segens.

GRIECHISCH-RÖMISCHER UMKREIS

Literatur: B. Büchsenschütz: Traum und Traumdeutung im Altertume. Berlin 1868. — F. Oskar Hey: Der Traumglaube der Antike. Ein historischer Versuch. München 1908.

Im Altertum wurde Träumen im öffentlichen wie im privaten Leben die größte Bedeutung beigelegt. Einen guten Traum erflehte man von den Göttern, der Traum galt als Orakel, durch ihn hatte man Einblick in die Zukunft, er spendete Zuversicht oder war eine Warnung, er bestimmte die Handlungen des täglichen Lebens, denn je nach der Deutung eines Traumes wurde ein Vorhaben ausgeführt oder unterlassen. Auf Träume hin wurden sogar neue Kulte eingeführt und bestehende geändert. (Vgl. Nietzsches Vorlesung „Altertümer des religiösen Kultus der Griechen".) Es ist nichts Ungewöhnliches, Träume in amtlichen Urkunden verzeichnet zu finden, sie gehörten zum Staatsakt, oft wurden Heere gesammelt und in Marsch gesetzt, um den im Traume verheißenen Sieg zu erringen. Juden, Babylonier, Assyrer, Chaldäer, Meder, Perser, Griechen, Römer, sie alle achteten auf ihre Träume, und sowohl der König wie der Priester, der Bürger wie der Sklave, ein jeder betete dem Sinne nach jene Worte des Gebetes, das wir aus einem assyrisch-semitischen Textfragment kennen:

„Der Traum, den ich träumen werde, — daß er günstig sei!
Der Traum, den ich träumen werde, — daß er wahrhaft sei!
Den Traum, den ich träumen werde, — laß ihn ausfallen zu
meinen Gunsten!"

Götternähe war im Traume. Wollte man einen gottgesandten Traum erhalten, begab man sich zur geweihten Stätte, um dort zu schlafen. In dem Tempel des Serapis zu Kanobus in Unterägypten, im Tempel der Isis, in der Pyramide E-saggal zu Babylon, in den Heiligtümern des Asklepios — von den letztern allein kann man hundertsechsundachtzig nachweisen, das berühmteste war in Epidauros — gab es für Männer und Frauen gesonderte Schlafräume. Auf Fellen liegend empfing man im Tempelschlaf den weissagenden Traum (ἐγκοίμησις, ἐγκατάκλισις, incubatio). Gott erschien dem Träumenden und gab ihm das Traumorakel. Meistens wollten Kranke im Inkubationstraum die Mittel zur Genesung erfahren. Nach der im Traume erhaltenen Verordnung wurden sie von Priestern behandelt und, wie die Votivinschriften in den Asklepieen bezeugen, auch geheilt.

Der Glaube an den divinatorischen Charakter der Träume war allgemein.

Erst mit der Vulgarisierung des Traumglaubens, als berufsmäßige Traumdeuter an öffentlichen Plätzen gegen Bezahlung Träume nach einem Schema auslegten, setzte eine Reaktion ein. Ohne die persönlichen Verhältnisse des Träumenden zu kennen und zu berücksichtigen, hatten diese Traumdeuter für jedes Traumbild eine bestimmte Entsprechung, träumte z. B. jemand von Blut, so bedeutete dies Geld, oder sie erklärten den Traum nach dem Zahlenwert der Buchstaben eines Wortes, das die Bezeichnung für das Traumbild war, und durch Umstellung von Silben fanden sie geschickt und scharfsinnig neue Worte und neue, ganz willkürliche Deutungsmöglichkeiten.

Die Weissagung aus Träumen verwarfen vor allem Epikur und seine Schüler und dann Karneades, der der Begründer der neueren Akademie war. Cicero, der sich zu den Lehren dieser Akademie bekannte, versuchte in seinem im Jahre 44 v. Chr. verfaßten Werk: „De divinatione et de fato" den Glauben an die Weissagung zu widerlegen. Somit mußte er auch den Glauben an den divinatorischen Charakter der Träume bekämpfen. Er meint, Träume seien nicht von Gott gesandt, weder zeige Gott dem Menschen etwas im Traume an, noch warne er ihn durch Träume; wenn Träume eintreffen, so sei es Zufall, Weissagung aus Träumen sei unmöglich; diejenigen, die Träume auslegen, halten sich nur an Mutmaßungen. Und so kommt er, der selbst dem Kollegium der Augures angehörte, in seinem Werke zu dem Schluß: „Wenn also weder Gott der Schöpfer der Träume ist, noch die Natur irgendwelche Gemeinschaft mit den Träumen hat, noch durch Beobachtung eine Wissenschaft erfunden werden kann, so ist bewiesen, daß man den Träumen durchaus keinen Glauben schenken darf." (II, 71, 147.)

Das dem Kapitel vorangestellte Motto ist ein Zitat aus Homer, Ilias II, 26.

MUTTER DES PHALARIS
Quelle: Cicero, de divinatione I, 23, 46.   19
Phalaris war von 565—554 Tyrann in Agrigent.

THEMISTOKLES (* um 527 v. Chr. in Athen, † 459 in Magnesia in Lydien).
Quelle: Plutarch, Themistokles Kap. 26.   20
Themistokles hielt sich in Aigai, einem aiolischen Städtchen, bei seinem Freunde Nikogenes verborgen; auf seinen Kopf waren zweihundert Talente ausgesetzt. Eines Abends nach dem Opfermahl rezitierte Olbios, der Hofmeister der Kinder des Nikogenes, den Vers:
„Überlaß der Nacht die Stimme, überlaß ihr Rat und Sieg."
In dieser Nacht hatte Themistokles den hier mitgeteilten Traum.
Einen Warnungstraum, durch den Themistokles der Lebensgefahr entrann, teilt Plutarch, Kap. 30, mit. Themistokles ließ aus Dankbarkeit der Göttin Kybele, die ihm im Traume erschienen war, in Magnesia einen Tempel bauen.

SIMONIDES (* 556 v. Chr., † 468), berühmter lyrischer Dichter.
Quelle: Cicero I, 27. Der Traum auch bei Valerius Maximus 21
I, 7, 3.
Die Autoren des Altertums überliefern sehr viele weissagende Träume, einige dieser Träume, die im Text nicht berücksichtigt worden sind, seien noch als Beispiele angeführt.
Krösus, der König von Lydien, träumte, sein Sohn Atys werde durch eine eiserne Lanzenspitze ums Leben kommen. Er wollte den Traum unwirksam machen und hielt von seinem Sohne alles fern, was ihn in Gefahr hätte bringen können. Als er dem Atys auch nicht gestatten wollte, auf eine Eberjagd mitzuziehen, wußte der Sohn die Bedenken des Vaters durch den Einwand zu zerstreuen, die todbringende Waffe wäre nach dem Traum eine eiserne Lanzenspitze und nicht der Zahn eines Ebers. Krösus gab nach, erlaubte seinem Sohne, an der Jagd

teilzunehmen, und um ihn vor Gefahr zu schützen, empfahl er
ihn der Obhut des Adrast. Auf der Jagd zielte Adrast auf den
Eber, verfehlte ihn aber und tötete mit seiner eisernen Lanzenspitze den Atys. Als Krösus den Tod des Sohnes erfuhr und
die Selbstanklagen des Adrast hörte, gab er Adrast nicht die
Schuld an dem Unglück, denn die Schuld trüge irgend ein Gott,
der ihm auch schon längst das, was kommen sollte, im Traume
offenbart hat. (Herodot I, 34—45.)
Die Tochter des Polykrates sah im Traume ihren Vater in der
Luft schweben, es kam ihr vor, als würde er von Zeus ge-
waschen und von der Sonne gesalbt. Durch den Traum beun-
ruhigt, warnte sie den Vater, die geplante Reise zu Orötas, dem
Satrapen von Sardes, zu unternehmen. Polykrates hörte nicht
auf die Tochter, und als er in Magnesia ankam, wurde er auf
Befehl von Orötas umgebracht und ans Kreuz geschlagen.
„So erfüllte Polykrates, als er am Kreuze hing, völlig den
Traum seiner Tochter: denn er wurde von Zeus gewaschen,
so oft es regnete, und von der Sonne gesalbt, wenn ihre Hitze
Feuchtigkeit aus seinem Leibe trieb." (Herodot III, 125—126.)
Hipparch hatte einen Traum, der ihm sein Schicksal an-
deutete. In der Nacht vor den Panathenäen träumte er, daß
ein großer schöner Mann zu ihm komme und zu ihm sage:

„Dulde geduldig, o Löwe, nachdem du schon Arges erduldet;
Keiner der Sterblichen wird, wenn er frevelt, der Strafe entgehen."

Hipparch wurde am nächsten Tag beim Festzug der Panathenäen von Harmodius und Aristogiton ermordet. (Herodot
V, 56.)
Cicero teilt aus dem Dialog des Aristoteles — dieser Dialog,
betitelt „Εὔδημος ἢ περὶ ψυχῆς", hat sich nicht erhalten —
einen Weissagungstraum mit, den Eudemos, ein Freund des
Aristoteles, gehabt hat. Eudemos, der aus Zypern stammte,
war auf der Reise nach Mazedonien in der thessalischen Stadt
Pherae eingetroffen. Dort herrschte damals der Tyrann Alexander. In der Nacht erkrankte Eudemos plötzlich so schwer,
daß er in Lebensgefahr schwebte. Da hatte er einen Traum,
ein Jüngling, herrlich von Gestalt, erschien ihm und sagte, er

werde bald genesen, in wenigen Tagen werde jedoch der Tyrann Alexander ums Leben kommen; außerdem kündigte er dem Eudemos an, daß seine Rückkehr in die Heimat erst nach fünf Jahren erfolgen werde. Der Traum ging in Erfüllung. Eudemos wurde bald gesund, kurz darauf wurde der Tyrann Alexander von den Brüdern seiner Gemahlin umgebracht; und was die Rückkehr nach der Heimat zur bestimmten Frist betrifft, so ist der Traum auch in dieser Hinsicht bei richtiger Auslegung eingetroffen, denn Eudemos, der nach der Voraussage des Traumes in die Heimat zurückzukehren hoffte, fiel am Ende des fünften Jahres in einer Schlacht bei Syrakus, und so kehrte er, „nachdem seine Seele den Körper verlassen hatte, in seine Heimat zurück". (Cicero, de divinatione I, 25, 53.)

SOPHOKLES (* 496 v. Chr. im attischen Demos Kolonos, † 406).
Quelle: Cicero I, 25, 54.   22
des Angebers Herkules: griechisch Μηνυτής.

SOKRATES (* um 469 v. Chr. in Athen; 399 in Athen vergiftet).
Quelle: Platon, Kriton Kap. 1.   23
Kriton suchte seinen Freund Sokrates im Gefängnis auf, um ihn zur Flucht zu überreden.
Ist das Schiff von Delos gekommen: Sokrates war zum Tode verurteilt, doch mußte die Vollstreckung des Todesurteils verschoben werden. Denn gerade am Tage vor dem Sokratesprozeß hatte ein Priester des Apollon das Schiff mit Lorbeer bekränzt, das die Athener alljährlich nach Delos zu schicken pflegten, um die durch Theseus bewirkte Befreiung vom Tribut an Minotauros zu feiern. Von dem Augenblicke an, in dem der Priester die Handlung des Schmückens vollzog, mußte bis zur Rückkehr des Schiffes aus Delos dem alten Brauch zufolge Athen von jeglicher Befleckung freibleiben, und ein Todesurteil durfte nicht vollstreckt werden. So konnte auch erst nach der Rückkehr des Festschiffes aus Delos dem Sokrates der Gifttrank gereicht werden — kommen am dritten Tag . . .: Zitat aus Homers Ilias, Gesang IX, Vers 363.

24 Quelle: Platon, Phaidon Kap. 4.
Mit der Beantwortung der Frage des Kebes beginnen die Gespräche, die Sokrates am letzten Tage seines Lebens in der
Gefängniszelle geführt hat, nachdem ihm die Fesseln abgenommen wurden und er die schreiende Xantippe hinausführen
ließ.
Euenos: war Dichter und Sophist — der Festzug Apollons
meinen Tod hinausschob: der Festzug Apollons nach Delos,
vgl. Anm. zu Nr. 23.
Einen Traum des Sokrates berichtet Diogenes Laertius (III,
5 in der Lebensbeschreibung Platons). Sokrates träumte, er
hielte auf seinem Schoße einen ganz jungen Schwan. Plötzlich
bekam der Schwan Federn, wurde flugkräftig und schwang
sich mit Jubeltönen hoch in die Lüfte. Als Sokrates tags
darauf Platon zum erstenmal vorgeführt wurde, meinte er,
„dies sei der Vogel".

ALKIBIADES (* um 450 v. Chr. in Athen; 404 in Melissa
in Phrygien ermordet).
25 Außer bei Plutarch, Alkibiades Kap. 39, der Traum auch bei
Valerius Maximus I, 7, 9.
als wenn er die Kleider der Buhlerin anhätte: Plutarch erwähnt,
daß Alkibiades nach seinem Tode von der Buhlerin Timandra
mit ihren Frauenkleidern umhüllt wurde.
26 Magaios: er erhielt von seinem Bruder, dem persischen Satrapen Pharnabazos, den Befehl, Alkibiades zu töten.

PELOPIDAS (364 v. Chr. bei Kynoskephalai gefallen).
27 Quelle: Plutarch, Pelopidas, Kap. 20—22.

OLYMPIAS (316 v. Chr. in Pydna ermordet).
Mutter Alexanders des Großen.
28 Quelle: Plutarch, Alexander der Große, Kap. 2.
In der Nacht, in der Alexander geboren wurde, ist der berühmte
Tempel der Diana in Ephesos abgebrannt. (Cicero I, 23, 47.)
Von den Träumen der Mütter (vgl. auch Nr. 93, 94, 103, 108, 143)
möchte ich noch folgende erwähnen: Die Mutter des Dionysius,
des späteren Tyrannen von Syrakus, träumte, als sie schwanger

war, sie habe einen jungen Satyr geboren. (Cicero I, 20, 39.)
— Agariste träumte einige Tage bevor sie Perikles zur Welt
brachte, sie habe einen Löwen geboren. (Herodot VI, 131 und
Plutarch, Perikles, Kap. 3). — Atia, die Mutter des Augustus,
träumte kurz vor ihrer Niederkunft, daß ihre Eingeweide gegen
Himmel fliegen und sich am Himmel über die Erde ausbreiten.
(Sueton, B. II, Kap. 94.)

PHİLIPP II. VON MAZEDONIEN (* 383 v. Chr.,
336 in Aigai ermordet).
Quelle: Plutarch, Alexander der Große, Kap. 2.   29
Aristrandros von Telmissos: ein Traumdeuter, der später
Alexander den Großen auf seinen Zügen begleitete und Alex-
anders Träume auslegte.

ALEXANDER DER GROSSE (* am 6. Hekatombaion
356 v. Chr. in Pella, † 13. Juni 323 in Babylon).
Quelle: Plutarch, Alexander der Große, Kap. 24.   30
Der Traum auch bei Artemidoros B. IV, Kap. 24, hier die
Variante: „er sehe einen Satyros auf einem Schilde tanzen".
Nach Artemidoros deutete Aristrandros dem König den Traum.
Plutarch berichtet noch einen anderen Traum Alexanders des
Großen, den dieser, während er Tyros belagerte, einmal hatte.
Alexander sah im Traume den von den Tyriern als Haupt-
gottheit verehrten Herkules, der Gott stand auf der Stadtmauer,
grüßte ihn und rief ihn zu sich heran.
Während der Belagerung sollen viele Einwohner von Tyros ge-
träumt haben, daß Apollo ihnen sage, es gefalle ihm in der
Stadt nicht mehr, er werde zu Alexander fortgehen. Auf diese
Träume hin wurde die Statue des Gottes mit Stricken um-
bunden, an das Postament festgenagelt und wegen der Freund-
schaft zu Alexander geschmäht.
Quelle: Cicero II, 66, 135.   31
Ptolemäus: ein Feldherr Alexanders des Großen, später König
von Ägypten.
Vgl. auch Nr. 80. — Von einem Traume, in dem Perikles ein
Heilmittel angegeben wurde, berichtet Plutarch (Perikles,
Kap. 13). Beim Bau der Propylaien stürzte ein Künstler so

unglücklich, daß er von den Ärzten aufgegeben wurde. Das
bereitete Perikles großen Kummer. Im Traume erschien ihm
Athena und verordnete für den Kranken ein Kraut als Heilmittel. Das Kraut machte den Künstler schnell wieder gesund. Aus Dankbarkeit ließ Perikles der Athena Hygieia auf
dem Schlosse eine eherne Bildsäule errichten.

ALEXANDER DER GROSSE UND DER HOHE-
PRIESTER JADDUA.

32 33 Quelle: Flavius Josephus, Antiquitatum iudaicarum libri XX.
Buch XI, Kap. 8, 4 und 5.
Parmenio: ein Feldherr Alexanders des Großen, der damals
noch das Vertrauen des Königs genoß, zwei Jahre später ließ
ihn Alexander umbringen.
Alexander träumte, daß ihn Kassander ermorde. Er kannte, als
er den Traum hatte, Kassander noch nicht, und erst später
lernte er ihn kennen und erzählte ihm seinen Angsttraum. Der
Traum hat sich bewahrheitet: Alexander wurde von Kassander
vergiftet. (Valerius Maximus I, 7, 2.)
Zu Nr. 33 vgl. auch Traum Nr. 87.

PYRRHOS (* um 319 v. Chr., † 272 in Argos).
König von Epirus.
34 Quelle: Plutarch, Pyrrhos, Kap. 11.
Berrhoia: Stadt in Mazedonien. Pyrrhos eroberte diese Stadt —
ein nissaiisches Pferd: nissaiische Pferde wurden sehr ge-
schätzt; ihren Namen hatten sie von der Ebene Nissaia, die
zwischen Medien und den kaspischen Bergen lag.

TITUS LATINUS.
35 36 Quelle: Livius Buch II, Kap. 36.
Den Traum berichten auch Cicero (de divinatione I, 26, 55),
Valerius Maximus I, 7, 4, Plutarch in Cajus Marcius Coriolanus,
Kap. 24, u. a.
Auf die Warnungsträume von Titus Latinus hin beschloß der
Senat, die Spiele zu wiederholen und sie so glanzvoll als mög-
lich zu gestalten. Zur Zeit, als die Spiele wiederholt wurden,
war Cajus Marcius, der nachher den Beinamen Coriolanus

erhielt, schon im Volskerland; sonach sind die Träume des
Titus Latinus um 490 v. Chr. zu datieren.
die Spiele: ludi magni, die zu Ehren des Jupiter Capitolinus
gefeiert wurden — unter der Gabel: ein Sklave, der sich etwas
zu Schulden kommen ließ, mußte zur Strafe eine Wagengabel,
die sonst zur Stütze der Deichsel diente, auf den Hals nehmen
und so herumgehen. Sein Schimpfname war furcifer, der
Gabelträger. Vgl. Plutarch, Coriolanus, Kap. 24 — mitten
durch die Rennbahn: bei Plutarch die Variante: über den Markt
weg — der Vortänzer: hier in bezug auf den Sklaven; ein Anführer (praesul oder praesultator) pflegte stets dem Festzuge
voranzutanzen.

HANNIBAL (* 246 v. Chr.; vergiftete sich 183 v. Chr.).
Quelle: Cicero I, 24, 48. [37]
Cälius schreibt: Lucius Cälius Antipater, der Geschichtschreiber
des zweiten Punischen Krieges — daß er auch das Auge,
mit dem er gut sähe, verlöre: Hannibal soll einäugig gewesen sein.
Von Kaiser Galba erzählt Sueton (B. VII, Kap. 18), Galba habe
der Kapitolinischen Venus einen mit Perlen und Edelsteinen
besetzten Halsschmuck geweiht, den er zuerst für die Erzstatue
der Göttin Fortuna in seinem Heim in Tusculum bestimmt
hatte. Gleich darauf habe er in der Nacht einen Traum gehabt,
in dem ihm Fortuna erschien, sich über die Entziehung des
ihr zugedachten Geschenkes beschwerte und ihm drohte, auch
sie werde ihm wieder nehmen, was sie ihm gegeben habe. Der
Traum beunruhigte Galba, und am Morgen begab er sich nach
Tusculum, um der Göttin Fortuna ein Sühnopfer darzubringen.
Quelle: Cicero I, 24, 49. [38]
Diesen Traum erzählen auch Silenus, Cälius, Livius (XXI, 22),
Silius Italicus und Valerius Maximus.
Die Einnahme von Sagunt hatte den zweiten Punischen Krieg
zur Folge.

GAJUS GRACCHUS (* 153 v. Chr., 121 getötet).
Quelle: Cicero I, 26, 56. Der Traum auch bei Valerius Maxi- [39]
mus I, 7, 6 und bei Plutarch in Gajus Gracchus, Kap. 1.

desselben Todes sterben: der Volkstribun Tiberius Gracchus
ist im Jahre 133 v. Chr. getötet worden; zwölf Jahre später
ließ sich Gajus Gracchus auf der Flucht von seinem Sklaven
Philokrates töten.

MITHRIDATES VI. EUPATOR (* 132 v. Chr. in
Sinope, tötete sich 63 v. Chr. in Pantikapaion).
König von Pontos.

40 Quelle: Plutarch, Pompejus, Kap. 32.

Im Jahre 66 v. Chr. wurde Gnäus Pompejus Magnus zum Ober-
befehlshaber im dritten Krieg gegen Mithridates ernannt; er
schlug seinen Gegner bei Zela am Euphrat.
Bosporos: das heutige Kertsch. — Auf einmal sah er sich von
allen verlassen: dies soll auch eingetroffen sein. Plutarch berichtet, daß die achthundert Reiter, mit denen sich Mithridates
durch die römischen Truppen durchgeschlagen habe, in die
Flucht gejagt wurden, so daß Mithridates zuletzt nur noch drei
Begleiter hatte.

MARCUS TULLIUS CICERO (* 3. Januar 106 v. Chr.
bei Arpinum, am 7. Dezember 43 v. Chr. bei Cajeta ermordet).

41 Quelle: Valerius Maximus I, 7, 5. Der Traum ausführlich bei
Cicero: „De divinatione" I, 28, 59.

Cicero hat diesen Traum, den er in dem Werk „De divinatione"
seinen Bruder Quintus erzählen läßt, gleich nach dem Erwachen
seinem Klienten Sallustius, der ihm in die Verbannung gefolgt
war, mitgeteilt. Er selbst führt den Traum darauf zurück, daß
er in jener Zeit öfters an Marius gedacht habe, „mit welch er-
habenem und standhaftem Mute er sein schweres Unglück ertragen hatte". Die Gedanken des Tages haben den Traum beeinflußt, denn „in den Seelen bewegen und wälzen sich diejenigen Dinge, die wir im Wachen gedacht oder getan haben".
(De divinatione B. II, Kap. 67.)

aus Rom vertrieben wurde: auf Antrag von Clodius wurde
Cicero im Jahre 58 aus Rom verbannt, in dem von Marius errichteten Tempel des Honor-Virtus wurde am 4. August des
folgenden Jahres der Senatsbeschluß über die Rückberufung

Ciceros gefaßt — Gajus Marius: (* 156 v. Chr., † 86), Gegner
Sullas; mußte, als Sulla gegen Rom marschierte, nach Karthago
fliehen, wurde später von Cinna nach Rom zurückberufen und
zum Konsul gewählt.

Quelle: Plutarch, Marcus Tullius Cicero, Kap. 44.   42

so wie er ihm im Traume erschienen war: nach Sueton (B. II,
Kap. 94) hat Cicero in Augustus, der ihm noch unbekannt
war und den sein Oheim Cäsar zu einer Opferfeier hatte kommen lassen, den Knaben erkannt, von dem er in voriger Nacht
geträumt hatte. Im Traume wurde der Knabe an einer goldenen
Kette vom Himmel herabgelassen, und Jupiter reichte ihm vor
dem Portal des Kapitols eine Geißel.

QUINTUS CATULUS.

Quelle: Sueton B. II, Kap. 94.   43—44

Eine andere Version des Traumes: Jupiter habe mehreren 43
Knaben, die ihn um einen Vormund baten, einen aus ihrer Mitte
mit dem Finger bezeichnet; diesem sollten sie ihre Wünsche
mitteilen. Dann habe Jupiter das Gesicht des Knaben ge-
streichelt und geküßt.

GAJUS JULIUS CÄSAR (* 13. Juli 100 v. Chr., am
15. März 44 v. Chr. in Rom ermordet).

seine Mutter: Aurelia.   45

Außer bei Plutarch (Cäsar, Kap. 32) findet man diesen Traum
auch bei Sueton (De XII caesaribus, B. I, Kap. 7).

Plutarch und Sueton erwähnen außer den Träumen auch die
Vorzeichen, die den gewaltsamen Tod Cäsars ankündigten. In
der Nacht vor Cäsars Ermordung sprangen in seinem Schlafgemach die Türen plötzlich von selbst auf; am Morgen ließ
Cäsar viele Opfer darbringen, um die Zukunft zu erkunden, aus
den Anzeichen bei allen Opfern konnten ihm die Wahrsager
nur Unglück prophezeien.

Nach Sueton hatte Cäsar den Traum in Gades (Provinz Hinter-
spanien), wo er sich als Quästor aufhielt. Der Traum hatte
Cäsar sehr beunruhigt, aber die Traumdeuter legten ihm den
Traum günstig aus. Die Mutter, welche er von sich über-

wältigt gesehen, bedeute die Erde, die doch als Mutter aller
Menschen gilt. („Quando mater, quam subiectam sibi vidisset,
non alia esset, quam terra, quae omnium parens haberetur.")
Cäsar werde also die Herrschaft über die ganze Erde erlangen.
Vor der Schlacht bei Marathon träumte Hippias, daß er seine
Mutter beschlafe. (Herodot VI, 107.) Er legte den Traum so
aus, daß er wieder nach Athen zurückkehren und zur Herrschaft gelangen werde. Er ist in der Schlacht bei Marathon
gefallen. Die gleiche Deutung eines solchen Traumes auch bei
Artemidoros, B. I, Kap. 79: „Wenn ferner jemand in der
Fremde weilt, so wird er auf Grund dieses Traumes heimkehren." (Hans Licht: „Erotische Träume und ihre Symbolik,
aus dem Griechischen des Artemidoros übersetzt", Anthropo-
phyteia, hrsg. von Friedrich S. Krauß, Bd. IX. S. 323.)
Nach dem Talmud (Berakot 57a) gehört ein Traum, in dem
man die Mutter beschläft, zu den günstigen. Die Auslegung
erhält man auf folgende Weise. In dem Bibelsatz (Sprüche 2,
3): „wenn du die Vernunft rufst" wird das Wort „wenn"
durch Vokaländerung „Mutter" gelesen, es heißt dann also:
die Vernunft rufst du die Mutter; der Traum deutet also dem
Träumer an, daß ihm die Gabe der Vernunft zuteil werden wird.

CALPURNIA, Tochter des Lucius Piso Cäsoninus, Cäsars
dritte Gattin.
46 Außer bei Plutarch (Cäsar, Kap. 63) der Traum auch bei
Valerius Maximus I, 7, 2 und Sueton I, 81.
Nach Sueton hatte Cäsar in der Nacht vor seiner Ermordung
geträumt, daß er über den Wolken schwebte und dem Jupiter
die Hand reichte.

CAJUS HELVIUS CINNA (am 15. März 44 v. Chr. in
Rom ermordet).
47 Plutarch erzählt den Traum zweimal, in der Lebensbeschrei-
bung Marcus Brutus, Kap. 20, und in der Lebensbeschreibung
Cäsars, Kap. 68.
Cinna war damals Volkstribun.
für jenen, der . . . Cäsar . . . gelästert hatte: der Schwager
Cäsars Lucius Cornelius Cinna.

CASSIUS PARMENSIS.

Quelle: Valerius Maximus I, 7, 7.   48

Cassius von Parma, Verfasser vieler Tragödien (keines seiner
Werke hat sich erhalten). Horaz erwähnt ihn im Briefe an
Albius Tibullus: „Scribere quod Cassi Parmensis opuscula
vincat?" („Dichtest du vielleicht, was selbst den anmutsvollen
Kleinigkeiten des Cassius von Parma länger nicht den Vorzug
lasse?" Wieland.) Cassius war einer von den Mördern Cäsars.
In der Schlacht bei Actium hatte ihm Marcus Antonius eine
Befehlshaberstelle anvertraut, nach der Niederlage suchte
Cassius der Rache des siegreichen Octavian zu entgehen,
flüchtete nach Athen, dort wurde er von Quinctilius Varus,
einem Parteigänger Octavians, ermordet.
auf des Imperators Geheiß: der Imperator ist Octavian.

ARCHELAOS.

Sohn Herodes' des Großen, Ethnarch (4 v. Chr.—6 n. Chr.).
„Unter den Söhnen des Herodes genießt er den schlechtesten
Ruf. Seine Herrschaft war roh und tyrannisch." (Emil Schürer,
Geschichte des jüdischen Volkes im Zeitalter Jesu Christi,
3. Aufl., Bd. I, S. 451.)
Quelle: Flavius Josephus, De bello iudaico, B. II, Kap. 7, 3. Den   49
Traum berichtet Josephus auch in „Jüdischen Altertümern",
B. XVII, Kap. 13, 3.
In den „Altertümern" erzählt Josephus, Archelaos habe im
Traume zehn Ähren gesehen. Hier lautet die Auslegung des
Traumes: „Die Ochsen nämlich bedeuteten Elend, weil sie
mit harter Arbeit geplagt seien, und zugleich bedeuteten sie
eine Veränderung, weil der Boden, der von ihnen bebaut werde,
nicht immer in dem gleichen Zustand bleiben könne. Die zehn
Ähren aber zeigten ebenso viele Jahre an, weil die Ähre in
einem Sommer zur Reife gelange, und es stehe daher das Ende
der Herrschaft des Archelaos bevor."

GLAPHYRA.

Quelle: Flavius Josephus, De bello iudaico, B. II, Kap. 7, 4. Den   50
Traum berichtet Josephus auch in „Jüdischen Altertümern",
B. XVII, Kap. 13, 4.

In den „Altertümern" hat der Traum eine andere Fassung: „Es habe ihr geschienen, Alexander stehe an ihrer Seite; darüber sei sie hocherfreut gewesen, so daß sie ihn herzlich umarmt habe. Er aber habe sich bei ihr beklagt und sie folgendermaßen angeredet: ‚Glaphyra, so bewahrheitest du also das Sprichwort, daß man den Weibern nicht trauen dürfe, da du, als Jungfrau mir verlobt und vermählt, mir Kinder geboren und dennoch meiner Liebe vergessen, einen anderen geheiratet und, auch mit dieser Schmach nicht zufrieden, dich einem dritten Manne hingegeben hast, indem du mit Schimpf und Schande dich wiederum in meine Familie eindrängtest und deinem Manne Archelaos, meinem Bruder, die Hand reichtest. Ich werde aber trotzdem meine Liebe zu dir nicht vergessen, sondern dich von deiner Schande befreien und dich wieder zu der Meinigen machen, wie du es früher warst.'"

jenes Alexanders: der ein Sohn Herodes' des Großen und ein Stiefbruder des Archelaos war; Herodes ließ ihn im Jahre 7 v. Chr. zu Sebaste in Samaria erdrosseln — Als auch dieser starb: die Angabe von Josephus ist falsch. Juba war mit Glaphyra, wie Schürer annimmt, vom Jahre 1 v. Chr. bis zum Jahre 4 n. Chr. verheiratet; die Ehe wurde geschieden. Juba überlebte Glaphyra, er starb erst im Jahre 23 n. Chr. — Archelaos . . . sich mit Glaphyra vermählte: da Glaphyra aus der Ehe mit Alexander Kinder hatte, so durfte Archelaos, der Stiefbruder Alexanders, nach dem Gesetz sie nicht heiraten; das Gesetz verbot, wenn der Verstorbene Kinder hinterließ, die Heirat der Witwe mit einem Stiefbruder des verstorbenen Gatten.

KAISER TIBERIUS (* 16. November 42 v. Chr. in Rom, am 16. März 37 n. Chr. ermordet).

51 Quelle: Sueton, B. III, Kap. 74.

KAISER CALIGULA (* 31. August 12 n. Chr. in Antium, am 24. Januar 41 in Rom ermordet).

52 Quelle: Sueton, B. IV, Kap. 57.

Caligula litt an Schlaflosigkeit, schlief des Nachts nur drei Stunden, hatte Angstträume. (Sueton, B. IV, Kap. 50.) Seine

Ermordung kündigten verschiedene Wahrzeichen an. (Kap. 57.)
Der Astrologe Sulla versicherte dem Kaiser, als er ihm die
Nativität stellte, es stehe ihm ganz bestimmt bald gewaltsamer
Tod bevor („certissimam necem adpropinquare"). Als Caligula
einige Stunden vor seiner Ermordung ein Opfer darbrachte,
wurde er vom Blut eines Flamingos bespritzt.

KAISER NERO (* 15. Dezember 37 n. Chr. in Antium, ließ
sich am 9. Juni 68 in der Nähe von Rom töten).
Quelle: Sueton, B. VI, Kap. 46.   53—54
seine Mutter: Agrippina d. Jüngere ließ Nero im Jahre 59 er- 53
morden.
Octavia: Tochter des Kaisers Claudius, Neros erste Gattin; sie 54
wurde im Alter von zwanzig Jahren auf der Insel Pandaria auf
Neros Geheiß ermordet.

KAISER VESPASIAN (* 17. November 9 n. Chr. in
Falacrine bei Reate, † 24. Juni 79).
Quelle: Sueton, B. VIII, Kap. 25.   55
so ist es auch eingetroffen: die Regierungszeit von Claudius
und Nero betrug zusammen siebenundzwanzig Jahre (Claudius
41—54 n. Chr. und Nero 54—68), ebensolange regierten Vespasian und seine beiden Söhne Titus und Domitian (Vespasian
69—79 n. Chr., Titus 79—81 und Domitian 81—96).
Einen anderen Traum Vespasians erwähnt Sueton (Kap. 5).
In Achaja habe Vespasian geträumt, sein und seiner Familie
Glück werde dann beginnen, wenn Nero ein Zahn gezogen
werde. Am nächsten Tag traf Vespasian im Atrium den Arzt
des Kaisers, der Arzt zeigte ihm einen Zahn, den er soeben
Nero gezogen hatte.

GAJUS PLINIUS CÄCILIUS SECUNDUS (* 62 n. Chr.
in Como, † 114).
Er war im Jahre 100 Konsul (zusammen mit Trajan), später
kaiserlicher Legat der Provinz Bithynien. Berühmter Redner
und Schriftsteller.
Quelle: Plinius, B. I, Brief 18.   56
Suetonius Tranquillus: Gajus Suetonius Tranquillus, bekannter

römischer Geschichtschreiber. Er begann seine Laufbahn als
Redner bei öffentlichen Prozessen. Suetonius bat seinen Freund
Plinius, ihm einen Aufschub für ein gerichtliches Plädoyer
zu erwirken, weil er einen schlechten Traum hatte; diese Bitte
zeigt, daß er an die Bedeutung und Wirkung der Träume
glaubte, in seinen Kaiserbiographien führte er auch später
viele Beispiele dafür an, daß fast jedem wichtigen Ereignis
ein vorbedeutender Traum vorangegangen ist — „Die Träume
auch sendet Kronion": Zitat aus Homers Ilias I, Vers 63
— meine Schwiegermutter: Plinius war dreimal verheiratet,
die Mutter seiner zweiten Frau hieß Pompeja Celerina —
ich war noch sehr jung: mit neunzehn Jahren wurde Plinius
öffentlicher Redner vor Gericht — auftreten vor allen vier
Senaten: die vier Senate hatten damals ihren Sitz in der Basi-
lica Julia am Markt; die Senatsrichter, deren Zahl in der
Kaiserzeit hundertachtzig betrug, wurden aus den Tribus gewählt, aus jeder Tribus drei Richter — „Ein Wahrzeichen nur
gilt, das Vaterland zu erretten": Zitat aus Homers Ilias XII,
Vers 243.

In einem Brief an Bäbius Macer berichtet Plinius Cäcilius
Secundus, daß sein Oheim Plinius Major, als er in Germanien
Befehlshaber der Reiterei war, folgenden Traum gehabt hat.
Ihm sei im Traume der in einem Feldzug gegen die Germanen
verstorbene Nero Claudius Drusus erschienen und habe ihn gebeten, er möchte ihn der Vergessenheit entreißen. Plinius
Major hat auf den Traum hin das Werk „Bellorum Germaniae
lib. XX" zu schreiben begonnen, die Geschichte jener Feldzüge,
in denen Drusus siegreich war. (Plinius B. III, Brief 5.)

CAJUS FANNIUS.
Historiker und berühmter Gerichtsredner. „Fannius, der mit
dem jüngeren Plinius befreundet war, verfaßte eine Mono-
graphie über das Ende der von Nero Getöteten und Verbannten.
Bereits waren drei Bücher fertig und im Publikum verbreitet,
als er starb." (Martin Schanz: „Geschichte der römischen
Literatur bis zum Gesetzgebungswerk des Kaisers Justinian",
Teil II, zweite Hälfte, Aufl. 3, S. 343.)

57 Quelle: Plinius, B. V, Brief 5.

KAISER HADRIAN (* 24. Januar 76 n. Chr. in Rom,
† 10. Juli 138 in Bajä).

Quelle: Talmud, Berakot 56a. 58

die Perser dich zum Frohndienste anhalten: „Es handelt sich
da um politische Zeitereignisse, und zwar um den Kampf der
Parther mit den Römern." (Kristianpoller) — greuliche Tiere:
Schweine.

In demselben Talmudabschnitt wird auch berichtet, daß der
Perserkönig Šabur I. den Traum, den er in der folgenden Nacht
träumen werde, von Šemuel erfahren wollte. Šemuel sagte ihm
den Traum voraus. Der König werde träumen, daß die Römer
kommen, ihn gefangennehmen und ihn Körner in einer goldenen
Mühle mahlen lassen. Šabur dachte den ganzen Tag daran, was
ihm Šemuel gesagt hatte, und bei Nacht hatte er den voraus-
gesagten Traum.

Einige Träume römischer Kaiser seien hier noch nachgetragen.
Augustus gab sehr viel auf Träume, ein Traum, den er einmal
hatte, machte auf ihn einen so großen Eindruck, daß er beschloß, der Nemesis zu huldigen. Alljährlich an einem bestimmten Tage streckte er jedem, dem er auf der Straße begegnete, die Hand entgegen und bettelte um ein Almosen.
(Sueton B. II, Kap. 91.) Auf einen Traum seines Arztes Ar-
torius hin verließ Augustus in der Schlacht bei Philippi trotz
seiner Krankheit das Zelt und rettete dadurch sein Leben. Denn
als der Feind das Lager eroberte, wurde die Sänfte, in der man
Augustus krank liegen wähnte, durchstoßen, um ihn zu töten.
Otho hat in der ersten Nacht, nachdem er zum Kaiser ausgerufen worden ist, von seinem Vorgänger Galba geträumt, an
dessen Ermordung er mitschuldig war. Der Traum war so
quälend, daß Otho im Schlafe laute Jammerrufe ausstieß; die
herbeieilenden Diener fanden ihn auf dem Boden vor seinem
Bette liegen. (Sueton B. VII, Kap. 7.)

Domitian träumte vor seiner Ermordung, daß ihm die Göttin
Minerva erscheine und ihm erkläre, sie müsse seine Hauskapelle verlassen, länger könne sie ihn nicht beschützen, denn
sie sei von Jupiter entwaffnet worden. (Sueton B. VIII,
Kap. 15.) Ein andermal träumte er, es wachse ihm ein Buckel,
und der Buckel sei aus Gold; diesen Traum legte er so aus, daß

nach seiner Regierungszeit dem römischen Staate ein Zustand des Glückes beschieden sein werde. (Sueton B. VIII, Kap. 23.)

KUNDE VON EINEM EREIGNIS, DAS SICH IN DER FERNE ABSPIELT.

59 Außer bei Cicero I, Kap. 27, der Traum auch bei Valerius Maximus I, Kap. VII, 10. Den Traum hat Suidas aus der Schrift „περὶ χρησμῶν" des Stoikers Chrysippus entnommen, auf Chrysippus ist wohl auch der Bericht des Traumes bei Cicero zurückzuführen.

In „De divinatione" läßt Cicero seinen Bruder Quintus Cicero den Traum erzählen; der Traum wird als „ganz besonders berühmt" bezeichnet.

Dieser Traum aus dem Altertum gehört zu den Träumen, in denen sich die okkulten Fähigkeiten der Seele manifestieren. Wie die rationalistische Erklärung solcher supranaturalen Vorgänge scheitern muß, zeigt die Schrift von Hofrat Kirsch aus dem Jahre 1796, deren großsprecherischer Titel lautet: „Natürliche Erklärung des berühmten Traums eines Arkadiers, beim Valerius Maximus Buch I, Kap. 7, als Beantwortung einer darüber aufgegebenen Preißfrage."

Über diesen Traum schreibt Scherner: „Hier steht der traumwirkende Wille des Sterbenden wie des Gestorbenen völlig außer Zweifel, und die Ahnung enthält nicht bloß die Wahrnehmung des vor sich gehenden und erfolgten Mordes, sondern zugleich den wirksamen Willenswunsch und kräftiges Begehren des Ermordeten. Interessant ist am Geiste des Gestorbenen, daß er das Vorhaben des Mörders mit seiner Leiche zu durchschauen vermag, wonach sich dasselbige dem Träumer mitteilt und die Entlarvung des Mörders herbeiführt. Der Gemütskonnex der Freunde ist selbstverständlich." (Karl Albert Scherner: „Das Leben des Traums", S. 372/73.)

DEM SCHICKSAL KANN KEINER ENTFLIEHEN.

60 Quelle: Valerius Maximus I, 7, 8.

Fechter, der im Kampfspiel das Netz trug: dieser Fechter hieß retiarius (von rete, das Netz), er suchte beim Kampf dem Gegner das Netz über den Kopf zu werfen, als Waffe hatte er einen Dolch. Sein Gegner war der Fechter mit dem Fischabzeichen auf dem Helm, er hieß gallus oder murmillo und hatte als Waffe ein Schwert.

AUS EINEM GRIECHISCHEN TRAUMBUCH.

Artemidoros aus Daldis 135—200 n. Chr. Er stammte aus Ephesos, bezeichnete aber als seine Heimatstadt Daldis zum Dank für die dort genossene Erziehung. Von Beruf war er Traumdeuter und verfaßte ein aus fünf Büchern bestehendes Werk „Ὀνειροκριτικά". Durch die Zahl der Träume — er behandelt über dreitausend — durch den Versuch der Systematisierung, die Methode der Auslegung, durch Festsetzung der Symbole für die Traummotive gehört sein Werk zu den wichtigsten Dokumenten für die Beurteilung des Traumglaubens im Altertum. Schopenhauer meint sogar, daß man aus ihm „wirklich die Symbolik des Traumes kennenlernen kann". („Parerga und Paralipomena", Bd. I, Aufl. 2, S. 272.)

Quelle: Artemidoros, B. V, Kap. 1.   61
Quelle: Artemidoros, B. V, Kap. 2.   62
Quelle: Artemidoros, B. I, Kap. 4.   63
Quelle: Artemidoros, B. V, Kap. 45.   64
Pankratiastes: Kämpfer im Pankration, vgl. Anm. zu Nr. 65.
Quelle: Artemidoros, B. V, Kap. 48.   65
Pankration: „Eigentlich der Allkampf (von πᾶν und κράτος), war in der griechischen Athletik eine besondere Art von Wettkampf, deshalb so genannt, weil dabei der Faustkampf und der Ringkampf vereinigt waren, so daß jede Kraft des Körpers, die Gewalt des Schlages und Stoßes, die Schnelligkeit und gelenke Biegsamkeit aller Glieder zur Anwendung kommen konnten." (F. Haase in Ersch-Grubers Enzyklopädie III, 10.)
Quelle: Artemidoros, B. II, Kap. 30.   66
die Hellanodiken: die Kampfrichter bei den Olympischen Spielen.
Quelle: Artemidoros, B. V, Kap. 39.   67
Quelle: Artemidoros, B. V, Kap. 42.   68
Quelle: Artemidoros, B. V, Kap. 17.   69
Quelle: Artemidoros, B. V, Kap. 50.   70
Quelle: Artemidoros, B. IV, Kap. 32.   71

72 Quelle: Artemidoros, B. IV, Kap. 40.
73 Quelle: Artemidoros, B. IV, Kap. 24.

Artemidoros gibt den Namen des Heerführers nicht an, ich er-
gänze den Namen nach der Angabe von Krauß. Der Heerführer
Martius Turbo wurde, nachdem der Aufstand der Juden gegen
die Römer im Jahre 117 n. Chr. niedergeworfen worden war,
von Trajan zum Statthalter von Judäa ernannt.

ι: Ἰουδαῖος (Juden) — κ: κυρηναῖος (Kyrenaier) — ϑ: ϑάνατος
(der Tod) — Kyrene: Hauptstadt von Kyrenaika in Libyen.

RABBI JOSE LEGT EINEN TRAUM AUS.

74 Quelle: Midraš Threni rabba zu I und Parallelstelle Talmud
Berakot 56b, „wo ein Sadducäer dem R. Ismael diesen Traum
erzählt". (Kristianpoller, S. 46.)

R. Jose: Rabbi Jose ben Halafta aus Sepphoris. Er übte das
Handwerk eines Lederarbeiters aus. Er gilt als Verfasser des
Traktats Kelim. Über seine Werke vgl. H. Graetz: „Geschichte
der Juden", Bd. IV (Aufl. 4), S. 182/83, und Hermann L. Strack:
„Einleitung in Talmud und Midraš" (5. Aufl.), S. 18 und 129 —
Kappadozien: zwischen Tauros und Schwarzem Meer, damals
römische Provinz.

Ein anderer Traum, in dem ein Sohn den Ort erfährt, an dem
sein Vater zu Lebzeiten Geld aufbewahrt hatte, wird in Tosefta
Maaser šeni erzählt. (Vgl. Kristianpoller, S. 2, Nr. 3.) Augustinus berichtet von einem Vorfall, der sich in Mailand zugetragen habe. Von einem Jüngling verlangte man nach dem
Tode seines Vaters die Bezahlung einer Schuld. Der Jüngling wußte nicht, daß der Vater die Schuld bei Lebzeiten
schon beglichen habe, wunderte sich nur, daß der Vater in
seinem Testament diese Schuld mit keinem Wort erwähnte. Da
sei ihm der verstorbene Vater im Traum erschienen und habe
ihm den Ort bezeichnet, an dem er die Quittung über die be-
zahlte Schuld verwahrt hatte. Der Sohn fand die Quittung nach
der Angabe des Traumes, konnte die Unrechtmäßigkeit der
Forderung nachweisen und erhielt den Schuldschein zurück,
den der Vater seinerzeit vom Gläubiger nicht zurückverlangt
hatte. (Augustinus, „De cura pro mortuis" Kap. XI, 13). Vgl.
auch den Traum von Jacopo Alighieri, Nr. 144.

EIN WEBER WEISS AUS DEM TRAUME MEHR ALS ZEHN SOPHISTEN AUS DER ERFAHRUNG.
Quelle: Jer. Kilajim IX, 4.   75
R. Johanan: Rabbi Johanan bar Nappaha (der Schmied), lehrte
in Sepphoris, später in Tiberias, er ist 279 n. Chr. gestorben
— R. Jose: Rabbi Jose ben Hanina, ein Schüler R. Johanans
und ein Freund von R. Ami, der zur Zeit des Kaisers Diocletian
wirkte. Von Rabbi Jose erzählt der Talmud, er habe achtzig
Tage gefastet, um einen Traum von Rabbi Hijja, dem Großen,
zu haben. Er hat dann auch R. Hijja im Traume gesehen.

EINE DURCH TRÄUME BESTIMMTE HANDLUNG.
Quelle: Midraš Tannaim XXX, ed. Hoffman S. 199.   76

UND DEM ASKLEPIOS OPFERT EINEN HAHN.
Plinius erzählt: Die Stelle bei Plinius Major lautet: „Publius   77
Cornelius Rufus, der mit M. Curius zugleich Konsul war
[290 v. Chr.], wurde im Schlafe blind, eben da er träumte, daß
ihm dies widerführe." (Naturalis historia, B. VII, 51.)
Quelle: Artemidoros, B. V, Kap. 11.   78
Quelle: Artemidoros, B. V, Kap. 3.   79
Quelle: Plinius, Historia naturalis, B. XXV, Kap. 6.   80
Hundsrose: Kynorrhodos, rosa canina L.

CLAUDIUS GALENUS (* 129 n. Chr. in Pergamon, † 199 in Rom).
sein Vater: der Mathematiker und Architekt Nikon — für die   81
Prognose der Krankheiten ... für die spezielle Behandlung derselben, hat er ... sich nach Träumen gerichtet: „Der Traum,
durch den Galen bewogen wurde, bei einem Milzkranken einen
bestimmten Aderlaß auszuführen, eine Kur, die von gutem Erfolg begleitet war. Vgl. hierzu den Eigenbericht Galens über
seine durch Traum veranlaßte Phlebotomie; Kühn, Medicorum
Graecorum Opera (Galen) XVI, 222, Lipsiae 1829." (Paul
Diepgen, „Traum und Traumdeutung als medizinisch-natur-
wissenschaftliches Problem im Mittelalter", S. 19). Außer dieser
Quelle Galenus, In Hippocr. de humor. XVI, p. 222f. gibt Herrlich („Antike Wunderkuren", S. 21) auch die anderen Beleg-
stellen an.

DER CHRISTLICHE UMKREIS

Das diesem Kapitel vorangestellte Motto: Zitat aus Gregor von Nyssa, „Abhandlung über die Ausstattung des Menschen", Kap. 13.

Kaiser Konstantin hat das Zeichen des Kreuzes, durch das er, wie ihm im Traume verheißen wurde, siegte, als Sinnbild erwählt und die christliche Religion zur Staatsreligion erhoben. Doch durch die Anbringung des Kreuzzeichens auf Soldatenschilden und Heeresbannern, durch die Ausmerzung der Inschriften an öffentlichen Gebäuden und Denkmälern, durch das Niederreißen von Tempeln vermochte man noch nicht bei der Bevölkerung einen Umschwung in der heidnischen Gesinnung herbeizuführen. Es war leicht, die Worte „auf den Wink des höchsten und besten Jupiter", die an dem Konstantinischen Triumphbogen angebracht waren, durch die Worte „auf Eingebung der Gottheit" zu ersetzen, schwieriger schon, heidnische Vorstellungen zu ändern, heidnische Sitten und Gebräuche im täglichen Leben auszurotten, heidnische Bildung zu verdrängen. Widerstanden doch die Eiferer für die neue Heilswahrheit, die durch ein Amt, eine Würde, ein Prunkgewand sich nicht mehr verführen ließen, weil sich über ihren Häuptern ein Himmel wölbte, in dem Christus thronte, nicht der Verlockung, Werke lateinischer und griechischer Autoren zu lesen, immer wieder zu lesen, ja sie kannten jene Werke so gut wie die Bibel und zitierten sie fast so oft wie diese.

Der heilige Hieronymus berichtet in einem Briefe an die Jungfrau Eustochium (Epist. 22, Kap. 30), daß er einmal geträumt habe, er würde vor den himmlischen Richterstuhl geschleppt und nach seinem Stand gefragt. Als er die Antwort gab, er sei Christ, wurde er der Lüge gezogen, man sagte ihm, er sei kein Christ, sondern ein Ciceronianer, „denn wo dein Schatz ist, da ist auch dein Herz". Zur Strafe wurde er gegeißelt, er begann jämmerlich um Erbarmen zu bitten, schwor schließlich, er würde nicht mehr heidnische Schriften lesen. Erst nachdem er diesen Eid geleistet hatte, wurde er entlassen.

Dieser Traum, den Hieronymus im Jahre 373 hatte, bewog ihn, auf die Lektüre der Profanliteratur zu verzichten.

Die frühchristlichen Autoren wollten zu dem einfachen, unverbildeten Menschen treffen, der nicht „in den Akademien und Attischen Säulenhallen geistig gespeist wurde". Sie selbst aber können nicht verleugnen, daß sie einst in der Klasse der Rhetorik fleißig studiert und sich in Bibliotheken gründliche Kenntnisse der heidnischen Philosophie und Dichtung angeeignet haben. Man erkennt, daß sie nicht als Christen auf die Welt gekommen sind, sondern Christen, und dies oft erst im späteren Alter, wurden; trotz ihrer streng dogmatischen Einstellung, trotz der Abkehr von der heidnischen Welt, des vollständigen Bruches mit den Lebensformen der Nichtchristen, hat sich bei ihnen die Ablösung vom alten Bildungszentrum nicht ganz vollzogen. Wenn Tertullian über Schlaf und Träume schreibt, so führt er Träume aus dem heidnischen Leben als Beispiele an, zitiert Homer, beruft sich auf Aristoteles, auf Heraklides von Pontos und andere alte Autoren („De anima", Kap. 46). Er und andere Kirchenväter — auch Augustinus im Schreiben an Nebridius — unterscheiden sich in ihren theoretischen Ausführungen über den Seelenzustand im Schlafe kaum von heidnischen Autoren.

Das Hinneigen zum Heidentum in irgendeiner Form hörte im Laufe der Zeit auf. Immer stärker wurde der Gehorsam des Glaubens, das Band fester, durch das der Gläubige mit der Kirche verbunden war. Träume bekamen immer mehr einen christlichen Charakter. Christus, die Jungfrau Maria, die Heiligen erschienen den Menschen in Träumen. Den Gläubigen waren solche Träume ein Zeichen der Gnade, viele, die noch nicht Christen waren, wurden durch solche Träume bekehrt.

Diese Träume kamen von Gott. Aber es gab auch andere, die unrein waren, in denen man Anfechtungen ausgesetzt und der Sünde preisgegeben war; sie wurden, wie die Kirchenväter lehrten, von Dämonen eingegeben. In den gottgesandten Träumen aber zeugte das Wunder für den Glauben.

So träumten in einer Augustnacht des Jahres 352 Bischof Liberius und der Patrizier Johannes denselben Traum. Die Jungfrau Maria erschien ihnen im Traume und befahl ihnen, eine

Basilika zu erbauen, und zwar an einer Stelle, an der sie am Morgen frischen Schnee finden würden. Am nächsten Morgen lag auf dem Esquilin frisch gefallener Schnee. Auf dieses Wunderzeichen hin ließen dann beide an diesem Ort die Basilika S. Maria Maggiore erbauen. (Vgl. Ferdinand Gregorovius, „Geschichte der Stadt Rom im Mittelalter" Bd. I, Aufl. 5, S. 106/107.)

Dem Priester Lucianus erschien dreimal Gamaliel im Traume und befahl ihm, die Gräber der Heiligen zu suchen. Er teilte ihm mit, auf welche Weise er die Gebeine finden und woran er sie als die der Heiligen erkennen werde. Nach der Angabe des Traumes fand Lucianus im Dezember des Jahres 415 die Reliquien der Heiligen Stephanus, Gamaliel, Nikodemus und Abibas (Jacobus de Voragine, Legenda aurea).

Viele Träume dieser Art kennen wir aus den Lebensbeschreibungen der Heiligen, aus frommen Berichten. Es sind dies Träume, „welche Gott", wie Bossuet sagt, „selbst vom Himmel durch den Dienst der Engel kommen läßt". Diese Träume sind in der Ordnung der Gnade.

82 JOSEPH — Quelle: Matthäus-Evangelium 2, 13—14.
83 Quelle: Matthäus-Evangelium 2, 19—20.
84 Quelle: Matthäus-Evangelium 2, 22.

Im Matthäus-Evangelium werden noch andere Träume mitgeteilt: Die Geburt Jesu wird Joseph vom Engel des Herrn im Traume verkündet (1, 20 flg.); die Weisen aus dem Morgenland erhalten im Traume den Bescheid, nicht mehr zu Herodes zurückzukehren (2, 12); als Pilatus über Jesus zu Gericht sitzen soll, läßt ihm seine Gemahlin sagen: „Habe du nichts zu schaffen mit diesem Gerechten, denn ich habe heute im Traume seinetwegen viel gelitten." (27, 19.)

DER HEILIGE CYPRIAN (* um 200, vermutlich in Karthago, am 14. September 258 auf der Villa Sexti bei Karthago enthauptet).

Thascius Cäcilius Cyprianus, seit 249 Bischof von Karthago, Märtyrer, Kirchenvater.

Quelle: Cyprian, Brief XI, Kap. 4. 85

Dieser an die Priester und Diakonen gerichtete Brief ist im Jahre 250 geschrieben. Zu Beginn dieses Jahres setzte unter Decius eine heftige Verfolgung der Christen in Afrika ein. Lange zuvor, „ehe dieser verwüstende Sturm entstand", wie es in dem Briefe heißt, hatte Cyprian in einem Traume den Verführer gesehen, der sein Netz auswarf, um die im Glauben nicht gefestigten Menschen einzufangen. Weil die Gebote nicht gehalten wurden, schickte Gott als Strafe die Verfolgung, „gerade über die afrikanische Kirche brauste der Sturm mit wahrhaft verheerender Gewalt". (Otto Bardenhewer: „Geschichte der altkirchlichen Literatur", Bd. II, Aufl. 2, S. 447.)

KAISER KONSTANTIN DER GROSSE (* 27. Februar 285 in Naissus in Obermösien, † 22. Mai 337 in Nikomedia in Bithynien),

der erste christliche Kaiser.

Quelle: Eusebius, *Εἰς τὸν βίον τοῦ μακαρίου Κωνσταντίνου βασιλέως* 86 (Über das Leben des seligen Kaisers Konstantin), Bd. I, Kap. 28 und 29.

Auf dem Zuge gegen den Gegenkaiser Maxentius hatte Konstantin eines Tages die Vision des Kreuzes am Himmel und in der der Vision folgenden Nacht den Traum, in dem Christus ihm befahl, das am Himmel geschaute Zeichen nachzubilden. Konstantin ließ das Zeichen anfertigen. Ein langer, goldüberzogener Lanzenschaft, der mit einer Querstange versehen war, gab die Form des Kreuzes wieder. An der Querstange hing eine Fahne herab, an der Spitze des Kreuzes war ein goldener, mit Edelsteinen besetzter Kranz befestigt, in dem das Monogramm Christi angebracht war; dieses wurde gebildet durch Ineinanderschrift der beiden Anfangsbuchstaben des Namens *XPIΣTOΣ*, das *P* war in die Mitte des *X* gesetzt (☧). Das Schutzpanier erwies sich als glückbringend. Am 28. Oktober 312 kam es zwischen dem Heer Konstantins und dem Heer des Maxentius jenseits des Tiber am Pons Mulvius zur Schlacht. Konstantin trug über den Gegner, dessen Heer dem seinigen an Zahl weit überlegen war, den Sieg davon; Maxentius fand auf der Flucht in den Wellen des Tiber den Tod.

„Dieses heilbringende Zeichen" sollte in Zukunft allen Heeren Konstantins stets vorangetragen werden (Eusebius I, 31). Konstantin ließ solche Feldzeichen (labarum, semeion) für alle Heere anfertigen, und ein besonderer Kultus wurde für das Feldzeichen, das die Soldaten mit Siegeszuversicht erfüllen sollte, eingesetzt. (Jakob Burckhardt, „Die Zeit Konstantins des Großen", 2. Aufl., S. 350.) Auf seinem Helm und auf den Schilden der Soldaten ließ Konstantin das Monogramm Christi anbringen. „Erst um die Wende des dritten Jahrhunderts beginnt der öffentliche Gebrauch des ☧ als Signum Christi, das dann mit der Konstantinischen Vision aufs militärische Labarum und ins Münzwesen überging und in vielen Varianten bis ins fünfte Jahrhundert, im Orient noch länger, manches Denkmal zierte." (Carl Maria Kaufmann: „Handbuch der christlichen Archäologie", 3. Aufl., S. 270; Nachweise über das Monogramm Christi auf Münzen, S. 619.)

Nach der Historia Ecclesiastica sah Konstantin nicht in einer Vision, sondern im Traume das Zeichen des Kreuzes in feurigem Glanze am Himmel strahlen und hörte dabei die Stimme der Engel: „Konstantin, in diesem Zeichen wirst du siegen!" Von der Erscheinung Christi im Traume und seinem Gebot, das Zeichen des Kreuzes nachzubilden, berichtet auch die Historia Tripartita.

Das Attribut Konstantins auf bildlichen Darstellungen ist das Banner mit dem Monogramm Christi.

Andere Träume Konstantins in der Legenda aurea: Im Schlafe erschienen ihm der heilige Peter und der heilige Paul und zeigten ihm an, auf welche Weise er durch den Bischof Silvester vom Aussatz befreit werden könnte. Einmal hatten Konstantin und sein erster Ratgeber denselben Traum: ihnen erschien der heilige Nicolaus, Bischof zu Myra, und gab ihnen den Befehl, drei gefangene Ritter, die ohne Verhör getötet werden sollten, freizulassen.

KAISER THEODOSIUS DER GROSSE (* 346 zu Cauca in Spanien, † 17. Januar 395 in Mailand).

87 Der griechische Kirchenhistoriker Theodoret, Bischof von Cyrus in Kleinasien, erzählt den Traum des Theodosius in seiner

„Kirchengeschichte", Bd. V, Kap. 6 und 7. Den Bericht vom Traume des Theodosius und von seinem Wiedererkennen des Bischofs Meletius bei der Eröffnung der Synode zu Konstantinopel findet man auch in der „Konziliengeschichte" von Hefele (Bd. II, Aufl. 2, S. 6).

er ernannte ihn jetzt zum Kaiser: am 19. Januar 379 ernannte Kaiser Gratian seinen Feldherrn Theodosius zum Mitregenten und übertrug ihm die östliche Hälfte des römischen Reiches, das bisherige Regierungsgebiet des bei Adrianopel gefallenen Kaisers Valens — forderte die Bischöfe . . . auf, nach Konstantinopel zu kommen: die von Kaiser Theodosius nach Konstantinopel berufene Synode trat im Mai 381 zusammen.

DIE HEILIGE MONIKA (* 332, † 388 in Ostia),
Mutter des heiligen Augustinus.
Quelle: Augustinus, Confessiones, Bd. III, Kap. 11.   88
Der Traum ist 377 zu datieren. Denn die Bekehrung von Augustinus erfolgte 386, und er schreibt, daß er nach dem Traume der Mutter noch ungefähr neun Jahre „in der Finsternis herumirrte".
Augustinus war zur Sekte der Manichäer übergetreten. Über die Verirrung ihres Sohnes war Monika ganz untröstlich, sie vergoß um Augustinus täglich heiße Tränen, „weinte mehr, als sonst die Mütter über den leiblichen Tod ihrer Kinder weinen". Ein Bischof suchte ihr einmal Trost zu spenden mit den Worten: „Es ist unmöglich, daß ein Sohn solcher Tränen untergehe." Auf den Traum hin, den Augustinus als einen von Gott gesandten bezeichnet, erlaubte Monika dem Sohne, wieder „bei ihr zu leben und den Tisch mit ihr zu teilen". Und nicht zuletzt der Einwirkung der Mutter verdankte Augustinus seine Umkehr — die Mutter hat ihn, wie er selbst schreibt, dem Fleische nach geboren und auch im Geiste, damit er „zum geistigen Leben geboren würde" — eines Tages stand er dort, wo sie war, „an ihrer Seite auf demselben Richtscheite". Da strömte das Licht der Sicherheit in sein Herz, und alle Zweifel der Finsternis schwanden (Confessiones, Bd. VIII, Kap. 12). Im April des Jahres 387 empfing Augustinus durch Ambrosius, den Bischof von Mailand, die Taufe. So wurde durch den Traum „der frommen Frau eine

erst viel später sich verwirklichende Freude zum Troste in augenblicklicher Bekümmernis so lange vorher angekündigt".

DER HEILIGE MARTINUS (* um 336, † 397),
seit 372 Bischof von Tours, der Apostel Galliens.

89 Quelle: Sulpicius Severus, Leben des heiligen Martinus, Kap. 3. Martinus, damals noch Soldat, wurde an einem kalten Wintertage von einem notdürftig bekleideten Bettler vor dem Stadttor von Amiens um ein Almosen gebeten. Martinus hatte selbst nur einen Soldatenmantel an, denn seine anderen Kleidungsstücke hatte er längst schon verschenkt, er erbarmte sich aber des Armen, „schnitt den Mantel mitten durch und gab die eine Hälfte dem Armen, die andere legte er sich selbst wieder um". In der folgenden Nacht hatte er den hier mitgeteilten Traum.

Katechumen: nannte man damals einen Menschen, der zum christlichen Glauben übergetreten war, doch die Taufe noch nicht erhalten hatte — eingedenk der Worte: Matthäus 25, 40.

SULPICIUS SEVERUS (* um 363 in der Nähe von Toulouse, † zwischen 420 und 425).
Schüler und Biograph des heiligen Martinus.

90 Quelle: Sulpicius Severus, Brief an den Diakon Aurelius. Der Traum ist 397 zu datieren.

das Büchlein, das ich über sein Leben geschrieben: „Eine Vita S. Martini hat er noch bei Lebzeiten des Heiligen geschrieben, wenn auch erst später der Öffentlichkeit übergeben." (Otto Bardenhewer, „Patrologie", 3. Aufl., S. 392.)

Nach dem Tode des heiligen Martinus gründete Sulpicius Severus in Primuliacum (im heutigen Bezirk von Nouailles-Dordogne) ein Kloster und sammelte dort um sich die Schüler des Martinus.

DER HEILIGE AMBROSIUS (* um 340 in Trier, † 4. April 397 in Mailand).
„Seine Tätigkeit als Bischof ist ein wesentlicher Bestandteil der Geschichte seiner Zeit geworden." (Otto Bardenhewer, „Patrologie", 3. Aufl., S. 375.)

91 Quelle: Jacobus de Voragine, Legenda aurea. Der Traum ist 397 zu datieren.

DER HEILIGE BENEDIKT ERSCHEINT IM TRAUME ZWEI MÖNCHEN.

Quelle: Gregor der Große, Vier Bücher Dialoge, Bd. II, Kap. 22. 92
Der heilige Benedikt, * um 480 in Nursia in Umbrien, † 21. Marz 543 im Kloster Monte Cassino bei Neapel.

ALETH, DIE MUTTER DES HEILIGEN BERN-HARD.

Quelle: Jacobus de Voragine, Legenda aurea. 93
Das Attribut des heiligen Bernhard auf bildlichen Darstellungen ist ein weißer Hund, der bellt.

JOHANNA, DIE MUTTER DES HEILIGEN DO-MINICUS (* um die Mitte des 12. Jahrhunderts im Bistum Osma in Spanien, † gegen Ende des 12. Jahrhunderts in Calaruega).

Johanna de Aza.
Dieser Traum auch bei Jacobus de Voragine, Legenda aurea. 94
In bezug auf den Traum wird der heilige Dominicus auf Kirchenbildern dargestellt mit einem Hunde, der eine brennende Fackel trägt.
Die Taufpatin des Dominicus sah im Traume ein Kind, das einen Stern auf seiner Stirne hatte und damit die ganze Welt erleuchtete (Jacobus de Voragine). In bezug auf diesen Traum wird der heilige Dominicus auf Kirchenbildern mit einem Stern auf der Stirn dargestellt.

PAPST INNOCENTIUS III. (* 1161 in Anagni, † 16. Juli 1216 in Perugia).

Quelle: Jacobus de Voragine, Legenda aurea. 95
zu dem großen Konzil: im Lateran — nahm des Dominicus Bitte mit Freuden an: doch hat erst Papst Honorius III., der Nachfolger des inzwischen verstorbenen Innocentius III., im Jahre 1216 den Dominikanerorden bestätigt.
Papst Gregor IX., der Nachfolger Honorius III., soll im Traume von dem Mord an Cäsarius von Speyer erfahren und über die Untaten des Ordensgenerals Elias belehrt worden sein. Er hat dann auch auf dem im Jahre 1239 abgehaltenen Generalkapitel

des Franziskanerordens den Ordensgeneral Elias abgesetzt.
(Ersch-Gruber, Allgemeine Enzyklopädie, Bd. 47, S. 430.)

WIE EIN KRANKER GEHEILT WURDE.

96 Bruder Nicola: der Minorit Nicola von Montefeltro. Er war
Provinzialminister in Ungarn, später in Dalmatien. „Er weilte
ferner während vieler Jahre, d. h. bis zum Tage seines Todes,
als einfacher Bruder im Konvent von Bologna." (Salimbene,
Chronik, Bd. II, S. 234.) Außer diesem Wunder berichtet
Salimbene noch zwei andere, die Bruder Nicola getan hat —
Bruder Andreas von Bologna: Minorit, Provinzialminister des
Heiligen Landes. Er war der Verfasser des Schreibens, das im
Juni 1248 auf dem in Sens abgehaltenen Generalkapitel des
Ordens vor König Ludwig IX. von Frankreich vor seinem Aufbruch zum Kreuzzug verlesen worden ist. Zuletzt war Andreas
von Bologna Pönitentiar an der päpstlichen Kurie — „da ich
mich als dessen völlig unwert kenne": Salimbene schreibt über
ihn: „Er war nämlich von solcher Demut, daß, wenn einer ihm
seine Reverenz erweisen wollte, er sich sofort zu Boden warf
und jenem womöglich die Füße küßte. Er glaubte aller Menschen unwert zu sein und hielt alle sich selbst für überlegen."
— Über Salimbene vgl. Anm. zu Nr. 141.

97 u. 98 Zwei Träume aus späteren Zeitepochen, der Traum der Prinzessin Anna von Gonzaga aus dem 17. Jahrhundert und der
Traum von Dschirius abu Jusif aus neuerer Zeit, sind hier aufgenommen worden, da sie ihrem religiösen Inhalt nach zu diesem Umkreis gehören.

ANNA VON GONZAGA (* 1616, † 6. Juli 1684 in Paris),
Tochter des Herzogs Karl von Gonzaga aus Cleve, durch Heirat
Prinzessin von der Pfalz.

97 Sie schrieb den Traum, der ihre Bekehrung zur Folge hatte, auf
Geheiß des Trappistenstifters Abbé de Rancé nieder. Bossuet
erzählte diesen Traum in der Trauerrede, die er auf die Prinzessin am 9. August 1685 in der Karmeliter-Kirche in der Vor-
stadt Saint-Jacques hielt. „Es war ein erstaunlicher Traum,"
sagte er von der Kanzel, „einer von denen, welche Gott selbst
vom Himmel durch den Dienst der Engel kommen läßt." Noch

einen zweiten Traum, den die Prinzessin ungefähr drei Monate
nach dem ersten Traum hatte, erwähnte Bossuet. Auch dieser
hat einen symbolischen Sinn. Die Prinzessin sieht eine Henne
ihre Küchlein führen. Ein Küchlein verläuft sich und gerät in
Gefahr, von einem hungrigen Hunde gefressen zu werden. Die
Prinzessin rettet das unschuldige Tier, hört aber jemand rufen,
man dürfe dem Räuber das Opfer nicht entreißen, worauf sie
erklärt: „Ich werde es ihm niemals wiedergeben."

DSCHIRIUS ABU JUSIF
gebürtig aus Bir-Zet im Gebirge Ephraim, Lehrer an der evangelischen Schule auf dem Muristan.
Er hatte als junger Mensch diesen Traum, den er gleich nach 98
dem Erwachen niedergeschrieben hat. Dschirius erzählte den
Traum im Januar 1911 auf einer Wanderung nach Jerusalem
in Ramallah dem Professor der Theologie an der Universität
Gießen, Hans Schmidt. Den Traum hat nach der arabischen
Niederschrift Professor Schmidt ins Deutsche übersetzt.
Zu diesem Traume bemerkt Professor Hans Schmidt: „Der Ursprung des merkwürdigen Gesichtes ist leicht zu erkennen. Unter
den Mohammedanern Jerusalems lebt die von den Juden über-
nommene Sage, daß die Menschen sich zum Weltgericht im Tal
Josaphat, dem südlichen Teil des Kidrontals, dessen Abhänge
dann weit auseinandertreten, versammeln werden. Von einem
Säulenstumpf an der östlichen Tempelmauer wird dann ein
dünnes Drahtseil nach dem Ölberg hinübergespannt. Auf der
einen Seite sitzt Jesus, auf der andern Mohammed. Die Menschen müssen über das Seil gehen, wobei die Frommen von
Engeln behütet werden, die Bösen aber in den Höllenschlund
fallen. [Baedeker, „Palästina und Syrien", 1910, S. 57 flg.]
Außer dieser Sage hat auf den Traum sichtlich die Weltgerichts-
schilderung 1. Thess. 4, 17 eingewirkt. Es verdient aber hervorgehoben zu werden, wie eigenartig trotz dieser Abhängigkeit
das Gesicht ist: die in atemloser Spannung todesstill harrende,
auf den kommenden Stern starrende Menge, die ungeheure Gestalt des Messias, der, ein Buch über sein Haupt haltend, mit
einem Sternenkreuz Feuerringe schlägt, die alle Welt sehen
muß, das Abwärtsgleiten der schreienden Gottlosen auf der

brennenden Erde . . . Die ‚Echtheit' des Traumes verrät sich in
den typisch visionären Zügen der Schilderung: daß von fernher ein Lichtschein auftaucht, der plötzlich Gestalt annimmt
(Num. 24, 17), daß der Träumende glaubt eine brennende Hitze
zu spüren (z. B. Mart. Polycarp. 5), endlich die Empfindung,
emporgehoben zu werden, während der Erdboden in die Tiefe
gleitet (z. B. Acta Perpetuae et Felicitatis 10—13); alles das
begegnet vielfach in Visionsschilderungen. Auch die anfäng-
liche, zum Schluß in das Gefühl der Seligkeit umschlagende
Angst ist in vielen Visionsschilderungen aufzuzeigen." (Hans
Schmidt und Paul Kahle, „Volkserzählungen aus Palästina",
S. 256.)

vor dem Tor von Sitti Marjam: Tor der Herrin Maria. „So
nennen die Mohammedaner das nördlich von Haram nach Osten
ins Kidrontal führende Tor, weil es zur Stufenquelle (die bei
ihnen ῾ēn Sitti Marjam heißt) und zur Marienkirche im Kidrontal führt. Das Tor heißt sonst noch bāb al-asbāt (Tor der
Stämme) und bei den Christen meist Stephanustor. Rechts und
links vor dem Tor sind große mohammedanische Begräbnis-
plätze." (Schmidt.)

AUS DEM TRAUMLEBEN
DER CHINESEN

Der hier als Motto vorangestellte Traum von Tschuang-Tse ist
dem Werke „Reden und Gleichnisse des Tschuang-Tse", deutsche Auswahl von Martin Buber (Leipzig 1910), entnommen.

99 Das Pferd ist das Feuer: in dem Zeichen ma = Pferd ist das
veränderte Zeichen ho = Feuer enthalten. (Pfizmaier, „Über
einige Wundermänner Chinas", Sitzungsberichte der Kaiserlichen Akademie der Wissenschaften, Bd. 85, S. 91.)

101 „Die Empörung Hoan-Yuens fällt in das zweite Jahr des Zeitraumes Lung-ngan", nach unserer Zeitrechnung in das Jahr
398 n. Chr. (Pfizmaier, „Aus dem Traumleben der Chinesen",
S. 712.)

Lao-tse: der größte Weise Chinas, geb. um das Ende des 113 siebenten Jahrhunderts v. Chr.; er schrieb, bevor er sich in die Verborgenheit zurückzog, auf die Bitte des Grenzbeamten Yin-Hsi das Tao-te-king, das Buch von der Bahn und der Tugend. Dieses Buch, das fünftausend und etliche Worte zählt, besteht aus zwei Abteilungen.

In dem Zeitraum Tai-yuen von Tsin: nach unserer Zeitrechnung 116—118 zwischen 376 und 396 n. Chr. (Pfizmaier, „Aus dem Traumleben der Chinesen", S. 730.)

In dem Zeitraume I-hi: nach unserer Zeitrechnung zwischen 121 405 und 418 n. Chr. (Pfizmaier, „Aus dem Traumleben der Chinesen", S. 732.)

Der Osten ist der Donnerschlag: In dem Buch der Verwand- 123 lungen heißt es: „Die zehntausend Dinge kommen aus dem Donnerschlage hervor. Der Donnerschlag ist die Gegend des Ostens." (Pfizmaier, „Aus dem Traumleben der Chinesen", S. 742.) — Im dritten Jahre des Zeitraumes Yuen-tschi: nach unserer Zeitrechnung im Jahre 328 n. Chr. (w. o.)

„Schĭ-hu hatte sich im fünften Jahre des Zeitraumes Yung- 124 ho (349 n. Chr.) Kaiser des späteren Tschao genannt. Mu-yung-tsiuen hatte von dessen Ländern im achten Jahre desselben Zeitraumes (352 n. Chr.) Besitz genommen und sich Kaiser von Yen genannt." (Pfizmaier, „Aus dem Traumleben der Chinesen", S. 742.)

Er löste sich und verschwand: „Wie aus den in alten Schrift- 126 stellern enthaltenen Angaben hervorgeht, ist die Lösung der Leichname derjenige Zustand, in welchem die Gestalt des Verstorbenen unsichtbar wird und dieser selbst zu dem Range eines Unsterblichen gelangt." (Pfizmaier, „Die Lösung der Leichname und Schwerter", S. 25.)

Der Traum in den Verzeichnissen des früheren Lang. 131 starb er: im fünften Monat des zwölften Jahres des Zeitraumes Kuang-thsu von Tschao, nach unserer Zeitrechnung im Jahre 329 n. Chr. (Pfizmaier, „Aus dem Traumleben der Chinesen", S. 742.)

Tschang-thien-sĭ von Liang tötete im ersten Jahre des Zeit- 133 raumes Hing-ning (363 n. Chr.) seinen Gebieter und riß die Herrschaft an sich. Dreizehn Jahre später mußte er sich Thsin

unterwerfen. Der Überwinder Tschang-thien-sïs hieß Keu-
tschang = langer Hund, Keu = Hund, Tschang = lang. (Pfizmaier, „Aus dem Traumleben der Chinesen", S. 752.)

MOHAMMEDANER

134 MOHAMMED (* 570 in Mekka, † 8. Juni 632 in Medina).
„Der Satz: ‚Die Träume bilden den sechsundvierzigsten Teil
der Sendung des Propheten Mohammed' erklärt uns die Wichtigkeit, die der Islam dem Traumleben zuschreibt. Mohammed
trat im vierzigsten Lebensjahre als Prophet auf und starb im
Alter von dreiundsechzig Jahren. Sein Prophetentum dauerte
sonach dreiundzwanzig Jahre. In den ersten sechs Monaten,
welche also den sechsundvierzigsten Teil seiner Mission bilden,
wurde er von Träumen inspiriert, bis sich ihm später der Engel
Gabriel in Person näherte, um ihm seine Offenbarungen zu
machen. Mohammed pflegte jeden Morgen seine Schüler nach
ihren Träumen zu fragen und machte sie aufmerksam, alles zu
verzeichnen, was ihnen nach dem Traume widerfahren sei."
(E. R. Pfaff, „Das Traumleben und seine Deutung nach den
Prinzipien der Araber, Perser, Griechen, Inder und Ägypter",
Leipzig 1868, S. 100.)

KALIF HARUN AL RASCHID (* 766, † 24. März 809
in Tus),
fünfter Kalif aus der Dynastie der Abbassiden.
135 Tus: Stadt in der persischen Provinz Chorasan.

KALIF MOTASSIM-BILLAH,
Sohn Harun al Raschids, Nachfolger Al Mamuns, regierte von
833—842.
136 Kaiser Theophilos: regierte von 829—842.

KALIF KADIR IBN MUTTAKI
regierte von 991—1031.
137 Ali: Kalif Ali, Vetter und Schwiegersohn Mohammeds (* um
600, † 24. Januar 661).

MOHAMMED II. (* 1431 in Adrianopel, † 3. Mai 1481 in Chunkiar Tschairi).

Nach dem Siege Usunhasans: Usunhasan, d. i. der lange Hasan, [138] Schwager des comnenischen Kaisers zu Trapezunt, seit 1467 Herrscher der turkmanischen Dynastie vom weißen Hammel; er besiegte 1473 das osmanische Heer unter Murad Pascha (Hammer, „Geschichte des Osmanischen Reiches", Bd. II, S. 118) — Ejub: er war Waffengefährte des Propheten Mohammed und der Träger seiner Standarte — der Scheich Bochari: der große Scheich Mohammed Bochari Emir Sultan, er ist im Jahre 1431 an der Pest gestorben — Muhijeddin al-Arabi: war unter dem Propheten Mohammed Scheich des Heeres — den vollkommenen Sieg, den Mohammed II. über Usunhasan . . . davontrug: am 26. Juli 1473.

OSMAN II. (* 4. November 1604, ermordet am 20. Mai 1622), der sechzehnte der osmanischen Sultane.

DER MENSCH
DES MITTELALTERS

Das dem Kapitel vorangestellte Motto: Zitat aus Augustinus, „Gottesstaat", Buch XXI, Kap. 8.

ALBERTUS MAGNUS (* 1193 zu Lauingen in Schwaben, [140] † 15. November 1280 in Köln).

Albert von Bollstädt, Bischof von Regensburg, berühmter scholastischer Philosoph; sein Wissen trug ihm den Ehrennamen Doctor universalis ein.

SALIMBENE (* 9. Oktober 1221 in Parma, † nach dem Jahr 1288)

hieß Ognibene de Adam, den Namen Salimbene (Klettergut) erhielt er nach Eintritt in den Minoritenorden von einem alten Franziskanerbruder. Salimbene ist bekannt durch seine Chronik, die eine Fortsetzung der Chronik des Bischofs Siccard von Cremona ist und die Jahre 1212—1287 umfaßt.

141 meinem Bruder: seinem älteren Bruder Guido, der auch Mino-
ritenbruder war — daß manchmal Träume Wahrheit enthalten:
wohl in Anlehnung an den bei Cicero in De divinatione (Buch II,
Kapitel 62) zitierten Ausspruch von Ennius: „Aliquot somnia
vera, sed omnia non est necesse". (Einige Träume sind wahr,
daß es aber alle seien, ist nicht nötig.)

EIN PROPHETISCHER TRAUM.

142 ‚Das sollst du wissen': Zitat aus Genesis 15, 13 — innerhalb
eines Jahres . . . dem Tode überliefert werden: am 7. Januar
1285 starb König Karl I. von Sizilien, am 28. März Papst
Martin IV., am 5. Oktober König Philipp III. von Frankreich
und am 11. November König Peter III. von Aragon.

BELLA ALIGHIERI.

143 Quelle: Giovanni Boccaccio: Vita di Dante Alighieri.

JACOPO ALIGHIERI.

144 Quelle: Giovanni Boccaccio: Vita di Dante Alighieri.
Die Meinungen der Danteforscher über diesen Traum sind ge-
teilt. Balbo, Foscolo u. a. bezweifeln, daß Jacopo Alighieri im
Traume erfahren haben soll, wo die fehlenden Gesänge der
„Divina commedia" sich befänden. Corrado Ricci in seinem
Werke „L'ultimo rifugio di Dante" (2. Aufl., S. 168f.) und vor
allem Cavazzutti treten für die Glaubwürdigkeit des von Boccaccio überlieferten Geschehnisses ein. Cavazzutti schrieb sogar
über diesen Traum eine Monographie. (Dr. Stefano Cavazzutti:
Intorno al sogno di Jacopo Alighieri con prefazione del prof.
Enrico Morselli. La Plata [1922].) — Für Ricci ist der Traum
von Jacopo Alighieri ebenso wahr wie der Traum, den er aus
neuerer Zeit zu berichten weiß. Der Kustode einer Barm-
herzigen Brüderschaft in Ravenna, der in der Braccioforte-Kapelle, in der damals Tragbahren aufbewahrt wurden, zu über-
nachten pflegte, sah im Traum einen Geist aus der Ecke der
Kapelle, wo eine Tür eingemauert war, hervorkommen. Der
Geist, der ein rotes Gewand trug, durchschritt langsam die einsame Zelle und begab sich auf den benachbarten Friedhof. Als
der Geist an ihm vorbeikam, fragte ihn der Kustode, wer er

denn wäre, und bekam die Antwort: „Ich bin Dante." Der
Kustode starb im Mai 1865. Einige Tage nach seinem Tode,
am 27. Mai, wurden in der Ecke der Braccioforte-Kapelle, hinter
der eingemauerten Tür, die Gebeine Dantes gefunden. — Cavazzutti gibt für den Traum Jacopo Alighieris folgende Erklärung: Jacopo Alighieri träumte vom Manuskript der fehlenden
Gesänge, da er im Wachzustand unaufhörlich an das Manuskript dachte. Die Erscheinung des Vaters im Traume entsprach der Vorstellung, die der Sohn vom Vater hatte. Die an
den Vater gerichtete Frage nach dem Manuskript ist selbstverständlich, der Vater mußte ja wissen, wo er das Manuskript
aufbewahrt hatte. Und bei der aufklärenden Antwort reprodu-
zierte das Gedächtnis einen vergessenen Eindruck. Jacopo hatte
nämlich, ohne sich dessen bewußt zu sein, einst im Schlafgemach des Vaters die Öffnung in der Mauer gesehen. Und im
Traume kam ihm plötzlich die Erinnerung an diesen Ort, an
dem das Manuskript aufbewahrt wurde. — Lombroso zählt in
seinem Werke „Ricerche sui fenomeni ipnotici e spiritici" den
Traum Alighieris zu den prophetischen.
Herrn Cane della Scala zu senden: seinem Freund Cangrande
in Verona, an dessen Hof er gelebt und dem er einen Teil der
„Divina commedia", das „Paradiso", gewidmet hat — acht
Monate nach dem Todestage des Meisters: Dante ist am 14. Sep-
tember 1321 in Ravenna gestorben.

KAISER KARL IV. (* 14. Mai 1316 in Prag, † 29. Novem-
ber 1378 in Prag).
Deutscher Kaiser, römischer König und König von Böhmen.
Den Traum erzählt Karl in seiner Selbstbiographie, Kapitel VII. [145]
(„Vita Caroli quarti imperatoris ab ipso Carolo conscripta.")
Die Vita wurde im Jahre 1585 von Reiner Reineccius veröffent-
licht, ein Wiederabdruck erschien in Frehers „Scriptores rerum
Bohemicarum", Hannoviae 1602; dort der Traum S. 93.
Karl kommt in der Vita (Kapitel XIV) noch dreimal auf seinen
Traum zurück. Er erzählt, daß er im Sommer 1338 auf der
Rückreise von Frankfurt zum Andenken an den Traum zu
Terenzo „das Kollegium an der königlichen Kapelle zu Aller-
heiligen auf dem Prager Schlosse" gestiftet habe. („Die Stiftung

trat jedoch erst 1343 ins Leben", Oelsner.) Im Jahre 1340 begleitete Karl seinen erblindeten Vater zum Papst Benedikt XII.
nach Avignon. „Während wir dort verweilten, beichteten wir
dem Papste von der oben erzählten Erscheinung, welche uns,
als wir in Italien waren, über den Delfin von Vienne geworden
war." Und im März desselben Jahres, auf der Rückreise in die
Heimat, im Tauerngebirge, „als ich da einen ganzen Tag lang
durch das Gerlos-Tal wanderte, gedachte ich des Wunders und
des Gesichtes, welches mir am Tage der heiligen Jungfrau —
an Mariä Himmelfahrt — zu Terenzo in der Diözese von Parma
begegnet war. Von der Zeit an beschloß ich, zu Ehren der
glorreichen Jungfrau in der Prager Kirche täglich Betgesänge
singen zu lassen, so daß über ihr Leben, ihre Taten und Wunder
jeden Tag eine neue Legende gelesen werden sollte. Dies ist
nachmals geschehen".

Karl berichtet im achten Kapitel seiner Selbstbiographie auch
von einem nächtlichen Geisterspuk, der im August 1335 auf der
alten Burg zu Prag sich in seiner Gegenwart ereignet hat.

unser Vater: König Johann von Böhmen — der Dauphin von
Vienne: Guigo VIII. von Vienne (geb. 1309) wurde bei der
Belagerung des savoyischen Schlosses la Perrière am 27. Juli
1333 verwundet und ist tags darauf gestorben — unsere Großmütter waren Schwestern: diese Angabe ist falsch. Margareta,
die Großmutter Karls, hatte eine Schwester Maria, doch diese
war nicht die Großmutter Guigos, sondern die Schwiegermutter
Hugos, eines Oheims von Guigo — der Schwester König Karls I.
von Ungarn: Beatrix.

FRANCESCO PETRARCA (* 20. Juli 1304 in Arezzo,
† 18. Juli 1374 in Arquà).

Jacopo Colonna lernte während seiner Studienzeit in Bologna
Petrarca kennen und befreundete sich mit ihm. Im Jahre 1328
wurde Jacopo Colonna zum Bischof von Lombez ernannt; dort
starb er im September 1341. Die Vorzüge des Verstorbenen
rühmt Petrarca im Briefe an Laelius und beklagt den Verlust
des Freundes in dem Sonett, das mit den Worten beginnt: „Mai
non vedranno le mie luci asciutte."

146 Petrarca wußte von der Erkrankung des Freundes und wartete

in Unruhe auf eine Mitteilung, wie es ihm ergehe. In der Nacht, in der Bischof Colonna starb, hatte Petrarca den hier mitgeteilten Traum.

In einem Antwortschreiben an Giovanni d'Andrea, Lehrer des Kirchenrechts in Bologna, der ihn um seine Meinung über Träume befragt hatte, teilte Petrarca am 27. Dezember 1344 diesen Traum mit. (Der Brief abgedruckt in Francisci Petrarcae epistolae de rebus familiaribus et variae, ed. Josephi Fracassetti, Florenz 1859, Bd. I, S. 276 flg.)

als du mit mir jenseits der Garonne lebtest: Petrarca lebte im Jahre 1330 bei Jacopo Colonna in Lombez in der Gascogne.

In dem Briefe an Giovanni d'Andrea berichtet Petrarca auch einen Traum, den er in seinen Jugendjahren gehabt hat. Ein Freund von ihm war schwer erkrankt, und die Ärzte hatten ihn aufgegeben. Der Gedanke, er könnte den Freund verlieren, bedrückte und beunruhigte Petrarca; er mußte oft weinen, konnte keinen Schlaf finden. Vom Wachen und Weinen erschöpft, schlief er einmal gegen Morgen ein; im Traume sah er den kranken Freund, und bei seinem Anblick begann er im Schlafe laut zu klagen und zu schreien. (Durch seine Schreie wurden Leute wach, später erzählten sie ihm, sie konnten erkennen, daß er einen schweren Traum träume, wollten ihn aber nicht wecken, da sie meinten, er habe nach den vielen Wachen Schlaf nötig.) Er träumte weiter, daß der Freund zu ihm sage, er solle zu jammern aufhören und den Arzt veranlassen, bei ihm auszuharren, denn wenn der Arzt die Hoffnung, ihn gesund zu machen, nicht aufgeben werde, so werde er auch an der Krankheit nicht sterben. Als Petrarca erwachte, stand einer der Ärzte, mit dem er befreundet war, an seinem Bett. Dieser glaubte nicht mehr an die Genesung des Kranken und hielt es für seine Freundespflicht, sich jetzt um Petrarca, dessen Zustand ihn beunruhigte, zu kümmern. Petrarca beschwor ihn, er solle zum Kranken zurückkehren, solange noch die geringste Hoffnung vorhanden sei, müsse man alles dransetzen, den Freund dem Tode zu entreißen. Auf Petrarcas Drängen begab sich der Arzt zum Kranken, und als er bald darauf zu Petrarca zurückkehrte, konnte er ihm melden, daß die Möglichkeit einer Besserung im Zustand des Kranken nicht ausgeschlossen sei. Jetzt bemühten

sich die Ärzte wieder um den Kranken, und es gelang ihnen
auch, ihn zu retten.

Einen anderen Traum erzählt Petrarca in einem Briefe seinem
Freunde Luigi di Campinia (Epistolae, Bd. I, S. 363 flg.). Er
träumte, daß er auf einem Spaziergang einen Goldschatz findet,
seinen Freund Luigi herbeiruft und ihm freudig die alten Gold-
münzen zeigt. Sie beratschlagen, was mit dem Golde geschehen
solle, wollen es verbergen, können aber das ganze Gold auf einmal nicht nach Hause tragen. Immer wieder müssen sie zu
dem Ort, an dem sie den Schatz gefunden, zurück und werden
immer geldgieriger. Die Kunde vom Schatz wird auf eine geheimnisvolle Weise ruchbar, ein Mann, der sich als Eigentümer
des Bodens, in dem der Schatz lag, ausgibt, erklärt, daß der
Schatz ihm gehören müsse. Sie weigern sich, ihm den Schatz
auszuliefern, ein Wortwechsel entsteht, es kommt zu Drohungen,
er und sein Freund überlegen, wie sie es anstellen müßten, um
den Schatz behalten zu können. Sie sind der Angst und den
Sorgen preisgegeben, das frühere ruhige Leben, auch ohne Reichtum, erscheint ihnen begehrenswert, gerne möchten sie auf den
Schatz verzichten, wenn das Nachgeben nicht etwas Schimpf-
liches an sich hätte, endlich müßte ein Entschluß gefaßt werden
— da wird Petrarca durch den Schlag der Uhr, die die Mitter-
nachtsstunde anzeigt, geweckt; er ist ganz in Schweiß gebadet
und dankt Gott, daß alles nur ein Traum war.

Siebenunddreißig Träume aus dem Altertum hat Petrarca in
seinem Werk „De rebus memorandis", Buch IV, Traktat 3,
nacherzählt, für diese Träume war hauptsächlich Ciceros Werk
„De divinatione" seine Quelle.

JACOPO MUZIO ATTENDOLO SFORZA (* 28. Mai
1369 zu Cotignola, am 3. Januar 1424 beim Übergang über den
Sangro ertrunken).

Kondottiere. Stammvater der Familie Sforza.

147 In einer Zeit, in der man kein Unternehmen begann, ohne vorher
durch Astrologen die Sterne zu befragen, hat Sforza die Warnungen der Astrologen nicht beachtet. (Vgl. Jakob Burckhardt:
„Die Kultur der Renaissance", Bd. II, Aufl. 4, S. 258.) Er
kümmerte sich auch nicht um seinen Warnungstraum.

VOR UND IN
DER REFORMATIONSZEIT

Ein Traum soll dem Kurfürsten Friedrich dem Weisen·von
Sachsen den Beginn der Reformation, Luthers Auftreten in
Wittenberg gegen die römisch-katholische Kirche angezeigt
haben. Diesen Traum des Kurfürsten hat Anton Musa, Superintendent in Rochlitz, nach der Erzählung von Georg Spalatinus
aufgezeichnet. Der Traum ist abgedruckt in dem Werke von
Christian Lehmann: „Historischer Schauplatz, deren natürlichen
Merkwürdigkeiten in dem Meißnischen Ober-Erzgebirge, da-
rinnen eine ausführliche Beschreibung dieser ganzen gebirgi-
schen und angrenzenden Gegend, nach ihrem Lager . . . wie auch
observierten Zustand der Elementen, Himmels-Zeichen, Witterung und allerhand kuriösen Begebenheiten, Wunder und Eben-
teuer, Glücks- und Unglücks-Fällen an Menschen und Vieh,
enthalten . . .", Leipzig 1699; Abteilung XV, Kap. 22: „Von
religiösen Träumen", S. 809/14. Die Echtheit des Traumes wird
angezweifelt. Dem Konsistorialrat, Professor der Theologie
A. F. C. Vilmar scheint der Traum „nicht beglaubigt genug".
(„Pastoral-theologische Blätter", 1866, Bd. XI, S. 318.) Hingegen hält Pastor Franz Splittgerber „aus innern und äußern
Gründen daran fest, daß die Hauptzüge desselben echt sind,
wenn auch einzelnes in der mündlichen Überlieferung später
hinzugekommen sein mag". („Schlaf und Tod. Eine psycho-
logisch-apologetische Erörterung", Teil I, Aufl. 2, S. 181.)
Nach der Erzählung von Spalatinus hat Kurfürst Friedrich der
Weise in der Nacht zum 31. Oktober 1517 in Schweidnitz geträumt, daß Gott einen Mönch zu ihm schickte, den alle Heiligen
begleiteten. Die Heiligen sollten bezeugen, es wäre Gottes Gebot, daß der Kurfürst dem Mönch gestatte, an der Schloßkapelle
in Wittenberg etwas zu schreiben. Der Kurfürst ließ darauf
durch seinen Kanzler dem Mönch sagen, er möge schreiben, was
ihm befohlen worden sei. Da habe der Mönch in Wittenberg
zu schreiben begonnen, und zwar mit so großen Buchstaben, daß
der Kurfürst sie in Schweidnitz lesen konnte. Und die Feder,
mit der der Mönch schrieb, war so lang, daß sie bis Rom reichte;

die Feder durchbohrte dort einem Löwen (Papst Leo) beide
Ohren und stieß an die Krone, die der Papst trug, und die Krone
begann zu wackeln, und es schien, daß sie dem Papst vom
Haupte herunterfallen würde. Plötzlich befanden sich der Kurfürst und sein Bruder, Herzog Johann, in der Nähe des Papstes,
und der Kurfürst streckte seine Hand aus, um das Herunterfallen der päpstlichen Krone zu verhindern; im Augenblick des
Zugreifens wachte er aber auf. Nach einer Weile schlief der
Kurfürst wieder ein und träumte wieder, daß der Mönch schrieb
und mit seiner Feder den Löwen stach und durch den Löwen
den Papst. Auf das Gebrüll des Löwen eilten die Bewohner
Roms und die Stände des Heiligen Römischen Reiches herbei,
um sich nach der Ursache des Löwengebrülls zu erkundigen.
Da verlangte der Papst, man sollte den Mönch an seinem Tun
hindern und dem Kurfürsten über ihn berichten. Darauf erwachte der Kurfürst. Als er zum drittenmal einschlief, träumte
er zum drittenmal von dem Mönch. Der Kurfürst war in Rom,
er und andere machten sich daran, die Feder des Mönchs zu zerbrechen, aber dies gelang ihnen nicht, so sehr sie sich auch
abmühten. Verdrossen mußten sie von ihrem Vorhaben ab-
stehen. Der Kurfürst, der sich plötzlich in Wittenberg befand,
ließ den Mönch fragen, woher er eine so feste Feder habe. Er
erhielt die Antwort, die Feder sei von einer hundertjährigen
böhmischen Gans (Hus), ein alter Schulmeister habe die Feder
dem Mönch verehrt, der Mönch habe sie sich zum Gebrauch
selbst zurechtgeschnitten. Und die Feder sei so gut und so fest,
weil man ihr nicht wie andere Federn den Geist nehmen und
die Seele entziehen könne. Jetzt entstand ein Geschrei darüber,
daß aus der Feder des Mönchs viele andere gewachsen seien und
daß sich viele gelehrte Leute um diese Federn rissen. Der Kurfürst nahm sich vor, mit dem Mönch zu sprechen, aber ehe er
seinen Entschluß ausführen konnte, wachte er auf.
Nach dem Erwachen schrieb der Kurfürst seinen Traum nieder
und erzählte ihn gleich am Morgen seinem Bruder, Herzog
Johann, im Beisein des Kanzlers Georg Spalatinus.
An demselben Tage schlug Luther an die Tür der Schloßkirche
in Wittenberg seine 95 Thesen an gegen den Papst und gegen

die Predigten des Dominikaners Johann Tetzel über die römische Gnade und Ablässe.

Luthers Ansichten über Träume kennen wir aus seinen „Tischreden". Er sagte gelegentlich, er habe manchmal Träume, die auf ihn Eindruck machen („somnia, quae me movent"), aber er wolle sich nicht an Träume halten; die meisten seien trügerisch, zweifelhaft, ihre Deutung ganz ungewiß, er habe Gott gebeten, ihm keine Träume zu schicken. In Träumen werden die Menschen oft vom Teufel recht stark versucht. „Traurige Träume kommen vom Teufel, denn alles, was zum Tode, Schrecken, Mord und Lügen dienet, das ist des Teufels Handwerk." Wenn Luther auch Träumen in seinem Leben keine besondere Wichtigkeit beimaß, so rühmte er doch an Melanchthon die Gabe der Träume („dicens eum habere donum somniorum"). Er selbst wollte keine Träume haben, keine Visionen, sagte, ihm sei ein wichtigeres Zeichen gegeben worden, das Wort Gottes.

Nach Luther kann man drei Arten von Träumen unterscheiden: prophetische, physische und teuflische. Die prophetischen Träume bringen Heil, die physischen kann der Träumende nicht vergessen, die teuflischen sind verderblich.

JOHANN HUS (* 6. Juli 1369 in Husinetz, am 6. Juli 1415 in Konstanz auf dem Scheiterhaufen verbrannt).

Ritter von Chlum: Johann von Chlum begleitete Hus nach Konstanz, er sollte für die Sicherheit von Hus, dem Kaiser Sigismund ein sicheres Geleit versprochen hatte, Sorge tragen — in der Bethlehemskapelle: Im Jahre 1391 wurde, wie es in der Stiftungsurkunde heißt, diese „den unschuldigen Kindern geweihte und Bethlehem als das Haus des Brotes genannte Kapelle gegründet, damit in derselben das gemeine Volk mit dem Brote der heiligen Predigt erquickt werden sollte." (Zitiert von Neander in „Allgemeine Geschichte der christlichen Religion und Kirche", Bd. VI, S. 451/52). Hus war seit dem Jahre 1401 Prediger in dieser Kapelle; nach der Ende 1412 erschienenen päpstlichen Verordnung sollte die Bethlehemskapelle von Grund aus zerstört werden, „damit sich die Häretiker dort nicht einnisteten". (Neander, w. o., S. 562.) 148

die Flucht des Papstes: Papst Johann XXIII., der Hussens 149

Gefangennahme veranlaßt hatte, floh in der Nacht vom 20. auf
den 21. März 1415 aus Konstanz; er wurde im Mai desselben
Jahres durch Beschluß des Konstanzer Konzils abgesetzt —
die Gefangenschaft des Hieronymus: der Reformator Hieronymus von Prag kam nach Konstanz, um die Sache seines
Freundes Hus vor dem Konzil zu führen. Er wurde in Hirschau
in Schwaben verhaftet und am 23. Mai 1415 gefesselt vor eine
öffentliche Versammlung des Konzils gestellt. Nach dem Verhör wurde er „in der Nacht durch den Erzbischof von Riga einer
Wache übergeben, die ihn in einen Turm als Gefangenen ab-
führte, wo er an Füßen, Händen und am Hals gefesselt an einen
Pfahl angebunden wurde, so daß er kaum das Haupt bewegen
konnte. Zwei Tage lag er so, und es wurde ihm keine andere
Nahrung dargereicht als Wasser und Brot". (Neander, w. o.,
S. 719.) Ein Jahr darauf wurde Hieronymus nach dem Urteil
des Konzils auf dem Scheiterhaufen verbrannt — Alle verschiedenen Gefängnisse, in die ich abgeführt worden bin: Hus
wurde, nachdem man ihn in Konstanz am 28. November 1414
verhaftet hatte, zuerst acht Tage im Hause eines Kanonikus
gefangen gehalten, dann am 6. Dezember in ein Dominikaner-
kloster überführt und dort eingekerkert, Ende März 1415 gefesselt auf das Schloß Gottleben gebracht und in einen Turm
geworfen, seit Anfang Juni war er im Franziskanerkloster eingesperrt.

ALBRECHT DÜRER (* 21. Mai 1471 in Nürnberg, † 6. April
1528 in Nürnberg).
Es sei hervorgehoben, um Mißverständnisse nicht aufkommen
zu lassen, daß Dürer trotz starkem Hinneigen zur evangelischen
Lehre und seinen freundschaftlichen Beziehungen zu führenden
Männern der Reformation zur lutherischen Kirche nicht übergetreten, sondern römisch-katholisch geblieben ist. Über Dürers
Verhältnis zur Reformation gibt die Schrift von Ernst Heidrich:
„Dürer und die Reformation" (Leipzig 1909) genauen Aufschluß.
150 Dürers Traum ist ein Nachklang jener Erregung und Beunruhigung, die in Deutschland durch die Weissagung einer Sintflut hervorgerufen worden ist.

Für Februar 1524 hat der Tübinger Mathematiker Stöffler aus
der Konstellation der Planeten eine Sintflut prophezeit. Dürer
muß diese Prophezeiung gekannt haben, er wohnte in Nürnberg,
und gerade auf die Nürnberger Bürger hat die Prophezeiung
großen Eindruck gemacht, in einem Briefe, den Christoph Kress
aus Nürnberg im November 1523 an Gerwig Blarer, den Abt
von Weingarten, schrieb, hieß es: „man hat hi vyll sorg uff die
kwnfftig syntflwss und gewesser, das kwmen soll". Auf dem
Wormser Reichstag wurden von Alexander Seitz von Marbach,
dem Physikus des bayrischen Herzogs, Flugblätter verkauft,
deren Bilder die Sintflut, die kommen sollte, darstellten. Die
Erregung der Gemüter war groß, „videns rem tumultuosissimo
tumultu tumultuantem", schrieb Luther am 14. Januar 1521 an
Wenzeslaus Link in bezug auf die vorausgesagte Überschwemmung, und in seiner ein Jahr darauf gedruckten Adventspostille
ist zu lesen: „Darum ich darauf stehe, daß der himmlischen
Scharen Bewegung sei gewißlich die zukünftige Konstellation
der Planeten, darüber die Sternmeister sagen, es solle eine Sintflut bedeuten, Gott gebe, daß der Jüngste Tag sei, welchen sie
gewißlich bedeutet." Zahlreich waren die Schriften, in denen
man das Eintreffen der Sintflut in Aussicht stellte, wie auch
die Gegenschriften, in denen die Richtigkeit der Prophezeiung
bestritten wurde. Ein Meinungsstreit war entbrannt. Im Jahre
1520 erschien die Schrift: „Eyn warnung des Sündtfluss oder
erschrockenliche wassers des xxiiij. iars auss naturlicher art des
hymels zu besorgen . . .", zwei Jahre darauf gab Johann Carion,
Luthers späterer Freund, die Schrift heraus: „Prognosticatio
und erklerung der grossen wesserung", von den Gegenschriften
sei erwähnt die von Augustinus Niphus aus dem Jahre 1520:
„de falsa diluvii prognosticatione".

Dürer hat vielleicht eine von den vielen Schriften über die Sintflut gelesen.

Die allgemeine Beunruhigung hat wohl auch auf ihn gewirkt, und
nachdem die Gefahr vorüber und die Sintflut ausgeblieben war,
hatte er noch den Angsttraum, in dem er die Schrecken einer
Sintflut erlebte.

malte ich es hier oben: das kleine Aquarell mit der eigenhändi-
gen Dürerschen Niederschrift des Traumes war Anfang des

19. Jahrhunderts im Besitz des Rentbeamten von Pfaundler in
Innsbruck. (Curiositäten, 1815, Bd. IV, S. 358/59.) „Jetzt ist
es in das sogenannte ‚Kunstbuch Albrecht Dürers‘ in der k. k.
Hofbibliothek (der jetzigen Nationalbibliothek) in Wien ein-
geklebt. Den oberen Teil des Bogens nimmt eine Farbenskizze
in Aquarell ein, darstellend eine Landschaft, auf welche sich
eine große mittlere Wassermasse in Form einer Wolke nieder-
senkt, während die kleineren, entfernter gedachten Wasser-
massen die Erde noch nicht berühren. Eine Kopie davon in der
königlichen Bibliothek in Bamberg.“ („Dürers schriftlicher
Nachlaß auf Grund der Originalhandschriften und teilweise neu
entdeckter alter Abschriften“, herausgegeben von K. Lange und
F. Fuhse, Halle a. d. Saale 1893, S. 16.)

MARTIN LUTHER (* 10. November 1483 in Eisleben, † 18. Februar 1546 in Eisleben).

152 die Eclipses: Sonnen- und Mondfinsternis — am Tage Conversionis Pauli: die Bekehrung Pauli um 33 bei Damaskus wird
von der Kirche am 25. Januar gefeiert.

KATHARINA LUTHER (* 29. Januar 1499, † 20. Dezember 1522 in Torgau).

153 Luthers Tochter Magdalena ist im vierzehnten Lebensjahr gestorben.

KURFÜRST JOHANN FRIEDRICH VON SACHSEN (* 30. Juni 1503 in Torgau, † 3. März 1554), genannt der Großmütige.

154 Herzog Georg zu Sachsen: Herzog Georg der Bärtige oder der
Reiche von Sachsen — der Kaiser: Karl V.

PHILIPP MELANCHTHON (* 16. Februar 1497 zu Bretten in der Pfalz, † 19. April 1560 in Wittenberg).

155 Den Traum Melanchthons teilte Friedrich Myconius im Brief
vom 3. März 1539 Luther mit.
den Kaiser: Karl V. — den Papst: Paul III.

156 Luther lobte diesen Traum seines Freundes Melanchthon.
Die Grundstimmung des Traumes entspricht der Einstellung
Melanchthons im Leben. Er hätte im Konflikt mit der römischen

Kirche gern einen Ausgleich geschaffen. Harnack betont Melanchthons „Antipathie gegen die Gewaltsamkeiten eines Bruches der Geschichte, seine Hochschätzung überlieferter Formen, die trauten Kindererinnerungen an die alte Kirche". Diese Empfindungen und Ansichten hat Melanchthon jahrelang zurückgedrängt, und sie drängten sich, wie Harnack meint, in und nach dem Schmalkaldischen Krieg mit voller Macht in ihm hervor. Dieser Traum zeigt, wie sehr sie ihn auch in früheren Jahren beherrschten. Einzelne Traummotive — die Bitte Melanchthons an den Papst, er möge Frieden in der Kirche schaffen, die Antwort, die er den Papst geben läßt, daß er gern alle Mißbräuche abschaffen würde — lassen Melanchthons Art zu handeln und das Ziel seiner Wünsche erkennen. Harnack sagt von Melanchthon, daß er „fast um jeden Preis versuchte, die Einheit der Kirchenlehre und Verfassung festzuhalten und die Reformation auf die Stufe eines bloßen Kampfes gegen Mißbräuche herabzudrücken", daß er „in der Formulierung der evangelischen Glaubensartikel bereits bis an die äußerste Grenze der Konzessionen gegangen war". Harnack spricht auch davon, daß Melanchthon „die Seelenqualen des Vermittlers" nie verlassen haben. Und wenn der Traum mit einem triumphierenden Lied der Lutheraner schließt, so zeigt dieses Traummotiv Melanchthons Glauben an den Sieg der evangelischen Lehre. Denn wenn Melanchthon auch schwere innere Konflikte durchmachen mußte („blutend für manche Lehren, die nicht die seinigen waren", sagt Harnack), so bewies er im Leben zuletzt immer wieder, daß er „die Sache selbst trotz aller Politik und Pädagogik doch nicht preisgeben werde". (Die Zitate sind der Rede entnommen, die Harnack bei der Feier zum vierhundertjährigen Gedächtnis der Geburt Philipp Melanchthons in der Aula der Königlichen Friedrich-Wilhelms-Universität in Berlin am 16. Februar 1897 gehalten hat. — Adolf Harnack, „Reden und Aufsätze", Bd. I, Aufl. 2, S. 184/85.)

Jonas: Justus Jonas, vgl. Nr. 159. — Pomeranus: Johann Bugenhagen, deutscher Kirchenreformator, von den Zeitgenossen gewöhnlich Doctor Pomeranus genannt. — Kardinal Campegius: Lorenzo Campegius suchte als Kardinallegat auf dem Reichstag zu Augsburg die Glaubenseinheit zu erhalten.

157 In der von Christian Vulpius herausgegebenen „Sammlung der
merkwürdigsten Träume", Leipzig 1810, wird als Quelle für
diesen Traum angegeben: Joh. Rudolph Camerarius Memorab.
Medicinae Cent. 2. p. 117.

FRIEDRICH MYCONIUS (* 26. Dezember 1491 in Lich-
tenfels, † 7. April 1546 in Gotha).
Luthers Freund, seit 1527 erster evangelischer Prediger und
Superintendent in Gotha, schon durch Luthers Thesen 1517 für
das Evangelium gewonnen, „dem ein merkwürdiger, ihn auf den
apostolischen Täufer in Christi Tod und auf den reformatori-
schen gewaltigen Schnitter hinweisender Traum — s. Gerdes
Introduct. in hist. ev. T. I. — durch innere, den Lutherschen
ähnliche Kämpfe in seinem Herzen den Weg gebahnt." (Gue-
ricke, „Handbuch der Kirchengeschichte", Bd. III, Aufl. 6,
S. 145.)
158 Der Traum abgedruckt in dem Werk von Christian Lehmann:
„Historischer Schauplatz . . .", S. 800/807.
Myconius hatte den Traum am 14. Juli 1510 im Franziskanerkloster in Annaberg. Nachdem Myconius später Luther kennengelernt hatte, meinte er, der Traum sei in Erfüllung gegangen,
denn Luther wäre der Schnitter, von dem er seinerzeit geträumt
und der ihn im Traume als Mitarbeiter begrüßt hatte.

JUSTUS JONAS (* 5. Juni 1493 in Nordhausen, † 9. Oktober
1555 in Eisfeld).
Luthers Freund, zuletzt Superintendent in Coburg. Vgl. auch
Melanchthons Traum Nr. 156.
159 seiner ältesten Tochter Tod: die älteste Tochter von Justus
Jonas aus seiner ersten Ehe mit Katharina Falck ist in Wittenberg gestorben.

ULRICH ZWINGLI (* 1. Januar 1484 in Wildhaus; am
11. Oktober 1531 in der Schlacht bei Kappel gefallen).
Zwingli hat seine Ansicht über das Abendmahl zuerst im November 1524 in einem offenen Brief an den lutherisch gesinnten
Pfarrer Matthäus Alber in Reutlingen dargelegt und dann ausführlich in seiner im März 1525 erschienenen Schrift „De vera et

falsa religione commentarius" entwickelt. Hier schrieb er: „Ponitur ergo nostro iudico hoc verbum ‚est' hic pro ‚significat'."
(Huldreich Zwinglis sämtliche Werke, hrsg. von Egli, Finsler und Köhler; Corpus Reformatorum, Bd. 90, S. 798.)
Zwingli hat die Einsetzungsworte des Abendmahls in Matthäus 26,26, Marcus 14,22, Lukas 22,19, und 1.Korinther 11,24: „τοῦτό ἐστιν τὸ σῶμά μοῦ" (dieses ist mein Leib) dahin interpretiert, daß ἐστι nicht mit ‚ist', sondern mit ‚bedeutet' zu übersetzen sei. Mit Zwinglis Interpretierung: ‚Dieses bedeutet meinen Leib', setzte der von Carlstadt begonnene Kampf um die Lehre vom Abendmahl sehr heftig ein.
Im Jahre 1525 wurde in Zürich die Messe abgeschafft, und am 160 18. April desselben Jahres statt der Messe eine einfache Abendmahlsfeier eingesetzt.
Megander: Kasper Megander, Kaplan am Spital in Zürich, war ein Anhänger Zwinglis — Oswald Myconius: Freund und später der erste Biograph Zwinglis, er war damals an der Frauenmünsterschule in Zürich als Lehrer angestellt — nahm Zwingli diese Stelle zum Text seiner Predigt: er glaubte, daß der Sinn der Worte bei der Einsetzung des Abendmahls dem Sinn der Stelle bei der Einsetzung des Passah im alten Bunde (2. Mosis 12, 11) entspreche.

KASPAR PEUCER (* 6. Januar 1525 in Bautzen, † 25. September 1602 in Dessau).
Professor der Mathematik und der Medizin, Schwiegersohn Melanchthons. Peucer wurde, nachdem er die Verwarnung, „er möge seiner Arznei warten, das Harnglas besehen und in theologischen Sachen müßig gehen", nicht beachtete, auf Befehl des Kurfürsten August von Sachsen, dessen Leibarzt er war, gefangengenommen. Man beschuldigte ihn, er wäre ein geheimer Calvinist („Krypto-Calvinist") und hielt ihn zwölf Jahre gefangen. Peucer hat die Geschichte seiner Gefangenschaft in der „Historia carcerum et liberationis divinae" beschrieben.
Peucer wußte, daß die Kurfürstin Anna krank war, denn er 161 wurde im Gefängnis befragt, ob sie den Rat der Ärzte befolgen und das Schwalbacher Bad aufsuchen solle. Er widerriet, meinte, man schicke sie in den sicheren Tod. Die Kurfürstin

ging trotzdem nach Schwalbach. Vielleicht hat auch Peucer
später erfahren, daß die Kurfürstin aus Schwalbach noch krän-
ker zurückgekommen war.

Kurfürstin Anna: Tochter des Königs Christian III. von Dänemark (vgl. Nr. 685), Gemahlin des Kurfürsten August von
Sachsen; sie starb im dreiundfünfzigsten Lebensjahre am 1. Oktober 1585 — der Gefangene: Peucer war zuletzt in der Pleißen-
burg eingekerkert — Bald darauf aber verheiratete sich der
sechzigjährige Kurfürst: August von Sachsen heiratete am
3. Januar 1586 die Prinzessin Agnes Hedwig von Anhalt.

TRÄUME DER DENKER
UND EINES GEISTERSEHERS

GIROLAMO CARDANO (* 24. September 1501 in Pavia,
† 20. September 1576 in Rom).

Von seinen Schriften hat er hundertneunundzwanzig im Manuskript verbrannt, und die Aufzählung der hundertdreißig erhaltenen, die zehn dicke Foliobände bilden, würde dem Leser dieses
Buches doch keinen richtigen Begriff geben von der ungeheuren
Leistung dieses Naturforschers und Philosophen, der so uni-
versell war, daß er jede Disziplin der Wissenschaft beherrschte
und durch seine Forschungen zur Förderung einer jeden beitrug. Die Charakteristik, die Leibniz im dritten Teil seiner
„Essais de Théodicée" von Cardano gab, möge für seine Größe
hier zeugen. „Cardan, qui étoit effectivement un grand homme
avec tous ses defauts, et auroit eté incomparable sans ces defauts." (Die philosophischen Schriften von Leibniz, hrsg. von
C. I. Gerhardt, Bd. VI, S. 267.) Man lese auch Goethes Urteil
über Cardano in den Materialien zur Geschichte der Farbenlehre nach. Vielleicht besagt es dem heutigen Menschen mehr,
wenn man darauf hinweist, daß Strindberg, und zwar Strindberg, wie wir ihn aus „Inferno" und dem „Blaubuch" kennen,
in mancher Hinsicht an Cardano erinnert, an den eigenwilligen,
wunderlichen, rechthaberischen, abergläubischen, von Dämonen
geplagten, mystischen Erlebnissen sich hingebenden Cardano.

Cardano berichtet (de propria vita, Kap. 45), daß er öfters in Träumen dazu ermuntert wurde, seine Werke niederzuschreiben. So haben auch wiederholte Träume ihn veranlaßt, die zweiundzwanzig Bücher seiner naturwissenschaftlichen Schrift „De subtilitate" zu verfassen. Daß in seinem Gesamtwerk ein Buch über Träume nicht fehlt, ist selbstverständlich; er gab im Jahre 1562 die Schrift „Somniorum Synesiorum, omnis generis insomnia explicantes, libri IV" heraus; von dieser Schrift sagt er, daß sie „gewiß für viele verständige Leute von Nutzen, dem ungebildeten Pöbel freilich gefährlich und schädlich sein wird". (Die Schrift ist in deutscher Übersetzung ein Jahr darauf in Basel erschienen.)

Träume haben über die wichtigsten Dinge in seinem Leben entschieden, alle waren „so durchaus wahr gewesen", „so sonnenklar einleuchtend" (de propria vita, Kap. 37). Um das Jahr 1534 fing er an, „im Traume alles vorauszusehen, was in der nächstfolgenden Zeit eintreten sollte. Und handelte es sich um Dinge, die noch am gleichen Tage eintraten, so hatte ich den Traum noch nach Sonnenaufgang und sah die Dinge ganz klar und deutlich" (Kap. 38). Diese prophetischen Träume hörten jedoch mit dem Jahre 1567 auf.

Cardano erzählt, er habe von seinem vierten bis zum siebenten 162 Lebensjahr jeden Morgen, wenn er wach im Bett lag, Halluzinationen gehabt. Er sah Bilder von Menschen, Tieren, Landschaften, „die Bilder bewegten sich von der unteren rechten Ecke des Bettes an in einem Halbkreis herauf und senkten sich langsam wieder nach links herunter, bis sie völlig verschwanden". In dieser Lebensperiode hatte er auch die Träume vom Hahn.

Einige Tage später sah Cardano zum erstenmal Lucia Banda- 163 rini, die erst seit kurzer Zeit mit ihren Eltern ein Haus in seiner Nähe bezogen hatte. Lucia glich an Gesicht und Kleidung ganz jenem Mädchen, das er im Traum gesehen hatte. Cardano verliebte sich auf den ersten Blick in Lucia und heiratete sie nicht lange darauf. „Die Verwirklichung jenes Traumes aber war mit dieser Heirat nicht abgeschlossen; seine volle Kraft hat er erst an meinen Kindern bewiesen." Cardano meinte, daß die verschiedenen Unglücksfälle, die seelischen und physischen

Qualen, die seine Kinder im Laufe der Zeit erdulden mußten, nicht eingetreten wären, daß alles Ungemach, auch die schmachvolle Strafe der Enthauptung, zu der sein ältester Sohn Gianbattista wegen Giftmords an seiner Frau verurteilt wurde, hätte vermieden werden können, wenn er seinerzeit den Traum als Warnung genommen hätte. Wurde er doch in diesem Traume nach dem Kuß, den er dem Mädchen gegeben hat, aus dem Garten des Paradieses ausgeschlossen.

Pulci: Luigi Pulci, italienischer Dichter aus dem fünfzehnten Jahrhundert.

164 Cardano bemerkt, daß damals seine Verhältnisse ganz unsicher waren und daß sich seine Lage Tag für Tag verschlechterte. Er gab später dem Traum folgende Auslegung: „Der Traum deutete offenbar auf die Unsterblichkeit des Namens, auf dauernde und ungeheure Mühen, auf meine Einkerkerung, auf die viele Angst und Trauer, die ich litt; der steinichte Boden deutete auf ein hartes Leben; daß es unfruchtbar und dabei doch heiter, ruhig und sanft sein werde, sagte der Mangel an Bäumen und nützlichen Pflanzen; die Rebe aber, die Jahr für Jahr eine Ernte gibt, wies auf den dauernden Ruhm, den ich künftig ernten sollte. Der Knabe deutete, wenn er mein guter Schutzgeist gewesen sein sollte, auf Glück; denn fest hielt ich ihn an der Hand. Weniger glücklich wäre die Deutung, sollte es mein Enkel gewesen sein. Jene Hütte in der Einsamkeit war die Hoffnung auf endliche Ruhe. Der Schrecken aber und die nahe Gefahr des Sturzes in den Abgrund kann auf den Fall meines Sohnes gedeutet werden, der heiratete und dann zugrunde ging. Man ist also nicht berechtigt, zu glauben, daß diese Dinge unserer Kenntnis entgangen seien." (De propria vita, Kap. 37.)

165 Cardano bezog das Wort „Bacchetta" auf Rom und meinte, daß der Traum ihm anzeigte, er werde in Rom leben. Dreizehn Jahre später ist er nach Rom übergesiedelt.

RENÉ DESCARTES (* 31. März 1596 in La Haye, Touraine, † 11. Februar 1650 in Stockholm).

166—168 Quelle: A. Baillet, „La vie de Monsieur Des-Cartes" 1691, Bd. I, S. 81 flg.

Der junge Philosoph Descartes war in das Heer Maximilians

von Bayern eingetreten. Im November 1619 bezog das Heer
Winterquartiere in der Gegend von Ulm. Hier, fern vom Lärm
und der Unruhe kriegerischer Unternehmungen, fand Descartes
Zeit und innere Sammlung, die Resultate seiner bisherigen
wissenschaftlichen Erfahrungen einer Prüfung zu unterziehen.
Wieder stiegen die alten Zweifel in ihm auf, frühere Einwände
drängten sich auf; er erwog, hatte er zu kühne Schlüsse gemacht, schränkte er sie gleich ein, langsam tastete er sich vorwärts, vom Irrtum zur Wahrheit. Eines Tages überkam ihn
ein Gefühl der Begeisterung, er sagte sich, jetzt habe er die
Wahrheit und den Weg zu ihr gefunden, neue Einsichten gewonnen, seine Denkerkenntnisse seien endlich gut fundamen-
tiert. Das Datum dieses wichtigen Tages wollte er festhalten;
als er seine philosophische Abhandlung „Olympica" zu schreiben begonnen hatte, gedachte er am Anfang der Arbeit dieses
Tages und der Empfindungen, die ihn damals beseelten: „Am
10. November 1619, als ich ganz erfüllt von Begeisterung war
und die Grundlagen der herrlichen Wissenschaft gefunden
hatte." („X. Novembris 1619, cum plenus forem enthousiasmo,
& mirabilis scientiae fundamenta reperirem.")
Die enthusiastische Stimmung hatte den ganzen Tag angehalten, in der Nacht hatte dann Descartes drei aufeinanderfolgende
Träume.
Man muß zum Verständnis dieser Träume sich die Lebensum-
stände und den damaligen Seelenzustand des Philosophen vergegenwärtigen. Aus den Zweifeln war er herausgerissen, zu
Erkenntnissen vorgedrungen, die Grundlagen der herrlichen
Wissenschaft hatte er gefunden.
Descartes war überzeugt, daß sein Traum ein offenbarender
war, durch ihn sollte er den geheimen Sinn alles Wissens er-
fassen. Er legte sich den Traum folgendermaßen aus. Es war
der Wille Gottes, daß er die Kirche des Seminars erreichen
sollte. Im Augenblick, als er an der rechten Seite eine große
Schwäche fühlte, wurde er von einem heftigen Wind gepackt.
Der Wind, das war der böse Geist, dieser wollte ihn an einen
Ort schleudern, dem zuzustreben seine Bestimmung war. Aber
diesen Ort, die heilige Kirche, mußte er freiwillig aufsuchen;
solange er sich nicht zu diesem Entschluß durchgerungen hat,

ließ Gott es zu, daß er auf dem Wege von einem bösen Geist
behindert wurde. Erst als er die Kirche bemerkte und aus
freiem Antrieb in ihr Zuflucht suchen wollte, hatte der böse
Geist keine Gewalt mehr über ihn. Die ersten Schritte, die er
auf die Kirche zu tat, wurden schon von einem guten, von
Gott geschickten Geist behütet. Im zweiten Traum litt er
Qualen der Angst. Das waren seiner Meinung nach die Gewissensbisse über seine bisherigen Verfehlungen. Erst der
Donnerschlag zeigte ihm an, daß der Geist der Wahrheit endlich von ihm Besitz ergriffen hatte. Seine zwei ersten Träume
bezogen sich auf sein früheres sündiges Leben, der dritte Traum
zeigte ihm, wie sich sein Leben in Zukunft gestalten müsse.
Es konnte ihm jetzt nicht mehr zweifelhaft sein, welchen Weg
er einzuschlagen habe.

Noch an demselben Tage gelobte er der Jungfrau Maria, nach
Loretto zu pilgern.

Einige Traummotive deutete er sich folgendermaßen. Die Melone im ersten Traum sollte die Annehmlichkeiten eines Lebens
in Einsamkeit bedeuten. Das Est et Non im dritten Traum,
das er als das Ja und Nein, ναὶ καὶ οὔ, des Pythagoras kannte,
verstand er so, daß er zwischen dem Wahren und Falschen in
der Wissenschaft unterscheiden müsse.

Als er am nächsten Morgen den Besuch eines italienischen
Malers erhielt, glaubte er den Sinn des Traumbildes von den
kleinen Porträts in Kupfer auf diesen Besuch beziehen zu
können.

„Corpus Poetarum": die 1603 erschienene Gedichtsammlung
„Corpus omnium veterum poetarum latinorum" enthielt die
Idylle des Ausonius, die betitelt ist: „Ex Graeco Pythagoricum,
de ambiguitate eligendae vitae".

EMANUEL SWEDENBORG (* 29. Januar 1688 in
Stockholm, † 29. März 1772 in London).

Sohn eines protestantischen Bischofs. Swedenborg hat die
Resultate seiner Forschungen auf dem Gebiete der Naturwis-
senschaften in dem 1734 erschienenen Werk „Opera Philo-
sophica et Mineralia" niedergelegt und sich durch diese Arbeit

und durch spätere als ein hervorragender Gelehrter erwiesen. Er erzählt, daß ihm in Visionen, die er im April 1745 in London hatte, kundgegeben wurde, er wäre auserwählt, die göttliche Wahrheit zu verkünden. Jetzt stand der Entschluß in ihm fest, der weltlichen Gelehrsamkeit endgiltig zu entsagen und fortan „nur in geistigen Dingen" zu arbeiten. Durch die weit aufgerissene Pforte seiner Seele strömte das Licht der Erleuchtung, er fühlte sich von Gnade, von göttlichem Geist durchdrungen, hatte Erscheinungen und Gesichte, sprach mit Engeln und Geistern, wurde in Entrückungen im Geiste an ferne Orte geführt und konnte dort sehen, was in der anderen Welt vorging, ihm war — wie er selbst versichert — gegeben, „in der geistigen Welt bei den Engeln zu sein und zugleich in der natürlichen Welt bei den Menschen". In vielen, in lateinischer Sprache verfaßten Abhandlungen schrieb er das, was ihm durch Erleuchtung klar geworden war, nieder, teilte seine Erkenntnisse mit über die materielle und über die übersinnliche Welt, über die Kräfte, die sich unten und oben auswirken, über den Sinn des Seins und über die Dinge, die alle nur Entsprechungen sind des Höheren, der Idee, über die seelischen Eigenschaften des Menschen und über seinen Zusammenhang mit der Geisterwelt und mit Gott. Er lehrte, alles nehme vom Himmel seinen Anfang und müsse zum Himmel zurückgeführt werden, „das neue Jerusalem" nannte er die Gemeinschaft derer, die seiner Lehre nachleben wollten.

Die Zahl seiner Anhänger wurde in den dreißiger Jahren des vorigen Jahrhunderts mit dreimalhunderttausend angegeben, allein in Manchester gab es damals siebentausend Swedenborgianer, heute existieren noch Swedenborgische Gemeinden in Deutschland, Frankreich, Schweden, England und Nordamerika.

Swedenborg hat in den Jahren 1743 und 1744, also in der Zeit vor seiner Berufung, seine Träume aufgezeichnet. Es sind meist prophane Begebenheiten, von denen er träumte; aber er unterlegte gewöhnlichen Traumvorgängen einen höheren Sinn, brachte auch sie in Beziehung zum Geistigen.

Die Art, wie er seine Träume deutete, ist für ihn charakteristisch.

Hier ein Beispiel für seine Traumdeutung. In der Nacht vom
9. zum 10. Oktober 1744 hatte er geträumt: „Mir erschien ein
Feuer in einer Steinkohle, das stark brannte. Bedeutet das
Feuer der Liebe. Dann war ich mit Frauen zusammen, die
Zähne an einer gewissen Stelle hatten, wohin ich wollte, aber
die Zähne hinderten mich. Bedeutet, daß ich gestern an einer
Arbeit geschrieben habe (Regnum animale III), die sich von
der anderen (De cultu et amore Dei) ganz unterscheidet und
eine ganz andere Liebe ist. Und ich überlegte, ob sie herrschen
sollte und nicht im Vergleich mit der anderen für ein Geschwätz
gehalten werden würde. Ich war beim Erwachen ganz entschlossen, diese Arbeit aufzugeben, was auch geschehen wäre,
wenn man mich nicht nachher im Schlafe mit einem Briefe ausgeschickt hätte. Ich fand den Weg nicht, doch meine Schwester
Hedwig sah den Brief, sagte, er sei an Ulrica Adlerstern, die
sich lange nach mir gesehnt haben soll. Ich kam hin und sah
auch Schönström. Dann schwebte mir ständig der Gedanke
vor, wie es zum Gehirn hinauf und wieder herunter ging, wodurch ich bestärkt wurde, meine Arbeit fortzusetzen. Gebe
Gott, daß es zu seinem Wohlgefallen ist, da ich doch beim Erwachen versuchen wollte, die Arbeit aufzugeben. Gott helfe
mir zu meinem Entschluß. Ihm sei Lob und Ehre. Aber ein
Kind fiel über meinen Fuß und stieß sich und schrie. Ich wollte
ihm aufhelfen und sagte: Warum läufst du so schnell? Bedeutet offenbar, daß ich mich mit dem Werke zu sehr beeilen
wollte."

Swedenborg glaubte, daß Gott ihm durch Träume seinen Willen
zu erkennen gebe, er solle seine „übrige Zeit auf etwas Höheres
verwenden, nicht auf die weltliche Schriftstellerei, die weit darunter ist, sondern auf alles, was sich auf den Mittelpunkt und
auf Christus bezieht". Und im Traume in der Nacht vom 26.
zum 27. Oktober 1744, in dem er mit Christus spricht, erhält er
die Weisung, „daß er sich am nächsten Tage an die Arbeit begeben soll, das neue göttliche Buch zu schreiben, über das er
zuvor eine Offenbarung empfangen hat. Er erfährt, daß er
‚nichts von anderen annehmen und nur eigenes bringen darf'".
(Lamm, „Swedenborg", S. 170.) So wurde er durch Träume
zum Verzicht auf wissenschaftliche Forschung bewogen und

auf die Gotteskindschaft vorbereitet. In dem jetzt begonnenen Werk „Liber divinus de dei Cultu et Amore" möchte er das niederschreiben, was ihm Erleuchtung eingegeben hat. Als er nach Vollendung der ersten zwei Abteilungen des Werkes, die er in London drucken ließ, die Feststellung machte, daß er sich bei der Abfassung dieses Werkes doch noch von Vernunft und nicht durchwegs vom Glauben ohne Überlegung habe leiten lassen, brach er die Arbeit am dritten Teil des Werkes ab, das Buch blieb unvollendet. Nach den Visionen in London im April 1745 fühlte er, daß durch die Gnade Gottes die inwendigeren Regionen seines Gemütes und Geistes aufgeschlossen seien, jetzt konnte er auch ohne weltliche Gelehrsamkeit schreiben. Denn „täglich öffnete mir der Herr in der Folge die Augen meines Geistes, bei völligem Wachen zu sehen, was in der anderen Welt vorging, und ganz wach mit Engeln und Geistern zu reden".

Seine Träume aus dem Jahre 1744 sind ganz besonders wichtig, denn aus ihnen glaubte er den Weg seiner Bestimmung zu erkennen.

Das in schwedischer Sprache geschriebene Traumbuch Swedenborgs wurde 1859 von G. E. Klemming herausgegeben. Frau Else von Hollander-Lossow hatte die Freundlichkeit, mir das Traumbuch aus dem Schwedischen mündlich zu übersetzen. Die ausgewählten Träume Swedenborgs bringe ich in ihrer Übersetzung. Aus der mir später bekannt gewordenen Abhandlung von Gruhle konnte ich ersehen, daß das Traumbuch Swedenborgs inzwischen von Ilse Meyer-Lüne ins Deutsche übertragen worden ist. In den Feststellungen zitiere ich die Deutungen, die Swedenborg seinen Träumen gab, und auch die anderen Träume, die ich hier heranziehe, nach dieser Übersetzung.

Literatur: Martin Lamm: „Swedenborg, eine Studie über seine Entwicklung zum Mystiker und Geisterseher", aus dem Schwedischen von Ilse Meyer-Lüne. Leipzig 1922. — Hans W. Gruhle: „Swedenborgs Träume, ein Beitrag zur Phänomenologie seiner Mystik" (Psychologische Forschung. Zeitschrift für Psychologie und ihre Grenzwissenschaften. Berlin 1924, Bd. V, H. 3/4, S. 273—320).

169 ein gelber Mann schlug sie auf den Rücken: In der Nacht vom
5. zum 6. Mai träumte Swedenborg, daß er auf den Rücken geschlagen wurde. „In London erhielt ich Schläge von einem
großen Mann, die ich geduldig aushielt. Dann wollte ich mich
auf ein Pferd setzen, um mit einem Wagen zu reiten, aber da
wandte das Pferd sich um, packte mich beim Kopf und hielt
mich fest. Was das bedeutet, weiß ich nicht."

172 Swedenborg bemerkt zu diesem Traume: „Hieraus läßt sich
ohne weiteres erkennen, wie die Versuchung gewesen, aber wie
groß Gottes Gnade dagegen durch Christi Verdienst und das
Wirken des Heiligen Geistes, dem sei Ehre von Ewigkeit zu
Ewigkeit."

Als er dann noch einmal einschlief, machte er im Traume „wunderliche und unbeschreibliche Umwälzungen" durch, „dies alles
kann ich nicht beschreiben, es war eine series mystica". In der
nächsten Nacht — es war die Nacht zwischen dem ersten und
zweiten Ostertag — hatte er eine Christusvision.

173 In der gleichen Nacht hatte Swedenborg einen Traum sexuellen
Charakters, vgl. Anm. zu Nr. 178.

In demselben Monat, in der Nacht vom 21. zum 22., träumte
Swedenborg wieder von Hunden. „Ich träumte von einem
großen Hunde. Er kroch unter meine Bettdecke und leckte mich
am Halse. Hierauf war ich mit Komödianten zusammen. Jemand sagte, ein Schwede sei gekommen und wolle zu mir. Wir
fuhren nach Haus und errichteten eine große Treppe für ihn.
Es war eine in Decken gewickelte Hündin mit einem Hunde-
jungen, den sie säugte. Bedeutet, daß ich schreckliche Gedanken gehabt habe. Dann hing etwas Ähnliches an einer Angel
und wollte nicht loslassen. Endlich in einem anderen Raume
wurde es abgerissen. Bedeutet, daß ich davon erlöst bin." In
der nächstfolgenden Nacht hatte er „schwere Träume von Hunden, die angeblich meine Landsleute waren". Vgl. auch Anm.
zu Nr. 184.

174 Swedenborg stand unter dem Eindruck seiner Christusvision (vgl.
Anm. zu Nr. 172). Er schrieb in sein Traumtagebuch, daß ihm der
Gedanke gekommen war, man könnte ihn jetzt für einen heiligen
Mann halten und ihn wie einen Heiligen nicht nur verehren,
sondern auch anbeten. Diesen Gedanken des Hochmuts suchte

er durch Gebet abzuwehren, „damit ich keinen Teil an einer so
verdammlichen Sünde erhielte, die mir anhaften würde. Denn
Christus, in dem alle Göttlichkeit vollkommen ist, darf allein
angebetet werden. Denn er nimmt den größten Sünder zu Gnaden an und rechnet uns unsere Unwürdigkeit nicht zu . . . Ich
erkannte, daß ich unwürdiger als andere und der größte Sünder
sei, da unser Herr mir gegeben, in gewisse Dinge 'mit meinen
Gedanken tiefer einzudringen als viele andere . . . Als ich jetzt
im Geiste war, darüber nachdachte und versuchte, durch mein
Denken zur Klarheit zu gelangen und zu erkennen, wie ich alles
Unreine vermeiden könne, merkte ich doch, wie es sich bei jeder
Gelegenheit hervordrängte und meine Gedanken in Eigenliebe
verkehrte. Wenn mich zum Beispiel jemand nicht nach Gebühr
beachtete, dachte ich immer: ‚Wüßtest du, welche Gnade mir
erwiesen, so würdest du anders gegen mich sein‘ . . . An den
selbstischen Gedanken erkannte ich deutlich den verruchten
Apfel Adams, die Erbsünde, von der ich noch nicht bekehrt
war.‟ Im Traume wird er von einem Bekannten ‚nach Gebühr‘
beachtet, erwidert aber dessen Gruß erst spät und rechtfertigt
sich dann wegen seines Verhaltens, das als hochmütig ausgelegt
werden könnte. Er beteuert im Traume, daß niemand demütiger und höflicher zu sein wünsche als er.
unser Herr: Christus.
Swedenborg deutet den Traum folgendermaßen: „Die Frauen, 175
die mit heraufkamen, die ich wiederfand und begrüßte und
nahm, bedeuten zwei Arten von Gedanken und von geistiger
Arbeit.‟
In derselben Nacht hatte er noch einen Traum: „Jemand sagte
‚Nicolaiter‘ und ‚Nicolaus Nicolai‘. Ob das mein neuer Name
ist, weiß ich nicht. Das merkwürdigste war, daß ich nun den
inneren Menschen verkörperte, als wäre ich es nicht selber, so
daß ich meine Gedanken begrüßen, über meine Erinnerungen
erschrecken und sie anklagen konnte, als gehörten sie einem
anderen Menschen.‟
In seinem Werke „De Amore Conjugali‟ läßt Swedenborg 178
unter gewissen Voraussetzungen außereheliche Geschlechtsverkehr (fornicatio) gelten, „denn in der fornicatio kann die ehe-
liche Liebe verborgen sein, wie das Geistige in dem Natür-

lichen". (Lamm, S. 356.) Diese Einbeschließung des Höheren in das Niedere, des Geistigen in das Natürliche entspricht ganz seiner Auffassung von der Welt und dem Menschen. „Ich war abwechselnd bald im Lichte, bald im Schatten", hat Swedenborg einmal von sich gesagt. Er war sehr sinnlich veranlagt, soll als Fünfzigjähriger in Italien eine Maitresse gehabt haben. Er verschweigt nicht, daß er starke sinnliche Regungen kannte, Anfechtungen ausgesetzt war, läßt im Traumtagebuch nicht unerwähnt, daß die Neigung zu Weibern seine Hauptleidenschaft gewesen war, bemerkt aber zugleich, daß diese Neigung plötzlich Dezember 1743 aufhörte und daß er keinen Gefallen mehr am weiblichen Geschlecht fand. In jener Zeit, die wir aus dem Traumtagebuch kennen — er war damals sechsundfünfzig Jahre alt — hatte er öfters sexuelle Träume. Solche Träume sind seiner Ansicht nach für den weltlichen Verstand unrein, an sich sind sie rein. „Darum werden auch oft die Frauengestalten, die ihm im Traum begegnen, himmlische Offenbarungen. Sie stellen ‚objecta scientiae' dar, ‚sapientia', ‚veritas', ‚pietas' usw. Seine geschlechtliche Verbindung mit ihnen bedeutet seine Liebe zur Weisheit usw. Zuweilen träumt er, daß er von einer Frau entweicht, die sich in sein Bett gedrängt hat. Sie stellt dann zum Beispiel seine weltliche Schriftstellerei dar, die er aufgeben soll für das, was höher ist." (Lamm, S. 175.)

Auch Nr. 169 und Nr. 175 gehören zu den Träumen Swedenborgs, die einen sexuellen Charakter haben. Die folgenden sexuellen Träume Swedenborgs aus derselben Zeit entnehme ich der Abhandlung von Gruhle (S. 278/80):

1743. Wie sich eine Frau neben mich legte, als sei ich wach. Ich wollte wissen, wer sie sei. Sie sprach leise und sagte, sie sei rein, ich aber röche schlecht. Das war, glaube ich, mein Schutzengel, denn da begannen die Versuchungen.

Nacht vom 8. zum 9. April 1744. Darauf trat ein schwarzgekleidetes junges Weib herein und sagte, ich sollte zum — — gehen. Da kam sie von hinten und hielt meinen Rücken mit ihren Händen ganz fest, daß ich mich nicht rühren konnte. Ich rief um Hilfe, man solle mich von ihr befreien, aber ich selbst vermochte nicht meinen Arm zu bewegen. Das war die Versuchung vom vorigen Tage. Sie zeigt, daß ich nicht fähig bin, etwas Gutes aus mir selber zu tun. Dann hörte ich ein Pfeifen, als ob der Versucher entweiche, ich bebte.

Nacht vom 13. zum 14. April 1744. Ich lag bei einer, die nicht schön war. Ich hatte sie aber doch gern. Sie war sonst wie andere, die ich nahm, nur vorne hatte sie gleichsam Zähne. (Vgl. den Traum, den Swedenborg in der Nacht vom 9. zum 10. Oktober hatte: „Dann war ich mit Frauen zusammen, die Zähne an einer gewissen Stelle hatten, wohin ich wollte, aber die Zähne hinderten mich.")

Leyden. Nacht vom 23. zum 24. April 1744. Mir war, als würde ich von einem Weibe verfolgt. Sie jagte mich in den See und wieder hinaus. Schließlich schlug ich sie, so fest ich konnte, mit einem Teller vor die Stirn und drückte ihr Gesicht. So schien sie besiegt zu sein. Das waren meine Anfechtungen und Gedankenkämpfe, die ich überwunden hatte. Mir war, als hörte ich die Worte „interiores scit, integratur". Bedeutet, daß ich durch meine Anfechtungen gereinigt werde. Dann wurde mir die ganze Nacht etwas Heiliges diktiert, das mit sacrarium und sanctuarium schloß. Ich fand mich mit einem Weibe im Bett liegen und sagte, wenn du nicht sanctuarium gesagt hättest, so würden wir jetzt — — —. Ich wandte mich von ihr ab. Da berührte sie mit der Hand mein — —, das wurde so groß wie noch nie. Ich drehte mich um, legte es an, bog es und drang hinein. Sie sagte, es sei lang. Ich dachte, das muß ein Kind geben, es ging wundervoll. Neben dem Bett war ein Weib, die darauf lauerte, aber sie ging vorher fort.

Im Haag. Nacht vom 25. zum 26. April 1744. Ich hatte einen schönen, köstlichen, ungefähr elfstündigen Schlaf mit verschiedenen Offenbarungen. Wie mich ein verheiratetes Frauenzimmer verfolgte, der ich aber entkam. Bedeutet, daß mich der Herr von Versuchungen und Verfolgungen erlöst. Eine verheiratete Frau wollte mich haben, aber ich liebte eine unverheiratete. Die verheiratete wurde böse und verfolgte mich, aber ich entkam zu der unverheirateten, war mit ihr zusammen und liebte sie. Bezieht sich wahrscheinlich auf meine Gedanken. Dann träumte ich von einer Frau, die ein sehr schönes Gut hatte. Wir gingen dort umher. Ich sollte sie heiraten. Die Besitzerin des Gutes bedeutete, glaube ich, pietas oder sapientia. Ich war

488   EMANUEL SWEDENBORG

bei ihr und liebte sie auf die übliche Weise, anscheinend vor der Hochzeit.

Nacht vom 4. zum 5. Mai 1744. Drittens erhielt ich einen kleinen Brief, für den ich neun Heller zahlte. Als ich ihn öffnete, lag ein großes Buch mit weißem Papier darin und mitten darin viele schöne Zeichnungen. Das übrige war leeres Papier. Links von mir saß ein Weib. Sie setzte sich nach rechts und blätterte in dem Buche, und da kamen die Zeichnungen zum Vorschein. Ich glaube, mit dem Brief ist gemeint, daß ich in England eine Menge solcher Zeichnungen und Muster anfertigen lassen soll. Das Weib hatte einen recht breiten Hals und war auf beiden Seiten ganz bloß. Die Haut war glänzend wie glasiert. Auf dem Daumen hatte sie ein Miniaturgemälde. Scheint zu bedeuten, daß ich mit Gottes Hilfe in England viele schöne Zeichnungen in meiner Arbeit ausführen werde. Der Wechsel in der Stellung, daß sich meine Spekulationen, die bis jetzt a posteriori waren, von nun an sich a priori wenden werden.

Nacht vom 4. zum 5. August 1744. Dann hatte ich mit einer Hure zu tun in Assessor Brenners Gegenwart. Ich schien damit zu prahlen, daß ich so stark sei.

Sonntag nachmittag, den 16. September 1744. Als ich am Nachmittage schlief, erschien mir ein Frauenzimmer. Ich sah ihr Gesicht nicht, sie war sehr dick und trug ganz weiße Kleider. Ich wollte von ihr etwas zu trinken kaufen, sie sagte, sie habe nichts. Doch jemand stand daneben, der mir sein Recht überließ auf ein Glas, daß sie in ihren Kleidern verborgen hielt. Als sie danach suchte, sah ich, wie dick sie war, wie schwanger. Nachdem sie in ihren Ärmelfalten gesucht hatte, fand sie etwas zu trinken. Ich meinte, es sei Schokolade, aber es war Wein. Ich wollte es nicht haben, wenn es Wein wäre, aber da erwachte ich. Glaubte da, wie früher schon einmal, einen starken Weinduft zu verspüren. Ich wunderte mich am meisten über ihre schneeweißen Kleider. Ich kann mir die Bedeutung nicht erklären. Ob es das Weib war, das ich hatte, ehe sanctuarium gesagt wurde, da ich ihr Gesicht nicht sah? Daß sie jetzt schwanger war, scheint zu bedeuten, ich sei jetzt auf dem rechten Weg, das, was ich vorhabe, zu schreiben und zur Welt zu bringen. Denn wie ich bemerkte, waren mir die Dinge, die ich gerade in Arbeit hatte, an dem Tage sehr klar. (Swedenborg nimmt in seiner Bemerkung Bezug auf den Traum, den er in der Nacht vom 23. zum 24. April gehabt hat.)

In demselben Monat, in der Nacht vom 14. zum 15. hatte [179] Swedenborg auch einen Flugtraum. „Ich träumte beständig, daß ich flöge. Als ich aber an eine schöne Stadt gekommen war, sah ich, daß ich falsch geflogen war, und kehrte um."

Swedenborg legte diesen Traum so aus: „Scheint zu bedeuten, [181] daß ich meine Füße nicht gewaschen hatte." Er schrieb über Fußwaschung ins Traumtagebuch am 9. April: „Es wurde mir klar, . . . warum Christus den Aposteln die Füße wusch und Petrus antwortete, es bedarf nichts als der Füße waschen. Dann erkannte ich, daß es der Heilige Geist ist, der vom Mittelpunkt, der Liebe, ausgeht. Er wird durch das Wasser verkörpert, denn er wird ‚Woge und Welle' genannt." Daß Swedenborg zeremonielle Fußwaschungen vorzunehmen pflegte, berichtet sein Londoner Hauswirt, der Herrnhuter Brockmer. (Lamm, S. 167.)

In der Nacht vom 20. zum 21. Juni hatte Swedenborg geträumt: „Darauf fand man mich nachts in einer Kirche. Ich war nackend, nur mit einem Hemde bekleidet, darum wagte ich mich nicht hervor. Scheint zu bedeuten, daß ich noch nicht so gekleidet und vorbereitet bin, wie ich es sein müßte."

Swedenborg hatte schon früher Träume, die ähnliche Traum- [183] motive aufzeigen. In der Nacht vom 30. April zum 1. Mai hatte er geträumt: „Sah einen degenbewaffneten Mann, der Wache stand. Der Degen war gezackt und scharf. In den Rockärmeln hatte er irgendetwas stecken. Ich fürchtete mich vor ihm, denn ich sah, daß er betrunken war und mir Schaden zufügen konnte." Und in der Nacht vom 11. zum 12. Juni hatte er geträumt: „Mir erschien ein weißgekleideter Mann mit einem Degen, ein anderer Mann ging ihm entgegen, wurde aber von seinem Degen verwundet. Dieser nahm den Kampf wieder auf, wurde recht schwer am Ohre und an den Schläfen verletzt. Es kam noch ein Mann, der mit ihm kämpfte. Auch dieser wurde gestochen, so daß Blut rann. Ich hatte einen langen Speer, dachte, wenn der Mann käme, wollte ich mich damit verteidigen. Plötzlich sah ich, wie er dicht vor mir den Degen fortwarf und seiner Wege ging. Wie ich mich noch darüber wunderte, merkte ich, daß ein Mann vor mir herging, der seinen Degen umgedreht hatte, um ihn abzugeben und sich auf Gnade oder Ungnade zu ergeben. Aus diesem Grunde hatte der andere seinen Degen fortgeworfen."

184 Swedenborg bemerkt zu diesem Traume: „War, weil ich gestern medizinisches Kolleg hörte und mich in Gedanken überhob. Glaubte, man würde von mir sagen, daß ich die Anatomie besser verstünde. Doch war ich froh, daß dem nicht so geschah. In einer Vision sah ich, daß ein Mann mit schiefem Fuße von mir fortging. Schien zu bedeuten, daß ich durch den Biß einen schiefen Fuß bekommen hatte."

In dem Werk „De cultu et amore dei" führt Swedenborg aus, daß das niedere Prinzip, „der Fürst der Welt", der die Menschen verführt und sie vom Himmlischen zu trennen bestrebt ist, in verschiedenen Gestalten aufzutreten pflegt, zum Beispiel in Gestalt eines Hundes, eines Drachen. „Zum großen Teil sind es die Gestalten, in denen sich der Teufel in Swedenborgs Träumen gezeigt hat." (Lamm, S. 197.)

Vgl. auch Nr. 172, 173 und Anm.

185 Swedenborg bemerkt zu diesem Traume: „Solche Drachen, die sich nicht eher als Drachen zeigen, bis man ihre Flügel sieht, bedeuten falsche Liebe. Ich schrieb jetzt gerade darüber."

JOHANN GEORG ZIMMERMANN (* 8. Dezember 1728 in Brugg im Kanton Aargau, † 7. Oktober 1795 in Hannover). Arzt und Schriftsteller, Verfasser der Schriften: „Über die Einsamkeit" und „Von der Erfahrung in der Arzneikunst", Mitglied der Königl. Preußischen Akademie der Wissenschaften in Berlin und der Akademien in München, Petersburg, Palermo und Pesaro, Hofrat, Leibarzt des Königs von England Georg III. Zimmermann behandelte Friedrich den Großen in seiner letzten Krankheit.

186 Zimmermann veröffentlichte den Traum 1766 unter dem Titel: „Traum vom zukünftigen Leben" in der von Lavater herausgegebenen Wochenschrift „Der Erinnerer" (Zürich, II. Jahrgang, 12. Stück). Dieser Traum hat Lavater die Anregung zu dem Werk gegeben, das dreibändig unter dem Titel erschien:

„Aussichten in die Ewigkeit, in Briefen an Herrn Joh. Georg Zimmermann."

Zimmermann hatte den Traum zu Lebzeiten der Gattin. Sie war eine geborene Meley, primo voto Steck. Sein Verhältnis zu ihr war ein sehr inniges. „Meine Frau ist das größte Gut und das größte Glück, das mir Gott auf der Erde schenken konnte", schrieb er an Lavater. Leicht wird sie es mit ihm, dem Hypochonder und Melancholiker, nicht gehabt haben. Ihre letzten Worte auf dem Sterbebette waren: „Wer wird dich, armer Zimmermann, verstehen, wenn ich nicht mehr da bin?" Sie starb am 23. Juni 1770 in Hannover; zwölf Jahre nach ihrem Tode ging Zimmermann eine zweite Ehe ein.

Über seine Gattin schrieb Zimmermann um die Zeit, in die sein Traum fällt, folgendes in Briefen an Lavater. Am 31. Oktober 1765: „Meiner Frau spreche ich den Enthusiasmus keineswegs ab. Sie ist, ihrer anscheinenden Kälte und ihrer Fähigkeit zum Zergliederungsschlusse ungeachtet, ganz dazu organisiert. Sie hat aber einen vorzüglichen Hang zum traurigen Enthusiasmus, den ich zu hemmen suche." Dann am 23. November 1765: „Freilich wird die Autorität meiner Frau bei Ihnen nichts gelten, aber Sie kennen den Verstand meiner Frau nicht." Und am 28. Dezember desselben Jahres: „Durch allzu vieles Denken hat es meine Frau so weit gebracht, daß ihr itzt jede Anstrengung des Geistes Ohnmachten gibt, die ein Bild des Todes sind." (Die Briefstellen zum erstenmal publiziert von Dr. Rudolf Ischer: „Johann Georg Zimmermanns Leben und Werke", Bern 1893, S. 119.)

Zimmermann sagt im Traume zu seiner Gattin: „Deiner Stimme werde ich gehorchen wie Gottes Stimme." Wie er in Wirklichkeit auf die Religiosität seiner Frau reagierte, von der er behauptete, sie habe den „Geist des Christentums im äußersten und vollkommensten Grade", und welche Richtung er später ihrem Glauben zu geben für richtig fand, ersehen wir aus seinem Brief an Lavater vom 12. Juli 1766: „Ich habe alles, was nur Imagination ist in Absicht auf die Religion, völlig bei ihr getötet, weil sie sehr leicht eine Fanatikerin hätte werden können. Auch ist ihr Christentum itzt lauter Vernunft, lauter Simplizität, und doch ist sie mit aller ihrer sublimen Einfalt in meinen Augen eine

Heiliginn." (Ischer, S. 120.) Interessant in diesem Zusammenhang ist auch die Auslassung Wielands in einem Schreiben an
Zimmermann: „Ein Brief von deiner Frau lehrt mich besser,
was das Gute und Schöne ist, als Plato und Aristoteles, und
wenn sie mir entrissen würde, würde ich ihr i n d i e W e l t
d e r E n g e l nachfolgen."

Plan zu einem ganz in die ausübende Arzneikunst einschlagenden Buche: gemeint ist das medizinische Werk, das Zimmermann 1767 bei Füßli in Zürich unter dem Titel herausgab: „Von
der Ruhr unter dem Volke im Jahr 1765 und denen mit derselben eingedrungenen Vorurteilen, nebst einigen allgemeinen
Aussichten in die Heilung dieser Vorurteile" — durch Berufsgeschäfte: Zimmermann war seit dem Jahre 1754 Stadtphysikus
in Brugg. Sein dortiges Leben schildert anschaulich der Dichter Conrad Ferdinand Meyer in dem Aufsatz: „Kleinstadt und
Dorf um die Mitte des vorigen Jahrhunderts, nach einem Manu-
skripte von Edmund Dorer" (Briefe Conrad Ferdinand Meyers
nebst seinen Rezensionen und Aufsätzen, hrsg. von Adolf
Frey, Leipzig 1908, Bd. II, S. 451 flg.) — mit meiner Familie:
Zur Zimmermannschen Familie gehörten damals außer der
Gattin der elfjährige Sohn Jakob und die neunjährige Tochter Katharina, außerdem lebte noch die Schwiegermutter Frau
Meley im Hause — Erzähle mir alle deine Fehler: Die Auf-
zählung zeigt, daß Zimmermann sich seiner Fehler auch im
Traume bewußt war. Im Umgang mit ihm war den Freunden
bei aller Würdigung seiner wirklichen Verdienste ganz unmöglich, seine Fehler zu übersehen. Goethe nennt Zimmermann
einen merkwürdigen, verdienstvollen, bedeutenden, trefflichen
Mann, aber läßt uns auch über seine Fehler nicht im unklaren.
Nach Goethes Angabe war Zimmermann „von Natur heftig",
doch hatte er sich völlig in der Gewalt, und nur im vertrautesten
Umgang ließ er „seinem innerlich ungebändigten Charakter . . .
einen ungeregelten Lauf". Er war „bis zur Wut ungeduldig",
hatte eine „leidenschaftliche Verbesserungswut" und war sehr
eitel. „Und könnte man ihm nachsehen, daß er sich, seine Persönlichkeit, seine Verdienste sehr lebhaft vorempfand, so war
kein Umgang wünschenswerter zu finden." („Dichtung und
Wahrheit", III. Teil, 15. Buch.)

GEORG HERMANN RICHERZ (* 1. April 1756 in Lübeck, † 7. Juli 1791 in Gifhorn),
war eine Zeitlang Universitätsprediger zu Göttingen, dann Pastor, zuletzt Superintendent. Übersetzte das Werk von Ludwig Anton Muratori „Della forza della fantasia umana" und versah den Text von Muratori mit ausführlichen eigenen Zusätzen.

Richerz versucht die Erklärung für seinen „sehr zusammengesetzten und sehr abenteuerlichen" Traum zu geben. [187]

Er geht davon aus, daß die Gedanken, die man am Tage hat, der physische Zustand, die Lage des Körpers während des Schlafes für die Entstehung und den Verlauf eines Traumes ausschlaggebend sind.

Es ist für uns recht interessant, zu verfolgen, wie jemand im September 1784, also genau hundertfünfzehn Jahre vor Freud — im September 1899 machte Freud die Korrektur der letzten Bogen seiner „Traumdeutung" — die Abhängigkeit der Vorstellungen im Traume von Wacherlebnissen abzuleiten sucht und zu dem Ergebnis kommt: „So viel Zusammenhang, so viel Abhängigkeit von dem, was wir bei Tage denken und tun, entdecken wir bei einiger Bekanntschaft mit uns selbst auch in unsern seltsamsten Träumen leicht. So urteilen und handeln wir auch im Traum wie bei Tage, nur immer den in uns am lebhaftesten erregten Empfindungen und auf diese gegründeten Vorstellungen gemäß." (Richerz: Zusätze zum fünften und sechsten Kapitel des Werkes von Muratori „Über die Einbildungskraft des Menschen", Teil I, S. 299.)

Richerz gibt sich Rechenschaft über seine Wacherlebnisse und Tageseindrücke, auch über sein körperliches Befinden vor dem Schlafengehen, und stellt folgendes fest:

Er war tags zuvor auf dem Spaziergang an einem Galgen vorbeigekommen, hatte sich mit seinem Begleiter über den Stand dieses Galgens an der Landstraße unterhalten und dabei erzählt, daß er in einer anderen Gegend in der Nähe eines Galgens ein Haus kenne, von dessen einem Zimmer aus man sogar im Bette liegend die Gehenkten stets vor Augen habe. Er hatte an demselben Tage in der Zeitung gelesen, daß ein Landgeistlicher von Räubern überfallen und geknebelt worden sei. Der Geistliche wurde von den Räubern so lange geohrfeigt, bis er gestand, wo seine besten Habseligkeiten sich befänden. Außerdem hatte er in der Zeitung die Meldung gefunden, Joseph II. habe den ersten in einem neu eröffneten Entbindungsheim geborenen Knaben, der in seinem Namen aus der Taufe gehoben wurde, Joseph II. nennen lassen. Er hatte unlängst das Titelblatt eines Notenbuches aufgeschlagen und das aufgeschlagene Notenbuch länger als eine Woche auf dem Klavier liegen gehabt, so daß ihm der Titel öfters ins Auge fallen mußte. Es war eine Komposition von Neefe, betitelt „Heinrich und Lyda". Bei der Abendunterhaltung hatte er geäußert, es würde ihm sehr willkommen sein, wenn ihm jemand zehntausend Taler schenkte. Außerdem konnte er sich erinnern, daß er vor acht Tagen bei einem Mechaniker verschiedene messingne Instrumente gesehen hatte, deren Verwendung ihm nicht genau bekannt war.

Was sein körperliches Befinden an diesem Tage betraf, so fühlte er sich erkältet und glaubte einen Schnupfen zu bekommen. Er wollte dem Schnupfen vorbeugen und trank, um zu schwitzen, unmittelbar vor dem Schlafengehen süßen Wein.

Beim Auskleiden war er durch den Wein schon erhitzt und empfand die Kälte des Fußbodens recht unangenehm an den Füßen.

Wein und Wärme des Bettes trieben ihm das Blut zu Kopf, dazu kam die Verstopfung der Atmungsorgane durch die katarrhalische Erkältung, und so stellte sich im Schlafe ein Gefühl von Beengung in der Halsgegend ein. Die Empfindung der Beengung gerade am Halse war von der Vorstellung des Erhenkens begleitet. (Zur physischen Ursache kam das Tageserlebnis hinzu: auf dem Spaziergang war er an einem Galgen vorbeigegangen und hatte das Gespräch über die Gehenkten geführt.) An die Vorstellung des Gehenktwerdens knüpfte sich die Vorstellung, ob er schuldig oder unschuldig sei. Er war sich zwar seiner Unschuld bewußt, aber was hätte es ihm genützt, sich jetzt gegen das Schicksal aufzulehnen, er fand sich also mit seinem Geschick ab. Er war ein Geistlicher, und so war ihm der Gedanke vertraut, daß nichts ohne den Willen der Vorsehung geschehe, dies erklärt auch seine Ergebung in das Schicksal. Durch sein Verhalten wollte er seine Gesinnung zu erkennen geben, wollte beten und zum Beweise seiner seelischen Er-

schütterung beim Beten knien. Ihm war heiß (er schwitzte!),
und da fiel ihm ein, daß das Knien auf einem kalten Fußboden
seiner Gesundheit schädlich sein könnte. (Die Empfindung vor
dem Schlafengehen: das unangenehme Gefühl der Kälte an den
Füßen, verursacht durch die Kälte des Fußbodens. — Die Vorstellung, mit tiefgebogenen Knien zu beten, glaubt er auf die
Lage des Körpers im Bett zurückführen zu können.) Vor dem
Gehenktwerden wollte er beten, die Vorstellung vom Tode am
Galgen assoziierte er mit der Vorstellung des Todes Christi am
Kreuz, und er gebrauchte die Worte Christi, die ihm als Reli-
gionslehrer aus dem Lukas-Evangelium ganz geläufig waren:
„Vater, vergib ihnen, denn sie wissen nicht, was sie tun", mit
einer auf seine Situation passenden Änderung: „Vater, vergib
unserem König Heinrich II., denn er weiß nicht, was er tut."
(Der Name Heinrich war eine Erinnerung an den Titel der Komposition von Neefe: „Heinrich und Lyda", und Heinrich wurde
zum Heinrich II. im Zusammenhang mit Joseph II., von dem
er am Tage zuvor in der Zeitung gelesen hatte.) Der Name
Heinrichs II., der ihm natürlich aus der englischen Geschichte
bekannt war, rief in ihm die Vorstellung England hervor. Er
glaubte also in England, im Zeitalter Heinrichs II. zu sein. Er
sah den König in Person, „weil unsre Phantasie uns gern die
Bilder der Dinge darstellt, deren Namen sie in uns hervorruft".
Er hatte den natürlichen Wunsch, sein Leben zu retten, aber
der König ließ sich durch das Gebet nicht rühren, ja gerade in
seinem Gebet hatte er den König durch einen Vorwurf gekränkt
(„denn er weiß nicht, was er tut"). Und durch einen Vorwurf
konnte er den König nicht für sich einnehmen. — Der Scharfrichter legte ihm den Kranz eines messingnen Tellers um den
Hals. (Für das sonderbare Instrument, dessen sich der Scharfrichter bediente, konnte Richerz zuerst nicht leicht eine Erklärung finden. Messingner Teller: er hatte vielleicht Tags zuvor
während einer Unterhaltung bei Tisch in Gedanken mit einem
Teller manövriert; vor acht Tagen hatte er tatsächlich Instrumente aus Messing bei einem Mechaniker gesehen. „Meine
Phantasie hatte sich die Idee des Tellers eingeprägt, ging vom
Begriff eines Metalls zu dem eines andern über und bildete
sich ein neues Werkzeug nach ihrer eigenen Manier.") An die

Vorstellung des Mordinstruments reihte sich die Vorstellung des
Knebels (Einwirkung der Zeitungslektüre: der Landgeistliche
wurde von den Räubern geknebelt). Die Empfindung, daß er
eine beträchtliche Tiefe hinabfiel, erklärte er sich durch eine
Veränderung der Lage des Körpers im Schlafe, etwa durch ein
plötzliches Sinken der in die Höhe gezogenen Beine. Das
Schweben in der Luft ohne Schmerzen und ohne Angst und das
Gefühl des Wohlseins imaginierte er sich wahrscheinlich bloß,
weil er nach dem Schwitzen eine Erleichterung empfand; die
durch den Katarrh bewirkte Verstopfung hatte sich gelöst, das
Gefühl der Beengung war geschwunden. — Er hielt eine Ansprache an die Menge, beteuerte seinen rechtschaffenen Wandel, denn vor seinen Mitbürgern wollte er unbescholten dastehen (Verkennung wäre ihm recht schmerzlich gewesen), und
zuletzt bat er, seiner Gattin die zehntausend Pfund, die er besaß, nicht zu entziehen. (Abendunterhaltung: ein Geschenk von
zehntausend Talern wäre ihm willkommen. Die gewünschte
Summe gehört ihm gleich im Traume, und als Engländer rechnet er nach Pfunden.)

Er erwachte, „ohne im geringsten eine unangenehme Sensation
zu haben", und stellte fest, daß er den Traum ungefähr um
Mitternacht gehabt hatte. Er hatte im Schlafe stark geschwitzt,
noch beim Erwachen war er ganz in Schweiß gebadet, empfand
aber zugleich ein angenehmes Gefühl körperlicher Erleichterung.

188 Zum Traume der Gattin bemerkt Richerz: „So leicht baut also
die Phantasie des Träumenden auf den ihr übergebenen Materialien weiter fort. So leicht nimmt die Phantasie die ihr übergebenen Materialien an. Und nicht bloß Materialien, sondern
auch den Gesichtspunkt, aus dem man dieselben im Traume ansehen will, und die Gemütsbewegungen, die man dadurch in
sich hervorbringen lassen will, kann man bei sich und andern
vorher disponieren."

Richerz erzählt, daß er einmal im Traume durch treffliche Beispiele die geistige Natur des Salamanders bewies. Ein andermal rekapitulierte er im Traume die verschiedenen Hypothesen
vom Sitz der Seele, beim Erwachen konnte er erst feststellen,
daß er unter richtigen Gedanken auch folgenden unsinnigen

produzierte: „Luther versetzte die Seele in den ersten Psalm"; der Unsinn war ihm im Traume gar nicht aufgefallen.

GEORG CHRISTOPH LICHTENBERG (* 1. Juli 1742 in Oberramstädt bei Darmstadt, † 24. Februar 1799 in Göttingen).
Schriftsteller, Professor der Mathematik und Physik an der Universität Göttingen, Entdecker der elektrischen Staubfiguren, die nach ihm Lichtenbergsche Figuren genannt werden. War seit dem achten Lebensjahr bucklig.
Probleme des Traumes interessierten ihn außerordentlich, seine Aufzeichnungen beweisen dies zur Genüge. „Von der Natur der Seele aus Träumen ist eine Materie, die des größten Psychologen würdig wäre", schreibt er im Jahre 1777, und ein andermal: „Ich weiß aus unleugbarer Erfahrung, daß Träume zur Selbsterkenntnis führen." Er war der Ansicht, daß man aus den Träumen eines Menschen auf seinen Charakter schließen könne. „Die Träume können dazu nützen, daß sie das unbefangene Resultat ohne den Zwang der oft erkünstelten Überlegung von unserem ganzen Wesen darstellen." (Notiz aus dem Jahre 1789.)
Charakteristisch für ihn ist es, daß er aus dem Umstand, daß er von einem Menschen nie geträumt habe, darauf schließt, dieser müsse ihm gleichgiltig sein.
Das Erleben im Traume setzte er dem Erleben im Wachen gleich. „Der Traum ist ein Leben, das mit unserem übrigen zusammengesetzt, das wird, was wir menschliches Leben nennen. Die Träume verlieren sich in unser Wachen allmählich herein, man kann nicht sagen, wo das Wachen eines Menschen anfängt."
Er träumte, wie er 1777 schreibt, von seiner verstorbenen Mutter fast jede Nacht. Oft hatte ihm geträumt, er äße gekochtes Menschenfleisch, er „rede mit einem Verstorbenen von eben demselben als dem Verstorbenen". In Träumen empfand er öfters ein recht lebhaftes Gefühl des Mitleids, im Wachen wurde er von diesem Gefühl nie so stark bewegt. Zuweilen sah er im Traume die Straßen seiner Geburtsstadt, die Häuser hatten ein merkwürdiges Aussehen, das machte ihn stutzig;

nach Besinnen pflegte er dann im Traume festzustellen, daß die Häuser (obwohl es in Wirklichkeit nicht der Fall war) ehemals so ausgesehen hätten.

189 Diesen Traum, der im Tagebuch verzeichnet ist und den Lichtenberg in der Nacht vom Ostersonntag auf den Ostermontag geträumt hat, notierte er auch in seinem Aphorismenbuch (Sudelbuch nannte er es). Folgende Varianten seien hervorgehoben. Im Tagebuch heißt es: „Ich war ziemlich ruhig", im Aphorismenbuch: „Ich war sehr ruhig dabei". Aus der Eintragung in den Aphorismen ergibt sich auch, daß ihn diese Ruhe im Traume beim Erwachen „nicht freute. So etwas kann Erschlaffung sein". Im Tagebuch heißt es: „Was ich deutlich dabei dachte, war, . . .", im Aphorismenbuch: „Ich räsonierte ganz ruhig über die Zeit, die es dauern würde. ,Vorher bin ich noch nicht verbrannt, und nachher bin ich es.' Das war fast alles, was ich dachte und bloß dachte. Diese Zeit liegt zwischen sehr engen Grenzen. Ich fürchte fast, es wird bei mir alles zu Gedanken und das Gefühl verliert sich."
Vielleicht hat die Erinnerung in der Karwoche an den Kreuzigungstod Christi diesen Traum vom Tode durch Verbrennen eingegeben?

190 Zu diesem Traume bemerkt Lichtenberg:
„Was mir ihn merkwürdig macht, ist dieses: Wer erinnerte mich im Traume an das Kind? ·Ich war es ja selbst, dem der Umstand einfiel. Warum brachte ich ihn nicht selbst im Traume als eine Erinnerung bei? Warum schuf sich meine Phantasie einen Dritten, der mich damit überraschen und gleichsam beschämen mußte? Hätte ich die Geschichte wachend erzählt, so wäre mir der rührende Umstand gewiß nicht entgangen. Hier mußte ich ihn übergehn, um mich überraschen zu lassen. Hieraus läßt sich allerlei schließen. Ich erwähne nur eines, und mit Fleiß gerade das, was am stärksten wider mich selbst zeugt, zugleich aber auch für die Aufrichtigkeit, womit ich diesen sonderbaren Traum erzähle.
Es ist mir öfters begegnet, daß ich, wenn ich etwas habe drucken lassen, erst ganz am Ende, wenn sich nichts mehr ändern ließ, bemerkt habe, daß ich alles hätte besser sagen können, ja daß ich Hauptumstände vergessen hatte. Dies ärgerte mich oft

sehr. — Ich glaube, daß hierin die Erklärung liegt. Es wurde
hier ein mir nicht ungewöhnlicher Vorfall dramatisiert.
Überhaupt aber ist es mir nichts Ungewöhnliches, daß ich im
Traum von einem Dritten belehrt werde; das ist aber weiter
nichts als dramatisiertes Besinnen. Sapienti sat."
Über Belehrung im Traum notierte Lichtenberg zwanzig Jahre
vor diesem Traum folgendes: „Bei Träumen ist doch dies merk-
würdig, daß Traum von Belehrung weiter nichts ist und sein
kann als Erinnerung oder Zusammensetzung in unserem Kopf
liegender Begriffe, es entsteht dabei eine Person dazu."
Zur Erklärung dieses Traumvorgangs vgl. auch Anm. zu
Nr. 618.
Den Traum hatte Lichtenberg zwei Wochen vor seinem Tode. 191
Diese Aufzeichnung des Traumes ist die letzte in seinem
Aphorismenbuch.

IMMANUEL KANT (* 22. April 1724 in Königsberg,
† 12. Februar 1804 in Königsberg).
Gegen Ende des Winters: im Jahre 1803 — seinen . . . Diener: 192
Johann Kaufmann, der an Stelle des langjährigen Bedienten
Lampe im Jahre 1802 in Kants Dienste getreten ist. Da Kant
an Angstzuständen litt, sollte auf Anraten von Wasianski der
Diener in Kants Schlafzimmer schlafen; nach anfänglichem
Sträuben erklärte sich Kant damit einverstanden — Wir.: Kant
und Wasianski. Kant erneuerte im Jahre 1790 die Bekanntschaft mit seinem früheren Schüler, dem Prediger Wasianski;
in den letzten Jahren seines Lebens sah Kant ihn täglich bei sich
und bestimmte ihn zu seinem Testamentsvollstrecker.

JOHANN BENJAMIN ERHARD (* 8. Februar 1766 in
Nürnberg, † 28. November 1827 in Berlin).
Verfasser von philosophischen und medizinischen Schriften.
Kantianer. „Unter allen Personen, die ich bisher nah kennen
lernte, wünschte ich mir keinen mehr zum täglichen Umgange
als Sie", schrieb ihm Kant. Auch Goethe schätzte ihn sehr:
„Ein so trefflicher Kopf wie dieser kann sich in alle Sättel
werfen." Im Jahre 1822 wurde Erhard königlich preußischer
Obermedizinalrat.

193 Erblich belastet. Seine Großmutter glaubte Gespenster zu sehen. Im vierzehnten Lebensjahr bekam Erhard epileptische Anfälle. Er litt unter Angstgefühlen, „besonders ängstigte mich, wenn ich spät abends noch Klavier spielte, eine große weibliche Figur in einer schwarzen Saloppe, welche zur Tür hereinkam und über meine Schultern und in die Noten sah. Diese Figur erschien mir zum letztenmale 1791 in Kopenhagen." („Eigene Lebensbeschreibung", S. 12.) Noch in späteren Jahren neigte die Stimmung seines Gemüts ganz zur Schwermut; in Wagners Beiträgen zur Anthropologie veröffentlichte er einen „Versuch über die Melancholie".

SALOMON MAIMON (* 1754 auf einem Gute bei Mirz in Lithauen, † 22. November 1800 in Nieder-Siegersdorf in Schlesien).
Philosoph, den Kant als den bedeutendsten unter seinen Gegnern bezeichnete.

194 Im Jahre . . . war ich Hofmeister . . . in P.: Maimon war, bevor er 1773 wieder nach Berlin zurückkehrte, zwei Jahre Hofmeister in Posen — Titel eines . . . kabbalistischen Buches: Maimon schreibt: „Ich wurde frühzeitig . . . mit den kabbalistischen Schwärmereien . . . bekannt."

AN DER WENDE EINER EPOCHE

KARL SIEGMUND FREIHERR VON SECKENDORF (* 26. November 1744 in Erlangen, † 26. April 1785 in Ansbach).
Schriftsteller, veröffentlichte Aufsätze und Gedichte in Wielands Teutschem Merkur, übersetzte den ersten Gesang der „Lusiaden" von Camões; war auch seiner Zeit als Komponist beliebt. Seckendorf war seit 1784 preußischer Gesandter an den fürstlichen Höfen des fränkischen Kreises.
Der Traum zuerst veröffentlicht im „Journal von und für Deutschland", hrsg. von Siegmund Frh. v. Bibra, 1785, Bd. II, zehntes Stück, S. 370flg., dann im „Magazin zur Erfahrungsseelenkunde", 1787, Bd. V, H. 1, S. 55flg., in „Curiositäten",

1815, Bd. IV, viertes Stück, S. 351 flg. und von K. A. Varnhagen
von Ense in Seckendorfs Lebensbeschreibung („Vermischte
Schriften", 2. Aufl., Teil I, S. 14 flg.). Varnhagen vermerkt, er
habe den Traum „handschriftlich in durchaus glaubwürdiger
Abfassung und Überlieferung vorgefunden".

wenn ihn sein Geschick in Italien gelassen hätte: „Nach länge- 196
rem Aufenthalt in Italien durch die Familienverhältnisse wider
seinen Willen in die Heimat zurückgerufen" (Varnhagen) —
Frau von Kalb: Charlotte von Kalb, geb. Marschalk von Ost-
heim, bekannt als Freundin Schillers.

Seinen Vater: Johann Wilhelm von Seckendorf, bayreuthischer 197
Geheimrat und Minister.

machte im Traum ein Gedicht auf seinen Traum: Gedicht und 198
Komposition wurden zu Seckendorfs Lebzeiten gedruckt in der
von Wieland herausgegebenen Zeitschrift „Der Teutsche Merkur" (Weimar, Oktober 1784). Das Gedicht hat folgenden
Wortlaut:

> Holde, süße Phantasei,
> Immer wirksam, immer neu,
> Dank sei deinen Zauberbildern,
> Die mein hartes Schicksal mildern,
> Dank dir, daß mir deine Kraft
> Freude noch zum Leben schafft!
>
> Oh! Wie manchen langen Tag
> Irr ich deinem Blendwerk nach,
> Im Vergangenen verloren,
> In der Zukunft neu geboren,
> Wachend, träumend, dort und hier
> Folg ich immer freudig dir.
>
> Ein Gesicht verschwindet kaum,
> Winkt mir schon ein neuer Traum;
> Sink ich kraftlos und beladen,
> Reichst du mir den goldnen Faden,
> Der mein traurendes Gemüt
> Sanft zu dir hinüberzieht.
>
> Holde, süße Phantasie,
> Täuscherin, verlaß mich nie,

Nur im Kreise deiner Kinder
Eilt die Zeit mir hin geschwinder,
Weiche nimmermehr von mir! —
Auch im Tode folg ich dir.

Über Seckendorfs Traum schreibt Varnhagen:

„Diese im Traum erzeugte Poesie und Musik dürfte wohl einzig
sein und schon deshalb aufbewahrungswürdig. In beiden
scheint das Maß, welches dem Verfasser für seine Gedichte und
Kompositionen im Wachen gestellt war, durch den Traum
nicht gesteigert. Das Gedicht ist jedoch von eigentümlichem
Klang und schreitet in einem Takte vor, der wie aus innerem
Pulsschlage kommt.

Der Traum selbst ist wunderbar und ergreifend, er setzt eine
kräftige und zarte Phantasie voraus. Die Antwort: ‚die Zukunft
wolle er Gott überlassen‘, ist erhaben und fromm . . .

Die Fähigkeit zu solchen durchbildeten, sinn- und bedeutungsvollen Träumen oder vielmehr Traumgesichten ist unstreitig
eine hohe und seltene Begabung der Seele, würdig, mancher
weltlich höchstgeschätzten und glänzend wirksamen gleichge-
stellt zu werden. Der Traum von Seckendorf ist in sich schön,
durch seine Bilder und seinen Gang und sein Ergebnis; aber
auch der eigentliche Gehalt ist bedeutend, rührend und schauerlich. Er zeigt eine sich über das eigene Leben schauend er-
hebende Seele und regt zu Bedenken und Nachdenken auf. Wer
aber so träumen kann, der scheint wirklich mit dem Leben dem
Abschlusse nah, und insofern durften wir sagen, daß Seckenn-
dorf zwar wenig bejahrt, aber dennoch zu guter und rechter
Zeit gestorben sei.“

JOHANN FRIEDRICH OBERLIN (* 31. August 1740 in Straßburg, † 1. Juni 1826 in Waldersbach).

Doktor der Philosophie, evangelischer Pfarrer im Steintal bei
Straßburg, vorbildlicher Seelsorger, dem es auch um das irdische
Wohl seiner Gemeinde zu tun war. Seine Tätigkeit fand 1794
die Anerkennung des Nationalkonvents, für seine landwirt-
schaftlichen Einrichtungen und für die Einführung von technischen Neuerungen wurde er von der königlichen Central-
Ackerbaugesellschaft in Paris mit der großen goldenen Medaille

ausgezeichnet, ein Jahr später zum Ritter der Ehrenlegion ernannt.

Oberlin war visionär veranlagt, hatte „die Gabe des Hineinsehens in die unsichtbare Welt", stand in Rapport mit Geistern. Als im Januar 1783 seine Frau starb, sah er sie gleich am ersten Abend nach ihrem Tode in einem Gesicht. In den neun folgenden Jahren erschien sie ihm sehr oft und meistens in Träumen. Über den Umgang mit dem Geist seiner verstorbenen Frau im Wachen und in Träumen führte Oberlin ein Tagebuch; Auszüge aus diesem Tagebuch veröffentlichte G. H. v. Schubert („Die Symbolik des Traumes", Aufl. 3, S. 283—308).

Träume, und besonders die von seiner Frau, offenbarten Oberlin die Geheimnisse des jenseitigen Lebens. „Hätte ich nun", schrieb er, „etwa wie ein Pariser Geschäftsmann, auf solche Träume gar nicht geachtet, ihnen beim Erwachen gar kein Nachdenken, gar keine Aufmerksamkeit geschenkt: so wäre mein Ohr bald ganz taub geworden für die Stimme der Seele meiner lieben Frau. So aber dachte ich daran, daß die Schrift sagt, daß Gott auch durch Träume uns belehre . . . So hat auch mein Auge, da ich einmal wußte: sie ist da neben und bei mir, die Geisterwelt sehen gelernt mitten unter dem Getümmel des täglichen Lebens."

Oberlin erhielt in Träumen von seiner verstorbenen Frau Mahnungen und Belehrungen, wurde über seinen Zustand und seine Handlungen aufgeklärt, fühlte sich durch Traumbilder gewarnt oder ermutigt, sie gaben ihm dann die Richtlinien für sein Tun. Oberlins folgenden Ausführungen über den Sinn der Träume und über den Weg, auf dem sie im Wachen ins Bewußtsein gelangen, wird auch derjenige, dem sein Verkehr mit Geistern nicht glaubhaft erscheint, der seinen Theorien über „die Bleibstätten oder Mansionen der abgeschiedenen Seelen" nicht folgen kann, seine Zustimmung nicht versagen. „Es dünkt mich nun, nach mehreren Erfahrungen, wahrscheinlich zu sein, daß manche Träume tiefer liegen und in einem tieferen Grunde oder Theater (ich weiß nicht, wie ich's nennen soll) aufgeführt oder gespielt werden, als wir's uns einbilden. Wenn ich einen solchen tiefen Traum nicht gleich sorgfältig beim ersten Erwachen gleichsam in den äußeren Menschen, in das äußere Gedächtnis übersetze, so ist mir die Vorstellung für diesmal verloren und bleibt es so lange, bis etwa das Innere auf ein anderes Mal wieder geöffnet ist, ich die nämliche Vorstellung wieder bekomme und damit sorgfältiger umgehe."

199 unser Waldach: im Steintal in Elsaß, wo Oberlin Pfarrer war — eine Wiege mit acht . . . kleinen Kindern: Zu diesem Traummotiv möchte ich anführen, daß Oberlin sich um die kleinen Kinder seiner Gemeinde kümmerte, für ihre Pflege und Erziehung in den von ihm gegründeten Kleinkinderschulen sorgte.

200 mein liebes Weib: Marie Salome Oberlin, geb. Witter. Sie starb nach fünfzehnjähriger Ehe, nach der Geburt des neunten Kindes, am 17. Januar 1783.

Einige Tage nach diesem Traume hatte Oberlin eine Vision: „Mir wurde ein sehr schönes, weitläufiges Gebäude gezeigt, dessen innere Einrichtung von einem so besonders antiken Geschmacke war, dergleichen ich in meinem Leben weder in Kupferstichen gesehen, noch beschreiben hören oder gelesen hatte. Es gefiel mir aber alles bis zur Entzückung wohl. Es war mir endlich dabei, wie wenn's für mich bestimmt wäre." (21. Juni 1784.)

201 Der Abschreiber des Oberlinschen Tagebuches bemerkt, Oberlin habe erzählt, „daß vor der Zeit der Französischen Revolution vielfache Aufforderungen im Steintale zur ernstlichen Fürbitte für Frankreich ergangen wären. Man habe daselbst lange Zeit den Fall der Geistlichkeit vorausgewußt; man habe im Gesicht ganze Scharen böser Geister mit einer furchtbaren Schnelligkeit durch die Luft schweben sehen, deren Zug gegen die Mitte von Frankreich hingekehrt war".

Zwei Jahre nach diesem Traume — am 18. August 1792 — träumte Oberlin, daß Hungersnot bei der Armee herrsche und daß es den Soldaten an Wäsche fehle. Auf diesen Traum hin schickte er dann zweimal Wäsche für die Soldaten.

Zu diesen Träumen aus der Zeit der Französischen Revolution möchte ich erwähnen, daß Oberlin republikanisch gesinnt war.

MADAME JULLIEN.

Sie schrieb am 9. August 1792 an ihren Mann, der später in den Konvent gewählt wurde: „Die Staatsangelegenheiten sind meine Herzensangelegenheiten; ich denke, träume, empfinde nichts anderes."

Julius Jullien war auf den Rat der Mutter zu Studienzwecken 202 nach London gereist; als der Sohn fort ist, macht sich die Mutter Sorgen, ob er, der erst siebzehn Jahre alt war und zur Schwermut neigte, sich auch in der Fremde wohl fühle, ob der Aufenthalt im Ausland nicht eher schädlich als nützlich für ihn sei. „Ich habe mir mit Bitterkeit gesagt: Vielleicht ist mein guter Julius unglücklich und beschuldigt im geheimen seine Mutter einer grausamen Übereilung beim Werk unsrer Trennung", schreibt sie an den Sohn, dem sie den Traum, den die Mutterliebe, wie sie glaubt, sie träumen ließ, mit Wärme der Empfindung berichtet hat.

Zu der Unruhe über das Geschick des Sohnes kommt die Erregung über die politischen Vorfälle der letzten Zeit. Frau Jullien war politisch sehr interessiert, und die Vorgänge in den Maitagen 1792 zeigten ihr die Gefahr, in der das Vaterland schwebte. Frankreich ist vom äußeren Feind bedroht, die Königin der Verbindung mit dem Feind verdächtig; am 23. Mai wird in der Nationalversammlung die Existenz eines oesterreichischen Komitees erörtert, Ludwig XVI. soll abdanken — „die sinnlosesten Vorschläge werden mir gemacht, abzudanken", schreibt er am 29. Mai an Monsieur —, gegenrevolutionäre Strömungen machen sich so stark bemerkbar, daß am 28. Mai beschlossen wird, alle Wachen in Paris zu verdoppeln, und die Nationalversammlung sich in Permanenz erklärt. Die Freiheit des Volkes steht auf dem Spiele; Madame Jullien ist eine überzeugte Republikanerin; wird König Veto, wie der Spitzname Ludwigs XVI. lautet, sich halten und seine Herrschaft festigen, oder kann man die Revolution weiter treiben? Seit einigen Wochen erscheint Marats „Ami du peuple" wieder, tausendsechshundert Pikenmänner der Sektion der Gobelins leisten am 29. Mai den Schwur, die Nationalversammlung bis zum letzten Blutstropfen zu verteidigen, und tags darauf kommt der Beschluß zustande, die Leibwache des Königs aufzulösen, und Gensonné hält seine Rede über die Einrichtung einer hohen Polizei zur Aufdeckung von Attentaten gegen die Sicherheit des Staates. Das ist die politische Situation, sie führt dazu, daß

vierzehn Tage später Danton den Terror empfiehlt („il faut
reporter la terreur dans l'ame des conspirateurs", schreibt der
Moniteur).
Die allgemein-politische Situation gibt dem Traume die Färbung. Der Traum stellt den Sohn (Frankreich) in die direkte
Gefahrzone, hart an den Rand des Abgrundes. Ein falscher
Schritt bringt das sichere Verderben. Aber sie ist unverzagt und
kaltblütig (das entspricht ganz ihrem Charakter), sagt mutig:
„Geht festen Schrittes, Kinder, aber geht weiter." (Man muß
die Revolution weiter treiben.) Vor ihren Augen stürzt der
Sohn (Frankreich) in den Abgrund, sie ruft um Hilfe, gleitet
mit Aufbietung aller Kräfte in den Abgrund hinab und kommt
gleichzeitig mit dem Sohn auf dem Boden des Abgrundes an
(geht das Vaterland zugrunde, so geht auch sie mit ihm unter).
Aber sie wird den Sohn (ihr Vaterland) vor dem Untergang bewahren, sie hebt ihn auf, er ist „ganz zerquetscht, aber voller
Leben und Mut". (Frankreich kann nicht untergehen, sie glaubt
an das französische Volk. „Vier Jahre voller Wunder der Vorsehung, die ihren majestätischen Schutz für das Volk deutlich
erkennen läßt, müssen selbst die Ungläubigen zum Glauben
bringen. Ça ira", schreibt sie im nächsten Briefe.) Zwei Männer,
die ihr gefolgt sind (Jakobiner und Girondisten), nehmen den
Sohn auf ihre Arme und tragen ihn nach oben, einen steilen
Pfad hinauf (die Rettung ist schwierig). Als sie auf dem Gipfel
anlangen, hat sie ein Gefühl der Freude, und vor Freude wacht
sie auf. („Gelange, ohne nach rechts oder links zu sehen, a u f
d e n G i p f e l, selbst wenn Du über Messerklingen schreiten
müßtest", hat sie früher einmal dem Sohne als Mahnung geschrieben.)
Nach dem Sturz der Monarchie ist ihr Sohn Julius in die Dienste
der Republik getreten.

CAMILLE DESMOULINS (* 2. März 1760 in Guise in
der Pikardie, am 5. April 1794 in Paris auf dem Schafott gestorben).
Advokat, politischer Schriftsteller, Herausgeber der Wochenschrift „Révolutions de France et de Brabante" und der sieben
Hefte des „Vieux Cordelier", Mitglied des Nationalkonvents.

Camille Desmoulins wurde in der Nacht zum 31. März (11. Ger- 203
minal) 1794 zusammen mit Danton und seinen Anhängern verhaftet. Den Haftbefehl hat Robespierre unterschrieben. „Ich
werde von Menschen, die sich meine Freunde nannten, die sich
Republikaner nannten, in einen Kerker, in Einzelhaft geworfen,
als ob ich ein Verschwörer wäre", schrieb Desmoulins aus dem
Gefängnis an seine Gattin.

Am 2. April begann vor dem Revolutionstribunal sein Prozeß,
in dem er nach drei Verhandlungstagen zusammen mit den angeklagten Dantonisten für schuldig befunden und zum Tode
verurteilt wurde. Seine Hinrichtung erfolgte am 5. April
(16. Germinal).

Desmoulins war seit dem 29. Dezember 1790 mit Lucile Duplessis verheiratet. Robespierre war einer seiner Trauzeugen gewesen. „Meine Lucile, mein guter Lulu! Lebe für Horaz, sprich
ihm von mir. Du wirst ihm sagen, was er von mir nicht hören
kann, daß ich ihn sehr geliebt hätte!" schreibt Desmoulins in
seinem letzten Briefe. Aber Lucile Desmoulins mußte schon
einige Tage nach dem Tode ihres Gatten auf dem Schafott
sterben; sie war, da sie Versuche zur Befreiung Camilles gemacht hatte, wegen Gefängnisverschwörung angeklagt und zum
Tode verurteilt worden.

Da Desmoulins nicht sicher sein konnte, ob seiner Frau der
Brief durch den Boten zugestellt worden war, schrieb er an sie
einen zweiten, fast gleichen Inhalts. Auch dieser Brief fängt
mit dem Traumbericht an, der Verlauf des Traumes ist derselbe, nur im zweiten Traumbericht erwähnt Desmoulins noch,
er habe Frau und Sohn nacheinander umarmt, und der Kleine
habe über dem Auge eine Binde gehabt und ohne Gefühl für
sein Leid „Papa, Papa!" gerufen.

unser Kleiner: der Sohn, der die Namen Horatius Camillus er-
hielt, wurde am 6. Juli 1792 geboren. „Zu keiner gelegeneren
Zeit konnte mir der Nachfolger kommen, um das Erbe meiner
Popularität an der Schwelle der Gefahren in Empfang zu neh-
men", schrieb Camille Desmoulins nach der Geburt des Sohnes.
Horaz starb im Alter von dreiunddreißig Jahren in Jacmel auf
Haïti — deine Mutter: seine Schwiegermutter, Frau Duplessis,
von der er geträumt hat, war am Abend zuvor in den Luxem-

bourggarten gekommen, und Desmoulins, der hinter dem ver-
gitterten Gefängnisfenster stand, konnte sie im Garten sitzen
sehen. Ihr Anblick bewegte ihn schmerzlich, er warf sich auf
die Knie gegen das Gitter und rang die Hände, wie um ihr Mitleid anzuflehen.

UM GOETHE

Das diesem Kapitel als Motto vorangestellte Goethezitat ist aus
„Maximen und Reflexionen".

JOHANN WOLFGANG TEXTOR (* 11. Dezember 1693,
† 6. Februar 1771 in Frankfurt am Main).
Kaiserlicher Rat und Stadtschultheiß in Frankfurt am Main.
Goethes Großvater.
Goethe berichtet von seinem Großvater, daß diesem vieles über
seine Familie in Träumen kundgetan wurde und daß er Träume,
die er hatte, in Chiffren aufzuzeichnen pflegte. Er führt Beispiele an, daß der Großvater Begebenheiten vorauszuahnen vermochte, und zwar meistens solche, die ihn selbst betrafen. „Bemerkenswert bleibt es hiebei, daß Personen, welche sonst keine
Spur von Ahnungsvermögen zeigten, in seiner Sphäre für den
Augenblick die Fähigkeit erlangten, daß sie von gewissen gleich-
zeitigen, obwohl in der Entfernung vorgehenden Krankheits-
und Todesereignissen durch sinnliche Wahrzeichen eine Vor-
empfindung hatten." („Dichtung und Wahrheit", Teil I,
Buch 1.)
Von einem Vorgefühl, das Goethes Großmutter hatte und das
eingetroffen ist, erzählt Bettina von Arnim in „Goethes Briefwechsel mit einem Kinde", II. Teil. Dort — und dann nach
Bettinas Bericht von Goethe in „Aristeia der Mutter" übernommen — auch ein Traum von Goethes Tante. Ihr hatte, als man
nach dem Tode von Goethes Großvater sein Testament nicht
finden konnte, geträumt, das Testament liege im Pult zwischen
zwei Brettchen, die sich durch den Druck auf eine geheime
Feder öffneten. Man suchte im Pult nach und fand das Testament nach Angabe des Traumes.

seiner Gattin: Anna Margaretha, geb. Lindheimer — zu der er- 204
ledigten Stelle gelangen würde: Textor wurde im Jahre 1731
zum Schöffen gewählt. „Daß er unter den drei Gewählten sich
befinden und die goldene Kugel für ihn entscheiden werde, hatte
ihm am Morgen des Wahltages ein Traum offenbart; er hatte
vier Kugeln gesehen, von denen eine in der Mitte geteilt war,
was er später darauf deutete, daß bei der ersten Umfrage Stim-
mengleichheit zwischen ihm und einem andern Ratsherrn stattgefunden hatte." (H. Düntzer: „Das Geschlecht Textor, Goethes
mütterlicher Stammbaum", Die Grenzboten, 1888, Jahrg. 47,
S. 262.)

JOHANN WOLFGANG GOETHE (* 28. August 1749
in Frankfurt am Main, † 22. März 1832 in Weimar).
Literatur: Max Seiling, Goethe als Okkultist. Berlin [1920].
Es bietet sich mir hier willkommener Anlaß zur Bemerkung, daß
es weder meine Absicht noch Aufgabe sein kann, schöpferische
Menschen auf Traumerlebnisse hin zu etikettieren. Man kann
bei Goethe und auch bei anderen bedeutenden Männern leicht
gegensätzliche Ansichten herausfinden und geniale Menschen
zu Zeugen aufrufen wie auch als Gegner hinstellen, wenn es
sich darum handelt, durch ihre Aussprüche eine Sache zu bekräftigen oder zu widerlegen. Durch Ja und Nein, Für und
Wider, So- und Anderssein, in verschiedensten Gefühlszonen,
Wärme und Kälte im differierenden Erlebnisklima, durch das
eine und das andere (und nicht: oder das andere) wird die Existenz erweitert, gesteigert und gerundet. Was wäre das für ein
Heiliger, den nicht Schritt auf Schritt die Sünde bedrängte, was
für ein Weiser, dessen Erfahrung nicht der Zweifel benagte.
Es liegt mir fern, Goethe und andere für Okkultisten auszu-
geben, ich möchte nur zeigen, wie bedeutende Männer und
Frauen auf die Phänomene des unbewußten Seelenlebens re-
agierten und daß sie ihre Träume — schon indem sie diese
niederschrieben — für wichtig, oft sogar für außerordentlich
wichtig hielten, den Sinn der Träume zu erforschen, ihren Zusammenhang mit Wacherlebnissen festzustellen sich bemühten.
Bei dem Bestreben, Träume in den Bezirk des Erlebens aufzu-
nehmen und einzuordnen, ist man so oft aufs Raten angewiesen,

tappt im Dunkeln herum, macht Fehlschlüsse, daß man bei der
Aussichtslosigkeit der Sinngebung gelegentlich auch abzulehnen
geneigt ist, was man „in Erfindung und Ahnung gelebt und geleistet hat". Der Bezirk des Traumlebens gehört zu jenen Regionen, die voller Gefahren und nicht jedem zugänglich sind,
und Goethe wußte, daß nicht jeder befähigt ist, der Natur ihre
Geheimnisse abzulauschen, und daß sich mancher lebenslänglich
„am Unzulänglichen" nur abquält, ohne je die Wahrheit zu finden. So begründet er seine ernstliche Warnung an Karoline
Herder, sich mit Träumen zu befassen, mit den Worten: „Sie
machen den Verstand krank." Auf diese Warnung bezieht sich
auch die Auslassung im Briefe an Herder: „Wenn ich nur
deiner Frau, wie auch der Frau von Stein, die verwünschte Aufmerksamkeit auf Träume wegnehmen könnte. Es ist doch
immer das Traumreich wie ein falscher Lostopf, wo unzählige
Nieten und höchstens kleine Gewinstchen gemischt sind. Man
wird selbst zum Traum, zur Niete, wenn man sich ernstlich mit
diesen Phantomen beschäftigt." (Weimar, 27. Dezember 1788.)
Er selbst interessierte sich ganz besonders für ‚diese Phantome‘,
für Ahnungen im Traume, für Vorgefühle im Wachen, für die
Auswirkungen der elektrischen und magnetischen Kräfte in uns,
auch wenn wir zur Erklärung dieser Vorgänge „noch nicht den
rechten Schlüssel haben". Er belehrt Eckermann, der ihm erzählt, daß ein Traum, den er als Knabe hatte, am anderen Morgen in Erfüllung ging (vgl. Nr. 759): „Wir wandeln alle in Ge-
heimnissen. Wir sind von einer Atmosphäre umgeben, von der
wir noch gar nicht wissen, was sich alles in ihr regt und wie es
mit unserm Geiste in Verbindung steht. So viel ist wohl gewiß,
daß in besonderen Zuständen die Fühlfäden unserer Seele über
ihre körperlichen Grenzen hinausreichen können und ihr ein
Vorgefühl, ja auch ein wirklicher Blick in die nächste Zukunft
gestattet ist."
Goethes Träume kennen wir aus seinen Aufzeichnungen und
aus Berichten der Zeitgenossen.
Als ganz kleines Kind hatte er — wie Frau Rat der Bettina erzählte — ängstliche Träume, besorgt standen die Familien-
angehörigen um seine Wiege herum und beobachteten die heftigen Bewegungen in seinen Mienen, beim Erwachen pflegte er

dann laut zu weinen und zu schreien. „Sie schafften eine Klingel an; wenn sie merkten, daß er im Schlaf unruhig ward, klingelten und rasselten sie heftig, damit er bei dem Aufwachen gleich den Traum vergessen möge." („Goethes Briefwechsel mit einem Kinde", II. Teil.) — Welchen Einfluß Träume auf ihn im späteren Leben hatten, ersehen wir aus seiner Äußerung zu Eckermann (12. März 1828). Sie rissen ihn aus depressiven Zuständen heraus; schlief er mit Tränen ein und erschienen ihm in seinen Träumen die lieblichsten Gestalten, um ihn zu trösten und zu beglücken, so stand er am Morgen wieder frisch und froh auf.

Er ließ sich Träume berichten, Caroline von Ilten erzählte ihm ihren „goldenen Traum" — sie träumte, sie wohnte in Afrika und alle Häuser wären dort mit Gold bedeckt — er unterhielt sich mit Eckermann und anderen öfters über Träume und pflegte auch seine eigenen Freunden mitzuteilen.

Zu den im Text angeführten Goethe-Träumen (Nr. 205—210) noch Angaben über drei andere. In „Dichtung und Wahrheit" (III. Teil, 11. Buch) erzählt Goethe einen Traum, den er Anfang Juni 1771 in Sesenheim hatte. Damals war sein Liebesverhältnis zu Friederike Brion noch ungetrübt, doch im Traum kam ihm Friederikes Liebe zu ihm „recht unselig vor", und er wünschte „über alle Berge zu sein". Einige Zeit nach diesem Traume löste Goethe die Beziehungen zu Friederike. Karl August Böttiger erwähnt, daß Goethe ihm und dem Philologen Wolf „einen sehr scharfsinnigen, philosophischen Traum", den er in der Nacht zum 28. Mai 1795 hatte, erzählt habe. Und Eckermann notiert, Goethe habe ihm einen Traum mitgeteilt, den er in der Nacht zum 8. Oktober 1827 in Jena hatte. Er träumte, er wäre in Göttingen und habe „mit dortigen Professoren seiner Bekanntschaft allerlei gute Unterhaltung gehabt".

Kestner: Lottens Gemahl. Er war damals hannoveranischer 205 Legationssekretär in Wetzlar — Lotte: Charlotte Kestner, geb. Buff. Goethe war in sie verliebt, hat sie dann als Lotte in seinem Roman: „Die Leiden des jungen Werthers" verewigt. Als Goethe im September 1773 diesen Traum von Lotte hatte, war sie seit fünf Monaten verheiratet; ein Jahr vorher im September hatte er von ihr in Wetzlar schriftlich Abschied genommen, und

wiederum im September — ein Jahr nach dem Traume — über-
sandte er ihr das erste Exemplar des „Werther" — „Ihre Hand
habe ich tausendmal geküßt, Ihre Hand war's selbst! Die
Hand!" Ich möchte darauf hinweisen, daß dieses Traummotiv
der Situation entspricht, die wir aus Goethes Abschiedsbrief an
Lotte kennen, und daß zwischen Traummotiv und Erlebnis ein
Zusammenhang zu bestehen scheint. Im Abschiedsbrief hieß es:
„Da ich alles sagen durfte, was ich fühlte, ach, mir war's um
hienieden zu tun, um Ihre Hand, die ich zum letztenmal küßte."
Vgl. auch, was in den „Wahlverwandtschaften" (I. Teil, Kap. 18)
Eduard von seinen Träumen über Ottilie zu Mittler sagt: „Und
so mischt sich ihr Bild in jeden meiner Träume. Alles, was mir
mit ihr begegnet, schiebt sich durch- und übereinander. Bald
unterschreiben wir einen Kontrakt: da ist ihre Hand und die
meinige, ihr Name und der meinige; beide löschen einander aus,
beide verschlingen sich."

206 Aus der Angabe in der „Italienischen Reise", in der Goethe den
Fasanen-Traum mitteilt, geht hervor, daß er ihn im Oktober 1785
geträumt hat. Er hat den Traum, der ihm „bedeutend genug
schien", Freunden erzählt und spielt auf ihn auch später in
Briefen aus Rom an (13. Dezember 1786 und 17. Februar 1787).
Auf der Reise durch Italien, die einem langgehegten Wunsch
entsprach, empfing Goethe neue starke Eindrücke, er sah sich
in seinen Erwartungen nicht getäuscht, Gegenden und Gegenstände der Kunst boten ihm das Schönste und Herrlichste dar
„zu Auferbauung unseres willigen, sehnsüchtigen Innern, zu
Ausfüllung einer Stoff und Gehalt bedürftigen Brust". Der
Fasanen-Traum begann sich zu erfüllen, dieser Empfindung gab
Goethe wiederholt in Italien Ausdruck, er fand eine Analogie
zwischen Traum und Wirklichkeit und schrieb in Bologna am
19. Oktober 1786 ins Tagebuch: „Der Fasanen-Traum fängt an
in Erfüllung zu gehn. Denn wahrlich, was ich auflade, kann ich
wohl mit dem köstlichen Geflügel vergleichen, und die Entwicklung ahnd ich auch."

207 und suchte dich. Du flohst mich . . .: Der Traum charakterisiert
die damalige Beziehung Goethes zu Frau von Stein, Suchen der
Geliebten, ihr Fliehen, dann seinerseits Vermeiden einer möglichen Begegnung. Eine Entfremdung war zwischen ihnen ein-

getreten, „es wird mir immer wahrscheinlicher, daß du vorsätz-
lich schweigst, ich will auch das tragen", schreibt Goethe am
Anfang des Briefes vom 20. Dezember 1786, in dem er Frau
von Stein seinen Traum mitteilt. Diesem Brief, der drei Tage
später abgeschickt wurde, legt Goethe noch ein neues Blatt bei,
datiert vom 23. Dezember. Er dankt Frau von Stein für den inzwischen erhaltenen Brief und schreibt: „Laß mich einen Augenblick vergessen, was er Schmerzliches enthält. Meine Liebe!
Meine Liebe! Ich bitte dich nur fußfällig, flehentlich, erleichtere
mir meine Rückkehr zu dir, daß ich nicht in der weiten Welt
verbannt bleibe. Verzeih mir großmütig, was ich gegen dich gefehlt, und richte mich auf. Sage mir oft und viel, wie du lebst,
daß du wohl bist, daß du mich liebst." Nach Goethes Rückkunft
aus Italien gelang es beiden nicht, das frühere vertrauliche Verhältnis wiederherzustellen, Frau von Stein konnte es nicht über
sich bringen, die Beziehung Goethes zu Christiane Vulpius „aus
einem natürlichen Gesichtspunkte" anzusehen, Anfang Juni 1789
kam es nach einer vierzehnjährigen Freundschaft zum Bruch.
Die erhaltenen Briefe der späteren Zeit sind kühl und gemessen,
Goethe redet sie mit „teure Freundin" an, sie ihn mit „lieber
Geheimrat", er beginnt sogar die Briefe an sie zu diktieren, und
über einen gelegentlich eigenhändig geschriebenen urteilt Frau
von Stein: „Der Brief sah völlig oder vielmehr sprach zu einem
wie ein Herr mit Degen und Orden im Hofkleid."
Deine Schwester: Luise von Imhoff, geb. von Schardt — Die
kleine Schardt: Sophie von Schardt, geb. von Bernstorff,
Schwägerin der Frau von Stein. Goethe nennt sie in den Briefen
an Frau von Stein öfters „die Kleine" — Oppels: Geheimrat
Johann Siegmund von Oppel und Gemahlin. Oppel war Direktor
der Landschaftskasse in Weimar.
die Herdern: Karoline Herder, geb. Flachsland. Sie hatte da- 208
mals sechs Kinder, das siebente — der Sohn Alfred — kam
gerade ein Jahr später im Dezember 1787 zur Welt. (Die Angabe Erich Schmidts, daß Karoline Herder Dezember 1786
ihre Niederkunft erwartete, konnte ich auf die Richtigkeit nicht
nachprüfen.)
Goethe hing an den Herderschen Kindern sehr, besonders an
August (Gustel), dessen Taufpate er war. „Grüß Gusteln, an

den ich oft denke," heißt es in einem Brief an Herders vom
9. Dezember, und ein anderer Brief, der drei Tage vor dem
Traum abgeht, schließt mit einer längeren Zuschrift an die
Herderschen Kinder.

209 Goethe war Anfang Februar 1805 schwer erkrankt. An seinem
Krankenbett wachte eine Nacht Heinrich Voß. In dieser Nacht,
in der in dem Krankheitszustand eine Besserung eintrat, hatte
Goethe den Turniertraum. In dem Augenblick, als er den
Traum Voß erzählte, war er „an energischem Ausdruck, an
Lebendigkeit ganz Goethe, trotz seiner Krankheit". Zwei Tage
später konnte Goethe zum erstenmal wieder aufstehen.

210 Das Gespräch über das Fliegen im Traume fand nach 1806
statt, da der Schriftsteller Joh. Stephan Schütze, der seit dem
Jahre 1804 in Weimar lebte, erst am 12. November 1806 bei
Johanna Schopenhauer Goethe vorgestellt wurde.

Über Goethes Art, im Traume zu fliegen, bemerkt Schütze:
„Still für mich erkannte ich in seiner Art zu fliegen wieder den
Charakter der ruhig epischen Beschaulichkeit, aber laut gegen
ihn hätte ich doch diese Bemerkung nicht machen mögen."

BETTINA BRENTANO (* 4. April 1785 in Frankfurt a. M., † 20. Januar 1859 in Berlin).
Goethes Freundin, Schwester von Clemens Brentano, Gattin
von Achim v. Arnim.

211 Der Traum ist Anfang April 1808 zu datieren.

In „Goethes Briefwechsel mit einem Kinde" erzählt Bettina,
daß sie mit Frau Rat Goethe und August von Goethe nach
Offenbach gefahren sei und daß auf dem Rückwege nach Frankfurt Goethes Mutter von ihres Sohnes „Geschichten und Lust-
partien" erzählt habe; „und da legte ich mich am Abend zu
Bett mit trunkner Einbildung, was mir einen Traum eintrug,
von dem die Erinnerung mir eine Zeitlang Nahrung sein wird".
Bettina teilte ihren Traum Goethe schriftlich mit: „Heute
nacht hab ich einen Traum von Dir gehabt, der mir bleiben
wird auf lange Zeit, sowie einem zuweilen eine Erinnerung
bleibt von der sonderbaren Beleuchtung einer Gegend, es war
mir nämlich, als lief ich" (folgt der Traum fast wörtlich wie im
„Briefwechsel mit einem Kinde").

Bei der Wiedergabe des Traumes im Briefe ist noch ein Traummotiv, das im „Briefwechsel mit einem Kinde" fehlt. „Ich rief;
aber du hörtest nicht, ich kletterte über die Mauer,
da sah ich Dich auf derselben Bank sitzen," lautet die Stelle im
Brief, und im „Briefwechsel mit einem Kinde": „ich rief, —
Du hörtest nicht, — da sah ich Dich auf derselben Bank sitzen."
In der ursprünglichen Wiedergabe des Traumes hörte sie Goethe
„ganz von weitem sprechen", in der späteren Redaktion: „schon
von weitem sprechen." Ich gebe der Brieffassung den Vorzug.
Bettina ist sich dessen bewußt, daß der Traum den Damm der
Zurückhaltung einreißt, eine Zutraulichkeit schafft, die sie im
Wachen nicht wagen würde. „Wie unendlich groß Deine Gut-
mütigkeit sein müßte, solche Zutraulichkeit zu erlauben." Im
Traume schwinden die Hemmungen. Sie schreibt an Goethe:
„Herz, ich hab zuweilen eine Art von Kunst, die Liebe, die sich
schnell in meinem Herzen aufhäuft, bei Dir zu ergießen, wenn
auch nur in Gedanken, aber so ein Traum stürz[t] wie ein an-
geschwollner Strom über den Damm hin, und ich trete dann
kühn vor Dich hin, sag Dir, wie viel tausendmal Dein Andenken
ein kräftig Leben in mir erregt, von dem ich ehemals nichts
gewußt." („Bettinas Briefwechsel mit Goethe", zum erstenmal
hrsg. von Reinhold Steig, 1922, S. 55/56.) Bettina hat später
in „Goethes Briefwechsel mit einem Kinde" die Leidenschaft-
lichkeit dieser Stelle stark abgeschwächt.
Bettina hat von Goethe, als sie ihn am 23. April 1807 zum 212
erstenmal besuchte, einen Ring zum Geschenk erhalten. Der
Ring war „eine schöne Antike". Vgl. ihren Brief an Achim
von Arnim: „Ich trag einen Ring von ihm am Mittelfinger der
rechten Hand, es ist eine kleine Figur in einen blauen Stein
geschnitten, die ihre Haare löst oder bindet." (13. Juli 1807.)
Das Traumbild finden wir in einem späteren Divan-Gedicht
Goethes: „Als ich auf dem Euphrat schiffte", dort auch die
Deutung: „Mich vermählst du deinem Flusse."
Von ihren anderen Goethe-Träumen: der Traum, den sie am
20. Oktober 1809 aus Landshut Goethe mitteilt. („Bettinas
Briefwechsel mit Goethe", S. 137.) Sie ist zu Goethe gekommen,
und er sagt ihr, sie möchte ihn nicht stören. Als sie zu weinen
beginnt, drückt er mild ihre Hand an ihr Herz und sagt: „Sei

nur ruhig; ich kenn dich; ich weiß alles." Dann der Traum aus
dem Jahre 1814, in dem sie eine Situation träumt, als ob Goethe
mit ihr ausgesöhnt wäre. Bettina hatte im September 1811 mit
Christiane Goethe in der Kunstausstellung einen Streit gehabt,
Goethe hatte für seine Frau Partei ergriffen und Bettinen
sein Haus verboten. Wir finden in dem Traum die Umkehr
des Zerwürfnisses ins Gegenteil, in das von Bettina ersehnte
vertrauliche Verhältnis, sie träumt, daß Goethe viel Geduld
mit ihr habe, zu ihr halte, sie an seinem Herzen schlafen
lasse. Sie schreibt an Goethe im August 1817: „Mir träumte
vor drei Jahren, ich erwache aus einem ruhigen Schlaf auf
Deinen Knieen sitzend an einer langen gedeckten Tafel,
Du zeigtest mir ein Licht, was tief herabgebrannt war, und
sagtest: ‚So lange hab ich Dich an meinem Herzen schlafen
lassen, alle Gäste sind von der Tafel weggegangen, ich
allein bin, um Deine Ruhe nicht zu stören, sitzen geblieben,
nun werfe mir nicht mehr vor, daß ich keine Geduld mit
Dir habe' — ja wahrlich, das träumte ich, ich wollte Dir
damals schreiben, aber eine Bangigkeit, die mir bis in die
Fingerspitzen ging, hielt mich davon ab; nun grüß ich Dich
nochmals durch alle Nacht der Vergangenheit und drücke die
Wunden wieder zu, die ich so lange nicht zu beschauen
wagte . . ." (Wörtlich übernommen in „Goethes Briefwechsel
mit einem Kinde", II. Teil.)
Nach dem Selbstmord ihrer Freundin Caroline von Günderode,
die sich mit ihr entzweit hatte, träumte Bettina, daß Caroline
gekommen sei, um sich mit ihr zu versöhnen. (Juli 1806.)
Bettina hing ihren Träumen lange nach, sie wurde von ihrem
Bruder Clemens gescholten, daß sie sich mit ihren Träumen
zu sehr abgebe. „Auch das lange Herumtragen und Betrachten
der Träume ist kindisch", schreibt er ihr.

JOHANN PETER ECKERMANN (* 21. September 1792 in Winsen an der Luhe, † 3. Dezember 1854 in Weimar).

213 Man muß sich vergegenwärtigen, daß Eckermann im Dezember 1821, als er von Goethe träumte, die persönliche Bekanntschaft Goethes noch nicht gemacht hatte. Als Eckermann
im September 1821 in Weimar war, weilte Goethe zur Kur in

Böhmen. Vor diesem Besuch in Weimar hatte Eckermann schon versucht, Beziehungen zu Goethe anzuknüpfen, er ließ durch den Bibliothekssekretär Kräuter ein mit einer Widmung versehenes Exemplar seiner im Frühjahr 1821 erschienenen Gedichte „zu günstiger Stunde" Goethe überreichen. Dem Gedichtband fügte er einen Brief an Goethe und einen Lebenslauf bei, in seinem Schreiben bat er um Aufmunterung, denn ein belehrendes Wort von Goethe würde bei ihm „auf das ganze Leben wirken und fruchten", und schloß auch den Lebenslauf mit der Bitte: „Nur einige Aufmunterung, und es kann vieles gut werden!" Der Brief mit der Versicherung, daß seit vier Jahren kein Tag vergangen sei, an dem er nicht mit Liebe und Verehrung an Goethe gedacht hätte, die Widmung, durch die er Gefühlen Ausdruck geben wollte, „in dem Sinn und Verhältnis wie ein Schüler gegen seinen hohen Meister solche hegt, wenn er ihm etwas bringt, das er nach dessen Vorbilde vollendet hat und wovon er glaubt, daß es dem Hohen einige Freude machen werde", blieben nicht unbeantwortet. Eckermann erhielt ein Zirkular, das Goethe seinem Sekretär John in die Feder diktiert hatte und das er zu verschicken pflegte an die vielen „wohldenkenden, talentreichen, strebenden jüngeren und älteren Personen", die von ihm Rat und Aufmunterung so oft erbaten. In diesem „Erklärung und Bitte" überschriebenen Zirkular teilte Goethe mit, daß es ihm ganz unmöglich geworden sei, einzelnen zu antworten, die „unbefriedigten werten Korrespondenten" sollen sich in den Heften seiner Zeitschrift „Kunst und Altertum" umsehen, dort würde er die Gedanken und Empfindungen, die er als Antwort auf Fragen und Sendungen mitzuteilen wünsche, niederlegen. Nur durch die Schlußworte: „Das Beste wünschend" unterschied sich diese Antwort, deren Absendung „an Eckermann, Studiosus in Göttingen" Goethe am 2. Oktober ins Tagebuch eintrug, von der, die er bald darauf im zweiten Heft des dritten Bandes von „Kunst und Altertum" den um Rat fragenden Verehrern auch öffentlich erteilte.

Zur Charakteristik Eckermanns sei erwähnt, daß er sich auf seine poetische Produktion viel einbildete, noch in einem späteren Brief an Cotta (vom 24. Mai 1823) meinte er, sein

Drama „Graf Eduard" werde „einen bis jetzt unbekannten
Namen vielleicht bekannt machen". (Petersen hält dies Werk
für einen stümperhaften dramatischen Versuch, Houben nennt
es eine mißratene Tragödie.)
Die Aufmunterung, die Eckermann erhoffte, gewährte ihm der
Traum. Und da ein Traum mit dem Lob, das man sich wünscht,
nicht kargt, so träumt er, daß er aus Goethes Munde zu hören
bekommt, er gleiche ihm an Talent und werde einst, wenn er es
recht anfange, auch gleichen Ruhm erwerben.
Ruhm, wenn auch nicht den gleichen wie Goethe, sollte er einst
haben, und zwar durch Goethe. Er hat die Gespräche, die Goethe
in den letzten Jahren seines Lebens mit ihm geführt hat, aufgezeichnet, war von dem Tage des 10. Juni 1823, an dem er
zum erstenmal zu Goethe kam, bis zum Tode des hohen
Meisters das treue Echo, das alle Goetheschen Töne, alle Variationen der Goetheschen Betrachtungen und Einfälle wieder-
gab, widerhallte und überallhin trug, wo das Ohr für Goethes
Wort empfänglich war.
Johanna Bertram: geb. 13. Dezember 1801, gest. 30. April 1834.
Sie war seit 1819 Eckermanns Braut, wurde erst am 9. November 1831 seine Frau — der Ottilien ihre beiden Kinder:
Walther Wolfgang und Wolfgang Maximilian, Goethes Enkel
— sein eigenes Gedicht nicht besser kenne: das Goethe 1821
ohne Überschrift mit den der ersten Ausgabe der „Wanderjahre"
vorangeschickten Gedichten veröffentlicht hat. Die von Eckermann im Traume zitierten Verse sind die Schlußzeilen dieses
von Goethe an seine Schwiegertochter Ottilie gerichteten Gedichtes — Großherzog von Weimar: Carl August.
Diesen Brief Eckermanns an seine Braut hat Julius Petersen
zum erstenmal publiziert.

214 Eckermann führt seinen „sehr merkwürdigen" Traum auf das
Gespräch zurück, das er am 11. März mit Goethe gehabt hat.
„Nachdem ich Goethe gestern abend verlassen hatte," schreibt
er tags darauf, „lag mir das mit ihm geführte bedeutende Gespräch fortwährend im Sinne." Vor dem Einschlafen dachte er
darüber nach, daß Goethe die Insulaner und Meeranwohner des
gemäßigten Klimas für produktiver und tatkräftiger halte als
die Bewohner des Binnenlandes, und er verspürte bei diesem

Gedanken Sehnsucht nach den belebenden Kräften des Meeres. Aber auch andere Einzelheiten des Gespräches haben, was Eckermann nicht bewußt geworden ist, den Traum mitgeformt.

Goethe hatte auf Eckermanns Frage, ob die geniale Produktivität bloß durch den Geist eines bedeutenden Menschen oder auch durch den Körper bestimmt werde, geantwortet: „Wenigstens hat der Körper darauf den größten Einfluß. Es gab zwar eine Zeit, wo man in Deutschland sich ein Genie als klein, schwach, wohl gar buckelig dachte; allein ich lobe mir ein Genie, das den gehörigen Körper hat." Er stellte Eckermann als Beispiel Napoleon hin, um zu zeigen, was man dem Körper alles zumuten könne an Strapazen und Entbehrungen, und daß man dabei geistig das Höchste zu leisten noch im Stande sei. Und kam darauf zu sprechen, daß Napoleon die bedeutendsten Taten in seiner Jugend vollbracht habe, denn „man muß jung sein, um große Dinge zu tun". Er selbst würde, wenn er Fürst wäre, die ersten Stellen im Staate mit jungen Männern besetzen. Daß geniale Männer sich noch in ihrem Alter produktiv zeigen, liege daran, daß sie „eine wiederholte Pubertät" erleben, „es scheint bei ihnen immer einmal wieder eine temporäre Verjüngung einzutreten".

Die Stichworte des Gespräches waren also: Körper, Leistung in der Jugend, temporäre Verjüngung.

Aus diesen Elementen baut sich der Wunschtraum Eckermanns auf.

Man muß auch berücksichtigen, daß Eckermann zeitlebens ein Hypochonder war, dazu war er damals seit mehreren Wochen unpäßlich, wurde bei Nacht von unruhigen Träumen gequält, was bei Tag körperliche Schlaffheit und psychisch Unlust und Unentschlossenheit zur Folge hatte. Er beschreibt seinen damaligen Zustand: „Ich schlafe schlecht, und zwar in den unruhigsten Träumen vom Abend bis zum Morgen, wo ich mich in sehr verschiedenartigen Zuständen sehe, allerlei Gespräche mit bekannten und unbekannten Personen führe, mich herumstreite und zanke, und zwar alles so lebendig, daß ich mir jeder Einzelheit am andern Morgen noch deutlich bewußt bin. Dieses Traumleben aber zehrt von den Kräften meines Gehirns, so daß

ich mich am Tage schlaff und abgespannt fühle, zu jeder geistigen Tätigkeit ohne Lust und Gedanken." Auch am 11. März
erschien er bei Goethe wieder „nicht ganz frei und heiter".

So kommt man den verschiedenen Motiven des Traumes näher,
und es wird verständlich, wenn Eckermann in einem Wunschtraum seinen schwächlichen Körper gegen einen kräftigen ver-
tauscht und sich nach dieser Veränderung unbefangen und froh
fühlt. Sind die anderen jung, schön und gute Schwimmer und
er selbst ein schlechter, wobei er sich genieren muß, mit seiner
unansehnlichen Gestalt vor fremden Leuten zu erscheinen, so
tauscht er eben die Gestalt mit einem Jüngling, und zwar mit
einem der schönsten, und kann sofort kräftig schwimmen, und
da er schöne Glieder hat, traut er sich auch nackt unter die
Menschen zu treten. Sein Benehmen ist jetzt ein ganz anderes,
er tritt ohne jeden Zwang, „mit dem heitersten Vertrauen" auf
(bei Tag war er „nicht ganz frei und heiter"). Schon der Gedanke, daß er wieder in seinen Körper zurückmüsse, bereitet
ihm Unbehagen (Angst vor der Unwirksamkeit der temporären
Verjüngung), und als der Jüngling, dem er seinen Körper gab,
schwimmend anlangt und noch dazu von allen Schwimmern
als der letzte (!), bekommt er von dem Jüngling gleich zu
hören, daß daran die Kraftlosigkeit seiner Glieder beim Schwimmen schuld gewesen sei (das Wiederbewußtwerden der
Schwäche). Geniale Männer erleben „eine wiederholte Pubertät", er möchte ein genialer Mann sein, und so sieht er, daß der
Jüngling, dem er seinen kleinen Körper gegeben hat, inzwischen
recht stattlich geworden und schön herangewachsen ist, daß
sein Gesicht sich verjüngte, die frischeste Farbe bekommen hat,
voller und breiter geworden ist. Er freut sich „über die Vollkommenheit dieser Gestalt". Haben die Urkräfte des Meeres
diese Wirkung hervorgebracht? (Vor dem Einschlafen hatte
er „Sehnsucht nach den belebenden Kräften des Meeres".) Aber
er möchte nicht den Tausch der Körper wieder vornehmen, da
er nicht sicher ist, ob er „in jenem Leibe nicht wieder zusammengehe und nicht wieder so klein werde wie zuvor"
(Eckermanns Minderwertigkeitsgefühl); der Jüngling ist aber
mit dem vertauschten Körper zufrieden und hat nichts dagegen, in diesem Körper zu bleiben, in der fremden Gestalt hat

er die Empfindungen seines eigenen Wesens, in den fremden
Gliedern das Gefühl seiner eigenen Kraft, er erklärt: „Du siehst,
man muß nur etwas aus sich machen." (Im Gespräch hatte
Goethe zu Eckermann in bezug auf Napoleon gesagt, daß
dieser sich körperlich alles zugemutet hat und hat zumuten
können.)
Auch bei anderen Einzelheiten kann man trotz Umbildung des
Traumes den Tagesrest aufzeigen. Im Traume zecht Eckermann in Gesellschaft an einer lustigen Tafel, tags zuvor hatte
er verschmäht, Goethes Gast zu Mittag zu sein, und als er nach
Tisch zu Goethe kam, setzte ihm dieser ein Glas Wein vor.
„Ich ließ mir so gute Dinge gefallen." — Er ist im Traume auf
der kleinsten Insel im Meere, auf einem hervorragenden Felsstück. Das Gespräch über Napoleon hat wohl bewirkt, daß die
Trauminsel den Charakter von Sankt Helena hat.
Nachdem Eckermann seinen Traum Goethe erzählt hatte, sagte
ihm dieser: „Ihr Traum ist sehr artig. Man sieht, daß die Musen
Sie auch im Schlaf besuchen, und zwar mit besonderer Gunst;
denn Sie werden gestehen, daß es Ihnen im wachen Zustande
schwer werden würde, etwas so Eigentümliches und Hübsches
zu erfinden." Die Musen knüpfen, wie wir sehen, das Eigentümliche und Hübsche des Traumes an die Geschehnisse des
Tages an.
Für Eckermann ist es aber bezeichnend, daß er am Tage nach
diesem Traum der Verjüngung, der körperlichen Vollkommenheit gerade Sternes „Sentimental Journey" liest und dort die
Bemerkung findet, daß jeder dritte Mensch (in seiner Wiedergabe heißt es jedoch: jeder zehnte) — ein Zwerg sei.
Eckermann, der schon neun Jahre mit Johanna Bertram ver- ²¹⁵
lobt war, verliebte sich im Sommer 1828 in Auguste Kladzig.
Sie war Sängerin und Schauspielerin am Weimarer Hoftheater.
Über sein Verhältnis zu Auguste Kladzig schrieb Eckermann
einige Tage vor dem Traume in sein Tagebuch: „Oft glaube
ich an ihrem Betragen zu bemerken, daß ihr Herz wenig für
mich empfindet; ich rufe dann meinen Stolz hervor, ich will
sie mir aus dem Sinne schlagen, und wirklich fühle ich dann
auch meine Liebe sehr kühl und geringe. So können Wochen
und Tage hingehen, ich kann in Ruhe arbeiten, und sie er-

scheint mir nur selten in Träumen. Aber dann brauche ich sie
nur wieder zu sehen, vorzüglich unter anderen oder aus der
Ferne, und sie braucht mir nur ein Zeichen einer stillgehegten
Neigung zu geben, und ich empfinde wieder mit der innigsten
Wärme, daß ich sie liebe." (23. Januar 1830, zitiert bei Houben,
S. 452.)
Auch in der nächsten Zeit träumte Eckermann öfters von
Auguste. Er ist mir ihr auf Reisen. Sie spricht Französisch und
bleibt dabei stecken (er hatte ihr im Sommer 1828 französischen
Unterricht erteilt), er hat oft Ursache, ihr böse zu sein, aber ein
Du aus ihrem Munde genügt, um ihn zu versöhnen. (31. Januar
1830.) — Er sitzt mit ihr im Theater, sucht unter ihrem Um-
schlagtuch ihre Hand und schläft, den Kopf an ihre Schulter
gelehnt, beglückt ein. (5. Februar 1830.) — Er ist hinter der
Bühne, sieht Auguste nicht, hört sie aber singen. Es wird
„Die Stumme von Portici" gegeben, „da sie aber in dieser Oper
keine Partie hat, so sang sie etwas aus einer anderen im Cha-
rakter des ‚Vampir'." (14. März 1830.)
In einem anderen Traum träumt er, daß Auguste und seine
Braut Johanna im besten Einvernehmen sind, sie gehen beide
zusammen ins Theater, er verbirgt sich hinter einer Tür, damit
sie ihn nicht bemerken; als ihn Auguste doch sieht, gibt er
ihr ein Zeichen, daß sie ihn der Johanna nicht verrate.
Diesen Traum hatte er Ende Februar 1831, im März wurde
Auguste krank, den Sommer über sah er sie nur dreimal
(Houben, S. 610), am 9. November heiratete er nach zwölf-
jährigem Verlöbnis Johanna Bertram. Drei Tage nach seiner
Hochzeit verließ Auguste Weimar, sie wurde 1833 die Frau
des Schauspielers Karl La Roche.
mit ihrer Mutter: eigentlich mit ihrer Stiefmutter — Präsidentin Schwendler: Henriette Schwendler, geb. v. Mützsche-
fahl, ihr Mann war Präsident der Landesdirektion in Weimar
— welches mir ein Zeichen war: vgl. die oben zitierte Tage-
bucheintragung: „sie braucht mir nur ein Zeichen einer stillgehegten Neigung zu geben" — sie ging mit einem andern . . .
Ich sah sie in Gefahr: Eckermann notiert am 27. Januar im
Tagebuch, daß Auguste ihm ein Geheimnis anvertrauen möchte
und daß er sich fürchte, dies Geheimnis, das er ahnt, zu erfahren.

Er weiß, daß sie Beziehungen zu einem andern unterhält —
Holdermann: Karl Wilhelm Holdermann war Theatermaler am
Weimarischen Hoftheater — Vogel: Hofrat Karl Vogel, Arzt
— dienende Neger: Vier Wochen vor dem Traume trug Eckermann in sein Tagebuch nach, was ihm „aus letztverflossener
Zeit von Gesprächen mit Goethe in Erinnerung geblieben ist".
Er notierte das Gespräch über die Verwendung der Neger
durch Engländer in Westafrika und über die Anlegung von
großen Negerkolonien in Amerika, wobei Goethe das Wort
„Negerstütereien" gebrauchte. Dem Bericht des Gesprächs
fügte Eckermann folgende Bemerkung hinzu: „Die große englische Klugheit bei diesen Gegenständen und ihre Selbstfabri-
kation der Neger war mir neu, und es machte mir ein großes
Vergnügen, Goethe darüber reden zu hören." (Tagebuchstelle,
zitiert bei Houben, S. 446.)

was sagen Sie zu meinen ‚Gesprächen'?: Eckermanns „Gespräche mit Goethe in den letzten Jahren seines Lebens" waren [216]
in zwei Bänden zur Ostermesse 1836 erschienen. Eckermann
wird sich wohl oft gefragt haben, was Goethe zu dem Buche
gesagt hätte. Der Plan, Goethes Gespräche zu Goethes Lebzeiten zu publizieren, hatte bestanden, Eckermann hatte auch
die aufgeschriebenen Gespräche Goethe gelegentlich zur Prüfung vorgelegt. Schon im Februar 1824 sah Goethe die Ecker-
mannsche Niederschrift eines früher geführten Gespräches
durch, und Eckermann berichtete im Juni 1825 seiner Braut
Johanna Bertram, er habe die ersten Gespräche Goethe gezeigt,
Goethe sei davon sehr erbaut gewesen und habe die Arbeit vorzüglich gefunden. Dazu kommt noch, daß Eckermann jetzt die
Absicht hat, sein Werk fortzusetzen, einen dritten Teil der
Gespräche herauszugeben. Drei Tage vor dem Traume schrieb
er seinem Verleger F. A. Brockhaus in Leipzig, daß er sein
Buch um neue Gespräche zu ergänzen gedenke. Es ist begreiflich, daß, wenn er von Goethe träumt, er Goethes Urteil über die
vorliegenden „Gespräche" erfahren möchte, selbstverständlich
ein Urteil, das er zu hören wünscht, ein recht lobendes. Das
würde sein Selbstbewußtsein stärken, ihm zur weiteren Arbeit
Mut machen. (Einige Monate vorher hatte Eckermann an
Varnhagen geschrieben: „Das Buch fängt an, in dem Kreise

unserer ersten Gesellschaft bedeutend zu wirken, man über-
häuft mich mit Liebe und Aufmunterung, welches meiner seit
Jahren gebeugten Seele so überaus wohltätig ist.") Und so
träumt Eckermann, er habe seine Sache gut gemacht, Goethes
Persönlichkeit erscheine in den „Gesprächen" sogar vorteilhafter als in Goethes eigenen Schriften. Goethe bekomme das
neue Manuskript zu sehen, es ist ein Heft von etwa vier geschriebenen Foliobogen, „Skizzen zu ferneren Gesprächen . . .,
worin sehr viel korrigiert war und die ich mir zu guter Zeit
auszuführen vorgenommen." Er läßt den Meister die Methode
auseinandersetzen, auf welche Weise bei der Fortsetzung der
Arbeit das Überzeugende in der Wiedergabe der Gespräche erreicht werden könnte. Das Detail der Situation, die näheren
Umstände müßten herausgearbeitet werden, der Leser soll in
solcher Spiegelung das geläuterte Wahre als ein Wirkliches
erleben. Der Wunschgedanke, bei der Arbeit auf der Höhe zu
sein, wurde durch die Befürchtung getrübt, das Material
könnte für die Fortsetzung der Gespräche nicht ausreichen,
man kann diese Angst Eckermanns im Traume erkennen, er
läßt sich von Goethe sagen: „Sehen Sie zu, daß diese Andeutungen des Manuskripts jenem (dem gedruckten) einigermaßen gleichkommen." Als nach vielen Jahren der dritte Teil
der „Gespräche" erschien, zeigte es sich auch, daß Eckermanns
Befürchtung berechtigt war, er hat seine eigenen Beiträge
durch Aufzeichnungen von Friedrich Soret ergänzen müssen
— über unsere italienische Reise: Eckermann war Ende April
1830 zusammen mit August von Goethe nach Italien gereist;
er hatte sich von ihm am 25. Juli in Genua getrennt. In der
Nacht vom 26. zum 27. Oktober desselben Jahres war August
von Goethe in Rom gestorben. Eckermann hatte sich mit
August von Goethe nicht gut verstanden, zwischen beiden war
es zu Meinungsverschiedenheiten gekommen, gelegentlich hatte
sogar Goethes Sohn Eckermann in bezug auf Schiller Bor-
niertheit vorgeworfen. Im Traume bemerkte Eckermann zu
seiner Freude, daß August von Goethes „inneres Wesen bei
weitem geläuterter erschien, daß seine Ansichten von einer
höheren Stufe geistiger Bildung herabkamen" — Nun Doktor:
Als Goethe zu seiner Jubelfeier im November 1825 von der

philosophischen Fakultät in Jena das Recht erhielt, zwei
Männer für den Doktorgrad vorzuschlagen, verschaffte er
Eckermann das Doktordiplom.

JOHANN KASPAR LAVATER (* 15. November 1741 in 217—219
Zürich, † 2. Januar 1801 in Zürich).
Pfarrer, Verfasser von Schriften über Physiognomik und über
religiöse Probleme, Goethes Freund.

ALEXANDER VON HUMBOLDT (* 14. September 1769
in Berlin, † 6. Mai 1859 in Berlin).
Henriette Herz, geb. 5. September 1764 in Berlin, gest.
22. Oktober 1847 in Berlin.
Zusammen mit seinem Bruder Wilhelm wurde Alexander von 220
Humboldt im Jahre 1785 in den Salon von Henriette Herz
eingeführt. Er hatte schon damals, wie Henriette Herz in ihren
Jugenderinnerungen erzählt, „Interesse für alles Schöne,
welchem sich später wohl auch einiges für die Schönen unserer
Gesellschaft beimischte". Welches Interesse dem Siebenund-
zwanzigjährigen die um fünf Jahre ältere Frau einflößte, ent-
hüllt der Traum. Die Beschreibung der Dame im weißen
Mantel: „groß und majestätisch schön wie Minerva", paßt auf
Henriette Herz. „Junonische Riesin" wird sie von Ludwig Ro-
bert in einem Akrostichon genannt. Nach der Schilderung ihres
Biographen J. Fürst war Henriette „von einem so hohen
Wuchse, daß ihre Gestalt ziemlich weit die durchschnittliche
Größe ihrer Geschlechtsgenossinnen überragte . . . Selten nur
mag die Natur ein Profil erzeugt haben, welches sich in solchem
Maße wie das ihre den schönsten aus der Zeit griechischer
Kunst näherte". Auch das Verschenken des Mantels an ein
unglückliches Mädchen im Traume entspricht einem Wesens-
zug Henriettens; sie war außerordentlich mildtätig und hilfs-
bereit, bekümmerte sich um unbemittelte junge Mädchen, erteilte ihnen unentgeltlich Sprachunterricht und verschaffte ihnen
Stellungen. Und wenn man Henriettens Klugheit, Bildung und
Kenntnisse — sie beherrschte neun Sprachen — in Betracht
zieht, so versteht man, daß es von ihr in Humboldts Traume
heißt: „die Natur wollte einen Mann schaffen".

526 WILHELM VON HUMBOLDT

Noch nach vielen Jahren bewies Alexander von Humboldt ihr seine freundschaftliche Gesinnung, indem er für sie, als sie im Alter in eine Notlage geriet, bei Friedrich Wilhelm IV. eine Subvention und eine jährliche Pension erwirkte.

WILHELM VON HUMBOLDT (* 22. Juni 1767 in Potsdam, † 8. April 1835 in Tegel).
Staatsmann und Sprachforscher.

221 Der Brief ist aus Rom, wo Wilhelm von Humboldt preußischer Minister am päpstlichen Hofe war. Seine Gattin war auf dem Wege nach Paris, wo sie am 15. Juni eintraf — Caroline von Humboldt: Caroline von Dacheröden, geb. 23. Februar 1766 in Minden, verheiratete sich mit Humboldt am 29. Juni 1791, starb am 26. März 1829 in Berlin — in der grünen Stube: Humboldt erwähnt öfters diese Stube seiner römischen Wohnung in den Briefen an Caroline — „Was macht der Kleine?“: Wilhelm von Humboldts siebenjähriger Sohn Theodor war seit vielen Monaten krank. Die Mutter war mit ihm nach Deutschland gereist, da die Ärzte eine Veränderung des Klimas angeraten hatten. Mit diesem Sohn hatte sich Caroline im Dezember 1803 von Gottlieb Schick malen lassen; Humboldt sitzt in Abwesenheit der Gattin vor dem Bilde „oft halbe Stunden“ und betrachtet es. (Brief vom 19. Mai.) Um den Sohn ist der Vater in ängstlicher Sorge, „es wäre entsetzlich, wenn er nicht leben bliebe“, schreibt er am 6. Juni; mußten doch die Eltern den Tod des ältesten neunjährigen Sohnes Wilhelm beklagen, der ein Jahr vorher in L'Ariccia gestorben war. Einen Traum von diesem Sohne berichtet Humboldt seiner Gattin in dem Briefe vom 19. Mai 1804: „Ich habe neulich einen Traum gehabt, der ihn mir lebendiger wiedergegeben hat. Er lag auf demselben Bett wie in L'Ariccia, und tot. Aber er bewegte so unendlich sanft die Augen, er machte sie größer und tiefer, wie er so oft tat, und sie waren gleich schön, nur verbleicht an Farbe.“

222 Wilhelm war damals Gesandter am Hofe in London, Caroline weilte im Juni in Rom.
Vgl. zu dem Traume das Sonett Wilhelm von Humboldts: „Ich sah sie heut im Traume mit den Zügen, / die Leben malen, nicht es, täuschend, lügen“ (Gesammelte Schriften, hrsg. von

der Kgl. Preuß. Akademie der Wissenschaften, Bd. IX, S. 321).
Humboldt schrieb aus Tegel an seine in Berlin weilende Gattin 223
— Ludwig XVIII.: König von Frankreich. Humboldt kannte
den König persönlich. So schreibt er seiner Gattin im August
1815 aus Paris: „Der König ist in Paris besonders freundlich
gegen mich. Ich habe schon zweimal bei ihm gegessen" —
Das Haus war schon halb fertig: Humboldt wollte das Haus
in Tegel nach Plan und Zeichnung von Schinkel umbauen
lassen, doch wurde mit dem Umbau erst 1823 begonnen. Vgl.
auch Nr. 224: „er habe ja so nicht das Tegelsche Haus fertig
gesehen" — zeigte ihm den Saal: Humboldt wollte in einem
Saale Plastiken aus der Antike aufstellen, was auch später geschehen ist. Über die Einrichtung des Antikensaals vgl. Humboldts Brief an seine Gattin vom 2. September 1824 — zum
König: Friedrich Wilhelm III.

Ottmachau: Besitztum in Schlesien, das Humboldt im Juni 224
1820 als Dotation durch Kabinettsorder erhalten hat — Burgsdorff: Wilhelm von Burgsdorff, der Freund von Caroline
und Wilhelm von Humboldt, war seit vier Jahren tot. Seine
Charakteristik bei Varnhagen: „Galerie von Bildnissen aus
Rahels Umgang und Briefwechsel" 1836, Teil I, S. 101 flg.

RAHEL VON VARNHAGEN (* 19. Mai 1771 in Berlin,
† 7. März 1833 in Berlin),
geborene Levin.
Rose Asser, der Rahel den Traum berichtet und von der sie 225
auch in diesem Traume träumt, ist Rahels zehn Jahre jüngere
Schwester, die seit Februar 1801 mit dem Justizbeamten Asser
verheiratet war und in Amsterdam lebte.
Louis: Louis (Ludwig) Robert, Rahels Bruder. Er weilte damals in Paris — die Mutter: Heichen Levin — Toby: wohl
Rahels jüngerer Bruder Theodor — „Wollt es denn der Vater?
. . . aber, wir taten's doch": Rahels Vater, Markus Levin, von
Beruf Juwelenhändler, später Bankier. Er behandelte seine
Familie despotisch. „Er war ungemein klug — aber nicht gut,
er hatte die wahre Lust an der Unlust . . . Die Frau war einfach und gut, dem Manne in jedem Sinne unterworfen," erzählt
Henriette Herz in ihren „Jugenderinnerungen". Die Verhält-

nisse im Levinschen Hause waren trotz des Wohlstandes un-
erfreulich, die Kinder hatten vor dem strengen Vater Angst,
Rahel klagt oft über ihre harte Jugend. Die Erinnerung an die
Familienhölle erzeugt bei ihr im Traume beklemmende Angst-
gefühle. Wie oft muß sie sich im Leben gefragt haben: „Wollt
es denn der Vater?", und nur erklärlich war bei den Kindern
der Wunsch, dem Vater den Gehorsam zu verweigern. So
träumt Rahel die Wunscherfüllung, man hat sich über das Verbot des Vaters hinweggesetzt, „wir taten's doch."

226 Rahel lernte Alexander von der Marwitz im Mai 1809 kennen
und machte ihn, der sechzehn Jahre jünger als sie war, sich
zum innig vertrauten und seelisch ergebenen Freund.

Die Briefe der Rahel und Alexanders von der Marwitz hat nach
den Originalen, die sich in der Staatsbibliothek zu Berlin befinden, Heinrich Meisner herausgegeben. (Rahel und Alexander
von der Marwitz in ihren Briefen. Ein Bild aus der Zeit der
Romantiker. Gotha/Stuttgart 1925.)

Rahel teilte diesen Traum Marwitz, der damals bei seinem
Regiment in Böhmen war, sofort brieflich mit. „Weil ich ihn
nicht vergessen wollte und er mich sehr affiziert hatte." (Notiz
vom Juli 1812.) Sie erzählte auch den Traum gleich am Morgen
ihrer Bekannten Minna Schede, als diese zu Besuch kam. Marwitz antwortete Rahel am 14. Mai: „Vieles sollte ich Ihnen über
Ihren göttlichen Traum sagen; ich habe die einfach wunderbare Gegend, das harmlos stille Haus deutlich gesehn; es ist
ein wenig wie die Gegend am Ende des blonden Ekbert von
Tieck, nur reeller, weniger fabelhaft. Schade, daß wir die Landschaft nicht noch einmal im Mondschein gesehn haben, denn
gewiß schien der Mond recht hell, und da wäre der dunkelgrün
glänzende Berg göttlich gewesen; tiefgestreckte Schatten
drüberhin und daraus die dicht belaubten Baumgipfel im Silber-
glanz hervortretend. Der Abbé war gewiß ein recht angenehmer
Mann von einer verständigen, bewußten Herzensgüte, nicht
auffallend geistreich, aber gescheut; seine Knaben muß er recht
lieb haben, aber mehr wohlwollend als enthusiastisch."

227—228 Rahel bemerkt, daß sie diesen Traum „wohl sechs Jahre bald
öfter, bald seltener träumte", zum letztenmal im Jahre 1802.
Aufgezeichnet hat sie diesen Traum im Juli 1812.

Dieser Traum versinnbildlicht die damalige politische Situa- 229
tion Preußens. Die Schanze (Preußen) „beschädigt, wie vieles
umher". Das Nicht-mehr-Ertragenkönnen der Wirklichkeit
(„dieser zu helle und alles zu hell machende Sonnenschein")
und die Entschlossenheit der Menschen zu einer heroischen Anstrengung, zur patriotischen Tat („alle wie Athenienser angezogen"). Von einem ganzen Volke gedrängt, dieses Traummotiv deutet auf die Erhebung hin (1813!), und der Sturz in die
Tiefe symbolisiert den herbeigewünschten Fall Napoleons.
Rahel hat diesen Traum im Juli 1812 aufgezeichnet.
Varnhagen weilte damals in Lüneburg.   230
Auguste: die Schauspielerin Auguste Brede, bei der Rahel in
Prag wohnte — Frau von Humboldt: Karoline, die Gattin
Wilhelm von Humboldts. Das Traummotiv von dem emp-
fangenen Paket ist auf ein Wacherlebnis zurückzuführen,
Rahel erhielt im Oktober von Frau von Humboldt über tausend
Gulden, den Ertrag einer Sammlung für die Verwundeten, zu-
geschickt — Dore: Rahels Dienstmädchen — Gentz: Friedrich
von Gentz, Publizist und Staatsmann.
Marwitz (vgl. über ihn Anm. zu 226) wurde am 11. Februar 231
1814 in dem Gefecht bei Montmirail durch eine Flintenkugel
getötet. Rahel erfuhr trotz aller angestellten Nachforschungen
seinen Tod erst im April.
Tote, die ich liebte, und die da lebten. Mama, Veit, Gualtieri,
Selle, Herz: Rahels Mutter, Heichen Levin, war im Oktober
1809 gestorben — Veit: mit dem Arzt David Veit war Rahel
befreundet gewesen und hatte mit ihm in regem Briefwechsel
gestanden. Veit ist am 15. Februar 1814 in Hamburg gestorben — Gualtieri: Peter von Gualtieri, Bruder Marie von
Kleists, Major und Flügeladjutant des Königs Friedrich Wilhelm II., zuletzt preußischer Gesandter in Spanien. Er hat
sich am 27. Mai 1805 in Aranjuez das Leben genommen. „Rahel
nennt ihn mehrmals mit großer Vorliebe und erwähnte seiner
bei jeder Gelegenheit als eines frühen und treuen Freundes,
dessen Originalität in dem ganzen damaligen Lebenskreise
scharf hervortrat und vielfach wirkte." (Varnhagen: „Galerie
von Bildnissen aus Rahels Umgang und Briefwechsel", 1836,
Teil I, S. 159 — Selle: Geheimrat Christian Gottlieb Selle,

Arzt am Charitékrankenhause in Berlin, war am 9. November
1800 gestorben — Herz: Professor Markus Herz, Arzt, Gatte der
Henriette Herz, war am 19. Januar 1803 in Berlin gestorben —
Prinz Louis: Prinz Louis Ferdinand. Er fiel am 10. Oktober
1806 bei Saalfeld. Rahel grüßt im Traum den Prinzen förmlich, „weil die Menschen da sind". Der Traum reproduziert
getreu die ehemalige Beziehung Rahels zum Prinzen. „Ich
schrieb ihm ‚Gnädiger Herr' und ‚Königliche Hoheit' und ‚Sie'.
Im Gespräch ebenso, nur in sehr guter Laune, im Scherz und
urgenten Fällen anders. Er nannte mich Kleine, Levi, oder
Rahel, oder Mlle. Levi vor Leuten." (Rahel an Fouqué.)
Auf ärztliche Verordnung sollte Rahel, die wegen eines äußerst
schmerzhaften gichtischen Beinleidens einige Monate das Bett
hatte hüten müssen, die Bäder in Teplitz gebrauchen. (Rahels
Brief vom 22. April 1814 an M. Th. Robert.) Sie hatte jedoch
nicht die geringste Lust, Teplitz aufzusuchen. Daher die Kon-
sultierung von Dr. Selle im Traume. Zu diesem, der Leibarzt
Friedrichs des Großen und Friedrich Wilhelms II. gewesen
war, konnte sie Vertrauen haben, und er war für sie, die Gicht-
kranke, eine Autorität, hatte er doch Cadogans Abhandlung
„Von der Gicht" übersetzt.
Einige Wochen später reiste Rahel nach Teplitz und war mit
dem dortigen Aufenthalt recht zufrieden. (Varnhagen folgte
ihr dorthin nach; im September desselben Jahres verheiratete
sich Rahel mit Varnhagen.)

²³² Weinen beim Anhören von Musik überkommt sie auch, als sie
später einmal der Vorführung eines Oratoriums von Händel
beiwohnt. Sie schreibt darüber 1826: „Ich weinte auch da. Was
tut's! — Ich bin im Weinen alt geworden. Es wird schon recht
sein. Gott ist klüger als wir." („Über Rahels Religiosität",
von einem ihrer ältern Freunde. Leipzig 1836, S. 69.)

²³³ Rahel, der das Glück, Mutter zu werden, versagt blieb, liebte
Kinder mit innigster Zärtlichkeit. („Es sind genaturte Engel."
— „Milder als Mairegen sind Kinderküsse.") Sie gab sich viel
mit Kindern ab, pflegte Kinder von Geschwistern und Nichten,
sorgte für Kinder von Nachbarn und Fremden. Und erfuhr
dabei manches Leid, wie auch später in ihrer abgöttischen Liebe
zu dem Nichtenkind Elise. „Das Mädchen gehört mir nicht.

Aber das Kind gehört, höheren Ortes her, mir." (An Gentz.)
So mußte sie oft auf Kinder, auf die sie innerlich einen Anspruch zu haben glaubte, verzichten.
„Das ist ein Untergang', denk ich, ‚oder Tod': Es war das Vor- 234
gefühl einer bevorstehenden gefährlichen Erkrankung. „Den
26. Mai 1825" berichtet Varnhagen, „wurde Rahel plötzlich
sehr krank; die heftigsten Zufälle traten ein, sie konnte glauben,
es ginge zu einer großen Entscheidung." Traum und Krankheit
lösten bei Rahel die gleichen Empfindungen aus. Ein Traum
wie dieser ist ihr „so lieb als Leben" und eine Gnade. Nach
der Krankheit äußerte sie: „Solche Krankheit, ich fühl es, ist
jedesmal eine Gnade. Es wird einem ein Ruck gegeben, ich
fühl es, zum Bessern, zur Entwicklung. Man muß dafür danken
und gute Gelübde tun."
Ludwig Robert: Von diesem Bruder schreibt Rahel: „Jede
Überzeugung teilten wir. Jeden Gegenstand der Intelligenz
und des Lebens haben wir durchgemacht."
Einige Wochen nach Goethes Tode träumte Rahel „ausführlich von Goethen".
Rahels hohe Auffassung vom Wesen und von der Bedeutung
der Träume ist für die Romantiker bezeichnend. „Außen ist
man nur verwirret, / Innen ist man klar und deutlich, / O wie
hatten Träume recht!" Und dann die Eintragung vom Mai
1826: „Als Frau von Arnim bei uns war und über vieles viel
und schön sprach, sagte sie auch: Beim Einschlafen könne man
dem Geist eine Art von Weg vorschreiben und gleichsam
Regionen anweisen; das hätte sie lange versucht und auch in
Plato bestätigt gefunden; da erinnerte ich Varnhagen, was ich
immer sagte: Im wahren festen Schlaf ginge die Seele zu Hause
sich stärken; sonst hielte sie's nicht aus: das sei ihr versprochen. Sie badete sich in Gottes See."

KARL AUGUST VARNHAGEN VON ENSE (* 21. Februar 1785 in Düsseldorf, † 10. Oktober 1858 in Berlin).
Träume geben ihm unverhoffte Aufschlüsse, helfen bisweilen
seinen Wacherlebnissen glücklich nach, sind Ersatz und Er-
gänzung der Wirklichkeit. (Tagebuch 2. Sept. 1852.) Als
alter Mann hat er selbst bei unangenehmsten Traumvorgängen

ein Gefühl geistigen und leiblichen Wohlbehagens, ist in Träumen fast immer jung und gesund, und die Menschen, die er
durch den Tod verloren hat, leben. (Tgb. 28. Dez. 1856.)

235 Tageserlebnis: Auf Varnhagen hatte die Verhaftung des Arztes
Dr. Dulk großen Eindruck gemacht. Dulk wurde ausgewiesen,
weil er angeblich zum Bürgermeister Naunyn „Fürstenknecht"
gesagt hatte, und ins Gefängnis gesteckt, als er dem Aus-
weisungsbefehl nicht Folge leistete. Varnhagen notiert am
29. August 1850 im Tagebuch: „Das Blut wallt mir in den
Adern vor Empörung über die Schändlichkeit unsrer Polizei-
regierung, ich sage nicht Hinckeldey oder Kaiser oder Man-
teuffel, denn es ist die ganze Regierung, die hier zu beschul-
digen ist."
Die Tatsache der Verhaftung Dulks und die Empfindung, daß
man damals in Preußen wie in einem Gefängnis lebte, haben
wohl den Traum hervorgerufen und beeinflußt.
Sammlung noch ungedruckter Briefe Voltaires: Varnhagen
besaß eine interessante Handschriftensammlung, zu der Alexander von Humboldt manch wertvolles Stück beisteuerte. Einige
Tage vor dem Traume Erwähnung Voltaires im Tagebuch.

236 Xenienkampf: Goethes und Schillers Distichen gegen die zeit-
genössischen Literaten.

237 Varnhagen war ein großer Verehrer des russischen Revo-
lutionärs Michael Bakunin, den er persönlich kannte. („Bakunin, einer der edelsten, der hochherzigsten, der tapfersten
Menschen!" Tgb. 19. Okt. 1851. — „Ein Märtyrer!" Tgb.
26. Okt. 1851.) Bakunin war im Jahre 1850 von Österreich
an Rußland ausgeliefert worden, und man wußte nicht, was
mit ihm geschehen und ob er noch am Leben sei. Varnhagen
um Bakunins Schicksal besorgt, notiert im Tagebuch die
widersprechenden Gerüchte, die über Bakunin im Umlauf
waren. Nach diesen soll er an demselben Tage, an dem er in
Rußland ankam, gehängt worden sein. (Tgb. 19. Okt. 1851.)
Zeitungen brachten auch die Meldung, Bakunin wäre als Gefangener auf der Festung Schlüsselburg „nach vielen Leiden
und Qualen gestorben" (Tgb. 26. Okt. u. 8. Nov. 1851), wiederum anderen Nachrichten zufolge war Bakunin am Leben (Tgb.
9. Dez. 1851).

Die Befreiung Bakunins durch Flucht war also ein Wunschtraum Varnhagens.

Die Traumassoziation Goethe und Rahel liegt bei Varnhagen 238 nahe. Varnhagen kannte den Einfluß von Goethes Persönlichkeit und Werk auf Rahels Leben und Geistesentwicklung. Rahel nannte sich „das Geschöpf Goethes".

Varnhagen selbst war das Haupt der Berliner Goethegemeinde, er gab 1823 das Werk „Goethe in den Zeugnissen der Mitlebenden" heraus.

angenehme Erlebnis mit dem Herzog Carl August: in einem anderen Traum vom 22. Dez. 1850 hatte Varnhagen geträumt, daß ihm der Großherzog Carl August von Weimar in einem vertraulichen Gespräch manches Merkwürdige über Goethe erzählte — Frau von Stein: Charlotte von Stein, die Freundin Goethes — Corona Schröter: weimarische Hof- und Kammersängerin.

Eintragung im Tgb. am 1. April 1852, daß er in Plutarch 239 „griechische lyrische Sachen" gelesen habe; vielleicht war die Unterhaltung am 14. April mit Bettina von Arnim über ihr Buch „Gespräche mit Dämonen" nicht ohne Einfluß auf das Traummotiv: Eleusinische Geheimnisse.

Am Tage schwermütige Stimmung beim Durchlesen von 240 Schriften aus der Jugendzeit, abends Lektüre des Goethe-Schillerischen Briefwechsels, „wo sich immer neue Goldkörner finden. Mein Kalifornien!" Als Gegensatz im Traume die Schwierigkeit, „den Ausdruck zu gründen und zu klären".

Über das Traummotiv: Studium der Medizin, vgl. Anm. zu 242 Nr. 250.

revolutionäre Vorgänge: Wacheindrücke, am Tage hatte Varnhagen die „Berliner Revolutionschronik" gelesen. Varnhagen träumte oft von Revolution. So hatte er (21. Okt. 1850) einen Traum von neuen Berliner Barrikaden, an Stelle der alten Führer waren neue getreten. Am 19. August 1855 träumte er von „großen Zerstörungen" in Rußland und daß er dabei eine Rolle spielte. Am 2. Mai 1858 träumte er vom Dekabristenaufstand — ich sah deutsche Fürsten nach England fliehen: hier spielt wohl die Erinnerung mit an die Flucht des Prinzen Wilhelm (des späteren Kaisers von Deutschland), der in den

Märztagen 1848 nach England geflüchtet war — einige hatten
das Vertrauen zu mir: Varnhagen war politisch kaltgestellt.
Gelegentlich notiert er im Tagebuch, Alexander von Humboldt
finde es unbegreiflich, daß der König Varnhagen nicht zu Rate
ziehe und ihn nicht im Staatsdienst verwende. Auch wenn Varnhagen dazu bemerkt: „man vergißt dabei nur eins, daß ich
nicht kann und nicht will, beides in gleicher Entschiedenheit,"
so wird er sich doch wohl öfters über die Zurücksetzung Gedanken gemacht haben. Als Kompensierung hat er im Traume
das Gefühl, daß die Fürsten Vertrauen zu ihm haben und sich
an ihn um Hilfe wenden.

243 Napoleon zweimal gefangen, aber jedesmal wieder entschlüpfend: Wacherlebnis, Varnhagen zitiert tags zuvor im Tagebuch
aus einer französischen Wahlproklamation:„Die Könige hatten
sich versprochen, das Scepter für immer der Familie des großen
Mannes (Napoleon) zu entreißen, und sieh da, ihre Schwüre
und ihre wahnwitzigen Hoffnungen verschwinden wie leerer
Rauch beim Aufatmen der französischen Nation."

244 Zwei Tage vor dem Traume Eintragung im Tgb. über einen
politischen Prozeß, in dem die Angeklagten wegen Teilnahme
am sogenannten Totenbund zu Zuchthausstrafen verurteilt
worden sind. Im Traum: „bei noch vorhandenem Leben sich
das Begräbnis und also den Tod zu bestellen". Begräbnis =
Zuchthaus, Tod = Totenbund.

246 Die Tage vorher hatte Varnhagen sich viel mit Goethe beschäf-
tigt. Am Montag Lektüre des Buches von Düntzer: „Goethes
Götz und Egmont", am Mittwoch hatte er Goethe gelesen, am
Donnerstag Gespräch mit Bettina von Arnim über Goethe und
Lektüre der Goethebriefe aus der Wertherzeit.

247 Tettenborn: General Friedrich Karl Freiherr von Tettenborn,
dessen Adjutant Varnhagen im Jahre 1813 war — Ludmilla:
Varnhagens Nichte Ludmilla Assing, die seit dem Jahre 1842
in seinem Hause lebte.

248 Am Montag machte er sich Gedanken darüber, daß „das bürger-
liche Leben in einem großen Übergang begriffen" sei, die ge-
steckten Grenzen durchbreche (Seeräuberzüge!) und daß die
Gesetze nicht mehr eine Schranke wären.

249 Notiz im Tgb. am 4. September: „Die russische Flotte hat sich

aus Kronstadt vor die Tür gewagt, ist aber gleich erschreckt
wieder ins Haus gekrochen."

Varnhagen studierte in seiner Jugend Medizin. Den Angst- 250
traum, er müßte sich wieder diesem Studium widmen, hat er
immer wieder. Die Motive dieses Periodizitäts-Traumes sind:
er habe nicht genug gelernt und habe weder Geld noch Zeit
zum Nachholen des Versäumten (Sept. 1842, 19. April 1857),
dabei ist er krank und arbeitsunfähig (20. April 1857), er
muß im Traum den Unsinn, daß er noch studieren müsse, erst
durch Anführen von Tatsachen aus der Wirklichkeit widerlegen (7. Juni 1857). Vgl. auch Traum vom Oktober 1852
(Nr. 242).

Varnhagen träumte oft von Krieg, Schlachten und Kriegsleben. 251
In den Jahren 1854/55 beeinflußte der Krimkrieg seine Träume;
so träumte er (am 3. Dez. 1854) von Sebastopol. Der Tod Nikolaus' I. (im März 1855) mag Hoffnungen auf Beendigung des
Krieges und auf einen nahen Frieden erweckt haben.

Schillers Tod: einige Wochen vorher war Schillers fünfzigster 252
Todestag — Hans von Bülow: Varnhagen kam mit dem Mu-
siker Hans von Bülow öfter zusammen. „Ein längeres Gespräch mit Varnhagen ist mir interessanter, als wenn ich mich
abquälen würde, einem Berliner Frauenzimmer Fadaisen zu
debitieren," schrieb Bülow im Mai 1850 an die Mutter.

Von seinen vielen Träumen von Rahel möchte ich noch den vom 253
17. Juli 1851 erwähnen: „Inniges Liebesgefühl und darin ein
schmerzlicher Schauer von Ahndung, daß dem Traumbilde die
Wirklichkeit fehle."

Bettina: Bettina von Arnim. Sie besuchte zu dieser Zeit fast 254
täglich Varnhagen. Bettina kommt in Varnhagens Träumen
oft vor. Als er einmal ärgerlich darüber war, daß ihm Bettina
statt der Papiere, auf die er wartete, andere brachte, hatte er
in derselben Nacht einen bösen Traum von ihr (12. Sept. 1854).
Ein andermal wurde er von Bettinas Tochter Gisela im Traume
geneckt und erwachte gerade in dem Augenblick, als es darüber
zu einer ernsthaften Auseinandersetzung mit Bettina kommen
sollte (6. Juni 1855). Unter dem Eindruck von Bettinas Erzählungen, die in ihm großes Mißbehagen erweckten, träumte
er von widrigen Auftritten mit ihr (8. Nov. 1856) — Clemens:

Brentano — Gedichte Arnims: Varnhagen hatte auf Bettinas
Wunsch Arnims Papiere gesichtet. Am 18. Sept. 1854, als er
schon mit dem Register der Gedichte Arnims beschäftigt war,
hatte er beängstigende Träume, in denen „die Not mit den Ar-
nimschen Gedichten aufs äußerste stieg".

255 Notiz im Tgb. am Tage zuvor: „Nachrichten aus der Schweiz,
daß der Haß gegen den König von Preußen und die Hinwendung
zu Louis Bonaparte gleichen Schrittes zunehmen, wobei doch
in letztern kein eigentliches Vertrauen gesetzt wird, aber für
den Augenblick erscheint er als Beschützer."

256 Varnhagen träumt von Stanislaus Poniatowski, dem letzten
König von Polen, im Februar 1858. In demselben Monat vor
sechzig Jahren war Poniatowski in Petersburg gestorben
(12. Febr. 1798) — Meine Sammlung: Vgl. Nr. 235.

257 An diesem Tage war vor fünfundzwanzig Jahren Rahel gestorben.

258 Der Brief im Traume ist die Voraussage einer bevorstehenden
Veränderung, und daß diese unvermeidlich ist, wird Varnhagen
feierlich durch die dreimalige Wiederholung der Worte: „Es
ist bestimmt" angezeigt.

Einige Tage später starb Varnhagen ganz plötzlich, ohne vorher krank gewesen zu sein, noch den letzten Tag verbrachte er
heiter und in voller Geistesfrische.

Von Varnhagens Träumen, in denen politische Vorgänge eine
Rolle spielen, möchte ich einige erwähnen: Er träumt (30. März
1847), daß der König Friedrich Wilhelm IV. furchtbar weint
und dabei ausruft: „Dahin also ist es gekommen! Nun, ich
weiche! Laßt meinen. Bruder alles übernehmen, und mög' es
ihm besser als mir gelingen!" (Der Bruder ist Prinz Wilhelm,
der spätere Kaiser) — In einem anderen Traume erlebt er den
Triumph Österreichs über Preußen, die preußischen Fürsten
ziehen der Reihe nach in trauriger Gestalt vorbei, „nur Friedrich der Große und der große Kurfürst leuchteten". (1. Sept.
1850) — In der Reaktionszeit träumte er, daß Friedrich Wilhelm II. ihn frage: „Jetzt halten Sie mich also nicht mehr für
den schlechtesten König, den Preußen gehabt hat?" (16. Dez.
1850) — Der Kaiser von Rußland, Nikolaus I., und Papst
Pius IX. kommen nach Berlin, der Zar entfernt aus dem Heer
die Offiziere, die russenfeindlich sind, der Papst schafft die

Freigeister und die protestantischen Eiferer ab, preußische Politiker erklären sich als Diener des Zaren und des Papstes, Preußen hat aufgehört zu sein. (9. Mai 1854) — Im Traume hat er eine Unterredung mit Kaiser Nikolaus I. und schlägt ihm vor, in die liberale Richtung des Kaisers Alexander einzulenken, doch alle seine Vorstellungen bleiben fruchtlos, nicht weil Nikolaus „nicht wollte, sondern weil er nicht konnte", auch das Zugeständnis, Louis Bonapartes Staatsstreich sei eine Missetat gewesen, kann er vom Zaren nicht erlangen. (2. Juni 1854) — Träumt, daß er an Metternich Berichte schickt, in denen er statt der neuesten Zustände längst vergangene schildert, dabei die Verlegenheit, „daß das Geschriebene immer nicht das Rechte ist, immer anders geschrieben werden muß." (7. August 1854) — Er hat ein Gespräch mit Friedrich dem Großen, ist dabei von der Bedeutung dieses Königs durchdrungen, und diese Empfindung rührt ihn zu Tränen. (4. Sept. 1854) — Unterhaltung mit Stein über Staats- und Gesellschaftsprobleme. (25. Dez. 1854.)

AUS DER ZEIT DER ROMANTIK

Das dem Kapitel vorangestellte Motto: Zitat aus Novalis, Heinrich von Ofterdingen.

Für die Romantiker waren Träume der Tau, der die unter der Sonne der Realität verdorrten und versengten Seelen auffrischte und belebte. In Träumen fanden die Romantiker eine gesteigerte höhere Wirklichkeit. „Ein Traum bricht unsere Banden los", erklärt Novalis. „Braus Gottes" brütete über den Tiefen des Traumchaos. Wenn Licht hier die Dinge umglänzte, aus der Finsternis hob, erschienen sie schöpfungsrein und wesensklar. Und die Gefühle, mit denen man sich diesen Dingen hingab, waren ursprünglich, „stiegen bis zu einer niegekannten Höhe" paradiesischer Wonnen, höllenhafter Schmerzen. Alle Gefühle werfen im Traume, meinte Jean Paul, „höhere Wellen, und das ganze Herz ist flüssig". Und Tieck führte aus: „Alles, was wir wachend von Schmerz und Rührung wissen . . ., ist doch nur kalt zu nennen gegen jene Tränen, die wir in Träumen vergießen, gegen jenes Herzklopfen, das wir im Schlafe empfinden. Dann ist die letzte Härte unseres Wesens zerschmolzen, und die ganze Seele flutet in den Wogen des Schmerzes."

Träume zeigten den Romantikern viel stärker als alle Wacherlebnisse die kosmische Verbundenheit. Durch Träume erfuhren sie, daß „ein unmittelbarer Verkehr mit Gegenständen" besteht, daß nur der Tag die Dinge entfremdet, der Traum aber ihre Fremdheit aufhebt und ihre Einheit wieder herstellt. „Entdecker des Unbewußten" nannte Ricarda Huch mit Recht die Romantiker. Sie stellten den Traum über das Wacherlebnis, lebten sich in der Traumwelt aus, in ihr erfuhren sie die Vertiefung ihres Lebensgefühls. Unter diesem Aspekt wird der Wunsch, den Jean Paul einmal äußerte, verständlich: „Ich wollte, ich könnte wenigstens Musik, Liebe, Landschaften, Schönheit, eigentlich jede Freude im Traume genießen, nicht im Wachen." Denn der Traum ist, wie er in der Abhandlung „Über die natürliche Magie der Einbildungskraft" schrieb, „das Tempe-Tal und Mutterland der Phantasie". Er ist der Kanon der Poesie. In keiner Dichtung findet man so viele Traumerzählungen, so viele Aussprüche über Träume wie in der romantischen. Philipp Lersch, der in der lesenswerten Schrift „Der Traum in der deutschen Romantik" (München 1923) aufzeigte, wie im Leben und in der Dichtung der Romantiker der Traum zum romantischen Problem wurde, wies auf die Häufigkeit hin, „mit der das Wort Traum in den Dichtungen der Romantik vorkommt. In ‚Heinrich von Ofterdingen' findet es sich, seine Variationen mit eingerechnet, mehr als siebzigmal".

Die Romantiker haben in ihren Dichtungen Träume so phantastisch und bunt ausgemalt, daß die Berichte über ihre Wahrträume blaß dagegen ausfallen mußten.

SOPHIE BRENTANO (* 28. März 1770 in Altenburg, † 31. Oktober 1806 in Heidelberg),

geb. Schubart, ihre Ehe mit dem Universitätsprofessor Mereau wurde im Juli 1801 von einer Kommission, deren Vorsitzender

Herder war, getrennt; am 29. November 1803 verheiratete sie
sich mit Clemens Brentano.

Er war acht Jahre jünger als sie; von Unruhe geschüttelt, wech- ²⁵⁹
selnden Stimmungen unterworfen, sah er in Sophie bald him-
melhoch jauchzend einen Engel, bald zum Tode betrübt eine
Teufelin. Sophie und Clemens waren in der Ehe — wie Achim
von Arnim schreibt — zwei Orgelspielern zu vergleichen, „die
beide recht spiellustig sind, doch fällt es erst dem einen ein zu
spielen, wenn schon der andere angesetzt, da zieht er ihm die
Pfeifen aus und will sie stimmen. Da tadeln sie sich wohl einander, daß jenem nun die Töne fehlen, die er ihm selber aus-
gezogen, und jener diesen, daß er so ungezogen dazwischen
pfeift und stimmt." Clemens fühlte, daß in der Ehe seine Kraft
erlahme, fürchtete stumpf und träge zu werden, „und nun das
mir, mir, der alles so zerreißend empfindet!" klagte er Anfang
Oktober 1804. Er sehnte sich nach Abenteuern, erwartete von
einer Reise Aufmunterung, von seinem Freunde Arnim Zu-
spruch und Trost. Er fuhr zu Arnim nach Berlin; aber auf dem
Wege packte ihn die Sehnsucht nach Sophie, er hatte Lust, um-
zukehren, nur fürchtete er, sich vor Arnim lächerlich zu machen.
„Einen größern Don Quichote wie Dich trug gewiß nie die pro-
saische Erde", antwortete ihm Sophie auf sein Lamento.

Auf der Fahrt muß er daran denken, daß vor Jahren Sophie, damals noch die Gattin Mereaus, mit einem Liebhaber denselben
Weg nach Berlin gefahren war und auf der Reise in einer Stube
mit ihm geschlafen hatte. Während er von Eifersuchtsgedanken
gepeinigt wird — „es ist, als könntest Du mich betrügen",
schreibt er ihr am 9. November —, träumt sie zu Hause öfters,
daß er ihr untreu sei und mit schönen Frauen sehr interessante
kleine Romane spiele.

Er versichert ihr, daß das, was sie von ihm geträumt, nicht zu-
treffe. „Ich sehe wohl vielerlei Weiber, aber Du trittst allen ins
Licht, ich erkenne keine Seele vor der Deinigen, die Begierde,
Dich zu küssen, an mein Herz zu drücken, ist so unendlich groß,
daß ich nichts sehe."

So ganz scheint Sophie allen Frauen nicht ins Licht getreten
zu sein, denn Clemens schreibt, als er von Berlin fort ist, an
Arnim: „Und vor allem grüße mir die Pistor. Sage ihr, wenn

ich meine Frau nicht wenigstens ein Viertel so liebenswürdig wiederfände, als ich die Pistor verlassen, so käme ich wieder nach Berlin und ging' in ihren Keller, um in die verbotnen Äpfel zu beißen." (26. Dezember 1804.) In einem anderen Brief wünscht er ihr, „sie soll lauter Liebhaber haben, die besser sind als ich", worauf ihm Arnim antwortet: „Hätt ich der Pistor alles bestellt, was Du mir aufgetragen, wer weiß das Unglück! Du hast eine Leidenschaft, Dich vermissen zu lassen, Du schreibst ihr mehr Schönes, als Du ihr je gesagt." Und nach einigen Wochen läßt er Lotte Pistor durch Arnim sagen, er denke sehr oft an sie und habe geträumt, daß er ihre Hand geküßt habe. (Brief vom 15. Februar 1805.)
Sophie war damals in gesegneten Umständen; das zweite, im Mai 1805 geborene Kind blieb wie das erste nicht lange am Leben, bei der Geburt des dritten starb Sophie. „Lebt mein Kind?" waren ihre letzten Worte. Nach noch nicht zehn Monaten schloß Clemens eine neue Ehe mit Auguste Busmann.

KAROLINE SCHELLING (* 2. September 1763 in Göttingen, † 7. September 1809 in Maulbronn),
geb. Michaelis, heiratete den Bergphysikus Böhmer, nach dessen Tode in zweiter Ehe den Dichter August Wilhelm Schlegel und nach Trennung dieser Ehe im Juni 1803 den Philosophen Friedrich Wilhelm Joseph Schelling.
260 Auguste Böhmer, Karolines Tochter aus erster Ehe, war in Bad Bocklet im sechzehnten Lebensjahr, am 12. Juli 1800, an der Ruhr gestorben. Karoline konnte den Verlust der Tochter nie verwinden. „Ich kenne kein Vergessen, ob ich äußerlich schon lebe wie ein andrer", diese an Schelling gerichteten Worte drücken ganz ihre Empfindung aus.
Einige Wochen nach dem Tode ihres ehemaligen Freundes Huber träumt Karoline, daß sie mit Huber über seinen Tod spreche. Huber war am 24. Dezember 1804 in Leipzig an einem Lungenleiden gestorben. Der Gedanke im Traume lag nahe, daß, wenn einer von ihnen sterben sollte, sie es sein müßte, sie war älter als er und hatte „doch noch mehr im Himmel zu suchen", ihre Tochter Auguste. Im Zentrum des Traumes steht die eigene Person, eigenwillig auf sich alles beziehend, und so

übersieht Karoline, daß Huber bei Lebzeiten den Tod zweier Töchter zu beklagen hatte; vor Monaten schrieb sie, als sie den Tod der sechsjährigen Adele Huber erfuhr, „daß Adele nun auch hin ist, ist mir so unerwartet, so unglaublich und alles zusammengenommen schrecklich." (Brief vom 19. August 1804.) Karoline muß aber, wenn sie träumt, vor allem ihrer Empfindung Ausdruck geben, daß sie über den Tod der Tochter noch immer ganz untröstlich ist, „ich habe doch noch mehr im Himmel zu suchen wie Sie."

Karoline war mit dem Schriftsteller Ludwig Ferdinand Huber lange befreundet gewesen. Die Freundschaft wurde getrübt, als Huber in der Allgemeinen Literaturzeitung die Romantiker bekrittelte. „Sie sprechen von einem Schutz- und Trutzbündnis zu gegenseitigem Lob", warf ihm August Wilhelm Schlegel damals vor. Im Traum ist von Freundschaft nicht die Rede. Doch der Traum hatte die Wirkung, daß Karoline wieder freundschaftlich an Huber dachte und ihm gerecht zu werden suchte. Nach dem Traum urteilt sie über ihn: „Was er Feindliches übte, war aus Meinung und Ansicht außer uns liegender Dinge. Das Beste in seiner Natur war gewiß dazu bestimmt, sowohl Schelling als mir freundlich verbunden zu sein."

Die Adressatin Meta Liebeskind, geb. Wedekind, Gattin des Regierungsrats Liebeskind in Ansbach. In Mainz, wo Meta nach der Trennung von ihrem ersten Gatten, dem Musikdirektor Forkel, lebte, hat Karoline sie im Jahre 1792 kennengelernt.

JEAN PAUL (* 21. März 1763 in Wunsiedel, † 14. November 1825 in Bayreuth).

Aus Notizen, die Jean Paul für eine geplante Autobiographie gemacht hat und die sich handschriftlich in der Preußischen Staatsbibliothek in Berlin befinden, hat Hugo Bieber die Träume publiziert. (Jean Paul, „Kindheitserinnerungen und Selbstbekenntnisse", Dresden 1924, S. 113/17.)

Otto: Jean Pauls Freund, der Schriftsteller Georg Christian 261 Otto (1763—1828).

mit meinem . . . Vater: sein Vater, Johann Christian Christoph 262 Richter, war damals seit achtundzwanzig Jahren tot. Vgl. auch Nr. 265: mich halb erinnernd, daß er tot.

JOHANN ARNOLD KANNE (* Mai 1773 in Detmold, † 17. Dezember 1824 in Erlangen).
Naturphilosoph aus der Zeit der Romantik, der nach einem abenteuerlichen Wandel — Freunde mußten ihn aus oesterreichischem Kriegsdienst loskaufen — und nach inneren Kämpfen ein dogmatischer Christ wurde und fortan das Prinzip absoluter Autorität in einer absoluten Kirche sah.

269 In der Zeit der schwersten seelischen Konflikte hatte Kanne diesen Traum, der seine Erweckung und Umkehr zur Folge hatte.

JUSTINUS KERNER (* 18. September 1786 in Ludwigsburg, † 21. Februar 1862 in Weinsberg).
Er hatte Ahnungen und voraussagende Träume. Diese wurden ihm, wie er in seinen Erinnerungen erzählt, zu einer Qual im Leben. „Sie kamen immer unter Bildern und symbolisch vor."
Auch seine spätere Gattin hatte er in einem Traum vorhergesehen. Er träumte einmal, er wäre in einer vom Monde beleuchteten Kirche, und die Gestalten auf den Glasgemälden wären lebend und bewegten sich. Unter den Frauen- und Männergestalten erblickte er immer wieder eine Gestalt „und diese leuchtete mir aus allen klar heraus, und schien sie mir zu verschwinden, wandelte mich eine Angst an, und ich suchte sie, bis ich sie wieder sah. Nachher erkannte ich in der treuen Gefährtin meines Lebens diese damals auf diesem Kirchenfenster im Traume gesehene Gestalt wieder." („Das Bilderbuch aus meiner Knabenzeit", Braunschweig 1849, S. 240.)

270 meine Mutter: sie lebte damals noch.
271 Friederike Ehmann (* 1786, † April 1854): Justinus Kerner lernte sie als Student im April 1807 kennen, sie wurde im Februar 1813 seine Gattin — Lustnau: in Bad Lustnau, in der Nähe von Tübingen, wohnte Friederike nach dem Tode ihres Vaters bei einer Tante.

LUDWIG TIECK (* 31. Mai 1773 in Berlin, † 28. April 1853 in Berlin).
Tieck gab viel auf Träume. Er meinte: „in ihnen kämen verborgene Seiten der menschlichen Natur zum Vorschein, die für

den nüchternen Verstand des Tages gar nicht da seien". (Rudolf Köpke, „Ludwig Tieck", Bd. II, S. 126.) Er hatte oft quälende Träume, die sich mehrere Nächte hintereinander wiederholten, im Wachen erfaßte ihn ein Grauen, wenn er sich daran erinnerte, wie schadenfroh, diabolisch grausam, blutdürstig er in diesen Träumen gewesen war.

Über eine Vision, die Tieck im Sommer 1814 gehabt hat, berichtet Köpke (Bd. I, S. 359 flg.): Tieck wohnte damals in Berlin bei seinem Schwager, dem Staatsrat Alberti. Eines Tages sah er durch sein Zimmer, das im oberen Stockwerk lag, dreimal einen fremden Mann gehen. Die Beschreibung, die er dann von dem Manne und seinem Gebaren gab, paßte auf den früheren Bewohner des oberen Stockwerks, der vor kurzem gestorben war und den Tieck persönlich gar nicht gekannt hatte.

Tieck hat Shakespearestudien getrieben und auch Werke von [273 u. 274] Shakespeare übersetzt.

BARON FRIEDRICH DE LA MOTTE FOUQUE
(* 12. Februar 1777 in Brandenburg, † 23. Januar 1843 in Berlin).

dem General Fouqué verwandt: des Dichters Großvater, August [275] Baron de la Motte Fouqué, war preußischer General der Infanterie.

Vgl. auch die Träume Fouqués Nr. 755—757.

WAS DER TRAUM DEN DICHTERN ZUTRÄGT

Das Motto ist ein Zitat aus Nietzsche, „Also sprach Zarathustra", Teil IV, Das trunkne Lied.

HEINRICH HEINE (* 13. Dezember 1797 in Düsseldorf, † 17. Februar 1856 in Paris).

Simon van Geldern: Heines Großohm, der Bruder seines Groß- [276] vaters; er hatte große Reisen im Orient gemacht, ein abenteuerliches Leben geführt und wurde wegen der orientalischen Tracht, in der er auch nach seiner Rückkehr stets herumging,

„der Morgenländer" genannt. „Eine rätselhafte Erscheinung,
schwer zu begreifen, war dieser Großoheim", schreibt von ihm
Heine in seinen Memoiren. Er starb 1774 im Alter von vierund-
fünfzig Jahren. Nähere Angaben über das Leben und Treiben
Simon van Gelderns findet man in dem Aufsatz von Dr. Fritz
Heymann: „Der Chevalier von Geldern. Verschollene Doku-
mente zur Psychologie Heinrich Heines (Das Unterhaltungs-
blatt der Vossischen Zeitung Nr. 177, 31. Juli 1927).

277 Heine, damals cand. iuris, kam im Mai 1823 zu längerem Besuch
zu seinen in Lüneburg wohnenden Eltern.

Heine hörte als Student an der Berliner Universität von Ostern
1821 bis Ostern 1823 Vorlesungen von Hegel. „Sein verklau-
sulierter Vortrag" erschien ihm oft dunkel, seine tiefsinnigen
Lehrsätze, seine spekulativen Deduktionen mögen ihm oft Kopf-
zerbrechen verursacht haben. „Ehrlich gesagt, selten verstand
ich ihn, und erst durch späteres Nachdenken gelangte ich zum
Verständnis seiner Worte", bekennt Heine viele Jahre später.
(„Geständnisse", 1854.) Hegel lehrte: „Das einzelne Sein ist
irgend eine Seite der Idee" („Enzyklopädie der philosophischen
Wissenschaften", § 213, und im § 214:) „Wenn der Verstand
zeigt, daß die Idee sich selbst widerspreche, weil z. B. . . . das
Sein etwas ganz anderes als der Begriff sei und daher nicht aus
demselben herausgeklaubt werden könne, . . . so zeigt vielmehr
die Logik das Entgegengesetzte auf . . ." Und im zweiten Band
der „Wissenschaft der Logik" (Abschnitt III), in dem Hegel
seine Ideenlehre entwickelte, formulierte er: „S e i n hat die Bedeutung der Wahrheit erreicht, indem die Idee die Einheit des
Begriffs und der Realität ist; es i s t also nunmehr das, was
Idee ist."

Der Traum ist auf Heines Beschäftigung mit Hegel zurückzuführen, Heine wird wohl mit seinen damaligen Freunden Moser
und Gans öfters über die Hegelschen Gedankengänge und For-
mulierungen diskutiert haben. Den kleinen Marcus hat er auch
im Kolleg von Hegel kennengelernt, „wo er oft neben mir saß
und die Worte des Meisters gehörig nachschrieb". (Denkworte
auf Ludwig Marcus, April 1844.)

Zu dem Traummotiv vom kleinen Marcus wäre zu bemerken:
Heine beschreibt die äußere Erscheinung des zweiundzwanzig-

jährigen Ludwig Marcus: „Ein kleiner schmächtiger Leib, wie
der eines Jungen von acht Jahren und im Antlitz eine Greisen-
haftigkeit." Da Marcus klein von Gestalt war, so träumt Heine,
daß Marcus auf der Schulter von Gans sitze, auf der Schulter
also eines überzeugten Hegelianers. Die Erscheinung von Marcus, die „ans Possierliche streifte", reizte — wie Heine
erwähnt — „nicht selten zum Lachen", diese Tatsache perver-
tiert der Traum, Marcus wird nicht ausgelacht, sondern lächelt
selbst auf eine „gräßlich-freundliche Weise". Und daß er die
Zitate, die zum Thema Hegel und Idee gehören, weiß und hin-
zuschreit, ist wiederum bei einem Manne natürlich, der so be-
lesen war wie Marcus. Heine hebt in dem Nachruf, den er Marcus schrieb, hervor: „Schon damals in Berlin war Marcus ein
Polyhistor, er stöberte in allen Bereichen des Wissens, er verschlang ganze Bibliotheken, er verwühlte sich in allen Sprach-
schätzen des Altertums und der Neuzeit, und die Geographie,
im generellsten wie im partikularsten Sinne, war am Ende sein
Lieblingsstudium geworden; es gab auf diesem Erdball kein
Faktum, keine Ruine, kein Idiom, keine Narrheit, keine Blume,
die er nicht kannte."

Auch Mosers Charakter spiegelt der Traum getreu. Er war
sehr mitleidig, und so träumt Heine, daß er sich zu ihm flüchtet
und daß ihm Moser seine Freundesarme öffnet und ihm Trost
zuspricht. Als Hegelianer gibt Moser dem Freunde den Trost,
er sei ja nur eine Idee. Über Mosers Hilfsbereitschaft vgl. die
Charakteristik, die Heine 1844 von ihm gab: „. . . M. Moser,
der vor einigen Jahren starb, aber schon im jugendlichsten Alter
nicht bloß die gründlichsten Kenntnisse besaß, sondern auch
durchglüht war von dem großen Mitleid für die Menschheit,
von der Sehnsucht, das Wissen zu verwirklichen in heilsamer
Tat. Er war unermüdlich in philanthropischen Bestrebungen,
er war sehr praktisch und hat in scheinloser Stille an allen
Liebeswerken gearbeitet."

Moses Moser: damals Heines intimster Freund. „Unter wir
mußt du immer verstehen: ich und Moser", schrieb Heine am
1. April 1823 an Immanuel Wohlwill — Gans: Eduard Gans
(* 22. März 1798, † 5. Mai 1839), Rechtsgelehrter, Professor
an der Berliner Universität, Anhänger der Hegelschen Rechts-

philosophie, Begründer der „Jahrbücher für wissenschaftliche
Kritik", die „die Hegelzeitung" genannt wurden — Marcus:
Ludwig Marcus (* 31. Oktober 1796, nicht wie Heine annimmt 1798, in Dessau, † 15. Juli 1843 in Paris), Verfasser von
linguistischen, astronomischen, botanischen, geschichtlichen
und geographischen Schriften, Professor in Dijon, er verfiel zuletzt in Wahnsinn.

Von seinen Nachtträumen erzählt Heine im fünften Buch seiner
Denkschrift „Ludwig Börne" und im dritten, vierten und zehnten Theaterbrief an August Lewald.

Heine hatte einmal einen Traum, der sich in fast allen Einzelheiten bewahrheitete, er erzählte ihn dem Philosophen Immanuel Hermann von Fichte im September 1851. Er hatte geträumt, daß der Papagei, der seiner Frau gehörte, im Käfig
lustig Zucker knappte, plötzlich aber tot zu Boden fiel. Seine
Frau weinte sehr über den Verlust des Tieres, trat aber bald
darauf lachend zu ihm, auf der Hand hatte sie den wieder lebenden Vogel. Den Traum erzählte Heine am Morgen seiner Frau,
nachmittags starb der Papagei unter den gleichen Umständen,
wie sie Heine geträumt hatte. Seine Frau brach auch tatsächlich über den Tod des Tieres in heftiges Weinen aus. Als sie
aber bald darauf einen Papagei zum Geschenk erhielt, trug sie
ihn lachend zu ihm herein. „Das war", meinte Heine, „das
wiederbelebte Tier." Fichte bemerkt, Heine wäre von der
Wichtigkeit dieser Geschichte ganz überzeugt gewesen. (H.
H. Houben druckt diesen 1858 in „Westermanns Illustrierten
Deutschen Monatsheften" erschienenen Bericht Fichtes in dem
Werk „Gespräche mit Heine", S. 827/28 ab.)

FRANZ GRILLPARZER (* 15. Januar 1791 in Wien,
† 21. Januar 1872 in Wien).

279 meine Blanka: Grillparzers Jugendwerk „Blanka von Kastilien".
Grillparzer hat dieses Trauerspiel im Frühjahr 1806 zu schreiben begonnen und im Herbst 1809 zu Ende geführt. Er reichte
das Stück bei der Theaterdirektion ein, kümmerte sich aber,
wie eine Notiz im Tagebuch vom 16. Juni 1810 zeigt, nicht im geringsten darum, ob das Stück zur Aufführung gelangen werde.
Karoline Pichler berichtet, Grillparzer habe im Jahre 1818 vor

der Aufführung der „Sappho" im Hofburgtheater geträumt, daß sein Stück mißfalle und unter Lachen abgelehnt werde. „Die Sappho war nun vollendet und sollte gegeben werden. Ein Zug, der Grillparzers Gemütsstimmung treu abspiegelt, war ein Traum, den er uns damals erzählte. Er träumte nämlich, er befände sich bei der ersten Aufführung der Sappho im Theater; das Stück mißfiel gänzlich, und er sah, wie ich und meine Tochter in einer Loge durch Lachen und spöttische Mienen in das allgemeine Urteil einstimmten und uns über das Stück lustig machten. Dieses Traumbild war nichts anderes als der Unfrieden, wie er ihn selbst in einem spätern Gedichte nennt, dies tückische Gespenst, das aus seinen Werken, sowie sie vollendet sind, hämisch herausblickt und ihm sagt, daß sie nichts taugen; es war die Stimme des Hypochonders in ihm, welche ihm im voraus schon jede Freude verleidet. Bei der Aufführung ging es ganz anders, als der mißmutige Dichter geglaubt hatte, die Sappho fand ungeheuern Beifall, und wir erfreuten uns bei der ersten Vorstellung von ganzem Herzen des Triumphs, den der Dichter feierte." (Karoline Pichler, „Denkwürdigkeiten aus meinem Leben", Wien 1844, Bd. III, S. 129/30.)

In der Nacht vom 29. zum 30. März 1819 fuhr Grillparzer von 280 Triest nach Venedig; auf der Fahrt wurde er seekrank. Vgl. die Eintragung im Tagebuch: „Taumelnd, schlaftrunken, die Eingeweide umgekehrt von dem unabläßlichen Schaukeln des Schiffes trat ich aufs Verdeck." Grillparzer schreibt, daß er, nachdem er die Seekrankheit einmal gehabt hatte, ein Gefühl der Übelkeit bekam, wenn er sich nur das Schwanken eines Schiffes vorstellte.

Grillparzer war sehr empfindlich und fühlte sich durch Kleinig- 281 keiten gleich tief verletzt. Er war ein großer Hasser, mußte — wie er im Tagebuch kurz vorher bekennt — immer einen Menschen haben, den er anfeindete, auf den er alles Schlechte übertrug. Erst wenn er ein neues Haßobjekt, einen neuen „Groll-Träger" fand, söhnte er sich halb unbewußt mit dem früher Angefeindeten aus. So entspricht die Vorstellung des Sich-verletzt-Fühlens im Traum wie auch die Haßempfindung im Wachen ganz seinem Charakter.

Schreyvogel, dem ich den Traum erzählte und meine Absicht, 282

nach diesem mein Stück zu ändern: Grillparzer pflegte den
Theatersekretär Joseph Schreyvogel in seine literarischen Pläne
einzuweihen. Vgl. die Eintragung im Tagebuch vom Mai 1828:
„Ich hatte niemanden in meiner Umgebung, dessen Urteil über
meine Arbeiten ich befragen konnte, als ihn."

283 mein Bruder Karl: Grillparzers jüngerer Bruder Karl (* 1. März
1792, † 30. Januar 1861) — Augustus' Enkel: Germanicus —
Martina: Von dem Gerücht, Cnejus Piso habe durch die Gift-
mischerin Martina den Germanicus beseitigen lassen, berichtet
Tacitus in den Annalen, Buch II, Kap. 74.

284 Ich glaube, daß man diesen Traum auf ein Erlebnis Grillparzers
aus früheren Jahren und auf Vorkommnisse aus letzter Zeit
zurückführen kann.

Grillparzer war seit Ende Januar 1832 Archivdirektor. Er hatte
am 11. April 1833 eine Audienz beim Kaiser Franz I., trug dem
Kaiser als Supplikant mündlich sein Gesuch vor, ihm die Nach-
folge und die Gehaltszulage seines Vorgängers im Archiv zu
bewilligen. Der Kaiser „sprach von der Wichtigkeit des
Archivs, lobte meine Vorgänger, forderte mich auf, fleißig zu
sein und ‚meine Untergebene zusammenzuhalten' und entließ
mich mit einer leichten Kopfneigung". Auf die Vorlassung zu
dieser Audienz, die dann etwa fünf Minuten dauerte, mußte
Grillparzer sechs Stunden warten. Der diensttuende Kammerherr machte sich den Spaß, den Dichter, der sich schon vor
sieben Uhr morgens in der Hofburg hatte einfinden müssen
und als einer der ersten erschienen war, erst als drittletzten
vorzulassen. Es konnte in der Wartezeit dem Dichter nicht
entgehen, daß der Kammerherr, der Türhüter und der wacht-
habende deutsche Gardist sich geringschätzig über ihn unterhielten. Grillparzer hat wohl damals im Ärger über solche Geringschätzung Betrachtungen über das Selbstverschuldete seiner
Stellung im Leben angestellt.

Dazu kommen noch folgende Vorgänge aus letzter Zeit:
Grillparzer hatte sich im Jahre 1844 zweimal um die Kustos-
stelle der Hofbibliothek beworben. Nachdem sein erstes Gesuch vom April im Juni zurückgewiesen wurde, reichte er im
September ein zweites Gesuch ein; am 28. Dezember wurde
auch dieses abschlägig beschieden.

Er träumt von seiner Bewerbung um die Bibliothekkustosstelle, also von einem Vorkommnis aus seinem Leben.

Diese Bewerbung hatte zweimal ein negatives Resultat gehabt, sie ist also für ihn recht demütigend gewesen; in der Wartezeit hat er sich wohl auch über die ihm zuteil gewordene Behandlung geärgert.

Er muß im Traume als Supplikant im Vorzimmer eines Hofrates warten, wie er einst im Vorzimmer des Audienzsaales hatte warten müssen. Und die Zurücksetzung und Erniedrigung wird ihm so klar wie niemals im Wachen.

Zu dem Traummotiv, daß ein längst vergessenes Gesicht eines Menschen im Traume porträtähnlich lebendig wird, bemerkt Grillparzer: „Was schläft wohl im Schlafe, und was wacht? Oder ist der Traum ein halber Schlaf, in den schon das Wachen hineinspielt? Aber auch das erklärt die Verdeutlichung längst vergessener Dinge nicht. Auch der magnetische Schlaf gibt eher eine Parallele als eine Erklärung."

des Hofrates Löhr: Franz Freiherr von Löhr war Hofrat und Kanzleidirektor des Obersthofmeisteramtes (August Sauer, Grillparzers Tagebücher, Bd. V, S. 306) — Hofrat Floch: Joseph Ritter von Floch war Hofrat bei der Allgemeinen Hofkammer (Sauer, w. o.).

GOTTFRIED KELLER (* 19. Juli 1819 in Zürich, † 16. Juli 1890 in Zürich).

Keller führte von August 1846 bis Anfang Februar 1848 ein Traumbuch. In einer Eintragung vom 15. September 1847 verwahrt er sich gegen den von seinem Freunde Wilhelm Schulz ausgesprochenen Verdacht, daß er seine Träume erfinde. Er schreibt: „Auch dem Schulz werde ich beim Frühstücke keine Träume mehr erzählen, weil er den Verdacht aussprach, daß ich dieselben vorweg ersinne und erfinde. Er kennt nur die einfachsten Träume als: heut träumte ich von einem Sarg, oder von Rauten, oder: ich fing Fische, oder: ich sah einem die Nägel abschneiden usf. Weil er keine Phantasie hat, welche auch im Schlafe schafft und wirtschaftet, so hält er einen wohlorganisierten Traum, der einen ordentlichen Verlauf und schöne künstlerische Anschauungen hat, für unmöglich. So geht es! Der gute Schulz kann mit mir darüber zanken, daß ich in religiösen Dingen noch weniger Glauben haben will als er, er kann sich sogar im Eifer in dogmatische Redensarten verirren: aber das Nächste und Einfachste, an einen schönen Traum glaubt er nicht, weil er ihm anspruchslos beim Frühstück erzählt wird und nur drei Schritte von ihm geträumt worden sein soll, vielleicht auch, weil sich keinerlei Bedeutung daraus ergibt, wenigstens für ihn nicht." Diese Ausführungen zeigen, daß Keller seine schönen, poetischen Träume auch wirklich geträumt hat.

285 Zwischen Traum und Niederschrift des Traumes liegt ein Zeitraum von mehr als einem Jahre. Erst am 15. September 1847 schrieb Keller den Traum, der ihm „noch ganz gegenwärtig" war, nieder.

Folgende Handlungen, Vorfälle und Eindrücke waren in der Nacht vom 6. August dem Traume vorangegangen.

Keller, der sich etwas unwohl fühlte und Fieber zu haben glaubte, legte sich gegen elf Uhr schlafen und wurde aus dem ersten Schlaf durch das Geläut der Feuerglocke geweckt. Er stieg „zu oberst unter das Dach hinauf, um das Feuer zu sehen". Im untern Hard brannte eine Scheune. Er beobachtete eine Zeitlang die Feuersbrunst und ging dann wieder zu Bett. „Befangen und aufgeregt und unwohler als vorher, fürchtete ich, daß mir die noch immer fortwährende Feuersbrunst in Schlaf und Traum hineinbrennen und eine schlimme Nacht verursachen möchte." Gegen Morgen hatte er den Traum.

In einigen Traummotiven sind Wacheindrücke erkennbar.

Als Keller vom Geläut der Feuerglocke erwachte, war seine Kammer „vom Mondschein und dem geröteten Himmel seltsam erhellt". Im Traume ist dann das kleine Dachkämmerchen „ganz vom Monde erhellt. Die runden Scheiben der Fensterchen waren auf den Boden gezeichnet".

Er sah in der Nacht in der Ferne eine rote Feuersäule aufsteigen. Im Traume sieht er in der Dunkelheit die Augen des Mädchens funkeln.

Er sah, wie sich der Rauch von der aufsteigenden Feuersäule hinweg in eine horizontale Schicht sammelte und „wie eine große Streifwolke" hinaustrieb. Im Traume sieht er verschiedene Schatten vor dem Fenster vorüberhuschen.

Er stieg zu oberst unter das Dach hinauf. Er träumt, daß alte Weiber auf das Dach herausstiegen.

Ein Traummotiv ist psychologisch sehr interessant, es verrät Kellers Wesensart, sein Verhalten in Liebesdingen. Er war scheu und befangen, hatte sich bei zwei Mädchen, die er liebte, „gesträubt, etwas zu sagen". (Brief vom 21. Oktober 1874 an Frau Orelli-Breitinger.) Im Traume fordert ein junges Mädchen ihn auf, mitzukommen. „Seine Liebessehnsucht gestaltet jenes wundersame Traumbild von den beiden Mädchen, die der Dichter in ihrem Dachkämmerchen besucht." (Baechtold-Ermatinger, „Gottfried Kellers Leben", Bd. I, Aufl. 5, S. 176.)

befand ich mich in Glattfelden: Dorf an der Glatt, im Kanton 289 Zürich. In Glattfelden wohnte Kellers Familie väterlicher- und mütterlicherseits. Bei Verwandten in Glattfelden hat Keller als Schüler seine Ferien regelmäßig verbracht — drüben an der Buchhalde: „die Buchhalde ist eine Anhöhe südwestlich von Glattfelden" (Ermatinger, Bd. II, S. 161) — Wir sprangen, mein Oheim und ich, nach den Gewehren an der Wand: Kellers Oheim, Heinrich Scheuchzer (1786—1856), Arzt in Glattfelden, war ein leidenschaftlicher Jäger, „der zur Jagdzeit lieber den Tieren des Waldes als seinen Kranken nachging". (Ermatinger, Bd. I, S. 38.) Vgl. auch die Scene im „Grünen Heinrich", Teil I, Kap. 17: „Dann sah er [der Oheim] plötzlich in die Höhe, schoß in die Luft, und ein schöner Raubvogel, welcher über den Tauben gekreist hatte, fiel tot zu meinen Füßen."

erinnere ich mich . . . eines silbernen Armbandes von zwei 290 Jahren her: Keller war im Jahre 1846 in Marie Melos, die Schwägerin von Freiligrath, verliebt; er spielt hier wahrscheinlich auf ein ihr gehörendes Armband an.

EDUARD MÖRIKE (* 8. September 1804 in Ludwigsburg, † 4. Juni 1875 in Stuttgart).

Wilhelm Hartlaub (1804—1885) war damals Pfarrer in Wer- 291 mutshausen; Mörike war seit der Seminarzeit in Urach innig mit ihm befreundet.

Mörike erblickte in diesem Traum, den er für Hartlaub auf- 292 gezeichnet hat, „eine Illustration zu dem Schillerschen Rätsel ‚Auf einer großen Weide gehen'". (Rudolf Krauß, „Mörikes Träume", Jugend 1904, Nr. 37, S. 750.)

FERDINAND FREILIGRATH (* 17. Juni 1810 in Detmold, † 18. März 1876 in Canstatt).

293 Auf Vorschlag Alexander von Humboldts setzte König Friedrich Wilhelm IV. im Februar 1842 Freiligrath ein Jahresgehalt
von dreihundert Talern aus. Diese Auszeichnung nahm der
Dichter mit unbefangener Freude an, sah in ihr einen Akt kunst-
fördernder Gnade von seiten des Königs, wurde sie ihm doch,
wie er an Adelheid von Stolterfoth schrieb, „ohne alle und jede
Verpflichtung rücksichtlich des Aufenthalts oder sonst einer
Sache wegen" zuteil. Später fühlte sich aber Freiligrath immer
mehr durch die Ehrenpension beengt und bedrückt, „die paar
hundert Taler sind und bleiben doch ein Maulkorb", und so hat
er seit Neujahr 1844 aufgehört, „die preußische Pension" zu erheben, und verzichtete auf sie im September desselben Jahres
durch ein Schreiben an den Minister Eichhorn kurz vor Erscheinen der Sammlung seiner politischen Gedichte: „Ein
Glaubensbekenntnis".

Die Traumsituation — der König vor einem Kaufmannspult
stehend — ist aus Freiligraths früherem Kaufmannsberuf erklärlich. Freiligrath war jahrelang im Kontor eines kaufmänni-
schen Geschäfts in Amsterdam tätig, er erwähnt öfters das
Fensterpult, an dem er dort sitzen mußte, später beklagt er, daß
ihn das Los in Barmen „ans Pult geschmiedet".

Die geträumte Zahl 3 entspricht auch der ersten Ziffer der ihm
als Ehrenpension ausgesetzten Summe.

Freiligrath träumte einmal während seines Aufenthaltes in
Amsterdam, er wäre bei einer Schlittenpartie zugegen; auf diesen Traum machte er dann ein Gedicht (Büchner, „Ferdinand
Freiligrath", Bd. I, S. 97). Ein andermal träumte er, er wäre
in der Heimat, in seiner Stube, alles stände am alten Platz, nur
der Sekretär fehlte, und der erkrankte Bruder wäre wieder ganz
flink auf den Beinen. (Januar 1826.) — Während seines Aufenthaltes in London, als er Sehnsucht nach Deutschland hatte
und den Wunsch, in die Heimat zurückzukehren, hatte er oft
Träume voll Heimweh, sah im Traume den Rhein und die Rhein-
gegend, träumte viel von Toten und von Freunden. — Als alter
Mann träumte er in Stuttgart fast jede Nacht von seinen in der
Ferne weilenden Söhnen. (Brief an Boelling, 18. April 1871.)

HEBBEL UND SEIN KREIS

Die Eintragung Hebbels im Tagebuch vom 6. August 1838 habe
ich als Motto diesem Kapitel vorangestellt.

FRIEDRICH HEBBEL (* 18. März 1813 in Wesselburen,
† 13. Dezember 1863 in Wien).
Für Hebbel war der Traum der beste Beweis dafür, „daß wir
nicht so fest in unsere Haut eingeschlossen sind, als es scheint".
Im Traume sind wir aus dem Gefängnis entlassen, in dem wir
im Wachen von dem Gesetz der Ursächlichkeit beengt sind und
uns nach den Verordnungen der Vernunft richten müssen. Es
ist, „als ob sich die Seele in Träumen eines veränderten Maßes
und Gewichts bedient, wornach sie die Bedeutung der Dinge,
die in und außer ihr vorgehen, bestimmt; sie wirkt auf die alte
Weise, aber nicht bloß in anderen Stoffen und Elementen, sondern auch, wenn der Ausdruck erlaubt ist, nach einer andern
Methode." (Tgb. 19. März 1838.) Um in das Reich des Unbewußten einzudringen, muß man vor allem die Traumprovinz
durchforschen. Hebbel meint, daß der Mensch, der sich entschließen könnte, alle seine Träume niederzuschreiben, der
Menschheit „ein großes Geschenk" machen würde. Doch er
müßte seine Träume treu und umständlich, ohne jede Rück-
sichtnahme berichten und den Träumen einen Kommentar bei-
fügen; er könnte vieles an seinen Träumen nach den Erinnerungen aus seinem Leben, nach einer Lektüre erklären. Hebbel
selbst notierte in seinen Tagebüchern sehr eifrig seine eigenen
Träume und auch die der ihm nahestehenden Personen, teilte
in Briefen Freunden seine Träume mit und hätte gern in Erfahrung gebracht, welche Rolle er in ihren Träumen gespielt
habe. Gleich jenem Dionysios dem Älteren, der aus dem Traum
des Marsias auf dessen Absichten schloß, so wollte auch Hebbel
aus Träumen die Gesinnung erkennen. Wie Plutarch berichtet,
hatte Marsias geträumt, er hätte Dionysios umgebracht, und
auf diesen Traum hin wurde er von Dionysios zum Tode verurteilt mit der Begründung, Marsias würde dies nicht geträumt haben, wenn er sich nicht im Wachen mit einem

solchen Plan beschäftigt hätte. Aus einem ähnlichen Gedankengang folgerte Hebbel: „Jemanden verklagen, weil er niederträchtig von einem träumt. Denn das setzt voraus, daß er niederträchtig von einem denkt." (Tgb. 31. Juli 1843.) Hebbel suchte zur causa der Traumerlebnisse vorzudringen, die Beziehungen zwischen Traum und Wirklichkeit aufzuzeigen, die Sprache des Traumes zu deuten. Er denkt sich ein Beispiel für die Symbolik des Traumes aus: „Das schönste Mädchen wird vielleicht im Traum von dem schmutzigsten Kerl entehrt. Vielleicht träumt sie davon, daß die Blumenwiese sich unter ihr in einen Morast verwandelt." (Tgb. 31. Januar 1844.)
An seinen Träumen hat er nichts beschönigt. Er berichtete sie mit Bekennermut. Suchte er doch auch sonst ohne Scheu die Motive seiner Gedanken und Handlungen aufzudecken und bloszulegen; er tat dies mit beispielloser Schärfe, Unerbittlichkeit, Rücksichtslosigkeit. Seine Träume zeigen die Elemente seiner Natur, auch die zutiefst liegenden, verkapselten, unterdrückten. Und Aushöhlungen, Risse, Abgründe, Schlacken werden sichtbar.
Traum und Poesie waren für Hebbel identisch, er vergleicht den dichterischen Schaffensakt mit dem Träumen. In vielen Gedichten, verschiedenen Szenen seiner Dramen hat er seine Träume und auch fremde dichterisch verwertet. Einen Traum von Elise Lensing übernahm er sogar ohne Änderungen in die „Judith" (vgl. den Brief an Elise vom 27. Februar 1843 und den Anfang des zweiten Aktes der Tragödie), den Traum, den Mariamne in „Herodes und Mariamne" erzählt (Akt IV, Szene 7), hatte seine Frau tatsächlich geträumt. (Vgl. Nr. 340 und Anm.)

296 Karaiben: Indianerstamm.

298 Traummotive dieses Traumes hat Hebbel in dem Gedicht „Traum. Ein wirklicher" verwertet.
Ich sah den alten König Maximilian Joseph beerdigen: dieser ist im siebzigsten Lebensjahr Oktober 1825 gestorben — den König Ludwig krönen: Maximilians I. ältesten Sohn, König Ludwig I.

299 „Woldemar" von Jacobi: der Roman „Woldemar" von Friedrich Heinrich Jacobi, der 1781 erschienen ist.

Wohl unter dem Eindruck des Traumes glaubte Hebbel am nächsten Tag auf einem Spaziergang im englischen Garten eine gegen ihn sich aufbäumende Schlange zu sehen, worüber er heftig erschrak. „Es war der Schatten meines Stocks, der, wenn ich den Stock erhob, schlangenmäßig in die Höhe zu steigen schien."

die Ottoniade: ein von Stolz verfaßtes Epos in siebzehn Ge- 300 sängen, betitelt: „Die Ottoniade oder das Lied von der Thronbesteigung Griechenlands durch den Wittelsbach-Scheyrischen Prinzen Otto I., eine lyrisch-didaktische Epopöe, das Heldentum des achtzehnten Jahrhunderts darstellend." Der Autor hatte das Werk an einigen Abenden im Odeon vorgelesen, in einer der ersten Vorlesungen war Hebbel anwesend, die miserablen Hexameter und Pentameter der Epopöe hatten ihn belustigt. Stolz wurde für sein Werk mit einer Professur am Münchner Kadettenhaus belohnt.

Mitte Februar 1838 schrieb sich Hebbel aus dem ersten Band 301 der nachgelassenen Schriften von Solger eine auf Napoleon bezügliche Stelle aus. Das Exzerpt im Tagebuch lautet: Der erste Konsul. „Seine Gestalt ist klein und unansehnlich, sein Gesicht bleich oder vielmehr gelb, ohne die geringste Spur von Röte, und man mögte fast sagen von Leben." Bleich wie ihn Solger beschreibt, erscheint Napoleon auch Hebbel im Traume. Hebbel plante eine Napoleon-Tragödie, er beschäftigte sich damals viel mit Napoleon, vgl. die Eintragungen über Napoleon in seinem Tagebuch vom 6. und 10. März.

mit dem König: Ludwig I. 302

Hebbel, der einige Tage zuvor im Tagebuch schrieb, man müßte 303 Träume ganz umständlich aufzeichnen und sie durch Erinnerungen aus dem Leben zu erklären suchen, übersieht, daß er diesen Traum an Erinnerungen und Wacheindrücken, und zwar an denen der letzten Tage hätte kontrollieren können. Am 21. März trug er folgendes Erlebnis ins Tagebuch ein: „Ich sah soeben von meinem Fenster aus der Abfahrt einer Leiche auf den Gottesacker zu. Der Priester sprach trocken seine Gebete, die Nachbarsleute standen trocken umher, Kinder unterbrachen für einen Augenblick ihr Spiel, ein Holzhacker, der auf der Straße seine Hantierung trieb, machte eine Pause. Aber kein Auge,

das weinte, kein Gesicht, das die geringste Bekümmernis aus-
drückte; wenn der Postwagen abfährt, sieht man mehr Gefühl.
Das erschütterte mich schmerzlich; ich konnte nicht umhin zu
denken: welch ein L e b e n mag der arme Tote geführt haben."
Sollte hier zwischen Traum und Wirklichkeit nicht ein Zusammenhang bestehen? Seine Gleichgültigkeit im Traume gegen
den Tod entspricht der Gleichgültigkeit der Menschen beim
Fortschaffen der Leiche, ihn hat in der Wirklichkeit die Gefühls-
losigkeit der Menschen schmerzlich erschüttert, im Traume
sublimiert sich sein Gefühl in den Entschluß, für jemand zu
sterben.

304 Napoleons Kammerdiener: Hebbel war von Bewunderung für
Napoleon erfüllt, sah ihn in einem solchen Abstand von den
übrigen Menschen, daß er einmal sogar schrieb: „Das ist doch
ein Mensch, mit dem man sich kaum verwandt fühlt." (20. September 1837, an Elise Lensing.) Aus dieser Einstellung heraus
ist im Traum seine Rolle als Napoleons Kammerdiener erklärlich.

305 Träume dieser Art, „welche die ganze Gegenwart bis auf die
leiseste Regung der Erinnerung töten und den Menschen in das
Gefängnis eines längst vergangenen Zustandes zurückschlep-
pen", erscheinen Hebbel vor allen anderen bedeutend. In diesen
Träumen ist eine ganz eigentümliche rätselhafte Kraft wirk-
sam, die „die ausgemeißelte Statue wieder in den Marmorblock
einschließt".

306 Einige Tage vor dem Traume, am 23. November, setzte Hebbel
im Tagebuch auseinander, was seiner Ansicht nach Napoleons
„größter Irrtum" war. Die Feststellung eines Fehlers bei dem
bisher idealisierten Helden, das Verblassen seiner Gloriole hatte
zur Folge, daß er bald darauf von der Abdankung des Kaisers
träumte.

310 Einige Tage vorher, am 27. August, schrieb Hebbel ins Tagebuch: „Das Leben bringt mir nichts mehr . . . Arbeiten kann ich
nicht mehr, ich bin ein Baum, der vertrocknet . . . ein Krampf
in der Hand, als ob ich stets Pistolen abdrückte, und in den
Schläfen eine Empfindung wie vom Druck einer Pistolen-
mündung." Aus dieser verzweifelten Stimmung heraus erklärt
sich der Traum von dem gräßlichen Wesen, von dem toten Menschen, der sein Geisterleben auf Erden in einem hölzernen Körper

fortführt (ich bin ein Baum!). Der Tote ist ein Symbol für Hebbels damaligen Zustand, er flößt Angst ein, erweckt Grauen, nimmt man aber seine Hand, so fühlt diese sich warm an, noch sind die Zeichen des Lebens nicht ganz geschwunden; vielleicht noch nicht alle Hoffnung.

Einen Traum aus der Münchner Zeit, in dem ihm vorkam, daß er einen Körper aus Holz hätte, berichtet Hebbel einige zwanzig Jahre später in einem Briefe an Adolf Schöll (Wien, 2. Oktober 1863):

„Mir träumte auf der Universität einmal, daß ich in einem hölzernen Körper steckte, den ich durch einen ungemein künstlichen Mechanismus regieren mußte. Das fiel mir äußerst schwer, jeden Augenblick drehte ich das verkehrte Rad oder zog den verkehrten Faden, und das gab natürlich die tollsten Verwicklungen. Wollte ich die Beine brauchen, so setzten sich die Arme in Bewegung, der Kopf saß mir im Nacken mit dem Gesicht, ehe ich's dachte, der Rumpf krümmte sich zum Fiedelbogen zusammen, und ich wäre verloren gewesen, wenn nicht einer meiner Freunde, der auch einen hölzernen Körper hatte, aber vortrefflich damit zu wirtschaften verstand, von Zeit zu Zeit die Ordnung wieder hergestellt hätte."

Hebbel hat an der Münchner Universität die Vorlesungen von Görres über Universalgeschichte gehört. „Die feurige Beredsamkeit, welche er (Görres) über das Gemälde der Kreuzzüge ausgoß ... Die Zuhörer wurden hingerissen, und sogar die unbefangensten fühlten, daß er selber Ähnliches hätte leisten können wie die leidenschaftlichen Mönche, die zum Kreuzzuge befeuerten." (Emil Kuh, „Biographie Friedrich Hebbels", Bd. I, Aufl. 2, S. 218.) In Görres' Beleuchtung erschien Hebbel die Zeit des Mittelalters so schön, daß er einmal enthusiastisch an Elise Lensing schrieb: „Wär' man doch damals geboren!" [311]

Ich lag in einem Sumpf: Am 24. November schrieb Hebbel ins Tagebuch: „Oft, wenn mir die Beine beim Gehen so schwer werden, denk ich: warum bist du nicht so schwer, daß du in die Erde sinkst!" [312]

Elise Lensing hat am 5. November Hebbel den Sohn Max geboren. Nach der Entbindung war sie lange Zeit in Lebensgefahr, dem Tode nah. Er muß über die traurigsten Erlebnisse hinweg, [313] tanzt im Traume auf Gräbern, und im Traume warnt er jemand vor dem plötzlichen Hineinsinken ins Grab.

³¹⁴ Alberti: Leopold Alberti, Hebbels früherer Freund. Hebbel wohnte mit ihm im Herbst 1835 in Hamburg in einer Stube zusammen, entzweite sich mit ihm im März des folgenden Jahres, nachdem er ihn als Ränkestifter erkannt hatte. Am 3. April 1837 träumte er in München, er ginge mit Alberti spazieren „und wußte nichts von allem, was sich zwischen uns in Hamburg ereignet hat". Anfang 1840 sahen sich die ehemaligen Freunde einigemal in Hamburg. Am 2. Mai 1847 träumte Hebbel in Wien: „Ich vagabondierte mit Leopold Alberti in Italien, wir lagen fremden Leuten zur Last, ich ging in einem erborgten Mantel."

ein kleines Kind: damals hatte Hebbel einen zwei Monate alten Sohn (vgl. Anm. zu Nr. 313).

³¹⁷ Hebbel gebraucht in den am 11. April geschriebenen Briefen Wendungen, in denen der Vorstellungsinhalt des in der Nacht folgenden Traumes schon aufzusteigen scheint. Er schreibt an Charlotte Rousseau, er könne ihr „nur ein trockenes Inhaltsverzeichnis der letzten anderthalb Jahre schicken, statt Sie an dem Inhalt selbst teilnehmen zu lassen. Wer kann W e i n - t r a u b e n malen, die er schon g e g e s s e n hat?" Und im Brief an Ludwig Gurlitt: „Auch m i t d e n F r ü c h t e n meiner dichterischen Arbeiten kann ich zufrieden sein." Kirschen, die auf seinem eignen Kopf wuchsen = Früchte seiner dichterischen Arbeiten. Er hat die Kirschen im Traume gegessen, in Wirklichkeit die Früchte seiner letzten dichterischen Arbeiten noch nicht genossen, hoffte aber, sie werden ihn noch ernähren. Er teilt in demselben Brief Gurlitt mit: „Den Diamant, mein entschieden bestes Werk, werde ich nächstens erscheinen lassen; ein hiesiger Buchhändler, der mich aufsuchte, gibt mir für die erste Auflage 1000 fl. C. M."

³¹⁸ Der Mann im Traume ist ein Symbol für den Dichter, der sein Werk dem Publikum anbieten muß. Vgl. auch Hebbels Auslassung, daß heutzutage Ruhm auf industriellem Wege erworben wird. (Brief an Charlotte Rousseau vom 6. Juni.)

³¹⁹ gab ihm zu bedenken, daß keiner gern in die Erde hinunter gehe und ich am wenigsten, und daß ich sehr bitten müsse, die noch

übrige Stunde noch in freier Luft verweilen zu dürfen: An diesen
Traumgedanken erinnert die Äußerung, die siebzehn Jahre
später der sterbenskranke Hebbel kurz vor seinem Tode getan
hat: „,O Gott!' rief er, ,wie gerne lebe ich! Ich bin ja so ganz
zufrieden.' Dann setzte er hinzu: ,Niemand ist schläfrig zum
Todesschlaf; jeder hat noch Lust ein Stündchen aufzubleiben.'"
(Kuh, Bd. II, S. 522.)

Hebbel träumte am Ende des Traumes, daß drohende Bettler- 320
gestalten sich um ihn zusammenrotteten.

Vielleicht ist dieses Traummotiv auf ein Erlebnis aus den
Knabenjahren, das er in seinen Erinnerungen „Meine Kindheit"
erzählt, zurückzuführen.

Er versteckte sich einmal, um die Schule zu schwänzen, sein
Versteck wurde jedoch der Mutter gezeigt, und sie schleppte ihn
mit Gewalt in die Schule. Als sie vor der Schule ankamen,
wurden die Schüler gerade entlassen, „sie rotteten sich aber um
mich herum und überhäuften mich mit Spott und Hohn". Im
Traume fragt er auch, wohin der Weg führt, und erhält die Antwort: „Nach dem Kirchhof!" In seinen Erinnerungen berichtet
Hebbel, daß die Jungen in Wesselburen ihre Händel, in die auch
er oft verwickelt war, „auf dem Kirchhof in der Nähe eines alten
Grabkellers" auszutragen pflegten.

Hebbel nimmt als sicher an, daß der Traum die Folge einer 322
Abendlektüre in Kant war. Die Abendlektüre, auf die er Bezug
nimmt, war Kants Abhandlung „Der einzig mögliche Be-
weisgrund zu einer Demonstration des Daseins Gottes". In
dieser Abhandlung, und zwar in der siebenten, Kosmogonie betitelten Betrachtung der zweiten Abteilung wird „eine Hypo-
these mechanischer Erklärungsart des Ursprungs der Welt-
körper und der Ursachen ihrer Bewegungen" aufgestellt. Hebbel
selbst beruft sich also auf dieses Kapitel. Ich möchte aber auch
Ausführungen aus anderen Kapiteln dieser Abhandlung für den
Traum heranziehen, z. B.:

„Da es nun ungereimt sein würde, die erste Erzeugung einer
Pflanze oder Tiers als eine mechanische Nebenfolge aus allgemeinen Naturgesetzen zu betrachten, so bleibt gleichwohl
noch eine doppelte Frage übrig, die aus dem angeführten
Grunde unentschieden ist: ob nämlich ein jedes Individuum

derselben unmittelbar von Gott gebauet und also übernatürlichen
Ursprungs sei und nur die Fortpflanzung, das ist der Übergang,
von Zeit zu Zeit zur Auswickelung einem natürlichen Gesetze
anvertrauet sei, oder ob einige Individuen des Pflanzen- und Tierreichs zwar unmittelbar göttlichen Ursprungs seien, jedoch mit
einem uns nicht begreiflichen Vermögen, nach einem ordentlichen Naturgesetze ihresgleichen zu erzeugen und nicht blos
auszuwickeln." (Abteilung 2, Betrachtung 4, § 2.)

„Man sieht, wie die Verfasser nach dieser Methode geflissen
sind, die an unzähligen Endabsichten reiche Produkte des
Pflanzen- und Tierreichs nicht allein der Macht des Ungefährs,
sondern auch der mechanischen Notwendigkeit nach allgemeinen
Gesetzen der materialen Natur zu entreißen." (Abteilung 2, Betrachtung 5, § 2.)

„Man vermute nicht allein in der unorganischen, sondern auch
der organisierten Natur eine größere notwendige Einheit, als so
geradezu in die Augen fällt. Denn selbst im Baue eines Tieres
ist zu vermuten: daß eine einzige Anlage eine fruchtbare Taug-
lichkeit zu viel vorteilhaften Folgen haben werde, wozu wir anfänglich vielerlei besondere Anstalten nötig finden möchten."
(Abteilung 2, Betrachtung 6, § 3.)

„Denn es ist erstaunlich, daß auch nur so etwas wie ein tierischer
Körper möglich war. Und wenn ich gleich alle Federn und
Röhren, alle Nervengefäße, Hebel und mechanische Einrichtung
desselben völlig einsehen könnte, so bliebe doch immer Bewunderung übrig, wie es möglich sei, daß so vielfältige Ver-
richtungen in einem Bau vereinigt worden, wie sich die Geschäfte zu einem Zwecke mit denen, wodurch ein anderer erreicht wird, sowohl paaren lassen, wie eben dieselbe Zusammen-
fügung außerdem noch dazu dient, die Maschine zu erhalten
und die Folgen aus zufälligen Verletzungen wieder zu ver-
bessern, und wie es möglich war, daß ein Mensch konnte ein so
feines Gewebe sein und unerachtet so vieler Gründe des Ver-
derbens noch so lange dauern." (Abteilung 2, Betrachtung 8.)

Hebbel hat, wenn auch nicht an diesem Abend, im zweiten Teil
der „Kritik der Urteilskraft" folgende Ausführung Kants wohl
gelesen, und vielleicht hat auch diese seine Traumphantasie
entzündet:

„Hier steht es nun dem Archäologen der Natur frei, aus den übrig-
gebliebenen Spuren ihrer ältesten Revolutionen nach allem ihm
bekannten und gemutmaßten Mechanism derselben jene große
Familie von Geschöpfen (denn so müßte man sie sich vorstellen,
wenn die genannte durchgängig zusammenhängende Verwandtschaft einen Grund haben soll) entspringen zu lassen. Er kann
den Mutterschooß der Erde, die eben aus ihrem chaotischen Zustande herausging (gleichsam als ein großes Tier), anfänglich
Geschöpfe von minder-zweckmäßiger Form,
diese wiederum andere, welche angemessener ihrem Zeugungs-
platze und ihrem Verhältnisse untereinander sich ausbildeten,
gebären lassen; bis diese Gebärmutter selbst, erstarrt, sich ver-
knöchert, ihre Geburten auf bestimmte, fernerhin nicht aus-
artende Species eingeschränkt hätte und die Mannigfaltigkeit
so bliebe, wie sie am Ende der Operation jener fruchtbaren
Bildungskraft ausgefallen war." (Methodenlehre der teleologi-
schen Urteilskraft, § 80.)

Tine: Christine Hebbel. 323
Brücke: mit dem Arzt Prof. Ernst Brücke war Hebbel befreun- 326
det — Ludwig: der Physiolog Prof. Karl Ludwig.
Ich glaube die Erklärung für diesen Traum geben zu können. 329
Hebbel weilte Juni 1862 in London. Hier erneuerte er die
freundschaftlichen Beziehungen zu Siegmund Engländer, mit
dem er seinerzeit in Wien fast täglich zusammen gewesen war.
Da Hebbel die englische Sprache nicht beherrschte, war ihm
Engländer, der seit zwölf Jahren in London wohnte und vorzüglich Englisch sprach, in der fremden Stadt sehr nützlich. „Er begleitet mich", berichtet Hebbel am 18. Juni seiner Frau, „. . . den
ganzen Tag und opfert sich förmlich für mich auf, ganz wie
in alter Zeit. Da er England kennt wie wenige, so sehe ich an
seiner Seite viel, was mir sonst entgehen würde."
Auch hatte Hebbel die Arbeit an dem Trauerspiel „Demetrius",
die lange Zeit unterbrochen war, einige Monate vor dem Traume
wieder aufgenommen. „Viel Zeit habe ich nicht mehr zu verlieren", schrieb er in bezug auf die Fortsetzung der Arbeit Ende
Januar 1863 an Adolf Stern. Er begann sich mit dem Deme-
triusstoff wieder intensiv zu beschäftigen und studierte „die
russisch-polnische Welt".

Sein Drama spielt in Moskau.

So ist er im Traume in dieser Stadt.

Und da er sich in Moskau russisch nicht hätte verständigen können, so ist im Traume Engländer, der Sprachhelfer vom vorigen Jahr, an seiner Seite; dieser spricht, liest, schreibt vortrefflich Russisch (Engländer war in London schriftstellerisch an einem Telegraphenbüro tätig, Russisch hier = Englisch). Sie gehen zusammen aus (vgl. den oben erwähnten Brief: „Er begleitet mich . . .“). Um weiterzukommen, müssen sie plötzlich eine Strickleiter hinaufklimmen. Warum so hoch hinauf? Hebbel hatte in der letzten Zeit Engländer brieflich den Prozeß des dichterischen Schaffens erläutert und ihm zur Beurteilung des Dichters und seiner Werke den Weg gewiesen. Er hatte am 1. Mai (also einige Wochen vor dem Traume) an Engländer geschrieben: „Sie wollen an den Dichter glauben wie an die Gottheit; w a r u m s o h o c h h i n a u f, in die Nebelregion hinein, wo alles aufhört, sogar die Analogie?“ Im Traume führt dann der Weg über einen Boden, unter einer Menge von Glocken durch. Auch wenn man kriecht, stößt man an die Glocken, die dann Töne von sich geben. Der folgende Satz in dem schon zitierten Schreiben an Engländer gibt über dieses Traummotiv Aufschluß. Hebbel schrieb: „Sollten Sie nicht weiter gelangen, w e n n S i e z u m T i e r h i n u n t e r s t e i g e n und dem künstlerischen Vermögen die Mittelstufe zwischen dem Instinkt des Tiers und dem Bewußtsein des Menschen anweisen?“ Daher das Motiv des Kriechens im Traume (ein Tier kriecht). Auch beim Kriechen stößt man an die Glocken, und sie geben Töne von sich. Und er läßt den Begleiter (Engländer) die Richtigkeit des Vorganges durch die Worte bestätigen: „So erhält der Zar sein Glockenspiel im Gange!“ (Das Traumbild vom Glockenspiel ist ein Symbol für das künstlerische Schaffen.)

Ich möchte nicht unerwähnt lassen, daß Hebbel sehr rheumatisch war. Einige Wochen vorher mußte er sich „in Folge eines lange vernachlässigten und hartnäckig gewordenen Rheumatismus zu Bett“ legen. (Brief an Engländer vom 1. Mai.) Das Gehen war ihm zurzeit schwierig. Hebbels physischer Zustand konnte die Vorstellung des Kriechens im Traume mitverursacht haben.

Der Hinweis darauf, daß in dem Demetriusfragment einigemal
von Glocken gesprochen wird, ist in diesem Zusammenhang nicht
uninteressant, wenn man berücksichtigt, daß Hebbel erst nach
dem Traume die zwei letzten Akte der Tragödie geschrieben
und bearbeitet hat. In der fünften Szene des vierten Aktes bittet
Gregory um eine Glocke für das Kloster, in der zwölften Szene
sagt Marina, sie habe vortrefflich geruht, bis sie „die Arme-
sünderglocke weckte", worauf Marfa bemerkt: „Nun, morgen
gibt's ein schöneres Geläut!" In der zweiten Szene des fünften
Aktes wundert sich Rurik zuerst, daß bei der Feuersbrunst sich
keine Glocke rührt, obwohl es dreihundert Turmwächter gibt,
und ruft am Ende dieser Szene: „Wie die Glocken heulen!"
Siegmund Engländer ist der Verfasser des 1864 erschienenen
vierbändigen Werkes: „Geschichte der französischen Arbeiter-
Assoziationen." Hebbel hat für Engländers Werk Campe in
Hamburg als Verleger gewonnen.

EMIL ROUSSEAU († 2. Oktober 1838 in Ansbach).
Kurz nach der Ankunft in München erzählte Rousseau seinem 330
Freunde Hebbel den Traum. (Rousseau kam, nach Hebbels
Tagebuch, am 13. April 1837 in München an.) Den Traum no-
tierte Hebbel im Tagebuch am 15. Dezember 1838.
Rousseau hatte den Traum einige Tage vor seiner Promovierung 331
zum Doktor; am 2. September nahm er in München von Hebbel
Abschied, einen Monat darauf starb er im zweiundzwanzigsten
Lebensjahr am Typhus.
Hebbel teilte den Traum Charlotte Rousseau, der Schwester des
Verstorbenen, am 13. Februar 1839 brieflich mit. Über diesen
Traum auch eine Notiz im Tagebuch am 15. Dezember 1838.

JOSEPHA SCHWARZ
Tochter eines Tischlers, Hebbels Geliebte in München, das Ur-
bild der Klara in Hebbels Trauerspiel „Maria Magdalena".
Einmal, als sie nach einer Auseinandersetzung mit Hebbel mit
dem Gedanken eingeschlafen war, daß zwischen ihnen alles zu
Ende wäre, träumte sie, ein Mädchen käme zu ihr und sagte,
sie solle ihn nur laufen lassen, denn er verspräche jeder, er würde
sie heiraten. (Tgb. 7. Januar 1837.)

332 Hebbel leitet den Traumbericht mit den Worten ein: „Beppi
führt ein seltsames, sonderbares Traumleben."

333 Josepha (Beppi) pflegte Hebbels zerrissene Kleidungsstücke
auszubessern; wie sehr sie diese Beschäftigung wichtig nahm,
zeigt folgende Eintragung Hebbels: „Beppi erzählte mir, sie sei
einmal, als wir uns entzweit hätten, entschlossen gewesen, mich
ganz zu verlassen. ‚Aber da fiel mir auf einmal ein, wie viele
zerrissene Strümpfe du hättest, und ich fühlte so ein Mitleid
mit dir, daß ich mich gleich anders entschloß.'" (Tgb. 20. Januar 1839.)

334 die Braut habe einen Totenkopf: von Toten, Gräbern, Leichen-
kapellen träumte Josepha oft. Sie „beurkundete in den Träumen,
die sie nicht müde ward Hebbel ausführlich zu schildern, eine
volkstümliche Einbildungskraft". (Kuh, Bd. I, Aufl. 2, S. 247.)

ELISE LENSING (* 18. Oktober 1804 in Leezen, † 18. November 1854 in Hamburg).
Lehrerin, dann Näherin in Hamburg, Hebbels opferwilligste
Lebenskameradin, von der er, nachdem er sechs Wochen bei ihr
gewohnt hatte, am 6. Mai 1835 ins Tagebuch schrieb: „das Mädchen hängt unendlich an mir; wenn meine künftige Frau die
Hälfte für mich empfindet, so bin ich zufrieden". Sie gebar ihm
zwei Söhne, gab ihn aber frei, als er sich mit der Schauspielerin
Christine Engehausen ehelich verbinden wollte.

335 Elise war damals in gesegneten Umständen, Hebbel in Emma
Schröder, die Tochter eines Hamburger Patriziers, leidenschaft-
lich verliebt. „Genügsam, wenn auch gekränkt, hatte Elise bisher hingenommen, was er gab, aber sie hätte kein Weib sein
müssen, wenn sie, sein Kind auf ihrem Schoße und ihn im
Widerschein des Feuers erblickend, das von einer anderen ent-
facht worden, mit ihrem lange vertrauten Schmerz im Gleichgewicht geblieben wäre." (Kuh, Bd. I, Aufl. 2, S. 365.)
Elise hat im Traum kein Zutrauen zu sich, „sie soll spielen und
kann nicht", doch als sie zu spielen versucht, spielt sie herrlich.
Sie hat noch die Kraft der Liebe und wird den Geliebten nicht
verlieren, „ewiglich, ewiglich dein", diese Versicherung kann
sie am Schluß seines Briefes vom 3. September lesen.
Dieser Traum bildet den Inhalt des Hebbelschen Gedichtes „An

Elise", das mit den Worten anfängt: „Du fuhrst in Deinem Traume".

Der Mann, der sich selbst köpft, ist ein Symbol für den selbst- 336 quälerischen Hebbel. In diesem Jahre befielen ihn öfters Selbstmordgedanken. „Heute nachmittag trieb ich Elisen die Tränen durch Gedanken über den Selbstmord aus den Augen" (Tgb. 21. März), „unter allen Lebenden ist sie die einzige, die mich vermissen würde, wenn ich ginge." (Tgb. 23. Juni.)

CHRISTINE HEBBEL (* 9. Februar 1817 in Braunschweig, † 29. Juni 1910 in Wien),
geb. Engehausen, Schauspielerin am Wiener Burgtheater. Sie lernte Hebbel durch den Schriftsteller Otto Prechtler kennen. Nachdem sie mit Widerstreben sich bereit erklärte, die persönliche Bekanntschaft des Dichters zu machen, dessen Werke „Judith" und „Maria Magdalena" sie mit Bewunderung gelesen hatte, bereute sie gleich, ihre Einwilligung zu Hebbels Besuch gegeben zu haben. Sie berichtete später dem Biographen Hebbels: „Mein ängstliches Gefühl, die Furcht, ihn zu sehen, vermehrte sich, ja sogar die Nacht im Traume erschien er mir als Meister Anton — ich als Klara — ich sah die Ziegel von den Dächern fallen, doch keiner traf mich — mit diesem Angstgefühl erwachte ich und verharrte darin, bis Prechtler die Tür öffnete und Hebbel hereintrat." (Brief Christines vom 1. September 1873 an Emil Kuh.) Einige Monate nach diesem Besuch, am 26. Mai 1846, wurde sie Hebbels Gattin.

Christine gebar drei Monate später, am 27. Dezember, den 338 Sohn Emil.

Einen anderen Traum von Tauben erzählte sie Hebbel am 2. Januar 1847: „Auf einem Maskenball sah sie eine Braut, die unter eine Menge Tauben schießen und eine davon erlegen mußte, um der Verheiratung mit ihrem Bräutigam gewiß zu werden."

Hebbel schreibt zu diesem Traume: „Mein Gedanke, daß Traum 340 und Poesie identisch sind, bestätigt sich mir mehr und mehr."

Er hat Christines Traum in „Herodes und Mariamne" poetisch verwertet, hier (Akt IV, Szene 7) erzählt Mariamne diesen Traum.

342 Im Jahre 1851 trat am 28. Juli in den Nachmittagsstunden die zweite Sonnenfinsternis ein, die in ganz Europa sichtbar war. Hebbel und seine Frau, die an diesem Tage in Hamburg weilten, beobachteten die Sonnenfinsternis im Jungfernstieg. (Vgl. Hebbels Eintragung im Tagebuch, Wien 28. August, „Rückblick auf . . . Hamburg, wo wir den Juli zubrachten".) Einen Monat später träumte Christine in Wien, sie sähe eine zweite Sonnenfinsternis.

344 wir haben ein Haus gekauft: Hebbel hatte sich im August 1855 ein Haus in Orth am Gmundner See gekauft.

347 Zu diesem Traume sei bemerkt, daß Christine Hebbel Protestantin war.

ihre Mutter: sie war im Juli 1855 an der Cholera gestorben.

Kurz vor Hebbels fünfzigstem Geburtstag träumte Christine, daß ein altes Weib ihrem Manne Karten lege und daß sie selbst über die Zusammenstellung der Karten bemerke: „Aber was ist das? Alles schwarz! Das bedeutet Tod." (Tgb. 7. März 1863.) In demselben Jahre ist Hebbel gestorben.

MASKENZÜGE

VON ANDERSEN BIS STRINDBERG

ADAM OEHLENSCHLÄGER (* 14. November 1779 in Vesterbro, † 20. Januar 1850 in Kopenhagen).
Dänischer Dichter.
Oehlenschläger erzählt in seinen Lebenserinnerungen (Bd. I, S. 237 u. Bd. II, S. 190), daß er im Verlauf von vielen Jahren immer wieder denselben Angsttraum hatte. Er träumte, daß er in seinem Bett lag, trotz der Dunkelheit seine Schlafkammer deutlich erkennen konnte und plötzlich einen Räuber entdeckte, der mit einem Dolch herbeischlich, um ihn zu ermorden. In Todesangst wollte er aus dem Bett springen und dem Räuber den Dolch aus der Hand reißen.

350 mein Vater: Joachim Conrad Oehlenschläger (1748—1827), er war Organist an der Friedrichsberger Kirche und Verwalter des königlichen Schlosses Friedrichsberg.

Ewald: der dänische Dichter Johannes Ewald (1743—1781). 351
Oehlenschläger hatte in seiner Jugend Ewald als Dichter sehr
verehrt. Als er zum erstenmal Ewalds Schriften in die Hand
bekam, fand er in einem Band ein in Kupfer gestochenes Bild
des Dichters, er betrachtete es mit Bewunderung; durch die
Lektüre seiner Werke fühlte er sich in ein Paradies versetzt.
(„Meine Lebenserinnerungen", Bd. I, S. 38.)
Den Traum teilte Oehlenschläger in einem Briefe seiner in Nor- 352
wegen lebenden Tochter Maria Konow mit. Er betont, daß er
den Traum „ohne alle dichterische Ausschmückung" erzählt.
Über die Ursache des Traumes schreibt er: „Ich glaube, die
Veranlassung desselben ist das Gefühl, das mich in dieser Zeit
beherrscht, wo ich vier Theaterstücke drucken lasse, ohne sie
auf die Bühne bringen zu können." (w. o. Bd. IV, S. 205.)
Bemerkenswert ist, daß Oehlenschläger bei seinem letzten Aufenthalt in Paris in der Galerie des Luxembourg ein Bild von
Horace Vernet sehr gefiel. Das Bild stellt Raphael mit seinen
Jüngern dar. (Vgl. Brief vom 8. Oktober 1844, „Meine Lebenserinnerungen", Bd. IV, S. 179.)
Winckler: Berndt Winckler, ein Jugendfreund, mit dem Oehlenschläger ganz auseinandergekommen war — malte eine Daguerreotypie: seit ungefähr sechs Jahren war die Daguerreotypie bekannt.

HANS CHRISTIAN ANDERSEN (* 2. April 1805 in Odense, † 4. August 1875 in Kopenhagen).

Andersen erlebt die Qualen, die er in seiner Jugend im Hause 353
des Rektors Dr. Simon Meisling erdulden mußte, nach fünfund-
vierzig Jahren wieder im Traume.
Andersen wohnte 1825 bei Rektor Meisling in Slagelse und zog
im Sommer des nächsten Jahres mit Meisling nach Helsingör. Er
wollte damals in zwei Jahren das Schulexamen machen, die Lektüre der alten Klassiker machte ihm aber große Schwierigkeiten.
„Meisling ist genötigt, streng zu sein", schrieb Andersen im
Herbst 1826 an Ingemann. Das Verhältnis zwischen Lehrer
und Schüler war nicht das beste; durch Meislings Strenge wurde
Andersen, der von Natur sehr empfindlich war, nur noch mehr
verschüchtert. Im Frühjahr 1827 verließ Andersen die Schule

in Helsingör, um in Kopenhagen privatim seine Studien fortzusetzen. Später hat Andersen in seinem Roman „Der Improvi-
sator" Meisling in der Figur des Professors Maretti karikiert.
Genaue Angaben über Meislings Verhalten Andersen gegenüber findet man in dem Werk von Karl Larsen, „H. C. Andersens
Leben ohne Dichtung", übers. von Else v. Hollander-Lossow.
Berlin 1926, S. 54/56.
nennt er mich immer Herr Staatsrat: Andersen war Staatsrat.
„Von dem Professortitel, der ihm 1851 verliehen wurde, kletterte er weiter auf der Rangleiter zum Staatsrat und schließlich
zum Konferenzrat." (Larsen, w. o. S. 160.)

CHARLES DICKENS (* 7. Februar 1812 in Landport bei
Portsmouth, † 9. Juni 1870 in London).
354 Nach der Erzählung von Walter F. Prince in „Proceedings of
the American Society for Psychical Research" (1920, XIV, 362)
mitgeteilt von Prof. Richet.

355—357 ROBERT LOUIS STEVENSON (* 13. November 1850
in Edinburg, † 8. Dezember 1894 in Apia auf Samoa).
Als Kind hatte er Angstträume (vgl. Nr. 765), meistens erwachte er aus ihnen schreiend vor Entsetzen. Je älter er wurde,
um so realer wurden seine Träume, sie hatten „die Folgerichtig-
keit des Lebens". Seine Stimmung bei Tag war von Träumen
beeinflußt, er war schwermütig, wenn er bei Nacht düstere
Träume gehabt hatte. Landschaften, bestimmte Plätze tauchten
nach Monaten und Jahren in seinen Träumen wieder auf, in
Träumen las er, träumte in Fortsetzungen, oft romanhafte Begebenheiten, die er dann für seine Erzählungen verwenden
konnte. So hatten ihm Träume drei Szenen für seine Novelle
„Der sonderbare Fall Dr. Jekyll — Mr. Hyde" und den Stoff
für die Novelle „Olalla" eingegeben.

HONORÉ DE BALZAC (* 20. Mai 1799 in Tours,
† 18. August 1850 in Paris).
358 Balzac hat die persönliche Bekanntschaft Eva Hanskas im
Herbst 1833 in Neuchâtel gemacht. Sie hatten vorher korre-
spondiert, die Phantasie des Schriftstellers war entzündet, die

Neugierde des Mannes geweckt, gleich beim ersten Zusammentreffen bemächtigte sich seiner ein Gefühl schwärmerischer Leidenschaft. Damals schworen sie sich, einander anzugehören, und da Frau Hanska verheiratet war, aufeinander zu warten. Sie sahen sich dann in Genf wieder, später in Wien. Vom Sommer 1835 an mußte Balzac sich damit begnügen, sie in Briefen seiner unwandelbaren Liebe zu versichern und von ihr von Zeit zu Zeit zu träumen. „Ich habe von Ihnen geträumt, was mir keine sechsmal im Jahre passiert", schrieb er ihr im Frühjahr 1842, und im Herbst desselben Jahres berichtete er ihr: „Ich hatte Träume, in denen ich Sie herzte, in denen ich Ihre Stimme hörte und von Ihrem Lächeln und Ihrem himmlischen Blick begnadet wurde, Träume, in denen ich Sie wiederfand, wie Sie in Genf waren, Träume, die vielleicht schöner als die Wirklichkeit sind, so viel Himmelsluft und Glanz breitete Gott darüber aus! Solch einen Traum alle acht Tage, und ich ertrüge selbst die Trennung, wäre Trennung zu ertragen." Erst nach achtjähriger Trennung sah Balzac sie im Sommer 1843 in Petersburg wieder, ihr Mann war inzwischen gestorben, sie war frei, doch es vergingen noch drei Jahre, ehe sie sich verlobten. Im März 1850 fand die Hochzeit statt. Eva war damals sechsundvierzig Jahre alt. Schon nach fünfmonatlicher Ehe starb Balzac, sie überlebte ihn um zweiunddreißig Jahre.

wie in der Fabel von den zwei Freunden: in der Fabel von Lafontaine — die mit uns in Wien war: Balzac war mit Frau Hanska in Wien zusammengetroffen, er hatte in Wien von Mai bis Anfang Juni 1835 geweilt — daß Sie nicht schön seien: Balzac hat, nachdem er Eva Hanska kennengelernt hatte, ihre Schönheit seiner Schwester Laura in einem Briefe beschrieben: „Wunderbar schön . . . die prächtigsten schwarzen Haare der Welt, die zarteste, köstlich feine Haut der Brünetten, eine kleine Hand zum Verlieben . . . Sie hat schmachtende Augen, die zuweilen in wonnigem Glanz aufleuchten." Als ihm gesagt wurde, sie wäre nicht schön, träumte er, daß sie sich gar nicht verändert hätte — Frau von B.: Laura Antoinette von Berny, geb. Hinner (* 24. Mai 1777, † 27. Juli 1836). Balzac schreibt von ihr: „Frau von B. . . . war, obwohl verheiratet, wie ein Herrgott für mich. Sie war mir Mutter, Freundin, Familie, Freund und Berater;

sie hat den Schriftsteller gemacht, den jungen Mann getröstet, meinen Geschmack gebildet; sie hat mit mir wie eine Schwester geweint und gelacht; Tag für Tag kam sie wie ein wohltätiger Schlaf, um meine Schmerzen einzuwiegen." (Brief vom 19. Juli 1837).

359 CHARLES BAUDELAIRE (* 9. April 1821 in Paris, † 31. August 1867 in Paris).

EDMOND DE GONCOURT (* 26. Mai 1822 in Nancy, † 16. Juli 1896 in Champrosay bei Paris).

360 Jules: Edmonds Bruder, Jules de Goncourt, ist am 20. Juni 1870 im vierzigsten Lebensjahr in Auteuil gestorben — Théophile Gautier: französischer Dichter (* 1811, † 1872). Er war bei dem Leichenbegängnis von Jules de Goncourt tief erschüttert und weinte heftig. Das hatte auf Edmond de Goncourt Eindruck gemacht, denn er schrieb ins Tagebuch: „Je vois cependant Théophile Gautier . . . pleurer." Vgl. auch den Brief Flauberts vom 29. Juni 1870 an seine Nichte Caroline, in dem er schreibt, daß Gautier, dem man Herzlosigkeit nachsage, beim Leichenbegängnis reichlich Tränen vergossen habe. („Théo, qu'on accuse d'être un homme sans cœur, pleurait à seaux." Gustave Flaubert, „Lettres a sa nièce Caroline", Paris 1906, S. 137).

GUSTAVE FLAUBERT (* 12. Dezember 1821 in Rouen, † 7. Mai 1880 auf Croisset bei Rouen).

361 Auf der Reise im Jahre 1845 sah Flaubert in Lamalgue einen kleinen Affen. Dabei fiel ihm sein Traum, den er drei Wochen vorher hatte, ein. Er notierte ins Tagebuch: „Ich weiß nie, ob ich es bin, der den Affen anschaut, oder ob es der Affe ist, der mich ansieht. Die Affen sind unsere Ureltern."
meine Mutter: Anne Justine Caroline Flaubert, geb. Fleuriot.

362 Flaubert hatte sich Ende Januar 1879 durch Ausgleiten eine schwere Verrenkung des Beines zugezogen, konnte nicht gehen und mußte einige Wochen zu Bett liegen. (Im Traume kriecht er auf dem Bauche.) Er hatte damals zu einem Kapitel seines Romans „Bouvard et Pécuchet" Studien gemacht und viele religiöse Schriften, u. a. auch den Katechismus des Abbé Gaume

und die päpstliche Enzyklika gelesen. „Ich erliege der Theologie!" klagte er am 16. Januar in einem Briefe seiner Nichte Caroline Commanville. „Um zwei bis drei Stunden die Religion aus meinen Gedanken auszuschalten (denn nachts träume ich von ihr, und mittags esse ich sie mit meinen Frikandellen zusammen), habe ich Fortin heute zu Tisch eingeladen." Die aus seinen Gedanken ausgeschaltete Religion stellte sich im Traume wieder ein, er träumte, daß er seinem Portier Religion predigen wollte.

ADAM MICKIEWICZ (* 24. Dezember 1798 in Zaosie, † 26. November 1855 in Konstantinopel).
Polens größter Dichter.
Celina Mickiewicz, geb. Szymanowska, starb im dreiundvier- 363 u. 364 zigsten Lebensjahr am 5. März 1855 in Paris; sie wurde am 8. März auf dem Friedhof Père-Lachaise bestattet.
Auf der Rückfahrt von ihrem Begräbnis erzählte Mickiewicz diesen Traum seinen Begleitern Biergiel und Stephan Zan. Den Traum hatte er in Petersburg vor mehr als sechsundzwanzig Jahren in der Silvesternacht des Jahres 1828 gehabt.
Mickiewicz heiratete Celina Szymanowska im Jahre 1834. Das Zusammenleben war durch die Krankheit der Frau getrübt, sie litt an nervösen Anfällen, so daß sie sogar zeitweise in einer Irrenanstalt untergebracht werden mußte.
Die im Traume gebrauchten Worte, die Mickiewicz nach Jahren zu seiner Braut bei der Trauung tatsächlich sagte: „Odkryj się" (deck dich auf), übersetzte ich dem Sinne nach: schlage den Schleier zurück.
Franz Malewski: ein Jugendfreund von Mickiewicz, mit dem er zusammen in Petersburg wohnte — Frau Szymanowska: die Schwiegermutter von Mickiewicz, die berühmte Klaviervirtuosin Maria Szymanowska, geb. Wołowska. Sie war mit Goethe befreundet, ihr hat Goethe das Gedicht „Aussöhnung" in der „Trilogie der Leidenschaft" zugeeignet.
Die Polen, die vor dem Zarismus ins Ausland geflüchtet waren, 365 gaben sich in der Emigration damals der Hoffnung hin, die russischen Niederlagen im Krimkrieg würden die Zertrümmerung der politischen Macht des Zarismus zur Folge haben. Für

Mickiewicz war Rußland der Feind, Petersburg der Sitz des Feindes. Als Politiker mußte er die Vernichtung des Feindes, den Untergang dieser Stadt wünschen. Aber als Christ, als Bekenner der Grundsätze, die der Meister Andreas Towiański lehrte, durfte er Haßgedanken nicht hegen. Mickiewicz wird im Leben oft vor diesem Dilemma gestanden haben. Im Traume siegt der Christ, der Schüler des polnischen Mystikers Towiański über den Politiker. Mickiewicz erhebt seine Stimme für die Rettung von Petersburg. Charakteristisch ist es, daß er vor der Verkündigung des Urteils erwacht.

366 Wir wissen aus dem Tagebuch des Dichters Bohdan Zaleski, daß Mickiewicz von ihm am 26. Juli 1855 den Tod von Czeczot erfahren habe. Die Nachricht hatte ihn tief bewegt. Genau auf den Tag vier Monate später starb Mickiewicz in Konstantinopel. Im Schreiben an seinen Jugendfreund Thomas Zan hat Mickiewicz die Worte: „als ob er mich zu sich einladen würde" unterstrichen. Er hatte keine Kenntnis davon, daß Zan vor zwei Monaten gestorben war.

JULIUS SŁOWACKI (* 23. August 1809 in Krzemieniec, † 3. April 1849 in Paris).
Polnischer Dichter.

367 Słowacki hatte sich mit siebzehn Jahren in Ludwika Sniadecka verliebt, die um einige Jahre älter war als er. Sie hat seine Liebe nicht erwidert. Słowacki hatte seit dem Jahre 1828 Ludwika Sniadecka nicht mehr gesehen.
Ludka: Diminutiv für Ludwika (Luise) — die ganze Veränderung, die Jahre und Trauer mit sich brachten: sie hatte jahrelang um einen Jugendgeliebten, der in der Schlacht bei Warna gefallen war, getrauert.

FJODOR MICHAILOWITSCH DOSTOJEWSKI
(* 11. November 1821 in Moskau, † 9. Februar 1881 in Petersburg).
Dostojewski legte seinen Träumen große Bedeutung bei, morgens beim Aufstehen beherrschte ihn der Eindruck der nächtlichen Träume, er glaubte an ihren prophetischen Charakter. Wenn er von seinem verstorbenen Bruder Michail oder von

seinem Vater träumte, so war dies für ihn ein sicheres Zeichen,
daß ihm ein Unglück drohe. Im Jahre 1849 schrieb Dostojewski
an seinen Bruder Michail von seinen „langen häßlichen Träumen"; auch Dostojewskis Gattin vermerkt in ihrem Tagebuch,
daß er „böse Träume", „schwere Träume" hatte.

Am 4. Oktober 1866 meldete sich bei Dostojewski, der damals 368
in Petersburg, Stoljarni pereulok, wohnte, mit einer Empfehlung
von Professor Oljochin, die junge Stenographin Anna Grigorjewna Snitkina. Sie sollte nach Diktat einen neuen Roman
stenographisch aufnehmen, den Dostojewski im Umfang von
sieben zweispaltigen Druckbogen großen Formats bis zum
ersten November an den Verleger Stellowski vertraglich abzu-
liefern verpflichtet war. Vom vierten bis zum neunundzwanzig-
sten Oktober diktierte ihr Dostojewski den Roman „Der
Spieler".

Am 8. November machte er Anna Grigorjewna einen Heiratsantrag, nachdem er ihr vorher diesen „wundervollen Traum"
erzählt hatte.

(Folgende Variante des Traumes findet man in den Lebenserinnerungen der Gattin Dostojewskis):

„Sehen Sie diesen großen Kasten aus Palisanderholz? Er ist
ein Geschenk meines sibirischen Freundes Tschokan Walicha-
noff. Und ich schätze ihn sehr. Darin verwahre ich meine
Schriften, Briefe und verschiedene Dinge, die mir teuer sind.
Mir träumte, ich sitze vor diesem Kasten und ordne meine
Papiere. Plötzlich sehe ich darunter etwas glänzen — irgendein helles Sternchen. Ich suche in den Papieren nach, das Sternchen erscheint bald, bald verschwindet es wieder. Das interessierte mich: ich legte vorsichtig die Papiere auseinander und
fand zwischen ihnen einen winzig kleinen, aber sehr hell fun-
kelnden Brillanten."

„Nun, und was machten Sie mit ihm?"

„Das Unglück ist eben, daß ich mich daran nicht erinnere! Andere Träume folgten, und ich weiß nicht, was mit ihm geschah.
Aber es war ein guter Traum."

Ich war schon im Fortgehen begriffen, als mich Fjodor Michailowitsch mit folgenden Worten zurückhielt:

„Anna Grigorjewna, jetzt erst weiß ich, wo der kleine Diamant
verlorenging."
„Haben Sie sich wirklich an den Traum erinnert?"
„Nein — an den Traum habe ich mich nicht erinnert. Aber der
Diamant ist endlich gefunden, und ich will ihn mir fürs ganze
Leben behalten."

369 Folgendes Wacherlebnis ist für diesen Traum wichtig.
Dostojewskis Vater Michail wurde auf der Fahrt nach seinem
Gute Tschermachnja von seinen leibeigenen Bauern aus Rache
ermordet. Das tragische Ende des Vaters hat auf Dostojewski
einen erschütternden Eindruck gemacht. „Er erinnerte sich sein
ganzes Leben daran und dachte tief über die Ursachen dieses
schrecklichen Todes nach . . . Wahrscheinlich war Dostojewski
sein ganzes Leben lang verfolgt von der Vision des blutüber-
strömten Gespenstes seines Vaters." (Dostojewski, geschildert
von seiner Tochter A. Dostojewski, München 1920, S. 44/45
und 46.)
Lange nach dem Tode Fjodor Dostojewskis wurde seine
Schwester Warwara in Moskau ermordet.
meinen Bruder: Michail Michajlowitsch Dostojewski war am
10. Juni 1864 gestorben.
Dostojewski träumte sehr oft von diesem Bruder. Einmal —
es war kurze Zeit nach einem epileptischen Anfall — hatte er
sogar, als er auf der russischen Gesandtschaft in Dresden bei
einem Wortwechsel mit einem Beamten in Erregung geriet,
eine Halluzination. Es war ihm „plötzlich sein Bruder Mischa
erschienen, dessen Kopf und Schultern hätten sich ganz plötzlich in der Tür gezeigt".

ANNA GRIGORJEWNA DOSTOJEWSKI (* 1846,
† 22. Juni 1918 in Yalta).
Sie verheiratete sich mit Dostojewski am 15. Februar 1867.
Anna Grigorjewna pflegte in der ersten Zeit der Ehe ihre
Träume am Morgen dem Gatten zu erzählen.

370 Dostojewski hatte seine Gattin in Dresden zurückgelassen und
war nach Homburg gefahren, um dort sein Glück im Roulette-
spiel zu versuchen. An diesem Tage sollte er zurückkehren,
kam aber nicht und meldete nur in einem Briefe von seinen

Spielverlusten. Die drei Tausender sind also ein Wunschtraum
der Gattin.

Mascha: Marja Grigorjewna Swatkowski, die Schwester von
Anna Grigorjewna.

Anna Grigorjewna wurde, als sie mit Dostojewski am 14. April 371
die Reise nach Deutschland antrat, von ihrer Mutter zur Bahn
begleitet.

Mama: Anna Nikolajewna Snitkina, geb. Miltopeus.

„Les Misérables": Roman von Victor Hugo.   372

Außer der Lektüre dieses Romans kann auch das Scheiben-
schießen, in dem sie sich am Tage versuchte, den Traum beeinflußt haben.

„mir war kalt, er gab mir jedoch kein Tuch, was mich tief verletzte", dieses Traummotiv ist vielleicht auf folgendes Wacherlebnis zurückzuführen: Sie hatte große Lust verspürt, in der
Konditorei, in der sie Pasteten kauften, Kaffee zu trinken.
Dostojewski wollte aber zuerst nicht dableiben, und sie war in
ihrem Stolz verletzt, daß er ihre Bitte nicht gleich erfüllte.

Unter dem Eindruck dieses Traumes befiel Anna Grigorjewna 373
große Furcht, sie könnten von den Schmieden, die über ihnen
wohnten, ausgeraubt werden; sie bat ihren Gatten, die Tür fest
zu verschließen. Sie war damals schwanger.

Seit dem 4. Juli weilte Dostojewski mit seiner Frau in Baden-
Baden, jeden Tag ging er „in die Spielhölle", um nach seinem
System zu spielen, verlor aber meistens. Wie sehr Anna Grigorjewna um ihren Gatten besorgt sein mußte und in welch
großer Unruhe sie lebte, zeigt ihre Eintragung im Tagebuch
vom 6. Juli: „Er ging mit dem Versprechen, bald wieder daheim
zu sein. Um vier Uhr verließ er mich; es wurde fünf, sechs, sieben Uhr, und er war noch immer nicht zu Hause. Da wurde ich
sehr unruhig . . . Ich lag fortwährend im Bett, schlief fast gar
nicht, wachte jede Minute auf, weinte und ängstigte mich
fürchterlich . . . Indessen verging die Zeit. Es war schon neun,
es wurde zehn Uhr, und er war noch immer nicht da. Ich dachte
schon, er habe vielleicht im Saal einen Anfall gehabt . . . Um
elf Uhr erschien er jedoch und war ganz verstört."

Am 10. Juli hatte Dostojewski mit wechselndem Glück gespielt,
am Vormittag einundvierzig Goldstücke gewonnen, nach Tisch

zwölf verloren. Sorge um Geld, Gedanken an Spielverluste
tauchten in den Träumen Anna Grigorjewnas auf. Sie träumte
am 14. Juli, sie verlören ihr ganzes Geld. „Nachts träumte
ich immer von Gold, Fedja hingegen von Silber, was unbedingt
Verlust bedeutet." (Tgb. Baden-Baden, 22. August.) „Ich
sah im Traum lauter Geld. Ich bin jetzt so habgierig geworden,
daß ich an nichts anderes denke als an Geld und Gold." (Tgb.
Basel, 24. August.)

374 „Am häufigsten träumt mir", erzählte Anna Grigorjewna am
8. November 1866 Dostojewski, „von unserer früheren Gymna-
sialdirektrice, einer großmächtigen Dame mit altmodischen
Locken an den Schläfen, die mich immer tüchtig ausschalt."

Dostojewski schrieb kurz nach der Verheiratung in einem Briefe
an Pauline Susslowa: „Die Altersdifferenz ist furchtbar groß;
zwanzig und vierundvierzig, doch überzeuge ich mich immer
mehr davon, daß ich sie glücklich machen werde."

Am 3. August trug Anna Grigorjewna ins Tagebuch ein:
„Fedja sagte mir im Laufe des Gesprächs, ich sei ein Kind, ich
hätte ein richtiges, allerliebstes Kindergesichtchen."

376 u. 377 Der Spiritist Universitätsprofessor N. P. Wagner hatte die Absicht, in einer Séance den Geist Dostojewskis zu zitieren. Die
Witwe Dostojewskis begab sich am 23. Februar zu Professor
Wagner, um ihn zu bitten, er möge diesen Versuch unterlassen,
da durch ihn die Ruhe des Verstorbenen gestört werden könnte.
In derselben Nacht erschien ihr und ihrer Tochter zu gleicher
Zeit Dostojewski im Traume. „Dieses erstaunliche Zusammentreffen meines Traumes mit dem meiner Tochter brachte mich
ganz aus der Fassung. Mein erster Gedanke war: Nikolai Paw-
lowitsch hat mit den beiden Spiritistinnen eine Séance abgehalten und den Geist meines Mannes gerufen. Und in diesem
Augenblicke war uns Fjodor Michailowitsch im Traum erschienen, und der leidende Ausdruck seines Gesichtes hatte deutlich den Wunsch ausgedrückt, daß seine ewige Ruhe nicht gestört werden möge."

Anna Grigorjewna teilte ihr Erlebnis Professor Wagner schriftlich mit und erhielt von ihm die Zusicherung, daß die Séance
nicht stattgefunden habe und daß der Versuch ohne ihre Zustimmung nicht unternommen werden würde.

meine Tochter: Ljubow, sie war damals elf Jahre alt. Ljubow Dostojewski ist im November 1926 im Alter von 59 Jahren in Gries bei Bozen gestorben.

WSSEWOLOD MICHAILOWITSCH GARSCHIN
(* 14. Februar 1855 auf einem Gut im Kreis Bachmut; hat am 5. April 1888 sich in Petersburg das Leben genommen).
Garschin hat seinen Traum P. Bykow erzählt. Der Traum spie- 378
gelt die seelische Zerrissenheit des Dichters, „in dem Traume findet eine seelische Bilanz statt". (J. Birstein, „W. M. Garschins Traum, eine neuropsychologische Studie zur Frage des Selbstmordes", Zentralbl. f. Psychoanalyse u. Psychotherapie, Bd. IV, S. 432flg.)

LEW NIKOLAJEWITSCH TOLSTOI (* 9. Septem- 379
ber 1828 in Jasnaja Poljana, † 20. November 1910 in Astapowo).

ALEXEJ SERGEJEWITSCH SSUWORIN (* 23. September 1834 in Korchewo, † 24. August 1912 in Petersburg).
Russischer Journalist, Begründer und Chefredakteur der Zeitung „Nowoje Wremja".
Ssuworin träumt davon, daß Tolstoi eine alte Stola und ein 380
altes Meßgewand anlegt und Gottesdienst abhält.
Tolstoi war in Wirklichkeit durch einen Erlaß des Heiligen Synods aus der Kirche ausgestoßen worden. Seine Antwort an den Synod wurde in Rußland in lithographierten Flugblättern verbreitet. Man hatte es aber nicht gewagt, gegen ihn wegen dieser Antwort vorzugehen.
Als Tolstoi im Januar 1902 schwer erkrankte und man mit der Möglichkeit seines Ablebens rechnete, verfügte die oberste Pressestelle, daß bei allen Nachrichten und Artikeln über ihn „Vorsicht zu beobachten sei" und daß sein Porträt nicht veröffentlicht werden dürfe. Ssuworin verurteilte innerlich die Zensurvorschriften, die vorschrieben, „über einen solchen Menschen ,objektiv und vorsichtig' zu reden". (Tgb. 6. Februar.)
Er erkannte Tolstois Genius an, war sich darüber im klaren, daß er um Rußland die größten Verdienste hatte, „er hat es berühmter gemacht als dies irgendwelche Siege vermocht hätten".

Aber als Redakteur der „Nowoje Wremja" mußte er sich den
Zensurvorschriften fügen.

Im Traume ist ihm auch der Gedanke, daß in seinem Hause
Tolstoi Gottesdienst abhält, recht unangenehm, und er befürch-
tet, daß man darüber sprechen wird. Wurde ihm doch in Wirklichkeit vor Jahren einmal in der „Moskauer Anthologie", die
der Oberprokurator des Heiligen Synods, Pobjedonoszew, herausgab, der Vorwurf gemacht, daß er unter dem Einfluß der
Irrlehre Tolstois stehe.

Der Traum enthüllt Ssuworins zwiespältigen Charakter.

Gorbunow: russischer Schriftsteller.

MAXIM GORKI (* 26. März 1868 in Nishnij Nowgorod).
383 Hoffmann: E. T. A. Hoffmann — über die Twerskaja: Hauptstraße in Moskau.
384 Kneipp: Pfarrer Sebastian Kneipp heilte in Wörishofen durch
Wasserkuren.

385 MAURUS JOKAI (* 19. Februar 1825 in Komorn, † 5. Mai
1904 in Budapest).

AUGUST STRINDBERG (* 22. Januar 1849 in Stockholm, † 14. Mai 1912 in Stockholm).
386 diese Träume ... enthüllen mir Geheimnisse: Strindberg schreibt
im „Blaubuch": „Als ein Kamerad, den ich sechsunddreißig
Jahre lang nicht gesehen hatte, aus Kalifornien zurückkam,
wußte ich es vorher, hatte von ihm geträumt, erwartete ihn an
der Tür, als hätten wir uns gestern getrennt." (Bd. I, S. 200.)
387 Jonas Lie: der norwegische Dichter, dem Strindberg 1884 seine
Dichtung „Schlafwandlernächte" gewidmet hatte.
388 Vielleicht tauchte in diesem Traum die Erinnerung an ein Wacherlebnis aus früheren Jahren auf.

Eines Tages im Herbst des Jahres 1870 wurde Strindberg im
Karolinapark in Upsala von einem Kameraden angesprochen.
Er empfand in diesem Augenblick die Gesellschaft eines anderen
Menschen als störend und wies den Kameraden kurz ab. Bald
darauf hat sich dieser das Leben genommen. Als Strindberg
von dem Selbstmord des Kameraden erfuhr, eilte er in dessen
Wohnung, er fand den Kameraden, der sich d e n H a l s a b -

geschnitten hatte, in einer Blutlache am Boden liegend. „Und voll Reue, eine kranke Seele, einen ertrinkenden Einsamen abgewiesen zu haben, fühlte er sich schuldig. Die Angst ließ ihn nicht schlafen. Er trieb sich, gehetzt wie ein Geachteter, unter den Freunden herum, um Ruhe zu finden. Der Tote spukte, Strindberg mußte bei Licht schlafen, aber trotzdem überrascht man ihn mit der Blausäureflasche in der Hand." (Nils Erdmann, „August Strindberg, die Geschichte einer kämpfenden und leidenden Seele", übers. v. Heinrich Goebel, 1924, S. 165/166.)

Strindberg lebte damals von seiner zweiten Frau Frieda, die 389 er im Mai 1893 geheiratet hatte, getrennt.

eine Gitarre, die wie ein Donauboot aussah: seine Frau verbrachte „ihre zwei Trennungsjahre" (Inferno, S. 162) auf einem Besitztum ihrer Eltern an der Donau.

Strindberg war damals in Österreich bei seiner Schwiegermutter 390 zu Besuch. Am Abend vor dem Traume trug sich folgendes zu. Als er beim Abendessen die Hand seines Töchterchens „ganz sanft und in der zärtlichsten Absicht" berührte, stieß das Kind einen Schmerzensschrei aus. Von der Großmutter nach der Ursache befragt, sagte es, daß er ihm wehgetan habe. „Wie vielen habe ich mit Willen wehegetan, und tue schon weh, ohne es zu wollen?" („Inferno", S. 162.)

Als Student wurde Strindberg von seinen Kameraden d e r A d l e r genannt. (Erdmann, w. o. S. 177.) Er, Adler-Strindberg, hatte durch eine ganz sanfte Handberührung seinem Töchterchen wehgetan. Gemäß seiner Lebensgewohnheit, Empfindungen und auch die des Schmerzes zu übertreiben, hat er im Traume eine starke Vorstellung des Leidens: ein Adler hackt ihm in die Hand. Aus seiner egozentrischen Veranlagung heraus glaubte er stets, selbst der Leidende zu sein, auch wenn andere litten und oft durch seine Schuld, so macht der Traum ihn zum Objekt des Leidens. Der Traum spiegelt auch seine Sucht der Selbstzerfleischung, auch eine Erinnerung an den Prometheus-Mythos spielt wohl in den Traum hinein.

Der Adler hackt ihm in die Hand zur Strafe für etwas Unbekanntes. Kindheitserinnerungen sind hier erkennbar. Er erzählt in seinem Buche „Sohn der Magd", daß er als Kind einmal beschuldigt wurde, heimlich Wein aus der Weinflasche getrunken zu haben. Zur Strafe wurde er mit einer Rute gezüchtigt. Und als er auf die Frage des Hausmädchens, was er begangen habe, die Antwort gab: „nichts", mußte er wegen Verstocktheit die Züchtigung noch einmal erdulden. „Wer war der Schuldige, für den er litt? Neue Eindrücke, neue Sorgen ließen ihn bald die Frage vergessen, aber der empörende Akt blieb in seinem Gedächtnis haften." Ein andermal wurde er vom Vater verdächtigt, Schraubenmuttern, die er auf der Straße gefunden hatte, gestohlen zu haben. Durch Prügel zwang ihn der Vater, den Diebstahl, den er nicht begangen hatte, einzugestehen.

391 Die Erlebnisse, die er in dem autobiographischen Roman „Schwarze Fahnen" geschildert hatte, waren überwunden. In diesem Roman, den er 1904 geschrieben hatte und der 1907 erschienen ist, rechnete er als strenger Sittenrichter mit ehemaligen Freunden ab, klagte sie an; er trocknete den stinkenden Teich voller Frösche, Igel und Eidechsen aus. „Sicherlich wird man mich steinigen. Aber das nehme ich als meinen Beruf. Daran bin ich ja übrigens schon gewöhnt." Er hat seine „schreckliche Pflicht, wahr zu sein", erfüllt. Im Traume geht er auf trockenem Boden, der ganz rein ist.

393 Strindberg hatte eine große Abneigung gegen Hunde. In vielen Werken („Sohn der Magd", „Einsam", „Nach Damaskus", „Die gotischen Zimmer") hat er seinem Widerwillen gegen Hunde Ausdruck gegeben. Hunde waren für ihn unreine Tiere, er konnte es nicht verstehen, daß man sich um einen Hund kümmern kann, „dessen ganzes Dasein nur in Verunreinigung besteht". Von Hunden fühlte er sich verfolgt, er glaubte, vor ihnen auf seiner Hut sein zu müssen („Inferno", S. 162). Im Zwist und bei den Auseinandersetzungen mit seiner ersten Frau Siri spielte ein King Charles-Hund, „schorfig, schmutzig und stinkend", eine große Rolle.

394 Der Brief aus Amerika wurde, wie Strindberg im „Blaubuch" erzählt, „ein Wendepunkt" in seinem Leben.
Strindberg bemerkt, daß die Handschrift der „des verstorbenen Lehrers" so sehr glich, daß er einen Brief von dem Toten zu lesen glaubte. („Ein Blaubuch", Bd. I, S. 222.) Der Lehrer war G. E. Klemming, Oberbibliothekar an der Königlichen

Bibliothek in Stockholm, Herausgeber des Traumbuchs von Swedenborg (vgl. S. 483). Nach Klemmings Tode hatte Strindberg die „mystische Geschichte" in der Zeitung gelesen, daß ein intimer Freund Klemmings acht Tage nach dessen Tode einen Brief von ihm durch die Post erhalten habe.

Strindberg hatte diesen Traum kurz vor seinem Tode. Er er- 395 zählte ihn dem Theaterdirektor Wennenström, als ihn dieser während seiner Krankheit besuchte. Er schloß den Bericht des Traumes mit den Worten: „So bin ich doch noch in die Frühlingssonne hinausgekommen, ehe ich ins große Dunkel versinke."

ANCH' IO SONO PITTORE

MORITZ VON SCHWIND (* 21. Januar 1804 in Wien, † 8. Februar 1871 in München).

nach der Rückkehr von der Hochzeitsreise: er hatte sich mit 396 Luise Sachs, der Tochter eines Majors, verheiratet.

CARL SPITZWEG (* 5.Februar 1808 in München, † 23. September 1885 in München).

Friedrich Pecht: Spitzwegs Freund, war Kunstkritiker. 397

MARIA BASHKIRTSEFF (* 23. November 1860 in Gawronzi, Gouv. Poltawa, † 31. Oktober 1884 in Paris).

Ihre Bilder hängen im Luxembourg-Museum in Paris.

Maria Bashkirtseff wohnte damals mit ihrer Mutter in Nizza. 398

Mama: Madame Bashkirtseff, geb. Babanin.

Maria Bashkirtseff schreibt im Vorwort zu ihrem Tagebuch: 399 „Solange ich denken kann, . . . glaubte ich mich zu Gott weiß was für Heldentaten berufen. Meine Puppen waren immer Königinnen oder Könige; alles, was ich dachte, alles, was man um Mama herum sagte, schien sich immer nur auf diese Heldentaten zu beziehn, die unweigerlich kommen mußten." Und einige Zeit vor dem Traume notiert sie ins Tagebuch: „Ich träume von den Galanterien verflossener Jahrhunderte, und ohne daß ich's ahne, bin ich das romantischste Frauenzimmer." (Tgb. 2. August 1874.)

in den Dienst Annas von Österreich: der Königin von Frankreich (* 1601, † 1666).

400 Maria Bashkirtseff war sehr ehrgeizig. Sie schrieb Oktober 1875 ins Tagebuch: „Wohin soll ich mich denn erheben? Und wie? O Träume! ... Ich erhebe mich im Geiste, immer nur im Geiste. Meine Seele ist groß, ich bin unermeßlicher Dinge fähig; aber wozu dient mir das alles? Ich lebe ja in einer düsteren Ecke, ungekannt von allen." Sie wollte Sängerin, wollte Malerin werden. Im Traume hält sie in der Hand eine Lyra mit schlecht gespannten Saiten, als sie immer höher fliegt, sieht sie, wie die Wolken immerzu die Farbe wechseln, sieht tief unten die dunkelrote Erde. Der Traum von den bunten Farben ist für die zukünftige Malerin charakteristisch.

401 Pietro A.: in Pietro A., den Neffen eines Kardinals, war Maria Bashkirtseff verliebt. Sie glaubte, er würde sie heiraten. Im August 1876 hörte sie von ihrem Vater, Pietro A. habe sich vor drei Monaten verheiratet. „Und wie ich nun auf meinem Zimmer war, da dachte ich nichts weiter und erinnerte mich nur an diesen Satz, warf mich auf die Erde und blieb dort wie tot liegen." (Tgb. 16. August.) Einige Zeit darauf träumte sie, Pietro A. wäre gestorben.

402 Maria Bashkirtseff war schwindsüchtig. Sie träumte oft von Krankheit und Tod. „Mir träumte, man erklärte mir, was mit meiner rechten Lunge sei; in gewisse Teile dringt die Luft nicht ein . . . und infolgedessen . . .; doch nein, das ist zu ekelhaft, um es zu erzählen, es genügt, daß ich krank bin." (Tgb. 12. Oktober 1881.) Und am 29. August 1883 notiert sie ins Tagebuch: „Ich muß in einem fort husten trotz der Hitze, und als ich heut nachmittag, während sich das Modell ausruhte, ein wenig auf dem Divan eingeschlafen war, so sah ich mich im Traum liegen und eine große brennende Kerze neben mir stehen. Sollte das die Lösung meines Elends sein? Sterben? Ich habe so große Furcht."

CAMILLE COROT (* 28. Juli 1796 in Paris, † 22. Februar 1875 in Paris).

403 Vincent van Gogh teilt in einem Briefe an seinen Bruder Theo den Traum mit, den Corot einige Tage vor seinem Tode gehabt

hat. Er meint, Corot habe im Traume geahnt, die Maler würden jetzt den Himmel auch rosafarbig malen. „Und wirklich, wurden diese Himmel nicht rosa und gelb und grün dazu in den Landschaften der Impressionisten? Damit will ich nur sagen, daß es Dinge gibt, die man in die Zukunft hinausspürt und die wirklich eintreffen." (Vincent van Gogh, „Briefe an seinen Bruder", Bd. II, S. 360.)

GIOVANNI SEGANTINI (* 15. Januar 1858 in Arco, † 28. September 1899 auf dem Schafberg bei Samaden).

„Das einzig wahre Leben ruht ganz in der Traumwelt", schrieb Segantini im Dezember 1893 an Vittore Grubicy.

Zwölf Tage vor seinem Tode hatte Segantini eine Vision. An diesem Tage fühlte er sich vollkommen gesund, noch drei Tage später malte er auf dem Schafberg an dem Gemälde „Das Leben", dem Mittelbild seines Triptychons der Alpenwelt. Er erzählte seiner Frau, er habe gesehen, wie er auf einer Bahre aus der Hütte herausgetragen wurde, in der Nähe der Hütte standen einige Frauen, eine von ihnen war sie, und er sah, wie sie weinte. Es war dieselbe Situation, die er auf seinem Gemälde „Der Tod" dargestellt hatte. „Was er damals gesehen hatte," berichtet Segantinis Gattin Beatrice, „in zwölf Tagen wurde es zur Wahrheit. Sein Bild vom Tode stellte sein eigenes Ende dar, aus jener Hütte haben sie seinen Sarg hinausgetragen. Die Landschaft war so, wie er sie auf seinem Bilde gemalt hat; die Frau, die man auf dem Bilde weinen sieht, nahe bei der Bahre, war ich." (Franz Servaes, „Giovanni Segantini, sein Leben und sein Werk", Wien 1902, S. 114/115).

seiner längst verstorbenen Mutter: Segantinis Mutter Teresa, 404 geb. Lovata, war im Jahre 1863 im Alter von neunundzwanzig Jahren gestorben.

PAUL GAUGUIN (* 7. Juni 1848 in Paris, † 9. Mai 1903 auf 405 Dominika, Marquesas-Inseln).

E. R. WEISS (* 12. Oktober 1875 in Lahr).
Maler, Professor an den Vereinigten Staatsschulen für freie und angewandte Kunst in Berlin.

406 Moritz: der Schriftsteller Moritz Heimann, vgl. Nr. 445 — auf den Bildern . . . Freyholds: des Malers K. F. von Freyhold.

407 einem Mischstil aus Formen, wie man sie auf Entwürfen Weinbrenners sieht: der Baumeister Friedrich Weinbrenner (1766 bis 1826) „arbeitete in einem pseudo-antik-römischen Stil". (Allg. Künstler-Lexikon, hrsg. von Singer, Bd. V, Aufl. 3, S. 71.)

BRÜDER, AUCH DIESE TÖNE!

Die diesem Kapitel vorangestellte Musikstelle ist aus Wagners „Die Meistersinger von Nürnberg" (III. Aufzug, 2. Szene).

GIUSEPPE TARTINI (* 12. April 1692 in Pirano, † 16. Februar 1770 in Padua).
Geiger und Komponist.

408 Quelle: Jos. Jerôme de Lalande: „Voyage en Italie", Yverdon 1788, Bd. VII, Aufl. 2, S. 128/29.
Tartini hat seinen Traum dem Astronomen Lalande erzählt.

LUDWIG VAN BEETHOVEN (* 16. Dezember 1770 in Bonn, † 26. März 1827 in Wien).

409 Am Ende dieses Briefes schreibt Beethoven an Gleichenstein: „Denke an meinen Traum und mich."
Baron Ignaz von Gleichenstein: (1778—1828), war damals Hofkriegskonzipist. Beethoven hat ihm die 1808 vollendete Violoncell-Sonate A-Dur, op. 69, gewidmet.

410 FRÉDÉRIC CHOPIN (* 22. Februar 1810 in Żelazowa Wola bei Warschau, † 17. Oktober 1849 in Paris).
Er träumte sehr oft von seinen Angehörigen in der Heimat (Briefe: Ende Dezember 1830, 28. Mai 1831, 18. September 1844).

ROBERT SCHUMANN (* 8. Juni 1810 in Zwickau, † 29. Juli 1856 in Endenich bei Bonn).

„Wie ein Traum", diesen Vergleich gebraucht er immer wieder. „Wie ein Traum will ich vor Dir stehen", schrieb er einmal an die Mutter. Geburtstagswünsche, eine Musikrezension kleidete er gelegentlich in die Form eines Traumberichts. Als Achtzehnjähriger schrieb er an einen Freund: „Ach! eine Welt ohne Träume, was war sie? — ein unendlicher Friedhof — ein Totenschlaf ohne Träume . . . diese Welt mit Menschen, was ist sie? dasselbe — ein ungeheurer Gottesacker eingesunkener Träume — ein Totenschlaf mit Blutträumen."

Träume spielten in seinem Leben eine große Rolle. Im Traume hörte er manchmal Musik (vgl. seinen Brief an Clara Wieck vom 1. Februar 1832), doch meistens hatte er schwere, quälende Träume. Menschen, mit denen er im Leben zu tun hatte, verfolgten ihn in seinen Träumen, die Mutter, seine erste Braut Ernestine, der Vater seiner Clara. Eine tragische Situation seines Lebens hat er vorausgeträumt. Am 28. November 1837 teilte er seiner Braut Clara Wieck mit, daß er folgenden Traum hatte: „Mir träumte, ich ginge an einem tiefen Wasser vorbei, da fuhr mir's durch den Sinn, und ich warf den Ring hinein — da hatte ich unendliche Sehnsucht, daß ich mich nachstürzte." Ungefähr siebzehn Jahre später bewahrheitete sich dieser Traum. Am 26. Februar 1854 stürzte sich Schumann im Fieberwahnsinn von der Rheinbrücke hinunter; bevor er in den Rhein sprang, warf er tatsächlich seinen Trauring ins Wasser hinab.

Sein Weinen am Todestage des Vaters hat wohl die Traumvor- 411 stellung von der weinenden Mutter hervorgerufen.

die Mutter: Johanna Schumann, geb. Schnabel (1771—1836) — am 10., diesem Karfreitage unserer Freuden: am 10. August 1826 war Schumanns Vater gestorben — auf den Schloßberg: in Zwickau.

in meinen Träumen, aber stets wie warnend oder erzürnt über 412 mich: vgl. seinen Brief an die Mutter vom 8. Mai 1832: „wie oft erschienst Du mir im Traum, obgleich immer drohend und in einer entsetzlichen Gestalt" (Clara Schumann, „Jugendbriefe von Robert Schumann", S. 174), und auch den Brief vom 8. August 1831 (w. o. S. 148).

Joachim: der Geiger Joseph Joachim (1831—1907). 413

JOHANNES BRAHMS (* 7. Mai 1833 in Hamburg, † 3. April 1897 in Wien).

414 Brahms hat tatsächlich eine verunglückte Symphonie zu einem Klavierkonzert umgearbeitet. Das D-Moll-Konzert war ursprünglich als Symphonie gedacht. „Es ist eigentlich seine erste Symphonie . . . Sie verschleierte sich nur zur Sonate für zwei Klaviere, um sich schließlich als Klavierkonzert zu entpuppen." Brahms ließ die Skizzen der Symphonie liegen, „wendete die Stellen, bei denen der symphonische Charakter des Werkes zurücktrat, in eine Prinzipalstimme um, stattete diese mit neuen Erfindungen klaviermäßig aus und komponierte das Konzert-Rondo hinzu, welches jetzt das Werk abschließt." (Max Kalbeck, „Johannes Brahms", Bd. I, Aufl. 2, S. 165 u. 167.) Clara Schumann, der Brahms diesen Traum mitteilte, war damals auf einer Konzerttournee in Holland.

CLARA SCHUMANN (* 13. September 1819 in Leipzig, † 20. Mai 1896 in Frankfurt a. M.),
geb. Wieck, Klaviervirtuosin, Gattin Robert Schumanns.

415 Am Abend sollte Clara Schumann in Frankfurt a. M. im Museums-Konzert spielen. Sie hatte seit einigen Tagen heftige neuralgische Schmerzen und fürchtete, sie würde nicht spielen können. „Dann wieder dachte ich, ich könne während des Spiels vom Stuhle fallen und t o t sein, wie neulich eine Sängerin in Marseille." (Tgb. vom 19. Februar, vgl. Berthold Litzmann, „Clara Schumann", Bd. III, S. 475.) Im Nachmittagsschlaf träumte ihr, sie würde mit Musik zu Grabe getragen. (Vorher Gedanken im Wachen an den Tod und das Abendkonzert; dazu vor einigen Tagen die Nachricht vom Tode Richard Wagners, vgl. ihre Eintragung im Tagebuch vom 14. Februar: „Telegramm, welches Wagners Tod meldet — das ist ein Ereignis.") Clara Schumann spielte am Abend glänzend und hatte einen großen Erfolg.

RICHARD WAGNER (* 22. Mai 1813 in Leipzig, † 13. Februar 1883 in Venedig).

416 Zwischen Wagner und seiner Frau Minna kam es im Frühjahr 1858 wegen seiner Beziehungen zu Mathilde Wesendonk zu

heftigen Auseinandersetzungen. Wagner faßte den Entschluß, sich von seiner Frau zu trennen. Am 17. August verließ er sein Züricher „Asyl", das Haus, das auf dem Grünen Hügel in unmittelbarer Nähe der Wesendonkschen Villa gelegen war. Die Trennung von seiner Frau fiel ihm nicht schwer. „Ich entsinne mich nicht einmal, mich umgeschaut, auch beim Abschied nicht eine Träne vergossen zu haben," erzählt er später in seiner Autobiographie. In Genf machte er Station. Den hier geträumten Traum notierte er in sein für Mathilde Wesendonk bestimmtes Tagebuch.

Mathilde Wesendonk: (* 23. Dezember 1828, † 31. August 1902). Wagner lernte Anfang des Jahres 1852 Mathilde Wesendonk, die Gattin des Kaufmanns Otto Wesendonk, kennen. Wie sehr er sie liebte, zeigt das noch nach vielen Jahren abgelegte Bekenntnis: „Sie ist und bleibt meine erste und einzige Liebe!" (Brief an Eliza Wille vom 5. Juli 1863.) Mathilde Wesendonk hat auch auf sein künstlerisches Schaffen den größten Einfluß geübt. „Daß ich den Tristan geschrieben, danke ich Ihnen aus tiefster Seele in alle Ewigkeit", schrieb er ihr in einem Gratulationsbrief zu ihrem dreiunddreißigsten Geburtstag — und ich vom eigenen Rufen erwachte: Über das Erwachen mit einem Schrei schreibt Wagner folgendes in seiner Abhandlung über Beethoven: „Aus den beängstigendsten solcher Träume erwachen wir mit einem Schrei, in welchem sich ganz unmittelbar der geängstigte Wille ausdrückt, welcher sonach durch den Schrei mit Bestimmtheit zu allernächst in die Schallwelt eintritt, um nach außen hin sich kundzugeben."

In Venedig träumte Wagner im März 1859, daß er seine Ankunft Mathilde Wesendonk anzeigte. 417

Er hatte damals tatsächlich schon die Absicht, in die Schweiz überzusiedeln.

Nachdem er Venedig verlassen hatte, wählte er Luzern zum Aufenthalt, und von hier aus besuchte er Anfang April Wesendonks in Zürich. In Erinnerung an diesen Besuch schreibt er in seiner Autobiographie: „Unser Wiedersehen war wehmütig, doch in keiner Weise befangen. Ich verweilte einige Tage im Hause meiner Freunde, sah darin auch meine älteren Züricher Bekannten wieder und blickte so aus einem Traume

in einen Traum." („Mein Leben", Sämtliche Schriften.
Volksausg. Bd. XV, S. 185.) In seiner Tagebuchaufzeichnung,
unmittelbar nach dem Besuch, spielt er auf seinen Traum an
und zieht einen Vergleich zwischen diesem Traum und der
traumartigen Wirklichkeit: „Der Traum des Wiedersehens ist
nun geträumt. So — sahen wir uns wieder. War es nicht wirklich nur ein Traum? Was ich in diesen Stunden in Deinem
Hause erlebt, wodurch unterscheidet es sich mir von jenem an-
dren Traume, den ich zuvor so lieblich von meiner Wiederkehr träumte? Fast steht er deutlicher vor
mir als der wehmütig ernste, dem sich meine Erinnerung so
wenig fügen will. Es ist mir, als ob ich Dich eigentlich gar nicht
deutlich gesehen hätte; dichte Nebel lagen zwischen uns, durch
die kaum der Klang der Stimmen drang. Auch ist mir, als ob
Du eigentlich mich nicht gesehen hättest; als ob statt meiner
ein Gespenst in Dein Haus kam. Hast Du mich erkannt? —
O Himmel! ich erkenne ihn: dies ist der Weg zur Heiligkeit!
Das Leben, die Wirklichkeit immer traumartiger: die Sinne er-
stumpft; das Auge — weit geöffnet — sieht nicht mehr, — das
willige Ohr versäumt den Schall der Gegenwart. Wo sind wir,
sehen wir uns nicht; nur, wo wir nicht sind, da weilt unser Blick
auf uns. So ist die Gegenwart unvorhanden und jede Zukunft
nichtig. — Ist mein Werk wirklich wert, daß ich mich ihm erhalte? — Aber Du? Deine Kinder? — Leben wir!" (Tagebuch,
4. April 1859.)
vor meiner Abreise: aus Venedig — in Ihrem Garten: auf dem
Grünen Hügel in Zürich.
Später träumte Wagner noch oft von Mathilde Wesendonk und
„stets lieblich". Vgl. seinen Brief an sie vom 21. Dezember 1862
und den Brief an Eliza Wille vom 5. Juni 1863.

HUGO WOLF (* 13. März 1860 in Windischgrätz, † 22. Februar 1903 in Wien).
418 Hugo Wolf wußte, daß seine Eltern oft beruflich unterwegs
waren, der Vater besuchte als Lederermeister die Märkte der
Umgegend.
Sie: die Eltern. Der Vater Philipp Wolf, die Mutter Katharina
Wolf geb. Nußbaumer.

HISTORISCHES INTERMEZZO

HERZOGIN ELISABETH CHARLOTTE VON OR-
LEANS (* 27. Mai 1652 in Heidelberg, † 8. Dezember 1722
in Saint-Cloud).
Gemahlin des Herzogs Philipp von Orleans.

meines Herrn Vater: sie war die Tochter des Kurfürsten Karl 419
Ludwig von der Pfalz — sehe alle die Verwüstung: Ludwig XIV. ließ die Pfalz, das Heimatland seiner Schwägerin,
verwüsten.

WILHELM I. (* 22. März 1797 in Berlin, † 9. März 1888 in
Berlin).
König Wilhelm I. wurde zu jener Zeit auf die Gerüchte hin, die 420
Revolutionskomitees hätten seine Ermordung in diesem Sommer beschlossen, von Agenten der Geheimpolizei auf Schritt
und Tritt bewacht. Durch die getroffenen Vorsichtsmaßregeln
wurden seine Gedanken immer wieder auf die Gefahr eines
Attentats hingelenkt; er konnte überall auf ein gegen ihn ge-
plantes Attentat gefaßt sein, stets die Absichten eines Anschlags
vermuten. Und gerade vor zwei Jahren — am 14. Juli 1861 —
wurde er, als er sich in Baden-Baden zur Kur aufhielt, bei einem
Attentat verwundet. So wird der Becher, den er in Karlsbad am
Brunnen zur Kur trinkt, im Traum zu einem Giftbecher.
Steinäcker: Major Freiherr von Steinäcker war Flügeladjutant
des Königs — Wilhelm I. reiste in der zweiten Hälfte des Mo-
nats Juni nach Karlsbad und weilte dort bis Mitte Juli. Der
Gewährsmann des Traumberichtes, Prinz Kraft zu Hohenlohe-
Ingelfingen, begleitete als Flügeladjutant den König nach
Karlsbad.
Im Reichstag ging es damals bei der Beratung über den Antrag 421
Hänel und Genossen, die Wahlen betreffend, stürmisch zu. Die
Erklärung des Ministers von Puttkamer in der Sitzung vom
15. Dezember über die Beeinflussung der Wahlen durch Beamte
rief „großes Aufsehen im Hause hervor. Auf der linken Seite
lebhafte Entrüstung, auf der rechten vereinzelt Beifall." (Vos-
sische Zeitung, Nr. 587.) In der Sitzung vom 17. Dezember zog
der Abgeordnete Lohren die Person des Kaisers in die Debatte,

als er der Freihandelspartei den Vorwurf machte, sie spekuliere auf einen Thronwechsel. Die Linke quittierte diese Ausführungen mit Pfuirufen, ein großer Tumult entstand, die Verhandlungen — denen Prinz Wilhelm in der Hofloge beiwohnte — nahmen lärmenden Charakter an.

Am selben Tage nachmittags hatte der Kaiser eine längere Konferenz mit dem Reichskanzler Fürsten Bismarck.

Bismarck bemerkt in seinem Antwortschreiben an den Kaiser, daß der Traum nicht allein auf den Vortrag zurückzuführen sei, den er dem Kaiser am Sonnabend gehalten habe, sondern auch auf die Eindrücke, die der Kaiser bei den mündlichen Berichten Puttkamers und bei der Lektüre der Zeitungsartikel empfangen habe.

Eulenburg: Graf Botho Eulenburg war bis Februar 1881 Minister des Innern. Er hatte einmal als Minister in einer Rede gedroht: „Die Flinte schießt, der Säbel haut." — der Präsident: Reichstagspräsident war im Dezember 1881 Albert Erdmann Karl Gerhard von Levetzow, Landesdirektor der Provinz Brandenburg und Rittergutsbesitzer.

OTTO VON BISMARCK (* 1. April 1815 in Schönhausen, † 30. Juli 1898 in Friedrichsruh).

422 Diesen Traum Bismarcks hat Dr. Hanns Sachs gedeutet. („Ein Traum Bismarcks" in der „Internationalen Zeitschrift für ärztliche Psychoanalyse", 1913, Jahrg. I, Heft 1, S. 81/83; abgedruckt auch im Werke von Prof. Dr. Sigm. Freud, „Die Traumdeutung", 1922, Aufl. 7, S. 258 flg.)

Ich übernehme von Sachs die Schilderung der damaligen politischen Situation, die Ausführungen über Bismarcks Verhalten in den Konfliktstagen und über den Zusammenhang des Traumes mit Bismarcks Wacherlebnissen. Der Deutung des Traumes, die Sachs gibt, kann ich nicht in allen Punkten folgen; für mich stellt eine Gerte nicht konstant ein phallisches Symbol dar, auch bin ich nicht der Ansicht, daß dieser Traum eine infantile Masturbationsphantasie ist.

„Die Handlung des Traumes zerfällt in zwei Abschnitte: im ersten Teil gerät der Träumer in Bedrängnis, aus der er dann im zweiten auf wunderbare Weise erlöst wird. Die schwierige

Lage, in der sich Roß und Reiter befinden, ist eine leicht kennt-
liche Traumdarstellung der kritischen Situation des Staats-
mannes, die er am Abend vor dem Traume, über die Probleme
seiner Politik nachdenkend, besonders bitter empfunden haben
mochte. Mit der zur Darstellung gelangten gleichnisweisen
Wendung schildert Bismarck selbst in der oben wiedergegebe-
nen Briefstelle die Trostlosigkeit seiner damaligen Position; sie
war ihm also durchaus geläufig und naheliegend . . . Die Vorgänge im Geiste des Träumers, der bei jeder von seinen Gedanken versuchten Lösung auf unübersteigliche Hindernisse
stößt, seinen Geist aber trotzdem nicht von der Beschäftigung
mit den Problemen losreißen kann und darf, sind sehr treffend
durch den Reiter wiedergegeben, der weder vorwärts noch rückwärts kann. Der Stolz, der ihm verbietet, an ein Nachgeben
oder Zurücktreten zu denken, kommt im Traume durch die
Worte ‚Umkehren oder absitzen . . . unmöglich' zum Ausdruck.
In seiner Eigenschaft als stets angestrengt Tätiger, der sich für
fremdes Wohl plagt, lag es für Bismarck nahe, sich mit einem
Pferde zu vergleichen, und er hat dies auch bei verschiedenen
Gelegenheiten getan, z. B. in seinem bekannten Ausspruch:
‚Ein wackeres Pferd stirbt in seinen Sielen.' So ausgelegt bedeuten die Worte, daß ‚das Pferd sich weigerte', nichts anderes,
als daß der Übermüdete das Bedürfnis empfinde, sich von den
Sorgen der Gegenwart abzuwenden, oder anders ausgedrückt,
daß er im Begriffe stehe, sich von den Fesseln des Realitäts-
prinzips durch Schlaf und Traum zu befreien. Der Wunscherfüllung, die dann im zweiten Teil so stark zu Wort kommt,
wird dann auch hier schon präludiert durch das Wort ‚Alpenpfad'. Bismarck wußte damals wohl schon, daß er seinen nächsten Urlaub in den Alpen — nämlich in Gastein — zubringen
werde; der Traum, der ihn dahin versetzte, befreite ihn also mit
einem Schlage von allen lästigen Staatsgeschäften.

Im zweiten Teil werden die Wünsche des Träumers auf doppelte Weise — unverhüllt und greifbar, daneben noch symbolisch — als erfüllt dargestellt. Symbolisch durch das Verschwinden des hemmenden Felsens, an dessen Stelle ein breiter Weg
— also der gesuchte Ausweg in bequemster Form — erscheint,
unverhüllt durch den Anblick der vorrückenden preußischen

Truppen. Man braucht zur Erklärung dieser prophetischen Vision durchaus nicht mystische Zusammenhänge zu konstruieren;
die Freudsche Wunscherfüllungstheorie genügt vollständig.
Bismarck ersehnte schon damals als den besten Ausgang aus
den inneren Konflikten Preußens einen siegreichen Krieg mit
Österreich. Wenn er die preußischen Truppen in Böhmen, also
in Feindesland, mit ihren Fahnen sieht, so stellt ihm der Traum
dadurch diesen Wunsch als erfüllt dar, wie es Freud postuliert.
Individuell bedeutsam ist es nur, daß der Träumer, mit dem wir
uns hier beschäftigen, sich mit der Traumerfüllung nicht be-
gnügte, sondern auch die reale zu erzwingen wußte . . . Der
ganze Vorgang der wunderbaren Befreiung aus einer Not durch
das Schlagen auf den Fels mit der Heranziehung Gottes als
Helfer erinnert auffällig an eine biblische Szene, nämlich wie
Moses für die dürstenden Kinder Israels aus dem Felsen Wasser
schlägt. Die genaue Bekanntschaft mit dieser Stelle dürfen wir
bei dem aus einem bibelgläubigen, protestantischen Hause her-
vorgegangenen Bismarck ohne weiteres annehmen. Mit dem
Anführer Moses, dem das Volk, das er befreien will, mit Auf-
lehnung, Haß und Undank lohnt, konnte sich Bismarck in der
Konfliktszeit unschwer vergleichen. Dadurch wäre also die Anlehnung an die aktuellen Wünsche gegeben."

DAS BIST DU

TRÄUME ZEITGENÖSSISCHER DEUTSCHER
DICHTER UND SCHRIFTSTELLER

Das diesem Kapitel vorangestellte Motto ist ein Zitat aus
Gerhart Hauptmann, „Der Narr in Christo Emanuel Quint",
Kapitel 7.

GERHART HAUPTMANN (* 15. November 1862 in
Salzbrunn).
424 Nach Abgang von der Schule wurde Hauptmann von seinen
Eltern zum Oheim Gustav Schubert gegeben, um bei ihm die
Landwirtschaft zu erlernen. Der Oheim bewirtschaftete das im

Striegauer Kreis gepachtete Rittergut Lonig. Hier war Hauptmann „das Werk des Landmanns, der nächste Verkehr des kulti-
vierenden Menschen mit der Natur in heißer Arbeit nahege-
treten." (Paul Schlenther, „Gerhart Hauptmann, sein Lebens-
gang und seine Dichtung", 1898, S. 18.) Aber Hauptmann hatte
wenig Neigung zum Landwirtberuf, er wollte Bildhauer werden. Er verließ das Heim der Tante Julie Schubert und bezog
im Oktober 1880 die königliche Kunstschule in Breslau.
Oheim Gustav und Tante Julie hatten ihren einzigen Sohn
durch den Tod verloren, und als der Neffe Gerhart in ihr Haus
kam, waren sie des Glaubens, er würde für immer bei ihnen
bleiben. Herzensgüte machte Tante Julie die Rolle einer Pflege-
mutter leicht. Sie zeichnete sich durch große Frömmigkeit aus,
ihr Haus war „eine weltliche Domäne herrnhutischen Geistes";
sie war sehr musikalisch, und Hauptmann hat oft ihrem Gesange
gelauscht. Er hat, wie Schlenther in der Hauptmann-Biographie
hervorhebt, „seine Tante und seinen Onkel kindlich verehrt, und
er bewahrt sie im dankbaren Gemüt". (w. o. S. 17/18.)
Was das Leben Tante Julie genommen hatte, enthüllte dem
Dichter der Traum.

HUGO VON HOFMANNSTHAL (* 1. Februar 1874 in
Wien). [425]

RICHARD DEHMEL (* 18. November 1863 in Wendisch-
Hermsdorf, † 8. Februar 1920 in Blankenese).
Es wäre für mich leicht gewesen, aus der Kenntnis der Lebens-
umstände von Dehmel seine Wacherlebnisse für die Träume
heranzuziehen. Ich habe es aus Rücksicht auf Personen, die
viele von uns persönlich noch gekannt haben, unterlassen. Die
Wertschätzung, die wir ihnen schuldig sind, verbietet ein Ein-
gehen auf ihre intimen Erlebnisse. Aus den der Öffentlichkeit
zugänglich gemachten Briefen und Tagebüchern Richard Dehmels kann sich der Interessierte über den Zusammenhang seiner
Träume mit den Wacherlebnissen zu informieren suchen.
Dehmel hat „die psychologischen Szenen" in verschiedenen Gedichten, die in der Gedichtsammlung „Erlösungen" enthalten
sind, „ganz und gar" geträumt. Bei der poetischen Darstellung

hat er dann manches umgeordnet und ausgestaltet, doch „Sinn und Seele sind Traumerzeugnis". (Brief an Carl du Prel vom 16. September 1891.) Für das Gedicht „Venus Regina" hat er „mit nur geringen Zu- und Wegtaten" einen von ihm geträumten Traum benutzt. (Brief an Alfred Mombert vom 25. Oktober 1894.) Vgl. Anm. zu Nr. 430.

426 u. 427 Dehmel erwähnt diese Träume auch in einem Briefe an Alfred Mombert (25. Oktober 1894).

Carl du Prel, dem Dehmel diese Träume berichtet, hat sich als Gelehrter mit den Problemen des Seelenlebens befaßt und im Jahre 1869 das Werk „Oneirokritikon, der Traum vom Standpunkt des transzendentalen Idealismus" veröffentlicht.

428 daß ich Dir „endlich" weggelaufen war: Ein Jahr später, Anfang November 1893, lief Dehmel für einige Wochen weg, da er die Büroarbeit, „diese Arbeit im goldnen Käfig", nicht länger ertragen zu können glaubte. Er wollte in Begleitung seines Bruders von Hamburg zu Fuß wandern, „er wird in Brauereien fechten und ich bei Pfarrern, Ärzten, oder wir beide zusammen mal in irgendeiner Försterei." (Brief an Paula Dehmel) — solche Träume sind mir immer innerste Enthüllungen der Seele: An die Mitteilung eines anderen Traumes, den er Ende Mai 1891 hatte und in dem er auf Frau Paula eifersüchtig war, knüpfte er die Bemerkung, daß er wieder einen der Träume gehabt habe, die ihn über sein Tiefinnerstes „ins Klare bringen".

429 aus der . . . Erinnerung an die römischen Katakomben: Dehmel war im Dezember 1893 in Rom gewesen.

430 Diesen Traum hat Dehmel „mit nur geringen Zu- und Wegtaten" in dem Gedicht „Venus Regina" dichterisch verwertet. Die Schlußzeilen des Gedichtes, die er am 6. Mai 1894 schrieb („Bekenntnisse", 1926, S. 68) lauten:

„— — — — und jetzt:
ich halte beide . . . ach . . . ich bin erwacht."

Er hat das Gedicht in den Gedichtband „Erlösungen", der 1895 erschien, aufgenommen.
Zu dem Traummotiv von den beiden Mädchen sei bemerkt, daß damals, wie eine Tagebuchnotiz zeigt, eine Ehe zu dreien Dehmels Wunsch gewesen war.

(seine Tränen fallen auf den Eisendeckel): dazu bemerkt Dehmel:

„Diese (eingeklammerte) Wahrnehmung ist schon nicht mehr Traum, sondern eben während des Niederschreibens unwillkürlich zugedichtet". („Bekenntnisse", S. 61.)

von meiner toten Großmutter: Charlotte Johanna Dehmel, geb. Hillmann.   431

Am 1. Mai hatte Dehmel seine Stellung als Sekretär beim Zentralverband deutscher Versicherungsgesellschaften gekündigt. Durch Büropflichten fühlte er sich im Schaffen behindert. „Ich wollte, ich könnte auch bald wieder in die Welt; der ich kaum ein Viertel meiner wachen Lebenszeit mir selber widmen darf", schrieb er im Januar 1894 an Johannes Schlaf. Und am 24. Mai klagt er im Tagebuch: „Die übermäßige Amtslast, die mir jede Produktion unmöglich macht (zehn bis zwölf Arbeitsstunden in den letzten Tagen)." Als er davon träumt, daß er erwacht und seinen Bürochef erkennt, stellt er sich im Traume noch eine Weile schlafend.   432

meinen Bürochef: er hieß Bueck.

die Frau schon abgeblüht: er schrieb im Tagebuch am 20. März von seiner Gattin, „wenn ich sie so vor mir sehe als welkende Opferblume".   433

In der Nacht vom 28. zum 29. Juni hatte Dehmel zwei Träume. Der erste Traum (vgl. „Ausgewählte Briefe aus den Jahren 1883 bis 1902", S. 319/20) ist ein Liebestraum, der über seine damaligen Empfindungen „die beste Auskunft" gibt. Der hier mitgeteilte Traum ist der zweite, den er gehabt hat.   435

Peter-Heinz: Dehmels Sohn — bei unserm Forsthaus in Cremmen: im Forsthaus Eichenhain in Cremmen wohnten Dehmels Eltern — Goethes Gesicht . . . die großen braunen Augen begrüßten mich . . .: Dehmel schreibt an Frau Isi: „Sieh doch mal irgendwo nach, ob Goethe w i r k l i c h braune Augen hatte!" Von Goethes schönen braunen Augen schreibt Leisewitz (Brief an seine Braut vom 14. August 1780), und von seinem prächtigen Gesicht „mit zwei klaren braunen Augen, die mild und durchdringend zugleich sind" Johanna Schopenhauer an ihren Sohn Arthur. (Brief vom 28. November 1806.)

Aus Dehmels Brief an Hans Benzmann vom 14. November 1902 erfahren wir, daß er später noch einmal von Goethe in ähnlicher Weise geträumt habe: „Von Goethe habe ich schon zweimal

ähnlich geträumt; seltsamer Weise — oder vielleicht ist es grade
das seelisch Selbstverständliche — schwebte ich beide Male mit
ihm in den Lüften." („Ausgewählte Briefe 1902 bis 1920",
S. 5.)

436 trotzdem ich an seinen Geburtstag gar nicht gedacht hatte:
Schiller ist am 10. November geboren.

437 Dehmel hat damals Strindbergs „Blaubuch" auf der Reise gelesen. Das Werk hat einen gewaltigen Eindruck auf ihn gemacht. Er schreibt an Strindberg: „Eine ungeheure Beichte
und Buße hast Du über unsere Vernunft verhängt; seit Augustinus und Pascal ist der menschliche Geist nicht so unerbittlich
mit sich ins Gericht gegangen . . . an Dir verehre ich den strengen Eifer, mit dem Du die zeitgenössische Welt von Dir abtust,
um Dich für eine ewige vorzubereiten und andere Seelen mit
Dir." (w. o., S. 165.) Diese Beurteilung des Werkes und das
Gefühl der Verehrung für den Dichter sind eine Erklärung dafür, daß Dehmel im Traume Strindberg die Hand, die ihm dieser
„über den Zaun" reicht, küssen will.

438 Walter Tiemann: Professor, Direktor der Akademie für gra-
phische Künste in Leipzig; er hat den Umschlag und Einband
für die Gesammelten Werke von Dehmel entworfen.

PAULA DEHMEL (* 31. Oktober 1862 in Berlin, † 9. Juli
1918 in Berlin).
Schriftstellerin. Sie war die erste Gattin Richard Dehmels.

439 Paul Scheerbart: der Dichter Paul Scheerbart.

DETLEV VON LILIENCRON (* 3. Juni 1844 in Kiel,
† 22. Juli 1909 in Altrahlstedt bei Hamburg).

440 Liliencron war damals Leutnant und hatte eine sehr unkom-
fortable Dienstwohnung im Neuen Palais in Potsdam. Er beschrieb seinem Freunde Ernst Freiherrn von Seckendorff seine
elende Behausung und wie er über die häßlichen Dinge seiner
Umgebung hinweg in die freie Natur zu schauen pflegte. „Meine
Stube besteht aus fünf Waschtischen, groß, klein, für Leute,
für Offiziere, überhaupt jegliche Art von Waschtischen. Den
größten habe ich mir zum Schreibtisch erkoren und eingerichtet;
sonst ein Kleiderschrank, zwei sehr gebrechliche Stühle, eine

nicht verschließbare, in allen Fugen krachende Kommode und ein Feldbett (NB! in dem ich trotz Milliarden Wanzen herrlich schlafe). Vor dem Fenster, welches ein œil de bœuf ist, hängt ein zerrissener halber Kaffeesack als Rouleau (sic!!!); er bedeckt nur zur Hälfte das œil de bœuf. Dann ein elegantes, gemietetes Klavier und ein tauber Spiegel, und Du hast die pompöse Zimmereinrichtung eines Leutnants in S. M. Schloß Neues Palais. Ich wohne im zweiten Stock und habe als erste Aussicht einen Hof, mit (Vergebung) Pissoir der Mannschaften, kronprinzlichen Lakaienwohnungen (die sich ewig streiten, die Lakaien nämlich) und der Kantine, aus der ein ewiger Duft von altem Käse und verdorbener Milch bis zu mir heraufsteigt. Aber über diesen Augiasstall sehe ich hinweg in Park, Wald, Feld und Wiese und Himmel, und das ist sehr angenehm; ich rücke meinen Stuhl so weit vom Fenster, daß ich nichts vom Hofe sehe, sondern nur Gottes freie Natur." (Brief vom 21. April 1869.)

In dem Briefe, in dem Liliencron den Traum mitteilt, erwähnt er auch die Schikanen, denen er im Dienste von seiten eines Kapitäns ausgesetzt war. Liliencron hatte den Antrag auf Versetzung in eine andere Kompagnie gestellt. Er hatte damals auch daran gedacht, den Dienst zu quittieren. „Ich muß gestehen, daß, wenn ich so viel Geld hätte, ich mit Freuden dieses tun würde, nämlich mich zurückziehen. Aber das läßt sich bei mir nicht machen, und so bleibe ich, was ich bin, bis sie mich fortjagen."

Er fand die Umgebung von Potsdam mit den vielen Seen und Wäldern bezaubernd, vermißte aber in der Landschaft „die großen Bäume" (Brief vom 25. Juli 1869). So zeigt ihm der Traum eine Wunschlandschaft mit uralten Eichen.

Liliencron wohnte seit einigen Wochen in Kellinghusen in 441 Schleswig-Holstein.

Liliencron hatte über Holz eine begeisterte Kritik für das 442 „Magazin" geschrieben. Die politischen Ansichten von Arno Holz waren nicht die seinigen. „Arno Holz ist ja ein wüster, rotester Sozialdemokrat, aber fort mit der Feigheit, und mir schließlich egal: Arno Holz ist ein aller-allererster Dichter." (Brief vom 5. Juli 1885 an Hermann Friedrichs.) Er selbst war

Royalist, „mit Wonne leg ich für meinen Kaiser-König den Kopf auf den Block. Und mein letzter Ruf bleibt in Ewigkeit: Es lebe der Kaiser!" Trotzdem war er bereit, bei der Revolutionierung der Dichtung mitzumachen. „Das ist ja eine ganz kolossale Revolution in der Dichterwelt zurzeit. Eine neue Epoche. Ich fühls in jeder Fiber. Und ich marschiere mit. Die politische Geschichte geht mich darin nicht an." Ist ihm auch ein Gedicht „vollkommen gleichgültig in betreff politischer Ansichten", unterhält er auch im Leben Beziehungen zu links gerichteten Dichtern und später sogar zu dezidierten Sozialdemokraten wie Molkenbuhr, so bricht im Traume das Gefühl der Gegnerschaft durch, und der Zeitgenosse, mit dem er auf den revolutionären Wegen der Poesie mitmarschierte, ist Gegner und steht auf der anderen Seite der Barrikade. So träumt er, daß Holz und er sich auf einer Barrikade gegenüberstehen, sich umarmen und, nachdem er das rote Tuch geküßt hat, miteinander kämpfen.

Holz: der Dichter Arno Holz, * 26. April 1863 in Rastenburg.

443 Auch die politische Gesinnung Karl Henckells entsprach nicht der Liliencrons. Er schrieb an Henckell am 10. März 1889: „Für politische Gedichte fehlt mir jeglicher Sinn . . . aber ich werde niemals in roher Weise mich über die Denkungsart anderer aufhalten. Jeder einzelne hat das mit sich zu verantworten." Und am 14. November desselben Jahres: „Ihre politischen Lieder lese ich als D i c h t e r mit wehmütigem Lächeln und sage mir immer: Wenn Karl Henckell in meinem Alter sein wird!"

Auch in diesem Traume bricht das Gefühl der Gegnerschaft, das Liliencron im Wachen unterdrücken konnte, durch.

Zu dem Traumbild: Ich mit dem blauen Blümchen der Treue auf dem Helme, vgl. Liliencrons spätere Auslassung im Briefe an Arno Holz: „Ich bin fröhlichster Durchaus-Royalist, und mit dem blauen Blümchen der Treue auf dem Helm steh ich in jeder Zeit zu Kaiser und Reich." (13. Dezember 1889.)

Karl Henckell: * 17. April 1864 in Hannover, Lyriker.

444 Frau Isi: Dehmel, geb. Auerbach.

CHRISTIAN MORGENSTERN (* 6. Mai 1871 in München, † 31. März 1914 in Meran).

M. Heimann: vgl. Anm. zu Nr. 406 — Frisch: der Schriftsteller 445
Ephraim Frisch — seine Frau: Fega Frisch, bekannt als Über-
setzerin — von einem Übersetzungsangebot: Morgenstern hat
viele Werke aus der nordischen Literatur ins Deutsche übersetzt.

Böhme: der Theosoph Jakob Böhme (1575—1624) — seine 446
Lampe: Um das Jahr 1600 hatte der Schuhmacher Jakob Böhme
in Görlitz eine Erleuchtung. Bei der Betrachtung'eines Zinn-
gefäßes, das den Schein des Sonnenlichts widerspiegelte, durch-
drang ihn plötzlich ein Gefühl innerer Klarheit, und er erkannte
den Sinn aller Dinge, das Wesen alles Lebens ging ihm auf.
Vgl. Goethe, „Italienische Reise“, 8. Oktober 1786: „als wenn
Jakob Böhme bei Erblickung einer zinnernen Schüssel durch
Einstrahlung Jovis über das Universum erleuchtet wurde.“

MAX DAUTHENDEY (* 25. Juli 1867 in Würzburg,
† 4. September 1918 in Tosari auf Java).
Der Dichter Max Dauthendey trat Mitte April 1914 eine Reise
nach Ostasien an. Er wollte Java und Neu-Guinea besuchen
und mit dem Lloyddampfer „Kleist“ am 23. September wieder
in Bremen eintreffen. In den Melukkeneilanden überraschte ihn
der Ausbruch des Krieges. Dauthendey war gezwungen, den
Reichspostdampfer, der in einem neutralen Hafen liegenbleiben
mußte, zu verlassen. Einige Wochen später erreichte er Java,
dann Sumatra, verbrachte auf Sumatra den Winter 1915 und
ging nach Java zurück, in der Hoffnung, es würde sich ihm hier
vielleicht eine Gelegenheit zur Rückkehr nach Deutschland über
Amerika bieten. Doch alle Aussichten erwiesen sich als trügerisch, und auch die Bemühungen, die unternommen wurden, um
für ihn bei der englischen Regierung die Erlaubnis zur Rückfahrt zu erwirken, schlugen fehl. Er mußte in der Fremde bleiben. Würde er jemals Weib und Heimat noch wiedersehen? Er
bat Gott um ein Zeichen im Traume, durch das er dies erfahren
könnte. Denn Träume sind ihm wichtig und bedeutungsvoll,
„es ist etwas Großes, Zufriedenes, Freies, was ich mit der Bil-
dersprache des Traumes bereits im ewigen Geist und ewigen
Gefühl vorauszusehen weiß.“ Er träumt viel, sucht das Erlebnis des Traumes in Beziehung zur Wirklichkeit zu bringen, steht

tagsüber unter dem Eindruck eines Traumes, unter der Gewalt der im Schlaf erschauten Bilder.

Vor Beendigung des Krieges ist Dauthendey in Tosari auf Java gestorben.

447 Der Zustand der aufgezwungenen Ruhe, unter dem Dauthendey so sehr litt, spielt in den Traum hinein. Dauthendey fühlte „das Nagen der Sehnsucht nach Wechsel und das Nagen des Heimwehs, das Nagen der lahmgelegten Manneskräfte", wußte, daß „die zu Hause ernten in der großen Kriegszeit stolze Befriedigung", und mußte selbst untätig bleiben. Er kann im Traume kein Glied rühren, möchte aber nicht den falschen Glauben erwecken, als ob er durch eine Kriegsverwundung genötigt wäre, das Bett zu hüten.

Brastagi: auf Sumatra.

448 Dauthendey träumte sehr oft von seinem Vater. Vgl. auch Nr. 452. Er schreibt in bezug auf die Träume vom Vater gelegentlich ins Tagebuch: „Es ist mir dann wie ein wirkliches, leibliches Wiedersehen im Traum mit dem Verstorbenen."

Tandjong-Morawa: auf Sumatra.

449 Dauthendey hatte den Traum im Nachmittagsschlaf und wachte aus diesem Traume mit einem Gefühl des Bangens auf.

Wacherlebnisse: Er hatte sich vorher in seinem Zimmer die Haare schneiden lassen, nahm dann einen Handspiegel und stellte sich vor den Spiegel des Waschtisches, um sich zu überzeugen, ob das Haar am Hinterkopf gut geschnitten sei. Da sah er mit Erstaunen im Spiegel einen Totenkopf, der ihm über die linke Schulter blickte. Beim näheren Zusehen erkannte er die Umrisse einer Stuhllehne, über der sein weißer Rock hing. „Die Ausschnitte im Holz der Lehne bildeten zwei Augen, die unter dem weißen Rock dunkel wie Totenkopfaugen über meine Schulter starrten." — Täglich las er die Meldungen, daß so viele Menschen auf den Schlachtfeldern gefallen waren. In jedem Augenblick drohte jetzt überall der Tod. — Sein innigster Wunsch war, mit einem Dampfer nach Europa zurückzukehren, sogar heimlich; er wußte, daß dies ein gefährliches Wagnis sei, und als er sich im Traume auf einem Dampfer befindet, ist er auch gleich in Gefahr. Nur noch ein Gebet lang hat er Lebenszeit. Aus den Briefen seiner Frau entnahm er

daß sie jetzt fleißig in der Heiligen Schrift las, sie schrieb ihm
viel von Christus, und er antwortete ihr, es wäre ihm eine Beruhigung, daß sie „in diesen Wirren so festen Fuß bei Gott und
in der Bibel gefaßt" hätte. Dieser Traum war vielleicht auch
einer der Anlässe für Dauthendeys religiöse Einsicht, denn er
rang sich später zum Glauben wieder durch und fand im Gebet Zuflucht und Rettung. (Tgb. 23. November 1916 und
30. Juni 1917.)

Garoet: auf Java.

Zu diesem Traume bemerkt Dauthendey: „Im Bett liegen be- 450
deutet Krankheit oder Tod, sagt man in den Traumbüchern."
Sehnsucht und Liebe, den Wunsch nach Vereinigung mit der
Gattin, der er in den langen Jahren der Trennung auch körperliche Treue hielt; die Befürchtungen, die er im Wachzustand
leicht unterdrücken und lächerlich finden konnte, die geliebte
Frau könnte sich ihm entfremden und ihm untreu werden, die
ganze Skala der Empfindungen vom höchsten Glück, unendlicher Seligkeit bis zur wilden Angst, Aufregung und Verzweiflung durchlebte Dauthendey in seinen Träumen von Annie.
Einmal träumte er: Annie wollte sich von ihm scheiden lassen
(Tgb. 2. Januar 1915); öfters muß er im Traume sehen, wie sie
ihm untreu wird (Tgb. 26. Januar 1915), oder sie ist, wenn er
ihr begegnet, in Gesellschaft von Anbetern, Verehrern und Ver-
führern, denen sie sich hingegeben hatte, und dann kämpft er
mit ihr und würgt sie (Tgb. 1. Juli 1918). Noch in der Erinnerung
an diese Träume leidet er, sie machen ihn ganz elend, und er
versucht sich durch den Gedanken zu trösten, daß Annie treu
schreibt und ihm in jedem Brief ihre Treue versichert. „Ich
muß mir immer wieder den ganzen Tag vorsagen," — schreibt
er im Tagebuch — „Träume bedeuten das Gegenteil von dem,
was sie uns zeigen. Also, wenn ich Annie im Traum verführt
und mir fortgenommen sehe, so ist sie mir wahrscheinlich in
Wirklichkeit sehr treu. Aber welch schwacher Trost, wenn die
Traumbilder noch wie erlebte Wirklichkeit deutlich vor meinen
Augen stehen." Doch auch beglückende Träume stellen sich
manchmal ein, es genügt schon, wenn sie im Traume Wange
an Wange legen, daß er sich glücklich fühlt.

Malang: auf Java — Annie: Dauthendeys Gattin. Sie wurde

am 19. Oktober 1870 geboren, war eine Schwedin, hieß mit
ihrem Mädchennamen Johanson. Ihre Vermählung mit Dauthendey fand im Mai 1896 statt.

451 Tosari: im Tenggergebirge, Ost-Java. In Tosari weilte Dauthendey von Anfang März 1917, dort ist er auch gestorben.

454 Karl Dauthendey, der Vater des Dichters, geb. 1819, starb in
Würzburg am 5. September 1896. Dauthendey erzählt in seinem Werk „Der Geist meines Vaters“, er habe in Paris in einer
Juninacht 1896 zwischen Wachen und Schlafen eine Traum-
stimme gehört. „Es mochte lange nach Mitternacht sein, da fuhr
ich auf und fand mich auf dem Rücken liegend, wie ein Leichnam ausgestreckt, die Hände über der Brust gefaltet, in un-
bequemer Stellung, wie ich sonst nicht zu schlafen pflege. Zu
gleicher Zeit hörte ich deutlich eine Stimme, dicht um mich:
diese sagte vernehmbar und klar auf deutsch: ‚Im September
stirbt dein Vater.‘“ (S. 24.)

455 Dauthendey hatte schon früher einmal vor einem Erdbeben
einen eigentümlichen Traum gehabt, durch den ihm das Natur-
ereignis angekündigt wurde. Es war in Malang, im September 1916. Der Traum hatte ihn nachdenklich gemacht, doch er
konnte ihn sich zuerst nicht auslegen; erst als nach einigen
Tagen ein heftiges Erdbeben erfolgte, wurde ihm der Sinn des
Traumes klar. Er hatte in einem kurzen Nachmittagsschlaf geträumt, daß er in einem Bette saß, dessen Decke und Kissen
ganz mit Kalk und Mörtel bestreut waren. Er machte den Versuch, das Sandzeug von der Decke und von einem großen,
flachen, javanischen Strandhut, der auch im Bette lag, abzu-
streifen. Der Traum zeigte also die Gefahr einer Verschüttung
beim Erdbeben an.

456 Zu diesem Traum bemerkt Dauthendey: „Ich habe neulich ge-
betet, daß Gott mir doch die Kraft geben möchte, mit meinen
Arbeiten, die ich jetzt hier gemacht habe, mir zu helfen, daß ich
mein Brot verdienen kann und nicht leihen muß von Fremden
auf Java. Vielleicht bezieht sich der Traum von der Brot-
lotterie auf mein Gebet vom Brotverdienst.“

459 Dauthendey hatte diesen Traum ungefähr drei Monate vor
seinem Tode.

Vgl. auch den Traum Nr. 539 und die Anm. zu diesem Traume.

PETER ROSEGGER (* 31. Juli 1843 in Alpel, † 26. Juni
1918 in Krieglach).
Er hatte im Winter des Jahres 1890 von einer Gerichtsszene geträumt; diesen Traum hat er dann im vierten Akt seines Volks-
dramas „Am Tage des Gerichts" literarisch verwertet. Vgl.
das Vorwort zu diesem 1892 erschienenen Drama und die Angaben in dem Buche von Wilhelm Stekel „Die Träume der
Dichter", S. 106/07.
Rosegger war, bevor er Schriftsteller wurde, Schneidergeselle. 460 u. 461

MAX BURKHARD (* 14. Juli 1854 in Korneuburg,
† 16. März 1912 in Wien).
Burkhard gibt an, daß er den Inhalt und den vermutlichen Anlaß seiner Träume stets aufmerksam nachgeprüft habe. Besonders oft träumte er von seinem verstorbenen Vater und von
bevorstehender Prüfung. Die Träume vom Vater machten ihn
unsagbar glücklich, er überlegte dann meistens im Traume, daß
der Vater doch nicht tot sein könne, da er ihn sehe.
Burkhard erzählt den Traum in seinem Aufsatz über Freuds 462
Werk „Die Traumdeutung" als Beispiel gegen die Theorie der
Wuncherfüllung. Er führt diesen Traum auf Alkoholgenuß
am Silvester zurück.
Tätigkeit im Wiener Landgericht: Burkhard war auch Dr. iur., 465
zuletzt Hofrat am Verwaltungs-Gerichtshof.
Als Direktor: Burkhard war acht Jahre lang Direktor des 466
Wiener Burgtheaters.
Professor W: Stekel („Die Träume der Dichter", S. 122) gibt 467
den Namen an, es ist der Kunsthistoriker Professor Franz
Wickhoff — Buchhändler G: nach Stekel der Buchhändler Her-
mann Gilhofer.

FRIEDRICH HUCH (* 19. Juni 1873 in Braunschweig, 468—475
† 12. Mai 1913 in München).
Er publizierte zuerst im Jahre 1904 in dem „Träume" betitelten
Buche hundert Träume. Im Vorwort zu diesem Buche erklärt
er, auf welche Weise er die möglichst getreue Wiedergabe eines
Traumes zu erzielen suchte. Wenn er bei Nacht aus einem
Traum erwachte, prägte er sich den Traum gleich durch einige

Stichworte ein, und so konnte er sich am Morgen genau an den Traum erinnern. Manche Träume schrieb er sofort nach dem Erwachen vollständig auf. Um die Fixierung eines Traumes so sachlich als irgend möglich zu gestalten, vermied er bei der Niederschrift alle schmückenden oder erklärenden Redewendungen. Diese Träume und noch einundsiebzig aus einer späteren Publikation sind jetzt im vierten Bande seiner „Gesammelten Werke" (Deutsche Verlags-Anstalt, Stuttgart) veröffentlicht.

ISOLDE KURZ (* 21. Dezember 1853 in Stuttgart; lebt in München).

Dr. phil. honoris causa.

476 Den Traum führt Isolde Kurz auf die Erzählung von einem Diebstahl zurück. Der Dieb hatte, wie ihr berichtet wurde, einen Gegenstand aus einem Schauladen gestohlen und später selbst zurückgebracht. Im Traume übernimmt sie die Rolle des Diebes, legt aber die Beute in einem fremden Hausflur nieder.

479 mein frühverstorbener jüngster Bruder: Garibaldi Kurz, geb. 1860.

480 Zu diesem Traume bemerkt Isolde Kurz: „Diesen Traum könnte man zu den wahrsagenden rechnen, denn er deutete unter symbolischer Verhüllung darauf hin, wie sich bei einer bald danach eintretenden Lebenskrise befreundete Personen verhalten würden."

481 vor dem Tode meines ältesten Bruders: Edgar Kurz starb in Florenz im Alter von einundfünfzig Jahren am 27. April 1904. Sein Lebensbild zeichnete Isolde Kurz in dem Buche: „Florentinische Erinnerungen". Hier erzählt sie auch einen sehr interessanten Traum des Bruders (S. 175/177) — Mutter: Marie Kurz, geb. von Brunnow, Gattin des Schriftstellers Hermann Kurz — der zweite Bruder: Alfred Kurz. Er starb im fünfzigsten Lebensjahr, zehn Monate nach dem Tode des ältesten Bruders. (Vgl. Nr. 482.) Die Charakteristik von Alfred Kurz in „Florentinische Erinnerungen", S. 225 flg.

484 Sie lebte damals noch: Die Mutter von Isolde Kurz starb im fünfundachtzigsten Lebensjahr am 26. Juni 1911 in München. (Vgl. Anm. zu Nr. 481.)

Den Traum hatte Isolde Kurz am Morgen, unmittelbar vor dem 486
Erwachen.

Ihr erster Gedanke war, daß ihr der Traum den Untergang
Deutschlands versinnbildlichte.

Die Traummotive lassen erkennen, daß Tagesvorstellungen, die
von den Zeitereignissen beeinflußt waren, in den Traum hinein-
spielten und ihn formten.

Sie ist im Traume zuerst in Florenz, wo sie früher gelebt hatte;
sie steigt aus einem hohen alten Omnibus, spricht mit Freunden
aus alter Zeit, und doch ist alles nicht mehr wie ehemals, der
Gedanke, daß Schweres geschehen ist, seitdem man sich nicht
gesehen, läßt sich nicht ganz unterdrücken. Plötzlich ist sie in
Deutschland, wo Schweres noch geschieht, sieht, wie ein Reiter,
dem sie mit Wohlgefallen nachblickte, von einem anderen Reiter, einem Matrosen, von seinem Wege abgetrieben wird, gegen
eine sumpfige Niederung hinunter. Sie wendet sich rückwärts
und steht plötzlich vor einem gewaltigen Strom, dessen jagende
Wellen in gleichem Abstand Leichen vorwärtstreiben. Sie sieht
die Leiche eines Arbeiters, die Leiche eines Intellektuellen und
eine Frauenleiche. Sie selbst befindet sich auf der linken Flußseite, ist jedoch außerstande, helfend einzugreifen.

Ich glaube, daß man diesen Traum auf die damaligen politischen
Zustände beziehen kann.

Die Dichterin Isolde Kurz ist sicherlich liberal gesinnt. Ihre
Eltern waren von den Freiheitsideen der Achtundvierziger Jahre
erfüllt, der Vater, der Dichter Hermann Kurz, war ein guter
Demokrat, die Mutter hatte ultraradikale Glaubenssätze, haßte
Preußen als Unterdrücker ihrer politischen Ideale, sah in Kaiser
Wilhelm I. immer noch den „Kartätschenprinzen", ihrem jüngsten Sohne gab sie den Namen des Freiheitshelden Garibaldi.
Die neunjährige Isolde mußte der Mutter schwören, daß sie
Preußen ewig hassen werde. Die liberale Denkart der Eltern
hat die Tochter, die die Eltern ungemein liebte und verehrend
zu ihnen aufsah, gewiß immer stark beeinflußt, doch der Libera-
lismus von Isolde Kurz ist von dem ihrer Eltern so verschieden,
wie die heutige Demokratie von der Demokratie der Achtundvierziger Jahre. In ihrem jetzt erschienenen und dem Andenken
der Mutter gewidmeten Buche schreibt Isolde Kurz von den

„etwas kindlichen ultraradikalen Glaubenssätzen" der Mutter, man kann annehmen, daß Isolde Kurz aus ihrer demokratischen Weltanschauung heraus die politischen Vorgänge nach dem Umsturz im Jahre 1918 nicht gebilligt hat.

Der hohe alte Omnibus, den es jetzt nicht mehr gibt, ist das Symbol einer früheren Zeit, die nicht mehr wiederkehrt. Die Träumerin wendet sich auch rückwärts, als sie eine unangenehme Szene in Deutschland träumt. Doch das Rückwärtsschauen bringt keine Erlösung, sie ist nicht mehr auf einer grünen lachenden Wiese wie zuvor, sie steht plötzlich vor einem wildgewordenen Strom, der die Menschen vom festen Ufer fortreißt. Was hat sich vorher ereignet? Ein Reiter, der in schönem schlankem Trab in die Ebene hinausflog, wurde von einem Matrosen in eine sumpfige Niederung abgedrängt. (Die Novemberrevolution begann mit dem Matrosenaufstand in Kiel. Dazu wohl noch der Nachklang der Ereignisse aus letzten Tagen: vom 16. — 20. Dezember tagte in Berlin die Reichskonferenz der Arbeiter- und Soldatenräte, und am 24. Dezember kam es zwischen den im Schloß und Marstall einquartierten Matrosen und den Truppen des Generalkommandos Lequis zu Kämpfen, weil die Matrosen sich geweigert hatten, ihre Quartiere zu räumen, Berlin zu verlassen und die Volksmarinedivision aufzulösen.) Entsprechend den Zeitereignissen taucht im Traume in charakteristischer Wiederholung die Vorstellung links auf. Der Matrose erscheint plötzlich wie aus dem Boden gewachsen „zur Linken", der Intellektuelle „mit feinem Gelehrtengesicht" versucht noch zuletzt sich zu retten, „das Ufer zu gewinnen", indem er „noch schwach den linken Arm" bewegt, und sie selbst steht auf der linken Flußseite, sieht im reißenden Wasser Leichname treiben und kann nicht helfen. (In dem Mitte November erlassenen Aufruf zur Gründung einer Deutschen demokratischen Partei war zu lesen: „Männer und Frauen des neuen Deutschland! Nach einem entsetzensreichen Kriege gehen wir durch die Wirren einer gewaltigen Revolution . . . Sollen Millionen Männer und Frauen, überrascht und erschreckt durch das revolutionäre Schauspiel, furchtsam sich in die Ecke drücken und tatenlos zusehen, wie die Ereignisse vorüberziehen? Das darf nicht geschehen.") Auch Isolde Kurz wird sich wohl öfters die

Frage vorgelegt haben, wie sie helfen könnte, denn furchtsam und tatenlos möchte man nicht den vorüberziehenden Ereignissen zusehen. Als sie im Traume auf der linken Flußseite steht, hat sie „keine Möglichkeit, irgendwie zu helfen". Sie wird sich gewiß im Wachen aus ihrer Ideologie heraus auch gesagt haben, daß radikale Gesinnung und die Bewegung von links Verderben und Untergang bringen werden, und im Traume sieht sie, wie die jagenden Wellen des Stromes Leichen mit sich führen, und der Traum kennzeichnet die Leichen als einer bestimmten Klasse zugehörig, arbeitet die Klassenunterschiede heraus, nur Hemd und Hose hat der Proletarier an, seine Kleidung ist mit Kalk beschmiert, der Bürger ist gut gekleidet. Sie hat im Traume „den Eindruck, daß diese alle der wildgewordene Strom vom festen Ufer weggerissen hat"; die Befürchtung, daß man bei fortschreitender Revolution vom festen Ufer weggerissen werden wird, wurde damals im Bürgertum laut zum Ausdruck gebracht. Am 20. Dezember richteten die bayrische Volkspartei, die deutsche Volkspartei (Deutsche demokratische Partei) in Bayern und die nationalliberale Partei Münchens an die provisorische Regierung des Volksstaats Bayern eine Anfrage, ob der Landtag, der im Januar gewählt werden sollte, auf Freiheit der Tagung rechnen könnte. „Die Ereignisse der letzten Zeit, insbesondere der letzten Tage", heißt es in der Anfrage, „lassen keinen Zweifel mehr zu: wir stehen vor der Gefahr der Anarchie . . . Will die Regierung die Ordnung, oder will sie die Anarchie?" Bleibt die unzweideutige Antwort, die durchgreifende Tat aus, so ist nach der Erklärung dieser Parteien nichts anderes zu erwarten „als das unaufhaltsame Versinken in den bolschewistischen Abgrund".

Wenn ich Aufrufe aus damaliger Zeit zitiere, ein bestimmtes politisches Tagesereignis in Zusammenhang hervorhebe, so will ich selbstverständlich damit nicht unterstellen, daß Redewendungen der Aufrufe und nur die Begebenheit der Stunde diesen Traum ausgelöst haben; ich schildere die Situation, die den Humus für den Traum bildet; die Aufrufe enthalten nichts anderes als das, was fast mit denselben Worten immer wieder damals gesagt wurde, in Zeitungen, Versammlungen, auf der Straße, von Haustür zu Haustür. Isolde Kurz braucht den

Aufruf zur Bildung der demokratischen Partei, und trotzdem sie
in München wohnte, die Anfrage der bürgerlichen Parteien an
die bayrische Volksregierung nicht gelesen zu haben, was aber
dort erklärt wurde, hat sie oft gelesen, unzähligemal gehört,
und ich nehme an, auch selbst gedacht.

Isolde Kurz hat später ihren Traum selbst politisch gewertet.
Sie schreibt: „Als die Räterepublik mit dem schrecklichen nachfolgenden Blutbad kam, da verstand ich erst den wahren Sinn
des Traumes."

FRANZISKA GRÄFIN ZU REVENTLOW (* 18. Mai
1871 in Husum, † 27. Juli 1918 in Muralto, Tessin).
Schriftstellerin. Ihre „Gesammelte Werke" sind 1925 im Verlage Albert Langen, München, erschienen.

487 Sie hatte früher oft Selbstmordgedanken (Tgb. 7. Februar und
28. Juli 1897), hatte auch Angst, sie würde wahnsinnig werden
(Tgb. 3. Juli 1897). Sie hatte einmal von Selbstmord geträumt
und auch davon, daß sie wahnsinnig geworden sei. (Tgb. 27. Juni
und 3. Juli 1897.)
Zu dem Traum möchte ich noch bemerken, daß sie um diese
Zeit an Schlaflosigkeit litt.

488 Ihr wurde von einem reichen Manne der Vorschlag gemacht,
mit ihm zusammen zu leben, sie sollte aber ihren Sohn, der
damals fast zwei Jahre alt war, in Pension geben. Sie war sich
darüber im klaren, daß ein Liebhaber, der die Trennung vom
Kinde von ihr verlangte, sie zugleich ihren Mutterpflichten entfremdete. „Wahrscheinlich darf ich dann nur auf dem Sopha
liegen, Nägel polieren und mit Herzklopfen auf sein Kommen
warten." (Tgb. 6. August.) Der Traum verdeutlicht ihr die Gefahren eines solchen Liebesverhältnisses.

489 Vor einer Woche hatte sie geträumt, Wedekind singe bei den
Zehn Scharfrichtern, und sie sitze auf der Bühne in einer Ecke
und sie seien „sehr amoureux".
Zu ihren zwei Träumen von Wedekind folgende Wacherlebnisse:
„Abends saßen wir bei den Scharfrichtern, Wedekind seine
Ballade zur Gitarre singen gehört. O du mon Dieu, mon Dieu!
Der Karnevalsfaible für ihn erwacht wieder — aber arg."
Und: „Ich abends mit Rodi zu den Scharfrichtern, wo wir

unserer gemeinsamen Verliebtheit für Wedekind frönen. Nachher mit Falkenberg im Café, der bestürmt wird, uns ein Rendezvous mit Wedekind zu verschaffen ... Dann das Rendezvous mit Wedekind im ,Luitpold', das etwas ins Wasser fällt. Rodis Gegenwart, Verschwinden und Wiederkommen erschwert die Sache und erzeugt Verlegenheit. Ich begleite Wedekind noch ein Stück, wobei er etwas wärmer wird, aber es wurde nichts Rechtes mehr." (Tgb. 21. April 1902.)

Nach ihrer Rückkehr nach München sieht sie dann Wedekind wieder. Wenn sie mit Bekannten in einem Lokal sitzt und Wedekind plötzlich hereintritt, wird sie blaß, über ein paar liebenswürdige Worte von ihm ist sie „glücklich wie ein Backfisch" (Tgb. 12. Juni). Im Karneval des nächsten Jahres trifft sie auf dem Scharfrichterball mit Wedekind zusammen. „Auch wieder in Wedekind verliebt, er nahm mich gegen Morgen an die Hand, führt mich um sich herum und schaut mich an. Frage ihn, ob ich ihm jetzt endlich einmal gefalle. Darauf ,fabelhafter' Blick, und ich reiße aus, damit dieser große Augenblick durch nichts zerstört würde."

Wedekind: der Dichter Frank Wedekind (* 24. Juli 1864 in Hannover, † 9. März 1918 in München).

Sie hatte einige Tage vorher zwei Mädchen geboren, das erste 491 – 493 war tot zur Welt gekommen, das zweite hatte nur einen Tag gelebt.

Ich wollte die Geburt erleichtern und turnte am Trapez: Nach 491 sechs Monaten Schwangerschaft stellten sich bei ihr Anzeichen der Niederkunft ein. Sie hatte vor einer frühzeitigen Niederkunft große Angst gehabt. „Ich will es nicht, will es nicht, will ganz ruhig liegen, damit es vorübergeht." (Tgb. 24. September) — Dann saß plötzlich ein Baby auf meinem Bett: Nach der Geburt wurde das zweite Kind aufs Bett gelegt: „Auf Bubis Bett lag das arme kleine Wesen wie eine abgerissene Pflanze" — glich etwas dem Bubi: ihrem siebenjährigen Sohne.

Ende August hatte sie „von riesengroßen Wasserleichen, die 493 vom Boot aus herausgezogen wurden", geträumt.

mein Vater: Ludwig Graf zu Reventlow, er war seit elf Jahren 494 tot. Im Oktober desselben Jahres hatte sie geträumt, daß sie ihren Vater tot in einem Teich gefunden habe. Er hatte Selbst-

mord verübt, streckte mit einem steifen Arm ein Plakat vor
sich, auf dem seine Todesursache verzeichnet war — Düllberg:
der Schriftsteller Franz Düllberg (* 2. Mai 1873 in Berlin).

495 Der Dichter Oskar Panizza, der an Wahnvorstellungen und
Gehörshalluzinationen litt, war seit dem 19. Oktober 1904 auf der
Irrenstation des städtischen Krankenhauses in München inter-
niert. Dort hatte ihn Franziska Reventlow einigemal im Dezember besucht. Über ihre Eindrücke anläßlich der Besuche schreibt
sie im Tagebuch am 11. Dezember: „Unheimlicher Eindruck,
all die verschlossenen Türen und er mit seinen Augen und Reden.
Ging mir den ganzen Tag im Kopf herum. Der unglückliche
Mensch, es ist mir doch eine innere große Freude, daß ich ihm
etwas sein kann, trotzdem ich ihn wenig kenne und er mich
kaum etwas angeht. Nur das Gefühl, einem etwas Freude bringen zu können, der niemand hat." Und einige Tage später:
„Panizzabesuche, manchmal unheimlich, wenn er mit seinen
scharfen Augen mir seine Halluzinationen erzählt." (Tgb. 17. Dezember.)

Anfang Februar 1905 wurde Panizza in die von Hofrat Dr. Würz-
burger geleitete Nervenheilanstalt Herzogshöhe bei Bayreuth
überführt.

Außer den Erinnerungen an die Besuche auf der Irrenstation
kommt wohl als aktueller Anlaß des Traumes hinzu, daß damals
im März 1905 ein Entmündigungsverfahren gegen Panizza beim
Amtsgericht in München schwebte. In diesem Verfahren wurde
sie Anfang Januar als Zeugin vernommen. (Tgb. 8. Januar.) Zu
der Entmündigung, die am 28. März ausgesprochen wurde, trug
die von Panizza selbst im November 1904 niedergeschriebene
Geschichte seiner Krankheit wesentlich bei. In dieser Krank-
keitsgeschichte berief er sich auf die Gräfin Reventlow als einen
„einwurfsfreien Zeugen" dafür, daß die Schikanen, denen er ausgesetzt war, „in raffinierten, auf peinlichste Verletzung des
Nervensystems berechneten Pfeifereien" bestanden.

Das Traummotiv von der Selbstmordabsicht Panizzas (er ginge
in den Garten . . . Ich wußte, daß er sich aufhängen wollte . . .)
ist auf eine Erinnerung aus dem Wachbewußtsein zurückzuführen. Panizza wollte tatsächlich durch Erhängen seinem
Leben ein Ende machen. Er schreibt in seiner Krankheits-

geschichte: „Nachdem schon in Paris einmal, einmal in Lausanne
und einmal in Neufriedenheim Selbstmordneigung aufgetreten,
erfolgte am 9. Oktober in einem Raptus von Verzweiflung und
Hoffnungslosigkeit nach rascher Niederschrift eines Testaments
der Beginn der Ausführung einer Selbstmord-Absicht durch
Erhängen an einer einsam gelegenen Stelle des englischen
Gartens. Doch Mutlosigkeit ließ im letzten Moment den entscheidenden Sprung von dem bereits erkletterten Baum mißlingen." (Selbstbiographie, abgedruckt in der von Dekan Friedrich Lippert herausgegebenen Schrift „In memoriam Oskar
Panizza", München 1926, S. 24).

Oskar Panizza, * 12. November 1853 in Bad Kissingen, † 28. September 1921 in geistiger Umnachtung in der Nervenheilanstalt
Herzogshöhe bei Bayreuth.

Die Traumvorstellung, sie wäre schwindsüchtig „bis tief hinein",
ist darauf zurückzuführen, daß sie damals tatsächlich befürchten
mußte, schwindsüchtig zu werden. Anfang März notiert sie ins
Tagebuch: „Schrecklicher Katarrh, zum Doktor, der ihn etwas
besorgniserregend findet." Und einige Monate später erklärt
ihr ein Spezialist für Lungenkrankheiten, daß ihre rechte Lunge
angegriffen sei, und wenn sie sich nicht schonen würde,
könne es recht ernst werden. „Ich wußte es ja schon lange und
war nicht so sehr überrascht." (Tgb. 31. Dezember.)

Sie hatte George persönlich gekannt. Am 20. Februar 1901 496
notiert sie ins Tagebuch: „Vor- und nachmittags und dann bis
abends bei Hofmann, Stefan George. Fast unheimlich,· dieser
seltsam gebildete Kopf mit den erloschenen Augen. Kommt
einem nicht recht wie ein wirklicher Mensch vor, trotzdem er
lachen kann."

Stefan George: geb. 12. Juli 1868 in Büdesheim.

Sie träumte sehr oft vom Elternhaus in Husum. Mit den Eltern 497
war sie ganz zerfallen, sie hatten sich von ihr losgesagt, zum
Sterbebett des Vaters hatte ihr die Mutter den Zutritt verwehrt.
Für ihre Emanzipation des Geistes und des Fleisches, ihre modernen Ideen und ihre Anschauungen über freie Liebe, die sie
nicht theoretisch diskutierte, sondern in die Praxis des Lebens
umsetzte, hätten auch andere Eltern, ein Vater, der nicht erster
preußischer Landrat von Husum war, und eine Mutter, die

weniger streng auf Befolgung der Etikette sah, kaum Verständnis gehabt. Kindheitserinnerungen und den Konflikt mit den Eltern spiegeln ihre Träume von Husum wieder. „Manchmal helle schöne Träume von Husum und Heimat — daß ich wieder da bin und alle gut gegen mich." (Tgb. 21. Mai 1897.) Sie träumte, die Mutter erzählte ihr, daß sie von Husum fortmüßten, und fragte sie, ob sie zu Hause glücklich gewesen wäre. (Tgb. 23. Juni 1897.) Im Traume ging sie angsterfüllt einen Weg im Husumer Garten und zitterte vor der Mutter, die ihr Vorwürfe machte, sie hätte gelogen. (Tgb. 3. Juli 1897.) Träumte, daß sie in Husum aus dem Fenster gestiegen wäre, um den Sonnenuntergang zu sehen. (Tgb. 24. Juni 1902.) Im Traume wollte sie Storms Wohnung in Husum haben. (Tgb. 8. Juni 1903.) Träumte, sie wäre in Husum und die Eltern verstießen sie feierlich. (Tgb. 1. November 1904.) Nach dem Tode der Mutter träumte sie mehrmals von ihr „und da war sie immer so gut und sanft, wie ich sie fast nie gesehen habe". (Tgb. November 1905.)

ich wäre schon neununddreißig Jahre: sie war damals vierunddreißig Jahre alt — Irgendeine sonderbare orientalische Szenerie: im Sommer 1900 war sie einige Monate auf der Insel Samos.

500 Sie hat am 31. Juli Frösche, die ihr Sohn gefangen hatte, gemalt. Kurz vor dem Traume hatte der Sohn wiederum Frösche gefangen. Und am 20. August hatte sie dem Sohn einen Zahn plombieren lassen.

Bubis Geburtstag: diesen Traum hatte sie in der Nacht vor dem neunten Geburtstag ihres Sohnes.

502 Franziska Reventlow war Oktober 1905 aus der Kirche ausgetreten. „Das war auch wieder verrückt, als der Pfaff mir mit tragischer Gebärde das Papier reicht — und ich, innerlich sentimental, denke an meine Jugend." (Tgb. 16. Oktober.)

504 Sie fühlte sich damals krank, „mit . . . der immer leise gärenden Stomatitis im Munde soll der Teufel mit Vergnügen leben und arbeiten". Das Resultat des Traumes war, daß sie sich entschloß, einen Doktor aufzusuchen.

Cecconi: Zahnarzt in München (Traumvorstellung: der tut einem ja gar zu weh).

506 Sie hatte in jener Zeit viel in Homer gelesen.

RUDOLF LEONHARD (* 27. Oktober 1889 in Lissa).
Ich kenne viele Träume Rudolf Leonhards aus seinen unver- 507—519
öffentlichten Tagebüchern. Über den Zusammenhang seiner
Träume mit Wacherlebnissen konnte er mir keine Angaben
machen, da es ihm selbst unmöglich war, den Tagesrest in seinen
Träumen zu fixieren. Die Ausführungen, die er mir zur Verfügung stellte, geben über die Verbundenheit der Träume mit
Tagesdingen und über die Fähigkeit, intellektuelle Leistungen
im Traume zu vollbringen, interessante Aufschlüsse.

„Es kann ein äußerer Anstoß gewesen sein, der mich auf den
Gedanken brachte, Träume regelmäßig aufzuzeichnen; soweit
ich mich erinnere, war es die Lektüre der Traumaufzeichnungen
Friedrich Huchs, lange vor der Lektüre von Traumberichten
der Psychoanalytiker. Aber dieser äußere Anstoß hätte nicht
die konsequente Beobachtung meines Traumlebens erreicht,
wenn mir nicht meine Träume, die Vielfalt und Freiheit des
Traumlebens, von Anfang an bedeutsam erschienen wären. Dieses Gefühl von ihrer Bedeutung wurde durch die Gewohnheit,
Träume möglichst festzuhalten und zu fixieren, so gestärkt, daß
ich fast Gewissensbisse verspüre, wenn ich aus Nachlässigkeit
oder der Scheu vor der großen Anstrengung, die das genaue
Fixieren eines Traumes mit den sprachlichen Mitteln des Tages
bedeutet, das Aufzeichnen eines Traumes so lange verschiebe,
daß ich ihn dann ganz oder zum größten Teil vergessen habe.
Das Festhalten gelingt, wenn es sofort geschieht; wird das Notieren in Schlagworten oder die Ausführung dieser Skizze zu
lange verschoben, so wird der Traum vergessen oder die Aufzeichnung unverständlich.

Mitunter wacht der Traum in einer sonderbaren Art, durch
irgend eine reale Assoziation hervorgerufen, plötzlich wieder
auf, ich sehe etwas und weiß, daß ich heute davon geträumt
habe, und große Stücke des Traumes, auch solche, die nicht
direkt mit dem realen Assoziationsgegenstand verbunden sind,
werden wieder sichtbar. Solche Assoziationsobjekte sind oft
Personen, es ist aber auch vorgekommen, daß ich jemand ein
Taschenmesser herausnehmen sehe und mir einfällt, daß ich von
einem solchen Taschenmesser heute nacht geträumt habe und
daß mir ganze Stücke des Traumes wieder gegenwärtig werden.

Ich kann nur diese Verbundenheit zu den Tagesdingen, ich kann nur den Traumrest im wachen Leben feststellen, nicht umgekehrt den Tagesrest im Traume; mitunter ist das Eindringen des Traumes in den Tag so weit gegangen, daß ich Traum und Wachleben nicht unterscheiden konnte und Handlungen vorgenommen habe, die sich auf geträumte, aber von mir für wahr gehaltene Gespräche oder Situationen bezogen haben.

Einige Male hatte ich Gelegenheit, Beziehungen des Traumlebens zur dichterischen Produktion zu bemerken: an je einer Stelle zweier Dramen, an denen die Handlung es nötig machte, einen Traum zu erzählen, habe ich den zu erzählenden Traum in der Nacht vor der Arbeit selbst geträumt, so, daß ich das eine Mal den geträumten Traum für die Hälfte des zu erzählenden verwenden konnte, das andere Mal sogar nur ein einziges Faktum hinzuzufügen brauchte. Und einmal geschah es, als die Arbeit an einem Drama stockte, daß ich den Satz, den an dieser schwierigen Stelle eine Person sagen mußte, geträumt habe: ich wachte aus einem Traum so auf, daß ich mir den letzten im Traume gesagten Satz, einen mir völlig sinnlos erscheinenden Satz, wiederholen konnte und mehrmals, ihn noch immer sinnlos findend, wiederholte; erst nach einer Weile merkte ich, daß es der für die Person des Dramas nötige Satz war."

WALTER BENJAMIN (* 15. Juli 1892 in Berlin).
Er publizierte: Der Begriff der Kunstkritik in der deutschen Romantik (Bern 1920) und Charles Baudelaire: Tableaux parisiens, mit einer Vorrede über die Aufgabe des Übersetzers (Heidelberg 1923).
527 Roethe: der Germanist Gustav Roethe, damals Professor an der Berliner Universität — „la tête . . .: das Baudelaire-Zitat aus dem zu dem Cyklus „Les fleurs du mal" gehörenden Gedicht „Une martyre".
529 Sternheim: der Dichter Carl Sternheim.

WIELAND HERZFELDE, vgl. Angaben S. 620.

DER WELTKRIEG

BISCHOF DR. JOSEPH VON LANYI

Der Bischof von Großwardein, Dr. Joseph von Lanyi, gehorte
zu den vertrauten Freunden des österreichischen Thronfolgers
Erzherzogs Franz Ferdinand. Dr. von Lanyi kannte die ge-
spannte politische Situation auf dem Balkan und war wohl auch
darüber unterrichtet, daß man mit der Möglichkeit eines Attentats gegen den Thronfolger anläßlich seines Besuches in Sarajewo nach den Manövern in Bosnien rechnen könne. Hatte doch
das Evidenzbüro des österreichischen Generalstabs wiederholt
Meldungen erhalten, die, wie Feldmarschall-Leutnant August
Urbanski von Ostromiecz, der früher Chef des Evidenzbüros
war, in einem Memoire hervorhebt, „fast mit Gewißheit ser-
bischerseits feindselige Handlungen erwarten ließen". (Das
Memoire hat Egon Erwin Kisch in seiner Schrift „Der Fall des
Generalstabschefs Redl", Berlin 1924, publiziert, vgl. S. 87.)
Aber der Thronfolger hatte die Abhaltung der Manöver in
Bosnien gegen den Willen des Chefs des österreichischen Gene-
ralstabs Conrads von Hötzendorf durchgesetzt und trotz aller
Warnungen darauf bestanden, nach den Manövern feierlich in
Sarajewo seinen Einzug zu halten. Der Thronfolger hatte auch
zu Personen seiner Umgebung geäußert, er wüßte bestimmt,
daß er keines natürlichen Todes sterben werde. (Meldung des
„Berliner Tageblatts" vom 29. Juni 1914; Nr. 323.)
Bischof von Lanyi war gewiß um den Thronfolger besorgt, er
machte sich wohl auch darüber Gedanken, ob der Besuch des
Thronfolgers in Sarajewo einen guten Verlauf nehmen werde.
Sicherlich war dies die Ursache des Traumes. Doch ist dies noch
keine Erklärung dafür, daß Bischof von Lanyi die Vorgänge in
Sarajewo fast in allen Einzelheiten im Traume richtig vorausgeahnt hat.
Er sah im Traume ein Kartenbild, das den Thronfolger und
seine Gemahlin im Automobil, ihnen gegenüber einen General
und neben dem Chauffeur einen Offizier zeigte. Tatsächlich saß
dann auf der Fahrt im Automobil dem Thronfolgerpaar gegenüber ein General — es war General Potiorek — und neben dem
Chauffeur saß ein Offizier, Graf Harrach. Das Attentat selbst

hat sich in Wirklichkeit nicht ganz so abgespielt, wie es vorausgeträumt wurde. Bischof von Lanyi träumte, daß aus dem Zuschauerspalier zwei junge Burschen sprangen und auf den
Thronfolger und seine Gemahlin schossen. In Wirklichkeit hat
das Attentat folgenden Verlauf gehabt: Zuerst schleuderte
Nedeljiko Cabrinović eine Bombe in das Auto des Thronfolgers,
die Bombe fiel aber herunter und explodierte unter dem Auto,
das hinter dem, in dem das Thronfolgerpaar saß, fuhr. Der
Thronfolger und seine Gemahlin blieben unverletzt. Erst eine
halbe Stunde später, auf dem Rückwege vom Rathaus, wurden
der Thronfolger und seine Gemahlin durch die Schüsse, die
Gavrilo Princip auf sie an der Ecke der Rudolfgasse abfeuerte,
getötet.

Den Umstand, daß die Gattin des Thronfolgers ein Opfer des
Attentats werden würde, hat Bischof von Lanyi im Traume
richtig vorausgeahnt.

Als Bischof von Lanyi aus dem Traume angsterfüllt erwachte,
stellte er fest, daß es halb vier Uhr morgens war. Er eilte zum
Schreibtisch und schrieb gleich den Traum nieder. Er konnte
sich genau an den Inhalt des Briefes, sogar an den Charakter der
Schrift erinnern und versuchte bei der Niederschrift den Charakter einiger Buchstaben beizubehalten. Als am frühen Morgen
der Diener in das Zimmer des Bischofs trat, glaubte er, dieser
wäre erkrankt, denn er war ganz blaß. Der Bischof ließ schleunigst
seine Mutter und ein bei ihr zu Besuch weilendes Fräulein S.
rufen, diesen erzählte er gleich seinen Traum. Dann las er in
der Hauskapelle eine Messe für das erzherzogliche Paar. Den
ganzen Tag verbrachte er in größter Unruhe, um halb vier Uhr
nachmittags erhielt er aus Wien ein Telegramm, das ihm die
Ermordung des Thronfolgers und seiner Gemahlin meldete.

Einige Tage später teilte Bischof von Lanyi seinen Traum zwei
Geistlichen mit, außerdem den Erzherzoginnen Maria Theresa
und Maria Annunziata, viel später erzählte er ihn seinem Bruder,
dem Pater Eduard Lanyi, Professor am Pius-Internat zu Fünf-
kirchen. Auf dessen Wunsch gab Bischof von Lanyi im Juni 1916
eine genaue schriftliche Darstellung des Traumes und seiner
Umstände. (Vgl. Psychische Studien, hrsg. v. Prof. Dr. Friedrich
Maier, Jahrg. 45, 1918, S. 150/51, S. 324/25 u. S. 465 flg.)

Der Traum wurde zuerst von Pater Puntigam in der von ihm
redigierten Zeitschrift „Balkanstimmen" veröffentlicht.

dem Erzherzog Franz Ferdinand: Thronfolger von Österreich
(* 18. Dezember 1863 in Graz, am 28. Juni 1914 in Sarajewo ermordet) — seine Gemahlin: Fürstin Sophie von Hohenberg,
geb. Gräfin von Chotek (* 1. März 1868 in Stuttgart, am 28. Juni
1914 in Sarajewo ermordet), der Thronfolger von Österreich
war mit ihr seit dem 1. Juli 1900 morganatisch vermählt.

ISOLDE KURZ.
Vgl. Angaben S. 604.
Isolde Kurz wohnte vom Jahre 1877 bis Ende 1913 in Italien.
Nach dem Eintritt Italiens in den Weltkrieg hatte sie immer
wieder denselben Traum in verschiedenen Abwandlungen: sie
träumte, sie sucht sich über die italienische Grenze zu schleichen,
will die Orte wiedersehen, die sie aus Friedenszeiten so gut kennt
und so sehr liebt. Das Überschreiten der Grenze gelingt, aber
zuletzt wird sie immer in einer Stadt als Deutsche erkannt oder
irgendwie verraten, es kommt zu Volksaufläufen, sie erlebt die
aufregendsten Straßenszenen, alle Stadtbewohner sind hinter ihr
her und verfolgen sie.

wo Savonarola gefangen saß: der Bußprediger Girolamo Savo- 533
narola im Jahre 1498.

Auch der Traum von Isolde Kurz Nr. 485 gehört zu den Träumen aus dem Weltkrieg.

HANS CAROSSA (* 15. Dezember 1878).
Schriftsteller, Dr. med., lebt in München.
Carossa hat 1916 als Landsturmarzt den Feldzug in Rumänien 534—536
mitgemacht.

den kleinen Wilhelm: sein Söhnchen — Vally: seine Gemahlin. 534
Er lag damals im Tal Hallesul am Fuß des Runcul mare im 535
Unterstand. Am Morgen schlug eine Granate vor dem Unterstand ein, durch den Knall des zerspringenden Geschosses wurde
er aus dem Traume geweckt.
jener Rumäne: er hatte einem verwundeten Rumänen, der in
den letzten Zügen lag und sehr litt, Morphium eingespritzt.
„Nach der Einspritzung legte er fast bequem seinen Kopf an

der Birke zurecht und schloß die Augen, in deren tiefe Höhlen sogleich große Schneeflocken fielen. Wir gingen eilig weiter." (Tgb. 16. November) — Glavina: kurz vorher war der junge Befehlträger Glavina, dessen Briefe seinerzeit Carossa „gelesen und nie ganz vergessen hatte", bei einem Angriff tödlich verwundet worden.

536 Carossa war damals mit seiner Abteilung auf dem Marsche. In Kóstelek, wo sie rasteten, hatte er diesen Traum.

Folgende Wacherlebnisse sind feststellbar:

Er war mit anderen Offizieren im Hause einer jungen, schönen Ungarin einquartiert. „Ihr schmales bleiches Gesicht ist durch allen Kummer hindurch von wunderbarer Beständigkeit und Klarheit. Sie muß Böses erlitten haben und erwartet auch von uns nichts Gutes," notierte er vor dem Schlafengehen ins Tagebuch. Am Morgen stand er ganz frisch auf, „gewiß ist es die gesunde Urnähe des Weibes, die den Schlaf so erquickend gemacht hat."

An einem der letzten Novembertage hatte er in Kezdi-Almás ein graues Kätzchen, das Maschka hieß, sterben sehen. Von dem Ende dieser Katze gibt er im „Rumänischen Tagebuch" eine ergreifende Schilderung; sie gehört inhaltlich zu dem Aufwühlendsten, formal zu dem Schönsten in der neueren deutschen Literatur. — Ein fünfzehnjähriger Bursche erhielt den Auftrag, einige junge Katzen, darunter Maschka, da es an Milch für sie fehlte, zu beseitigen. Er tötete die Katzen, indem er eine nach der anderen an die Scheunenwand schmetterte. Bei dieser grausamen Prozedur war Maschka nur betäubt worden und kehrte, am Kinn blutend, in die Küche zurück. Das Tier konnte sich aber nicht mehr erholen. „Früh weckte mich gestern leises Wimmern und Murren", schreibt Carossa am 28. November ins Tagebuch. „In der großen Stube, mit ganz verschaudertem Gesicht, kauerte der junge Ungar am Boden und schob dem Tier bald ein Wasser-, bald ein Milchnäpfchen zu. Es hatte nachts Blut, morgens Galle gespien. Die Milch beachtete es gar nicht; auf das Wasser blickte es unverwandt. Als ich mich näherte, hob es langsam den Kopf wie ein müder, trauriger Mensch. Das Gesicht war viel kleiner geworden, das goldumrandete Bernsteingelb der Augen getrübt, die Nase sehr heiß. Es hatte gewiß

Fieber und brennenden Durst. Bald weinend, bald brummend näherte es nun seine Schnauze dem Wasser, zitterte aber bei jeder Berührung mit einem zornigen Laut zurück: es war zu sehen, daß ihm der Trinkversuch Schmerz bereitete. Aber immer wieder trieb es rasende Begierde dem Wasser zu. Plötzlich tauchte es eine Vorderpfote ein, dann die andere; schließlich wollte es ganz in den Topf hineinsteigen, der aber viel zu klein war. Man füllte eine große Schüssel; da legte es sich hinein mit seinem ganzen inneren Brand und blieb eine Weile ruhig." Carossa spritzte dem leidenden Tier Morphium ein; als er sich zur Ruhe legte, schlief es zu seinen Füßen ein, wobei es den Kopf an seinen linken Fuß lehnte. So verbrachte es die Nacht, am Morgen starb es. Die Erinnerung daran, daß die Katze in ihrem Schmerz in den wassergefüllten Topf hineinsteigen wollte, dann sich in die Schüssel mit Wasser legte, hat das Traummotiv vom Sprung der Katze in den wassergefüllten Granattrichter ausgelöst.

Das Traummotiv von einer blauen, leuchtenden Wolke ist darauf zurückzuführen, daß Carossa tags zuvor auf dem Marsche Leuchtraketen beobachtet hatte.

Die Traumvorstellung von der langen Reihe winziger blinkender Wesen, die sich nähern und dabei groß und kriegerisch werden und am Ende wirkliche Soldaten mit silberblauen Stahlhelmen sind, rührt von dem Eindruck her, den marschierende Soldaten tags zuvor auf ihn gemacht hatten. Nur in der Wirklichkeit sah er nicht sich nähernde, sondern in der Ferne verschwindende Soldatenzüge. „Während wir als letzte noch tief unten in Schattenkälte gingen, sahen wir unsere vordersten Gruppen bereits hoch über uns vor orangerot beleuchtetem Gestein aufsteigen und dahinter verschwinden. Diese gehorsamstetige Prozession grauer Männer, die aus der scharf abscheidenden Helle ins Unbekannte wanderte, zog immer wieder den Blick empor."

Die Soldaten im Traume tragen silberblaue Stahlhelme. Auf dem Marsche hatte er die Farbeneindrücke Blau und Silber gehabt. Er beschrieb vor dem Schlafengehen im Tagebuch die Landschaft: „Überall ist Schnee zu hohen Wehen durcheinander gebaut; blaue Schattenwände stießen an Wände von brennendem Silber."

WIELAND HERZFELDE (* 11. April 1896 in Weggis, Schweiz).

Schriftsteller und Verleger.

537 meines leiblichen Bruders: John Heartfield.

MAX DAUTHENDEY.

539 Am 8. März 1918 wurden London, Margate und Sheerness von deutschen Flugzeugen bei Nacht mit Bomben angegriffen. Die Meldung von diesem Luftangriff muß schon in Java eingetroffen gewesen sein; auf Dauthendey wird wohl die Nachricht großen Eindruck gemacht haben, und bei Nacht träumte er von einem Luftangriff.

Erwähnenswert ist, daß in der Nacht zum 11. März, in der Dauthendey von einem Luftangriff träumte, deutsche Flugzeuge die militärischen Anlagen und den Hafen von Neapel sowie die Eisenwerke von Bagnoli mit Bomben belegten.

Auch Dauthendeys Traum Nr. 447 gehört zu den Träumen aus dem Weltkrieg.

Von seinen anderen Träumen, die sich auf den Krieg beziehen, seien folgende noch erwähnt:

Er träumt, daß der König von Sachsen mit noch einer Hoheit zusammen vor ihm steht. Und als man ihm dann in einem Schloß ein Zimmer im Erdgeschoß zeigt, das der König bewohnen soll, denkt er im Traume, daß im Kriege die Könige wohl sparen müssen, weil sie nur ein einziges Zimmer im Schloß als Wohnung haben. (Tgb. 24. April 1917.) Er sieht im Traume den Einzug von Truppen in einer großen Stadt und viele festlich gekleidete Menschen wohnen dem Einzug bei. (Tgb. 9. Februar 1918.) Er kommt in ein weites Gebäude, man sagt ihm, das sei der Reichstag. Er sieht viele Menschen, in der Ferne auf einer Tribüne halten die Parteiführer Reden, er bemerkt auch die Journalistentribüne. Er wundert sich, daß auch viele Frauen Reichstagsabgeordnete sind. (Tgb. 1. März 1918.) Auf die Möglichkeit der Rückkehr in die Heimat wartete Dauthendey von Jahr zu Jahr, er wußte, daß erst nach Beendigung des Krieges der Weg nach Deutschland frei werden würde, und sehnte sich nach dem Frieden; im August 1917 träumt er, daß Friede geschlossen wurde.

AHNUNGSTRAUM EINER MUTTER.
Mitgeteilt von Prof. Richet nach „Journal of the Society for 541
Psychical Research", Januar 1919, 3—7.

VON KRIEGSGEFANGENSCHAFT.
ein Freund von mir: wohl Ernst von Mohl, dem Isolde Kurz 542
das Buch „Aus meinem Jugendland" gewidmet hat — E. V.:
der am 18. Dezember 1915 in Saint-Mandé im Alter von fast
sechsundsiebzig Jahren verstorbene Sozialistenführer Edouard
Vaillant — wie er damals in ihrer gemeinsamen Universitätszeit gewesen, und sehr verschönert: Vaillant hat an der Heidel-
berger Universität studiert. Die äußere Erscheinung des Sechs-
undzwanzigjährigen beschreibt Isolde Kurz: „Mittelgroße,
hagere Gestalt, bleiches Gesicht mit buschigem, schwarzem
Haar, Züge, die bis zur Verzerrung unharmonisch waren, und
dunkle, flackernde Augen, in denen der Fanatismus brannte."
(„Aus meinem Jugendland", S. 156.)
Von diesem Freund von Isolde Kurz bringe ich auch Träume
an anderer Stelle, vgl. Nr. 657, 658, 739, 740.

TRÄUME DER GELEHRTEN

Das diesem Kapitel vorangestellte Motto ist ein Zitat aus
Schopenhauer, „Die Welt als Wille und Vorstellung", B. I, § 5.

ARTHUR SCHOPENHAUER (* 22. Februar 1788 in
Danzig, † 21. September 1860 in Frankfurt a M.).
wäre ich an der Cholera gestorben: Schopenhauer war, wie er 543
in einem Briefe an Julius Frauenstädt schrieb, „ein Cholera-
phobe von Profession" (Brief vom 25. September 1853).

FRANZ VON PAULA GRUITHUISEN (* 19. März
1774 auf dem Schloß Haltenberg am Lech, † 21. Juni 1852 in
München).
Verfasser naturwissenschaftlicher Werke, ordentlicher Professor der Astronomie an der Münchner Universität.

546 Die Erinnerung an den Beruf des Vaters taucht in dem Traume
auf. Gruithuisens Vater war Falkenier beim Kurfürsten Maximilian III. von Bayern.

Gruithuisen bemerkt, er sei sich in diesem Traume dessen bewußt gewesen, daß er träumte.

547 Schloß Haltenberg: in Bayern. Auf diesem Schlosse ist Gruithuisen geboren — die Adagia des Erasmus von Rotterdam: eine
von Erasmus mit Erläuterungen herausgegebene Sammlung
griechischer und lateinischer Sprichwörter und Sentenzen.

J. CH. FERDINAND HOEFER (* 21. April 1811 in
Doeschnitz, † Mai 1878 in Brunoy).

Französischer Gelehrter, unter seiner Leitung erschien die „Nou-
velle Biographie générale" (1862—1867).

548 da erfuhr er den Tod dieses berühmten Gelehrten: Alexander
von Humboldt starb in Berlin am 6. Mai 1859.

LOUIS PIERRE GRATIOLET, (* 6. Juli 1815 in Sainte-
Foy, Gironde, † 16. Februar 1865 in Paris).

Anatom, Professor an der Pariser Universität.

549 Zu dem Traume bemerkt Gratiolet: „Diese bizarre und ganz ab-
surde Einbildung ist doch nicht ohne Grund entstanden und bezieht sich sicher auf meine Beschäftigung von damals. Wenn
ich ein fremdes Gehirn enthäutete, so kam mir wahrscheinlich
das Gefühl meines Kopfes deutlicher zum Bewußtsein. Indem
ich an meinen Kopf und an mein Gehirn dachte, assoziierten sich
diese Gedanken meinem Traum, und so ist seine Entwicklung
rein logisch und natürlich." (Aus Gratiolets „Anatomie com-
parée du système nerveux", Bd. II, S. 501, zitiert bei Flammarion.)

de Blainville: der Anatom Marie Henri Ducrotay de Blainville († 1850).

ALFRED MAURY (* 23. März 1817 in Meaux, † 12. Fe-
bruar 1892 in Paris),

Verfasser des Werkes „Le sommeil et les rêves".

551 Dieser Traum ist ein Beispiel für die Schnelligkeit, mit der
Traumbilder abrollen. Vgl. auch Anm. zu Nr. 635.

Zur Frage, ob es möglich ist, daß in einer so kurzen Zeitspanne sich eine so lange Reihe von Bildern einstellen kann, führt Freud folgendes aus: „Ich würde folgende Erklärung dieses Traumes vorschlagen: Wäre es denn so sehr unwahrscheinlich, daß der Traum Maurys eine Phantasie darstellt, die in seinem Gedächtnis seit Jahren fertig aufbewahrt war und in dem Moment geweckt — ich möchte sagen: angespielt — wurde, da er den Weckreiz erkannte? Es entfällt dann zunächst die ganze Schwierigkeit, eine so lange Geschichte mit allen ihren Einzelheiten in dem überaus kurzen Zeitraume, der hier dem Träumer zur Verfügung steht, zu komponieren; sie ist bereits komponiert. Hätte das Holz Maurys Nacken im Wachen getroffen, so wäre etwa Raum für den Gedanken gewesen: Das ist ja gerade so, als ob man guillotiniert würde. Da er aber im Schlafe von dem Brette getroffen wird, so benutzt die Traumarbeit den anlangenden Reiz rasch zur Herstellung einer Wunscherfüllung, als ob sie denken würde (dies ist durchaus figürlich zu nehmen): ,Jetzt ist eine gute Gelegenheit, die Wunschphantasie wahrzumachen, die ich mir zu der und der Zeit bei der Lektüre gebildet habe.'" (Die Traumdeutung, 7. Aufl., S. 337/338.)

Robespierre: Maximilien Marie Isidor Robespierre, Präsident des Jakobinerklubs, Führer der Bergpartei im Konvent — Marat: Jean Paul Marat, Politiker und Journalist — Fouquier-Tinville: Antoine Quentin Fouquier-Tinville, öffentlicher Ankläger in der Französischen Revolution.

HIPPOLYTE TAINE (* 21. April 1828 in Vouziers,
† 5. März 1893 in Paris).
Die Träume sind seinem philosophischen Werk „De l'intelligence", das 1870 in zwei Bänden erschienen ist, entnommen.

CAMILLE FLAMMARION (* 26. Februar 1842 in Montigny-le-Roi, † 4. Juni 1925 in Juvisy bei Paris).
Verfasser naturwissenschaftlicher Schriften, Astronom, Direktor der Sternwarte in Juvisy bei Paris.
Flammarion hatte mit neunzehn Jahren angefangen, seine Träume aufzuschreiben. Er pflegte gleich nach dem Erwachen

den Traum und die vermutliche Erklärung für den Traum in griechischer oder in lateinischer Sprache zu notieren. Die Traumnotizen reichen bis zu seinem dreiundzwanzigsten Lebensjahr; aus dieser Lebensperiode sind auch die hier mitgeteilten Träume. Später hat Flammarion nur noch selten einen eigenen Traum niedergeschrieben, hingegen durch Aufrufe und Umfragen in Zeitschriften Mitteilungen über Träume gesammelt, und zwar über Vorahnungen in Träumen und über Erscheinungen von Verstorbenen im Traum. Aus diesem Material veröffentlichte Flammarion viele interessante Beispiele in seinem Werk: „L'inconnu et les problèmes psychiques" (deutsch in der Übersetzung von Gustav Meyrink unter dem Titel „Rätsel des Seelenlebens" im Verlag Julius Hoffmann, Stuttgart, erschienen). Vgl. Nr. 702, 703, 718—720.

554 Der Traum ist 1867 zu datieren. Flammarion berichtet in seinen 1911 erschienenen Lebenserinnerungen, daß er im Jahre 1867 seinen Bruder Ernest dem Buchhändler Didier als Nachfolger des Herrn Maindron empfohlen habe. („Mémoires biographiques et philosophiques d'un astronome", S. 455/56.)
Flammarion führt diesen Traum wie die meisten Träume auf einfache Ideenassoziationen zurück. Er hatte tatsächlich seinem Bruder Ernest in der Buchhandlung von Didier eine Stellung verschafft; einige Tage vor dem Traume hatte er mit dem Historiker Henri Martin ein Gespräch über einen Staatsstreich; die Schriftsteller, von denen er träumt, traf er öfters bei Didier, nur im Traum finden sich alle diese Schriftsteller zu gleicher Zeit in der Buchhandlung ein. Maury war Bibliothekar des Kaisers, und Flammarion wußte, daß der Kaiser ihn öfters zum Frühstück einlud. Nur absurd erscheint ihm, daß der Kaiser in den Tuilerien auf einem Sessel sitzt und der Musik zuhört.
Cousin: der Philosoph Victor Cousin (1792—1867) — Guizot: der Historiker und Staatsmann François Pierre Guillaume Guizot (1787—1874) — de Barante: der Schriftsteller und Politiker Pierre Amable Prosper Brugières, Baron de Barante (1783—1866) — de Montalembert: der Publizist und Politiker Charles Forbes de Tryon, Graf Montalembert (1810—1870) — Lamartine: der Dichter und Staatsmann Alphonse de Lamartine (1790—1869) — Maury: der Gelehrte Alfred Maury war

seit dem Jahre 1860 Bibliothekar an der kaiserlichen Bibliothek in den Tuilerien, er hat Napoleon III. das Material zu seinem Werk „Histoire de Jules César" zusammengestellt — Mignet: der Historiker François Auguste Marie Mignet (1796—1884) — Thiers: der Historiker und Staatsmann Adolphe Thiers (1797—1877) — Caro: der Verfasser philosophischer Schriften Elme Marie Caro (1826—1887) — Jean Reynaud: der Verfasser des 1854 erschienenen Werkes „Terre et ciel" — Henri Martin: der Historiker Bon Louis Henri Martin (1810—1883) — Charton: der Publizist und Politiker Edouard Thomas Charton (1807—1890) — Magasin pittoresque: die im Jahre 1833 von Charton begründete Zeitschrift — Didier: vgl. Anm. zu Nr. 555 — Maindron: er trat in das Sekretariat des „Institut de France" ein und wurde später Offizier der Ehrenlegion — meinen Bruder: Ernest Flammarion — der Kaiser: Napoleon III.

Der Verlagsbuchhändler Pierre Paul Didier war am 2. Dezem- 555 ber 1865 im sechsundsechzigsten Lebensjahre plötzlich gestorben. Flammarion hatte ihn aufgebahrt gesehen, und dabei war ihm der Gedanke gekommen, ob Didier nicht bloß in der Lethargie daliege. An dem Grabe hatte er seinem Freunde, dessen Tod ihm sehr nahe ging, die Grabrede gehalten. In der folgenden Nacht hatte Flammarion den Alptraum.

Flammarion gibt zu diesem Traum folgende Erklärung: „Am 556 Abend vorher hatte ich die Stellung des Raben im ‚Atlas céleste‘ von Flamsteed studiert. Der Gelehrte Babinet war nicht schön, und er sowie Littré verleugneten die Abstammung des Menschen nicht."

Babinet: Jacques Babinet (1794—1872).

Mathieu: der Astronom Claude Louis Mathieu (1783—1875) 557 — mein Vater: Etienne Jules Flammarion (1810—1891).

Zu diesem Traume bemerkt Flammarion: „Der Traum ist 558 bizarr. Es ist nicht denkbar, daß sich ein Ballon ganz umdrehen könnte. Man sieht eben im Traum unwirkliche Dinge, die sich nicht ereignen können. Seit einigen Wochen hatte Herr de la Landelle die Abfahrt eines Riesenballons angekündigt."

Vierzehn Tage vorher hatte Flammarion bei der Militäraus- 559 hebung eine Nummer gezogen, die ihn militärpflichtig machte.

560 Flammarion hat in den Tagen vor dem Traume über die Frage der Existenz nach dem Tode und über die Möglichkeit anderer Lebensbedingungen als die unsrigen viel nachgedacht.

KARL ALBERT SCHERNER

war Dozent der Philosophie an der Universität Breslau. Er ist der Verfasser des 1861 erschienenen Buches „Das Leben des Traums".

561 Scherner zählt diesen Traum zu den Affektträumen. Im Affekttraum stellt die Traumphantasie den Träumer in eine lebhafte Handlung, die Traumbilder folgen rasch aufeinander; vermindert sich die Aktion des Träumers, dann erhöht sich gleich die Aktivität der Personen, von denen er träumt. So erhält oder steigert sich der dramatische Akzent der Traumhandlung. Unlust wie auch Lustgefühle sind im Affekttraum außerordentlich stark betont.

Scherner führt seinen Traum auf einen Affekt zurück, den tags zuvor eine unangenehme Nachricht in ihm ausgelöst hat. Er war unwillig, weil er auf etwas, was er erhoffte, verzichten mußte, „der aufrührerischen Natur des Affekts" entsprangen dann die Traumszenen.

Die einzelnen Traumbilder sind Erinnerungen an reale Tageserlebnisse.

Scherner hat kurz vorher den General bei einem wichtigen politischen Anlasse gesehen, der General war in Paradeuniform, die Brust mit Orden geschmückt, erschienen und hatte die Aufmerksamkeit Scherners auf sich gelenkt. Unlängst hatte Scherner in einem Kleiderladen eine helle Weste anprobiert, die Weste war zu kurz; die Behauptung des Verkäufers, die Weste wäre lang genug, hatte seinen Ärger erregt. „Aus diesen beiden markierten Bildern webt die Phantasie, durch den Affekt erregt, frei die kuriose Aktion auf der Straße." Das Haus, vor dem er absteigen will, existierte, er hatte unlängst dort Zigarren gekauft. Einen Kanarienvogel besaß er. Kurz vorher sah er von seinem Fenster aus, wie auf dem Platz vor seinem Haus Knaben sich damit unterhielten, Papiertüten „mit den Spitzen voran" in die Luft zu werfen; die Papiertüten flogen, da es windig war, weit fort, und die Knaben jagten ihnen nach. Solche Papier-

tüten werden von den Kindern Drachen genannt, die Traumphantasie formt die Papiertüte zu einem Hund um.

Scherner gibt die Analyse seines Traumes. Er meint, daß die
einzelnen Traumszenen vom Affekt den Impuls bekamen und
sich dem Affekt gemäß entwickelten. Er schreibt: „Der Ritt
zu Roß ist für die Aktivität des Affekts bezeichnend, da ich des
Reitens unkundig bin; noch mehr die Wildheit des Pferdes und
die angstvolle Position des Reiters . . . Auch die besorgliche
Grübelei, daß man mir auf dem Bahnhofe mit dem Rosse davongehen könnte, zeichnet die Mißlichkeit des zu Grunde liegenden
Affekts. Das Reiten über dieselbe Straße, wo der Handel mit
dem General stattgefunden, ist ein Verbindungsmoment für
diese und die erste Szene, trotz der immer weiter eilenden Hast
des Affektes. Die Szene vom verhungerten Vogel steht für die
Disharmonie des Affekts; der Kanarienvogel selbst ist markier-
tes Bild so wie seine Fütterung, da ich einen solchen Vogel besitze und um der pünktlichen Verpflegung willen ihn selbst
besorge. Die Form des Bauers wie ein glatter tiefer Becher ist
offenbar aus dem Bilde des Trinknapfs beim wirklichen Bauer
entstanden. Die wunderbare Szene der Wiederbelebung des
Vogels ist freies Kunststück der Phantasie, welcher auf den
Triebfedern des Affekts auch das Unmöglichste leicht erscheint;
zur Belebung des Vogels aber wurde sie getrieben durch die
Erregung des Mitgefühls bei Betrachtung des Toten, wonach
sie sofort den Wunsch erfüllt. Der Choral, der in der Kirche
erschallt, ist durch die vorangehende Vorstellung des Sing-
vogels hervorgerufen. In der Kirche selbst wird der Träumer
in einer erquicklich seelenvollen Gemütsstimmung vorgeführt,
um dem gegenüber den Gegensatz des Widerlichen um so
sprechender erscheinen zu lassen, welche Kontrastschärfung
der Darstellung die Traumphantasie, wie bekannt, sehr häufig
übt. Die lebhafte Widerlichkeit des zu Grunde liegenden Affekts
keift durch das zänkische Weib, dem widerlichsten Bilde für die
wirkliche Empfindung des Träumers . . . Daß die Phantasie die
zänkische Frau im Traum apart in eine den übrigen zuwider-
laufende Bank setzte, scheint nicht ohne Beziehung auf die
Widerwilligkeit des Charakters . . . Die Kirchhofsszene ist
lauter Aktion. Die angegebene Entblößung ohne organischen

Impuls tritt lediglich in Folge des vorangegangenen weiblichen
Bildes ein: Weib und Nacktheit, Nacktheit und Weib rufen sich
im Mannestraum stets gegenseitig auf; beim weiblichen Traum
tritt der Mann an Stelle des Weibes. In die fatale Situation
bringt die Phantasie den Träumer, um durch die drohende Überraschung und Beschämung das widrige Wesen des Affekts darzustellen. Wie originell ist die Phantasie in der Bewegungs-
erfindung, wie ausdrucksvoll in der doppelten Bewegung der
Werfenden und des sich selbst wieder bewegenden geworfenen
Hundes; durch das fortwährende Hin- und Zurückeilen des Geworfenen stellt sich gleichsam ein Rad der Bewegung dar . . .
In der Schlußszene konzentriert schließlich der mißvergnügte
Affekt alle seine Kraft, um sich kundzugeben; es gelingt der
stets willigen Phantasie sehr leicht, dies durch die sehr peinliche
Szene zu verwirklichen; ein jeder kennt wohl noch aus der Er-
innerung die unerträgliche Qual einer solchen Knabensituation.
Universitätslehrer und Knabenklasse sind nach der Begriffs-
verwandtschaft von Universität und Gymnasium in eins verschmolzen. Diese Schulknabenszene überhaupt fand sich ein in
Folge der Knabenbelustigung der vorangehenden Szene; in der
Tat hat die Phantasie die akut widrige Schulszene jener heitern
Knabenbelustigung nur darum gleich nachfolgen lassen, um
wiederum durch den Kontrast das Widrige noch mehr heraus-
zuheben; sehr fein drückt sich endlich der Zusammenhang beider Szenen dadurch aus, daß die Phantasie dem Übersetzer das
Wort ‚Maus, Maus‘ in den Mund legt, wodurch sie dem Hunde
der vorigen Szene ein entsprechendes Bild der Beweglichkeit
gegenüberstellt. Für das vordringliche Wesen der markierten
Bilder aber ist bezeichnend, wie die Phantasie mit aller Gewalt
das Bild des Schönschreibers einzuschieben gezwungen war,
trotz des ganz und gar verschiedenartigen exekutierten Lehr-
gegenstandes und trotz eines Zeitraums von zwanzig Jahren
von damals bis heut, in welcher ganzen Zeit ich jenen Schön-
schreiber nicht mehr gesehen habe. Man sieht, wie der Affekt
die Bilder durchrührt.“ (Scherner, „Das Leben des Traums“,
S. 250/254.)

562 Scherner bemerkt zu diesem Traum: „Der organische Anlaß
ist ein winziges Hitzblätterchen an einem meiner Fußschenkel,

wovon ich im Wachen nicht das geringste bemerkt hatte; so wie ich aber den Traum eben geträumt hatte, erkannte ich leicht aus seiner Symbolik, daß irgendein solcher Anlaß am Fuße vorhanden sein müsse, und es bestatigte sich sogleich."

Er gibt folgende Analyse des Traumes: Die flatternden Vögel sind ein bekanntes Symbol für die Reizerregung. Der Biß des Vogels zeigt den Schmerz, die Ungefährlichkeit des Bisses die harmlose Natur des Schmerzreizes an. Das Haus ist das Symbol für den Leib, der Käfig am Fenster im ersten Stock entspricht „der parallelen Stelle des Hitzblätterchens am Schenkel". Das Flattern des Vogels deutet das Nervprickeln im Hitzblätterchen an, der geschlossene Käfig die Konzentration des Nervenreizes in einem Punkt. Die Maurer, die den Hausputz aufkratzen, markieren die Lage des Reizes unter der Haut. Die oben mit Scharnieren geschlossene Leiter symbolisiert die Beine. „Daß der vor dem Hause stehende Träumer sogleich eine Leiter sucht, um nach dem Vogel zu steigen, das ist die Füße in ausgesuchte Bewegung zu setzen, hebt den Fuß als den reizaffizierten Teil hervor; das Steigen nach oben mit den Füßen: die Höhe des Fußes als den betroffenen Teil; desgleichen drückt ferner der hastige Lauf nach der eine Achtelmeile entfernten Leiter und diese Entfernung selbst den Fuß mit aller Macht aus." Auch die Löwin mit dem Knäul der Jungen drückt den zusammengedrängten Nervenreiz aus, die Löwin ist blutbeschmutzt, „um den innern Säfteprozeß beim Hitzblätterchen zu bezeichnen", sie ist zahm, denn der Schmerz ist harmlos. Die Ungefährlichkeit des Hitzblätterchens wird dadurch angedeutet, daß die Spaziergänger und die Hunde keine Furcht vor der Löwin zeigen.

Diesen Traum hält Scherner für einen Nervenreiztraum, und 563 zwar für einen „Kopfdruck-Traum". Wenn im Schlaf ein zu hoch liegendes oder zu festes Kissen auf den Kopf drückt und der Kopf durch ein Nervenleiden besonders empfindlich ist, so kann der Druck einen Nervenreiztraum auslösen.

Scherner gibt folgende Analyse des Traumes: Ein Wacherlebnis spielt in den Traum hinein; kurze Zeit vorher hatte Scherner einen Freund zur Bahn begleitet. Da der Kopf der schmerzaffizierte Teil ist, so träumt Scherner zuerst, daß der Freund in der Gefahr des Ertrinkens mit dem Kopfe aus dem Wasser

herausragt. Ein äußerer Druck auf den Kopf verursacht Scherner
im Schlafe ein Schmerzgefühl, der Druck wird immer lästiger,
der Schmerz immer größer, er dringt von außen nach innen. So
träumt Scherner, daß ein Dampfwagen auf die Zimmerdecke
drückt, und in jedem folgenden Traumbild wird der Druck
stärker, und zuletzt dringt der Dampfwagen immer tiefer durch
die Decke ein.

564 Scherner gibt folgende Analyse des Traumes: Im Schlafe vernahm das Gehör den Donner. Das geschlossene Auge empfand
den Blitz, und so träumte er, daß er vom Blitze getroffen wurde.
Das Traumbild von Jehovah in Donner und Blitz ist ein „mar-
kiertes Erinnerungsbild aus der religiösen Anschauung". Das
Pochen an den Zaun ist eine Variation des Traumbildes vom
Donner, und in dem gefundenen metallglänzenden Gegenstande
„variiert sich das Bild des Blitzes". Das Auf- und Abrollen der
runden Vogelfutterkörner symbolisiert das Rollen des Donners;
das reichliche Regenwasser, die Tränen der Damen und der
anderen Leute sind wiederum ein Symbol des stark fallenden
Gewitterregens, den das Schlafgehör vernahm.

JOHANNES VOLKELT (* 21. Juli 1848 in Lipnik, Ga-
lizien).
Dr. phil. et theol. honoris causa, Geheimer Hofrat. Volkelt war
Universitätsprofessor in Jena, Basel, Würzburg, Leipzig. Er
behandelt in seinen Schriften Probleme der Philosophie und
Ästhetik. Die Schrift „Die Traumphantasie" ist 1875 erschienen.

567 Diesen Traum zählt Volkelt zu den Gesichtsreizträumen. In
solchen Träumen kommt alles, „was zur Funktion des Sehens
gehört, zu entschiedenem Ausdruck". Man hat starke Licht-
und Farbenvorstellungen. Am häufigsten kommt in den Gesichtsreizträumen die Farbe Weiß vor (in diesem Traum: eine
weiße Taube, ein Eiszapfen).

568 Diesen Traum zählt Volkelt zu den Zahnreizträumen. „Aus
Zahnreiz entspringen alle jene Träume, die damit schließen, daß
der Träumer sich einen Zahn oder mehrere aus dem Munde
zieht oder wenigstens an ihnen herumwackelt. In keinen anderen Träumen befolgt die Traumphantasie so regelmäßig den

Gang, das Leibesorgan, das sie zunächst objektivierte und symbolisch verhüllte, zum Schlusse des Traumes am eigenen Leibe
des Träumers ausdrücklich zu bezeichnen und so selbst den
Schlüssel zu ihrer Sprache zu geben." („Die Traumphantasie",
S. 50.)

Volkelt meint, daß der nackten Glätte der Zähne entsprechend
die Mädchen im Traume nackt erscheinen, daß die Treppenstufen die Form der Zähne symbolisieren. Er träumte von aus-
gezackten Treppenstufen, weil er mehrere ganz abgebröckelte
Backenzähne hatte.

Beim Erwachen hatte Volkelt Zahnschmerzen. Er zählt den 569
Traum zu den Zahnreizträumen. Den prismatischen Stein bezieht er auf den Zahn, die zwei Reihen der Schubladen auf die
beiden Zahnreihen.

Volkelt zählt diesen Traum zu den Herzreizträumen. In sol- 570
chen Träumen erlebt man aufregende Szenen und hat starke
Empfindungen der Angst.

Den Kreislauf der Wasserfluten bezieht Volkelt auf den Kreislauf des Blutes, er hält das bergauf fließende Wasser für eine
physiologische Symbolisierung.

Er spricht im Traum über das bevorstehende Weltreich der
neuen Sekte. Dieses Traummotiv stammt aus dem Wachleben.
Er beschäftigte sich damals mit Problemen der Geschichte,
dachte oft über die Zukunft der Menschheit nach.

Auch diesen Traum zählt Volkelt zu den Herzreizträumen. 571
Momente aus dem Wachleben: Tags zuvor machte ihn der Gedanke, er könnte plötzlich sterben, ganz unruhig. Die Traumvorstellung vom Tode seiner zwei Freunde ist auf diesen Wach-
gedanken zurückzuführen.

Volkelt glaubt, daß er im Schlafe Herzklopfen gehabt hat. Die
unheimliche Vorstellung von dem hastigen Vorbeihuschen der
Gestalten rührt seiner Meinung nach vom Herzklopfen her.

Volkelt zählt diesen Traum zu den Ekelreizträumen. „Mit den 572
verschiedenen Darstellungen des Ekels verbinden sich, wie es
ja ganz natürlich ist, assoziationsweise andere Widerwärtig-
keiten." („Die Traumphantasie", S. 72.)

Dieser Traum ist nach Volkelt ein Gesichtsreiztraum mit Assozia- 573
tionscharakter. „Das Merkmal der Kleinheit ist das Bindende

in dieser ganzen Reihe von Traumerscheinungen." Zwei kleine
Knaben, zwei Punkte, zwei kleine Löcher, ein kleiner Zweig, ein
winziges Ohr. Und so wie die Kleinheit das Charakteristische
für Menschen und Dinge in diesem Traume ist, so die Kürze für
die Namen Swift und Sterne.

Swift: der englische Satiriker Jonathan Swift (1667—1745) —
Sterne: der englische Humorist Lawrence Sterne (1713—1768).

574 Wacherlebnis: Am Abend vorher hatte er vom römischen Am-
phitheater gesprochen. „Die Sache verhält sich so, daß eine
Tageserinnerung ein ihr ähnliches Bild in das Traumbewußtsein gleichsam hinaufschickt, ohne selbst in dasselbe einzutreten . . . Hier ist das Bild des Amphitheaters in das Büchergestell hineingeschmolzen." („Die Traumphantasie", S. 125/126.)

575 FRIEDRICH NIETZSCHE (* 15. Oktober 1844 in Röcken
bei Lützen, † 25. August 1900 in Weimar).

Unser innerstes Wesen erfährt an sich „mit tiefer Lust und
freudiger Notwendigkeit" den Traum. Sowohl aus den angenehmen und freundlichen wie auch aus den traurigen und finstern Bildern des Traumes vermag der Mensch sich das Leben
zu deuten, an den Vorgängen des Traumes sich für das Leben
zu üben. Himmel und Hölle des Traumes haben ihre Ursachen
und ihre Wirkungen. Wir sind für unsere Träume verantwortlich, das gesamte wache Leben des Menschen kann als eine
Vorbereitung für seinen Traum angesehen werden, durch
Träume wird unser Leben reicher oder ärmer.

So große Bedeutung hat Nietzsche Träumen beigelegt.

Zur Illustration seiner Ansichten über Träume führe ich einige
Stellen aus seinen Werken an.

„Quidquid luce fuit, tenebris agit: aber auch umgekehrt. Was
wir im Traume erleben, vorausgesetzt, daß wir es oftmals erleben, gehört zuletzt so gut zum Gesamt-Haushalt unsrer Seele,
wie irgend etwas ,wirklich' Erlebtes: wir sind vermöge desselben
reicher oder ärmer, haben ein Bedürfnis mehr oder weniger
und werden schließlich am hellen lichten Tage, und selbst in
den heitersten Augenblicken unsres wachen Geistes, ein wenig
von den Gewöhnungen unsrer Träume gegängelt. Gesetzt, daß
einer in seinen Träumen oftmals geflogen ist und endlich,

sobald er träumt, sich einer Kraft und Kunst des Fliegens wie seines Vorrechtes bewußt wird, auch wie seines eigensten beneidenswerten Glücks: ein solcher, der jede Art von Bogen und Winkeln mit dem leisesten Impulse verwirklichen zu können glaubt, der das Gefühl einer gewissen göttlichen Leichtfertigkeit kennt, ein ‚nach Oben‘ ohne Spannung und Zwang, ein ‚nach Unten‘ ohne Herablassung und Erniedrigung — ohne Schwere! — wie sollte der Mensch solcher Traum-Erfahrungen und Traum-Gewohnheiten nicht endlich auch für seinen wachen Tag das Wort ‚Glück‘ anders gefärbt und bestimmt finden! wie sollte er nicht anders nach Glück — verlangen? ‚Aufschwung‘, so wie dies von Dichtern beschrieben wird, muß ihm, gegen jenes ‚Fliegen‘ gehalten, schon zu erdenhaft, muskelhaft, gewaltsam, schon zu ‚schwer‘ sein.“ („Jenseits von Gut und Böse“, Werke, Leipzig 1899/1900, Bd. VII, S. 124.)

„Was man mitunter im Wachen nicht genau weiß und fühlt — ob man gegen eine Person ein gutes oder ein schlechtes Gewissen habe, darüber belehrt völlig unzweideutig der Traum.“ („Menschliches, Allzumenschliches“, w. o. Bd. III, S. 45.)

„In allem wollt ihr verantwortlich sein! Nur nicht für eure Träume! Welche elende Schwächlichkeit, welcher Mangel an folgerichtigem Mute! Nichts ist mehr euer Eigen als eure Träume! Nichts mehr euer Werk! Stoff, Form, Dauer, Schauspieler, Zuschauer — in diesen Komödien seid ihr alles ihr selber!“ („Morgenröte“, w. o. Bd. IV, S. 127.)

In der im Herbst 1858 verfaßten Schrift „Aus meinem Leben“ teilt Nietzsche einen Traum mit, den er in seinem sechsten Lebensjahr, einige Monate nach dem Tode seines Vaters, hatte und in dem er den Tod seines jüngeren Bruders Joseph vorausahnte. „Ich hörte in der Kirche Orgelton wie bei einem Begräbnis. Da ich hinsah, was die Ursache wäre, erhob sich plötzlich ein Grab, und mein Vater, im Sterbekleide, entsteigt demselben. Er eilt in die Kirche und kommt in kurzem, mit einem kleinen Kind im Arm, wieder. Der Grabhügel öffnet sich, er steigt hinein, und die Decke sinkt wieder auf die Öffnung. Sogleich schweigt der rauschende Orgelschall, und ich erwache. Am Morgen erzähle ich es meiner lieben Mutter; bald darauf wird Josephchen plötzlich unwohl, bekommt die Krämpfe und stirbt in wenigen

Stunden. Unser Schmerz war ungeheuer, mein Traum war vollständig in Erfüllung gegangen, die kleine Leiche wurde auch noch in die Arme des Vaters gelegt . . . Dies geschah Ende Januar 1850." (Der Traum veröffentlicht von Elisabeth Förster-Nietzsche in ihrem Buch „Das Leben Friedrich Nietzsches", Leipzig 1895, Bd. I, S. 20.)

ERNST MEUMANN (* 29. August 1862 in Uerdingen bei Wesel, † 26. April 1915 in Hamburg) war Professor der Philosophie an den Universitäten Zürich, Königsberg, Münster, Halle und Leipzig. Begründete im Jahre 1903 das „Archiv für die gesamte Psychologie", vierunddreißig Bände dieser Zeitschrift sind unter seiner Leitung erschienen. Er veröffentlichte viele Arbeiten über Probleme der Psychologie, Pädagogik und Ästhetik in wissenschaftlichen Zeitschriften.

576 Lange Eisenbahnfahrten, die er unternehmen mußte, waren seiner Meinung nach die äußeren Erlebnisse, denen das Vorstellungsmaterial für die Eisenbahnträume entlehnt wurde. Bei diesen Fahrten machte sich eine leichte Herzneurose unangenehm bemerkbar. Die Herzneurose hielt er wiederum für den inneren Anlaß dieser Träume. Er hat im Verlauf von fünfzehn Jahren den Eisenbahntraum in verschiedenen Variationen wiederholt geträumt.

Bei den unlustbetonten Träumen dieser Art äußerte sich der Widerstand gegen die Ursache und die Begleiterscheinungen der Schwindelempfindungen in Form von Reflexionen. In dem hier mitgeteilten Traum sind die Reflexionen besonders stark.

578 Meumann hatte im Verlauf von sieben Jahren sehr oft in zahlreichen Abweichungen „Abgrundträume". Die auslösenden Reize für diese Träume waren seiner Meinung nach asthmatische Beschwerden.

Das Wacherlebnis für den hier mitgeteilten Traum: Er hatte kurze Zeit vorher im Odenwald den Turm einer Ruine erklettert. Zu dem Traume bemerkt Meumann: „Hierbei ist interessant, daß die Vorstellung einer ausgeführten Bewegung nicht gelang, so lange die entsprechenden Bewegungsempfindungen (oder wenigstens Empfindungen von schwachen Muskel- und Sehnenspannungen und schwachem Druck der Gelenke aufeinander) fehlten; diese sind aber an die Ausführung oder wenigstens an die Vorbereitung der wirklichen Bewegungen infolge motorischer Innervationen gebunden. Die Vorstellung der ausgeführten Bewegung gelang daher erst im Traume, als die Bewegung selbst stattfand, indem die Innervation durch den vermehrten Traumreiz zu außergewöhnlicher Intensität anwuchs." („Über Organempfindungsträume und eine merkwürdige Traumerinnerung", Archiv f. d. ges. Psychol., Bd. IX, S. 68/69.)

WILHELM WUNDT (* 16. August 1832 in Neckarau, † 31. August 1920 in Großbothen bei Leipzig).
Psycholog und Philosoph, Verfasser wissenschaftlicher Werke, war Professor an der Leipziger Universität.
Wundt gibt für den Traum und seine Motive folgende Erklä- 580 rung: „Der ursächliche Zusammenhang dieses Traumes ist folgender. Tags zuvor war mir der Leichenzug eines bekannten Mannes begegnet. Ferner hatte ich in der Zeitung gelesen, daß in einer Stadt, in der sich ein Verwandter aufhielt, die Cholera ausgebrochen sei; und endlich hatte ich über die im Traume erscheinende Dame mit dem betreffenden Bekannten geredet, wobei mir dieser einige Tatsachen erzählte, aus denen der eigennützige Sinn derselben hervorging. Dies sind die Elemente der Reproduktion. Der gesehene Leichenzug erweckte offenbar die Erinnerung an das Begräbnis des vor einiger Zeit verstorbenen Freundes, daran schließt sich dessen Frau; die Erzählung des Bekannten über sie verwebt sich mit der Nachricht über die Cholera. Die weiteren Bestandteile des Traumes gehen dann vom Gemeingefühl und von Sinneserregungen aus. Herzklopfen und Angstgefühl lassen mich zuerst den gefährlichen Ort umlaufen, dann dem abgegangenen Leichenzug nacheilen, und als dieser beinahe eingeholt ist, erzeugt die Phantasie den vergessenen Kranz, dessen Vorstellung durch die auf der Straße liegenden Rosensträuße erweckt wird, um das Motiv für das vorhandene Angtgefühl nicht ausgehen zu lassen. Die zahlreichen Rosensträuße und der Schwarm der bunt gekleideten Leichenmänner endlich werden wohl in dem Lichtchaos des dunkeln Gesichtsfeldes ihre Ursache haben." (Wilhelm Wundt, „Grundzüge der physiologischen Psychologie", Bd. III, Aufl. 6, S. 631.)

581 JAMES SULLY (* 3. März 1842 in Bridgewater).
Er hat Schriften über Probleme der Psychologie veröffentlicht,
sein Werk „Illusions a psychological study" ist 1881 erschienen.

HAVELOCK ELLIS (* 1. Februar 1859 in Croydon, Surrey)
lebt in Brixton, Dr. med., Verfasser wissenschaftlicher Werke.
Sein Buch „The world of dreams" erschien im Jahre 1911,
gleichzeitig mit der englischen Ausgabe kam das Buch in deutscher Übersetzung, die Dr. Hans Kurella besorgte, heraus.

582 Ellis meint, daß Farbenvorstellungen im Traume mit einer besonders bei Kopfschmerzen eintretenden Hirnreizung zusammenhängen.

583 Tags zuvor ging Ellis an der Küste von Cornwallis zwischen
Felsen spazieren; im Schlafe drängte sich erst die beim wachen
Bewußtsein nicht konstatierte phantastische Analogie zwischen
Fels und Zahn auf.

584 Ellis bemerkt zu diesem Traume: „Der tatsächliche Vorgang
ist die ständige spontane Veränderung des Bildes und die Erscheinung, daß das Traumbewußtsein bei jedem Wechsel das
neu Auftauchende als etwas Bekanntes wiedererkennt." („Die
Welt der Träume", S. 44.)

585 Ellis hält es für möglich, daß der Traum mit einer früheren Lektüre des Romans „Eve Future" von Villiers de l'Isle Adam zu-
sammenhängt.
„Es kommt manchmal vor, daß sich das Traumbild langsam verwandelt, ohne daß der Träumende die Verwandlung bemerkt.
So kann das Traumbild einer Puppe die Merkmale eines menschlichen Wesens annehmen." (Ellis, w. o. S. 45.)

586 Tags zuvor erhielt Ellis eine Rechnung, in der eine Zahl ganz
unleserlich war, er konnte die Zahl erst mit einer Lupe ent-
ziffern. Am Abend sah er auf dem Eßtisch eine Flasche mit
Salatöl stehen.
Das im Traume gebildete Wort Selvdrolla hält er für eine Ver-
drehung des Wortes Salatöl.
Über Wortbildungen im Traume vgl. Sigmund Freud, „Die
Traumdeutung", Aufl. 7, S. 203 flg. So träumte Freud einmal
einen Satz: „Das ist ein wahrhaft norekdaler Stil." Tags zuvor
hatte er einen Aufsatz gelesen, in dem in überschwenglichen

Worten über eine physiologische Entdeckung berichtet wurde. Von demselben Verfasser hatte er früher auch einen Aufsatz über Ibsen gelesen. Im Traume kritisierte er den tags zuvor gelesenen Aufsatz und schuf ein den Superlativen „kolossal, pyramidal" parodistisch nachgebildetes Wort norekdal. Die seltsame Wortschöpfung ist aus der Zusammensetzung der Namen Nora und Ekdal, die ihm aus zwei Ibsendramen geläufig waren, entstanden, wobei die Erinnerung an den früheren Ibsenaufsatz des Verfassers mitwirkte.

Der Dichter Hermann Kurz hatte einmal im Traume den Satz gebildet: „Wiliwatz, wiliwatz, du Graule du!" Das Wort Wiliwatz sollte soviel bedeuten wie kämmen oder auf dem Kopf krauen. Isolde Kurz gebrauchte im Traume das Wort „scherwanzen", um eine ausgelassene Fröhlichkeit auszudrücken. In einem anderen Traume bildete sie die Worte Ur-schin und Totschin; tiefe Rätsel waren auf einmal durch die Erkenntnis gelöst, „daß aller Fluß des Seins auf Wirkung und Gegenwirkung des Ur-schin und des Tot-schin beruhe." („Traumland", S. 63 u. 14.)

Vor dem Schlafengehen hatte er in einer Zeitung über Revolu- 587 tionäre in Rußland, über irische Politik und über Verbrechen gelesen. Auch hatte er sich eine Karikatur angesehen, die die liberale Partei als einen Reiter ohne Kopf auf einer weiten weglosen Fläche darstellte. „Im Schlafe tauchen diese vereinzelten Eindrücke wieder auf, fließen im Traumbewußtsein hin und her, schließlich ordnen sie sich zusammen zu einem Ganzen, das so rationell ausfällt, wie man nur erwarten kann. (Ellis, w. o. S. 57.)

Pamplona: spanische Stadt in der Provinz Navarra. 588

Ellis meint: „Dieser Traum scheint ganz und gar ein Traum 589 infolge äußerer Reize zu sein; die Phantasie folgte der Wirklichkeit darin, daß sie ein Insekt als die Ursache der erlebten Empfindung darstellte; vielleicht weil ich beim Erwachen das Summen des Insektes wirklich gehört hatte, und doch war wie in allen Träumen der Vorgang wesentlich zentral, und die Phantasie erschuf frei ein Geschöpf, durch welches in zureichender Weise die offenbar vage und massive Hautempfindung, die das Schlafbewußtsein empfing, erklärt wurde." (w. o. S. 75/76.)

591 Ellis führt den Traum auf einen äußeren akustischen Reiz zurück.

592 Auch diesen Traum führt Ellis auf einen akustischen Reiz zurück.

Er kannte nur Teile aus dem Haydnschen Oratorium, hatte aber
an dieses in der letzten Zeit nicht gedacht.

„Das, was man von der Komposition und der darin gegebenen
Tonmalerei erzählt, hatte offenbar dahin geführt, daß sie dem
Schlafbewußtsein als plausible Erklärung der gehörten Töne
einfiel, und die Sehzentren hatten diese Theorie akzeptiert."
(w. o. S. 82.)

593 Zu dem Traummotiv von den unaufhörlichen Blitzen bemerkt
Ellis: „Man könnte meinen, daß diese Bilder eine symbolische
Umformung der lanzinierenden neuralgischen Schmerzen waren,
die der Traum in der ihm eigenen Art vergrößerte." (w. o. S. 81.)

595 Beim Erwachen hatte er Kopfschmerzen und einen schlechten
Geschmack im Munde, hervorgerufen durch eine leichte Ma-
genverstimmung. Verdauungsstörungen waren nach Ellis die
Ursache des aufgeregten Traumes.

JOHN MOURLY VOLD (* 24. August 1850 in Trondhjem,
† 1. Juli 1907 in Modum).

Professor der Philosophie an der Universität Kristiania.

Volds Werk „Über den Traum, experimental-psychologische
Untersuchungen", das in deutscher Sprache geschrieben ist, erschien nach dem Tode des Gelehrten, hrsg. vom Privatdozenten
an der Leipziger Universität O. Klemm, 1910 u. 1912 in zwei
Bänden im Verlage von Johann Ambrosius Barth, Leipzig.

Vold hat seit dem Jahre 1876 seine Träume aufgezeichnet.

Über Volds Traumexperimente vgl. Ausführungen zum Kapitel
„Experimentell erregte Traumbilder". (Nr. 636—648.)

597 Bei diesem Versuch handelte es sich darum, durch Reizung des
Rückens auf den Rücken bezügliche Traumvorstellungen her-
vorzurufen.

Vold band drei größere Holzstücke auf dem Rücken fest, so
daß sie stark mitten auf das Kreuz drückten. Er lag im Schlafe
auf dem Rücken.

Vold meint, daß mit der Empfindung im Rücken die Vorstellung

Diebe und in der Folge auch die Vorstellung Diebstahl zusam-
menhängt. „Ein Dieb versteckt gewöhnlich die gestohlenen
Sachen; ‚hinter dem Rücken halten‘ ist im Norwegischen eine
gebräuchliche Bezeichnung für das Verstecken.“ Der Reiz im
Rücken löst wiederholt die auf den Rücken bezüglichen Vorstellungen aus, er sieht die Rückseite der Diebe, die Diebe wenden sich um, laufen rückwärts.

Das Traummotiv von der Besteigung einer Leiter am Anfang
des Traumes führt Vold auf seine Körperlage im Schlafe zurück. Er stellte beim Erwachen fest, daß seine rechte Hand
über dem Kopfe lag und sein linkes Bein gebeugt war.

Viele Einzelvorstellungen des Traumes — der gewalttätige
Mann, Zimmer, Schließen einer Tür, Schrank, Kerzenlicht —
weisen auf Tageserlebnisse hin.

Diesen Bewegungstraum, in dem er die Arme auf die Erde setzt 598
und sich mittels der Arme wie durch eine Art Schwungbrett
vorwärtsbewegt, hatte Vold in den Jahren 1891—1896 siebenmal.

Seiner Meinung nach trat der Traum infolge gebeugter Ober-
und Unterextremitäten auf.

Er konnte sich darauf besinnen, daß er als Kind ein Spiel getrieben hat, bei dem er sich durch die Luft schwang, indem er
einen langen Stock gegen die Erde stemmte.

„Wir können uns den Kausalnexus folgendermaßen denken: In
bestimmten Momenten meines Schlaflebens sind nicht allein
die Extremitätenpaare (alle vier, bisweilen vielleicht nur drei
Glieder) gebeugt, sondern deren Beugung und Berührtwerden
(letzteres mit besonderem Bezug auf die Hände) wird auch
gleichzeitig empfunden; um eine passende reale Bewegung zur
Erklärung des Empfundenen herbeiziehen zu können, muß das
Traumbewußtsein auf jene eigenartige, in der Kindheit erlebte
Bewegung zurückgreifen ... Wenn der Traum erst einmal ins
Schlafbewußtsein eingetreten ist, wird seine Wiederholung um
so leichter.“ (Vold, Bd. II, S. 776.)

Vold hielt den Traum für eine Folge der rheumatischen Schmer- 599 u. 600
zen, an denen er litt; daher die Vorstellung von Schlägen, von
der Empfindung der Kühle im Bein, von dem Gefaßtwerden am
Arm.

601 Tags vorher hatte er die Worte „verschnittene Nägel" gehört. Er hatte damals an den Fingerspitzen von einer Verbrennung herrührende Flecke. Beim Erwachen fühlte er eine schwache Druckempfindung an einer der Fingerspitzen.

602 Bei diesem Versuch hatte Vold den Mittel- und den Zeigefinger einer Hand zusammengebunden.

Er glaubt, daß von der durch die Umbindung der Finger aus-gelösten Empfindung die Traumbilder herrühren. Am Anfang des Traumes taucht die Vorstellung Garn auf. Das griechische Wort τό πᾶν bedeutet die Welt; in der Welt werden die Dinge durch ein Band der Ordnung verknüpft, Gott regiert die Welt, und nach den Worten des Apostels Paulus (Apostelgesch. Kap. 17, 28) „in ihm leben, weben und sind wir".

603 Nach Schwebeträumen konstatierte Vold beim Erwachen mei-stens „eine erotische Vibration im Körper", auch nach diesem Schwebetraum.

604 Am Abend vorher hatte Vold einem Kollegen die Titel einiger Bücher über Gehörshalluzinationen aufgeschrieben.

Geijerstam: der schwedische Schriftsteller Gustaf af Geijerstam — Heidenstam: der schwedische Schriftsteller Werner von Hei-denstam.

605 Vold bemerkt zu diesem Traum: „Es scheint, als ob die Re-flexion, wenn sie im Schlafe tätig ist und sich mit dem momen-tanen Zustande beschäftigt, sehr leicht auf die Folgerung vom Wachsein kommen muß." (Bd. II, S. 806.)

606 Die Traumvorstellung von wiederholtem Einschlafen und Er-wachen zeigt die verschiedenen Abstufungen der Schlafintensi-tät im Traume selbst auf. „Der Zustand zeigt sich als ein Kampf zwischen der Reflexion (Anhören einer Vorlesung, Lesen, Anmerkungen, geistige Produktion) und den Müdigkeits-empfindungen." (Vold, Bd. II, S. 808.) Ist die Reflexion stark, so knüpft sich daran die Vorstellung des Wachseins und der geistigen Tätigkeit, ist sie schwach, dann die Vorstellung der Ermüdung.

Die Traumvorstellung vom assyrischen Bild ist eine Assoziation an ein Abenderlebnis.

607 Das Wacherlebnis: Am Abend vorher hatte Vold in der Vor-halle des Hauses, in dem seine Schwester wohnte, durch eine

Glastür zwei seiner Freunde gesehen; er träumt dann von
einem Glaskasten und von der Schwester.

Vold bemerkt, daß wie im vorigen Traume auch in diesem ein
Kampf zwischen der reflektiven Wirksamkeit und den Müdig-
keitsempfindungen stattgefunden hat, nur wurden diese Empfindungen auf eine andere Person übertragen.

CHARLES RICHET (* 26. August 1850 in Paris).
Professor der Physiologie an der medizinischen Fakultät der
Pariser Universität, Mitglied des „Institut de France", Ver-
fasser vieler wissenschaftlicher Werke. Richet erhielt im Jahre
1913 den Nobelpreis für Medizin.
Jean Charcot: französischer Polarforscher, der die französische 608
antarktische Expedition 1903—05 und die französische Südpol-
Expedition 1908—10 leitete.

SANTE DE SANCTIS.
Professor der Experimental-Psychologie an der Universität in
Rom, Verfasser des Werkes „I sogni" („Die Träume. Medi-
zinisch-psychologische Untersuchungen". Übers. von Dr. O.
Schmidt, Halle 1901) und der Abhandlung „Psychologie des
Traumes" im dritten Band des Handbuchs der vergleichenden
Psychologie.
Den Traum hat Sanctis einige Minuten nach dem Erwachen 609
niedergeschrieben. „Erst nachdem ich geschrieben habe und
den Traum überdenke, lächle ich über die Seltsamkeit eines
Elzevierdruckes, der das Datum 1357 trägt." (Sanctis „Psychologie des Traumes", Handbuch der vergleichenden Psychologie,
Bd. III, S. 247.)
In diesem Traum lebt eine Kindheitserinnerung auf. Als Kind 610
hatte Sanctis das Fresko von Luca Signorelli im Dom von Orvieto gesehen. „Im Traum kehrt nicht nur die Erinnerung an
das Fresko wieder, sondern auch der Glaube, daß die Auferstehung der Toten in der Weise geschehen müsse, wie sie Signorelli
vorschwebte. In der Tat war ich als Kind vollkommen davon
überzeugt." (Sanctis, w. o. S. 281.)
Sanctis hatte öfters Träume von dem Wiederaufleben der Toten.
Sanctis hat den Traum, nachdem er aufgestanden ist, gleich 613
niedergeschrieben.

Die Elemente des Traumes sind auf Erlebnisse des Wachbewußtseins aus den letzten Tagen zurückzuführen.
Am Nachmittag des Tages, der der Traumnacht vorangegangen
ist, hatte Sanctis in Begleitung von Verwandten den Saal eines
alten Schlosses besichtigt. In diesem Saal waren Gemälde, Möbel und antike Waffen. Zwei oder drei Tage vorher hatte er
ein Stück roten Damast bei einem Antiquar gekauft und mit
ihm über den Wert des Stoffes gesprochen. Der Damast hatte
ein Rosenmuster. Einige Tage vorher hatte er auch in verschiedenen Antiquitätengeschäften kleine Kunstgegenstände, die in
Glasschränken aufgestellt waren, bewundert. Bei der Besichtigung des Schloßsaales hatte er den Wunsch gehabt, einige von
den Gegenständen zu besitzen. „Mein Wunsch wird im Diebstahl des Freundes verwirklicht. Dies ist ein Fall von Projektion
eines affektiven Zustandes." (Sanctis, w. o. S. 278/79.)
Mit der Traumvorstellung von der Kirche und der roten Tapete
assoziiert sich die Vorstellung vom Kardinal in roter Kleidung.

SIGMUND FREUD (* 6. Mai 1856 in Freiberg, Mähren).
Die Feststellungen zu dem Kapitel „Träume der Gelehrten"
können keinen würdigeren Abschluß finden als durch einen
Hinweis auf Sigmund Freud. Er hat durch sein im Jahre 1900
erschienenes Werk „Die Traumdeutung" einen neuen Anstoß zur
intensiven Beschäftigung mit dem Traumproblem gegeben. Sein
Verdienst ist, daß er in einer materialistischen Zeit, in der der
Grundsatz galt: der Mensch ist, was er ißt, gelehrt hat, daß es
auch seelische Kräfte sind, die sich den Körper bauen. Ohne
Brot kann der Mensch nicht leben, er muß essen, aber auch wenn
er sich sattgegessen hat, kann noch seine Seele hungern. Wie
die Wünsche der Seele übermächtig sind und, wenn sie ver-
drängt werden, sich in Träumen manifestieren, hat Freud über-
zeugend aufgezeigt. Er hat an seinen eigenen Träumen mit
wunderbarer Klarheit dargelegt, wie der Traum Eindrücke und
Erinnerungen des Wacherlebens verarbeitet, und in der Analyse
seines Traumes von Irmas Injektion bewiesen, welchen Anteil
sowohl jüngste wie auch weit zurückliegende Tageserlebnisse
an der Traumbildung haben und daß meistens die Situation des
Traumes der täglichen Wirklichkeit entnommen ist. Man lese

dieses klassische Beispiel einer Traumanalyse nach („Die Traumdeutung", Aufl. 7, S. 74—85).

Die Art, wie Freud im Wacherlebnis die Traumquelle sucht und findet, ersieht man am besten aus der Analyse eines seiner Träume, die ich hier wörtlich wiedergebe.

Er hatte einmal geträumt:

„Der alte Brücke muß mir irgendeine Aufgabe gestellt haben: sonderbar genug bezieht sie sich auf Präparation meines eigenen Untergestells, Becken und Beine, das ich vor mir sehe wie im Seziersaal, doch ohne den Mangel am Körper zu spüren, auch ohne Spur von Grauen. Louise N. steht dabei und macht die Arbeit bei mir. Das Becken ist ausgeweidet, man sieht bald die obere, bald die untere Ansicht desselben, was sich vermengt. Dicke, fleischrote Knollen (bei denen ich noch im Traume an Hämorrhoiden denke) sind zu sehen. Auch mußte etwas sorgfältig ausgeklaubt werden, was darüber lag und zerknülltem Silberpapier glich. (Der nicht leicht auffindbare Einfall dazu ergibt: ‚Stanniol', und nun weiß ich, daß ich den Autornamen Stannius meine, den eine von mir in früheren Jahren mit Ehrfurcht betrachtete Abhandlung über das Nervensystem der Fische trägt. Die erste wissenschaftliche Aufgabe, die mir mein Lehrer gestellt, bezog sich wirklich auf das Nervensystem eines Fisches, des Ammocoetes.) Dann war ich wieder im Besitze meiner Beine und machte einen Weg durch die Stadt, nahm aber (aus Müdigkeit) einen Wagen. Der Wagen fuhr zu meinem Erstaunen in ein Haustor hinein, das sich öffnete und ihn durch einen Gang passieren ließ, der am Ende abgeknickt, schließlich weiter ins Freie führte. (Die Örtlichkeit im Flure meines Wohnhauses, wo die Kinderwagen der Parteien stehen; sonst aber mehrfach überbestimmt.) Schließlich wanderte ich mit einem alpinen Führer, der meine Sachen trug, durch wechselnde Landschaften. Auf einer Strecke trug er mich mit Rücksicht auf meine müden Beine. Der Boden war sumpfig; wir gingen am Rande hin; Leute saßen am Boden, ein Mädchen unter ihnen, wie Indianer oder Zigeuner. Vorher hatte ich auf dem schlüpfrigen Boden mich selbst weiter bewegt unter steter Verwunderung, daß ich es nach der Präparation so gut kann. Endlich kamen wir zu einem kleinen Holzhaus, das in ein offenes Fenster

ausging. Dort setzte mich der Führer ab und legte zwei bereit-
stehende Holzbretter auf das Fensterbrett, um so den Abgrund
zu überbrücken, der vom Fenster aus zu überschreiten war.
Ich bekam jetzt wirklich Angst für meine Beine. Anstatt des
erwarteten Überganges sah ich aber zwei erwachsene Männer
auf Holzbänken liegen, die an den Wänden der Hütte waren,
und wie zwei Kinder schlafend neben ihnen. Als ob nicht die
Bretter, sondern die Kinder den Übergang ermöglichen sollten.
Ich erwache mit Gedankenschreck."

Freud gibt folgende Analyse dieses Traumes:

„Wer sich nur einmal einen ordentlichen Eindruck von der
Ausgiebigkeit der Traumverdichtung geholt hat, der wird sich
leicht vorstellen können, welche Anzahl von Blättern die ausführliche Analyse dieses Traumes einnehmen muß. Zum Glück
für den Zusammenhang entlehne ich dem Traume aber bloß das
eine Beispiel für die Verwunderung im Traume, die sich in der
Einschaltung ‚sonderbar genug' kundgibt. Ich gehe auf den
Anlaß des Traumes ein. Es ist ein Besuch jener Dame Louise N.,
die auch im Traume der Arbeit assistiert. ‚Leih mir etwas zum
Lesen.' Ich biete ihr ‚She' von Rider Haggard an. Ein ‚sonderbares Buch, aber voll von verstecktem Sinne', will ich ihr auseinandersetzen; ‚das ewig Weibliche, die Unsterblichkeit unserer
Affekte — —'. Da unterbricht sie mich: ‚Das kenne ich schon.
Hast du nichts Eigenes?' — ‚Nein, meine eigenen unsterblichen
Werke sind noch nicht geschrieben.' — ‚Also wann erscheinen
denn deine sogenannten letzten Aufklärungen, die, wie du ver-
sprichst, auch für uns lesbar sein werden?' fragt sie etwas an-
züglich. Ich merke jetzt, daß mich ein anderer durch ihren
Mund mahnen läßt, und verstumme. Ich denke an die Überwindung, die es mich kostet, auch nur die Arbeit über den
Traum, in der ich so viel vom eigenen intimen Wesen preisgeben muß, in die Öffentlichkeit zu schicken. ‚Das Beste, was
du wissen kannst, darfst du den Buben doch nicht sagen.' Die
Präparation am eigenen Leib, die mir im Traume aufgetragen
wird, ist also die mit der Mitteilung der Träume verbundene
Selbstanalyse. Der alte Brücke kommt mit Recht hiezu; schon
in diesen ersten Jahren wissenschaftlicher Arbeit traf es sich,
daß ich einen Fund liegen ließ, bis sein energischer Auftrag

mich zur Veröffentlichung zwang. Die weiteren Gedanken aber, die sich an die Unterredung mit Louise N. anspinnen, greifen zu tief, um bewußt zu werden; sie erfahren eine Ablenkung über das Material, das in mir nebstbei durch die Erwähnung der ‚She‘ von Rider Haggard geweckt worden ist. Auf dieses Buch und auf ein zweites desselben Autors, ‚Heart of the world‘, geht das Urteil ‚sonderbar genug‘, und zahlreiche Elemente des Traumes sind den beiden phantastischen Romanen entnommen. Der sumpfige Boden, über den man getragen wird, der Abgrund, der mittels der mitgebrachten Bretter zu überschreiten ist, stammen aus der ‚She‘; die Indianer, das Mädchen, das Holzhaus aus ‚Heart of the world‘. In beiden Romanen ist eine Frau die Führerin, in beiden handelt es sich um gefährliche Wanderungen, in ‚She‘ um einen abenteuerlichen Weg ins Unentdeckte, kaum je Betretene. Die müden Beine sind nach einer Notiz, die ich bei dem Traume finde, reale Sensation jener Tage gewesen. Wahrscheinlich entsprach ihnen eine müde Stimmung und die zweifelnde Frage: Wie weit werden mich meine Beine noch tragen? In der ‚She‘ endet das Abenteuer damit, daß die Führerin, anstatt sich und den anderen die Unsterblichkeit zu holen, im geheimnisvollen Zentralfeuer den Tod findet. Eine solche Angst hat sich unverkennbar in den Traumgedanken geregt. Das ‚Holzhaus‘ ist sicherlich auch der Sarg, also das Grab. Auch in der Darstellung dieses unerwünschtesten aller Gedanken durch eine Wunscherfüllung hat die Traumarbeit ihr Meisterstück geleistet. Ich war nämlich schon einmal in einem Grabe, aber es war ein ausgeräumtes Etruskergrab bei Orvieto, eine schmale Kammer mit zwei Steinbänken an den Wänden, auf denen die Skelette von zwei Erwachsenen gelagert waren. Genau so sieht das Innere des Holzhauses im Traume aus, nur ist Stein durch Holz ersetzt. Der Traum scheint zu sagen: ‚Wenn du schon im Grabe weilen sollst, so sei es das Etruskergrab‘, und mit dieser Unterschiebung verwandelt er die traurigste Erwartung in eine recht erwünschte. Leider kann er, wie wir hören werden, nur die den Affekt begleitende Vorstellung in ihr Gegenteil verkehren, nicht immer auch den Affekt selbst. So wache ich denn mit Gedankenschreck auf, nachdem sich noch die Idee Darstellung erzwungen, daß vielleicht die Kinder erreichen werden, was dem Vater versagt geblieben, eine neuerliche Anspielung an den sonderbaren Roman, in dem die Identität einer Person durch eine Generationsreihe von zweitausend Jahren festgehalten wird." („Die Traumdeutung", w. o. S. 306—308.)

Alle, die sich in den letzten Jahren mit dem Traumproblem beschäftigten, mußten sich an Freuds Methode, Wirklichkeitselemente im Traume aufzudecken, schulen; wir alle sind ihm mehr oder weniger für seine Pionierarbeit zu Dank verpflichtet. Sein Verdienst, den Weg gewiesen, in die finsteren Gänge des Seelenlebens hineingeleuchtet zu haben, ist unleugbar. Dies muß hervorgehoben werden, gerade wenn man sich mit seiner Überbetonung des sexuellen Charakters der Träume nicht einverstanden erklären, sich seine Theorie, daß Träume meistens auf verdrängte Sexualwünsche zurückzuführen sind, nicht zu eigen machen kann. Ich sehe in Traummotiven nicht durchwegs Geschlechtssymbole. Freud ist für die verallgemeinernden Symbolauflösungen, in denen sich seine allzu eifrigen Anhänger gefallen, nicht verantwortlich. Die einseitige Deutung der Traumsymbole hat er selbst für unzulässig erklärt und in folgenden Ausführungen verworfen: „Dieselben (die Traumsymbole) sind oft viel- und mehrdeutig, so daß, wie in der chinesischen Schrift, erst der Zusammenhang die jedesmal richtige Auffassung ermöglicht. Mit dieser Vieldeutigkeit der Symbole verbindet sich dann die Eignung des Traumes, Überdeutungen zuzulassen, in einem Inhalt verschiedene, oft ihrer Natur nach sehr abweichende Gedankenbildungen und Wunschregungen darzustellen." („Die Traumdeutung", w. o. S. 241.)

DIE INTELLEKTUELLEN LEISTUNGEN IM TRAUME

Man findet auch in anderen Kapiteln Beispiele für die intellektuellen Leistungen im Traume. Vgl. auch das Sachregister. Goethe erzählte Sulpiz Boisserée (Wiesbaden, 8. August 1815), er habe in Träumen Gedichte gemacht, habe aber im Wachen sich an die Gedichte nicht mehr erinnern können.

Jean Paul träumte Oktober 1806, er erzähle dem Philosophen Fichte, daß er dem Kantianer Karl Leonhard Reinhold „das Bewußtsein als ein Denken des Denkens" auseinandergesetzt habe.

Reinhold fand die Deduktion der Kategorien im Traume. Er schreibt darüber: „Ich trage um so weniger ein Bedenken, zu behaupten, daß diese Deduktion der Formen der Urteile jeden, der sie verstehen kann und will, durch ihre Augenscheinlichkeit und Neuheit überraschen muß: da ich hier aufrichtig gestehe und als ein psychologisches Phänomen für bemerkenswert halte, daß mir die Hauptidee dieser Deduktion, nachdem ich über vier Wochen den Begriff eines Urteils mit großer Anstrengung festgehalten und vielfältig vergebens gedreht und gewendet habe, mit aller Klarheit und Bestimmtheit im Traume eingefallen ist."
(Karl Leonhard Reinhold: Beiträge zur Berichtigung bisheriger Mißverständnisse der Philosophen. Jena 1790, Bd. I, S. 316/17, Kap. IV: Über das Verhältnis der Theorie des Vorstellungsvermögens zur Kritik der reinen Vernunft.)

JULIUS CÄSAR SCALIGER (* 23. April 1484 in Riva, † 21. Oktober 1558 in Agen).

„Dieser merkwürdige Mann brachte seine Jugend am Hof, sein Jünglingsalter im Militärstande zu, suchte später als Arzt seinen Lebensunterhalt und war wegen seiner ausgebreiteten Gelehrsamkeit vor vielen seiner Zeitgenossen berühmt. Ein starkes Gedächtnis verhalf ihm zu vielem Wissen." (Goethe: „Zur Farbenlehre".)

Brugnolus: „Bened. Brugnolus, ein guter Grammaticus, hat 1504 614 in Italien floriert, auf welchen Scaliger ein Carmen gemacht, weil er ihm im Traum erschienen, ob er ihn gleich niemals gesehen. Er hat 1485 den Priscianum Grammaticum und 1506 einen Commentarium in Ciceronis paradoxa zu Venedig, ingleichen Nicol. Perotti Cornu copiae verbessert herausgegeben."
(Christian Gottlieb Jöcher: „Allgemeines Gelehrten-Lexicon", Leipzig 1750, Teil I, S. 1415) — sein Sohn: Joseph Justus Scaliger — setzt Leibniz hinzu: Nach Tiedemann Oeuvres posthumes de Leibniz p. 63.

⁶¹⁵ CHRISTIAN SCHLEGEL (* 30. Januar 1667 in Saalfeld,
† 17. Oktober 1722).
Historiker und Numismatiker.

⁶¹⁶ LODOVICO ANTONIO MURATORI (* 21. Oktober
1672 in Vignola, † 23. Januar 1750 in Modena).
Italienischer Gelehrter.

SAMUEL JOHNSON (* 18. September 1709 in Lichfield,
† 13. Dezember 1784 in Lichfield).
Berühmter englischer Schriftsteller.
Johnson glaubte an Erscheinungen und Träume. Nach dem Tode
seiner Gattin verfaßte er ein Gebet, in dem er Gott bat, er möge,
wenn er die Seele seiner verstorbenen Frau zum Schutze für ihn
bestimmt habe, ihn auch die guten Wirkungen dieses Schutzes in
Erscheinungen, Eingebungen und Träumen fühlen lassen. Die
Niederschrift des Gebetes wurde in Johnsons Nachlaß gefunden.
⁶¹⁷ Johnson war wegen seines Witzes bekannt und gefürchtet. Es
wäre ihm unerträglich gewesen und hätte seine Eitelkeit verletzt, wenn jemand sich ihm in Gesellschaft an Witz überlegen
gezeigt hätte. Sein Biograph James Boswell erzählt, daß Johnson einmal ein Wort gebrauchte, dessen Wirkung ungewollt
komisch war; als die Zuhörer lachten, fragte er streng: „Weshalb
diese Heiterkeit?“ Diese Zurechtweisung genügte, daß alle gleich
tiefernst wie bei einem Begräbnis wurden. Aus seinem Naturell
erklärt sich also der Verdruß im Traume darüber, daß jemand
witziger ist als er. Daß aber der Witz, den sein Gegner macht,
sein eigener ist, das ist der Witz des Traumes. Vgl. auch Anmerkung zu Nr. 190.

RYKLOF MICHAEL VAN GOENS (* 1748 in Utrecht,
† am Anfang des 19. Jahrh. in der Schweiz).
war von 1766—1775 Professor der alten Literatur an der Universität zu Utrecht. Seine philologischen Abhandlungen sind in
lateinischer Sprache geschrieben.
⁶¹⁸ Van Goens teilt diesen Traum aus der Jugendzeit in einem
Briefe vom 15. Dezember 1785 mit (abgedruckt im „Magazin
zur Erfahrungsseelenkunde“, Bd. IV, H. 2, S. 88/90).

Er bemerkt zu seinem Traum, daß er außerstande sei, zu begreifen, „wie die Seele, welche mit der größten Anstrengung vergebens etwas suchet, in einer Minute oder vielmehr in einer Sekunde, die Seele werden kann, die eben dieselbe Sache sehr gut weiß, indem sie sich zugleich einbildet, es selbst nicht zu wissen, sondern es eine andere sagen zu hören."

Scherner gibt eine Erklärung für dieses Traumphänomen. Er zeigt in der Analyse dieses Traumes, warum in Träumen dieser Art die Traumphantasie eine zweite Person schafft, um durch diese eine Frage beantworten zu lassen und die Lösung herbeizuführen.

„Worüber sich van Goens hier so verwundert, das ist sehr einfach zu lösen. Da das Problem des Traums dem Verstande entsprang, und zwar dem des Träumers, so muß die Phantasie den Träumer sich mit dem Verstande anstrengen lassen. Nun aber ist im Traume der Verstand außer Kraft; alle Fiktionen der Phantasie, daß der Verstand sich anstrenge und bemühe, sind nur Schein, ohne daß demselben eine wirkliche Energie des Verstandes zu Grunde läge: wer daher im Traume den Repräsentanten des Verstandes bildet, der muß notwendig dumm erscheinen. Hinter dem Verstande aber hat die höchst lebendige Phantasie des Traumes schon unmittelbar selbst das Problem gelöst und harrt nur auf die Gelegenheit, dieses durch die Handlung auszudrücken; daher ergreift sie endlich die zweite Person, läßt diese ihre Lösung aussprechen, und es muß der andere ganz natürlich als Repräsentant der blühenden Phantasiekraft schöpferischer und klüger sein als der leidige Vertreter des Verstandes. Dasselbe gilt von den Träumen Johnsons, in denen des andern Witz immer größer war als der des Träumers (vgl. Nr. 617). In dem Traum des van Goens tritt der Lehrer nur als leitender Mittelpunkt des Wechselstreits zwischen den beiden Knaben ein, gemäß der gewohnten Unselbständigkeit des träumenden Schulknaben." (Karl Albert Scherner, „Das Leben des Traums", S. 293.)

KARL FRIEDRICH BURDACH (* 12. Juni 1776 in Leipzig, † 16. Juli 1847 in Königsberg).
Professor der Medizin.

Burdach teilt seine Träume mit im dritten Band der „Physiologie", Buch IX: „Vom Umlaufe des Lebens".

619 meiner Arbeit über das Gehirn: Burdach veröffentlichte später
ein dreibändiges Werk „Vom Bau und Leben des Gehirns und
Rückenmarks".

MAN KANN GRIECHISCH.

624 Von Kirchenrat Schwarz berichtet Schubert („Die Geschichte
der Seele", Bd. II, Aufl. 4, S. 94/95) noch folgendes: Schwarz
besuchte als Achtzehnjähriger die Vorlesungen des Mathema-
tikers Böhm. Er pflegte dann bei Nacht von schwierigen mathematischen Aufgaben zu träumen und ihre Lösungen im Traume
zu finden. Einmal erwachte er aus einem solchen Traum, setzte
sich an den Tisch, zeichnete einen schwierigen Lehrsatz der
Dioptrik und schrieb seinen Beweis auf. Dann legte er sich
wieder schlafen. Beim Erwachen fand er die Aufzeichnung,
konnte aber den Beweis, den er bei Nacht mit Leichtigkeit geführt hatte, erst nach neuem Nachdenken begreifen.

FRIEDRICH HEBBEL.

625 herrliche Romanzen von Uhland . . . wie sehr ich die Tiefe ihrer
Kompositionen bewundert hatte: Hebbel war ein großer Bewunderer der Uhlandschen Dichtung. Uhland führte ihn „in
die Tiefe einer Menschenbrust und dadurch in die Tiefen der
Natur hinein", jedes seiner Gedichte hatte „einen eigentümlichen Lebenspunkt"; von dem Uhlandschen Gedicht „Des
Sängers Fluch" schrieb er: „war jemals ein Gedicht ein Alp
gewesen, der mich erdrückte, so war es dieses." (Vgl. Tgb.
5. Januar 1836.)

626 Zu diesem Traume schreibt Hebbel: „Ich bin überzeugt, daß ich
über Nacht nicht erwachte, weil ich wirklich einsah, daß die
poetische Idee, die ich erfaßt hatte, nichts tauge, und weil also
die Tätigkeit meiner Seele plötzlich stockte; ich bin gewiß, daß
die sonderbaren Regungen des Selbstbewußtseins, die dem Erwachen immer vorhergehen und die uns den Traum-Zustand,
in welchem wir uns befinden, mit mißtrauischen Augen betrachten lassen, die poetischen Operationen meiner Seele erstarrten
und den eigentlichen Lebenskeim jener zarten Idee, wie plötzlich

hinzudringende kalte Luft, töteten, so daß die Idee paralysiert wurde, w e i l ich erwachte."

die Geschichte eines Hundes kam mit darin vor: Hebbel besaß 628 damals eine trächtige Hündin, „das Hänschen".

HEINRICH BRUGSCH-PASCHA (* 18. Februar 1827 in 630 Berlin, † 9. September 1894 in Charlottenburg).
Berühmter Ägyptologe.

PAUL HEYSE (* 15. März 1830 in Berlin, † 2. April 1914 in 631 München).

DIE LÖSUNG EINER GEOMETRISCHEN AUF-GABE.
Herbert Silberer teilt den Traum, den ein Herr Whn. in seinem 634 dreizehnten Lebensjahr gehabt hatte, nach der Frankfurter Zeitung mit. (Silberer, „Der Traum", S. 101/102.)

ZEITDAUER IM TRAUME

ANTOINE MARIE CHAMANS GRAF VON LA-VALETTE (* 1769 in Paris, † 15. Februar 1830 in Paris).
war während des italienischen Feldzugs Adjutant Bonapartes, unter dem Konsulat Generalkommissar der Post, unter dem Kaiserreich Generalpostdirektor mit dem Titel eines Staatsrats. Als Napoleon Elba verließ, erklärte Lavalette, daß er im Namen des Kaisers wieder Besitz von der Verwaltung der Post ergreife und half durch seine Maßnahmen der Sache des Kaisers, indem er die Beförderung ministerieller Depeschen und die Ausgabe der Zeitungen verbot. Wegen der Parteinahme für den Kaiser wurde er nach der Restauration verhaftet, des Hochverrats an-geklagt und am 20. November 1815 zum Tode durch die Guillo-tine verurteilt. Am 21. Dezember, einen Tag vor der ange-setzten Hinrichtung, konnte er sich mit Hilfe seiner Frau durch Flucht retten.

Im Gefängnis hatte Lavalette diesen Traum, der nur zwei oder 635 drei Minuten dauerte und in dem ihm schien, daß ein Zug an ihm länger als fünf Stunden vorbeiritt.

Dieses Traumbeispiel zeigt, daß man in einem Traume innerhalb weniger Minuten Vorstellungen von langwährenden Vorgängen haben kann.
Swedenborg träumte einmal, er und andere mühten sich
damit ab, eine Kiste mit kostbaren Sachen hereinzuholen,
„fast dauerte es so lange wie die Belagerung von Troja".
(Traum in der Nacht vom 18. zum 19. April 1744.) —
Dehmel hatte in einem Traume die Vorstellung, daß sein ge-
träumtes Erlebnis etwa acht Tage dauerte. (Brief an Frau Isi
vom 1. Juli 1899.) — Ein zehnjähriger blinder Junge träumte, er
wäre hunderttausend Treppen hinabgegangen, und es würde ihm
gesagt, sein Gehen habe acht Tage gedauert. (Vgl. Nr. 744.)
Für die Geschwindigkeit, mit der Traumbilder abrollen, ist der
Traum von Maury ein interessantes Beispiel. (Vgl. Nr. 551.)
„Wir würden uns nicht getrauen," schreibt Freud, „der Denk-
arbeit im Wachen eine solche Raschheit zuzuschreiben, und
gelangten so dazu, der Traumarbeit eine bemerkenswerte Be-
schleunigung des Ablaufes als Vorrecht zuzugestehen." („Die
Traumdeutung", Aufl. 7, S. 337.)

EXPERIMENTELL ERREGTE TRAUMBILDER

Bei den Versuchen, die Professor J. Mourly Vold unternommen
hat, handelte es sich darum, Traumvorstellungen zu beeinflussen, und zwar durch äußere Reize, und den Grad der Beeinflussung zu bestimmen. Vold hat viele Experimente, meistens mit Studenten und Studentinnen, Lehrern und Lehre-
rinnen, ältern und jüngern Schülern gemacht. Ein Fußgelenk
oder beide wurden mit Bändern (oder Fäden) umbunden und
auf diese Weise eine Unterextremität oder beide Unterextremitäten die Nacht über gereizt. In anderen Versuchen setzte man
wiederum durch Tragen eines dicken, langen Handschuhs oder
durch Umbinden eines Fingers eine Oberextremität oder durch
Tragen von Handschuhen an beiden Händen beide Oberextremi-
täten die Nacht über einem Reiz aus.

Vold hat an sich selbst Experimente gemacht, bei denen er durch Reizung des Rückens Traumvorstellungen beeinflussen wollte (vgl. Anm. zu Nr. 597).

Durch seine Experimente suchte Vold den kausalen Zusammenhang zwischen Traumvorstellung und der am bestimmten Körperteil vorgenommenen Reizung festzustellen; wurde eine Unterextremität gereizt, so mußten sich also im Traume Vorstellungen von Bewegungen, die sich auf die Beine bezogen, einstellen, bei Reizung einer Oberextremität Vorstellungen von Armbewegungen. Die Träume mußten seiner Meinung nach einen auf die zugehörigen Reize bezüglichen Charakter haben. Die Resultate, die Vold bei seinen Experimenten erzielte, sind sehr interessant und für die Traumforschung sehr wichtig, auch wenn sich gezeigt hat, daß die Versuchspersonen auch ohne Reizung einer Unterextremität, also in einem Normaltraum, von starken Bewegungen der Beine träumten (vgl. Anm. zu Nr. 641 u. zu Nr. 644).

Vold hat zwar Wacherlebnisse der Träumer berücksichtigt, sie aber nicht für ausschlaggebend gehalten. Trauminhalt und Traumvorstellungen werden seiner Meinung nach stets durch die während des Schlafes wirkenden Reize wesentlich beeinflußt. Er meint, daß Beinbewegungen im Traume von Beinreizen, Armbewegungen von Armreizen herrühren, daß die Empfindungen, die durch Reizung bestimmter Körperteile hervorgerufen werden, „eine viel festere und daher natürlichere Kausalerklärung" der Trauminhalte als die Wacherlebnisse geben.

Um sich auf ihre Träume genau besinnen zu können, sollten die Versuchspersonen die Lage, die der Körper während des Schlafes eingenommen hat, beim Erwachen zu bestimmen suchen und die Lage wieder einnehmen, da „frühere Vorstellungen bei denselben Gemeinempfindungen am leichtesten wiederkehren". Ihre Träume mußten sie unmittelbar nach dem Erwachen sich ins Gedächtnis zurückrufen, gleich durchdenken und noch im Bett aufschreiben.

Vold hat mit großem Ernst, mit großer Gewissenhaftigkeit experimentiert, durch die Resultate seiner Arbeit — selbst wenn nur einzelne Resultate richtig sind — wird die Kenntnis des Seelenlebens vertieft.

Ich negiere selbstverständlich den Einfluß der während des
Schlafes wirkenden Reize nicht. Doch muß ich bei aller Anerkennung der Leistungen von Vold erklären, daß ich nicht
seiner Ansicht bin, daß alle Träume nur Reizträume sind.

Ich gebe in diesem Kapitel als Beispiel einige Träume, in denen
Traumvorstellungen durch Reizung von Unter- oder Ober-
extremitäten erregt werden sollten.

636—638 Die Träume hatte der Student V.

Er hatte eine Schlittenfahrt in die Umgebung von Kristiania
unternommen, auf der Rückfahrt führte der Weg von einem
hohen Berg abwärts, der Schlitten verirrte sich auf eine vereiste
Bahn, schlug um, und dabei brach der Student das rechte
Wadenbein. Er bekam einen steifen Gipsverband bis über die
Mitte der Wade, wobei die Zehen außerhalb des Verbandes
blieben.

Wie bei den Versuchen, in denen durch Reizung einer Unterextremität Bewegungsvorstellungen im Traume ausgelöst wurden, so traten auch in den Träumen des Studenten, dessen Bein
durch einen Gipsverband einem starken Druckreiz ausgesetzt
war, viele aktiv-motorische Vorstellungen rhythmischer Natur auf.

636 „In kausaler Beziehung weist der Traum nach der Ansicht des
Mitteilers auf die Erinnerung an die Schlittenfahrt hin." (Vold,
„Über den Traum", Bd. II, S. 502.)

Die Situation in diesem Traume hat nach Vold Ähnlichkeit mit
der erlebten Situation beim Schlittenunfall.

637 Der Student hat wahrscheinlich im Schlafe versucht, das Bein
zu bewegen, doch die Schiene hinderte ihn, eine Bewegung auszuführen. Er träumt, daß sein rechtes Bein festgeklemmt sei.

638 Folgende Wacherlebnisse sind feststellbar:

Er sprach tags zuvor von der Senne und sagte, er würde nächsten Sommer nicht dahin gehen. Die Lage der Berge im Traume
war dieselbe wie die Lage der Berge in der Umgebung von
Kristiania. Er hat bei der Schlittenfahrt schneebedeckte Fich-
ten und die Landschaft im Nebel gesehen. (Die Traumvorstellung von der düsteren Landschaft führt Vold auf die Glieder-
schmerzen, die der Student hatte, zurück.) Auf der Rückfahrt
konnte er auf dem glatten Eisabhang seinen Schlitten nicht

regieren, schlug mit dem Schlitten um und verunglückte, im Traume ist auch der Abstieg schwierig, und er gleitet immerzu auf dem Eise aus. Er las während seiner Krankheit „The Pirate" von Walter Scott, die Szenerie mit den Säulen, Grabsteinen ist vielleicht eine Reminiszenz an die Friedhofsszene in diesem Roman. In seinem Krankenzimmer brannte, während er im Bette lag, tagsüber eine Lampe, er träumt, daß den auf dem Sofa sitzenden Studenten und Kadetten starkes Lampenlicht ins Gesicht fällt. Es kamen zu ihm ins Krankenhaus jeden Tag viele Leute zu Besuch, er träumt, daß viele Damen und Herren einen Touristenort besuchen. In seinem Krankenzimmer war ein farbiger gemusterter Fensterschirm, außerdem dachte er gerade tags zuvor daran, daß er vor anderthalb Jahren kleine Manuskript-Gemälde und Reproduktionen mittelalterlicher Muster gesehen hatte; er träumt von einem mäanderartigen Muster.

Die Erinnerung an die Angst, die er am Abend des Unfalls ausgestanden hat, wirkt sich im Traume aus, er träumt von gefahrvollen Situationen, bei denen er vom Angstgefühl befallen wird. Vold hebt hervor, daß mit der Erinnerung an den Unfall, mit der Reizung des Beines die gefahrvollen Situationen, die unlustbetonten Momente, der düstere Charakter der Landschaft, die Trauerkleidung der begleitenden Personen in den Träumen wie auch die trübe Stimmung des Träumers kausal zusammenhängen.

Das Traummotiv am Schluß des Traumes vom Kriechen auf den Knien führt Vold darauf zurück, daß der Kranke tatsächlich durch den Gipsverband gehindert war, Bewegungen auszuführen. Die Traumbeschwerden physischer Art hängen mit seinem allgemeinen Unwohlsein, mit dem Zustand seines kranken Beines zusammen. Er ist in seinen Bewegungen im Traume mehr oder weniger behindert, er kriecht (Nr. 638), krabbelt, um in den Wagen hinaufzukommen (Nr. 637).

Aktive motorische Rhythmusmotive, die sich auf die Beine beziehen: Springen, Laufen, Hinauf- und Hinabsteigen, anstrengendes Gehen, Tanzen.

Traumvorstellungen von passiven Bewegungen: er fährt auf einer Dräsine (Nr. 636), in einem Wagen (Nr. 637 u. 638), gleitet (Nr. 638).

639 Den Traum hatte ein achtzehnjähriger Student.

In diesem Versuch wurde durch Umbinden des Fußgelenks eine Unterextremität die Nacht über gereizt. Im Traume tauchen Bewegungsvorstellungen auf, und zwar des Springens und Laufens, auch stellt sich das Traumbild von Pferdebeinen ein.

Wacherlebnis: Einige Tage vorher hatte der Student gehört, daß ein Kuhstall abgebrannt war (er träumt von einem Kuhstall). Er hatte auch schon Gelegenheit gehabt, bei einem Brand den Einsturz eines Daches zu beobachten, so assoziiert sich im Traum mit der Vorstellung Kuhstall die Vorstellung vom Einsturz des Daches.

640 Dieser Traum ist ein Normaltraum eines zwanzigjährigen Studenten.

Der Inhalt des Traumes lag „aus dem Wachleben parat", der Student hatte drei Wochen vor dem Traum in einem Zeitungsfeuilleton eine Erzählung ähnlichen Inhalts gelesen. Er hörte auch Vorträge über Volkslieder, den letzten Vortrag hatte er ungefähr drei Tage vor dem Traume gehört.

In diesem Normaltraum kommen lebhafte Bewegungsvorstellungen nicht vor.

Derselbe Student träumt, nachdem die Reizung einer Unterextremität vorgenommen wurde, in einem Versuchstraum vom Sitzen, Gehen, Steigen, Laufen, Springen, von eigenen Bewegungen und von Bewegungen anderer Personen. (Der Versuchstraum mitgeteilt bei Vold, Bd. I, S. 100/101.)

641 Diesen Traum hatte ein achtzehnjähriger Student bei Reizung einer Unterextremität.

Er hatte tatsächlich viele Telegramme anläßlich des am 22. Januar 1901 erfolgten Todes der Königin Viktoria von England in Zeitungen gelesen. Er hatte auch auf seinem Tische ein großes Chrysanthemum stehen. Diese Tatsachen spielen in den Traum hinein.

„Dieser Versuchstraum mit seinen vielen abwechselnden, in den Tageserlebnissen nicht begründeten motorischen Momenten, worunter so viele anstrengende Fußgelenkbewegungen, und mit seinem affektiven und dramatischen Gepräge ist gewiß in vorzüglichem Sinne ein typischer, auf die Fußgelenkreizung hinweisender Traum." (Vold, Bd. I, S. 109.)

Doch träumt derselbe Student in einem Normaltraum (Vold, Bd. I, S. 106) auch von starken Bewegungen der Beine.

Die Studentin B. B. war damals zweiundzwanzig Jahre alt. 642 u. 643. Es war ein Versuch, bei dem beide Extremitäten die Nacht über gereizt wurden. Das Experiment wurde auf folgende Weise ausgeführt: Die Studentin nahm um elf Uhr bei Nacht mit drei baumwollenen Bändern eine Doppelumbindung um die plantar gebeugten Füße vor, dadurch kamen die Füße ganz dicht aneinander. Sie schlief sofort ein und erwachte um sieben Uhr morgens, den Traum hatte sie unmittelbar vor dem Erwachen.

Folgende Traummotive sind auf Wachmomente zurückzuführen: Vor kurzem sagte ihr eine Bauersfrau, der Kaufmann habe ihr schlechte Heringe geliefert. Tags zuvor sprach sie von einer Beförderung, las auch in der Zeitung von einer Person, die einen Diamantring bekommen habe. Ein zurückliegendes Wacherlebnis: in ihrer Heimat hörte sie gewöhnlich viel von Dieben sprechen.

Die rhythmischen Momente im Traume ausgelöst durch die Fußreizung:

Hinaufgehen der steilen Treppe, erschwertes Gehen, Kriechen, Heben des Fußes über die Tonnenreifen.

Die um die Füße geschlungenen Bänder verursachten ihr real die Empfindung des Druckes, die Traumvorstellung von den Tonnenreifen hängt mit dieser Druckempfindung zusammen.

Dieser Traum ist ein Normaltraum der Studentin B. B. (Vgl. 644 ihre Träume Nr. 642 u. 643.)

Die Bein- und Fußreizung konnte im Schlafe stattgefunden haben, denn beim Erwachen lag sie mit eingezogenen Beinen, und die Fersen berührten sich.

Dieser nicht-experimentelle Traum hat auch sehr viele Bewegungsmomente, die sich auf die Beine beziehen.

Sie selbst geht, springt im Traume, die Männer stehen, gehen, laufen, der von einer Kugel getroffene Mann fällt, und bevor er sich wieder erhebt, zieht er die Beine an.

Zu dem Traum bemerkt die Studentin: „Der ganze Traum trug den Charakter des früher Erlebten; der Mann war, wie ich mir's vorstellte, schon längst in dem genannten Hause begraben. (Sie erlebte das Ganze in sinnlicher Form und als etwas Wirkliches und meinte doch die ganze Zeit zu wissen, daß alles früher geschehen war.)"

Folgende Traummotive kann man auf Wacherlebnisse zurückführen: Einige Tage vorher war sie im Theater und sah auf der Bühne eine Sterbeszene, sie erfuhr tags zuvor, daß ein Bekannter Selbstmord verübt hatte, und von diesem Selbstmord berichtete sie gleich in einem Brief. Sie ordnete Feldblumen, die ihre kranke Schwester an diesem Tage erhalten hatte, und freute sich über die Blumen. Sie las in der Zeitung die Bemerkung, daß die Frauen durch List siegen.

„Du wolltest In List siegen": „Du vilde seire I list". „Das I war groß und deutlich, die Schrift der gedruckten ähnlich; zur Erklärung des I keine Tagesereignisse bekannt" (Vold, Bd. I, S. 311) — daß wir nur ihre linke Seite und ihren linken Arm sahen: beim Erwachen stellte sie fest, daß ihre linke Hand eingeschlafen war.

645 Der Student A. hatte eine doppelte Umbindung vorgenommen, wodurch beide Extremitäten die Nacht über gereizt wurden. Er hatte in dieser Nacht zwei Träume, der hier mitgeteilte Traum ist der zweite. Auch im ersten Traum träumte er, daß er zweimal fliehen mußte.

Folgende Momente aus dem Wachleben, auf die einzelne Traummotive zurückgeführt werden können, sind feststellbar: Er las zwei Tage zuvor in einer Schrift „Ein Nihilist" die Beschreibung einer Flucht, die Umstände dieser Flucht hat dann die Traumphantasie reproduziert. Tags zuvor sprach er mit einem Bekannten über die Stelle im Evangelium: „Heute in dieser Nacht, ehe der Hahn zweimal kräht, wirst du mich dreimal verleugnen." Vor ein paar Tagen las er beim Unterrichten in der Mathematik die Formel $0 < 1$.

Mit der Vorstellung vom Hahn assoziiert sich im Traume die historisch richtige Zeitbestimmung: Erzählungen aus der römischen Kaiserzeit.

Vold meint, daß der Traum vor allem durch die Reizung der beiden Unterextremitäten hervorgerufen wurde, mit den Wacherlebnissen verquickten sich die Empfindungen, die durch die Umbindung der Füße ausgelöst wurden, „die Vorstellung

‚Flucht' setzt ja die einer Gefangenschaft oder irgendeines Gebundenseins voraus". (Bd. I, S. 305.)

Der Träumer hatte die Unterschenkel gekreuzt, das linke Bein 646 gestreckt, der rechte Unterschenkel kam mitten über den linken. Zu diesem Traume bemerkt Vold: „Dieser Fall ist mir besonders dadurch interessant, daß er zeigt, wie die Lage der beiden Beine als Ausgangspunkt einer dazu passenden zusammengesetzten Traumbewegung dient, daß er die Bewegung zuerst in unbestimmterer, dann in bestimmterer Form hervortreten läßt und daß er Bewegungsreflexionen die konkreten Bewegungen einleiten und begleiten läßt." (Bd. II, S. 464.)

Den Traum hatte ein Student. 647

Bei diesem Versuch wurde durch Umbinden des linken Fußgelenks eine Unterextremität die Nacht über gereizt. Der Traum zeigt „Untergliedsmomente" auf. Anstrengende Geh- und Laufbewegungen bergauf, Stehen im Abhange und am „Fuße" des Abhangs (aktive Bewegungen und Positionen), Bergabgleiten (passive Bewegungen). Auch das Traummotiv vom schlechten Schuhwerk wurde durch die Reizung des Fußes ausgelöst.

Die Situation zu Beginn des Traumes entspricht einem realen Wacherlebnis: Am vorletzten Tage ging der Student auf Skiern in einem solchen Terrain, zum Teil in einer Gegend, wie er sie dann im Traume sah.

Den Traum hatte eine Studentin. 648

Bei diesem Versuch wurde durch Überziehen eines Handschuhs eine Oberextremität die Nacht über gereizt.

Die Vorstellung von Handschuhen tauchte in diesem Traume zweimal auf, doch stellten sich bei nicht gereizten Unterextremitäten auch Vorstellungen von Beinbewegungen in dem Traume ein.

Folgende Wacherlebnisse sind feststellbar: Am Abend vor dem Traume erinnerte sich die Studentin auf einem Spaziergang, daß auf dem Wege, den sie ging, unlängst jemand erschreckt wurde, und schlug einen anderen Weg ein. (Im Traume dann die Vorstellung von Strolchen.) Vor Jahren hatte sie in einem englischen Journal das Bild einer nach dem Tode durchsichtig erscheinenden Dame gesehen. (Sie träumte, daß sie durchsichtig wurde.)

ÜBER TRÄUME MUSS MAN UMLERNEN

Das Nietzsche-Zitat aus Nachgelassene Werke, Unveröffentlichtes aus der Umwertungszeit.

VERLOBUNGSTRAUM EINER VERHEIRATETEN FRAU.

649 Der Traum ist abgedruckt im „Magazin zur Erfahrungsseelenkunde", Bd. IV, H. 3, S. 85/86.

DIE WIDERSTREITENDEN GEFÜHLE.

651 Frl. Z. war damals dreiundzwanzig Jahre alt.
Sie gab folgende Analyse des Traumes: „Ich finde die Komponenten des Traumes in folgenden Tatsachen: 1. Gestern war ich in der Vorlesung. Auf dem Rückweg sprach P. mit mir in großer Besorgnis von seinem Sohne, den ich nicht kenne. 2. Den Tag vorher hatte ich viel an das ästhetische Gefühl gedacht und hatte den Schluß gezogen, daß der höchste Grad dieses Gefühles das Bewußtsein des Verschmelzens der eigenen Seele mit der beseelten Umgebung sei. 3. Drei Tage vorher eine Unterhaltung mit meiner Mutter über Naturgenuß und Mystizismus. 4. Den Nemi-See hatte ich drei Jahre vorher nur flüchtig gesehen. 5. Ich gebe mir darüber Rechenschaft, daß ich von einem großen Liebesbedürfnis erfüllt bin, es jedoch streng und bewußt unterdrücke. Der Traum zeigt meine Natur, wie auch die Verdrängung." (Sante de Sanctis, „Psychologie des Traumes", Handb. d. vergl. Psychologie, Bd. III, S. 284.)

EIN BUND DES TRAUMES MIT DEM WACHEN.

652 u. 653 Quelle: „Kuriositäten der physisch-literarisch-artistisch-historischen Vor- und Mitwelt". 1816, Bd. V, H. 3, S. 274/76.
Die Worte des Ennius bei Cicero: De divinatione, Bd. II, Kap. 62 — die Worte Jean Pauls: in „Herbstblumen".

654 u. 655 POCHT DOCH DER BLEICHENDE TOD.

zur Zeit der Cholera: im Oktober und November 1836 war eine Choleraepidemie in München; vgl. Hebbels Brief an

Elise Lensing vom 29. November d. J.: „Die Cholera wütet in der Stadt".
Der Vorfall wurde Hebbel von Josepha Schwarz erzählt (Tgb. 29. Januar 1837).

TAUBE UND SIEGELLACKSTANGE.

Ein ähnliches Traummotiv findet man auch in einem Traume 657 von Isolde Kurz, vgl. Nr. 483.
meiner Mutter: Marie Kurz. Vgl. Anm. zu Nr. 481.

TRAUM VON DER EIGENEN GEBURT.

Der Traum wurde Vold zuerst mündlich mitgeteilt, nachher er- 659 hielt er von dem Manne, der diesen Traum wiederholt geträumt hatte, einen schriftlichen Bericht des Traumes. Vold bezeichnet den Mann, der zur Zeit der Mitteilung Student war, als in jeder Beziehung vertrauenswürdig.

DER VERERBTE TRAUM.

Die hier mitgeteilten, von drei Geschwistern oft geträumten 660—663 Träume könnten nach der Meinung des einen Träumers, des Pfarrers O., ein Nachklang eines weit zurückliegenden unheimlichen Familienereignisses sein.
Der Pfarrer macht über seine Ahnen folgende Angaben. Sie waren mütterlicher- und väterlicherseits Bauern. Die Ahnen mütterlicherseits waren von unruhigem Charakter, der Urgroßvater war Alkoholiker, der Großvater führte in jungen Jahren ein recht abenteuerliches Wanderleben. Seine Frau wurde nach der Geburt einer Tochter geisteskrank; diese Tochter ist die Mutter des Pfarrers. Die Ahnen väterlicherseits waren Menschen, denen man bedenkliche Taten zutrauen konnte; so machte sich der Urgroßvater ein Vergnügen daraus, Brandstiftungen zu verüben.
Vold meint, daß bei diesen erblich belasteten Geschwistern Voraussetzungen für einen sich vererbenden Traum gegeben sein konnten. Vielleicht hat einer der Ahnen väterlicherseits wirklich einen Totschlag begangen, ohne daß er als Täter entdeckt wurde. Nimmt man dies an, so kann man sich denken, daß er über seine Tat Gewissensqualen empfand und dann von der Tat und ihren Einzelheiten in Angstträumen träumte.

Vielleicht hat sich die Tat einst unter ähnlichen Umständen abgespielt, wie sie der Traum reproduziert, der sich auf die Nachkommen des Täters vererbt hat.

Der Pfarrer wirft die Frage auf, ob der Unterschied zwischen der
Situation in seinem Traume und der Situation im Traume seiner
jüngeren Schwester nicht so erklärt werden könnte, daß der
Traum der jüngeren Schwester ein früheres Stadium, sein Traum
ein einige Sekunden späteres Stadium der Begebenheit wiedergibt.
Zu der Frage der Vererbung von Träumen schreibt Vold: „Ist
es nicht erlaubt anzunehmen, daß tief im Organismus wurzelnde
Träume erblich sein können? Dies könnte entweder in der Weise
gedacht werden, daß eine Krankheit, resp. Geisteskrankheit,
oder ein das Gemüt stark beeinflussendes Erlebnis, resp. ein
ausgeführtes Verbrechen, bei der betreffenden Person einen
Wiederholungstraum verursachte und daß die Bedingungen
dieses Traumes auf den Organismus der Kinder vererbt würden, oder aber in der Form, daß ein den Wachzustand des Vaters
oder der Mutter beherrschender Gedanke im Schlafe der Kinder
reproduziert würde. Man könnte sogar an eine mehrgliedrige
Vererbung denken." (Bd. II, S. 873.)

DIE OKKULTEN FÄHIGKEITEN IM TRAUME

Das diesem Kapitel vorangestellte Motto ist ein Zitat aus Shakespeares „Hamlet", Akt I, Szene 5.

SEELISCHE FERNWIRKUNG.

4--666 Der Gewährsmann dieses Vorfalls, Friedrich August Ludwig
von der Marwitz, war Kgl. Preuß. General-Leutnant und Bruder von Alexander v. d. Marwitz (vgl. über diesen Anm. zu
Nr. 226 und 231).

GRAF ADAM RZEWUSKI (* 24. Dezember 1801, † 17.
April 1888).
Bruder von Eva Rzewuska, die nach dem Tode ihres ersten

Gatten Hanski in zweiter Ehe Balzac geheiratet hat. (Vgl. Anm. zu Nr. 358.)
Severin Rzewuski, der Großvater des Grafen Adam, wurde, weil er im polnischen Landtag in Warschau den von Rußland inspirierten Anträgen entgegentrat, in der Nacht zum 14. Oktober 1767 auf Veranlassung des russischen Gesandten Repnin verhaftet und dann auf Befehl Katharinas II. nach Kaluga in Rußland gebracht.
Graf Adam Rzewuski kämpfte im polnischen Aufstand 1830/31 auf russischer Seite, er war Adjutant des Feldmarschalls Dybicz. Später wurde er zum persönlichen Begleiter des Zaren Nicolaus I. ernannt und auch mit diplomatischen Missionen betraut. Während des Krimkrieges war er eine Zeitlang Militärgouverneur von Petersburg.
Schlacht von Grochów: in dieser Schlacht haben die Aufständi- 667 schen eine Niederlage erlitten — mit dem Kaiser: Nicolaus I.

AHNUNGSTRAUM EINES KINDES.
Der Schriftsteller Levin Schücking war im Jahre 1842 Erzieher 668 der Söhne des Fürsten Wrede. — Die Fürstin Wrede war eine verwitwete Schwägerin des Schloßherrn, Griechin von Geburt, in erster Ehe mit einem Grafen Metaxas vermählt.

ELENA MARCELLA BEMBO 670
Pietro Bembo: (1470—1547).

NICOLAS CLAUDE FABRI DE PEREISC (* 1. De- 671 zember 1580 zu Beaugensier in der Provence, † 24. Juni 1637). Berühmter Altertumsforscher.

GIACOMO CASANOVA (* 2. April 1725 in Venedig, † 4. Juni 1798 auf Schloß Dux in Böhmen).
Einige Monate später sollten diese Umstände sich verwirk- 672 lichen: Am 5. März 1766 hatte Casanova in der Umgegend von Warschau ein Pistolenduell mit dem Grafen Xaver Branicki. Bei diesem Duell, bei dem er selbst eine Verwundung an der linken Hand davontrug, schoß er seinem Gegner eine Kugel

durch den Leib. Nach dem Duell fuhr Casanova mit einem
Bauernschlitten nach Warschau zurück. Vgl. Casanova, „Er-
innerungen", übers. von Franz Hessel und Ignaz Ježower,
Bd. IX, S. 136 flg.

LORENZO DA PONTE (* 10. März 1749 in Ceneda,
† 17. August 1838 in New York).
Er schrieb für Mozart den Text zum „Figaro" und zum „Don
Juan".

673 Salieri: der Komponist Antonio Salieri.

674 JOHANN WERNER STREITHORST (* 18. Mai 1746
in Wernigerode, † 17. Februar 1800 in Halberstadt).
Königl. Preuß. Konsistorialrat und Oberdomprediger in Halberstadt. Gehörte dem Gleimschen Freundeskreise an.
Streithorst schrieb sich die Gabe der Weissagung zu, nach
eigener Versicherung sei ihm die Vorahnung zukünftiger Geschehnisse oft recht unangenehm und lästig gewesen.
Er teilt in seiner Abhandlung: „Psychologische Bemerkungen
über einige sonderbare Träume" (Gemeinnützige Blätter, Nr. 3
und 4, Halberstadt 1789) einige Träume eines Freundes mit.
Der Freund hoffte eine Lehrerstelle in Kloster Bergen zu erlangen. Da träumte er einmal, daß ihm ein Brief mit einer
Bischofsmütze gebracht werde und daß er daraufhin sage:
„Nun ist mein Glück gemacht." Am nächsten Tage erhielt er
einen Brief, dessen Siegel eine Bischofsmütze zeigte; der Brief
meldete ihm die Berufung als Lehrer nach Kloster Bergen. —
In der Nacht zum 17. August 1786 träumte dieser Freund, daß
seine Frau zu ihm ans Bett komme und ihm zurufe: „Jetzt um
drei Uhr haben wir unsern besten Freund verloren." In demselben Augenblick sieht er im Traume Friedrich den Großen.
Er erwachte und stellte nach der Uhr fest, daß es um Mitternacht war. In derselben Nacht zu der im Traume angegebenen
Stunde starb Friedrich der Große.

DAS ERDBEBEN IN KALABRIEN.
675 Das letzte Erdbeben, das nur schwach gewesen war, lag siebenundzwanzig Jahre zurück. Das Erdbeben am 5. Februar 1783

kam ganz unerwartet, den Vorzeichen des Erdbebens folgte gleich die Erderschütterung. Lukrezia Ruffo war also auf das Erdbeben nicht vorbereitet gewesen. Sie hat im Traume das Erdbeben vorgeahnt.

In der Februarnacht 1783, in der Kalabrien von einem schweren Erdbeben heimgesucht wurde, hat Goethe in Weimar offenbar aus der Beobachtung eines Nordlichts auf ein Erdbeben geschlossen.

Mitten in der Nacht rollte er sein Bett ans Fenster und beobachtete liegend den Himmel. Seinen Diener Christoph Sutor, der auf das Klingelzeichen erschienen war, befragte er, ob er denn nichts am Himmel gesehen, und als dieser verneinte, befahl er ihm, nach der Wache zu laufen und sich bei dem Posten zu erkundigen, ob dieser etwas wahrgenommen habe. Sutor kam mit der Meldung zurück, daß auch dem Posten nichts aufgefallen sei; er fand Goethe noch in derselben Stellung, unverwandt den Himmel betrachtend. „Höre," sagte Goethe zu seinem Diener, „wir sind in einem bedeutenden Moment; entweder wir haben in diesem Augenblick ein Erdbeben, oder wir bekommen eins." Er demonstrierte ihm auch, aus welchen Merkmalen er erkenne, daß in dieser Nacht ein Erdbeben erfolge.

Als Goethe am nächsten Tage bei Hofe von seinen nächtlichen Beobachtungen erzählte, flüsterte eine Dame ihrer Nachbarin ins Ohr: „Höre! Goethe schwärmt!" Herzog Karl August und einige Männer, die sich in der Gesellschaft befanden, glaubten, daß sich Goethe nicht geirrt habe. Einige Wochen später wurde die Richtigkeit der Goetheschen Feststellung durch die eingetroffene Nachricht bestätigt, daß in jener in Frage kommenden Nacht ein Teil von Messina durch ein Erdbeben zerstört worden sei.

Eckermann berichtet in den „Gesprächen" den Vorfall vierzig Jahre später (13. November 1823) nach der Erzählung von Sutor.

RETTUNG DURCH EINEN TRAUM.

Dr. Macario ist der Autor des 1857 erschienenen Werkes „Le sommeil".

DER TRAUM ALS WAHRSAGER.

678—680 Bei Richet nach der Mitteilung von Tamburini, Professor an der Universität in Rom, in „Annales des sciences psychiques", 1893.

ZWEI LOTTERIETRÄUME.

681 Quelle: Magazin zur Erfahrungsseelenkunde, Bd. I, H. 1, S. 71 flg.

Knape hatte noch andere Lotterieträume, so sah er im August 1776 in einem Traum an einer schwarzen Leiste einer Tür, die zum Lotterieladen führte, Nummern mit Kreide angeschrieben. Er konnte sich beim Erwachen an die fünf Nummern besinnen; es waren die Nummern 60, 4, 21, 52, 42. Drei Tage später kamen diese Nummern in der Lotterieziehung heraus.

682 Mitgeteilt im Berliner Tageblatt, 29. März 1925.

TRAUM EINES MÄDCHENS VON EINEM VER-GRABENEN SCHATZ.

683 Sante de Sanctis hebt hervor, in Umbrien wäre im Volk der Glaube verbreitet, daß an verschiedenen Orten Schätze vergraben liegen. In vielen Familien wird die Kunde von einem an einer bestimmten Stelle vergrabenen Schatz mündlich überliefert. Sanctis meint, daß es sich bei diesem Traum um mehr als um ein bloßes Zusammentreffen der Umstände handle, vielleicht ist dieser Traum ein offenbarender Traum, der auf Wiederbelebung einer Kindheitserinnerung zurückzuführen ist. (Sanctis, „Die Träume", S. 238.)

ZUSAMMENHANG ZWISCHEN EINEM TRAUM UND EINER HANDLUNG.

684 die theorematischen Träume: „die . . . das Kommende unmittelbar und sensu proprio vorbildenden Träume, welche die theorematischen genannt werden". (Schopenhauer, „Parerga und Paralipomena", 1874, Bd. I, S. 271) — die Wahrheit meines Satzes: Alles was geschieht, geschieht notwendig (Schopenhauer, „Die beiden Grundprobleme der Ethik", 2. Aufl., S. 60).

CHRISTIAN III., KÖNIG VON DÄNEMARK (* 13 August 1503, † 1. Januar 1559 in Koldinghuus).

Quelle: M. Joh. Christoph Männlingen: „Auserlesenster Kuriosi- 685
täten merkwürdiger Traumtempel", Frankfurt und Leipzig 1714,
S. 479—481).

Er sah im Traum einen weiß bekleideten Mann: „Bei vielen
solchen Todesahnungen, wo im Wachen oder Schlafen eine ver-
kündende Gestalt erscheint, ist diese ‚weiß'. Selbst bei geringen
Krankheitsanlässen, welche der Traum vorverkündet, frappiert
die weiße Farbe an irgendeinem von Natur aus ganz anders ge-
färbten Objekt. So erzählt Jean Paul (Museum, S. 208), ein
Geistlicher von mehr Scharfsinn als Phantasie, träumte gewöhnlich von ‚weißem' Schnupftabak, bevor er erkrankte." (Scherner,
„Das Leben des Traums", S. 294) — seinem Sohne Friedrich:
der als Friedrich II. ihm auf dem Thron folgte.

MARIA VON MEDICI (* 26. April 1573 in Florenz, † 3. Juli
1642 in Köln).
die Ermordung des Königs: Heinrich IV. wurde am 14. Mai 687
1610 von Ravaillac ermordet.

CHARLES CHEVILLET CHAMPMESLÉ (* in Paris,
† 22. August 1701 in Paris).
Schauspieler und dramatischer Autor.
Der Traum auch abgedruckt in „Biographie universelle", 688
Bd. VII, S. 465 (Paris 1844).
seine verstorbene Frau: die berühmte Schauspielerin Marie
Champmeslé, geb. Desmares; sie ist 1698 im siebenundfünfzig-
sten Lebensjahr gestorben — in der „Iphigenie": dem Trauerspiel von Racine.

PRINZ EUGEN VON SAVOYEN (* 18. Oktober 1663
in Paris, † 21. April 1736 in Wien).
meine Mutter: Olympia Comtesse de Soissons, geb. Mancini. Sie 689
war eine Nichte des Kardinals Mazarini. Sie starb im achtund-
sechzigsten Lebensjahr am 9. Oktober 1708 in Brüssel —
Trancheen: Laufgräben.

CHRISTOPH VON SCHMID (* 15. August 1768 in
Dinkelsbühl, † 3. September 1854 in Augsburg).

Domkapitular, bekannter Jugend- und Volksschriftsteller.
Albert Werfer, der Neffe und Biograph Christoph Schmids, erzählt, daß Schmid im Greisenalter schöne, erquickende Träume
gehabt habe. So hörte er einmal im Traum eine wundervolle
Stimme das Liedchen singen: Ich habe Mut, in jeder Not, denn
gut, o gut, ist unser Gott. Dieser Traum stimmte ihn sehr
heiter. Schmid hielt auch im Traume ganze Predigten, unter
seinen Papieren fanden sich zwei Predigten mit dem Vermerk:
„Im Traume gehalten."
690 Dein Vater: Friedrich Schmid.

AHNUNGSTRAUM EINES STUDENTEN.

693 Quelle: Magazin zur Erfahrungsseelenkunde Bd. V, H. 2, S. 103
bis 104. Die Mitteilung stammt aus dem Jahre 1786.

GRÄFIN TUTSCHKOW.

694 Den Traum der Gräfin Tutschkow berichtet der Quäker Etienne
de Grellet du Mabillier. (Memoirs of the life and Gospel labours
of Stephen Grellet, edited by Benjamin Seebohm, London 1862,
Bd. I, Aufl. 3, S. 387/88.)
Maeterlinck übernimmt den Traum aus Ernest Bozzanos „Les
phénomènes prémonitoires".
Grellet lernte die Gräfin Tutschkow im Jahre 1819 in Moskau
kennen, sie selbst erzählte ihm ihren Traum. Im Jahre 1812,
vor dem Einzug der Franzosen in Rußland, hatte sie, als sie mit
ihrem Gatten auf ihren Besitzungen in der Nähe von Tula
weilte, diesen Traum, in dem ihr die Zukunft enthüllt wurde.
Sie war überzeugt, daß Gott ihr den Traum gesandt hatte, sie
zog sich aus der Gesellschaft, in der sie bisher geglänzt hatte,
zurück und entsagte weltlichen Vergnügungen. Als sich dann
der Traum in allen Einzelheiten erfüllte, erkannte sie, daß nur
Leben in Gott und Erfüllung der Gebote der Religion ihrem
Sein Sinn und Ziel geben können.
Vorgeahnt hat Gräfin Tutschkow in ihrem Traume: die Schlacht
bei Borodino, den Tod des Gatten, die Umstände, unter denen
sie den Tod des Gatten erfahren wird, und den Ort, an dem sie
die Nachricht von seinem Tode erhalten wird. Außerdem wußte
sie im Traume den Namen eines Dorfes, dessen Existenz ihr

damals ganz unbekannt war und dessen Namen sie dann sogar vergeblich auf der Karte nachsuchte.

NAPOLEON (* 15. August 1769 in Ajaccio, † 5. Mai 1821 auf St. Helena).

Am 10. Oktober 1816 erzählte Napoleon in Longwood auf 695 St. Helena seiner Umgebung von den Konferenzen, die zum Vertrag von Campo-formio geführt hatten. Bei dieser Gelegenheit kam er auf Clarke zu sprechen, der französischer Unterhändler bei den Verhandlungen gewesen war. Er schilderte auch das Verhalten Clarkes ihm gegenüber, er hat ihn zum Gouverneur von Wien, Kriegsstatthalter in Preußen, Herzog von Feltre ernannt, und als er Elba verließ, nahm Clarke im entscheidenden Augenblick von Ludwig XVIII. das Amt eines Kriegsministers an. „Ohne Zweifel hält er sich jetzt", führte Napoleon aus, „für etwas weit Höheres, Minister eines legitimen Königs geworden, als Minister eines emporgekommenen Kaisers gewesen zu sein. Er soll in diesem Augenblick in großer Gunst stehen; ich wünsche ihm eine lange Dauer derselben." Am 12. September 1817 trat Clarke als Kriegsminister zurück.
Auf das Gespräch über Clarke ist der Traum, den Napoleon in der Nacht hatte, zurückzuführen.

AUGUST FERDINAND BERNHARDI (* 24. Juni 1770 in Berlin, † 2. Juni 1820 in Berlin).

Verfasser pädagogischer Schriften, Direktor des Friedrich-Wilhelm-Gymnasiums in Berlin. Schwager von Ludwig Tieck.
Wilhelm von Humboldt teilte seiner Gattin Caroline die Träume 696 u. 697 Bernhardis in einem Briefe vom 9. Juni 1820 mit.

ARMAND CARREL (* 8. Mai 1800 in Rouen, † 24. Juli 1836 in Paris).

Französischer Publizist, Chefredakteur der Zeitung „National".
Emile de Girardin hatte den Vorschlag gemacht, den Preis der 698 Zeitungen herabzusetzen, der Verlust, der durch die Ermäßigung der Abonnements entstehen würde, sollte durch Annoncen gedeckt werden. Carrel kritisierte den Plan in seinem Blatt.
Emile de Girardin antwortete mit einem beleidigenden Artikel.

Als man sich bei den Einigungsverhandlungen über eine For-
malität der Ehrenerklärung nicht verständigen konnte, forderte
Carrel seinen Gegner zum Pistolenduell heraus.

Carrel, der schon mehrere Duelle gehabt hatte, pflegte sich sonst
nie vor einem Zweikampf Todesgedanken zu machen, aber
unter dem Eindruck des Traumes glaubte er diesmal, das Duell
würde unglücklich für ihn enden. In der Nacht vor dem Duell
schrieb er, wie Chateaubriand in seinen Memoiren erwähnt, im
Vorgefühl des nahen Todes seine letzte Verfügung nieder.

Das Duell fand am Freitag den 22. Juli 1836 im Gehölz von
Vincennes statt; Girardin wurde leicht, Carrel so schwer verwundet, daß er zwei Tage darauf starb.

Louis Blanc teilt den Ahnungstraum Carrels in seinem Werk
„Histoire de dix ans" mit, auch Ambert, einer der Duellzeugen
Carrels, berichtet im „Avenir national" vom 15. November 1867,
daß Carrel ihm den Traum erzählt habe.

GUSTAV SCHWAB (* 19. Juni 1792 in Stuttgart, † 4. November 1850 in Stuttgart).

Pfarrer und Schriftsteller.

699 Der Traum wurde noch zu Schwabs Lebzeiten im „Magikon"
— wahrscheinlich von Justinus Kerner — mitgeteilt. Nach
späteren Angaben von Schwabs Schwiegersohn und Biographen,
Karl Klüpfel, war es nicht ein Traum, sondern eine Ahnung.
Wie Klüpfel erzählt („Gustav Schwab, sein Leben und Wirken",
S. 326), sah Schwab im Reisewagen sitzend — im Halbschlum-
mer — „plötzlich auf dem aufgeschlagen in seinem Schoß
liegenden Notizbuch (einem perlengestickten Geschenk der Frau
Doktorin Passavant) die Worte verzeichnet: ‚Schwab, † 14. Okt.‘
Der Anblick rüttelte ihn auf, und bei näherer Besichtigung war
das Blatt leer."

Schwabs jüngster Sohn Ludwig starb in Heidelberg am 15. Oktober 1841.

GIUSEPPE GARIBALDI (* 4. Juli 1807 in Nizza, † 2. Juni
1882 auf Caprera).

700 Die sardinische Regierung zwang Garibaldi im Jahre 1849,
Italien, für dessen Befreiung er gekämpft hatte, zu verlassen.

Garibaldi nahm im Ausland seine frühere Tätigkeit als Schiffs-
kapitän wieder auf. Seine Mutter, Rosa Garibaldi, geb. Rai-
mondi, starb am 19. März 1852 in Nizza.

JULIUS RODENBERG (* 26. Juni 1831 in Rodenberg,
† 11. Juli 1914 in Berlin).
Schriftsteller, Herausgeber der „Deutschen Rundschau".
in Marburg: an der Marburger Universität studierte Rodenberg 701
Jurisprudenz — Die Großmutter: väterlicherseits.

AHNUNGSTRAUM EINER BRAUT.
Susanne Kubler war Lehrerin in Heidelberg.   702

SOGAR DIE SECHS SILBERNEN ROSEN AM
SARGE.
Der Vorfall wurde Flammarion auf seine Anfrage von der in 703
New Orleans lebenden Tochter des Verstorbenen bestätigt.

BERNHARD VON GUDDEN (* 7. Juni 1824 in Kleve;
am 13. Juni 1886 im Starnberger See ertrunken).
Psychiater.
Bei den Traumahnungen Guddens und Lukawskis handelt es 704 u. 705
sich nach Richet um kryptästhetische Vorahnungen. Krypt-
ästhesie nennt Richet das Empfindungsvermögen, dessen Natur
uns unbekannt ist.
Die Träume Guddens und Lukawskis teilt Ernest Bozzano mit.
(Bozzano „Les phénomènes prémonitoires", Gudden Fall XV,
Lukawski Fall XVII.)

DER TRAUM ALS PROPHET.
Auch in diesem Falle ist es mir gelungen, wenn auch erst auf 706
einem Umweg, zur Quelle des Traumes vorzudringen. Diesen
Traum, den Bozzano, Richet u. a. nacherzählen, berichtet
L. B. Hellenbach in seinem Buche: „Die Magie der Zahlen als
Grundlage aller Mannigfaltigkeit und das scheinbare Fatum",
Wien 1882, S. 148/149.
Ich lasse den Bericht Hellenbachs folgen:
„Ich hatte die Absicht, für einige Versuche mit Krystallen oder

vielmehr in Krystallbildung die Unterstützung des Leiters der Chemischen Abteilung der Wiener Geologischen Reichsanstalt, Bergrates Hauer, zu erwirken. Ich hatte mit ihm gelegentlich darüber gesprochen, das Laboratorium lag mir nahe, und Hauer war für alle wissenschaftlichen Kreise, man kann sagen Europas, auf diesem Felde geradezu Spezialist. Ich verschob es immer, faßte aber endlich den Entschluß, den nächsten Morgen mich hinzubegeben.

In der Nacht träumte mir, ich sähe einen blassen ohnmächtigen Menschen, von zwei Männern unter der Achsel gefaßt, hinschleppen.

Ich achtete dieses Traumes nicht, ging in die Geologische Reichsanstalt, und da in früheren Jahren das Laboratorium in anderen Räumlichkeiten des Hauses war, so verfehlte ich die Tür, fand dann die richtigen Türen abgesperrt, und als ich bei dem ebenerdigen Fenster hineinblickte, sah ich mein Traumbild — man schleppte Hauer, der sich soeben durch Cyankali vergiftet hatte, in das Vorzimmer, genau so, wie ich es träumte.

Daß ich, der ich nie einen Wahrtraum oder nur eine richtige Ahnung gehabt, dessen normale Gesundheit und Unverwüstlichkeit in Freundeskreisen sprichwörtlich ist, mich auf einem Wahrtraum ertappte, kann ich mir nur folgendermaßen erklären. Wäre ich um einige Minuten früher gekommen, so hätte ich die Tat für den Augenblick gewiß und für die Zukunft möglicherweise verhindert; denn der Selbstmord erfolgte wegen trauriger Familien- und Vermögensverhältnisse, und mein Vorschlag hätte ihm ein neues Feld und wahrscheinlich auch einige Erleichterung verschafft. Dieser Umstand erschütterte mich, noch mehr vielleicht die Erwägung, daß ich für meine Ideen und Pläne die rechte Hand verloren hatte und daß diese meine Versuche wohl für ewige Zeiten oder doch für mein Leben verloren sind. Es mochte die Vernichtung dieses Lebens und meiner Pläne einen gewaltigen Eindruck auf mich machen; möglich, daß darin die Ursache liegt, daß mein Bewußtsein beim Erwachen etwas von der Voraussicht des intelligiblen Subjekts oder der unbewußten Allwissenheit zurückbehielt."

Richet meint, daß „die geistige Erregung Hauers vor der Ausführung seines Selbstmords die Vision Hellenbachs hervorgerufen haben könnte". („Grundriß der Parapsychologie und Parapsychophysik", S. 290.)

Baron L. Hellenbach: Lazar Freiherr von Hellenbach (* 3. September 1827, † 24. Oktober 1887). Verfasser philosophischer Schriften. Er soll durch Selbstmord aus dem Leben geschieden sein — Hauer: der Chemiker und Krystallograph Karl Ritter von Hauer hat sich am 2. August 1880 im einundsechzigsten Lebensjahr in Wien vergiftet. Im Nachruf in der Vossischen Zeitung (4. August 1880, Nr. 215) wird er „ein Gelehrter von Ruf, eine Zierde der montanistischen Wissenschaft" genannt.

DIE DREI SÄRGE.
Maeterlinck berichtet den Traum nach „Proceedings of the 707 Society for Psychical Research", Bd. XI, S. 493. Die Umstände, unter denen dieser Traum eingetroffen ist, sind vom Ausschuß der „Proceedings" streng nachgeprüft worden.

EIN EREIGNIS IN DER SCHWEIZ WIRD ZUGLEICH AUF JAVA GETRÄUMT.
Frau M., eine reiche Deutsche in Soerabaja, hatte ihren einzigen 708 Sohn, den sie vergötterte, nach der Schweiz geschickt, um ihn vor dem Kriege zu bewahren. Mit dreiundzwanzig Jahren starb der Sohn plötzlich in der Schweiz an einer Lungenentzündung. Die Mutter erfuhr den Verlust des Sohnes im Traume.

LUIGI CAPUANA (* 27. Mai 1839 in Mineo, † November 1915 in Catania).
Italienischer Romanschriftsteller und Kritiker.
Via dei Calzajoli: in Florenz. 709

DER ENGLÄNDER.
Zu diesem Traum bemerkt Flammarion: „Es ist nicht unmög- 710 lich, daß mein Freund, ohne es zu beachten, diesem Engländer begegnet war, ja vielleicht an demselben Abend ihn unbewußt gesehen hatte und nicht weit davon die Frau. Der Traum hat sie zusammengeführt. Doch ist es auch als bloßer Zufall merkwürdig." („Rätsel des Seelenlebens", S. 282.)

FÜRSTIN RAGOSKA.

712 Quelle: Museum des Wundervollen, Bd. I, Heft 2, S. 144/146 und Jung-Stilling, Theorie der Geisteskunde, 1808, S. 115/116.

DAS HAUS DES UNBEKANNTEN HELFERS.

713 Der Traum ist mitgeteilt von Seidel im „Magazin zur Erfahrungsseelenkunde", Bd. IV, H. 3, S. 75/78. Karl Philipp Moritz gibt an, er habe den Mann, der diesen Traum hatte, sehr gut gekannt.

DIE FORELLE IN DER SCHLEUSE ZU OXEN-HALL.

714 u. 715 Schopenhauer schreibt: „Daß alles, ohne Ausnahme, was geschieht, mit strenger Notwendigkeit eintritt, ist eine a priori einzusehende, folglich unumstößliche Wahrheit: ich will sie hier den demonstrablen Fatalismus nennen. In meiner Preisschrift über die Freiheit des Willens ergibt sie sich (S. 62; 2. Aufl., S. 60) als das Resultat aller vorhergegangenen Untersuchungen. Sie wird empirisch und a posteriori bestätigt durch die nicht mehr zweifelhafte Tatsache, daß magnetische Somnambule, daß mit dem zweiten Gesichte begabte Menschen, ja daß bisweilen die Träume des gewöhnlichen Schlafs das Zukünftige geradezu und genau vorherverkünden." („Parerga und Paralipomena", 1874, Bd. I, S. 217.)

DIE ARKTISCHE EXPEDITION FRANKLINS.

716 John Franklin unternahm im Jahre 1844 eine Polarexpedition. Seine zwei Expeditionsschiffe Erebus und Terror wurden in der Nähe der Nordwestküste von King-William-Land vom Eise eingeschlossen. Nachdem Franklin im April 1848 starb, verließen seine Reisebegleiter die Schiffe, um nach dem Großen Fischfluß zu gelangen, verunglückten aber auf dem Wege. Ausgesandte Hilfsexpeditionen haben später die Reste der verunglückten Franklinschen Expedition aufgefunden.

CROMWELL F. VARLEY.

717 Als Quelle gibt Kreyher an: Report on spiritualisme of the committee of the London dialect. society II p. 113.

PRINZESSIN EMMA CAROLATH.
Sie teilte ihren Traum Flammarion in einem Briefe aus Wies- 720
baden am 5. März 1870 mit.

SO WEIT ÖFFNET SICH GEHEIME KUNDE.
Maeterlinck teilt den Traum nach dem Bericht Ernst Bozzanos 721
mit. (Bozzano, „Les phénomènes prémonitoires", Fall CX.)
Richet nennt diese Traumahnung eine der merkwürdigsten, die
wir kennen. („Grundriß der Parapsychologie und Parapsychophysik", S. 295.)

VERBRECHEN UND TRAUM

VIERMAL IM TRAUME UND DANN IN WIRK-
LICHKEIT ERLITTENES SCHICKSAL.
Pieter Nieuwland, der Gewährsmann dieses Vorfalls, war ein 722
berühmter holländischer Mathematiker, Physiker und Astronom.
Wie Swinden in der Leichenrede auf Nieuwland berichtet, hat
die Begebenheit auf den Gelehrten einen so tiefen Eindruck gemacht, daß er von dem Ahnungstraum des Uhrmachers öfters
gesprochen und den Traum auch niedergeschrieben hat. Den
Bericht Nieuwlands veröffentlichte Swinden in der Schrift:
„Lykrede op Pieter Nieuwland op den 24. van Wintermaand
1794 uitgesproken te Amsterdam in de Maatschappy Felix
Meritis, door J. H. van Swinden." (Amsterdam 1795, S. 163;
vgl. Kuriositäten, Bd. IV, S. 350.)

MORD AUS TRAUM.
Hebbel notiert die Begebenheit im Tagebuch am 6. Mai 1839, sie 723
lieferte ihm den Stoff für die Ballade „Der Haideknabe".

TRÄUME EINER GIFTMÖRDERIN IN DER UN-
TERSUCHUNGSHAFT.
Elli Link hat ihren Mann mit Arsen vergiftet. Sie saß nach ihrer 724—734
Verhaftung fast zehn Monate in Untersuchungshaft und wurde
im März 1923 in der am Landgericht in Berlin geführten Haupt-

verhandlung der vorsätzlichen Tötung für schuldig befunden und unter Zubilligung mildernder Umstände zu vier Jahren Gefängnis verurteilt.

Sie entschuldigte ihre Tat damit, daß sie von ihrem Manne immerzu geschlagen wurde, sie mußte an die Mißhandlungen fortwährend denken, „er hatte mich ja so dämlich geschlagen, daß ich nicht wußte, was ich machte", beteuerte sie vor Gericht. Die Hartherzigkeit und Roheit des Mannes hatten in ihr Haß- gefühle und Mordgedanken geweckt. Die Versuche, die sie unternahm, um ihn mild zu stimmen, hatten keinen Erfolg, er beantwortete ihre Vorhaltungen, daß er mit Strenge bei ihr nichts erreichen werde, mit Schlägen. Es sind Erinnerungen an ihre Ehehölle, die in ihren Träumen auftauchen; sie konnte die Prügel, die Schelte, sein Wutgeheul nicht vergessen, immer wieder träumte sie während ihrer Untersuchungshaft davon, daß er unzufrieden ist, schimpft, tobt, zum Stock greift und sie unbarmherzig auf den Kopf haut. Sie wollte sich vor seiner Brutalität schützen, ihn unschädlich machen. Dann wird sie nicht mehr Schläge auf den Kopf bekommen, nicht mehr ihn anflehen müssen: „Hau mir doch nicht immer auf den Kopf! Du weißt doch, daß ich am Kopf nichts vertragen kann." Sie träumt, daß sie ihn mit einem Stock auf den Kopf schlägt, so daß er tot umfällt (Nr. 725). Oder sie gibt ihm im Traume einen Stoß, so daß er in einen Abgrund stürzt, wo er von Löwen zerrissen wird (Nr. 724), oder sie stößt ihn ins Wasser, und er kommt nicht wieder zum Vorschein (Nr. 733), oder vor die Straßen- bahn, so daß er gleich überfahren wird (Nr. 734). Immer wieder wird sie in ihren Träumen an ihre Tat gemahnt. Manchmal ist die Person, die von ihr ums Leben gebracht wird, nicht ihr Mann (Nr. 732), doch auch in diesem Falle ist das Motiv, durch das sie zur Tat gedrängt wird, Unnachgiebigkeit und Hart- herzigkeit. In ihren Träumen ist ihre Tat meistens erst die Folge eines Angriffs auf ihr Leben (Nr. 724, 733 und 734). Ihr Mann hatte sie tatsächlich einmal nachts aus dem Fenster zu werfen versucht, sie träumt davon, daß er die Drohung, sie hinunter- zuwerfen, wahrmacht, aber sie kann sich retten und stürzt dann ihn in den Abgrund (Nr. 724). Sie muß für ihre Tat die Strafe auf sich nehmen, träumt, daß sie Termin hatte, hart bestraft wurde, nun möchte sie selbst ein Ende machen, die Aufseherin will ihr dabei helfen, nimmt ein Messer und schneidet ihr den Körper durch (Nr. 727). Oder sie wird im Traume mit lebenslänglichem Zuchthaus bestraft und erhängt sich aus Verzweiflung (Nr. 730. Hier taucht auch die Erinnerung an die Selbstmordversuche ihres Mannes auf, er wollte sich öfters durch Erhängen das Leben nehmen, und sie hat ihn immer wieder, indem sie ihn abschnitt, gerettet.)

So durchlebt sie in den Träumen während der Untersuchungshaft nochmals die Qualen ihres ehelichen Unglücks und der aus diesem Unglück geborenen Tat. Sie war, als sie die Tat beging, zweiundzwanzig Jahre alt.

QUODLIBET

FRIEDRICH FREIHERR VON DER TRENCK (* 16. Februar 1726 in Königsberg; am 25. Juli 1794 in Paris guillotiniert).
Auf Befehl Friedrichs des Großen wurde sein ehemaliger Ordon- 736 nanzoffizier Trenck in Magdeburg gefangengehalten.

DAS GEDÄCHTNIS IM TRAUM.
Zu diesem vom Physiologen John Abercrombie in seinem Werk 737 „Inquiries concerning the intellectual powers" (1841, S. 280) mitgeteilten Traum bemerkt Flammarion: „In diesem Traum tritt eine längst vergessene Erinnerung wieder ins Bewußtsein, die im wachen Zustand in den Tiefen des Gehirns begraben lag. Durch die lebhafte Beschäftigung in dieser Richtung wurden die Gehirnzellen, in denen diese Bilder aufgespeichert lagen, angeregt, sie traten in Tätigkeit, und vor dem Geist erstand schließlich die genaue Wiedergabe der Szene." („Rätsel des Seelenlebens", S. 293.)

DIE SPINNE.
Hertz meint, seine Schwägerin habe beim Herantreten ans 738 Waschbecken das Blitzen des Brillanten auf dem Teppich wahrgenommen, nur sei sie von der Wahrnehmung, bevor ihr noch

diese bewußt wurde, durch die Spinne im Waschbecken ab-
gelenkt worden. Erst im Traume holt die Vorstellung Spinne
die Wahrnehmung wieder hervor, und die Assoziation geschieht
in der sinnigen Form, daß die Spinne als Entdeckerin des verlorenen Brillanten erscheint.

EIN IM TRAUME VERÜBTER SELBSTMORD.

741 Quelle: Museum des Wundervollen oder Magazin des Außerordentlichen in der Natur, der Kunst und im Menschenleben,
1804, Bd. II, Heft 4, S. 343/44.

742 PROF. CLEMENS VON PIRQUET (* 12. Mai 1874 in
Wien).

Professor an der Universität in Wien, Erfinder der kutanen
Tuberkulinreaktion und des Nem-Systems der Ernährung, Her-
ausgeber der „Zeitschrift für die gesamte experimentelle
Medizin".

TRÄUME BLINDER PERSONEN

TRAUM EINES BLINDEN BUCHHÄNDLERS.

743 Nouets Betrachtungen . . . holte alle zwölf Bände: das Werk
des Jesuiten Jacques Nouet (1605—1680) „L'homme d'oraison,
ses m é d i t a t i o n s et entretiens pour tous les jours de
l'année" umfaßt elf Bände, dazu kommt noch ein Band: „Médi-
tations spirituelles à l'usage des personnes qui veulent avancer
dans la perfection". Die deutsche Ausgabe des Werkes ist 1738
bis 1740 im Verlage Strötter u. Fesenmayrs, A u g s b u r g
und Regensburg, erschienen. (Bibliothèque de la compagnie de
Jésus, nouv. éd. par Carlos Sommervogel S. J.; Brüssel, Paris
1894, Bd. V, S. 1817 flg.)

EXPERIMENTELL ERREGTE TRAUMBILDER JUGENDLICHER BLINDER.

744—746 Vgl. Ausführungen zum Kapitel „Experimentell erregte Traumbilder" (Nr. 636—648).

Es handelte sich hier um ein Experiment, bei dem durch Über-

ziehen eines wollenen Fausthandschuhs die Haut der linken
Hand die Nacht über einem Reiz ausgesetzt wurde.

Den Traum hatte ein zehnjähriger Knabe. Er war von Geburt 744
blind, doch nicht vollständig.

Die auf die Hand bezüglichen Vorstellungen im Traume: er
sieht die rechte Hand seiner Tante, er hat etwas in der Hand,
er trägt einen Fausthandschuh an der rechten Hand (in Wirklichkeit hatte er einen Fausthandschuh an der linken Hand).

Im Traume hat er den Vogel und die Eisfläche gesehen, die
Treppe nicht.

Den Traum hatte ein sechzehnjähriger Blinder. Dieser war seit 745
einigen Jahren blind.

Die Vorstellung Hand taucht in diesem Traume wiederholt auf.
Durch das Tragen des Fausthandschuhs wurde die Vorstellung
ausgelöst, daß seine Hand von einem Tier („Glockenkette")
umschlungen wird.

Die auf die Hand bezügliche Vorstellung: er befühlt die Weizen- 746
wecken.

FRIEDRICH HITSCHMANN.

Ist im dritten Lebensjahre erblindet. Seine Untersuchung „Über
das Traumleben der Blinden" ist nach seinem Tode im siebenten
Band der „Zeitschrift für Psychologie und Physiologie der
Sinnesorgane" 1894 erschienen.

Hitschmann bemerkt: „So weit meine Erfahrung reicht, ver- 748
flicht der Blinde die Empfindungen körperlichen Mißbehagens
irgendwelcher Art in seine Träume fast immer nur unmittelbar
als das, was sie ist: Kopfschmerz als Kopfschmerz, Zahnweh als
Zahnweh u. s. f. Dies ist selbst dann der Fall, wenn die Ideen-
verbindung zwischen dem betreffenden Wehegefühl und den
gerade vorherrschenden Traumbildern sich nur sehr schwer herstellen läßt."

OSKAR BAUM (* 21. Januar 1883 in Pilsen).

Schriftsteller, lebt in Prag.

Er ist im zwölften Lebensjahr erblindet. Er teilt mir mit, daß
er in Träumen immer noch sieht. „Die Tasteindrücke sind gewissermaßen nur zu denen der optischen summiert. Die Dinge

und Menschen, die ich erst als Blinder kennenlernte, wie z. B.
das Gesicht jenes Freundes (vgl. Nr. 752), bekommen etwas
Künstliches, Stilisiertes, wenn auch durchaus Feststehendes,
vielleicht eine Übersetzung des unbewußten Gesamtbildes durch
die übrigen Sinneseindrücke."

750 In diesem Traume bemerkt Baum: „Nur durch diese im Traum
wiederkehrenden Eindrücke kann ich mir erklären, daß ich die
Farben, selbst die feinen Nuancen mir bis heute noch vorstellen
kann. Wenn mir aber Schriftzeichen erscheinen, wie kürzlich in
einem Traume die Aufschrift einer Bahnstation, sind es immer
die Buchstaben der Brailleschen Blindenschrift, obgleich ich die
übliche Schwarzschrift am wachen Tag noch weiß und schreiben
kann."

WAS MAN ALS KIND TRÄUMTE

Das diesem Kapitel vorangestellte Motto ist ein Zitat aus Novalis, Heinrich von Ofterdingen.

754 CARL PHILIPP MORITZ (* 15. September 1757 in
Hameln, † 26. Juni 1793 in Berlin).
Schriftsteller, Herausgeber der Zeitschrift „Magazin zur Er-
fahrungsseelenkunde".

BARON FRIEDRICH DE LA MOTTE FOUQUÉ.
757 seine Mutter: Luise de la Motte Fouqué, geb. von Schlegel, ist
am 28. November 1788 gestorben.

HEINRICH STEFFENS (* 2. Mai 1773 in Stavanger,
† 13. Februar 1845 in Berlin).
Naturforscher und Religionsphilosoph.

758 Steffens berichtet auch von seinen späteren Träumen in seiner
Autobiographie („Was ich erlebte", Bd. I, S. 327 flg.).
Sie sind meistens heiter, er befindet sich auf der Reise, besucht
Städte, tritt in Gasthöfe ein, sieht den Wirt, die Wirtin und die
Gäste. Gegend und Personen sind oft in späteren Träumen die
gleichen, und er erkennt sie wieder. Einigemal hat er sogar in

Wirklichkeit das merkwürdige Erlebnis, daß ihm Gegenden, in die er zum erstenmal kommt, bekannt sind, er hatte sie in seinen Träumen gesehen. Dann kann er sich des Gefühls der Furcht nicht erwehren, glaubt, es könnte ihm hier etwas Unerwartetes, etwas Gefährliches begegnen, denn er hatte schon die Erfahrung gemacht, daß er gerade in verhängnisvollen Momenten seines Lebens in solche Gegenden kam, die denen aus seiner Traumwelt glichen.

An einem Junitag, am Ende seiner Schulzeit, hatte er in Kopenhagen auf der Friedrichsbergerhöhe einen herrlichen Sonnenaufgang erlebt. Er sah die Stadt und ihre Umgebung so klar wie noch nie, das Meer, die Masten der Schiffe, die Türme der Kirchen, die Dächer der Häuser waren in goldenes Sonnenlicht getaucht, er empfing einen unbeschreiblich tiefen Eindruck, ihm war, als müßte mit diesem Morgen eine neue selige Zeit beginnen. Dieser schöne Morgen erscheint später in seinen Träumen immer wieder, und auch im Traume ist der Morgen stets sonnenhell, wolkenlos und strahlend. Das Traumerlebnis ist so stark, daß er manchmal zweifelt, ob er den Sonnenaufgang auf der Friedrichsbergerhöhe tatsächlich erlebt oder ob er ihn nur geträumt hat.

Auch der Turm, den Tycho Brahe als Fundament eines astronomischen Observatoriums in Kopenhagen erbauen ließ, spielt in Steffens' Träumen eine Rolle. Nur gleicht der Turm im Traume nicht dem in der Wirklichkeit. Im Traume verengen und erweitern sich die Räume im Turm abwechselnd. Manchmal sind die unteren Räume ganz eng, vollkommen finster und verfallen, ein Grauen nächtlicher Einsamkeit herrscht in ihnen, Fledermäuse flattern herum, Eulen schreien, und er vernimmt Klagetöne wie von Sterbenden. Aber oben stößt er plötzlich auf eine Wand, findet eine Tür, und hinter dieser Tür ist alles verändert, da gibt es weite, freundliche, erleuchtete, wohnliche Räume, dort trifft er Freunde — auch verstorbene — und führt mit ihnen tiefsinnige Gespräche.

In allen diesen Träumen geschehen die seltsamsten Ereignisse, die Menschen sind bedeutend und geheimnisvoll, er selbst denkt Gedanken, durch die er die wunderbar tiefsten Aufschlüsse erhält, er bemüht sich, die gewonnenen Erkenntnisse festzuhalten,

dabei werden seine gefestigten Ansichten mit einer solchen Bestimmtheit widerlegt, daß ein Widerspruch ausgeschlossen ist.
Und beim Erwachen bleibt ihm die Ahnung, daß ihm im Traume
der verborgenste Sinn offenbart wurde.

JOHANN PETER ECKERMANN.

759 Eckermann erzählte in Jena am 7. Oktober 1827 Goethe diesen
Traum. Goethe machte in bezug auf den Traum die Bemerkung:
„Dieses Ihr Knabenereignis ist allerdings höchst merkwürdig.
Aber dergleichen liegt sehr wohl in der Natur, wenn wir auch
dazu noch nicht den rechten Schlüssel haben."
drei . . . Hänflinge . . . woran ich mit ganzer Seele hing: Eckermann war zeitlebens ein passionierter Vogelliebhaber. Über
seine ornithologischen Beobachtungen vgl. das Gespräch mit
Goethe vom 8. Oktober 1827. Im Sommer 1831 hat Eckermann
in seiner Wohnung vierzig Sing- und Raubvögel. Nach dem
Tode seiner Frau haust er „einsam in seiner verwaisten Wohnung, im Schmutz und Gestank zahlloser Vögel, deren Pflege
und Wartung einen Teil des Tages raubt." (H. H. Houben:
„J. P. Eckermann", S. 608.)

RAHEL VARNHAGEN.

760 auf eine Ecke seines Mantels legen: Rahel pflegte — wie Varnhagen berichtet — nach den angstvollsten Leiden vertrauend zu
sagen: „Ich lege mich auf Gottes Mantel, er erlaubt es."

FRIEDRICH HEBBEL.

761 Der Traum zuerst erwähnt im Tagebuch, Heidelberg 1. Juli
1836, dann niedergeschrieben im Tagebuch, München 23. November 1838. Hebbel erzählt den Traum ausführlich in den
später aufgezeichneten Erinnerungen „Meine Kindheit": „Bei
Nacht gipfelte diese Tätigkeit meiner gährenden Phantasie in
einem Traum, der so ungeheuerlich war und einen solchen Eindruck in mir zurückließ, daß er siebenmal hintereinander wie-
derkehrte. Mir war, als hätte der liebe Gott, von dem ich schon
so manches gehört hatte, zwischen Himmel und Erde ein Seil
ausgespannt, mich hineingesetzt und sich daneben gestellt, um
mich zu schaukeln. Nun flog ich denn ohne Rast und Aufenthalt

in Schwindel erregender Eile hinauf und hinunter; jetzt war
ich hoch in den Wolken, die Haare flatterten mir im Winde,
ich hielt mich krampfhaft fest und schloß die Augen: jetzt war
ich dem Boden wieder so nah, daß ich den gelben Sand sowie
die kleinen roten und weißen Steinchen deutlich erblicken, ja
mit den Fußspitzen erreichen konnte. Dann wollte ich mich her-
auswerfen, aber das kostete doch einen Entschluß, und bevor
es mir gelang, ging's wieder in die Höhe, und mir blieb nichts
übrig, als abermals ins Seil zu greifen, um nur nicht zu stürzen
und zerschmettert zu werden. Die Woche, in welche dieser
Traum fällt, war vielleicht die entsetzlichste meiner Kindheit,
denn die Erinnerung an ihn verließ mich den ganzen Tag nicht,
und da ich, sowie ich trotz meines Sträubens zu Bett gebracht
wurde, die Angst vor seiner Wiederkehr gleich mit hinein, ja
unmittelbar mit in den Schlaf hinübernahm, so war es kein
Wunder, daß er sich auch immer wieder einstellte."

GOTTFRIED KELLER.
Keller teilte den Traum Emil Kuh in einem Briefe vom 12. Fe- 762
bruar 1874 mit.

CARL SPITTELER (* 24. April 1845 in Liestal, † 29. De- 763
zember 1924 in Luzern).

FRÉDÉRIC MISTRAL (* 8. September 1830 in Maillane,
† 25. März 1914 in Maillane).
Mistral hatte diesen Traum im Alter von ungefähr fünf Jahren. 764
Auf folgendes Erlebnis ist der Traum zurückzuführen. Beim
Spiel am Rande eines Brunnengrabens fiel er, als er Schwertlilien pflücken wollte, ins Wasser. Er wurde aus dem Wasser
gezogen, ausgescholten und in neue trockene Kleider gesteckt.
Aber bald darauf war er wieder am Graben, wollte wiederum
Schwertlilien pflücken und stürzte trotz aller Vorsicht zum
zweitenmal ins Wasser. Er wurde herausgeholt, verprügelt
und bekam, nachdem man ihn vom übelriechenden Grabenschlamm gesäubert hatte, sein Feiertagskleidchen an. Die Mutter trug ihm nun auf, auf die Hühner aufzupassen, und als eine
Haubenhenne davonlief, rannte er hinter ihr her und war mit

einemmal wieder am Brunnengraben angekommen. Dem Verlangen, Schwertlilien zu pflücken, konnte er auch jetzt nicht widerstehen. Zum drittenmal hatte er das Unglück, in den Graben zu fallen. Man brachte ihn nach Hause und legte ihn ins Bett. Und in dem Traum, den er hatte, gab es keinen stinkenden Grabenschlamm, nackt schwamm er im klaren Wasser herum; sein Wunsch ging in Erfüllung, mit beiden Händen konnte er ganze Bündel von Schwertlilien pflücken. Als er erwachte, lagen wirklich Schwertlilien auf seinem Bett, die hatte ihm der Vater inzwischen gepflückt und die Mutter aufs Bettchen gelegt.

ROBERT LOUIS STEVENSON.

Vgl. Angaben zu Nr. 355—357.

765 Als Kind träumte er einmal, er müßte die ganze Welt mit allen Menschen verschlingen.

DREI TRÄUME VON KÜHEN.

768 Der Knabe hatte kurz vorher Angst vor der Versetzung gehabt.

DAS VERSTECK.

772 Ich habe diesen Traum am 23. September 1925 nach der Erzählung meiner Tochter Veronika niedergeschrieben.

DIE TRÄUME DER PRIMITIVEN

Literatur: Lucien Lévy-Bruhl: „La mentalité primitive", 4. éd., Paris 1925 (Die geistige Welt der Primitiven, übers. von Margarethe Hamburger, München 1927, Verlag F. Bruckmann).
Der primitive Mensch hat heute noch denselben Traumglauben, wie ihn der Mensch im Altertum hatte, der durch einen Traum den Willen der Gottheit zu erfahren suchte und sich an geweihter Stätte schlafen legte, um einen gottgesandten Traum zu empfangen. Auch dem primitiven Menschen gibt sein Gott im Traume kund, ob er in den Krieg ziehen soll und ob er den Sieg über den Feind davontragen wird, er enthüllt ihm, wie die

Jagd ausfallen wird, zeigt ihm den Ort, wo er jagen soll, das Tier, das er töten wird; er offenbart ihm im Traume das zukünftige Schicksal. Durch einen Traum erfährt der Primitive im Knabenalter, wer sein persönlicher Totem sein wird, unter dessen Schutz er sein ganzes Leben hindurch stehen wird; auf diesen Traum bereitet er sich durch langes Fasten vor. Das Fasten war auch im Altertum ein Mittel zur Erlangung von Inkubationsträumen (vgl. Kristianpoller S. 8 u. 15), und wie man sich im Altertum an geweihter Stätte schlafen legte, um Offenbarungsträume zu erhalten, so versuchen noch heute die Primitiven, indem sie an einem geheiligten Ort, auf dem Gipfel eines Berges, auf dem Grabe einer bedeutenden Person schlafen, den Willen der Gottheit, die Zukunft, die Angabe eines Heilmittels zu erkunden.

Der primitive Mensch ist ganz davon überzeugt, daß geträumte Begebenheiten dieselbe Realität besitzen wie die im Wachen erlebten. Träumt jemand, er habe eine schlechte Handlung begangen, so hat er sich ebenso schuldig gemacht, als ob er diese Handlung im Wachen begangen hätte; er wird dann auch für die Traumhandlung zur Verantwortung gezogen und bestraft. Bei verschiedenen Stämmen „ist ein Traum beweiskräftiger als ein Zeugnis".

Auf Grund eines sehr interessanten folkloristischen Materials zeigt Lévy-Bruhl an Beispielen, wie die Primitiven die Wirklichkeit einer Traumbegebenheit gar nicht in Zweifel ziehen und wie sie sich im Wachen für die im Traume begangene Handlung voll verantwortlich fühlen.

Im Einklang mit seiner Denkweise, daß man das, was man im Traume erlebt habe, für wahr halten müsse, handelte jener Häuptling in Äquatorial-Afrika, der, nachdem er geträumt hatte, er wäre in Portugal, in England und in einigen andern Ländern gewesen, am Morgen nach dem Traume europäische Kleider anzog und sich von seinen Besuchern Glück wünschen ließ, daß er gesund aus den Ländern der weißen Männer zurückgekehrt sei.

Wenn jemand in Neu-Guinea von einer Frau träumt, daß sie ihm eine Liebeserklärung gemacht hat, so ist er überzeugt, daß diese Frau ihn wirklich liebt.

Bei den Kais in Neu-Guinea muß ein Mann, der im Traume
mit dem Weibe eines andern buhlte, Bußgeld zahlen. Aber auch
für Handlungen, die man im Traume eines andern begangen
hat, soll man sich der Verantwortung nicht entziehen. Der
Missionar Grubb, der unter den Lenguas vom großen Chaco
lebte, erzählt folgendes Erlebnis. Ein Indianer forderte von ihm
die Bezahlung für drei Kürbisse, da er im Traume gesehen hatte,
wie der Missionar drei Kürbisse aus seinem Garten gestohlen
hat. Vergebens hielt der Missionar dem Indianer entgegen, daß
er doch in Wirklichkeit nicht in seinem Garten gewesen war,
denn er hat sich in jener Nacht in seinem eigenen Hause, das
von dem Garten des Indianers hundertfünfzig Meilen entfernt
lag, aufgehalten; er konnte also den Diebstahl nicht begangen
haben. Der Indianer ließ den Einwand nicht gelten, auch wenn
der Missionar nicht körperlich im Garten gewesen war, so war
seine Seele im Garten, die Tat der Seele war eine wirkliche und
gewollte; wäre der Missionar körperlich im Garten gewesen,
hätte er auch die Kürbisse mitgenommen.

In Borneo wird ein Weib, von dem ihr Mann geträumt hat, daß
sie ihm untreu war, mit einer Buße belegt.

Der primitive Mensch richtet sich im Leben ganz nach den
Weisungen eines Traumes. Schon die Jesuitenpatres machten
zu Anfang des siebzehnten Jahrhunderts bei ihren Bekehrungs-
versuchen mit Indianern, Huronen, Irokesen, Bantus die Erfahrung, daß diese sich erst dann bekehrten, wenn sie von irgend
etwas träumten, was sie auf die Bekehrung beziehen oder mit
ihr in Zusammenhang bringen konnten; sie glaubten erst dann,
wenn der christliche Gott zu ihnen im Traume gesprochen
hatte.

Von Träumen macht der primitive Mensch seine Entschließun-
gen im täglichen Leben abhängig. Ein Magololo-Häuptling gab
dem Missionar Macdonald, der ihm zuredete, seinen Sohn in
die Missionsschule zu schicken, den Bescheid: „Ich werde davon
träumen." Auf einen Traum hin geht der primitive Mensch auf
die Jagd oder zum Fischfang; sieht er seinen Hund sich im
Schlafe bewegen, so ist das für ihn ein Zeichen, daß der Hund
von Känguruhs träumt, und er nimmt ihn am nächsten Tag
auf die Jagd mit, fest davon überzeugt, daß der Hund ein

Känguruh töten wird. Der primitive Mensch bricht Beziehungen zu einem Freunde ab, wenn er geträumt hat, daß ihm dieser Böses zufügen will.

Die Primitiven glauben, sie würden sich des größten Verbrechens schuldig machen, von einem Unglück betroffen werden, ja sie müßten sterben, wenn sie ihren Träumen nicht gehorchten, wenn sie das, was ihnen im Traume befohlen worden ist, nicht ausführten.

Nach den Angaben der Jesuitenpatres fühlen sich die Indianer sogar verpflichtet zu töten, wenn sie von einer Tötung geträumt haben.

Die Primitiven scheuen nicht die größten Mühen, um den Weisungen eines Traumes nachzukommen. In den Relationen der Jesuiten des Neuen Frankreich wird von einer Frau berichtet, die auf den Traum ihres Neffen hin, der von einem Hund, der nach Quebec gebracht worden ist, geträumt hatte, die beschwerliche Reise nach Quebec unternahm, um von dort den Hund zu holen; da sie den Hund nicht fand, machte sie später noch einmal die Reise von mehr als vierhundert Meilen durch Schnee und Eis, um den Hund von Quebec zurückzubringen.

Lévy-Bruhl führt zwei Beispiele für die Ausführung von Träumen an, das erste, das ein Jesuitenpater berichtet, zeigt, wie Indianer unter Einsetzung ihres Lebens einem Stammesgenossen helfen, seinen Traum auszuführen, das zweite Beispiel, das der Forschungsreisende J. Long erzählt, zeigt, wie ein Chippeway-Indianer ohne Unterstützung seiner Stammesgenossen seinen Traum zur Ausführung bringt.

„Ein Mann aus dem Flecken Oiogoen sah eines Nachts im Traum zehn Männer," heißt es in dem Bericht der Jesuitenpatres, „die in dem gefrorenen Fluß tauchten, indem sie durch ein Eisloch hinein- und durch ein anderes herauskamen. Bei seinem Erwachen bereitet er als erstes ein großes Festmahl vor und lädt zehn seiner Freunde dazu ein. Sie kommen alle, und es herrscht nur Freude und Vergnügen . . . Darauf erzählt er ihnen seinen Traum; dieser setzt sie indessen nicht in Erstaunen, denn augenblicklich bieten sie sich alle zehn an, um ihn auszuführen. Man geht also an den Fluß, man schlägt das Eis ein, und man macht zwei fünfzehn Schritt voneinander entfernte

Löcher. Die Taucher ziehen sich aus; der erste bahnt den anderen den Weg, er springt in eins der Löcher und kommt sehr glücklich aus dem anderen heraus. Der zweite tut dasselbe und ebenso die anderen bis zum zehnten, der für alle bezahlt, denn er kann nicht herauskommen und kommt elend unter dem Eise um." (Lévy-Bruhl, w. o. S. 99/100.)

Der Bericht J. Longs lautet: „Am Vorabend des Aufbruchs der Truppe träumte einer der Indianer, dessen Totem der Bär war, daß er sich an einen sumpfigen Ort begab am Fuß eines hohen Berges, beinah fünf Tage Weges von meinem Wigwam; dort sah er einen großen Trupp Elentiere, Hirsche und andere Tiere, aber es wäre nötig gewesen, daß ihn mindestens zehn gute Jäger begleitet hätten. Bei seinem Erwachen erzählte er seinen Traum den andern und bat sie, mit ihm zu kommen; alle weigerten sich, indem sie anführten, daß dies sie von ihrem Wege abbringen würde und daß ihr Jagdgrund nicht so weit entfernt wäre. Der Indianer hatte vor seinem Traum den abergläubischen Respekt, welchen die Unwissenheit und die Tradition unter den Wilden zu einem hohen Grade steigern ... Da er sich verpflichtet fühlte, ihm trotz der Weigerungen seiner Gefährten zu gehorchen, machte er sich allein auf den Weg, und als er sich dem bezeichneten Orte näherte, sah er die Tiere, von denen er geträumt hatte. Er schoß sofort und tötete einen Bären. Das Resultat erschreckte ihn über die Maßen; er fürchtete den Zorn des Herrn des Lebens, den er tödlich beleidigt zu haben glaubte; er stürzte zu Boden und blieb einige Zeit bewußtlos. Als er wieder zur Besinnung kam, raffte er sich auf und wollte, so gut es ging, in mein Haus zurückkehren, als ihm auf seinem Wege ein anderer gewaltiger Bär begegnete, der ihn umwarf und ihm mit seinen Tatzen das Gesicht zerfleischte. Der Indianer erzählte dies Abenteuer bei seiner Rückkehr und fügte in der Einfalt seines Herzens hinzu, daß der Bär ihn gefragt hätte, wie er dazu gekommen wäre, seinen ‚Totem' zu töten; darauf hätte er geantwortet, daß er nicht wußte, daß sich ein Bär bei der Herde befand, auf die er schoß; daß er das Unglück sehr bedauerte und hoffte, der Bär würde Mitleid mit ihm haben. — Hierauf hätte der Bär ihn laufen lassen und gesagt, er solle in Zukunft vorsichtiger sein und allen Indianern erzählen, was

ihm begegnet wäre, damit ihre ‚Totems‘ sicher blieben und der
Herr des Lebens sich nicht über sie erzürnte. Als er bei mir
eintrat, sah er mich sehr ernsthaft an und sagte: ‚Castor‘ (das
war der Indianername Longs), mein Glaube ist verloren; mein
Totem ist ergrimmt; ich werde nicht mehr jagen können!‘“
(Lévy-Bruhl, w. o. S. 102/103.)

Der Glaube, daß ein Traum unter allen Umständen ausgeführt
werden müsse, ist so stark, daß wenn jemand erzählt, er habe
im Traum einen Gegenstand besessen, der einem anderen gehört,
der Besitzer des Gegenstandes ihm diesen sofort übergibt, weil
er fürchtet, sonst in Lebensgefahr zu geraten; in Kamtschatka
verweigert ein Mädchen einem Manne die Gunstbezeigung nicht,
wenn er ihr berichtet, daß sie ihm diese in seinem Traume schon
gewährt hat.

TRÄUME DER TIERE

Professor Sante de Sanctis berichtet im dritten Kapitel seines
Werkes „Die Träume“ über die Beobachtungen, die er über das
Traumleben verschiedener Tiere gesammelt hat, und gibt auch
eine Übersicht der Resultate, zu denen andere Forscher gekommen sind.

Die Physiologen Gruithuisen und Burdach vertraten die Ansicht, daß man aus den Bewegungen, die die Tiere im Schlafe
machen, darauf schließen könne, daß sie träumen. Für die Richtigkeit dieser Annahme wird ein Experiment, das Goltz später
gemacht hat, angeführt. Ein Hund, dem er das ganze Großhirn
entfernte, blieb noch dreizehn Monate am Leben, schlief während dieser Zeit fast fortwährend, machte aber im Schlafe gar
keine Bewegungen. Das Experiment von Goltz ist für Sante de
Sanctis „ein genügender Beweis für die Richtigkeit der Behauptung, daß einige Bewegungen wirklich der Ausfluß der Phanta-
sietätigkeit des schlummernden Tieres sind“.

Sante de Sanctis hat Züchter und Jäger, also Personen, die Gelegenheit haben, schlafende Tiere zu beobachten, darüber befragt, welche Bewegungen Tiere im Schlafe machen, aus denen

man schließen könne, daß sie träumen. Die Beobachtungen ergaben, daß Kälber oft im Schlafe den Kopf heben oder schütteln, die Glieder oder den Schwanz bewegen, auch im Schlafe blöken. Milchkälber machen im Schlafe Saugbewegungen. Auch bei anderen Tieren konnte man aus ihren Bewegungen im Schlafe erkennen, daß sie träumen.

Romanes stellte die These auf, daß nur Tiere, bei denen Vorstellungen sich ohne äußere Eindrücke assoziieren, die Traumfähigkeit besitzen. Verschiedene Forscher konnten auf Grund ihrer steten Beobachtungen feststellen, daß Pferde, Hunde, Krokodile, Vögel zu diesen Tieren gehören.

Über Schlaf und Träume der Pferde machte der Stallmeister Chiantore, der schlafende Zuchthengste oft beobachtete, Sante de Sanctis interessante Angaben: „In ruhigem Schlafe lang ausgestreckt liegend, wieherten sie und äußerten eine Art Lachen. Das war zur Zeit des Belegens und wurde vielleicht durch die Erinnerung an die von ihnen gedeckten Stuten verursacht."

Sante de Sanctis hat an Hundezüchter und Jäger eine Umfrage über das Traumleben der Hunde gerichtet.

Jäger bezeugen, daß Jagdhunde im Schlafe schnüffeln, die Stirn runzeln, die Lefzen bewegen, eine aufgeregte Miene zeigen. Junge Jagdhunde haben unruhige Träume, besonders wenn die Jagd ungünstig ausgefallen ist. Ältere Jagdhunde hingegen träumen nicht so viel wie junge, sie schlafen nach einer Jagd meistens ruhig; man kann beobachten, daß sie in der Nacht vor einem Jagdausflug, von dem sie Witterung haben, träumen, oder vor allem dann, wenn sie einige Tage auf die Jagd nicht mitgenommen wurden.

Ein Jäger versicherte Sante de Sanctis, er habe beobachten können, daß seine Hunde heitere und schwere Träume haben, sie „schrecken auf, träumen von Jagdszenen u. s. w. . . . Des öfteren hat er wahre Incubi bei seinem Hunde beobachtet und ihn aus Mitleid mit seinem Jammern und krampfartigen Sichwinden aufgeweckt, wofür der Hund seine dankbare Freude durch sein Verhalten deutlich zum Ausdruck brachte".

Aus eigenen Beobachtungen kann Sante de Sanctis berichten, daß ein Neufundländer, der als Haushund aufgezogen wurde und wohl niemals im Leben geschwommen hatte, im Schlaf oft

Schwimmübungen machte, „manchmal so stark, daß er sich von seinem Platze ein Stück fortbewegte . . . Es war der Rasseninstinkt, der sich im atavistischen Traum offenbarte."

Die direkte Ursache der Träume bei Hunden sind Gemütsbewegungen, die sie im Wachen gehabt haben, und zwar bei der Jagd, im Geschlechtsverkehr, bei Balgereien mit anderen Hunden, in der Krankheit. Ihre stärkste Gemütsbewegung ist das Gefühl der Furcht, und diese äußert sich auch am häufigsten in ihren Träumen.

Den Inhalt der Träume bilden gewöhnlich Erlebnisse des letzten Tages. Der Besitzer eines Neufundländers gab an, daß sein Hund „allen affektiven Erlebnissen vom Tage nachts träumend aufs neue unterworfen war, wie die Bewegungen deutlich verrieten".

Auch über Träume der Vögel wurden Beobachtungen angestellt; ein Vogelzüchter berichtete Sante de Sanctis, „daß Vögel manchmal bei geschlossenen Augen, während ihr Kopf unter den Flügeln liegt, Laute von sich geben und die Füße und den Körper bewegen; dies ist namentlich im Frühjahr häufig der Fall. Die Nachtigallen singen nicht selten auch im Schlaf, jedoch ohne Zusammenhang und leise; es tun dies aber auch nicht alle. Es dürfen also auch für die Träume der Vögel individuelle Unterschiede obwalten".

Bennet hat beobachtet, daß Wasservögel im Schlafe die Füße bewegen, man könnte annehmen, daß sie sich einbilden zu schwimmen.

Houzeau gibt an, ein Papagei (Jaco, Psittacus erythacus) habe manchmal im Traum die Worte wiederholt, die er am Tage gelernt hatte.

Der Grad der geistigen Entwicklung eines Tieres bedingt die Zahl, die Häufigkeit und die Lebhaftigkeit seiner Träume. Tiere können zwischen Traumerlebnissen und Wacherlebnissen nicht unterscheiden. Sante de Sanctis glaubt feststellen zu können, daß der Mensch gegenüber dem Tier in bezug auf Träume „keinen wesentlichen, sondern nur einen graduellen Unterschied aufweist".

Quelle: Aristoteles, „Naturgeschichte der Tiere", Buch IV, 773 Kap. 10.

QUELLENANGABE
PERSONEN- UND
SACHREGISTER

QUELLENANGABE

UND ÜBERSICHT, WELCHEM WERK DER

TRAUM ENTNOMMEN WURDE

(Die hinter der Angabe eines Werkes in Klammern gesetzten Zahlen bezeichnen die
Nummern der Träume im Text und besagen, daß der mit dieser Zahl versehene Traum
der genannten Quelle entnommen worden ist)

1 Die Schrift zu verdeutschen, unternommen von Martin
   Buber, gemeinsam mit Franz Rosenzweig. Die fünf Bücher
   der Weisung, Bd. I: Das Buch im Anfang. Berlin [1926],
   Verlag Lambert Schneider.   (1—7)

2 Die Heilige Schrift des Alten Testaments, übers. u. hrsg.
   von E. Kautzsch. 3. Aufl. Bd. II, Tübingen 1910, Verlag J. C. B. Mohr (Paul Siebeck).   (10)

3 Volkserzählungen aus Palästina gesammelt bei den Bauern
   von Bir-Zet und in Verbindung mit Dschirius Jusif in
   Jerusalem hrsg. von Prof. Hans Schmidt und Prof. Paul
   Kahle. (Forschungen zur Religion und Literatur des Alten
   und Neuen Testaments, hrsg. von Prof. Wilhelm Bousset
   und Prof. Dr. Hermann Gunkel, Heft 17.) Göttingen 1918,
   Verlag Vandenhoeck & Ruprecht.   (98)

4 J. H. Breasted: Geschichte Ägyptens, übers. von Hermann
   Ranke, Berlin 1911, Verlag Karl Curtius.   (8)

5 Samuel Herrlich: Antike Wunderkuren. Beiträge zu
   ihrer Beurteilung. (Wissenschaftliche Beilage zum Jahres-
   bericht des Humboldt-Gymnasiums zu Berlin.) Berlin
   1911, Weidmannsche Buchhandlung.   (81)

6 Alexander Kristianpoller: Volksüberlieferungen. Aber-
   glauben. Traum und Traumdeutung. (Monumenta Hebraica,
   Monumenta Talmudica, hrsg. von Prof. Dr. Karl Albrecht,
   Dr. Salomon Funk, Prof. Dr. Nivard Schlögl, Bd. IV,
   Teil II, Heft 1.) Wien und Berlin 1923, Verlag Benjamin
   Harz.   (58, 74—76)

7 François Lenormant: Die Geheimwissenschaften Asiens.
  Die Magie und Wahrsagekunst der Chaldäer. Teil II,
  Jena 1878.   (9)

8 Artemidoros aus Daldis: Symbolik der Träume, übers.
  und mit Anmerkungen begleitet von Friedrich S. Krauss.
  Wien, Pest, Leipzig 1881, Verlag A. Hartleben.
                                        (61—73, 78, 79)

9 M. T. Cicero: Zwei Bücher von der Weissagung und
  vom Schicksal, nach Übersetzungen von Raphael Kühner,
  E. W. Eckermann und Joh. Jacob Hottinger.
                            (19, 21, 22, 31, 37—39, 59)

10 Herodotus: Neun Bücher der Geschichte, aus dem Griechischen übers. von Johann Eustachius Goldhagen.
   Lemgo 1756.   (11, 12, 14—18)

11 Flavius Josephus: Jüdische Altertümer, übers. und mit
   Einleitung und Anmerkungen versehen von Dr. Heinrich
   Clementz, Bd. II. (Bibliothek der Gesamtliteratur des
   In- und Auslandes Nr. 1368—1380.) Halle a. d. S. [o. J.],
   Verlag Otto Hendel.   (32, 33)

12 Flavius Josephus: Geschichte des jüdischen Krieges oder
   vom Untergang des jüdischen Volkes und seiner Hauptstadt Jerusalem, aus dem Griechischen übers. von A. Fr.
   Gfrörer, Bd. II. Stuttgart und Leipzig 1836.   (49, 50)

13 Titus Livius: Römische Geschichte, übers. von Fr. Dor.
   Gerlach, Bd. I. Berlin [o. J.], Langenscheidtsche Verlagsbuchhandlung.   (35, 36)

14 Platon: Kriton, übers. von Otto Kiefer. Jena 1908, Verlag Eugen Diederichs.   (23)

15 Platon: Phaidon, übers. von Rudolf Kassner. Jena 1910,
   Verlag Eugen Diederichs.   (24)

16 Cajus Plinius Secundus: Naturgeschichte, übers. von Prof.
   Dr. G. C. Wittstein, Bd. IV. Leipzig 1881, Verlag Gressner
   & Schramm.   (80)

17 C. Plinius Cäcilius Secundus: Briefe, übers. von Ernst
   Klussmann und Prof. Dr. Wilhelm Binder, Bd. I und II.
   Berlin-Schöneberg [o. J.], Langenscheidtsche Verlagsbuch-
   handlung.   (56, 57)

18 Plutarch: Lebensbeschreibungen mit Anmerkungen nach der Übersetzung von Kaltwasser, bearbeitet von Dr. Hans Floerke, Bd. I, II, III, IV, V und VI. (Klassiker des Altertums, zweite Reihe, 1—6.) München und Leipzig 1913, Verlag Georg Müller.   (20, 25—30, 34, 40, 42, 45—47)

19 Sueton: Kaiserbiographien, übers. von Adolf Stahr. Stuttgart und Leipzig [1864].   (43, 44, 51—55)

20 Valerius Maximus: Sammlung merkwürdiger Reden und Taten, übers. von D. Friedrich Hoffmann. Stuttgart 1829.   (41, 48, 60)

21 Xenophons Cyropädie, aufs neue übers. und durch Anmerkungen erläutert von Prof. Dr. Christian Heinrich Dörner. Berlin-Schöneberg [o. J.], Langenscheidtsche Verlagsbuchhandlung.   (13)

22 Evangelium Jesu Christi nach Matthäus, übers. von Jakob Ecker. Trier 1915, Mosella Verlag.   (82—84)

23 Des heiligen Kirchenvaters Aurelius Augustinus ausgewählte Schriften. Bd. VII: Bekenntnisse, aus dem Lateinischen, übers. von Dr. Alfred Hoffmann. (Bibliothek der Kirchenväter, hrsg. von Prof. Dr. O. Bardenhewer, Bd. 18.) Kempten und München 1914, Verlag der Jos. Köselschen Buchhandlung.   (88)

24 Ausgewählte Schriften des heiligen Cyprian, Bischofs von Karthago und Martyrs. Bd. II: Cyprians sämtliche Briefe, nach dem Urtexte übers. von Dr. Joseph Niglutsch und Anton Egger. (Bibliothek der Kirchenväter, hrsg. von Dr. Fr. X. Reithmayr.) Kempten 1879, Verlag der Jos. Köselschen Buchhandlung.   (85)

25 Des Eusebius Pamphili, Bischofs von Cäsarea, ausgewählte Schriften. Bd. I: Vier Bücher über das Leben des Kaisers Konstantin, aus dem Griechischen übers. von P. Johannes Maria Pfättisch. (Bibliothek der Kirchenväter, hrsg. von Prof. Dr. O. Bardenhewer, Bd. 9.) Kempten und München 1913, Verlag der Jos. Köselschen Buchhandlung.   (86)

26 Ausgewählte Schriften des heiligen Gregorius des Großen, Papstes und Kirchenlehrers, nach dem Urtexte übersetzt. Bd. I: Vier Bücher Dialoge, übers. und mit Anmerkungen begleitet von Theodor Kranzfelder. (Bibliothek der Kirchenväter, hrsg. von Dr. Valentin Thalhofer, Bd. 18.) Kempten 1873, Verlag der Jos. Köselschen Buchhandlung.   (92)

27 Des Sulpicius Severus Schriften über den heiligen Martinus, Bischof von Tours, aus dem Lateinischen übers. von P. Pius Bihlmeyer. (Bibliothek der Kirchenväter, hrsg. von Prof. Dr. O. Bardenhewer, Bd. 20.) Kempten und München 1914, Verlag der Jos. Köselschen Buchhandlung.   (89, 90)

28 Des seligen Theodoretus, Bischofs von Cyrus, fünf Bücher Kirchengeschichte, aus dem Urtexte übers. von Dr. Ludwig Küpper. (Bibliothek der Kirchenväter, hrsg. von Dr. Valentin Thalhofer, Bd. 55.) Kempten 1878, Verlag der Jos. Köselschen Buchhandlung.   (87)

29 Die Chronik des Salimbene von Parma. Nach der Ausgabe der Monumenta Germaniae bearbeitet von Alfred Doren. Bd. I und Bd. II. (Die Geschichtschreiber der deutschen Vorzeit, in deutscher Bearbeitung hrsg. von G. H. Pertz, J. Grimm, L. v. Ranke, K. Ritter, K. Lachmann, W. Wattenbach, O. Holder-Egger. 2. Gesamtausgabe fortgesetzt von Michael Tangl. Bd. 93 und Bd. 94.) Leipzig 1914, Verlag der Dykschen Buchhandlung.   (96, 141, 142)

30 Jacobus de Voragine: Legenda aurea, übers. von Richard Benz, Bd. I. (Jena 1917) und Bd. II (das. 1921), Verlag Eugen Diederichs.   (91, 93, 95)

31 Oeuvres oratoires de Bossuet. Édition critique complète par l'abbé J. Lebarq. T. VI: 1670—1702. Lille, Paris 1895, Desclée, de Brouwer et Cie.   (97)

32 Vollständiges Heiligen-Lexikon oder Lebensgeschichten aller Heiligen, Seligen, aller Orte und aller Jahrhunderte, deren Andenken in der katholischen Kirche gefeiert oder sonst geehrt wird, unter Bezugnahme auf das damit in Verbindung stehende Kritische, Altertümliche, Liturgische und Symbolische, in alphabetischer Ordnung, mit zwei Beilagen, die Attribute und den Kalender der Heiligen enthaltend,

hrsg. von Dr. Joh. Evang. Stadler und Franz Joseph Heim,
Bd. I. Augsburg 1858. (94)

33 Das Leben Mohammeds nach Mohammed Ibn Ishak be
arbeitet von Abd el-Malik Ibn Hischam, aus dem Arabischen übers. von Gustav Weil. Bd. I. Stuttgart 1864.
(134)

34 Abbé de Marigny: Histoire des Arabes sous le gouverne-
ment des Califes. T. III et IV. Paris 1750. (135—137)

35 Joseph von Hammer: Geschichte des osmanischen Reiches.
Bd. II (Pest 1828) und Bd. IV (das. 1829). (138, 139)

36 August Pfizmaier: Aus dem Traumleben der Chinesen
(Sitzungsberichte der philosophisch-historischen Klasse der
kaiserl. Akademie der Wissenschaften, Bd. 64, Märzheft.
Wien 1870). (99—125, 127—133)

37 August Pfizmaier: Die Lösung der Leichname und
Schwerter. Ein Beitrag zur Kenntnis des Taoglaubens
(Sitzungsberichte der philosophisch-historischen Klasse der
kaiserl. Akademie der Wissenschaften, Bd. 64, Heft 1.
Wien 1870). (126)

38 Paul Diepgen: Traum und Traumdeutung als medizinisch-
naturwissenschaftliches Problem im Mittelalter. Berlin
1912, Verlag Julius Springer. (140)

39 Giovanni Boccaccio: Gesammelte Werke. Bd. III: Das
Leben Dantes, übers. von Else v. Hollander. Potsdam 1921,
Verlag Müller & Co. (143, 144)

40 A. Ronchini: La dimora del Petrarca in Parma. Modena
1874. (146)

41 K. R. Hagenbach: Kirchengeschichte von der ältesten Zeit
bis zum 19. Jahrhundert. Bd. IV: Der evangelische Prote-
stantismus in seinem Verhältnis zum Katholizismus im 16.
und 17. Jahrhundert. 3. Aufl. Leipzig 1870. (161)

42 Johann Arnold Kanne: Leben und aus dem Leben merkwürdiger und erweckter Christen aus der protestantischen

Kirche. Teil I. Nebst angehängter Selbstbiographie des Verfassers. Bamberg und Leipzig 1816. (269)

43 D. Martin Luthers Werke, kritische Gesamtausgabe: Tischreden, hrsg. von E. Kroker. Bd. III (Weimar 1914), Bd. IV (das. 1916), Bd. V (das. 1919) und Bd. VI (das. 1921). Verlag Hermann Böhlaus Nachfolger.
(151—154, 156)

44 Dr. Martin Luthers Briefwechsel, hrsg. von D. Ernst Ludwig Enders, fortgesetzt von D. Dr. Gustav Kawerau. Bd. XII. Leipzig 1910, Verein für Reformationsgeschichte.
(155)

45 J. H. Merle d'Aubigné: Geschichte der Reformation des 16. Jahrhunderts. Bd. III (2. Aufl.). Stuttgart 1861. (160)

46 August Neander: Allgemeine Geschichte der christlichen Religion und Kirche. Bd. VI: Die Kirchengeschichte von Bonifacius VIII. bis zum Baseler Konzil, hrsg. von K. F. Th. Schneider. Hamburg 1852. (148, 149)

47 Kuriositäten der physisch-literarisch-artistisch-historischen Vor- und Mitwelt; zur angenehmen Unterhaltung für gebildete Leser [hrsg. von Christian August Vulpius]. Bd. IV, viertes Stück (Weimar 1815) und Bd. V (das. 1816). (196—198, 652, 653, 688, 722)

48 ΓΝΩΘΙ ΣΑΥΤΟΝ oder Magazin zur Erfahrungsseelenkunde als ein Lesebuch für Gelehrte und Ungelehrte. Mit Unterstützung mehrerer Wahrheitsfreunde hrsg. von Carl Philipp Moritz. Bd. I (Berlin 1783), Bd. IV (das. 1786), Bd. V (das. 1787), Bd. VII (das. 1789) und Bd. X (hrsg. von C. Ph. Moritz und Salomon Maimon, Berlin 1793).
(194, 195, 618, 649, 681, 693, 713, 754)

49 Magikon. Archiv für Beobachtungen aus dem Gebiete der Geisterkunde und des magnetischen und magischen Lebens, nebst andern Zugaben für Freunde des Innern, hrsg. von Justinus Kerner. Bd. II. (Stuttgart 1842) und Bd. IV (das. 1850). (145, 186, 699)

50 Museum des Wundervollen oder Magazin des Außerordentlichen in der Natur, der Kunst und im Menschen-

leben, bearbeitet von einer Gesellschaft Gelehrter und hrsg.
von J. A. Bergk und F. G. Baumgärtner. Bd. II (Leipzig
1805), Bd. VIII (das. 1808) und Bd. XI (das. 1811).
(615, 617, 741)

51 Giacomo Casanova: Erinnerungen, übers. und hrsg. von
Franz Hessel und Ignaz Ježower. Bd. IX. Berlin [1925],
Verlag Ernst Rowohlt. (672)

52 Ein Freund und Mitarbeiter Wolfgang Amadeus Mozarts.
Denkwürdigkeiten des Lorenzo da Ponte von Ceneda, aus
dem Italienischen von Dr. E. Burckhardt. 2. Aufl. Gotha
(1861). (673)

53 Friedrich Freiherrn von der Trenck merkwürdige Lebensgeschichte. Teil II. Berlin 1787. (736)

54 Briefe der Herzogin Elisabeth Charlotte von Orleans, in
Auswahl hrsg. durch Hans F. Helmolt. Bd. I. Leipzig
1908, Insel-Verlag. (419)

55 Sammlung der hinterlassenen politischen Schriften des
Prinzen Eugen von Savoyen. Abteilung II. Tübingen 1811.
(689)

56 Briefe aus der Französischen Revolution, hrsg. von Gustav
Landauer. Bd. I. Frankfurt a. Main 1919, Literarische
Anstalt Rütten & Loening. (202, 203)

57 Friedrich August Ludwig von der Marwitz, ein märkischer
Edelmann im Zeitalter der Befreiungskriege. Bd. I: Le-
bensbeschreibung, hrsg. von Friedrich Meusel. Berlin 1908,
Verlag Ernst Siegfried Mittler & Sohn. (664—666)

58 Graf von Las Cases: Denkwürdigkeiten von Sankt Helena
oder Tagebuch, in welchem alles, was Napoleon in einem
Zeitraume von achtzehn Monaten gesprochen und getan
hat, Tag für Tag aufgezeichnet ist. Aus dem Französischen
übersetzt. Bd. VI. Stuttgart und Tübingen 1823. (695)

59 Mémoires et souveniers du comte Lavallette, publiés par
sa famille. T. I. Paris 1831. (635)

60 M. Louis Blanc: Révolution française. Histoire de dix
ans 1830—1840. T. V. Paris 1844. (698)

61 Otto Fürst von Bismarck: Gedanken und Erinnerungen.
Bd. II. Stuttgart 1898, Verlag der J. G. Cotta'schen Buchh.
Nachfolger.   (421, 422)

62 Prinz Kraft zu Hohenlohe-Ingelfingen: Aus meinem
Leben. Aufzeichnungen. Bd. II: Flügeladjutant unter
Friedrich Wilhelm IV. und König Wilhelm I. 1856 bis
1863. Berlin 1905, Verlag Ernst Siegfried Mittler & Sohn.
                                                    (420)

63 Catherine Prinzessin Radziwill: Meine Erinnerungen, aus
dem Englischen übers. von Beppina Freifrau v. Weinbach.
2. Aufl. Leipzig 1905, Verlag Heinrich Schmidt & Carl
Günther.   (667)

64 Leonhard Adelt: Der Mord von Sarajewo (Berliner Tageblatt. Jahrgang 53 Nr. 304. Berlin, 28. Juli 1924, Verlag
Rudolf Mosse).   (532)

65 Goethe: Sämtliche Werke, Jubiläums-Ausgabe, hrsg. von
Eduard v. der Hellen. Bd. XXII: Dichtung und Wahr-
heit. Erster Teil, hrsg. von Richard M. Meyer; und
Bd. XXVI: Italienische Reise. Erster Teil, hrsg. von Lud-
wig Geiger. Stuttgart und Berlin [1902 flg.], Verlag J. G.
Cotta'sche Buchh. Nachfolger.   (204, 206)

66 Goethe und Werther. Briefe Goethes, meistens aus seiner
Jugendzeit, hrsg. von A. Kestner. Stuttgart und Tübingen
1854.   (205)

67 Bettina von Arnim: Goethes Briefwechsel mit einem
Kinde, hrsg. von Jonas Fränkel. Bd. I. Jena 1906, Verlag
Eugen Diederichs.   (211, 212)

68 Goethes Briefe an Charlotte von Stein, hrsg. von Jonas
Fränkel. Kritische Gesamtausgabe. Bd. III: 1786—1789.
Jena 1908, Verlag Eugen Diederichs.   (207, 208)

69 Goethes Gespräche. Gesamtausgabe, begründet von Woldemar Frhr. v. Biedermann, neu hrsg. von Flodoard Frhr.
v. Biedermann unter Mitwirkung von Max Morris, Hans
Gerhard Gräf und Leonhard L. Mackall. 2. Aufl. Bd. I:
Von der Kindheit bis zum Erfurter Kongreß (Leipzig
1909), und Bd. II: Vom Erfurter Kongreß bis zum letzten

böhmischen Aufenthalt (das. 1909). Verlag F. W. v. Biedermann. (209, 210)

70 Goethes Gespräche mit J. P. Eckermann, hrsg. von Franz
Deibel. Bd. I und II. Leipzig 1908, Insel-Verlag.
(214, 759)

71 Aus Goethes Lebenskreise. J. P. Eckermanns Nachlaß,
hrsg. von Friedrich Tewes. Bd. I. Berlin 1905, Verlag
Georg Reimer. (216)

72 H. H. Houben: J. P. Eckermann, sein Leben für Goethe,
nach seinen neuaufgefundenen Tagebüchern und Briefen
dargestellt. Leipzig 1925, Verlag H. Haessel. (215)

73 J. Petersen: Die Entstehung der Eckermannschen Gespräche und ihre Glaubwürdigkeit (Abhandlungen der
preußischen Akademie der Wissenschaften, Jahrgang 1924,
Philosophisch-historische Klasse, Nr. 2). Berlin 1924, Verlag der Akademie der Wissenschaften. (213)

74 Briefwechsel zwischen Clemens Brentano und Sophie
Mereau, hrsg. von Heinz Amelung, Bd. II. Leipzig 1908.
Insel-Verlag. (259)

75 Baron Friedrich de La Motte Fouqué: Lebensgeschichte,
aufgezeichnet durch ihn selbst. Halle 1840.
(275, 755—757)

76 Wilhelm Buchner: Ferdinand Freiligrath. Ein Dichterleben
in Briefen. Bd. I. Lahr 1888, Verlag Moritz Schauenburg.
(293)

77 Adolf Strodtmann: Neues von und über Ferdinand Freiligrath (Neue Monatshefte für Dichtkunst und Kritik, hrsg.
von Oscar Blumenthal, Bd. V). Leipzig 1877. (294)

78 Franz Grillparzer: Sämtliche Werke. Historisch-kritische
Gesamtausgabe im Auftrage der Bundeshauptstadt Wien,
hrsg. von August Sauer. Abteilung II, Bd. VII: Tage-
bücher und literarische Skizzenhefte I 1808—1821 (Wien
und Leipzig 1914), Bd. VIII: Tagebücher und literarische
Skizzenhefte II 1822 bis Mitte 1830 (das. 1916), und Bd. XI:
Tagebücher und literarische Skizzenhefte V vom Frühjahr
1842 bis gegen Ende 1856 (Wien 1924). Bd. VII und
Bd. VIII Verlag Gerlach & Wiedling, Bd. XI Kunstverlag
Anton Schroll & Cie. (279—284)

79 Friedrich Hebbel: Sämtliche Werke, Abteilung II: Tage-
bücher. Historisch-kritische Ausgabe, hrsg. von Richard
Maria Werner. Bd. I: 1835—1839, Bd. II: 1840—1844,
Bd. III: 1845—1854, und Bd. IV: 1854—1863. Berlin 1903.
Abteilung III: Briefe, Bd. I: 1829—1839. Berlin 1904.
B. Behrs Verlag. (295—349, 625—629, 654, 655, 723, 761)

80 Heinrich Heine: Gesammelte Werke, hrsg. von Gustav
Karpeles. Bd. VII: Memoiren, und Bd. VIII: Briefe.
Berlin 1893, G. Grote'sche Verlagsbuchh. (276—278)

81 Henriette Herz. Ihr Leben und ihre Zeit, hrsg. von Hans
Landsberg. Weimar 1913, Verlag Gustav Kiepenheuer.
(220)

82 Wilhelm und Caroline von Humboldt in ihren Briefen, hrsg.
von Anna v. Sydow. Bd. II: Von der Vermählung bis zu
Humboldts Scheiden aus Rom 1791—1808 (Berlin 1907),
Bd. VI: Im Kampf mit Hardenberg, Briefe von 1817—1819
(das. 1913), und Bd. VII: Reife Seelen, Briefe von 1820 bis
1835 (das. 1916). Verlag Ernst Siegfried Mittler & Sohn.
(221—224, 696, 697)

83 Jean Paul: Kindheitserinnerungen und Selbstbekenntnisse,
hrsg. von Hugo Bieber. Dresden 1924, Sibyllen-Verlag.
(261—268)

84 Gottfried Kellers Leben, Briefe und Tagebücher auf Grund
der Biographie Jakob Baechtolds dargestellt und hrsg. von
Emil Ermatinger. Bd. II: Gottfried Kellers Briefe und
Tagebücher 1830—1861, und Bd. III: Gottfried Kellers
Briefe und Tagebücher 1861—1890. (3. und 4. Aufl.) Stuttgart und Berlin 1919, J. G. Cotta'sche Buchh. Nachfolger.
(285—290, 762)

85 Marie Niethammer: Justinus Kerners Jugendliebe und mein
Vaterhaus, nach Briefen und eigenen Erinnerungen. Stuttgart 1877. (270, 271)

86 [Johann Caspar Lavater] Pontius Pilatus oder die Bibel
im Kleinen und der Mensch im Großen. Bd. III [1784].
(217—219)

87 Georg Christoph Lichtenbergs Aphorismen. Nach den
Handschriften hrsg. von Albert Leitzmann. Heft IV: 1789
bis 1793, und Heft V: 1793—1799 (Deutsche Literatur-

Denkmale des 18. und 19. Jahrhunderts, Nr. 140 und
Nr. 141). Berlin 1908, B. Behrs Verlag.   (189—191)
88 Rudolf Krauß: Mörikes Träume (Jugend Nr. 37, Mörike-
Nummer. München 1904, G. Hirth's Kunstverlag).
                                               (291, 292)
89 [Caroline Schlegel-Schelling] Caroline, Briefe aus der
Frühromantik. Nach Georg Waitz vermehrt hrsg. von
Erich Schmidt. Bd. II. Leipzig 1913, Insel-Verlag. (260)
90 Levin Schücking: Lebenserinnerungen. Bd. I. Breslau
1886, Verlag S. Schottlaender.   (668)
91 Karl Klüpfel: Gustav Schwab, sein Leben und Wirken.
Leipzig 1858.   (676)
92 Heinrich Steffens: Karikaturen des Heiligsten. Teil II.
Leipzig 1821.   (758)
93 Rudolf Köpke: Ludwig Tieck. Erinnerungen aus dem
Leben des Dichters nach dessen mündlichen und schriftlichen Mitteilungen. Teil II. Leipzig 1855.   (272—274)
94 [Rahel Varnhagen] Rahel. Ein Buch des Andenkens für
ihre Freunde [hrsg. von K. A. Varnhagen v. Ense], Teil I,
II und III. Berlin 1834.   (225—234, 760)
95 Aus dem Nachlaß Varnhagens von Ense. Tagebücher von
K. A. Varnhagen v. Ense [hrsg. von Ludmilla Assing]
Bd. VII und Bd. VIII (Zürich 1865), Bd. IX und Bd. X
(Hamburg 1868), Bd. XI (das. 1869), Bd. XII, Bd. XIII
und Bd. XIV (das. 1870).   (235—258)

96 Max Burckhard: Ein modernes Traumbuch (Die Zeit.
Wiener Wochenschrift für Politik, Volkswirtschaft, Wissenschaft und Kunst, hrsg. von Prof. Dr. I. Singer, Dr. Max
Burckhard und Dr. Heinrich Kanner, Bd. XXII Nr. 275
und Nr. 276, 6. und 13. Januar 1900).   (462—467)
97 Max Dauthendey: Letzte Reise. Aus Tagebüchern, Briefen
und Aufzeichnungen. München 1925, Verlag Albert Langen.
                                     (447—459, 539, 708)
98 Richard Dehmel: Ausgewählte Briefe. Bd. I: Aus den
Jahren 1883—1902, und Bd. II: Aus den Jahren 1902—1920.
Berlin 1923, Verlag S. Fischer.   (426—428, 434—438)

99 Richard Dehmels Tagebuch 1893—1894 (hrsg. von Gustav
Kirstein, Walter Tiemann und E. R. Weiß). Drucke der
Dehmel-Gesellschaft, erster Druck. Als Handschrift gedruckt 1921.   (429—433, 439)
100 Gerhart Hauptmann: Gesammelte Werke in zwölf Bänden.
Bd. XII. Berlin 1922, Verlag S. Fischer.   (424)
101 Gerhart Hauptmann: Griechischer Frühling. Berlin 1908,
Verlag S. Fischer.   (423)
102 Paul Heyse: Jugenderinnerungen und Bekenntnisse. Berlin 1900, Verlag W. Hertz.   (631)
103 Hugo v. Hofmannsthal: Die prosaischen Schriften, gesammelt. Bd. III. Berlin 1917, Verlag S. Fischer. (425)
104 Friedrich Huch: Träume. Berlin 1904, Verlag S. Fischer.
                                            (468—475)
105 Isolde Kurz: Traumland. Stuttgart und Berlin 1920,
Deutsche Verlagsanstalt. (147, 476—486, 533, 542, 650,
                                657, 658, 738—740)
106 Detlev v. Liliencron: Ausgewählte Briefe, hrsg. von
Richard Dehmel. Bd. I und II. Berlin 1910, Verlag
Schuster & Loeffler (jetzt Deutsche Verlagsanstalt).
                                            (440—444)
107 Christian Morgenstern: Stufen. Eine Entwicklung in
Aphorismen und Tagebuchnotizen. München 1918, Verlag
R. Piper & Co.   (445, 446)
108 Franziska Gräfin zu Reventlow: Tagebücher 1897—1910
(Gesammelte Werke, hrsg. und eingeleitet von Else Reventlow). München [1925], Verlag Albert Langen.
                                            (487—506)
109 Julius Rodenberg: Aus der Kindheit. Erinnerungsblätter.
Berlin 1907, Verlag von Gebrüder Paetel.   (701)
110 P. K. Rosegger: Waldheimat. Erinnerungen aus der
Jugendzeit. Bd. II: Lehrjahre. Wien, Pest und Leipzig
1883, Verlag A. Hartleben.   (460, 461)
111 Carl Spitteler: Meine frühesten Erlebnisse. Jena 1914,
Verlag Eugen Diederichs.   (763)

112 Oskar Baum (Manuskript).   (750—753)
113 Walter Benjamin (Manuskript).   (520—529)

114 Hans Carossa: Rumänisches Tagebuch. Leipzig 1924,
Insel-Verlag. (534—536)
115 Wieland Herzfelde: Tragigrotesken der Nacht. Träume.
Berlin 1920, Der Malik-Verlag. (530, 531, 537, 538)
116 Rudolf Leonhard (Manuskript). (507—519)

117 Hans Christian Andersen: Der Dichter und die Welt.
Briefe, übers. und hrsg. von E. v. Hollander. Weimar 1917,
Verlag Gustav Kiepenheuer. (353)
118 Adam Oehlenschläger: Meine Lebenserinnerungen. Bd. I.
Leipzig 1850. (350—352)
119 August Strindberg: Inferno, übers. von Christian Morgenstern. Berlin und Stockholm 1898, Verlag Georg Bondi
u. C. & E. Gernandt. (386—390)
120 August Strindberg: Ein Blaubuch. Die Synthese meines
Lebens, übers. von Emil Schering. Bd. I. München und
Leipzig 1908, Verlag Georg Müller. (391—394)
121 Balzacs Briefe an die Fremde. Bd. II: Briefe aus den
Jahren 1838—1844 [übers. von Eugenie Faber]. Leipzig
1911, Insel-Verlag. (358)
122 Baudelaires Werke in deutscher Ausgabe von Max Bruns.
[Ergänzungsband] : Briefe 1841—1866 [übers. von Auguste
Förster]. Minden 1909, Verlag J. C. C. Bruns. (359)
123 Gustave Flauberts Gesammelte Werke, hrsg. von Dr. E. W.
Fischer. Bd. X : Briefe an seine Nichte Caroline, übers. von
Sophie v. Harbou. Minden [1908], Verlag J. C. C. Bruns.
(362)
124 Gustave Flaubert: Tagebücher, übers. von E. W. Fischer.
Bd. I. Potsdam [1919], Verlag Gustav Kiepenheuer. (361)
125 Journal des Goncourt. Mémoires de la vie littéraire. Sér. 2
T. IV: 1870—1871. Paris 1911, Bibliothèque-Charpentier,
Eugène Fasquelle, éditeur. (360)
126 Frédéric Mistral: Erinnerungen und Erzählungen, übers.
von E. v. Kraatz. Leipzig [o. J.], Verlag Grethlein & Co.
(764)
127 R. L. Stevenson: Die verkauften Träume. Drei Geschichten nebst einem Kapitel über Träume, übers. von

Ilse Schneider. Wien und Leipzig 1924, Herz-Verlag.
(355—357, 765)

128 Dostojewski, geschildert von seiner Tochter A. Dosto-
jewski. [Nach dem französischen Manuskript. übers. von
Gertrud Ouckama Knoop.] München 1920, Verlag Ernst
Reinhardt. (368)

129 Die Lebenserinnerungen der Gattin Dostojewskis, hrsg.
von René Fülöp-Miller und Friedrich Eckstein. München
1925, Verlag R. Piper & Co. (369, 376, 377)

130 Das Tagebuch der Gattin Dostojewskis, hrsg. von René
Fülöp-Miller und Friedrich Eckstein. München 1925, Verlag R. Piper & Co. (370—375)

131 J. Birnstein: M. W. Garschins Traum (Zentralblatt für
Psychoanalyse und Psychotherapie. Medizinische Monat-
schrift für Seelenkunde, hrsg. von Dr. Wilhelm Stekel. Jahrgang IV. Wiesbaden 1914, Verlag J. F. Bergmann). (378)

132 Maxim Gorki: Erinnerungen an Lew Nikolajewitsch Tolstoi. München 1921, Verlag Der Neue Merkur. (381—384)

133 A. S. Ssuworin: Das Geheimtagebuch, übers. und hrsg.
von Dr. Otto Buek und Dr. Kurt Kersten. Berlin 1925,
E. Laub'sche Buchhandlung. (380)

134 Tolstoi: Denkwürdigkeiten, Erinnerungen und Briefe,
hrsg. von Dmitry Umanskij. Bd. I. Leipzig und Wien
[1921], Verlag der Wiener Graphischen Werkstätte. (379)

135 Żywot Adama Mickiewicza podług zebranych przez siebie
materyałów oraz z własnych wspomnień opowiedział
Władysław Mickiewicz. T. IV. Poznań 1895. (363—365)

136 Korespondencya Adama Mickiewicza. T. II. Wyd. 4. (Biblioteka polska t. 27.) Paryż i Lwów 1880, księgarnia luxem-
burgska i Gubrynowicz i Schmidt. (366)

137 Listy Juliusza Słowackiego z autografów poety wydał po
raz pierwszy Leopold Méyet. T. II. (Biblioteka ksiegarni
polskiej, t. 72.) Lwów 1889, nakładem księgarni polskiej.
(367)

138 Dürers Briefe, Tagebücher und Reime, nebst einem Anhange von Zuschriften an und für Dürer, übers. und mit

Einleitung, Anmerkungen, Personenverzeichnis und einer
Reisekarte versehen von Moritz Thausing (Quellenschriften
für Kunstgeschichte und Kunsttechnik des Mittelalters und
der Renaissance mit Unterstützung des k. k. österr. Mini-
steriums für Kultus und Unterricht, im Vereine mit Fach-
genossen hrsg. von R. Eitelberger v. Edelsberg, Bd. III).
Wien 1872. (150)

139 Maria Bashkirtseff: Tagebuch, übers. von Lothar Schmidt.
Bd. I und Bd. II. Oppeln und Leipzig 1901, Verlag Georg
Maske. (398—402)

140 Paul Gauguin: Vorher und nachher, aus dem Manuskript
übers. von Erik-Ernst Schwabach. München 1920, Verlag
Kurt Wolff. (405)

141 Vincent van Gogh: Briefe an seinen Bruder, zusammengestellt von seiner Schwägerin J. van Gogh-Bonger, übers.
von Leo Klein-Diepold. Bd. II. Berlin 1914, Verlag Paul
Cassirer. (403)

142 Franz Servaes: Giovanni Segantini, sein Leben und sein
Werk, hrsg. vom k. k. Ministerium für Kultus und Unterricht. Wien 1902, Verlag Martin Gerlach & Co. (404)

143 Moritz von Schwind: Briefe, hrsg. und erläutert von Otto
Stoessl. Leipzig [1924], Bibliographisches Institut. (396)

144 Hermann Uhde-Bernays: Carl Spitzweg. Des Meisters
Leben und Werk, seine Bedeutung in der Geschichte der
Münchener Kunst. 9. Aufl. München [1920], Delphin-
Verlag. (397)

145 E. R. Weiß: Träume (Vers und Prosa. Eine Monats-
schrift, hrsg. von Franz Hessel. Jahrgang 1924, Heft 12.
Berlin, Verlag Ernst Rowohlt). (406, 407)

146 Beethovens sämtliche Briefe. Kritische Ausgabe mit Erläuterungen von Dr. Alfr. Chr. Kalischer. Bd. I: 1783 bis
1810. (2. Aufl.) Berlin und Leipzig 1909, Verlag Schuster
& Loeffler. (409)

147 Friedrich Chopin: Gesammelte Briefe, übers. und hrsg.
von Bernard Scharlitt. Leipzig 1911, Verlag Breitkopf
& Härtel. (410)

148 Jugendbriefe von Robert Schumann. Nach den Originalen
mitgeteilt von Clara Schumann. Leipzig 1885, Verlag Breitkopf & Härtel.   (411, 412)

149 Robert Schumanns Briefe. Neue Folge, hrsg. von F. Gustav
Jansen. 2. Aufl. Leipzig 1904, Verlag Breitkopf & Härtel.
                                                       (413)

150 Berthold Litzmann: Clara Schumann, ein Künstlerleben.
Nach Tagebüchern und Briefen. Bd. II: Ehejahre 1840 bis
1856 (Leipzig 1905), und Bd. III: Clara Schumann und ihre
Freunde 1856—1896. (2. Aufl.) Leipzig 1909, Verlag Breitkopf & Härtel.   (414, 415)

151 Richard Wagner an Mathilde Wesendonk. Tagebuch-
blätter und Briefe 1853—1871, hrsg. von Wolfgang
Golther. 44. Aufl. Leipzig 1914, Verlag Breitkopf
& Härtel.   (416, 417)

152 Hugo Wolf. Eine Persönlichkeit in Briefen. Familien-
briefe, hrsg. von Edmund v. Hellmer. Leipzig 1912, Verlag Breitkopf & Härtel.   (418)

153 Des Girolamo Cardano von Mailand, Bürgers von Bologna, eigene Lebensbeschreibung, übers. von Hermann
Hefele. Jena 1914, Verlag Eugen Diederichs. (162—165)

154 Oeuvres de Descartes publiées par Charles Adam & Paul
Tannery sous les auspices du ministère de l'instruction
publique. T. X: Opuscules de 1619—1621 extraits de Baillet
(Vie de monsieur Des-Cartes). Paris 1908, Léopold Cerf,
imprimeur-éditeur.   (166—168)

155 Denkwürdigkeiten des Philosophen und Arztes Johann
Benjamin Erhard, hrsg. von K. A. Varnhagen v. Ense.
Stuttgart und Tübingen 1830.   (193)

156 E. A. Ch. Wasianski: Immanuel Kant in seinen letzten
Lebensjahren. Ein Beitrag zur Kenntnis seines Charakters
und seines häuslichen Lebens aus dem täglichen Umgange
mit ihm. Königsberg 1804.   (192)

157 Michael Montaigne: Gedanken und Meinungen über allerlei Gegenstände, übers. von Bode. Bd. IV. Berlin 1794.
                                                        (77)

158 FriedrichNietzsches gesammelte Briefe, hrsg. von Elisabeth
Förster-Nietzsche und Peter Gast. Bd. III, zweite Hälfte:
Friedrich Nietzsches Briefwechsel mit Hans v. Bülow,
Hugo v. Senger, Malwida v. Meysenburg. Berlin und Leip-
zig 1905, Verlag Schuster & Loeffler. (575)

159 Arthur Schopenhauer: Sämtliche Werke, hrsg. von Julius
Frauenstädt. Bd. V: Parerga und Paralipomena, erster
Band. (2. Aufl.) Leipzig 1891, Verlag F. A. Brockhaus.
(684, 714, 715)

160 Arthur Schopenhauer, von ihm, über ihn. Ein Wort der
Verteidigung von Ernst Otto Lindner, und Memorabilien,
Briefe und Nachlaßstücke von Julius Frauenstädt. Berlin
1863. (543)

161 Svedenborgs Drömmar 1744. Jemte andra hans anteck-
ningar efter original-handskrifter meddelade af G. E. Klemming. Stockholm 1859. (169—185)

162 Karl Friedrich Burdach: Die Physiologie als Erfahrungs-
wissenschaft. Bd. III. Leipzig 1830. (619—623, 775)

163 A. Busemann: Über das Traumleben des Schulkindes
(Zeitschrift für pädagogische Psychologie, Pathologie
und Hygiene, begründet von Ferdinand Kemsies. X. Jahrgang. Leipzig 1909, Verlag Quelle & Meyer). (770, 771)

164 Havelock Ellis: Die Welt der Träume, übers. von Dr. Hans
Kurella. Würzburg 1911, Verlag Kurt Kabitzsch (A.
Stubers). (582—596)

165 Camille Flammarion: Rätsel des Seelenlebens, übers. von
Gustav Meyrink. 2. Aufl. Stuttgart [1908], Verlag Julius
Hoffmann. (548, 549, 554—560, 669, 677, 702, 703,
710, 716, 718—720, 737)

166 Bruno Grabinski: Neuere Mystik, eine Darstellung und
Untersuchung der okkulten Phänomene. Hildesheim [1925],
Verlag Franz Borgmeyer. (704)

167 Franz von Paula Gruithuisen: Beiträge zur Physiognosie
und Autognosie für Freunde der Naturforschung auf dem
Erfahrungswege: von den Jahren 1809, 1810 und 1811.
München 1812. (544—547, 743, 774)

168 Friedrich Hitschmann: Über das Traumleben der Blinden
(Zeitschrift für Psychologie und Physiologie der Sinnes-
organe, hrsg. von Herm. Ebbinghaus und Arthur König.
Bd. VII. Hamburg und Leipzig 1894, Verlag von Leopold
Voß). (747—749)

169 Johann Heinrich Jung-Stilling: Theorie der Geisterkunde.
Nürnberg 1808. (712)

170 Johannes Kreyher: Die mystischen Erscheinungen des
Seelenlebens und die biblischen Wunder. Ein apologe-
tischer Versuch. Teil I. Stuttgart 1880. (158, 159, 385,
717)

171 Maurice Maeterlinck: Der fremde Gast. Jena 1919, Verlag Eugen Diederichs. (694, 707, 721)

172 L. F. Alfred Maury: Le sommeil et les rêves. Études
psychologiques sur ces phénomènes et les divers états qui
s'y rattachent suivies de recherches sur le développement
de l'instinct et de l'intelligence dans leurs rapports avec le
phénomène du sommeil. 3. éd. Paris 1865. (550, 551)

173 E. Meumann: Über Organempfindungsträume und eine
merkwürdige Traumerinnerung (Archiv für die gesamte
Psychologie, hrsg. von E. Meumann und W. Wirth. Bd. IX,
Heft I. Leipzig 1907, Verlag Wilhelm Engelmann).
(576—578)

174 E. .Meumann: Über Lesen und Schreiben im Traume
(Archiv für die gesamte Psychologie. Bd. XV. Leipzig
1909). (579)

175 Ludwig Anton Muratori: Über die Einbildungskraft des
Menschen, mit vielen Zusätzen hrsg. von Georg Hermann
Richerz. Teil I. Leipzig 1785. (187, 188, 616, 670)

176 Prof. Charles Richet: Grundriß der Parapsychologie und
Parapsychophysik. Mit einem Geleitwort von Dr. Albert
Frhr. von Schrenck-Notzing, übers. von Rudolf Lambert.
Stuttgart, Berlin und Leipzig [1923], Union Deutsche
Verlagsanstalt. (354, 540, 541, 608, 678—680, 705, 706)

177 Sammlung der merkwürdigsten Träume, nebst einer Abhandlung über die Träume, dahin gehörigen literarischen

Notizen und aufgestellten Aphorismen, von einem Forscher
im Gebiete der Metaphysik [Christian August Vulpius].
Leipzig [1810]. (157)

178 Sante de Sanctis: Die Träume, übers. von Dr. O. Schmidt.
Halle 1901, Verlag Carl Marhold. (683, 700, 709, 777)

179 Sante de Sanctis: Psychologie des Traumes (Handbuch der
vergleichenden Psychologie, hrsg. von Gustav Kafka.
Bd. III, Abteilung 3. München 1922, Verlag Ernst Reinhardt). (609—613, 632, 633, 651)

180 Karl Albert Scherner: Entdeckungen auf dem Gebiete der
Seele. Buch I: Das Leben des Traums. Berlin 1861.
(561—564, 685, 767—769)

181 Dr. G[otthilf] H[einrich] v. Schubert: Die Symbolik des
Traums. Mit einem Anhange aus dem Nachlasse eines Vi-
sionärs, des J. Fr. Oberlin, gewesenen Pfarrers im Steintale, und einem Fragment über die Sprache des Wachens.
3. Aufl. Leipzig 1840. (199—201, 686, 687)

182 Gotthilf Heinrich v. Schubert: Die Geschichte der Seele.
Bd. II. (4. Aufl.) Stuttgart und Tübingen 1850. (624, 671)

183 Herbert Silberer: Der Traum. Einführung in die Traum-
psychologie. Stuttgart 1919, Verlag Ferdinand Enke.
(634)

184 Wilhelm Stekel: Die Träume der Dichter. Eine ver-
gleichende Untersuchung der unbewußten Triebkräfte bei
Dichtern, Neurotikern und Verbrechern (Bausteine zur
Psychologie des Künstlers und des Kunstwerkes). Wiesbaden 1912, Verlag J. F. Bergmann. (395)

185 James Sully: Die Illusionen. Eine psychologische Untersuchung (Internationale wissenschaftliche Bibliothek.
Bd. 62). Leipzig 1884, Verlag F. A. Brockhaus.
(581, 766)

186 H. Taine: Der Verstand, übers. nach der dritten französischen Auflage von L. Siegfried. Bd. II. Bonn 1880, Verlag Emil Strauß. (552, 553)

187 Dieterich Tiedemann: Untersuchungen über den Menschen. Teil III. Leipzig 1778. (614)

188 J. Mourly Vold: Über den Traum, hrsg. von Prof. Dr.
O. Klemm. Bd. I und Bd. II (XIII, 435 S. und VI, 459 S.).
Leipzig 1910/12, Verlag Johann Ambrosius Barth.
                    (597—607, 636—648, 659—663, 744—746)

189 Johannes Volkelt: Die Traum-Phantasie. Stuttgart 1875.
                                        (565—574, 656)

190 Wilhelm Wundt: Grundzüge der physiologischen Psychologie. Bd. III. 6. Aufl. Leipzig 1911, Verlag Wilhelm
Engelmann.   (580)

191 Aristoteles: Naturgeschichte der Tiere, übers. von A.
Karsch. Bd. II. Stuttgart [o. J.].   (773)

192 Brehms Tierleben. Allgemeine Kunde des Tierreichs, hrsg.
von Prof. Dr. Otto zur Strassen. 4. Aufl. Bd. XII: Die
Säugetiere von Alfred Brehm, neubearbeitet von Ludwig
Heck und Max Hilzheimer, dritter Band. Leipzig und
Wien 1915, Bibliographisches Institut.   (776)

193 Heinrich Brugsch: Mein Leben und mein Wandern.
2. Aufl. Berlin 1894.   (630)

194 Christoph v. Schmid: Erinnerungen aus meinem Leben.
Bd. I: Jugendjahre. Augsburg 1853.   (690—692)

195 Himly: Johann Werner Streithorst (in Friedrich Schlichte-
grolls Nekrolog auf das Jahr 1800, enthaltend Nachrichten
von dem Leben merkwürdiger in diesem Jahre verstorbener
Deutschen. Jahrgang XI. Bd. I. Gotha 1805).   (674)

196 Johann Heinrich Bartels: Briefe über Kalabrien und
Sizilien. Teil I: Reise von Neapel bis Reggio in Kalabrien. Göttingen 1787.   (675)

197 Jos. Jerôme de Lalande: Voyage en Italie, contenant
l'histoire et les anecdotes les plus singulieres de l'Italie.
2. éd. T. VII. Yverdon 1788.   (408)

198 Alfred Döblin: Die beiden Freundinnen und ihr Giftmord
(Außenseiter der Gesellschaft. Die Verbrechen der Gegen-
wart, hrsg. von Rudolf Leonhard. Bd. I). Berlin [1924],
Verlag Die Schmiede.   (724—734)

199 Berliner Tageblatt. Jahrgang 54, Nr. 150. Berlin, 29. März
    1925, Verlag Rudolf Mosse.   (682)
200 B. Z. am Mittag. Jahrgang 48, Nr. 261. Berlin, 23. Sep-
    tember 1925, Verlag Ullstein.   (742)
201 Vossische Zeitung Nr. 506. Berlin, 25. Oktober 1925,
    Verlag Ullstein.   (735)
202 Neues Wiener Journal Nr. 11 511. Wien, 7. Dezember
    1925.   (711)

VERZEICHNIS

DER IN DEN TRÄUMEN ERSCHEINENDEN

PERSONEN

(Die Zahlen bezeichnen die Nummern der Träume im Text, die Zahlen, denen ein F. vorangestellt ist, bezeichnen die Nummern in den Feststellungen, die Zahlen mit einem vorangestellten S. die Seiten)

VERZEICHNIS DER PERSONEN

DEREN TRÄUME IN DIESEM BUCH

ENTHALTEN SIND

(Die Zahlen bezeichnen die Nummern der Träume im Text, die Zahlen, denen
ein F. vorangestellt ist, bezeichnen die Nummern in den Feststellungen, die Zahlen
mit einem vorangestellten S. die Seiten)

SACHREGISTER

Nachtrag (des Taschenbuchverlages)

Es schien uns sinnvoll, unkorrekte sowie fehlende Geburts- bzw. Sterbedaten nachzutragen. Auf Vollständigkeit ist nicht zu bestehen.

INHALTSVERZEICHNIS

INHALTSVERZEICHNIS